논어점정
論語點睛

논어점정 論語點睛

초판 1쇄 발행 2022년 5월 3일

지은이 우익지욱 蕅益智旭
역자 청화靑和
펴낸이 장현수
펴낸곳 메이킹북스
출판등록 제 2019-000010호

디자인 이설
편집 이설
교정 안지은
마케팅 정지윤

주소 서울특별시 구로구 경인로 661, 핀포인트타워 912-914호
전화 02-2135-5086
팩스 02-2135-5087
이메일 making_books@naver.com
홈페이지 www.makingbooks.co.kr

ISBN 979-11-6791-143-8(03100)
값 30,000원

ⓒ 청화靑和 2022 Printed in Korea

잘못된 책은 구입하신 곳에서 바꾸어 드립니다.
이 책의 전부 또는 일부 내용을 재사용하려면 사전에 저작권자와 펴낸곳의 동의를 받아야 합니다.

메이킹북스는 저자님의 소중한 투고 원고를 기다립니다.
출간에 대한 관심이 있으신 분은 making_books@naver.com로 보내 주세요.

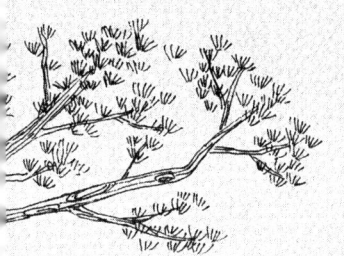

논어,
그 불교적 이해와 융합

논어점정
論語點睛

우익지욱 蕅益智旭 저
청화 靑和 역주

메이킹북스

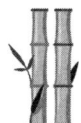 역자의 말

『논어(論語)』는 공자와 그 제자들의 대화를 기록한 책으로, 사서(四書: 논어, 대학, 중용, 맹자)』 가운데 하나이다. 저자는 명확히 알려져 않으며, 다만 편찬자에 대해서는 여러 가지 설이 있다. 자하子夏를 비롯한 공자의 제자들이 지었다는 주장, 자하 · 중궁仲弓 · 자유子游 등이 지었다는 주장, 증삼曾參의 문인인 악정자춘樂正子春과 자사子思의 무리들이 지었다는 주장, 증삼과 유자有子의 문인 등이 지었다는 주장 등이 그것이다. 분명한 것은 공자 자신의 손으로 기록, 정리된 것이 아니라는 사실이다.

『논어』는 공자의 생애 전체에 걸친 언행을 모아 놓은 것이기 때문에 여타의 경전들과는 달리 격언이나 금언을 모아 놓은 성격을 띤다. 이러한 『논어』에 대해 『한서(漢書)』「예문지(藝文志)」에서는 "논어는 공자가 제자나 당시의 사람들의 물음에 응하여 답한 것과, 제자들이 서로 더불어 토론하고 그것을 공부자에게 직접 물어 들은 말들이다. 그 당시 제자들이 각기 그것을 필기하여 두었다가 공부자가 세상을 뜨자 문인들이 서로 모여 그것을 모으고 논찬하였다. 그래서 그것을 일러 '논어'라고 부르게 되었다(論語者, 孔子應答弟子, 時人及弟子相與言而接聞於夫子之語也. 當時弟子各有所記. 夫子旣卒, 門人相與輯而論纂, 故謂之論語)."라고 언급하고 있다. 이러한 말은 『논어』의 성격과 제목의 의미를 가장 선명하게 밝혀준 문장이라 할 수 있다.

논어의 '語'는 공자가 그의 제자들이나 당시의 사람들과 대화한 말, 그리고 제자들끼리 토론한 말, 그리고 공자에게 접문接聞한 말이라는 뜻이고, '論'은 '집이논찬輯而論纂'의 의미로, 그러한 말들을 편찬했다는 뜻이다. 한 마디로 『논어』는 제자들이 '편집한 책'이라는 것이다.

『논어』는 제1편 학이편(學而篇)부터 마지막 편인 제20편 요왈편(堯曰篇)까지 모두 20편으로 나뉘어 구성되어 있으며, 각 편의 머리 두 글자를 따서 편명으로 삼고 있다. 예컨대, 첫 편인 '학이學而'는 제1장의 '학이시습지불역열호(學而時習之不亦說乎)'에서 따왔고, 마지막 편인 요왈편은 제1장의 '요왈자이순천지력수재이궁(堯曰咨爾舜天之曆數在爾躬)'에서 그 편명을 따왔다. 이러한 『논어』의 전체적 내용은 공자의 말, 공자와 제자 사이의 대화, 공자와 당시 사람들과의 대화, 제자들의 말, 제자들 간의 대화 등으로 구성되어 있다. 당연히 이들 모두는 공자가 가르치고 추구했던 그의 사상과 행동을 보여주려는 데 초점이 맞추어져 있다. 『한서(漢書)』에 의하면, 한나라 때에는 세 가지 종류의 『논어』가 전해오고 있었다 한다. 즉 제齊나라 사람들이 전해온 『제론(齊論)』, 노魯나라에서 전해 온 『노론(魯論)』, 그리고 공자의 옛집 벽 속에서 나왔다고 하는 『고론(古論)』 등이 바로 그것이다. 이러한 삼론은 각기 전승된 지역이나 사람이 달랐고, 글씨체와 출현 시기 그리고 편수 등 모든 면에서 차이가 났다. 그 이유는 고대 스승과 제자 사이에 이루어지는 학문의 전승이란 매우 엄밀하였기에 서로 다른 내용과 체제를 가진 삼론이 각각 서로 다른 과정을 통해 계속 전승되었기 때문이다. 불행히도 이 삼론은 완전하게 전해지는 것이 없다. 다행히 한漢 나라의 재상 장우(張禹: B.C. ?~B.C. 5)가 제·노 양론을 교합하여 『장후론(張侯論)』 20편을 만들었고, 이후 후한後漢의 정현(鄭玄: 127~200)이 다시 이 세 가지와 고론을 교합하여 『논어주(論語注)』를 지었다. 이 정현본 鄭玄本을 바탕으로 위魏의 하안(何晏: 196~249)이 『논어집해(論語集解)』라는 주석서를 저술함에 이르러 현존본의 원문이 결정되었다. 이러한 『논어』와 관련한 대표적인 주석서는 크게 세 책을 꼽을 수 있다. 바로 위나라 하안의 『논어집해』, 송나라 주자(朱子: 1130~1200)의 『논어집주(論語集注)』, 청나라 류보남(劉寶楠: 1791~1855)의 『논어정의(論語正義)』 등이다.

중국 명나라 말기에 불교계는 유불의 융화와 합일의 관점에서 유교와 노장의 사상을 불교적 시각으로 새롭게 해석하고자 하는 움직임이 흥행하였는데, 이러한 결과로 저술된 책들이 바로 우익지욱(藕益智旭: 1599-1655)과 더불어 4대 고승으로 평가되는 운서주굉(雲棲袾宏: 1532-1612)의 『죽창수필(竹窓隨筆)』과 감산덕청(憨山德淸: 1546~1623)의 『노자도덕경주(老子道德經注)』, 그리고 지욱의 『사서우익해(四書藕益解)』와 『주역선해(周易禪解)』 등이다. 중국 명대의 4대 고승 가운데 한 사람으로 추앙받는 우익지욱선사는 유교의 대표적 경론經論인 사서四書를 불교적 관점에서 재해석하였는데, 그 서명이 바로 『사서우익해(四書藕益解)』이다. 이 『사서우익해』에는 『논어점정(論語點睛)』, 『중용직지(中庸直指)』, 『대학직지(大學直指)』, 『맹자택유(孟子擇乳)』 등이 실렸었는데, 안타깝게도 이 중 『맹자택유』는 유실되어 현재 전해지지 않는다. 『논어점정』이라는 서명에 있어 '점정點睛'의 사전적 의미는 사람이나 짐승을 그릴 때 맨 마지막에 눈동자를 그려 넣는 일, 혹은 가장 중요한 부분을 마쳐 일을 완성시킴을 뜻한다. 용의 그림을 그린 다음 맨 마지막에 용의 눈에 점을 찍어 최종적으로 그림을 완성함을 뜻하는 '화룡점정畫龍點睛'이라는 말이 바로 그러한 의미를 나타내는 예라 할 수 있다. 지욱선사는 『사서우익해』의 맨 앞면에 실은 「사서우익해서(四書藕益解序)」라는 머리글에서 『논어』를 풀어쓴 책의 서명을 『논어점정(論語點睛)』이라고 하면서 그 이유를 '세상을 벗어나는 광명을 열기 때문(解論語者曰點睛, 開出世光明也)'이라고 한다. 여기서 표현되고 있는 '출세出世'라는 말은 우리가 일반적으로 알고 있는 사회적으로 높은 지위나 신분에 오르거나 유명하게 되는 세속적인 가치의 출세의 의미가 아님은 분명하다. 그와는 반대로 세속적인 욕망과 성공이라는 가치에서 벗어나 인격을 완성하여 군자가 되고 성인이 되는 출세간적인 의미의 뜻이라 할 수 있다. 또한 '광명光明'이라는 표현은 곧 밝은 안목의 지혜를 뜻하는 것으로 이해된다. 결론적으로 지욱선사가 '논어점정'이라는 서명을 붙인 이유를 '開出世光明'이라고 표현한 것은 기존의 『논어』라는 책을 자신의 견해로 새롭게 주해함을 통해, 『논어』가 담아내고 있는 가르침의 교훈과 이치를 좀 더 명확하게 밝혀내어 세상 사람들로 하여금 밝은 안목을 열어주고 세상 이치에 대한 바른 깨달음을 얻도록 하고자 하는 자신의 뜻을 나타낸 것이라 할 수 있다.

한편 청말민초清末民初 시기의 교육가인 양복자陽復子 강겸(江謙: 876-1942)은 『논어점정』에 주를 달아 『논어점정보주(論語點睛補注)』라는 책을 펴냈다. 그는 이 책 첫머리에 실린 「논어점정보주서(論語點睛補注序)」에서 지욱이 표현하고 있는 '개출세광명開出世光明'이라는 의미를 다음과 같이 풀어 설명하고 있다.

"우익선사는 논어를 풀어쓰면서 '세상을 벗어나는 광명을 연 것(開出世光明者)'이라고 하였다. 이는 세간의 법을 벗어나지 않으면서도 사람들로 하여금 본래 타고난 불성을 깨닫게 하고, 깊이 인과와 윤회를 믿게 하고, 윤리를 돈독히 하여 본분을 다하게 하고, 악행을 두려워하게 하여 선행을 실천하게끔 하고, 오염된 번뇌를 씻어서 청정한 행업을 닦도록 하여, 불교도 창성하게 하고 유교도 더욱 드러내고자 한 것이라고 할 수 있다. (논어점정으로 인해) 다만 천하의 큰 다스림이 비롯되게 되었을 뿐만 아니라, 또한 불보살과 성현이 되도록 하여 자신도 제도하고 남들도 제도하게 하며, 오랫동안 막혔던 것을 통하도록 하고, 긴 괴로움 속에 있던 중생들이 즐거움을 얻게끔 하신 것이라 할 수 있다(溝師此解, 開出世光明者也. 而不離世間法, 使人了知本來佛性, 深信因果輪迴, 敦倫而盡分, 畏惡而遷善, 滌染而修淨, 佛教昌而儒教益顯. 非但天下大治所由始, 而亦作佛菩薩聖賢自度度他, 俾久塞得通, 久苦得樂之津梁也)."

지욱선사가 이렇듯 유교의 대표 경전인 사서四書와 『주역』 등을 『사서우익해』와 『주역선해』라는 이름으로 재해석한 이유는 단순히 유교 경전에 대한 불교적 관점에서의 해석을 벗어나, 유교 경전의 불교적 해석을 통해 오랫동안 이념상으로 대립해 왔던 유교와 불교의 상호 이해와 융합을 모색하고자 하는 취지였다고 할 수 있다. 당시의 유생儒生들이 불교를 비방하고 서로 대립하게 된 시대적 상황을 극복하고자 유교와 불교의 사상에 대한 해박한 지식을 바탕으로 유교의 경전을 불교적 관점에서 재해석하였다는 의미이다. 특히 그가 주해한 『사서우익해』와 『주역선해』 등은 유교와 불교가 지향하고 있는 진리와 가치가 결코 둘이 아님을 설파하고, 나아가 불교와 유교 상호간의 대립과 갈등을 해소하여 유불 간에 이해와 융합을 모색하고자 했던 노력의 산물이라고 볼 수 있다. 지욱선사는 『주역선해』의 서문에서 "내가 역易을 해석하는 이유는 다름이 아니라 선(禪, 불교)으로써 유교에 들어가 유생들을 인도하여 선을 알게끔 하고자 하는 것뿐이다(吾所由解易者, 无他. 以禪入儒, 務誘儒以知禪耳)."라고 표현하고 있다. 이러한 표현은 『논어점정』이 포함된 『사서우익해』를 펴낸 이유와도 크게 다르지 않다. 즉 유교 경전을 불교적 관점에서 재해석함으로써, 불교에 대한 맹목적인 비방만을 일삼고 있는 유학자들에게 불교를 이해시킴은 물론, 더 나아가 불교와 유교의 화해와 융합을 이끌어내고자 한 것이다.

본 역자는 이미 지욱선사가 주해한 『주역선해』를 번역하여 출판한 바가 있다. 이번에 또다시 『사서우익해』에 실려 있는 『논어점정』을 따로 떼어내어 번역을 완성하여 출판의 결실을 맺게 되었다. 『논어점정』은 『논어』를 유불儒佛의 가르침에 통달한 명망 있는 선승이 불교적 관점에서 재해석한 유일한 책이다. 기존의 『논어』에 대한 수많은 번역서와 해설서가 출판되었지만, 본 『논어점정』의 번역 출판은 『논어』를 불교라는 또 다른 관점에서 읽을 수 있는 색다른 흥미와 즐거움을 안겨줄 수 있는 인연이 될 것이다. 본 책을 읽은 분들이 조금이나마 세상을 밝게 비춰볼 수 있는 눈 밝은 지혜의 안목과 세상의 희로애락을 담담히 관조할 수 있는 마음의 여유를 얻고, 나아가 유불의 가르침을 함께 이해할 수 있는 계기가 된다면 이는 본 역자의 큰 보람이라 할 수 있겠다. 본 번역서가 출판되기까지 많은 도움을 주신 선연善緣들과 기꺼이 출판의 노고를 맡아 주신 메이킹북스 출판사 관계자 여러분, 그리고 행복한 우리 절 보현선원 모든 불자님들께 깊은 감사의 합장을 올린다.

불법승 삼보의 무량한 자비와 가호로
모두가 평안하기를, 행복하기를, 열반의 깨달음을 성취하기를!

만허청화萬虛靑和 합장

목차

역자의 말   4
우익지욱의 생애와 논어점정   14
일러두기   26

사서우익해서 四書藕益解序

제1 학이學而편   36
제2 위정爲政편   54
제3 팔일八佾편   80
제4 이인里仁편   108

제5 공야장公冶長편　　　133

제6 옹야雍也편　　　166

제7 술이述而편　　　198

제8 태백泰伯편　　　237

제9 자한子罕편　　　260

제10 향당鄕黨편　　　292

제11 선진先進편　　　310

제12 안연顔淵편　　　342

제13 자로子路편　　　376

제14 헌문憲問편　　　412

제15 위영공衛靈公편　　　467

제16 계씨季氏편　　　507

제17 양화陽貨편　　　526

제18 미자微子편　　　560

제19 자장子張편　　　576

제20 요왈堯曰편　　　599

우익지욱의 생애와 논어점정

1. 지욱의 생애

우익지욱(藕益智旭: 1599~1655)은 명말 중국 불교사에 있어 덕산감청(憨山德淸: 1546~1623)·자백진가(紫柏眞可: 1543~1603)·운서주굉(雲棲株宏: 1532~1612) 등과 더불어 이른바 4대 고승으로 불릴 정도로 큰 족적을 남긴 인물이다. 서기 1599년(明 神宗 萬曆 27년)에 태어나 서기 1665년(淸 順治 12년) 57세의 세수로 입적하였다. 속성은 종鐘씨이고 이름은 제명際明, 혹은 명성名聲이라고도 하였다. 자는 우익藕益, 진지振之, 호는 팔불도인(八不道人: 팔불도인은 지욱 자신이 지은 자호이다. 지욱은 이 자호를 따서 「八不道人傳」이라는 자서전을 쓰기도 하였다. 「팔불도인전」은 「우익대사자전藕益大師自傳」이라고도 불린다) 혹은 말년에 그가 거처하던 곳을 지칭해서 영봉노인靈峰老人이라고도 불리었다. '지욱智旭'이란 이름은 그가 출가하여 감산의 문인인 설령雪嶺에게 받은 법명이다. 지욱의 출생과 출가인연 및 불교 수행에 관한 보다 자세한 내용은 『영봉종론(靈峰宗論)』에 실려 있는 「팔불도인전」에 기술되어 있다.

「팔불도인전」에 의하면 지욱은 매우 총명하여 12세의 어린 나이에 유가서를 읽고 '성학性學'을 후대에 전할 것을 다짐하였다고 한다. 그는 당시 이단으로 여겨졌던 불교와 노자를 비판할 결심을 하였고, 이후 그는 실제로 불교를 비판하는 내용의 글 수십 편을 짓기도 하였다. 출가 이전, 지욱의 이 같은 숭유崇儒와 훼불謗佛의 차별적 관점은 그가 17세 때에 우연히 당대의 고승인 주굉株宏이 지은 『자지록서(自知錄序)』와 『죽창수필(竹窓隨筆)』을 읽으면서 점차 바뀌기 시작한 것으로 보인다. 이후 지욱은 20세 때에 이르러 『논어』를 주석하면서 공자의 심학心學을 깊이 깨닫고, 같은 해에 부친상을 당하여 천도재를 올리는 과정에서 『지장보살본원경(地藏菩薩本願經)』의 독경을 듣는 것을 계기로 점차 출가의 결심을 하기에 이른다.

 지욱의 출가 결심은 23세에 이루어진 것으로 전해진다. 그가 출가의 결행을 굳히게 된 계기는 23세 되던 해에 『대불정수능엄경(大佛頂首楞嚴經)』을 듣게 되었는데, "세계는 공에 있고(世界在空), 공은 대각을 생한다(空生大覺)."라는 경구의 의심을 풀기 위함임을 밝히고 있다. 지욱이 출가의 결심을 실행에 옮긴 것은 다음 해인 24세 때이다. 지욱은 당시의 고승인 감산선사를 세 번이나 찾아 출가의 뜻을 청하였으나 사제의 인연을 맺지 못하고 결국은 감산의 문도인 설령雪嶺을 은사로 모시고 머리를 삭발하여 승복을 입고(削髮染衣) '지욱'이라는 법명을 받게 되었다. 이후 지욱은 그 해 여름과 가을 두 계절을 운서산(雲棲山: 중국 절강성 북부 항주에 위치한 산)에 들어가 고덕법사古德法師에게 『성유식론(性唯識論)』을 듣게 되었는데, 『대불정수능엄경』과 『성유식론』의 종지에 모순이 있는 것처럼 생각되었다. 그 까닭을 고덕법사에게 물었으나 법사는 "성종과 상종은 화회和會할 수 없다"라고 말할 뿐이었다. 지욱은 불법에 어찌 두 가지 진리가 있을 수 있는지 깊이 의심하였고, 그 의심을 풀기 위해 마침내 경산(徑山: 중국 절강성 북부 항주에 위치한 산)에 들어가 참선 수행에 전념하였다. 다음 해 여름, 그는 마침내 그동안 의심했던 성상性相이 둘이 아님을 깨닫고 나아가 선가의 일체 공안公案에 대한 모든 의심까지도 확연히 깨닫게 되었다.

지욱은 다음 해인 26세에 보살계를 받았으며, 27세에는 율장을 두루 살펴보고 바야흐로 온 세상이 허위에 가득 차 있음을 알았다. 28세 되던 해에는 어머니가 병으로 돌아가시자 이를 크게 애통해 하며 다시 산에 들어가 수행에 전념하였으며, 두 해가 지난 30세 되던 해에 또다시 율장을 두루 열람하고 『비니사의집요(毘尼事義集要)』와 『범실우담(梵室偶談)』을 지었다. 다음 해인 31세 되던 해에 지욱은 성곡선사와 헤어지고 다시 무이無異선사를 따라 금릉(金陵: 지금의 강소 남경)에 이르러 110일 정도를 보내면서 당시 선禪의 폐단을 모두 알게 되었고, 이를 계기로 율장을 널리 펼 것을 결심하게 된다. 이후 지욱은 참선과 율장뿐만 아니라 자은종(慈恩宗: 법상종), 현수종(賢首宗: 화엄종), 천태종, 정토종과 같은 당시에 유행했던 모든 종파의 가르침을 함께 수학한 것으로 보인다. 32세에 이르러 이러한 여러 종파의 가르침 중에서 자신이 추종할 하나의 종파를 선택할 결심으로 제비뽑기를 하였는데, 천태를 뽑은 것을 계기로 천태학을 공부하는 데 진력하게 된다. 그렇지만 스스로가 천태의 종문宗門으로만 머물기를 바라지는 않았다.

지욱에 대한 기록으로 보면 지욱의 천태에 대한 천착은 이때부터 이루어지지 않았나 생각된다. 지욱은 천태의 경론을 주로 공부하면서도 거기에만 집착하여 다른 종론을 도외시하지는 않은 것으로 보인다. 그 이유는 당시에 모든 종파들이 자파의 우월성만을 주장하며 다른 종파들과 분열과 대립의 양상을 보인 것에 대한 폐해를 그 누구보다도 잘 알고 있었기 때문일 것이다. 지욱이 천태를 주로 공부하면서도 모든 종파의 경론에 대한 가르침을 도외시하지 않은 것은 그의 불교에 대한 종합적이고 해박한 이해와 체계적 인식의 틀을 성취하게 하는 결과를 낳게 되었다고 할 수 있다. 그의 문집인 『종론』, 『논어점정』, 『주역선해』 등에 담겨 있는 다양한 종교적 교의와 가르침이 이를 증명하고 있다.

33세 되던 가을, 두 선사가 세상을 떠나자 지욱은 비로소 영봉산(靈峰山:지금의 중국 절강성 효풍현孝豐縣에 위치한 산. 지욱이 말년에 스스로의 자호를 '영봉'이라 부른 것도 바로 지욱이 이 산에서 수행한 인연에서 비롯되었다)에 들어가 겨울을 나게 된다. 이때부터 지욱은 대장경을 두루 열람하며 경론에 대한 지식을 쌓아나갔고, 이후 35세부터는 제방을 편역수행遍歷修行하면서 57세 입적 직전까지 경론에 대한 많은 주해와 논서를 쓰는 등 활발한 저술 활동을 병행한 것으로 기록되어 있다. 「팔불도인전」에서는 33세 이후부터 지욱의 행적에 대한 구체적 언급이 생략되고 있다. 이후 지욱은 49세 되던 정해년에 『유식심요(唯識心要)』, 『상종직해팔해(相宗直解八解)』, 『미타요해(彌陀要解)』, 『사서우익해(四書藕益解)』 등 네 편을 저술하였다. 이 가운데 『사서우익해』는 유교의 대표적 경론인 『논어』, 『중용』, 『대학』, 『맹자』 등을 『주역선해』와 마찬가지로 불교적 관점에서 재해석한 책들이다. 51세에는 온릉으로부터 영봉으로 다시 돌아와 『북천목십이경송(北天目十二景頌)』, 『법화회의(法華會義)』를 저술하였으며, 52세에는 『점찰소(占察疏)』와 『중치비니사의집요발(重治毗尼事義集要跋)』을 저술하였다. 53세에는 장간에서 결제하면서 『선불도(選佛圖)』를 거듭 교정하였고, 54세에는 성계晟溪에 머물면서 『능가의소(楞伽義疏)』를 초록하였다. 이해 12월에 자서전의 저술을 시작하였는데, 스스로 「팔불도인전」이라 이름 붙였다.

  지욱이 자호를 '팔불도인'이라고 붙인 것은 용수가 지은 『중론(中論)』에서 말하고 있는 '팔불중도八不中道'의 의미를 취하고 있음을 밝히고 있다. 지욱 자신이 말한 내용으로 보면 지욱이 '팔불'을 자신의 자호로 차용한 구체적 이유는 '불생불멸不生不滅, 불상부단不常不斷, 불일불이不一不異, 불래불거不來不去'의 팔불의 의미를 빌려 당시의 수행인들이 유교와 불교를 편 가르고 교와 율을 분간하며 서로를 경시하고 각자가 의지하고 있는 교설만이 옳다고 집착하는 폐단을 염려하고 지적하고자 하는 목적 때문인 것으로 보인다. 55세 되던 계사년에 지욱은 「팔불도인전」을 다시 다듬고 고쳤으며, 『선불보(選佛譜)』와 『기신론열강소(起信論裂綱疏)』 등을 저술하였다.
  『종론』에 실린 그의 자서전과 홍일대사弘一大師가 정리한 「우익대사연보(藕益大師年譜)」 등의 기록을 종합해 보면, 지욱은 29세 젊은 시절부터 57세 입적할 때까지 무려 11차례에 걸쳐 크고 작은 병마에 시달렸던 것으로 보인다. 56세 되던 갑오년에 접어들면서 지욱은 다시 병을 앓게 된다. 이러한 병중에도 지욱은 평소와 다름없이 수행을 이어가면서 설법과 저술을 쉬지 않았다. 하지만 이 해 가을부터 병세가 점점 더 깊어지자, 지욱은 자신의 열반을 예견하고 제자들에게 사후에 자신의 시신을 처리하는 데 있어 '시신을 화장하여 뼈를 둘로 나누어 반은 새와 짐승에게 주고 나머지 반은 물고기와 껍질이 있는 동물들에게 주라' 유언을 하기에 이른다. 57세 되던 을미년 정월 21일 낮 오시에 지욱의 병은 회복 불가능한 상태에 이르렀고, 마침내 정월 21일 낮 오시에 침상 모퉁이에 좌정하여 서쪽을 향해 합장하고 열반에 들었다. 그의 세속 나이 57세, 출가 나이인 법랍 34세 때였다. 대사가 열반에 들자 그의 모든 제자들이 문인인 성시사成時師에게 『종론』의 편집을 요청하였다. 그의 시신은 그 후 3년 만에 화장하게 되었는데, 시신은 마치 살아 있는 육신처럼 머리가 자라나고 얼굴 모습도 생전 그대로였으며, 치아도 손상되지 않은 상태로 육신불肉身佛의 모습을 하고 있었다고 한다.

2. 지욱의 저작

지욱의 전기를 보면 지욱은 출가 이전인 어려서부터 왕성한 저술 활동을 했던 것으로 보인다. 『종론』에서 언급되고 있는 "이단을 배척하는 수십 편의 논을 지었다(作論數十辟異端)."라는 표현과 "이십 세에 『논어』를 주석하였는데, '천하귀인'이라는 구절에 이르러서는 붓을 놓을 수가 없었다(二十歲, 註論語, 至天下歸仁, 不能下筆)."라는 표현이 이를 말해 준다. 사상적인 변화로 인해 23세에 출가한 이후에도 그의 저술 활동은 왕성하게 이루어졌다. 그가 저술한 전적典籍은 매우 다양하다. 비록 천태의 종문에 가까이 몸담고 있었으나, 어느 한 종파의 경론에만 집착하지 않고 천태·화엄·유식·율·정토 등에 이르기까지 실로 다양한 경론을 강설하고 주석하였다. 뿐만 아니라, 노년에는 유가의 경전을 불교적 관점에서 재해석한 저술들을 남겼는데, 대표적인 것이 바로 『주역선해』, 『사서우익해』, 『성학개몽답문(性學開蒙答問)』, 『치지격물해(致知格物解)』, 『유석종전절의(儒釋宗傳竊義)』 등이다. 또한 당시에 새로운 종교로 중국에 들어온 서양 종교인 천주교에 대한 비판의 내용을 담은 저술을 남기기도 했는데, 바로 『벽사집(闢邪集)』 2권이다. 여기에는 『천학초징(天學初徵)』, 『천학재징(天學再徵)』 등의 논문이 실려 있다. 이렇듯 지욱이 불교 내의 여러 종파뿐만 아니라 외부의 다른 교파를 초월하여 다양한 내용의 저술을 남긴 것은 그가 모든 종교와 사상에 분별과 차등을 두지 않고 하나로 아우르고자 하는 원융무애圓融無碍한 사상에 기인한 것으로 이해된다. 곧 서양 종교인 천주교에 대한 예외적인 거부의 관점을 제외하고는 불교 내적으로는 각 종파의 융합과 외적으로는 유불도儒佛道 삼교의 융합과 회통을 이루고자 했던 노력의 산물이라 할 수 있다.

지욱이 남긴 저작들은 그의 입멸 후 제자들의 의견에 따라 문도인 석성시에 의해 『종론(宗論)』과 『석론(釋論)』으로 나누어 싣고, 이를 다시 하나로 묶어 『영봉종론(靈峰宗論)』이라는 이름으로 1659년 겨울에 판각되었다. 모두 10권으로 엮어진 『종론』에는 수필·전기 등의 7부의 저술이 실려 있고, 모두 200여 권으로 엮어진 『석론』에는 42종이나 되는 논소論疏가 실려 있다.

3. 논어점정에 대한 해제

『논어점정(論語點睛)』은 지욱선사의 문집인『영봉종론(靈峰宗論)』의 뒷면에 실려 있는『사서우익해(四書蕅益解)』의 맨 앞면에 위치하고 있다.『사서우익해』에는 맨 앞의『논어점정』을 비롯하여『중용직지(中庸直指)』,『대학직지(大學直指)』 순으로 실려 있다. 아쉽게도『맹자』에 대한 주해서인『맹자택유(孟子擇乳)』는 유실되어『사서우익해』에는 실려 있지 않다.

지욱선사가『논어』를 해석하기 시작한 것은 그의 나이 49세 되던 해인 정해년(1647)인 것으로 전해진다. 지욱선사는 그에 앞서 그의 나이 43세 되던 1641년에『주역』을 선해禪解하기 시작하여 4년 후인 1645년에 완성한 바가 있다. 유교경전 중에서 가장 어렵고 난해하다고 할 수 있는『주역』에 대한 선해를 마치자마자, 쉬지 않고 바로 사서에 대한 주해를 시작하여 2년 뒤인 1647년에 '사서우익해四書蕅益解'라는 이름으로 저술을 완성한 것으로 보여 진다. 그의 연보年譜에 따르면 이때에『사서우익해』뿐만 아니라,『유식심요(唯識心要)』,『상종직해팔해(相宗直解八解)』,『미타요해(彌陀要解)』 등도 함께 저술한 것으로 기록되어 있다. 선사의 학문에 대한 깊은 탐구와 쉼 없이 계속되었던 저술 활동에 대한 뜨거운 열정을 보여주는 내용이라 할 수 있다.

지욱선사는『논어』를 해석함에 있어『화엄경』,『능엄경』,『금강경』, 각종『선어록』 등을 비롯하여 불교의 다양한 경론을 인용함은 물론, 유가의 경서인『대학』,『중용』,『맹자』,『주역』,『서경』,『예기』를 비롯하여 도가의『장자』, 그리고『유림외사(儒林外史)』,『공자가어(孔子家語)』,『회남자(淮南子)』, 『경세통언(警世通言)』에 이르기까지 수많은 유불선儒佛仙 삼교三敎와 제자백가諸子百家, 그리고 자신의 저술까지 다양한 인용의 글을 끌어와 주해하는 특징을 보여주고 있다. 나아가 자신만의 견해를 덧붙여 해석하는 것에 머물지 않고, 당시에 이미 알려진 이름 있는 많은 학자들의 견해를 이끌어와 자신의 견해와 함께 덧붙여 주해하는 특징적 방법을 취하고 있기도 하다. 이는 지욱이 단지 자신만의 견해에 집착함을 벗어나서 명망 있는 학자들의 의견을 인용함으로써 『논어』에 대한 자신의 주해가 좀 더 객관적이고 통합적인 관점에서의 주해임을 드러내고자 하는 취지였다고 이해된다. 이는 결국 자신이 주해한 유교의 경서가 단지 불교라는 종교적 관점에서의 주해에 지나지 않는다는 세속적 비판에서 벗어나고자 하는 의도였다고도 볼 수 있다.

지욱선사가 『논어』를 주해하며 인용하는 학자들은 모두 열한 명이다. 바로 이탁오(李卓吾, 94처), 왕양명(王陽明: 1472~1528, 7처), 진민소(陳旻昭, 4처), 정계청(程季淸: 1588~1651, 1처), 각랑선사(覺浪禪師: 1592~1659, 1처), 주계후(周季侯: 1582~1626, 1처), 오인지(吳因之: 1554~1640, 1처), 오건선(吳建先, 1처), 원료범(袁了凡: 1633~1606, 1처), 정자(程子: 程顥 1032~1085/정이程頤 1033~1107, 1처), 왕안석(王安石: 1021~1086, 1처) 등이다. 이 중에서 가장 많이 인용되는 대표적인 인물은 바로 이탁오와 왕양명이다. 특히 이탁오는 『논어』 20편 중에서 모두 합쳐 무려 93장에서 그의 글을 인용하고 있음을 확인할 수 있는데, 인용된 말은 대부분 그가 저술한 『논어평(論語評)』에 실린 내용들이다.

이탁오(李卓吾: 1527~1602)는 본명이 지贄이다. 명대 후기의 사상가로서 흔히 '유가의 이단자' 혹은 '모순과 갈등의 철학가'라는 평가를 받는 인물이다. 이탁오에 대한 이러한 평가는 당시 시대사조였던 이학理學에 바탕을 둔 사회 규범과 사상들에 대하여 이른바 '이단'의 모습을 보이고, 또한 그를 비판하는 다양한 저술을 찬술하였기 때문이다. 그는 『분서(焚書)』와 『속분서(續焚書)』, 『장서(藏書)』, 『속장서(續藏書)』, 『초담집(初潭集)』 등 모두 76종의 저술들을 남겼다. 불행히도 그는 말년에 유가에 자신이 이단異端임을 선언하고 스스로 출가하여 다양한 교화 활동을 하다가 혹세무민했다는 죄목으로 탄핵당하여 옥에 갇혔다가 자살로 생을 마감하였다. 그는 불교와 상당히 밀접하게 관련되어 있는 인물이다. 그의 저술인 『분서』와 『속분서』, 『장서』, 『속장서』 등에는 특히 불교와 관련된 주제의 문장들이 상당히 많이 실려 있다. 또한 그는 불교와 관련된 『화엄경합론간요(華嚴經合論簡要)』, 『반야심경제강(般若心經提綱)』, 『정토결(淨土決)』 등을 비롯한 다수의 전문적인 책들을 저술하였다. 그가 이렇듯 불교와 관련된 저술을 한 것은 그러한 저술을 통하여 유불의 융화와 통합을 시도하고자 하는 의도가 있었기 때문이다. 그의 이러한 시도는 그의 사상적 흐름이 이학에서 출발하여 양명학을 거쳐 최종적으로 불교로 귀일된 것에서도 확인할 수 있다. 이는 결국 그의 모든 학문과 사상이 하나로 통합되고 융합되었다는 것을 의미한다. 지욱선사가 『논어』를 주해하면서 이탁오의 글을 가장 많이 인용하고 있는 것도 이러한 이탁오의 사상적 특징을 긍정적으로 평가하고, 더 나아가 그의 유불선의 통합과 융화의 자세를 적극 수용하고자 하는 의도였다고 볼 수 있다.

이탁오 다음으로 가장 많이 인용되고 인물은 왕양명이다. 그에 대한 인용의 글은 모두 7곳이다. 지욱선사가 이처럼 왕양명의 글을 많이 인용하고 있는 것은 왕양명이 공자와 안자의 심법을 계승한 유일한 인물임을 인정하고(近代傳孔顏心法者, 惟陽明先生一人: 宗論, p377), 그의 심학 사상이 불교의 유심 사상과 크게 다르지 않음을 인정하였기 때문이다. 인용되고 있는 왕양명의 글 대부분은 그의 글들을 모아놓은 『전습록(傳習錄)』에 실린 글들이다.

한편 『논어점정』에는 이들 외에 방외사方外史라는 인물의 글이 무려 32곳에서 인용되고 있다. 흥미로운 것은 방외사가 다른 사람이 아니라, 지욱선사의 또 다른 별명이라는 사실이다. 마치 다른 사람처럼, 자신의 글을 자신이 재차 인용하고 있는 것이다. 방외사가 지욱의 또 다른 별명임을 알 수 있는 근거는 그가 지은 『성학개몽(性學開蒙)』를 저술하면서 스스로를 방외사라고 부르는 내용(方外史旭求寂: 여기서 '旭求寂'은 智旭求寂, 智旭沙彌이라는 뜻으로 지욱이 열반의 깨달음을 구한다는 뜻이다)이 실려 있고, 그의 문집 『영봉종론(靈峰宗論)』 477p, 479p에도 방외사라는 표현이 나타나고 있기 때문이다.

또 한 가지 『논어점정』에서 주목되는 점은 『논어』를 성리학적 관점에서 풀이하고 있는 주자朱子의 『논어집주(論語集注)』의 글들을 이끌어와 비판하고 있는 점이다. 그 비판의 글은 무려 62차례나 된다. 주자는 남송 시대의 대표적인 벽불론자辟佛論者, 배불론자排佛論者이다. 그가 주장하는 '성즉리설性卽理說'이 불교에서 주장하는 심법心法과 공성空性의 가르침과 크게 다르다고 인식했기 때문이다. 지욱선사가 그렇듯 주자의 글을 비판하고 있는 이유는 바로 이러한 주자의 벽불과 배불에 대한 반박은 물론, 더 나아가 유가의 경서經書가 담아내고 있는 가르침이 결코 불교의 가르침과 크게 다르지 않음을 밝혀내고자 하는 의도였다고 볼 수 있다. 비판을 위한 비판, 시비를 가리기 위한 비판이 아니라, 비록 공자가 가르치는 유가와 부처가 교설하는 불교의 가르침이 표현의 다름은 있지만 충분히 융화와 일치를 이룰 수 있는 성인들의 가르침임을 드러내고자 했던 취지라 볼 수 있다.

『논어점정』에는 실로 다양한 사상들이 융화되어 있다. 불교에 있어서는 천태와 유식, 선종, 계율 사상 등이 내재해 있고, 유교 사상에 있어서는 수신, 처신, 치국, 정도 등과 같은 유교의 기본사상과 왕양명의 심학사상 등도 함께 어우러져 융화되어 있다. 이는 지욱선사가 유가의 경서에 대한 주해를 통해 유불의 융화, 교설의 회통을 이루고자 했던 취지의 결과라고 할 수 있다. 결론적으로 공자가 경서를 통해 인간의 실천 덕목으로 강조하고 있는 군자, 인의예지仁義禮知, 수신修身, 칙국治國, 위민爲民 등에 대한 가르침과 불교에서 가르치고 있는 보살, 불성, 정법, 자비, 계율, 지혜, 수행, 정토, 중생구제 등에 대한 가르침 등이 크게 다르지 않고 서로 융화, 상통할 수 있음을 증명해 내고자 했던 것이다.

일러두기

- 번역 대본은 2004년 北京圖書館出版社에서 간행한 曹越 主編, 明淸四大高僧文集『靈峰宗論』을 사용하였다.
- 『논어』正文을 번역함에 있어서는 2005년 홍신문화사에서 출판한 李家源 監修, 新譯『論語』와 1990년 삼성출판사에서 출판한 한상갑 역, 『朱熹/ 論語·中庸』등을 참고하였다.
- 『논어』正文과 『논어점정(論語點睛)』을 해석함에 있어서는 『논어』정문을 먼저 배치하고, 이어서 정문의 번역문, 지욱선사의 주해 원문, 역자의 번역문 순으로 배치하였다.
- 특히 『논어점정(論語點睛)』을 해석함에 있어서는 원문의 직역을 원칙으로 하되 간혹 문장의 뜻을 쉽게 표현하기 위한 목적으로 의역을 하기도 하였다.
- 『논어』정문과 『논어점정』을 해석함에 있어 어려운 한자나 문장은 별도로 주를 달아 해석하였고, 역자의 보충적인 해석과 설명이 필요한 경우에 있어서는 '※'부호 뒤에 추가적인 설명의 글을 적었다.

사서우익 해서 四書藕益解序

藕益子年十二, 談理學而不知理, 年二十習玄門, 而不知玄, 年二十三參禪而不知禪, 年二十七習律, 而不知律, 年三十六演教, 而不知教. 逮大病幾絶, 歸臥九華, 腐滓以爲饌, 糠粃以爲粮, 忘形骸, 斷世故, 萬慮盡灰, 一心無寄. 然後知儒也, 玄也, 佛也, 禪也, 律也, 教也, 無非楊葉與空拳也, 隨嬰孩所欲而誘之. 誘得其宜, 則啞啞而笑, 不得其宜, 則呱呱而泣. 泣笑自在嬰孩, 于父母奚加損焉. 顧兒笑則父母喜, 兒泣則父母憂, 天性相關, 有欲罷而不能者, 伐柯伐柯, 其則不遠. 今之誘于人者, 卽后之誘人者也. 倘猶未免隨空拳黃葉而泣笑, 其可以誘他乎.

우익자(藕益子, 지욱 자신)는 나이 12세에 이학(理學: 儒學, 性理學)을 담론하였지만 이치를 알지 못했고, 20세에 현문(玄門: 도교)을 배웠으나 도교의 이치를 알지 못했으며, 23세에 선禪을 닦았지만 화두를 깨닫지 못했다. 나이 27세에 율장을 공부했지만 계율을 알지 못했고, 36세엔 부처님의 교법(教法: 경전과 논서)을 배웠지만 교법을 알지 못했다.

큰 병이 들어 거의 죽을 지경에 이르러서 구화九華산에 돌아와 누워 있게 되었다. 비지찌꺼기로 반찬을 삼고, 쌀겨와 오래 묵은 쌀로 양식을 삼아 먹으면서 병든 육체(形骸)의 고통을 잊으며 세상의 모든 인연을 끊고 살았더니, 만 가지 번뇌가 다 소멸되고 사라져 한 마음도 남아 있지 않게 되었다. 이런 연후에야 유교, 도교, 불교, 선, 율, 교법 등이 모두 버드나무 잎과 빈주먹처럼 갓난아이들이 요구하는 바를 따라서 그들을 달래는 방편이 아닌 게 없음을 깨달았다. 달래는 수단이 갓난아이들의 요구에 맞으면 아이들은 옹알거리며 웃지만, 그렇지 않으면 앙앙거리며 울게 된다. 울고 웃는 것은 아이들에게 달려 있는 것이니, 어찌 부모에게 손해 될 것이 있겠는가? 하지만 아이가 웃으며 돌아보면 부모도 기쁘고, 아이가 울면 부모도 근심하는 것은 선천적으로 서로 부모와 자식으로 연관되어 있기 때문이니, 그렇게 하지 않으려고 해도 그만둘 수 없는 것이다.

『시경(詩經)』에서 "도낏자루를 베고, 도낏자루를 베는구나. 그 법칙이 멀리 있지 않네."라고 하였다. 지금 사람들에게 달램(誘, 교화)를 받는 자는 후일에는 다른 사람을 달래줄(교화할) 자이다. 만약 오히려 빈주먹과 버드나무 잎을 따라서 울고 웃는 것(= 방편의 가르침)에서 벗어나지 못한다면, 그가 어찌 남들을 달래(교화)줄 수 있겠는가?[1]

---

1 체逮: 다다르다, 미치다. 기절幾絶: 거의 죽을 지경. 구화九華: 중국 안후이 성(安徽省) 남부에 있는 산. 지장보살의 영지靈地로 알려져 있으며, 아홉 개의 산봉우리가 연꽃처럼 보이는 것에서 유래한 이름이다. 부재腐滓: 두부(腐)의 찌꺼기(滓), 곧 비지. 강비糠粃: 쌀겨와 궂은 쌀(오래된 쌀). 형해形骸: 지욱 자신의 병든 육체를 지칭함. 만처진회萬處盡灰: 만 가지 번뇌가 다 타서 재가 되다. 곧 모든 번뇌에서 벗어나다. 일심무기一心無寄: 한 마음도 붙어 있을 곳이 없다. 곧, 모든 의문의 마음이 사라져 걸림이 없는 대자유의 본성을 회복함. 양엽여공권楊葉與空拳: 버드나무 잎과 빈주먹이라는 말로, 곧 진리의 실상을 깨우치기 위한 임시방편의 수단이나 가르침을 의미한다. '楊葉'에 대한 이야기는 『대반열반경(大般涅槃經)』 영아행품(嬰兒行品)에서 "어린아이가 울 때 부모가 곧 버

維時徹因比丘, 相從于患難顚沛, 律學頗諳, 禪觀未了, 屢策發之, 終隔一膜, 爰至誠請命于佛, 卜以數鬮須籍四書, 助顯第一義諦, 遂力疾爲拈大旨, 筆而置諸笥中, 屈指復十餘年, 徹因比丘且長往矣. 嗟嗟, 事邁人遷, 身世何實. 見聞如故, 今古何殊. 變者未始變, 而不變者亦未始不變, 尙何存于一分無常, 一分常之邊執也哉.

이때 철인徹因비구와 함께 환란의 어려움 속에서도 서로를 따르며 율학을 공부하여 자못 그 뜻을 이해하였으나, 선관(禪觀: 선의 이치, 궁극적인 진리)은 미처 깨닫지 못하였다. 거듭 서로를 경책하며 분발했지만, 끝내 하나의 의문이 가로막았다. 이에 지극한 정성으로 부처님 전에 발원하며 해답을 청하였다.

몇 번의 제비뽑기로 점을 쳐서 모름지기 사서(四書: 논어, 맹자, 중용, 대학)를 빌어 그 궁극적인 이치(第一義諦)의 밝혀냄을 돕고자 하였다. 마침내 아픈 몸을 무릅쓰고 사서의 대강의 뜻을 정리하였고, 이를 글로 써서 상

드나무 누런 잎을 써서 달래며 말하기를, '울지 마, 울지 마, 내가 너에게 금을 줄게.' 어린아이가 그것을 보고선 진짜 금이라고 생각해서 곧 울음을 그쳐 울지 않았다. 그러나 이 버들잎은 실상의 금이 아니니라(如彼嬰兒啼哭之時, 父母卽以楊樹黃葉而語之言, 莫啼莫啼我與汝金. 嬰兒見已生眞金想便止不啼, 然此楊葉實非金也)."라는 내용으로 표현되고 있다. '空拳' 역시 아이에게 빈주먹을 보여주면서 마치 주먹 속에 아이들이 좋아할 만한 그 무엇인가를 감추고 있는 것처럼, 아이를 유혹하고 달래는 방편이나 수단을 의미한다.영해嬰孩: 나이가 아주 어린 아이. 아아啞啞: 어린아이가 옹알거리며 웃는 소리. 고고呱呱: 어린아이가 앙앙거리며 웃는 소리. 벌가벌가伐柯伐柯, 기측불원其則不遠:『시경』빈풍(豳風)에서 벌가(伐柯)라는 제목으로 표현되고 있는 시구이다. 본뜻은 진리는 멀리 있는 것이 아니라, 바로 스스로 실천하는 가운데에 있음을 비유하는 말이다. 도낏자루로 쓸 나무를 벨 때에 산에 있는 나무를 모두 일일이 살펴볼 필요는 없다. 다만 자기 손에 쥐고 있는 도끼의 구멍 크기에 맞을 만한 나무를 골라 베면 된다. 도 역시 이와 마찬가지로, 자기가 감당할 수 없는 멀고 큰 것을 찾을 필요가 없이 자신을 성찰하는 데에서 출발하면 된다는 가르침이다.

자 속에 넣어 두었었다. 손가락을 꼽아 보니 다시 십여 년이 흘렀고, 철인비구도 세상을 떠난 지 오래되었다.

아, 사물도 흘러가고 사람도 변해가니, 몸과 세상에서 무엇이 실다운 것이겠는가! 보고 들음은 예전과 같으니, 현재와 옛날이 어찌 다르겠는가? 변하는 것은 일찍이 변하지 않았고, 변하지 않는 것도 일찍이 변하지 않은 적이 없는데, 오히려 한 부분은 무상하고, 한 부분은 영원하다는 편협된 집착에 어찌 마음을 두고 있겠는가?[2]

---

2 철인비구徹因比丘: 구체적으로 누구인지 알 수 없다. 환난전패患難顛沛: 환난의 어려운 상황. '顛沛'는 넘어지고 자빠짐. 파암頗諳: 자못 ~을 알다, 이해하다. 격일막隔一膜: 하나의 꺼풀이 가로막다. 곧 하나의 의심이 해소되지 못하고 완전한 깨달음을 방해한다는 의미. 원爰: 이에, 여기에서. 청명우불請命于佛: 부처님께 기도하며 하나의 의심(一膜)이 풀리기를 청한다는 의미. 복이수구卜以數龜: 수차례 제비뽑기(龜)로 점을 치다. 역질력질力疾: 아픈 몸을 무릅쓰고 역량을 다하다. 위염대지爲拈大旨: 대강의 뜻을 잡아내다. 곧 사서의 중요한 취지를 찾아 정리했다는 의미. 사筒: 상자, 궤. 사매인천사邁人遷: 사물도 흘러가고 사람도 변해간다. 변자미태변變者未始變, 불변자역미태불변不變者亦未始不變. '變者'는 곧 형상으로 드러난 현상세계, 혹은 모든 물질적 정신적 존재의 성주괴공成住壞空, 생로병사生老病死, 생주이멸生住異滅 등의 변화 작용의 이치를 의미한다. 반면에 '不變者'는 변하지 않는 근원적인 본체本體, 본성本性, 당체當體, 궁극적인 진리 등을 의미한다. 따라서 '變者未始變'이라는 말은 변화하는 현상 속에는 불변한 근원적인 이치(不變者: 불교적인 표현으로는 공성空性, 진성眞性, 진여眞如, 불성佛性, 유교적인 표현으로는 태극太極, 이리, 성性, 도교적인 표현으로는 도道)가 내재해 있다는 뜻이다. 이러한 이치를 불교적인 표현으로 다시 정리하면 '수연불변隨緣不變'이라 할 수 있다. 인연을 따라 생멸의 변화를 드러내지만, 그 근원적인 본성은 변하지 않는다는 말이다. 또한 '不變者亦未始不變'이라는 말은 근원적인 궁극적 진리(不變者)는 그 본성을 잃지 않으면서 인연에 따라 다양하고 변화무쌍한 변화의 모습을 드러낸다는 뜻이다. 이를 불교적인 표현으로 다시 정리하면, '불변수연不變隨緣'이라 할 수 있다. 변하지 않는 본성을 지키면서도 인연에 따라 현상적인 변화의 모습을 드러낸다는 뜻이다. 일분무상一分無常, 일분상一分常: 『능엄경(楞嚴經)』제 10권에서 표현되고 있는 말로, '한쪽 측면에서 보면 무상하고, 다른 측면에서 보면 항상하다'는 뜻이다. 이는 모든 것이 무상하다는 단멸론斷滅論과 모든 것은 영원하다는 상주론常住論의 다른 표현이기도 하다. 존재의 무상함만을 보는 관점에서는 모든 존재는 소멸과 죽음으로써 더 이상 존재하지 않는다는 단멸론에 빠지게 되고, 반면에 모든 것이 영원하다는 관점에서는 모든 존재가 불변하게 영원히 지속된다는 상주론에 빠지게 된다. 불교는 이러한 두 가지 관점에서

今夏述成唯識心要, 偶以余力重閱舊稿, 改竄其未妥, 增補其未備. 首論語, 次中庸, 次大學, 后孟子. 論語, 爲孔氏書, 故居首. 中庸大學皆子思所作, 故居次. 子思先作中庸, 戴禮列爲第三十一, 後作大學, 戴禮列爲第四十二. 大學章首在明明德, 承前章末予懷明德而言, 本非一經十傳, 舊本亦無錯簡, 王陽明居士已辨之矣. 孟子學于子思, 故居後, 解論語者曰點睛, 開出世光明也. 解庸學者曰直指, 談不二心源也, 解孟子者曰擇乳, 飲其醇而存其水也. 佛祖聖賢皆無實法綴人, 但爲人解粘去縛, 今亦不過用楔出楔, 助發聖賢心印而已. 若夫趨時制藝, 本非予所敢知, 不妨各從所好.

올여름 『유식심요(唯識心要)』의 저술을 끝마치다가 우연히 여력이 있어 옛적에 써놓은 원고를 다시 보았다. 아직 그 온전하지 못한 부분은 고치고, 그 미비한 부분은 더 보완하였다. 『논어』를 첫 머리에 놓고 다음으로 『중용』, 『대학』, 맨 뒤에 『맹자』를 실었다. 『논어』는 공씨孔氏의 서적이기 때문에 첫 머리에 놓았고, 『중용』, 『대학』은 모두 자사子思가 지은 것이기에 그 다음에 실었다. 자사는 먼저 『중용』을 지었는데, (원래 이 책은), 『대례(戴禮)』 제31편에 실려 있으며, 후에 『대학』을 저술하였는데 『대례』 제42편에 실려 있다. 『대학』의 장章 첫 머리의 '재명명덕(在明明德: 밝은 덕을 밝히는 데에 있다)'은 앞 장의 말미(前章末: 곧 『중용』 맨 마지막 장)의 '여회명덕(予懷明德: 내가 밝은 덕을 품고 있다)'을 이어서 말하고 있다. 본래 '일경

어느 한 가지 관점에만 치우쳐서 집착하는 것(邊執)을 경계한다. 존재의 무상성과 영원성을 중도적인 관점에서 함께 이해해야만 바른 궁극적인 진리를 체득할 수 있다는 관점인 것이다.

십전一經十傳'이 아니고 구본에도 또한 착간이 없기에, 왕양명 거사가 이미 이를 논변하였다. 맹자는 자사에게 배웠기 때문에 맨 뒤에 실었다.

『논어』를 주해하여 '점정點睛'이라 이름한 것은 세상을 벗어나는 광명을 열었기 때문이고, 『중용』, 『대학』을 주해하여 '직지直指'라고 한 것은 마음의 근원이 둘이 아님을 담론했기 때문이며, 『맹자』를 주해하여 '택유擇乳'라고 한 것은 그 순수한 wjw만을 마시고 그 나머지 물은 남겨두었기 때문이다.[3]

---

[3] 유식심요唯識心要: 본서명은 『성유식론관심법요(成唯識論觀心法要)』이다. 유식학에 관련한 저서로, 모두 10권으로 이루어져 있다. 술성述成: 결론지어 마무리 하는 말. 개찬改竄: 글의 뜻을 달리하기 위하여 일부 글자나 구절을 일부러 고침. 미타未妥: 아직 완전하지 않다. 대례戴禮: 『예기(禮記)』를 지칭한다. 『예기』는 유가의 오경五經 가운데 하나로, 예의 이론과 실제를 기술한 책이다. 한무제漢武帝 때 하간河間의 헌왕獻王이 공자와 그 후학들이 지은 131편의 책을 수집하여 바친 것을 선제宣帝 때에 유향劉向이 보충하여 214편으로 엮었다. 이를 대덕戴德이 85편으로 줄였는데 이를 『대대례(大戴禮)』이라 부르고, 이후 그 동생 대성戴聖이 또다시 줄여 46편으로 줄였는데 이를 『소대례(小戴禮)』라 한다. 이후에 3편을 더하여 49편이 되는데, 일반적으로 『예기』라고 하면 대성이 엮은 『소대례』를 지칭한다. 본비일경십전本非一經十傳, 구본역무착간舊本亦無錯簡: 『대학』은 유교 경전에서 공자의 가르침을 잘 함축한 사서四書에 포함된 중요한 경서이다. 공자의 손자인 자사子思의 저작이라고 전해진다. 남송南宋의 주희朱熹는 『대학』의 내용을 경經 1장, 전傳 10장으로 나누면서 '經'은 공자의 사상을 제자인 증자曾子가 기술한 것이고, '傳'은 증자의 생각을 그의 문인이 기록한 것이라고 주장하였다. 하지만 이는 주희의 견해일 뿐 그 근거가 확실하지 않다. 본래 『예기』의 제42편에 실려 있던 것을 주희가 따로 떼어내어 『대학장구(大學章句)』를 만들어 주석을 붙이고 이를 존숭하면서부터 단행본으로 세상에 유행하였다. 지욱선사는 바로 이러한 주희의 '一經十傳'으로 구성된 『대학장구』를 비판하고 있다. 본래 『예기』에 실려 있던 『고본대학(古本大學)』그 자체로도 책장, 또는 편篇·장章의 순서에 있어서 아무런 잘못된 부분(錯簡)이 없다는 비판인 것이다. 왕양명거사이변지의王陽明居士已辨之矣: 주자학과 대립적 각을 세웠던 명대의 왕양명은 고본대학이 대학 본의에 합치된다는 주장을 가지고 대학을 해설했다. 이에 관련한 내용이 그의 문집인 『전습록(傳習錄)』 상권에 실려 있다. 기순이존기수야其醇而存其水也: '아왕택유鵝王擇乳'라는 성어에서 비롯되는 말이다. 최상승(上乘)의 정화精華를 택함을 비유하는 것으로, 송나라 목암선경睦庵善卿이 편찬한 『조정사원(祖庭事苑)』 제5권에서 『정법염경(正法念經= 正法念處經)』에서 말씀하시기를, 비유하지면 물과 우유 같아서, 물과 우유를 한 그릇에 섞어놓으면 아왕鵝王은 그것을 마시면서

33

부처, 조사, 성현들은 모두 항구불변의 법(實法)으로 사람을 얽매이지는 않으셨다. 다만 사람들을 위해 끈끈하게 달라붙은 것을 풀어주고, 결박을 제거해주셨을 뿐이다. 지금 또한 쐐기를 이용하여 쐐기에서 벗어나고자 하는 것에 불과하니, 성현의 심인(心印: 마음에서 마음으로 전하는 궁극적인 진리, 혹은 깨달음)을 밝히는 데 도움을 주고자 하는 것에 불과할 뿐이다. 저 제예(制藝)의 시류를 따르는 것과 같은 것은 본디 내가 감히 알 바는 아니니, 각자 좋아하는 바를 좇는 것도 무방하다.[4]

古吳西有道人智旭 漫識時在順治四年丁亥孟冬九日.

고오古吳 서유도인西有道人 지욱智旭이 때는 순치順治 4년(1647) 정해년 맹동(孟冬: 음력 10) 9일에 붓 가는 대로 쓰다.

그 우유즙만을 마시고, 그 물은 남겨 놓는다(正法念經云, 譬如水乳, 同置一器, 鵝王飲之, 但飲其乳汁, 其水猶存)."라는 내용으로 언급되고 있다. 여기서 '아왕(거위 왕)'은 부처님을 상징한다.

※ 아쉽게도『맹자택유(孟子擇乳)』는 유실되어 현재 전해지지 않는다. 지욱선사의 문집인 영봉종론(靈峰宗論)에는『논어점정(論語點睛)』,『중용직지(中庸直指)』,『대학직지(大學直指)』등 사서 가운데 3편만이 실려 있다.

4 실법實法: 상항불변恒不變하는 법을 말함. 이에 비해 일시적으로 존재하는 것을 '가법假法'이라 한다. 철인綴人: 사람을 얽매이다, 구속하다, 속박시키다. 해점거박解粘去縛: 끈끈하게 달라붙은 것을 풀어주고, 결박을 제거하다. 곧 모든 번뇌와 그릇된 사견에 물들고 얽매는 것을 풀어주고 제거하여 바른 지견을 얻게끔 함을 비유함. 용설출설用楔出楔: 쐐기(楔)를 사용하여 쐐기에서 벗어난다'는 말로, 이는 곧 '사서四書'라는 책도 성현이 대중들을 교화하기 위한 방편(楔, 쐐기)에 지나지 않지만, 지욱이 다시 이를 주해하는 목적 또한 그러한 성현의 가르침의 뜻을 더욱 분명히 드러내기 위해 어쩔 수 없이 사용하는 또 다른 방편에 지나지 않다는 의미이다. 추시제예趨時: 유행을 따르다, 시대의 흐름을 따르다, 시세에 순응하다. 제예制藝: 명・청시대의 과거 고시 제도의 문체를 지칭함.

제1 학이學而편

1. 子曰 學而時習之면 不亦說乎아 有朋自遠方來면 不亦樂乎아 人不知而不慍이면 不亦君子乎아.

공자께서 말씀하시기를, "배우고 수시로 익히면, 또한 기쁘지 아니한가. 벗이 있어 멀리서부터 찾아오니 또한 즐겁지 아니한가? 남이 (나를) 알아주지 않아도 노여워하지 않으면, 또한 군자가 아니겠는가?"

此章以學字, 爲宗主, 以時習二字, 爲旨趣, 以悅字, 爲血脈. 朋來及人不知, 皆是時習之時, 樂及不慍, 皆是說之血脈無間斷處. 蓋人人本有靈覺之性, 本無物累, 本無不說, 由其迷此本體, 生出許多恐懼憂患. 今學, 卽是始覺之智, 念念覺於本覺, 無不覺時, 故名時習. 無時不覺, 斯無時不說矣. 此覺原是人所同然, 故朋來而樂. 此覺原無人我對待, 故不知不慍. 夫能歷朋來, 人不知之時, 而無不習, 無不說者, 斯爲君子之學. 若以知不知二其心, 豈孔子之所謂學哉.

이 장에서는 '학學'자로 종지로 삼고, '시습時習' 두 자로 취지를 삼으며 '열悅'자로 혈맥을 삼고 있다. '붕래朋來'로부터 '인부지人不知'까지는 모두 '시습時習'의 때를 말하며, '락樂'으로부터 '불온不慍'까지는 모두 혈맥이 틈새와 끊어진 곳이 없음을 설명하고 있다.

대개 사람들은 모두 영각靈覺[5]의 성품을 소유하고 있다. 본래 밖의 경계에 걸림이 없으니(無物累)[6], 본래 기쁘지 않음이 없다. 그러나 이러한 본체를 미혹함으로 말미암아 두려움과 근심 걱정이 생겨나는 것이다. 지금 '배운다(學)'는 뜻은 곧 시각始覺의 지혜를 의미한다. 본각本覺[7]을 의지해서 생각 생각이 깨어 있으면, 깨어 있지 않을 때가 없다. 그러므로 '때때로 익힌다(時習)'고 하는 것이다. 때때로 깨어 있지 않음이 없으니, 이 또한 매 순간 기뻐하지 않음이 없는 것이다.

이러한 각성의 마음은 근본적으로 사람마다 동일하다. 그러므로 '벗이 와서 기쁘다'고 하는 것이다. 각성의 마음은 나와 다른 사람 간에 전혀 다름이 없다. 그러므로 '알아주지 않아도 성내지 않는다'고 한다. 무

---

[5] 영각靈覺: 깨달음의 성품. 곧 누구나가 부처와 성인이 될 수 있는 청정무구한 본원적인 진리성품. 불성佛性과 같은 의미.

[6] 「장자(莊子)」, 「천도天道」, "그러므로 하늘의 즐거움을 아는 사람은 하늘을 원망하지도 않고, 사람을 비방하지도 않고, 사물에 구속되지도 않고, 귀신도 책망하지 않는다(故知天樂者, 無天怨, 無人非, 無物累, 無鬼責)."

[7] 본각本覺과 시각始覺: 대승불교의 논서인 『대승기신론(大乘起信論)』에서는 삼각三覺, 즉 本覺, 不覺, 始覺이 언급되고 있다. 본각은 모든 존재는 근본적으로 청정무구한 깨달음의 진리성품(법성, 불성, 진여)을 구족하고 있음을 의미한다. 불각은 중생들이 망념의 번뇌로 인해 본래 구족하고 있는 깨달음의 성품을 잃어버리고, 무명한 중생심을 자기의 본성으로 착각하여 불선한 중생의 모습으로 살아가는 상태를 의미한다. 마지막 시각은 우리의 근본 성품이 깨달음의 성품이 불성(= 본각)의 존재임을 자각하고, 수행을 통하여 깨달음의 근본 본성을 회복해 감을 의미한다. 지욱선사는 이와 같이 대승불교의 관점에서 「논어」의 첫 장을 주해하고 있다.

릇 벗이 찾아와서 사람들이 알아주지 않을 때라도 쉬지 않고 계속 공부하는 사람이어야 한다. 이것이야말로 군자의 배움이라 할 수 있다. 만약 알아주거나 알아주지 않는 두 마음에 따라 배움이 다르다면, 어찌 공자가 말하는 배움이라고 할 수 있겠는가!

2. 有子曰 其爲人也孝弟요 而好犯上者鮮矣니 不好犯上이요 而好作亂者未之有니라. 君子는 務本이니 本立而道生하나니 孝弟也者는 其爲仁之本與인저.

유자有子[8]가 말하기를, "그 사람됨이 부모에게 효성스럽고 형에게 공경스러우면서 윗사람 범하기를 좋아하는 자는 드물 것이니, 윗사람 범하기를 좋아하지 않고서 난을 일으키기를 좋아하는 자는 없다. 군자는 근본에 힘쓰니, 근본이 확립되면 도가 생기는 것이다. 효도와 공손은 인을 실천하는 근본일 것이다."

爲仁, 正是爲人, 不仁便不可爲人矣. 作亂之本, 由於好犯上, 犯上之本, 由於不孝弟, 不孝弟, 由於甘心爲禽獸. 若不肯做衣冠禽獸, 必孝弟以爲人, 爲人, 卽仁義禮智自皆具足, 故孝弟是仁義禮智之本. 蓋孝弟, 是良知良能, 良知良能, 是萬事萬物之本源也.

---

[8] 유자有子: 공자의 제자로 노나라 출신이다. 성은 유有, 이름은 약若, 자는 자유子有이다. 공자 사후 공자학단의 지도자로 선출된 후에는 주로 존칭인 유자로 불리었다.

어질어야 바로 사람이라 할 수 있으니, 어질지 않으면 사람이라 할 수 없다. 난을 일으키는 근본은 윗사람을 범하려는 것에 이유가 있다. 윗사람을 범하는 근본은 부모에게 불효하고 형제에게 불경스러운 것에서 말미암는다. 부모에게 불효하고 형제에게 불경스러운 것은 기꺼이 금수의 마음이기 때문이다. 만약 금수의 삶을 살지 않으려면, 반드시 부모에게 효도하고 형제를 공경하는 사람이 되어야 한다. 사람됨이 이러하면 곧 인의예지仁義禮智를 구족한 사람이라 할 수 있다. 그러므로 '효제孝弟'는 인의예지의 근본이다. 대개 선천적으로 타고나는 마음과 자질(良知良能)[9]이라 할 수 있다. '양지양능'이야말로 만사만물의 근본적인 원천이다.

3. 子曰, 巧言令色은 鮮矣仁이니라.

공자께서 말씀하시기를, "말을 교묘하게 하며, 얼굴빛을 좋게 하는 자는 어진 사람이 드물도다!"

巧言, 口爲仁者之言也. 令色, 色取仁也. 仁, 是心上工夫. 若向言色處下手, 則愈似而愈非.

'교언巧言'은 입으로만 어진 사람처럼 말하는 것을, '영색令色'은 얼굴

---

[9] 양지양능良知良能: 교육이나 경험에 의하지 않고 선천적으로 사물을 알고 행할 수 있는 마음의 작용과 능력을 말한다. 『맹자(孟子)』 진심장구상(盡心章句上)편에 "孟子曰, 人之所不學而能者, 其良能也, 所不慮而知者, 其良知也."라는 내용으로 표현되고 있다.

빛으로만 어진 척하는 것을 뜻한다. '인仁'은 마음을 공부하는 것이다. 만약 말과 얼굴빛을 낮춰 어진 척하면 할수록 더욱 어질지 못한 자라 할 수 있다.[10]

4. 曾子曰, 吾日三省吾身하나니 爲人謀而不忠乎아 與朋友交而不信乎아 傳不習乎이니라.

증자가 말하기를, "나는 매일 나 자신을 세 가지로 반성한다. 남을 위해서 일을 하는 데 정성을 다하였던가? 벗들과 함께 서로 사귀는 데 서로 신의를 다하였던가? 제대로 익히지 못한 것을 남에게 전하지 않았던가?"

三事, 只是己躬下一大事耳. 倘有人我二相可得, 便不忠信. 倘非見過於師, 便不能習. 此是旣唯一以貫之之後, 方有此眞實切近功夫.

세 가지 일이란 다만 자기 자신을 낮추는 일대사일 뿐이다. 혹여 나와 남이라는 두 가지 상이 있다면, 정성과 신의가 있는 사람이 아니다. 만약 스승보다 부족한 점을 찾을 수 없다면, 더 이상 익히지 않아도 된다.[11] 이렇듯 오직 초지일관 공부를 익힌 후에야 바야흐로 이것이 진실로 공부에 가장 근접한 경지라고 할 수 있다.

---

10 유愈~愈~: ~할수록 ~하다.
11 스승에게 학문을 배움에 있어서 스승의 가르침을 온전히 다 이해하고 전수해 배움으로서, 더 이상 스승에게서 배울 것이 없을 정도의 공부가 되어야 함을 의미한다.

5. 子曰, 道千乘之國하되 敬事而信하며 節用而愛人이며 使民以時니라.

공자께서 말씀하시기를, "천승千乘[12]의 나라를 다스리려면 일을 공경히 (경건하게) 처리하여 믿음이 가게 하며(미덥게 하며), 쓰기를 절제하고 사람을 아끼며, 백성 부리기를 때에 맞추어(농사철을 피하여) 할 것이니라."

五者, 以敬事爲主, 敬事, 又從敬止功夫得來.

다섯 가지[13]는 일을 공경히 처리하는 것으로써 주를 삼아야 한다. 일을 공경히 처리한다는 것은 또한 경敬에 이르러야 공부가 끝마침을 의미한다.

6. 子曰, 弟子入則孝하고 出則弟하며 謹而信하며 汎愛衆하되 而親仁이니 行有餘力이면 則以學文이니라.

공자께서 말씀하시기를, "제자는 집에 들어가면 부모에게 효도하고, 밖에 나가서는 모든 일을 삼가며, 남에게 미덥게 하며, 널리 사람들을 사랑하되 특히 어진 사람과 친해야 한다. 행하고서 남음이 있으면 글을 배워야 한다."

---

12 천승千乘: 천 대의 병거兵車라는 뜻으로, 그 정도의 힘을 가진 나라의 제후를 이르는 말.
13 오자五者: ①일을 공경하게 처리하는 것 ②믿음이 가게 하는 것 ③절제해서 쓰는 것 ④사람을 아끼는 것 ⑤때에 적합하게 백성을 부리는 것 등이다.

養蒙莫若學問, 學問, 不過求放心, 求放心, 莫若格物致知. 孝弟謹信, 乃至學文, 皆格物致知之功也. 直敎一切時文行合一而修, 不是先行後文, 蓋文, 是道統所寄. 孝弟忠信等, 卽是文之實處. 故曰文王旣沒, 文不在茲乎. 若僅作六藝釋之, 陋矣.

어린 사람을 교육하는 데는 학문만 한 것이 없고, 학문은 방심한 마음을 찾는 것에 지나지 않는다. '방심한 마음을 찾는다(求放心)'는 것은 모든 사물의 이치를 끝까지 궁구하여 사물의 참다운 이치를 깨닫는 것(格物致知)보다 나은 것이 없다. 효도하고(孝), 공경하고(弟), 삼가고(謹), 미덥게 하고(信), 나아가 학문을 배우는 것(學文) 등은 모두 '격물치지'를 위한 공부라 할 수 있다. 항상 학문의 배움과 실천을 하나로 실행하게끔 바르게 가르쳐야 한다. 행을 먼저 가르치고 글을 나중에 가르치는 것은 옳지 않다. 대개 학문이란 도의 전수(道統)를 위한 것이다. '효제충신孝弟忠信' 등은 곧 학문의 진실된 쓰임새라 할 수 있다. 그러므로 "문왕文王께서 이미 돌아가신 지 오래지만 그 학문이 여기 나에게 있지 아니한가?"[14]라고 한 것이다. 만약 육예六藝[15]로만 해석하고자 한다면 짧은 소견의 해석이라 할 수 있다.

7. 子夏曰, 賢賢易色하고 事父母能竭其力하고 事君能致其身하며 與朋友交하되 言而有信이면 雖曰未學이라도 吾必謂之學矣라.

---

14 자한편 5장에서 언급되고 있다.
15 육예六藝: 禮, 樂, 書, 詩, 易, 春秋 등의 경전을 말함.

자하가 말하였다. "어진 사람에게는 낯빛을 편히 바꾸어 어질게 대하고, 부모 섬기기에 진력을 다하며, 군주에게는 온몸을 바쳐 모시고, 친구를 사귀면서 말에 신의가 있다면, 비록 배우지 못했어도 나는 반드시 배운 사람으로 대할 것이다."

賢賢, 不但是好賢, 乃步步趨趨之意, 蓋自置其身於聖賢之列, 此卽學之本也. 事親事君交友, 皆躬行實踐, 克到聖賢自期待處, 所以名爲實學.

'현현賢賢'이란 단지 어진 것만을 좋아하는 것이 아니라, 어짊을 닮아가고자 하는 뜻이다(步步趨趨之意).[16] 대개 스스로 자신의 몸가짐을 성현의 대열에 두고자 하는 의미로, 이러한 자세가 곧 학문의 근본이라 할 수 있다. 부모를 섬기고, 임금에게 충성하고, 친구와 사귀는 것 등은 모두 자신이 나서서 몸소 실천해야 하는 것이다. 능히 성현의 경지에 이르기 위해서 스스로가 원해서 하는 것이다. 이런 이유로 실다운 학문(實學)이라고 이름한다.

---

16 현자가 걸으면 같이 따라 걷고, 뛰면 같이 따라 뛰었다는 의미로, 곧 존경하는 스승의 행동거지를 본받음을 표현하고 있다. 『장자(莊子)』외편外篇에 "안연이 공자께 물었다. 선생님께서 걸으면 저도 걸었고, 뛰어가면 저도 뛰었으며, 선생님께서 말을 달리면 저도 말을 달렸습니다. 선생님께서 말을 달리면 저도 말을 달렸습니다. 그러나 선생님께서 먼지를 끊고 멀리 달려가 버렸으니, 저는 뒤에 처져 놀라 바라볼 뿐이었습니다(顔淵問於仲尼曰, 夫子步亦步, 夫子趨亦趨, 夫子馳亦馳, 夫子奔逸絶塵, 而回瞠若乎後矣)."라는 표현이 나온다.

8. 子曰, 君子不重則不威이고 學則不固이니라. 主忠信하며 無友不如己者요 過則勿憚改니라.

공자께서 말씀하시기를, "군자는 무겁지 않으면 위엄이 없고, 학문도 견고하지 못하다. 충성과 믿음을 주로 삼되 자기만 못한 사람을 사귀지 말며, 자신에게 허물이 있으면 고치기를 꺼려하지 말아야 한다."

期心於大聖大賢, 名爲自重, 愼恐懼, 名爲威, 覺之功, 有進無退, 名爲學固. 倘自待稍輕, 便不能念念兢業惕厲, 而暫覺還迷矣. 直以不重, 根本病也. 忠則直心正念眞如, 信則的確知得自己可爲聖賢, 正是自重之處. 旣能自重, 更須親師取友, 勇於改過. 此三, 皆對證妙藥也. 故知今之悅不若己, 憚於改過者, 皆是自輕者耳. 又主忠信, 是良藥, 友不如, 憚改過, 是藥忌.

마음으로 위대한 성현과 위대한 현자가[17] 되기를 기약하는 것이야말로 스스로를 무겁게 하는 것이다. 경계하고 삼가며 조심하고 두려워하는 것(戒愼恐懼)[18]을 '위엄(威)'이라 한다. 깨달음을 닦아가는 공부(始覺)에 있

---

17 대성대현大聖大賢: 내용상으로 무상정등각을 성취한 붓다와 대승의 위대한 불보살을 의미한다고 보인다.
18 『중용(中庸)』 제1장에 "하늘이 명하는 것을 성이라 하고, 성을 따르는 것을 도라 하며, 도를 닦는 것을 교라 한다. 도에서는 잠시도 벗어날 수 없는 것이니, 떠날 수 있다면 도가 아니다. 이 때문에 군자는 그 보이지 아니하는 곳에서 경계하고 삼가며, 그 들리지 아니하는 곳에서 두려워한다(天命之謂性, 率性之謂道, 修道之謂敎. 道也者, 不可須臾離也, 可離非道也. 是故君子, 戒愼乎其所不睹, 恐懼乎其所不聞)."라는 표현이 있다.

어서 앞으로 나아감만 있고 물러남이 없는 것이야말로 학문이 견고하다 (學固)고 할 수 있다. 만약 스스로 (번뇌가) 가볍기를 바란다면, 곧 생각 생각을 항상 조심하고 주의해야만 한다. 그리하면 한순간 어리석음을 되돌려 깨닫게 될 것이다. 다만 무겁게 하지 않는 것이야말로 근본적인 병이라 할 수 있다.

'충忠'이란 곧은 마음으로 진여를 바르게 알아차리는 것(正念)을 의미하고, '신信'이란 분명하게 자기 스스로가 성현이 될 수 있음을 깨닫는 것을 뜻한다. 바로 이것이야말로 스스로가 무겁게 처신해야 할 곳이다. 이렇듯 능히 스스로 무겁게 한 다음에는 곧 스승을 가까이 모시고 도반과 함께하며, 용기 있게 자신의 허물을 고쳐나가야 한다. 이러한 세 가지는 모두 번뇌를 다스려 깨달음을 이루는 신묘한 약(對證妙藥)이라 할 수 있다. 그러므로 작금의 자기보다 못한 자를 따르면서 자신의 허물을 고치기를 꺼려하는 자들은 모두 스스로를 가볍게 여기는 자일 뿐임을 알아야 한다. 또한 충과 신을 주로 삼는 것도 번뇌를 다스리는 훌륭한 약이 되지만, 도반보다 못하면서도 허물을 고치려고 하지 않는 것은 써서는 안 될 처방약이라 할 수 있다.

9. 曾子曰, 愼終追遠하면 民德歸厚矣리라.

증자가 말하기를, "돌아가신 부모를 정성껏 모시고, 먼 조상을 추모하면 백성의 덕이 두터워질 것이다."

厚, 是本性之德, 復其本性, 故似歸家.

두텁다는 것은 본성의 덕을 의미한다. 그 본성을 회복하는 것이야말로 본가로 돌아가는 것과 같다.

10. 子禽이 問於子貢曰, 夫子至於是邦也하사 必聞其政하시니 求之與아 抑與之與아 子貢이 曰, 夫子는 溫良恭儉讓以得之시니 夫子之求之也는 其諸異乎人之求之與니라.

자금子禽이 자공子貢[19]에게 물었다. "선생님(공자)께서 어느 나라에 가시든지 그 나라를 다스리는 사람에게서 반드시 정치에 관한 것을 들으시는데, 그것은 선생님께서 스스로 청하신 것입니까? 아니면 그 나라를 다스리는 사람에게서 청함을 받았기 때문입니까?" 자공이 대답하였다. "선생님께서는 온화하시고, 선량하시고, 공손하시고, 검약하시고, 겸양하시기 때문에 스스로 청하신 것입니다. 그러니 선생님께서 청하신 것은 다른 사람이 청하는 것과는 다릅니다."

此可與美玉章參看, 子貢以沽, 與藏, 爲問, 夫子再言沽之. 只是待價二字, 便與尋常法不同. 今子禽以求, 幷與, 爲問, 子貢亦言求之. 祇是說出溫良恭儉讓五字, 便與尋常求法不同. 若竟說不求不

---

19 자금子禽과 자공子貢: 자금은 공자의 제자로 성은 진陳, 이름은 항亢이다. 자공 역시 공자의 제자로 성은 단목端木, 이름은 사賜이다.

沽, 則與巢許何別, 若竟說求之沽之, 則與功名之士何別, 若知舜禹有天下, 而不與焉. 顔子居陋巷, 而非置斯民於度外, 則知富强禮樂. 春風沂水, 合則雙美離則兩偏矣.

　이 부분과 함께 「미옥장美玉章」[20]을 살펴보면, 자공은 (옥을) 팔 것인가, 감추어 보관할 것인가를 공자께 묻고 있다. 공자는 그것을 팔 것을 재차 말하고 있다. 다만 두 글자(沽, 藏)는 값을 기다려 판다는 의미이지만, 이전과 판매하는 방법이 다름을 말하고 있다. 지금은 (자공에게) 구하는 것인지(求, 스스로 구하는 것, 혹은 청하는 것인지), 주는 것인지(與, 다른 사람이 주는 것, 혹은 청함을 받는 것인지) 여부를 묻고 있는데, 자공 또한 구하고 있음을 말하고 있다. 다만 온화, 선량, 공손, 검약, 겸양의 다섯 가지 글자를 말한다. 곧 예전과 구하는 방법의 다름을 말하고 있다.

　만약 마침내 구하지 않고, 팔지 않는 것만을 말하는 것이라면, 소부巢父, 허유許由[21]와 더불어 무엇이 다르겠는가? 만약 마침내 구하고 파는 것만을 말하는 것이라면, 공명심이 높은 사람과 다름이 무엇이겠는가? 만약에 순임과 우임금이 천하를 소유하였으나 관여하지 않았다[22]는 뜻을

---

20 자한편 12장에 "자공이 말하길. 여기 아름다운 옥이 있다면 그것을 함에 넣어 보관하시겠습니까? 좋은 상인에게 파시겠습니까?" "공자께서 말씀하시길, 팔아야지, 팔아야지. 나는 좋은 값을 부를 사람을 기다리고 있느니라(子貢曰, 有美玉於斯, 韞匵而藏諸, 求善賈而沽諸. 子曰, 沽之哉, 沽之哉, 我, 待賈者也)."라는 내용의 문장이 있다.
21 두 사람 모두 요임금 당시에 청백을 지키던 은사로 알려져 있다.
22 태백편 18장에 "공자가 말씀하시기를, 높고도 크도다. 순임금과 우임금이 천하를 소유하시고도 관여하지 않으셨다(子曰, 巍巍乎. 舜禹之有天下也而不與焉)."라는 표현이 나온다.

알고, 안자顔子[23]가 누추한 곳에 살면서도 이에 백성을 도외시하지 않았던 뜻을 안다면, 곧 예악으로 나라를 부강하게 할 수 있음을 안다고 할 수 있다. 기수沂水[24]에 봄바람이 부는 것과 같으니[25], 합치면 둘 다 아름답지만, 떨어지면 둘 다 편향된다고 할 수 있다.

11. 子曰, 父在에 觀其志하고 父沒에 觀其行하며 三年無改於父之道라야 可謂孝矣니라.

공자께서 말씀하시기를, "아버지가 살아 계실 때에는 그 뜻을 살펴보고, 아버지가 돌아가신 뒤에는 그 행동을 살펴보고, 3년 동안 아버지가 하던 일을 바꾸지 말아야 효자라 할 수 있다."[26]

---

23 옹야편 9장에 "공자께서 말씀하시기를, 어질다, 안회여! 한 그릇의 밥과 한 표주박의 물로 누추한 곳에 거처하며 산다면, 다른 사람들은 그 근심을 견뎌내지 못하는데, 안회는 그 즐거움을 잃지 않는구나. 어질도다, 안회여(子曰, 賢哉, 回也. 一簞食, 一瓢飮, 在陋巷, 人不堪其憂, 回也不改其樂, 賢哉, 回也.)!"라는 표현이 나온다.

24 기수(沂水, yishui): 노나라 남쪽에 있는 강으로 현재 중국 산동성에 위치하고 있다. 선진편 25장에서 공자와 그의 제자 자로子路, 증석曾晳, 염유冉有, 공서화公西華 등 간에 주고받는 문답 중에 증석이 이와 관련하여 "봄이 오면 입던 옷을 봄옷으로 바꿔 입고, 어른 5, 6명, 그리고 아이 6, 7명과 함께 기수에서 목욕하고 무우(舞雩)에서 바람을 쐰 다음 노래 부르며 돌아오고 싶습니다(莫春者, 春服旣成, 冠者五六人, 童子六七人, 浴乎沂, 風乎舞雩, 詠而歸.)."라는 내용으로 언급되고 있다.

25 춘풍기수春風沂水: 10장을 해석함에 있어 지욱은 공자가 예악을 중시하고 있음을 밝히고 있다. '춘풍기수'라는 표현에서 기수는 예를, 춘풍은 악을 은유하고 있다고 보인다. 결론적으로 나라를 다스리고 부강하게 만드는 데 있어 무엇보다 예악이 하나로 실천되어야 함을 말하고 있다.

26 공자의 효에 대한 정의라 할 수 있다. 부모 생전에는 부모의 뜻에 순종하고 부모 사후에는 그 행적을 본받아 그대로 따르는 것이 효도하는 것이다. 결국 부모의 뜻을 받들어 돌아가신 뒤에도 그 뜻을 이어가는 것이 효도라는 설명이다.

此總就孝道上說. 觀其志, 觀其事父之心也. 觀其行, 觀其居喪之事也.

이 장에서는 모두 효도에 관한 내용을 가르치고 있다. 그 뜻을 살피라는 말은 그 아버지를 모시는 마음을 살피라는 의미이고, 그 행동을 살피라는 말은 상중을 모시는 일을 살피라는 의미이다.

12. 有子曰, 禮之用, 和爲貴하니 先王之道斯爲美는 小大由之니라. 有所不行하니 知和而和이고 不以禮節之이면 亦不可行也이니라.

유자가 말하였다. "예를 실천함에 있어서 조화를 이루는 것이 가장 중요하다. 선왕의 도가 아름답다고 하는 것은 크고 작은 것이 다 이 조화에 기초를 두었기 때문이다. 그러나 조화만 알면 조화에 치우치게 되고, 예로써 조절하지 않으면 또한 순조롭게 진행되지 않는다."[27]

由之, 由其本和之禮也. 不行者, 廢禮而尙和, 禮不行, 而和亦不可行也.

---

[27] 유자는 화와 예의 관계를 제시하고 있다. 화는 화합, 조화이며 예는 예절, 절제, 질서 등을 의미한다. 조화 없이 예만 강조하면 경직된 분위기가 되기 쉽다. 반대로 조화가 지나쳐 예가 무너지면 혼란을 초래한다. 화합만이 강조되고 상하의 예의가 등한시된다면, 무질서를 초래하게 되어 오히려 화합을 해치게 되는 결과를 낳는다. 화합을 이루되 그 바탕에는 항상 예절로써 적절하게 조절하여야 함이 필요한 것이다.

그것(예의 조화)에 기초를 둔다고 하는 것은, 기본적으로 조화로운 예를 실천하는 것을 의미한다. 예를 조화롭게 행하지 않으면 예를 폐하고 조화로움만 숭상하는 결과가 되고, 예를 행하지 않으면 조화 또한 실천되지 않게 된다.

13. 有子曰, 信近於義이면 言可復也이며 恭近於禮이면 遠恥辱也이며 因不失其親하면 亦可宗也이니라.

유자가 말하기를, "약속이 의에 가까우면 그 말을 실천하는 것이 옳으며, 공손함이 예에 가까우면 부끄러움과 욕된 것을 멀리하며, 부탁함을 저버리지 않는 사람을 사귄다면 역시 으뜸이라 할 수 있다."[28]

欲愼終者, 全在謀始. 只貴可復可宗, 不必定復定宗.

일을 끝까지 신중히 처리하고자 하는 사람은 모든 것을 시작부터 계획을 잘 세워야 한다. 다만 귀중하게 여길 것은 반드시 실천해야 될 일과 우선시해야 할 일이다. 생각으로만 실천하고자 하고 우선시해서는 안 된다.

---

28 유자가 지도자의 자세를 제시하고 있다. 의에 입각한 믿음이어야 한다. 도둑끼리의 믿음이나 깡패들의 의리는 참된 신의가 될 수 없다. 의에 바탕을 둔 믿음이 되어야 관계가 지속되고 상호 약속이 잘 이행될 수 있는 것이다. 지나친 공손 또한 바른 예의가 아니다. 격식에 맞게 절제된 공손을 유지하여야 치욕을 당할 일이 없다. 절제되지 못한 공손은 비굴함이나 아첨이 될 수도 있음이다.

14. 子曰, 君子는 食無求飽하며 居無求安하며 敏於事而愼於言이요 就有道而正焉이면 可謂好學也已니라.

공자께서 말씀하시기를, "군자는 배부르게 먹는 것을 바라지 않고, 편안하게 거처하기를 구하지 않으며, 모든 일에 민첩하고 말을 삼가며, 도를 취하여 바르게 나아가야만 학문을 좋아한다고 할 수 있느니라."

敏事, 如顔子之請事斯語, 惟此一事, 更非餘事也. 愼言, 所謂仁者其言也訒. 從敏事處得來, 不是兩橛. 就正有道, 是慕道集義. 不求安飽, 是簞瓢陋巷家風, 非顔子不足以當此, 故惟顔子好學.

일에 민첩하다(敏事)는 것은 안자의 "그 말씀을 실천하겠습니다(請事斯語)."[29]라는 내용과 같다. 오직 이러한 한 가지 일을 말하는 것이지, 다른 여타의 일을 가리키는 것이 아니다. 말을 삼가다(愼言)는 것은 이른바 "어진 자는 그 말을 참는다(仁者其言也訒)."[30]라는 의미로, 일에 민첩하게 한다는 뜻에 포함되며, 별도의 두 가지 의미가 아니다. 도를 취하여 바르게 나아간다는 것은 도를 좋아하여 자신을 향상시켜 나간다(慕道集

---

29 청사사어請事斯語: 안연편 1장에 "공자께서 말씀하셨다. 예가 아니면 보지 말고, 예가 아니면 듣지 말고, 예가 아니면 말하지 말고, 예가 아니면 행하지 말아라. 안연이 말했다. 제가 비록 아둔하오나, 그 말씀을 실천하겠습니다(子曰, 非禮勿視, 非禮勿聽, 非禮勿言, 非禮勿動. 顔淵曰, 回雖不敏, 請事斯語矣.)"라는 내용에서 표현되고 있다.
30 안연편 3장에서 "공자께서 말씀하시길, 어진 자는 그 말을 참느니라(子曰, 仁者其言也訒)."라는 내용으로 언급되고 있다.

義)³¹는 의미이다. 배부름과 안락함을 구하지 않는다는 것은 청빈낙도의 가풍³²을 의미하는 것으로, 이러한 삶은 안자만이 감당할 수 있는 삶이다. 그러므로 오직 안자만이 학문을 좋아하는 사람이라 하는 것이다.

15. 子貢曰, 貧而無諂하고 富而無驕하면 何如리잇고 子曰, 可也이나 未若貧而樂하며 富而好禮者也니라. 子貢曰, 詩云如切如磋하며 如琢如磨라하니 其斯之謂與인저 子曰, 賜也는 始可與言詩已矣로다 告諸往而知來者온여.

자공이 말하기를, "가난해도 아첨하지 않고, 부유해도 교만하지 않으면 어떠합니까?" 공자께서 말씀하시기를, "좋은 말이나 가난해도 즐겁게 여기고, 부유하면서도 예를 좋아하는 사람만은 못하다." 자공이 말하였다. "『시경詩經』에 이르기를 '끊는 것 같고 가는 것 같으며, 쪼는 것 같고 닦는 것 같다'고 하였는데, 그것이 바로 이와 같음을 두고 한 말인지요?" 공자께서 말씀하시기를, "사賜(子貢)야말로 함께 시를 논할 만하구나. 정말 너는 지나간 것을 말해 주니, 알려주지 않은 것까지 아는 사람이로다."

---

31 '막도慕道'는 도를 배우고 닦기를 좋아하는 것. '집의集義'는 그러한 실천이 거듭됨으로 인해 내면에 도가 습득되고 향상되어 가는 것을 의미한다.
32 단표누항簞瓢陋巷: 좁고 지저분한 거리에서 먹는 도시락의 밥과 표주박의 물이라는 뜻으로, 소박한 시골 살림 또는 청빈한 선비의 살림을 비유적으로 이르는 말이다. 여기서는 안자가 그러한 삶을 살았음을 나타내고 있다.

子貢之病, 在願息, 又在悅不若己, 故因其所明而通之. 告往知來, 全是策進他處. 道曠無涯, 那有盡極, 若向樂與禮處坐定, 便非知來矣.

  자공의 병폐는 쉬고자 하는 데 있고, 또한 자기보다 못한 자를 좋아하는 데 있다. 그러므로 그가 아는 바를 바탕으로 그를 일깨우고 있는 것이다. 지나간 것을 알려주니 알려주지 않은 것까지도 안다고 한 것은, 전적으로 그(자공)의 처신을 진작시키기 위해서이다. 도는 광대하고 끝이 없으니, 어찌 다함이 있을 수 있겠는가? 만약 낙과 예를 갖춘 처신에만 머물고 만다면, 알려주지 않은 것까지 아는 자가 아니다.

16. 子曰, 不患人之不己知요 患不知人也이니라.

  공자께서 말씀하시기를, "남이 나를 알아주지 않음을 탓하지 말고, 내가 남을 알지 못함을 탓하라."

  自利, 則親師取友, 必要知人, 利他, 則應病與藥, 尤要知人.

  자신을 이롭게 하려면 스승을 섬기고 벗을 얻어야 하는데, 그러려면 반드시 사람을 알아볼 수 있어야 한다. 다른 사람을 이롭게 하기 위해서는 그들의 병의 원인을 알아서 적절하게 치료약을 주어야 하는데, 그러려면 더욱더 사람을 알아야만 한다.

제2 위정爲政편

1. 子曰, 爲政以德은 譬如北辰이 居其所이어든 而衆星이 共之니라.

공자께서 말씀하시기를, "덕으로써 정치를 하는 것은 마치 북극성이 그 자리에 있고, 여러 별들이 그것을 돌고 있는 것과 마찬가지이니라."

爲政以德, 不是以德爲政, 須深體此語脈. 蓋自正正他, 皆名爲政. 以德者, 以一心三觀, 觀於一境三諦, 知是性具三德也. 三德秘藏, 萬法之宗, 不動道場, 萬法同會, 故譬之以北辰之居所.

정치를 하려면 덕으로써 해야지 덕으로써 정치를 하고자 해서는 안된다. 모름지기 이러한 말의 문맥을 깊이 체득해야 한다. 대체적으로 자신을 바르게 하고 다른 사람도 바르게 하는 것 모두가 정치를 하는 것이라 할 수 있다.

덕으로써 한다는 것은 일심삼관一心三觀[33]으로서 하나의 경계가 세 가

---

[33] 일심삼관一心三觀: 누구나가 구족하고 있는 한 마음(一心)을 세 가지 측면에서 통찰함을 말한다. 삼관은 곧 공관空觀·가관假觀·중관中觀을 지칭하며, 약칭으로 공가중空假中 삼관이라고도 한

지 진리임을(一境三諦)³⁴ 관하는 것이라 할 있다. 지혜는 성품이 세 가지 덕(三德)³⁵을 갖추고 있음을 깨닫는 것이다. 세 가지 덕은 비밀스러운 보고로, 만법의 근본이다. 도량은 움직이지 않으니, 만법이 하나로 모인다. 그러므로 북두칠성이 그 자리에 있고, 뭇 별들이 그 주위를 돈다고 비유하는 것이다.³⁶

2. 子曰, 詩三百은 一言以蔽之하니 曰, 思無邪이니라.

공자께서 말씀하시기를, "『시경(詩經)』 3백 편의 내용을 한마디로 말한다면, 생각에 사악함이 없는 것이라 할 수 있느니라."

다. 특히 천태종에서 제법실상을 통찰하는 관법으로 제시되고 있는 교설이다. 공관은 우리들의 몸과 마음은 모두 불변하게 존재하는 고정된 실체가 없는 공, 혹은 무아의 존재임을 통찰하는 관법이다. 또한 가관은 몸과 마음이 비록 불변한 고정된 실체가 없는 공무(空無)의 존재이지만, 현재 이렇듯 일시적인 인연에 의해 가합(假合)의 존재로서, 현실적으로 실재함을 통찰하는 관법이다. 마지막으로 중관은 우리들의 몸과 마음이 공도 아니고 유有도 아니며, 공을 바탕 한 유요, 유를 의지한 공임을 관하는 중도적 관점에서의 통찰법이다.

34 일경삼제一境三諦: 공가중(空假中)으로 존재하는 세 가지 진리(三諦)의 세계가 결국 하나의 경계(一境)의 세계임을 말한다.

35 삼덕三德: 진리성품인 불성에 갖춰져 있는 법신法身 · 반야般若 · 해탈解脫의 세 가지 덕상을 가리킨다.

36 불교에서 '도량道場'은 부처님을 모신 특정한 지역적 공간을 의미하기도 하지만, 마음의 근본자리(불성, 각성, 여래장, 진여)를 상징하기도 한다. 이러한 근본 마음자리는 법신, 반야(지혜), 해탈이라고 하는 세 가지 덕성을 갖추고 있으며, 만법의 근본자리라고 할 수 있다. 뭇 별들이 북두칠성을 중심으로 돌듯이, 중생들이 밖의 경계를 접촉하여 일으키는 모든 망념의 마음들(萬法)은 바로 이러한 근본 마음을 바탕 해서 일어나는 중생심이라는 것이다.

此指示一經宗要, 令人隨文入觀, 卽聞卽思卽修也. 若知詩之宗要, 則知千經萬論, 亦同此宗要矣.

이 말씀은 한 경전의 요체가 무엇인지를 가리켜 알려주고 있다. 사람들로 하여금 경전의 말씀을 통해 통찰하게끔 인도하여 듣고, 사유하고, 닦도록 하신 것이다. 만약 『시경』의 요체를 깨닫는다면, 모든 경전과 논서를 깨닫는 것이고, 또한 여기서 말씀하시는 종요(宗要= 思無邪)의 의미를 동일하게 깨닫는 것이다.

3. 子曰, 道之以政하고 齊之以刑이면 民免而無恥니라. 道之以德하고 齊之以禮하면 有恥且格이니라.

공자께서 말씀하시기를, "법제로써 다스리고, 형벌로써 질서를 유지하면 백성들이 형벌을 면하는 것을 수치로 생각하지 않을 것이다. 그러나 덕으로써 다스리고 예로써 질서를 유지하면, 잘못을 수치로 알고 바르게 될 것이다."[37]

---

[37] 인간 본성에 대한 공자 문하의 두 갈래 큰 흐름은 '인간은 본래 선한가, 악한가?'에 대해 어떤 견해를 갖느냐에 따라 구분된다. '인간은 본래 악하기 때문에 신뢰할 수 없고, 그래서 법률로 통제해서 다스려야 한다'는 흐름은 자하, 자장을 거쳐 순자에게로 이어졌고, 그 순자에게서 배운 이사李斯와 한비자韓非子에 이르러 법가 사상으로 완성되었다. 이와는 달리 '인간의 본성은 본래 선하므로 도덕과 자기 성찰로 일깨워 주기만 하면 된다'는 흐름은 증자, 자사를 거쳐 맹자에게로 이어졌다. 당연히 공자의 생각은 후자에 가깝다. 강제적인 형벌로써 이끌기보다는 인간의 선한 의지를 잘 다스려 자율적인 질서 유지와 도덕적 삶의 필요성을 선호하는 것이다.

五霸雖駕言於德禮, 總只政刑, 帝王雖亦似用政刑, 無非德禮. 蓋德禮, 從格物誠意中來, 孟子所謂集義所生. 政刑, 徒賢智安排出來, 孟子所謂義襲而取也.

오패五霸[38]는 비록 덕과 예로 나라를 다스렸다고 말할 수 있으나, 모두 법제와 형벌로써 다스린 것에 지나지 않는다. 제왕은 비록 법제와 형벌을 써서 나라를 다스린 것처럼 보이지만, 덕과 예로써 다스리지 않음이 없었다. 대개 덕과 예는 사물의 이치를 궁구하고 성심을 다하는 가운데 생겨나는 것으로, 맹자가 말하는 "의로움을 실천하여 내면에 축적해나감으로 생겨난다(集義所生)."[39]는 의미와 같다. 법제와 형벌은 현명함과 지혜가 안배되어 생겨나는 것으로, 맹자가 말하는 "의로움이 엄습해서 얻어진다(義襲而取)."라는 표현과 같다.[40]

---

38 오패五霸: 중국의 춘추 시대의 제후 가운데, 가장 강대하여 한때의 패업을 이룬 다섯 사람을 지칭한다. 제齊나라의 환공桓公, 진晉나라의 문공文公, 진秦나라의 목공穆公, 송宋나라의 양공襄公, 초楚나라의 장왕莊王 등을 이르는데, 목공과 양공 대신에 오吳나라의 부차夫差와 월越나라의 구천句踐을 이르기도 한다. 오백五伯이라고도 한다.

39 집의소생集義所生: 『맹자』 공손추(公孫丑) 장구상(長句上)에서 공손추가 "호연지기란 무엇입니까(敢問何爲浩然之氣)?"라고 다시 묻자, 맹자는 이렇게 대답했다. "말하기가 어렵구나. 그것은 기운인데, 지극히 크고 지극히 굳세므로 곧게 길러 해로울 게 없으면 하늘과 땅 사이를 꽉 채운다네. 그 기운은 올바름과 도리를 짝하는데, 이게 없으면 힘을 잃게 되지. 이건 올바름이 차곡차곡 모여서 생겨나는 것이지, 올바름을 갑작스레 한 번 행한다고 얻어지는 건 아니라네. 행동할 때 마음에 흡족하지 않은 게 있으면 역시 힘을 잃게 되지(難言也. 其爲氣也, 至大至剛, 以直養而無害, 則塞於天地之間. 其爲氣也, 配義與道, 無是, 餒也. 是集義所生者, 非義襲而取之也. 行有不慊於心, 則餒矣)."라는 내용으로 언급되고 있다.

40 지욱은 '덕예德禮'와 '정형政刑'을 설명함에 있어, 덕예는 끊임없는 공부와 수행을 통해서 내면에 축적된 내적인 힘을 바탕으로 밖으로 자연스럽게 표현되는 것으로 보았고, 정형은 현명함과 지혜만 있으면 누구든지 실천할 수 있는 외적인 일시적인 의로움으로 해석하고 있는 듯하다.

4. 子曰, 吾十有五而志于學하고 三十而立하고 四十而不惑하고 五十而知天命하고 六十而耳順하고 七十而從心所欲하여 不踰矩이니라.

공자께서 말씀하시기를, "나는 15세에 학문에 뜻을 두었고, 30세에 모든 기초를 세웠으며, 40세에 사물의 이치에 대하여 의문 나는 점이 없었고, 50세에는 천명을 알았고, 60세에 남의 말을 순순히 받아들일 수 있었고, 70세에는 뜻한 바대로 행하여도 도에 어긋나지 않았느니라."

只一學字到底, 學者, 覺也. 念念背塵合覺, 謂之志. 覺不被迷情所動, 謂之立. 覺能破微細疑網, 謂之不惑. 覺能透眞妄關頭, 謂之知天命. 覺六根皆如來藏, 謂之耳順. 覺六識皆如來藏, 謂之從心所欲不踰矩. 此是得心自在, 若欲得法自在, 須至八十九十, 始可幾之. 故云, 若聖與仁, 則吾豈敢. 此孔子之眞語實語, 若作謙詞解釋, 冤卻大聖一生苦心. 返聞聞自性, 初須入流亡所, 名之爲逆. 逆極而順, 故名耳順, 卽聞所聞盡, 分得耳門圓照三昧也.

다만 '학學'이라는 한 글자의 의미를 끝까지 궁구해 보면, '학'은 '각(覺)'이라는 의미이다. 생각 생각이 번뇌에서 벗어나 각성(覺性, 지혜)에 부합하는 것, 이것이 '지志'의 뜻이다. 항상 깨어 있어 각성이 어리석은 중생의 마음에 의해 동요되지 않는 것, 이것이 '입立'의 의미이다. 각성이 미세한 의심의 그물을 타파하는 것, 이것이 '불혹不惑'의 뜻이다. 깨달음

의 성품이 능히 참됨과 거짓을 분간하여 꿰뚫어 아는 것, 이것이 '천명
天命'의 뜻이다. 육근(六根: 눈眼, 귀耳, 코鼻, 혀舌, 몸身, 생각意)이 모두 여래
장如來藏[41]임을 깨닫는 것, 이것이 '이순耳順'의 의미이다. 육식(六識: 眼識,
耳識, 鼻識, 舌識, 身識, 意識)이 모두 여래장임을 깨닫는 것, 이것이 '종심
소욕불유구從心所欲不踰矩'의 뜻이다. 이러한 것들은 마음을 깨달아 자재
한 경지라 할 수 있다.

만약 진리를 깨달아 자재하고자 한다면, 모름지기 팔십 구십에 이르
러서야 비로소 근접할 수 있을 것이다. 그러므로 공자께서도 "성인과 인
자를 내 어찌 감당하겠는가?"[42]라고 하셨다. 이러한 공자의 말씀이야말
로 진실된 말이고, 실다운 말이다. 만약 공자께서 겸손해서 하신 말씀
으로 해석한다면, 오히려 대성인의 한평생 고심을 왜곡한 것이라 할
수 있다.

듣는 것을 돌이켜서 자성을 듣다 보면[43], 처음으로 모름지기 내면의

---

41 여래장如來藏: 모든 중생이 본래 근원적으로 갖추고 있다는 깨달음의 성품을 말한다. 각성, 불성,
  진여심 등으로도 불린다. 이러한 깨달음의 성품은 단지 무명한 중생의 삶을 이어오면서 그 청정본
  성이 객진번뇌에 오염되고 덮여 밖으로 드러나지 못한 채, 깊이 감춰져 있기에 여래장이라 한다.
42 『논어』 술이편 33장에서 언급되고 있다.
43 반문문자성返聞聞自性: 『수능엄경(首楞嚴經)』에서는 관세음보살이 '이근원통耳根圓通'을 닦아
  깨달음을 성취하였음을 설하고 있다. 이근원통이란 이른바 소리를 듣는 자를 되돌려 듣는 자기 성
  품을 보는 수행인데, 또 다른 표현으로 이를 '返聞聞自性'이라 한다. 귀로 소리를 듣고 그 소리에
  끌려가는 것이 아니라, 마음을 돌이켜 소리를 듣고 있는 자신의 본성을 찾는 수행법을 말한다. 예컨
  대 자신이 입으로 '아미타불' 혹은 '관세음보살'을 염불하면 그 소리를 자신이 귀로 듣게 되는데, 단
  지 입으로 하는 염불소리를 귀로 듣는 것에 머물지 말고, 그 소리를 입으로 내고 귀로 듣고 있는 자

통찰에 집중하게 되어 밖의 소리가 사라지게 된다.⁴⁴ 이러한 경지를 '역逆'이라 한다. 이러한 경지가 극진해지면 선정이 깊어지는데, 이러한 경지를 '이순耳順'이라 한다. 이순의 경지는 소리를 듣는 자와 들리는 소리가 다 사라져 분연히 이문(耳門, 耳根)으로 원만히 비추는 삼매를 얻게 되는 것이다.⁴⁵

5. 孟懿子問孝한데 子曰, 無違니라. 樊遲御, 子告之曰, 孟孫이 問孝於我어늘 我對曰無違니라. 樊遲曰何謂也리잇고 子曰, 生事之以禮, 死葬之以禮하며 祭之以禮니라.

기 자신의 본성이 무엇인가 하고 화두로 삼아 내면의 성품을 통찰하는 수행인 것이다.

44 입류망소入流亡所: '入流'는 어떠한 흐름에 들었다는 표현이고, '亡所'는 귀로 듣고 있던 소리가 사라졌다는 표현이다. 이는 곧 이근원통의 수행을 실천함에 있어 밖의 소리를 향해 있던 마음을 안으로 되돌려 그 소리를 듣고 있는 자신의 본성을 통찰하다 보면, 한순간 귀로 듣고 있던 소리(亡所)마저 사라져 더 이상 밖의 경계에 흔들리지 않는 선정의 흐름에 들게 되었다는 뜻이다. 『능엄경』 6권에 "처음 듣는 중에 흐름에 들어 듣는 바(= 소리)가 사라졌고, 소리가 고요해지니, 움직임과 고요함의 두 모양이 홀연히 생기지 않았습니다. 이와 같이 점차 통찰이 증가하여 들음과 들은 바가 다하였으며, 들음이 다함에도 머물지 않았습니다. 들음이 다함을 아는 놈이 공한 것을 깨달았으며, 아는 놈이 공함을 깨달음이 지극히 원만해져서 공과 공한 바가 사라졌고, 생멸이 이미 멸하니 적멸함만이 나타났나이다(初於聞中入流亡所, 所入旣寂, 動靜二相了然不生. 如是漸增, 聞所聞盡, 盡聞不住. 覺所覺空, 空覺極圓, 空所空滅, 生滅旣滅寂滅現前)."라는 내용으로 설법되고 있다.

45 이문원조삼매耳門圓照三昧: '耳門'은 '耳根'과 같은 의미이다. 귀로 소리를 들으면서 마음으로 되돌려 그 소리를 듣고 있는 자신의 본성품은 무엇인가 하고 원만한 통찰(圓照)을 이어가다 보면, 한순간 밖의 모든 외경의 끄달림에서 벗어나 고요한 선정삼매를 얻게 됨을 의미한다. 지욱은 공자가 말하는 '耳順'의 의미를 이근원통의 수행을 통해 얻게 되는 이러한 삼매에 비유하고 있다.

맹의자孟懿子[46]가 효에 관해서 묻자 공자께서 말씀하시기를, "어김이 없어야 하는 것이니라." 번지樊遲[47]가 수레로 모시자 공자께서 말씀하시기를, "맹손孟孫이 나에게 효에 관해 묻기에 어김이 없어야 한다고 일러주었느니라." 그러자 번지가 묻기를, "어떤 뜻으로 그렇게 말씀하셨습니까?" 공자께서 말씀하시기를, "살아 계실 때에는 예로서 섬기고, 죽은 뒤에는 예로써 장사 지내며, 예로써 제사 지내는 것이니라."

克己復禮, 方能以禮事親, 違禮, 卽非孝矣.

사사로운 자신을 극복하여 예로 돌아가는 것이야말로 바야흐로 예로써 부모를 섬기는 일이라 할 수 있다. 예를 어기는 것은 곧 효가 아니다.

6. 孟武伯이 問孝하니 子曰, 父母唯其疾之憂이니라.

맹무백孟武伯[48]이 효에 관해 묻자 공자께서 말씀하시기를, "부모는 오직 자식의 병을 근심하느니라."

此等點示, 能令有人心者痛哭.

---
46 노魯나라의 대부로 이름은 하기何忌, 의懿는 그의 시호이다.
47 공자의 제자로 이름은 수須이다.
48 맹의자의 아들. 이름은 체彘, 무武는 시호임.

여기서부터는 효에 관해 세세히 지적하여 밝히고 있다[49]. 능히 사람의 마음을 갖추고 있는 자라면 (자식의 질병을) 같이 슬퍼하고 아파할 것이다.

7. 子游問孝한대 子曰, 今之孝者는 是謂能養이나 至於犬馬도 皆能有養하니 不敬이면 何以別乎아.

자유子游[50]가 효에 대해서 묻자 공자께서 말씀하시기를, "지금의 효라는 것은 부모를 봉양하는 것을 말하고 있는데, 심지어 개와 말 같은 짐승까지도 다 먹여 기르고 있으니, 공경하지 않으면 어찌 부모와 짐승을 구별할 수 있겠는가?"[51]

以犬馬養, 但養口體, 能養志者, 乃名爲敬.

개와 말을 기르는 것처럼 부모를 봉양하는 것은 단지 입과 몸만을 봉양하는 것(養口體)에 지나지 않는다. 능히 우러나는 뜻으로 봉양해야(養志) 이를 공경한다고 할 수 있다.[52]

---

49 점시點示: 낱낱이 지적하여 보여 준다는 의미.
  ※ 자식이 건강을 잘 관리하여 아프지 않는 것이 효도라는 의미, 또는 자식이 아프면 부모는 누구든지 같이 슬퍼하고 아파한다는 의미이다.
50 공자의 제자. 성은 언言, 이름은 언偃. 자유는 그의 자字이다.
51 자유는 공자보다 45세 연하인데, 자하子夏와 더불어 박식했던 제자였다. 자유는 사람들에게 보이는 것을 중시해 언제나 좋은 음식으로 부모를 봉양했다. 그래서 공자는 자유에게 공경하는 마음이 중요함을 가르친 것이었다. 효도는 무엇보다 부모를 존경하는 마음임을 강조한 내용이다.
52 양구체養口體와 양지養志: 지욱은 위정편 7장을 해석하면서 『맹자』 이루상편(離婁上篇)에서 언

8. 子夏問孝한대 子曰, 色難이니 有事이어든 弟子服其勞하고 有
酒食이어든 先生饌이曾是以爲孝乎아.

  자하子夏가 효에 대해서 묻자 공자께서 말씀하시기를, "부모의 표정을 보고 알아서 행하기는 참으로 어렵다. 무슨 일이 생기면 자식(= 弟子)이 그 수고를 대신하고, 좋은 술과 맛있는 음식이 생기면 부모(= 先生)에게 먼저 드시게 하는 것만으로 어찌 효도를 다했다고 할 수 있겠는가?"

  根於心而生於色, 孝在心, 而不獨在事也.

  모든 것은 마음을 근원하여 얼굴로 표현된다. 효는 마음에 있는 것이지, 유독 겉으로 드러나는 행위(事= 효행)에만 있는 것이 아니다.

9. 子曰, 吾與回로 言終日에 不違如愚러니 退而省其私한대 亦足
以發하니 回也不愚로다.

급되고 있는 '양구체養口體'와 '양지養志'를 대비시켜 부모에 대한 참된 봉양과 공경의 의미를 설명하고 있다. 맹자는 '양구체'와 '양지'에 대해 이렇게 말하고 있다. "증자께서 증석(증자의 아버지)을 봉양할 적에 (밥상에) 반드시 술과 고기가 있었는데, 밥상을 치우기 전에 증자는 반드시 '누구에게 주시겠습니까?' 하고 여쭈었다. 증석이 '남은 것이 있느냐?' 하고 물으면, 반드시 '있습니다.'라고 대답하였다. 증석이 죽자 증원(증자의 아들)이 증자를 봉양하였는데, (밥상에) 반드시 술과 고기가 있었다. 그러나 밥상을 치울 적에 증원은 '누구에게 주시겠습니까?'라고 묻지 않았으며, 증자가 '남은 것이 있느냐?' 하고 물으면, 반드시 '없습니다'라고 대답하였다. 이는 그 음식을 다시 올리려고 해서였다. 이것이 이른바 '입과 몸을 봉양한다(養口體)'는 의미이다. 증자와 같이 해야만 '뜻을 봉양한다(謂養志)'고 할 수 있다(曾子養曾晳, 必有酒肉, 將徹, 必請所與, 問有餘, 必曰有. 曾晳死, 曾元養曾子, 必有酒肉, 將徹, 不請所與, 問有餘, 曰亡矣, 將以復進也. 此所謂養口體者也, 若曾子, 則可謂養志也)."

공자께서 말씀하시기를, "내가 회回[53]와 더불어 온종일 이야기하였어도 그가 나의 말을 어기지 않는 것이 마치 바보 같았다. 그가 물러간 후에 그의 사생활을 살펴보니 내 말대로 행하고 있었다. 회는 정녕 어리석은 사람이 아니로다."

私者, 人所不見之地, 卽愼獨獨字. 惟孔子具他心道眼, 能於言語動靜之際, 窺見其私. 故曰, 回也其心三月不違仁. 退, 非顔子辭退, 乃孔子退而求之於接見問答之表耳.

'사私'는 사람들이 보지 못하는 사적인 영역을 의미한다. 곧 '신독愼獨'의 '독獨'과 같은 뜻이다. 오직 공자만이 다른 사람의 마음을 헤아릴 수 있는 도안道眼을 갖추고 있다. 능히 언어와 동정의 행위를 살펴 그 사사로운 부분을 살펴보는 것이다. 그러므로 "안회는 그 마음이 3개월 동안 인仁에서 떠나지 않았다."[54]라고 말씀하셨던 것이다. '퇴退'는 안자가 물러남을 말하는 것이 아니라, 공자께서 물러나 질문을 위해 찾아온 사람을 맞이하여 답하셨음을 밝힌 것뿐이다.[55]

---

53 공자의 제자. 성은 안顔, 이름은 회回, 자는 자연子淵이다.
54 옹야편 5장에서 "공자께서 말씀하시기를, 안회는 그 마음이 3개월 동안 인에서 떠나지 않았으나, 그 나머지 사람들은 하루나 한 달에 한 번 인에 이를 뿐이다(子曰, 回也, 其心, 三月不違仁, 其餘則日月至焉而已矣)."라는 내용으로 언급되고 있다.
55 9장 본문의 '退'의 의미를 일반적으로는 안회가 물러가는 것으로 해석하고 있다. 그런데 지욱은 반대로 공자께서 안회와 헤어져 공자 자신이 물러난 의미로 새롭게 해석하고 있다.

10. 子曰, 視其所以하고 觀其所由하고 察其所安하면 人焉廋哉리요 人焉廋哉리요.

공자께서 말씀하시기를, "사람의 그 하는 일을 보고, 그 하는 동기를 살피고, 그 만족하는 것을 관찰하면, 그의 사람됨을 어찌 숨기고, 어찌 숨기겠는가!"

己之所以所由所安, 千停百當, 則人之所以所由所安, 不難視觀察矣. 故君子但求諸己, 如磨鏡然.

자신이 하는 행위(以所)를 말미암아 안락하고자 하면, 천 가지를 쉬고 백 가지를 감당할 수 있어야 한다.[56] 그러한 즉 사람들이 하는 행위를 말미암아 편안할 것인가는 행위의 관찰을 통해 아는 것이 어렵지 않다. 그러므로 군자는 단지 자기 자신에게서 안락함을 구하는데, 마치 거울을 닦는 것처럼 해야 한다.[57]

---

[56] 천정백당千停百當: 모든 번뇌의 마음을 쉬고(千停), 선하고 바른 마음으로 떳떳하고 부끄럼 없는 선업의 행위를 해야 함(百當)을 말하고 있다.
[57] 불교적인 관점에서 보면, 사람의 모든 길흉과 고락은 스스로의 마음과 행위에 의해서 나타나는 것이라 할 수 있다. 까닭에 자신이 편안하고 복락을 얻는 삶을 살기 위해서는 스스로가 그러한 것은 얻을 수 있는 선한 마음을 드러내고, 선한 행위의 업을 지어야만 한다. 이러한 이치를 아는 군자들 또한 밖에서 안락을 구하는 것이 아니라, 마치 거울의 먼지를 닦아내듯, 먼저 스스로의 마음을 청정하게 닦고 수양하는 것에서 자신의 안락과 복락을 찾는다는 의미이다.

11. 子曰, 溫故而知新이면 可以爲師矣니라.

공자께서 말씀하시기를, "옛것을 익히고 새로운 것을 알면 능히 남의 스승이 될 수 있느니라."[58]

觀心爲溫故. 由觀心故, 圓解開發, 得陀羅尼, 爲知新. 蓋天下莫故於心, 亦莫新於心也.

마음을 통찰하는 것이야말로 '온고溫故'의 의미라 할 수 있다.[59] 마음의 통찰을 말미암아 원만한 깨달음과 지혜가 열리고 다라니陀羅尼[60]를 얻음이 '지신知新'의 의미이다. 대개 천하에 있어 마음을 말미암지 않고서는 또한 마음을 새롭게 할 수 없기 때문이다.

---

58 지혜와 노력을 기울여 옛 지식을 배운다 하더라도 거기서 새로운 가치와 교훈을 찾아내지 못한다면, 그저 옛사람의 생각을 이해하는 것뿐이다. 옛것을 배우고 익혀 새로운 가치를 체득하여야 새로운 발전과 진보가 있는 것이다.

59 지욱은 '온고溫故'의 의미를 누구나가 근원적으로 갖추고 있는 자신의 청정본성에 대한 통찰(明其不變之體)의 의미로 재해석하고 있다. 곧 불교적인 관점에서 마음에 대한 통찰과 알아차림(정념, 싸띠 sati)의 수행을 '온고'의 의미로 재해석하고 있는 것이다.

60 다라니陀羅尼: 범어 'dharani'의 음역이며, '다린니陀隣尼'라고도 쓴다. 의역해서 총지總持, 능지能持, 능차能遮라 한다. 무량무변한 이치를 섭수하여 지니고 상실하지 않는 염혜력念慧力을 일컫는다. 모든 선법을 능히 지니므로(持善令不失) 능지라 하고, 여러 가지의 악법을 능히 막아주므로(遮惡令不生) 능차라고 한다. 우리나라에서 독송되는 대표적인 다라니로『천수경』에 담겨 있는 '신묘장구대다라니',『능엄경』에 실려 있는 '능엄신주' 등을 꼽을 수 있으며, 이 밖에도 길고 짧은 많은 다라니가 독송되고 있다. 지욱은 이러한 다라니의 의미를 마음의 통찰을 통한 수행을 통해 얻게 되는 마음의 선한 공덕과 지혜작용에 비유하고 있으며, 더 나아가 마음의 해탈과 깨달음을 통해 새롭게 드러나는 마음의 상태와 작용을 '지신知新'의 의미로 재해석하고 있다.

12. 子曰, 君子는 不器니라.

공자께서 말씀하시기를, "군자는 그릇(한 가지 구실밖에 못하는 그릇) 같은 존재가 아니니라."[61]

形而上者謂之道, 形而下者謂之器. 乾坤太極, 皆器也. 仁者見之謂之仁, 智者見之謂之智, 無非器也. 況瑚璉斗筲, 而非器哉. 李卓吾云, 下學而上達, 便是不器, 此言得之.

형이상인 것을 '도道'라 하고, 형이하인 것을 '기器'라 한다.[62] 건곤(乾坤, 하늘과 땅)과 태극은 모두 기器에 해당한다. 어진 자는 그것을 보고 어질다고 말하고, 지혜로운 자는 그것을 보고 지혜롭다고 말하는데,[63] 기器 아닌 것이 없다. 하물며 호련두소瑚璉斗筲[64]가 어찌 기器가 아니겠는가?

---

61 그릇은 일정한 형태와 크기와 용도가 있는 물건이고 그릇이 만들어질 때부터 한계지어져 있다. 군자는 어떤 한 특정한 부분과 용도에만 쓰이는 그릇이 되어서는 안 된다. 많은 가능성을 실현할 수 있도록, 당연히 일반 범부와 다른 폭넓은 능력을 갖춰야만 한다. 큰 도량과 많은 가능성을 가진 사람이 바로 군자라는 의미이다.
62 『역경(易經)』 「계사상전(繫辭上轉)」 12장에서 표현되고 있다.
63 『역경』 「계사상전」 5장에서 표현되고 있다.
64 호연두소瑚璉斗筲: '瑚璉'은 중국 주周 나라 때, 오곡을 담아 신에게 바칠 때 쓰던 옥으로 만든 제기이다. 중국 고대에 하나라에서는 '호瑚'라 하고 은나라에서는 '연璉'이라 한 데에서 유래한다. 공자가 공야장편 3장에서 자공의 사람됨을 평하여 호련이라고 한 데에서 유래하여 고귀한 인격을 가진 사람이나 학식과 능력이 뛰어난 사람을 비유적으로 이르는 말이기도 하다. '두소' 또한 그릇을 말하는데, '斗'는 한 말들이, '筲'는 한 말 두 되들이의 용기를 말한다. 자로편 20장에서 도량이 좁은 좀생이 같은 사람을 지칭하는 의미로 '斗筲之人'이라는 표현이 나온다.

이탁오李卓吾[65]는 "아래(器)를 배워서 위(道)를 통달함은 기器가 아니다."라고 말하였는데, 이 말에서 불기不器의 의미를 깨달을 수 있다.

13. 子貢이 問君子한대 子曰, 先行其言이요 而後從之니라.

자공이 군자에 대해서 묻자 공자께서 말씀하시기를, "먼저 행하고 나서 그 다음 일을 행하느니라."

說得一丈, 不如行得一尺, 正是此意.

"한 길을 말할 수 있는 것은, 한 자를 행할 수 있는 것만 못하다."[66]는 말이 있는데, 바로 이러한 뜻이라 할 수 있다.

14. 子曰, 君子는 周而不比이고 小人은 比而不周이니라.

---

65 이탁오李卓吾: 본명이 이지(李贄: 1527~1602)로, 중국 명나라의 양명학 좌파에 속하는 사상가이다. 명나라 복건성福建省 천주부泉州府 진강현(晋江縣: 오늘날 푸젠 성 취안저우) 출신이다. 초명은 임재지林載贄였으나 이후에 종가의 성을 따라 이지로 개명하였다. 卓吾는 자이다. 조선에는 이탁오라는 이름으로 알려졌다. 이지의 저작으로 『분서(焚書)』, 『속분서(續焚書)』, 『장서(藏書)』, 『속장서(續藏書)』, 『사강평요(史綱評要)』 등이 있다.

※ 지욱은 『논어』를 주해함에 있어 이탁오를 비롯한 모두 10명의 『논어』에 대한 주석의 글을 인용하고 있다. 이 중에서 가장 많이 인용되고 있는 인물이 바로 이탁오이다.

66 구체적으로 누가 한 말인지는 정확히 알려지지 않았다. 예부터 조사 스님들이 실천수행의 중요성을 강조하며 법문 중에 자주 이 문구를 비유적으로 설법하고 있다.

공자께서 말씀하시기를, "군자는 두루 하되 편벽되지 않고, 소인은 편벽되면서 두루 하지 못한다."[67]

生緣, 法緣, 無緣, 三慈, 皆是周, 愛見之慈, 卽是比.

생연生緣, 법연法緣, 무연無緣의 세 종류의 자비[68]는 모두 차별 없는(周) 자비이지만, 애욕에 바탕 한 사적인 마음에서 일으키는 자비는 치우친(比) 자비라 할 수 있다.

15. 子曰, 學而不思則罔하고 思而不學則殆니라.

공자께서 말씀하시기를, "배우고 생각하지 않으면 오묘한 진리를 이해할 수 없고, 생각만 하고 배우지 않으면 위태한 사상에 빠지기 쉬우니라."

---

67 주周: 두루하다. 비比: 편벽되다. 편을 가르다.
  ※ 소인은 자신의 이해관계에 따라 사람을 차별하여 교류하는 게 일반적이다. 그러나 군자는 인과 의를 바탕으로 두루 사람을 대하여 편을 가르지 않고 모든 사람을 만나고 교류한다는 의미이다.
68 삼연자비三緣慈悲: ①중생연자비衆生緣慈悲 ②법연자비法緣慈悲 ③무연자비無緣慈悲를 가리킨다. 중생연자비란 개인적인 친소와 혈연을 떠나 모든 중생들에게 평등한 마음으로 일으키는 자비를 말한다. 법연자비란 만유의 온갖 법이 5온(五蘊: 色受想行識)이 일시적으로 화합하여 존재하는 무자성의 공한 존재임을 깨닫고, 아직 그러한 진리를 깨닫지 못하여 허망하게 욕심을 일으키고 집착하는 중생들을 불쌍하게 여겨 그들을 제도하려고 일으키는 보살의 자비이다. 무연자비는 온갖 차별된 견해를 여의고 모든 법의 실상을 증득한 부처님만이 일으키는 가장 수승한 자비로, 모든 중생들을 차별 없이 제도하여 그들 또한 진리를 성취하여 마침내 모든 괴로움과 생사윤회에서 벗어나게끔 하려는 무량무변한 부처님의 자비를 가리킨다.

學而不思, 即有聞無慧, 思而不學, 即有慧無聞. 罔者, 如人數他寶, 自無半錢分也. 殆者, 如增上慢人, 墮坑落塹也.

"배우기만 하고 생각하지 않으면, 배움은 있어도 지혜가 없게 된다. 생각만 하고 배우지 않으면, 지혜는 생겨도 지식이 없게 된다. '망罔(없다, 어둡다의 뜻)'은 "어떤 사람이 남의 재물 많이 세어도 자기 몫은 돈 한 푼 없다."는 의미와 같다.[69] '태殆(위태하다)'는 배우지도 깨닫지 못하면서 아상만 높은 사람(增上慢人)[70]이 험한 구덩이에 빠지게 되는 것과 같은 의미이다.

16. 子曰, 攻乎異端이면 斯害也已니라.

공자께서 말씀하시기를, "이단을 행한다면 해로울 뿐이다."

端, 頭緖也, 理本不異, 但頭緖一差, 則天地懸隔.

'단端'은 두서(頭緖: 단서, 실마리)의 의미이다. 이치는 근본적으로 다르지 않지만, 단지 실마리가 한번 어긋나면 하늘과 땅처럼 현격한 차이가 생긴다.

---

69 『화엄경』 13권 「보살문명품(菩薩問明品)」에서 표현되고 있는 경구이다.
70 증상만인增上慢人: 궁극적인 진리를 깨닫지 못했으면서도 스스로가 깨달았다고 착각하여 더 이상 진리의 배움과 수행을 하지 않는 수행자를 지칭한다. 자신이 깨달았다고 착각하기에 다른 수행자를 무시하고 없이 여기는 아상과 자만심만 높아 스스로 타락의 길로 빠져드는 어리석은 수행자라 할 수 있다.

17. 子曰, 由, 誨女知之乎라 知之爲知之하고 不知爲不知하니 是知也라.

공자께서 말씀하시기를, "유(由. 子路)야, 내가 너(女=汝)에게 '안다'는 것을 가르쳐 주겠다. 아는 것을 안다고 하고, 모르는 것을 모른다고 하는 것이야말로 진실로 아는 것이니라."[71]

子路向能知所知上用心, 意謂無所不知, 方名爲知, 不是强不知以爲知也. 此則向外馳求, 全昧知體. 故今直向本體點示, 祇要認得自己眞知之體. 更無二知. 此與知見立知, 卽無明本, 知見無見, 斯卽涅槃之旨, 參看, 方見聖人道脈之妙. 若捨此而別求知. 不異丙丁童子求火, 亦似騎牛覓牛矣.

자로에게 능히 아는 것만을 안다고 마음을 써야 함을 말하고 있다. 마음에 알지 못하는 것이 없음을 일러 바야흐로 '안다(爲知)'고 한다. 알지 못하는 것을 굳이 안다고 해서는 안 된다. 이러한 것은 곧 밖을 향해 (명리를) 구하는 것으로, 전적으로 앎이 근원적으로 무엇인가에 대한 어리석음이라 할 수 있다. 그러므로 지금 곧바로 본체를 드러내어 보여주는 것으로, 다만 자기 스스로의 참된 앎의 체성體性을 깨닫게끔 하려는 것이다.

---

71 공자는 용맹하고 참을성이 부족했던 자로에게 '知'에 대해 가르치고 있다. 알지도 못하면서 아는 체하는 사람들에게 학문에 대한 겸허한 구도적 정신을 일깨워주는 말씀이다.

두 가지 앎이란 없다. 이것(= 알지 못하는 것을 안다고 하는 것)은 더불어 눈으로 보고 안다고 알음알이를 세우는 것으로, 어리석음의 근본이라 할 수 있다. 보는 바가 없이 보고 안다면 ,이것이야말로 곧 열반의 뜻이라고 할 수 있다.[72] 깊이 통찰하다 보면 바야흐로 성인의 도맥道脈의 미묘함을 볼 수 있을 것이다. 만약 이러한 이치를 저버리고 별도로 앎을 구하고자 한다면, 병정동자가 불을 구하는 것[73]과 다르지 않고, 또한 소를 타고서 소를 찾는 것[74]과 비슷하다 할 것이다.

18. 子張이 學干祿하니 子曰, 多聞闕疑하고 愼言其餘則寡尤니라. 多見闕殆하고 愼行其餘하면 則寡悔니라. 言寡尤하고 行寡悔하면 祿在其中矣니라.

자장子張이 녹(祿: 벼슬 구하는 방법)을 구하는 것을 묻자 공자께서 말씀하시기를, "많이 듣되, 의심이 가는 것은 접어두고, 그 나머지를 삼가 말하면 허물이 적을 것이다. 많이 보되, 확신이 안 서는 것은 덮어두고, 그

---

72 『능엄경』 5권에서 "지견에 앎을 세우면 곧 무명의 근본이요, 지견에 보는 것(봄)조차 없으면 이것이 곧 열반이니라(知見立知, 卽無明本, 知見無見, 斯卽涅槃)."라는 내용으로 표현되고 있다.
73 병정동자구화丙丁童子求火: 『벽암록(碧巖錄)』에서 표현되고 있는 법안(法眼: 885~958)선사와 현칙玄則스님 간에 주고받던 화두이다. 음양오행에서 丙은 양화陽火, 丁은 음화陰火를 의미하는 것으로 모두 불을 뜻한다. 따라서 병정동자가 불을 구한다는 것은 불을 가지고 있으면서 또다시 불을 찾는 어리석음을 뜻한다. 결론적으로 '丙丁童子求火'는 수행자의 입장에서 보면 본인 스스로가 이미 부처의 성품인 불성의 소유자임을 알지 못하고 밖에서 그 무엇인가를 별도로 찾고자 하는 어리석음을 비유하고 있다.
74 자기가 본래 부처의 성품을 소유하고 있는 존재임을 알지 못하고, 자기를 벗어나 밖에서 별도로 참된 그 무엇을 찾고자 하는 수행자의 어리석음을 뜻한다.

나머지를 삼가 행하면 후회가 적을 것이다. 말에 허물이 없고 행동에 후회가 없으면, 녹祿은 자연 그 가운데에 있으리라."⁷⁵

何日無聞, 何日無見, 聞見不患不多, 患不能闕疑殆, 愼言行耳. 祿在其中, 是點破天爵天祿, 乃吾人眞受用處. 若作有得祿之道解釋. 陋矣陋矣.

언제 들음이 없어야 하고, 언제 봄이 없어야 하는가? 듣고 보는 데 있어 많이 보고 듣지 못함을 걱정하지 말고, 의심나는 것과 확신이 서지 않는 부분을 능히 분간하여 접어두고 덮어두지 못함을 걱정해야 한다. 이것이야말로 언행을 신중히 하는 것이다. '녹은 그 가운데 있다(祿在其中)'라는 말은 천작천록天爵天祿⁷⁶을 지적하여 우리들이 진실한 공직자의 용처를 받아들이게끔 하는 말이다. 만약 녹의 도리(공직자의 도리)로 해석한다면, 이는 잘못된 해석이라 할 수 있다.

19. 哀公이 問曰, 何爲則民服이리이고 孔子가 對曰, 擧直錯諸枉則民服이나 擧枉錯諸直則民不服이니라.

---

75 간干: 추구한다. 궐闕: 제해놓다, 빼놓다.
　※ 자장은 공자보다 48세 연하인 제자다. 공자는 많이 듣고 많이 보되 신중하게 말하고 행동하면, 출세는 저절로 찾아오게 됨을 일깨우고 있다.
76 군주 자리를 '천위天位', 군주의 녹봉을 '천록天祿', 끝없는 자기 수련을 통해 신하로 천거되는 것을 '천작天爵'이라고 한다. 여기서 天은 곧 民을 의미한다.

애공哀公이 묻기를, "어떻게 하면 백성의 마음까지 복종하게 할 수 있습니까?" 공자께서 대답하셨다. "곧고 올바른 사람을 등용해서 곧지 않은 사람들 위에 놓으면 백성은 마음까지 복종하지만, 곧지 않은 사람을 등용해서 곧은 사람 위에 놓으면 백성은 진심으로 복종하지 않습니다."[77]

惟格物誠意之仁人, 爲能擧直錯枉. 可見民之服與不服, 全由己之公私, 不可求之於民也.

오직 사물의 이치를 궁구하여 깨닫고 자신의 마음을 진실하게 한 어진 사람만이 곧고 올바른 사람을 등용해서 곧지 않은 사람들 위에 등용할 수 있다. 백성들이 복종하거나 복종하지 않는 경우를 살펴보면, 모두 자기 자신의 공과 사를 원인으로 한 것이라 할 수 있다. 복종과 불복종의 이유를 백성들에게 찾으면 안 된다.

20. 季康子가 問, 使民敬忠以勸하되 如之何리잇고 子曰, 臨之以莊則敬하고 孝慈則忠하고 擧善而教不能則勸이니라.

---

[77] 錯錯: 두다, 놓다. 諸諸: ~에, ~에서. 어조사 於와 비슷한 의미로 쓰인다.
   ※ 애공은 공자의 고향 노魯나라의 제후이다. 바른 사람은 곧 덕이 있고 의가 있는 사람이고 굽은 사람은 올바르지 못한 사람이라 할 수 있다. 애공이 공자에게 통치 방법을 묻자, 공자는 흔히 '윗물이 맑아야 아랫물도 맑다'라는 평범한 진리를 말하고 있다. 질문하는 그대부터 바르게 처신하고 정치하라는 일깨움이다.

계강자季康子[78]가 묻기를, "백성으로 하여금 공경하고 충성하도록 권하려면 어떻게 하여야 합니까?" 공자께서 말씀하셨다. "백성에게 믿음직스럽게(莊)[79] 임하면 공경하게 되고, 부모에게 효도하고 아랫사람에게 자비롭게 대하면 충성스러워지고, 착한 사람을 천거하여 바르지 못한 사람을 가르치면 곧 권하는 것이 됩니다."

臨莊, 從知及仁守發源, 知及仁守, 祇是致知誠意耳. 孝慈, 擧善教不能, 皆是親民之事, 皆是明德之所本具. 可見聖門爲治, 別無岐路. 此節三個則字, 上節兩個則字, 皆顯示感應不忒之機, 全在自己.

'믿음직스럽게 임한다(臨莊)'는 것은 앎과 인을 지키는 것으로부터 발원한다. 앎과 인을 지킨다는 것은 다만 지극한 깨달음을 이루고 진실한 마음을 갖추는 것을 의미한다. '효도하고 자비롭다(孝慈)'는 것과 '훌륭한 사람을 천거하여 그렇지 못한 사람을 가르친다(擧善教不能)'는 것 모두는 백성을 섬기는 일, 덕을 근본적으로 갖추고 있음을 밝히는 것을 의미한다. 성인의 문을 볼 수 있어야 다스림이라 할 수 있다.[80] 특별히 다른 갈래의 길은 없다.

---

78 노魯나라의 대부로, 이름은 비肥, 강康은 시호이다.
79 장莊: 용모가 단정하고 엄숙함을 의미하지만, 내용상 '믿음직스럽다'는 의미로 해석하는 것이 더 무방하다고 생각된다.
80 '성문聖門'은 곧 공자의 문하, 혹은 성인의 도에 들어가는 문을 의미한다. 여기서 '성문을 본다(見聖門)'는 것은 곧 성인의 도에 들어서는 것, 혹은 성인의 경지에 이르는 것을 의미한다. 따라서 '可見聖門爲治'라는 표현은 백성들에게 공경 받고 충성을 권할 수 있는 바른 정치(통치, 다스림)를 하려면 세상의 참된 이치와 마음의 덕성을 바르게 깨달아 인격적 완성을 이룬 사람만이 가능하다는

이 글은 3문장의 글로, 위의 두 문장(= 使民敬, 忠以勸)은 모두 백성들이 감응하고 감응하지 않음의 계기가 전적으로 정치하는 자기 자신에게 달려 있음을 드러내 보여주는 것이라 할 수 있다.

21. 或謂孔子曰, 子奚不爲政이시니잇고 子曰, 書云孝乎인저 惟孝하고 友于兄弟하면 施於有政이거늘 是亦爲政이니 奚其爲爲政이리요.

어떤 사람이 공자에게 묻기를, "선생께서는 왜 정치를 하지 않으십니까?" 공자께서 말씀하기를, 『서경(書經)』에 '효도하라. 오직 효도하고 형제간에 우애 있게 하라. 그러면 네가 하는 일에 늘 정치가 있느니라.' 하였거늘, 바로 그것이 또한 정치를 하는 것인데 어찌 정치에 참여하는 것만을 정치라 하겠는가?"

此便是爲政以德.

이는 곧 정치를 함에 있어 덕으로써 하라는 의미이다.

22. 子曰, 人而無信이면 不知其可也라 大車無輗하고 小車無軏하니 其何以行之哉리요.

것을 의미하는 것이라 이해된다.

공자께서 말씀하시기를, "사람에게 믿음이 없으면 아무 쓸모가 없다. 마치 큰 수레에 예輗가 없고, 작은 수레에 월軏[81]이 없는 것과 같으니, 어찌 앞으로 나아갈 수가 있겠는가?"

不信自己可爲聖賢, 如何進德修業.

자기 자신이 성인이 될 수 있음을 믿지 않고서, 어떻게 덕을 쌓고 업을 청정하게 닦을 수 있겠는가?

23. 子張이 問, 十世를 可知也잇가 子曰, 殷因於夏禮하니 所損益을 可知也이며 周因於殷禮하니 所損益을 可知也이니 其或繼周者면 雖百世라도 可知也이니라.

자장子張이 묻기를, "십세十世[82] 이후의 일을 알 수 있을는지요?" 공자께서 말씀하셨다. "은나라는 하나라의 예를 이어받았으니 그 손익을 짐작할 수 있고, 주나라는 은나라의 예를 이어받았으니 그 손익을 짐작할 수 있다. 만약 주나라의 뒤를 잇는 왕조가 있다면, 혹여 백세百世 이후의 일이라 할지라도 짐작하여 알 수 있을 것이다."

---

81 예輗는 주로 소가 끄는 우차에 쓰는 기구로 멍에를 걸 때 가로지르는 채이고, 월軏은 마차에 쓰이는 기구로 말에 걸어 평형을 유지하는 도구이다.
82 십세十世: 한 번 왕조가 바뀌는 것을 一世라 한다. 십세는 곧 열 번 왕조가 바뀌는 것을 말한다.

知來之事, 聖人別有心法, 與如來性具六通相同, 如明鏡無所不照, 非外道所修作意五通可比也. 子張騖外, 尙未能學孔子之跡, 又安可與論及本地工夫. 故直以禮之損益答之. 然禮之綱要, 決定不可損益. 所損益者, 因時制宜, 隨機設敎之事耳. 若知克己復禮爲仁, 則知實智. 若知隨時損益之致, 則知權智. 旣知權實二智, 則知來之道, 不外此矣. 言近指遠, 善哉善哉.

미래의 일을 알 수 있는 것은 성인에게 특별한 심법이 있기 때문이다. 여래의 성품(如來性)과 더불어 여섯 가지 신통력(六通)[83]을 동일하게 구족하고 있기에, 마치 밝은 거울처럼 비추지 못하는 바가 없는 것이다. 외도들이 마음을 닦아 얻는 다섯 가지 신통력(五通)[84]과 비교해서는 안 된다.

자장子張은 외적인 것에만 관심을 가질 뿐, 공자의 자취(跡= 학문적 성취)를 배우려고 하지 않는 것 같다. 그러니 또한 어찌 더불어 근원적인 진리 본성(本地)[85]에 대한 공부를 논할 수 있겠는가? 까닭에 직설적으로 예

---

[83] 육통六通: 무상정등정각을 성취한 부처님이 갖추신 여섯 가지의 신통력을 말한다. 곧 세상 모든 것을 밝게 비춰보는 ①천안통天眼通, 모든 중생의 희로애락의 소리를 듣는 ②천이통天耳通, 다른 존재의 마음을 읽을 수 있는 ③타심통他心通, 모든 존재의 과거생과 그 업을 비춰보는 ④숙명통宿命通, 몸과 마음을 자유롭게 드러내는 ⑤신족통神足通, 모든 번뇌를 다 조복하여 소멸시키는 ⑥누진통漏盡通이 바로 그것이다

[84] 오통五通: 누진통을 제외한 다른 다섯 가지 신통력을 별도로 분류해 오통이라 하고, 혹은 오종통五種通이라 부르기도 한다. 누진통은 오직 탐진치 삼독심을 완전히 단멸한 불보살만이 얻을 수 있는 신통력이다.

[85] 본지本地: 불교에서 본지는 곧 근원적 깨달음의 성품, 혹은 성품의 근본자리를 의미한다. '본지풍광本地風光', '본래면목本來面目' 역시 근본 깨달음의 마음자리를 의미한다.

에 대한 손익으로써 그의 질문에 답하고 있는 것이다. 그렇지만 예의 중심적 가치는 결코 이익과 손해로 따지는 것이 불가하다. 손익이라는 것은 시대의 변화에 따라 다르게 적용되는 것이니, 자장의 근기에 따라 가르침을 시설하는 것뿐이다. 만약 극기복례가 인이 됨을 안다면, 곧 참된 지혜를 깨달았다고 할 수 있다. 만약 시절에 따른 손익의 이치만을 알았다면, 곧 방편적인 지혜만을 깨달았다고 할 수 있다. 이미 참된 지혜와 방편적인 지혜를 깨달았다면 곧 미래의 도를 아는 것이니, 미래의 일을 아는 것은 이러한 이치에서 벗어나지 못한다. 말씀은 비슷하지만 가르치는 바는 원대하다.[86] 훌륭하고 훌륭한 말씀이라 할 수 있다.

24. 子曰, 非其鬼而祭之는 諂也요 見義不爲는 無勇也이니라.

공자께서 말씀하시기를, "조상의 영혼이 아닌 것에다 제사를 지내는 것은 아첨하는 것이며, 의를 보고도 행하지 않음은 용기가 없는 것이다."

罵得痛切, 激動良心.

통절한 꾸짖음을 통해 양심을 격동하게 하시는 말씀이다.

---

[86] 언근지원言近指遠: 말은 비근하지만 뜻은 깊다는 뜻으로, 여기서는 자장의 질문에 공자가 예禮를 들어서 미래의 일을 알 수 있음을 가르치는 가르침의 속뜻이 훌륭함을 비유하고 있다.

제3 팔일八佾편

1. 孔子謂季氏한대 八佾을 舞於庭하니 是可忍也하면 孰不可忍也이리요.

계씨季氏가 자기 집 뒤뜰에서 팔일무를 추게 하는 것을 보고 공자께서 말씀하시기를, "이를 보고 참아낸다면(용인한다면), 무엇인들 참아 하지(용인하지) 못하리요!"[87]

卓吾云, 季氏要哭.

이탁오가 말하기를, "계씨는 통곡해야 할 것이다."[88]

---

87 계씨季氏: 노나라의 대부인 계손씨季孫氏를 가리킨다. 팔일八佾: 팔일무八佾舞을 말하며, 주周대의 천자의 무악이다. 64인이 8열·8행으로 늘어서서 아악에 맞추어 춤을 춘다고 한다.
※ 제후는 가로세로 6열 36명이 조를 짜서 추는 춤이 허용되어 있고, 제후의 가신들에게는 가로세로 4열 16인의 춤밖에는 허락되지 않는 것이 그 당시 예이다. 그런데 계씨는 제후의 가신임에도 불구하고 사일무가 아닌 팔일무를 추니까 공자가 비판을 한 것이다. 세도가가 사회의 제도나 질서를 어지럽히고 있는 사실을 지적하고 있는 것이다.
88 계씨가 팔일무를 추게 하며 즐기고 있지만, 이는 분수와 예를 벗어난 행위이기에 결국 울 수밖에 없는 위태한 사태에 이르게 될 것임을 꾸짖고 있는 표현이다.

2. 三家者以雍徹이러니 子曰, 相維辟公이어늘 天子穆穆이라 奚
   取於三家之堂인고.

   삼가三家의 사람들이 옹雍을 부르며 제사를 끝내자 공자께서 말씀하
기를, "『시경』에 말하기를, 제후(= 辟公)는 제사를 돕고 천자는 매우 흐뭇
한 표정이라 하였거늘, 어찌 사당의 삼가 사람에게서 그런 면을 찾아볼
수 있겠는가!"[89]

   卓吾云, 三家要笑.

   이탁오는 "가소롭구나, 삼가三家여!"라고 하였다.

3. 子曰, 人而不仁이면 如禮에 何이며 人而不仁이면 如樂何리요.

   공자께서 말씀하시기를, "사람이 어질지 않으면 예의가 바른들 무엇하
며, 악樂을 한들 무슨 소용이 있겠는가?"

---

89 삼가三家: 노魯나라의 세도가 맹손孟孫, 숙손叔孫, 계손季孫의 3대부 집안을 가리킨다. 그들은
  모두 환공桓公의 후손으로, 삼환三桓이라고도 한다. 환공은 춘추 시대 제齊나라의 군주로 이름은
  소백小白이다. 옹雍: 『시경』 주송편(周頌篇)의 다른 이름이다. 철徹: 제사를 끝내고 제물을 거두
  어 정리하는 것을 말함. 목목穆穆: 서로 화합하여 온화한 모양과 장엄하고 엄숙한 모양을 나타냄.
  ※ 팔일무와 마찬가지로, 옹도 천자의 의식에만 허용되는 것이다. 그런 것을 계씨, 맹씨, 숙씨의 세
    집안에서 행하였던 것이다. 대부의 신분임에도 불구하고 천자의 예로 제사 지내는 것을 보고 공
    자는 질서를 어지럽히는 것으로 보아서 비판하고 있는 것이다.

世人雖甘心爲不仁, 未有肯棄禮樂者. 但旣棄仁, 卽棄禮樂.
故就其不肯棄禮樂處, 喚醒之也. 卓吾云, 季氏三家, 哭不得,
笑不得.

세상 사람들이 비록 어질지 못한 사람을 용인한다고 해도, 예악禮樂을
저버린 사람은 용납하지 않는다. 다만 이미 인仁을 저버린 사람이라면,
곧 예악도 저버린 사람이라고 할 수 있다. 그러므로 나아가 그들이 예악
을 저버리지 말 것을 일깨우고(喚醒)⁹⁰ 있는 것이다.
　이탁오가 말하였다. "계씨季氏와 삼가三家 사람들이 울지도 못하고, 웃
지도 못하는구나."

4. 林放이 問禮之本한대 子曰, 大哉라. 問이여 禮與其奢也론 寧儉
　하고 喪與其易也론 寧戚이니라.

임방林放이 예의 근본에 대해 묻자 공자께서 말씀하시기를, "훌륭한
질문이다. 예는 사치함보다는 차라리 검소해야 하고, 부모의 상을
당하면 형식을 갖추기보다는 진심으로 슬퍼해야 하느니라."⁹¹

儉非禮之本, 而近於本. 故就此指點, 庶可悟本.

---

90 환성喚醒: 일깨우다, 눈뜨게 하다의 뜻.
91 임방林放: 노魯나라 사람으로 공자의 제자. 호는 자구子邱이다. 여기與其A 영녕寧B: A라기보다 B
　다. 이易: 잘 처리하다. 척戚: 슬퍼하다.

검소함은 예의 근본은 아니지만, 예의 근본에 가깝다고 할 수 있다. 그러므로 곧 이 점을 가리켜서 예의 근본을 깨달을 수 있다.

5. 子曰, 夷狄之有君이 不如諸夏之亡也이니라.

공자께서 말씀하시기를, "오랑캐 나라에 임금이 있으니, 임금이 없는 중국보다 낫다."[92]

此痛哭流涕之言也. 嗚呼, 可以中國而不如夷乎.

이것은 통곡하며 눈물을 흘리시며 하시는 말씀이다. 슬프다! 가히 중국이 오랑캐보다 못하다는 말인가?

6. 季氏旅於泰山이러니 子謂冉有曰하야 女弗能救與아 對曰, 不能이로다. 子曰, 嗚呼라 曾謂泰山이 不如林放乎아.

계씨季氏가 태산泰山[93]에서 산제(= 旅祭)를 지내려 하자, 공자께서 염유

---

92 망亡: 없다. 이적夷狄: 변방의 이민족. 제하諸夏: 중원의 여러 나라. 불여不如: ~만 못하다, 다르다.
  ※ 당시에 한족은 여러 나라로 분열되어 있어 혼돈의 상태였다. 군주가 군주답지 못하고 신하가 신하답지 못한 어지러운 난세에 대한 공자의 탄식이다.
93 태산泰山: 중국 산동성山東省에 있는 산으로, 당시에 노魯나라의 국경 안에 있었다. 당시의 통례로 본다면 각 나라의 제후는 영토 내에 있는 산에서 제사를 지낼 수 있었으나, 그 이하의 분으로서는 산제를 지낼 수 없었다. 그럼에도 불구하고 계씨가 신하의 예를 저버리고 태산에서 제사를 지낸다는 것은 당시에 있어 군왕을 무시하는 태도로 인식되었다. 이러한 이유로 공자는 계씨의 산제가

冉有에게 말씀하시기를, "너는 계손씨를 죄에서 구해낼 수 없겠느냐?" 대답하기를, "그럴 수 없습니다." 그러자 공자께서 탄식하시기를, "아! 슬프다. 일찍이 태산의 산신이 예의 근본을 물은 임방林放만도 같지 못하단 말인가!"[94]

    卓吾云, 季氏聞之, 不勝扯淡, 便是夫子救季氏處.

이탁오는 "계씨가 그 말씀을 듣고 허튼소리(扯淡)[95]로 여기지 않는다면, 곧 공자(夫子)께서 계씨를 구해낸 것이라 할 수 있다."라고 하였다.

7. 子曰, 君子無所爭이나 必也射乎인저 揖讓而升하여 下而飮하니 其爭也君子이니라.

공자께서 말씀하시기를, "군자는 다투는 일이 없으나, 활쏘기에서는 반드시 경쟁을 한다. 겸손하게 인사하고(揖)[96] 올라가고 내려와서는 술을 마시니, 활쏘기에서의 경쟁을 하는 모습은 군자답다고 하겠다."

    예를 벗어난 행위임을 비판하며 한탄했던 것이다.
94 여旅: 천자와 제후가 명산대천에서 제사지내는 것. 여女: 너.
    ※ 염유는 공자의 제자로 뛰어난 행정 능력을 가지고 계씨의 가신이 되었다. 태산은 천자가 旅제사를 지내는 곳인데 계씨는 천자도 아니고 제후도 아님에도 불구하고 태산에서 제사를 지냈다. 공자는 이의 잘못을 지적하고 있다. '임방도 예의 근본에 대해 알고 싶어 하는데, 태산의 신이 예에 어긋난 제사를 받아들일 것 같은가?'라고 염유를 질책하고 있는 것이다.
95 차담扯淡: 허튼소리, 쓸데없는 소리.
96 읍揖: 옛날 중국 사람들이 취하는 정중한 인사법.

必也射乎, 正是君子無所爭處.

활쏘기에서는 반드시 경쟁을 한다는 것은 바로 군자가 다투지 않는 경우라 할 수 있다.

8. 子夏問曰, 巧笑倩兮며 美目盼兮여 素以爲絢兮라하니 何謂也리잇고 子曰, 繪事後素니라. 曰, 禮後乎인저 子曰, 起予者는 商也로다. 始可與言詩已矣로다.

자하가 묻기를, "『시경』에 '방긋 웃는 웃음(巧笑)에 입술이 더욱 곱고(倩), 아름다운 눈동자에 눈매가 더욱 고우니(盼), 마치 흰 바탕에 채색(絢)을 한 것 같구나.'라는 내용의 시는 무슨 뜻입니까?"

공자께서 말씀하시기를, "그림을 그리는 데 있어서 흰 바탕이 있는 후에 채색을 하여 아름답게 됨을 말하는 것이다." 자하가 말하기를, "예가 뒤라는 말씀입니까?" 공자께서 말씀하시기를, "나를 일깨우는(起) 사람이 바로 상(商= 子夏)이구나. 비로소 너와 함께 시를 이야기할 수 있겠다."[97]

素以爲絢, 謂倩盼是天成之美, 不假脂粉, 自稱絶色也. 人巧終遜天工, 故曰繪事後素. 後者, 落在第二義之謂, 非素質後加五採之解. 禮後乎者, 直斥後進之禮爲不足貴, 亦非先後之後. 卓吾云,

---

97 교소巧笑: 여인이 방긋 웃는 모습. 천천倩: 입매가 고운 것. 반盼: 눈매가 고운 것을 의미함. 현絢: 채색을 하는 것. 기起: 여기서는 일깨운다는 의미로 쓰였다.

與言詩, 非許可子夏也, 正是救禮苦心處.

'흰 바탕에 채색을 한 것 같다'는 표현은 고운 입술과 눈매가 선천적으로 타고난 것임을 이른다. 꾸며서 그러한 입술과 눈매가 되는 것이 아니기에 자칭 절색미인이라 할 수 있다. 사람이 아무리 아름답게 꾸며도 마침내 하늘이 창조해 낸 것(天工)에 비하면 부족하다.[98] 그러므로 "그림 그리는 일은 흰 비단을 마련하는 것보다 뒤에 한다."고 하는 것이다. '뒤에 한다(後)'는 것은 두 번째로 중요한 의의라는 뜻으로 한 말이지, 바탕을 마련한 뒤에 다섯 가지 아름다운 색(五採)[99]을 덧칠하는 의미로 이해해서는 안 된다. '예가 뒤입니까(禮後乎)?'라는 말은 뒤에 예에 나아가는 것을 귀하지 않다고 생각하는 것을 직설적으로 비판한 말이지,[100] 선후의 의미로 뒤에 한다고 표현한 것이 아니다.

이탁오는 "'더불어 시를 논할 만하다'는 것은 자하를 인정해서 한 말이 아니라, 바로 예를 구(救, 사라져가는 예를 되살리고자)하고자 하는 고심에서 하신 말씀이다."라고 평하였다.

9. 子曰, 夏禮吾能言之나 杞不足徵也이며 殷禮吾能言之나 宋不足徵也는 文獻不足故也는 足則吾能徵之矣니라.

---

98 종손終遜: 마침내 부족하다.
99 오채五採: 청青, 황黃, 홍紅, 백白, 흑黑 색을 말함.
100 직척直斥: 당사자가 있는 그 자리에서 나무라고 배척함. 또는 직접 비판함.

공자가 말씀하시기를, "하夏나라의 예(禮: 모든 문물과 제도를 지칭함)는 내가 능히 말할 수 있지만, 기杞나라(하나라의 후예)의 예는 증명하기에 부족하고, 은殷나라의 예는 내가 말할 수 있으나, 송宋나라(은나라의 후예)는 증명하기에 부족하다다. 이는 역사 문헌이 부족하기 때문이니, 문헌이 충분하다면 나는 능히 입증할 수 있을 것이다."[101]

無限感慨.

감개가 무량하다.[102]

10. 子曰, 禘自旣灌而往者는 吾不欲觀之矣로다.

---

[101] 하夏: B.C. 2070(2200?)~B.C. 1600년경(1760?년), 약 470(440)년간 존속했다고 전해지는 중국 고대 역사에서 문헌상 기록이나 유적, 유물이 없는 전설상의 왕조이다. 요순堯舜 시대의 순임금이 황하黃河의 치수治水를 담당하던 신하인 우禹에게 왕위를 물려주면서 시작되었다고 함. 기杞: 주周나라를 건국한 무武왕이 은나라를 멸망시킨 후 옛날 하나라 우임금의 후손 동루공東樓公을 찾아내어 봉한 나라였다고 전해진다. 殷: 상商나라라고도 함. B.C. 1600~B.C. 1046년(약 554년간 존속). 고대 중국의 최초이며, 가장 오래된 왕조 국가이다. 초기 도읍지였던 상商과 부족의 이름을 따서 상나라라고 불렸으며, 후기에 도읍지를 殷으로 바꾸어 은나라라고도 불렸다. 송宋: 은나라가 멸망하는 후, 그의 일족인 미자微子가 봉함을 받아서 세워진 나라. 징徵: 증명하다. ※ 공자가 살고 있는 춘추전국시대는 하-은-주로 이어진 주나라의 후반부에 해당한다. 기나라는 하나라의 후손이 이어받은 나라이고, 송나라는 은나라의 후손이 이어받은 나라. 그럼에도 불구하고 기와 송나라는 문헌이 부족했는데, 이를 공자는 안타까워하고 있다. 확신할 수 없는 것이나 증거를 제시할 수 없는 것은 말하지 않는 공자의 엄격한 학문의 자세를 엿볼 수 있는 내용이다.

[102] 공자의 학문적 태도가 자기 생각이나 사상을 본인 주관대로만 주장하는 것이 아니라, 역사적 배경이나 실증적 자료나 증거에 바탕 한 것임을 찬탄하는 내용이라 이해된다.

공자께서 말씀하시기를, "체제禘祭에 있어서 이미 술을 땅에 부은 이후의 일은 나는 보고 싶지 않느니라."[103]

方外史曰, 禪自白椎而往者, 吾不欲聞之矣. 教自擊鼓而往者, 吾不欲聽之矣. 律自發心而往者, 吾不欲觀之矣. 嗚呼, 古今同一痛心事. 世出世法, 同一流弊, 奈之何哉.

방외사方外史는 "참선은 스스로 백추白椎를 두드리고 가는 것이지만 나는 그것을 듣고자 하지 않고, 교는 스스로 북을 울리고 가는 것이지만 나는 듣고자 하지 않으며, 율은 스스로 원력을 일으켜 가는 것이지만 나는 그것을 보고자 않네."라고 하였다.[104]

---

103 체제禘: 왕이 지내는 큰 제사. 관灌: 물을 댄다는 의미이나, 여기서는 제사를 지낼 때 술을 땅에 부어 신의 강림을 바라는 형식을 말함.
　※ 고대 국가 시절 제사는 국가 통치와 질서를 나타내는 상징적인 의식이었다. 왕의 권위 또한 이 제사를 통해 세워졌다. 나라의 안녕을 기원하기 위해 하늘에 제사지내는 교제郊祭와 왕가의 조상신에게 제사 지내는 체제禘祭는 큰 국가적 행사였다. 이는 천자만이 주관할 수 있다. 그 외에 제후와 경대부, 일반 백성들도 각기 직분에 따른 제사를 지냈고, 조상신에 대한 제사는 모두가 지냈다. 그런데 제후국인 노나라만은 성왕의 주공에 대한 예우로 인해 교제와 체제를 지내는 특권을 누려 왔다. 이는 명백히 왕이 아니면 체제를 지내지 못하는 예법을 어기는 것이라 할 수 있다. 이러한 예를 벗어난 의례가 후대로 이어지면서 노나라에선 마침내 대부에 불과한 삼환씨가 권력을 쥐면서 천자를 참칭하는 예법(팔일무, 옹철, 교제 등)을 멋대로 시행하는 데까지 이르렀다. 공자가 살던 춘추 시대 말기에는 모든 예법이 무너지고 말았으며, 제사 예법 역시 정성 없이 형식과 격식에만 치우치게 되었다. 이러한 이유에서 공자는 아예 제사를 보고 싶지 않다고 말하고 있는 것이다.
104 손가락으로 달을 가리키는 것은 달을 보라는 것이지, 가리키는 손가락 그 자체를 보라는 것이 아니다. 어떠한 형식이나 의식은 그 형식과 이식 자체에 가치와 목적이 있는 것이 아니라, 그러한 형식과 의식을 통해서 지향하는 가치의 실현과 성취할 목적을 위해서다. 참선을 하고 교학을 공부하

아! 옛날이나 지금이나 동일한 병통의 근심거리가 있고, 세간법이나 출세간법에 있어서나 같은 폐단이 있으니, 내가 그것을 어떻게 하겠는가?[105]

11. 或이 問禘之說한대 子曰, 不知也로라 知其說者之於天下也에 其如示諸斯乎인저 하시고 指其掌하시다.

어떤 사람이 체제禘祭에 관해서 묻자 공자께서 말씀하시기를, "알지 못하노라. 그것을 말할 수 있는 사람은 천하의 일을 이것을 보는 것같이 쉽게 다룰 것이니라." 하시고 자신의 손바닥을 가리키셨다.[106]

며 계율을 닦는 것 등의 모든 불교의 수행법은 그 자체에 가치와 목적이 있는 것이 아니라, 오직 탐진치 삼독심을 제거하고 궁극적인 열반과 해탈이라는 깨달음의 성취를 위해서이다. 방외사는 공자가 제사의 본래 근본 가치를 저버리고, 단지 형식적 의식에만 머물고 마는 것을 비판하는 10장의 내용을 주해하며, 이를 수행의 본래 가치와 목적을 저버린 채, 단지 수행 그 자체의 형식에만 매달려 있는 당시의 수행자의 폐단에 대비시켜 그 잘못을 지적하고 있는 것이라 이해된다.

105 방외사方外史: 지욱선사의 또 다른 별명이다. 지욱은 이렇듯 기존에 자신이 다른 글에서 언급했던 내용을 인용하여 『논어』를 주해하는 특징을 보여주고 있다. 본 『논어점정』에는 무려 32곳에서 자신의 글을 재인용하고 있다. 백추白椎(또는 白槌): 대중처소에서 수행자에게 무엇을 알릴 때에 나무 방망이로 나무 기둥을 쳐서 집중시키는 것. 세출세법世出世法: 세간법世間法과 출세간법出世間法을 말한다. 세간법은 세상의 일반적인 가치와 윤리규범을, 출세간법은 세간을 벗어나 깨달음을 지향하는 불교의 진리, 곧 불법佛法을 의미한다.

106 공자는 당연히 알면서도 모른다고 대답하였다. 체禘제사는 천도天道에 따라 천하를 다스리는 천자만이 주관할 수 있는 제사이며, 아무나 논할 대상이 아니다. 공자는 이러한 이치를 안다면 천하를 다스리는 일은 손바닥을 뒤집는 것처럼 쉬울 것이라고 하였다. 당시의 무질서한 사회 상황에 대해 일일이 말로 다 표현하지 못하는 공자의 근심스러운 마음이 잘 배어 있다. '지기장指其掌'은 후일 맹자가 '여반장如反掌'으로 다시 인용하여 씀으로 더욱 유명해졌다.

程季淸曰, 王者於天下大定之後, 方行禘禮. 爾時九州之方物, 畢貢於前, 歷代之靈爽, 盡格於廟. 可謂豎窮橫遍, 互幽徹明, 浹上洽下, 無一事一物, 不羅列於現前一刹那際矣. 示天下如指其掌, 不亦宜乎. 方外史曰, 旣云不知, 又指其掌. 所謂此處無銀三十兩也.

정계청程季淸[107]이 이르기를, "왕이 천하에 확실하게 정해진 이후에 바야흐로 체례禘禮가 행해진다. 지금 구주九州[108]의 특산물들이 왕 앞에 공물로 바쳐졌고, 역대의 밝은 신령을 모두 종묘에 격식을 갖춰 바르게 모셔졌다. 온 세상과 과거 현재 미래가 하나로 이어졌으며[109], 서로 그윽하면서도 명철하게 위와 아래가 하나로 두루 화합하였다.[110] 하나의 일과 사물도 남김없이 과거와 현재가 한 찰나의 순간에 나열하지 않음이 없

---

107 지욱선사의 글을 모아놓은 문집인 『영봉종론(靈峰宗論)』에 「신안정계청전(新安程季淸傳)」이 별도로 실려 있는 것으로 보아, 지욱과 같은 세대의 인물인 것으로 추측된다. 신안新安 출신으로, 이름은 문제文濟, 법명은 통혜通慧이며, 자칭 십원거사十愿居士라고 하였다. 재가불자로 불교 교학과 참선공부에 정진하여 나름 불법에 대한 깨달음을 성취한 인물로 기록되어 있다. 지욱선사는 이러한 거사에 대해 널리 불교전법과 대중교화에 앞장선 훌륭한 인물로 평가하고 있다.
108 구주九州: 고대 중국의 고서에 기록된 하나라, 상나라, 주나라 시대의 행정 구역이며, 이후 춘추시대와 전국 시대를 거치면서 지리적 구분의 의미를 갖게 되었다. 구주는 고대에 중국 전 국토를 9개의 州로 나누었던 것에서 유래하는 아칭의 하나이며, 이후 전한의 무제가 전국의 행정 체계를 13주로 나눴다. 중국에서는 중국 전역을 총칭하는 의미로 사용되며, 천하나 세계 전체의 의미로 사용되는 경우도 있다
109 수궁횡변豎窮橫遍: '豎窮'은 공간적으로 두루 한 것, '橫遍'은 시간적으로 두루 한 것을 의미한다. '豎窮橫遍'은 공간적으로나 시간적으로나 모두 두루 하여 부족함이 없음을 의미한다.
110 협상흡하浹上洽下: '浹上'은 산 사람들이 지내는 제례의 정성이 조상신들에게 두루 미치고 사무치는 것을, '洽下'는 그러한 조상신들의 감응과 화답이 제례를 지내는 사람들에게 두루 미치고 사무치는 것을 의미한다. 결론적으로 '浹上洽下'는 제례를 지내는 사람과 제례를 받는 신들이 하나로 어우러지고 화합하여 하나가 됨을 의미한다.

었던 것이다. 천하에 드러내 보여줌이 그 손바닥을 가리키는 것과 같으니, 또한 마땅하지 않겠는가?"

방외사가 이르기를, "이미 알지 못한다고 하면서도 또한 그 손바닥을 가리킨 것은 이른바 '이곳에 은 300냥이 없다'는 속담을 일깨워 주는 것"[111]라 할 수 있다.[112]

12. 祭如在하시며 祭神如神在하시다. 子曰, 吾不與祭면 如不祭니라.

조상에게 지내되 조상이 살아 있는 것같이 할 것이며, 신에게 제사 지내되 신이 있는 것같이 해야 한다. 공자께서 말씀하시기를, "내가 제사에 참여하지 않으면 제사 지내지 않는 것과 같으니라."

---

111 중국 옛날 속담에서 가져온 비유이다. 옛날 중국에 '장삼張三'이라고 불리는 어리석은 사람이 있었다. 그에게 은 300냥이 있었는데, 그는 멀리 길을 나서며 가지고 있던 은을 잃어버릴 것을 염려하다 고민 끝에 땅에 묻어놓고 가기로 생각하였다. 은을 땅에 모두 묻은 장삼은 혹시나 사람들이 땅에 묻은 은을 알아보고 훔쳐 갈까 봐 나무 표지판에 "이 땅에 은 300냥이 없다(此地無銀三百兩)"라는 글을 써서 꽂아 놓았다. 당연히 어떤 사람이 지나가다 땅을 파고 은을 모두 훔쳐가 버렸다. 이러한 내용의 속담은 어리석은 짓을 하는 사람의 행위가 '눈 가리고 아웅하다', '어리석고 바보 같은 짓을 하다', '속이거나 감추려고 하다 오히려 탄로가 나다'라는 내용의 교훈을 일깨워준다.

112 공자가 어찌 체제禘祭의 뜻을 모를 수 있겠는가? 당연히 그 의미와 뜻을 알겠지만, 본인이 노나라 사람이니 노나라가 예를 벗어나 체제를 지내는 것을 직접 비판하기는 어려웠을 것이다. 까닭에 제자의 질문에 모른다고 대답하였던 것이다. 그러면서 자신의 손바닥을 펴서 보여주며 나라를 다스릴 수 있는 현명한 사람이라면 누구나가 체제의 의미를 쉽게 알 수 있을 것임을 비유하였다. 이탁오가 표현한 '此處無銀三十兩'라는 표현은 결국 예를 벗어나 천자만이 지낼 수 있는 체제를 제후의 나라인 노나라가 지내는 것이 결국 누구나 다 알 수 있는 어리석은 행위임을 지적하는 것이라 이해된다. 노나라가 체제를 지내는 것이 예에 벗어난 행위임을 다 아는데, 굳이 말을 해서 무엇하겠는가, 하는 반어법의 표현인 것이다.

13. 王孫賈問曰, 與其媚於奧론 寧媚於竈라하니 何謂也리잇고 子曰, 不然하다 獲罪於天이면 無所禱也이니라.

왕손가王孫賈가 묻기를, "'깊은(奧)방 속에 모셔 놓은 신주에게 비는 것(媚)보다 차라리 부뚜막의 귀신(竈)에게 빌어라.' 하는 것은 무엇을 두고 한 말입니까?" 공자께서 말씀하시기를, "그렇지 않습니다. 하늘에 죄를 지으면 빌 곳이 없습니다."[113]

卓吾云, 媚, 便獲罪於天矣.

이탁오는 "아첨하는 것(媚)은 곧 하늘에 죄를 짓는 것이다."라고 하였다.

14. 子曰, 周監於二代하니 郁郁乎文哉라 吾從周하리라.

---

113 왕손가王孫賈: 성은 왕손王孫, 이름이 가賈이며 당시 위衛 나라에서 가장 권력이 있던 대부이다. 오奧: 깊다는 뜻으로, 곧 방 깊숙한 곳에 모셔져 있는 신주단지를 의미함. 미媚: 아첨하고 순종함을 의미함. 조竈: 부엌을 말하며, 곧 부엌에 모셔진 조왕신을 의미함.
※ 왕손가는 당시에 위나라에서 가장 권세가 강한 사람이었다. 자세한 내용을 알 수 없으나, 당시에 공자가 위나라에서 벼슬을 하고자 하는 뜻이 있음이 위나라 왕에게 전해졌다. 이를 눈치 챈 왕손가가 당시의 속담인 "안방 신주를 섬기는 것보다, 차라리 부엌 귀신을 섬기라."는 말로써 공자에게 약간의 모욕적인 질문을 했던 것이다. 왕에게 부탁하지 말고 차라니 권세 있는 자신에게 부탁하라는 거만한 질문이라 할 수 있다. 이러한 왕손가의 질문에 전혀 다른 차원의 대답을 통해 왕손가의 질문 의도가 불량함과 무례함을 드러내었던 것이다. "나는 누구에게 아첨하거나 잘 보이기 위해 노력하는 사람이 아니다. 하늘 아래 부끄러움 없이 떳떳이 살고 있는 사람이니, 대부나 제후 누구에게라도 잘 보이고 싶어 내 양심에 반하는 행동을 할 생각이 없다."라는 의미인 것이다.

공자께서 말씀하시기를, "주나라는 2대를 본받았으니, 그 문화가 매우 찬란한지라 나는 주나라를 따르겠다."[114]

花發之茂, 由于培根, 禮樂之文, 本於至德, 至德本於身, 而考於古, 卽是千聖心法. 故從周, 祗是以心印心, 又從周, 卽從夏商, 卽從太古也.

꽃이 무성하게 필 수 있는 것은 뿌리의 북돋움 덕분이다. 예악의 문화는 지극한 덕에 근본하며, 지극한 덕은 몸을 잘 수양하는 데서 근본한다. 옛날을 고찰함은 곧 모든 성현의 심법이다. 그러므로 주나라를 따른다고 하는 것이니, 다만 마음으로서 마음을 인가하는 것이다. 또한 주나라를 따른다고 하는 것은 곧 하나라와 상나라를 따르는 것이라 할 수 있고, 태고의 문물을 따르는 것이라고도 할 수 있다.

15. 子入太廟하사 每事를 問하신대 或曰, 孰謂鄹人之子를 知禮乎아 入太廟하여 每事를 問하니 子聞之曰, 是禮也이니라.

공자께서 태묘太廟에 들어가시면 모든 일을 일일이 묻고 하셨다. 그래서 어떤 사람이 공자에 대하여 말하기를, "누가 추鄹의 사람이 예를 안

---

114 이대二代: 하나라와 은나라를 지칭. 욱욱郁郁: 매우 찬란함을 말함.
　※ 주나라가 비록 은나라를 멸망시키고 세운 나라이지만, 주나라는 전대인 하나라와 은나라의 문물을 그대로 이어받아 문화의 전성기를 이루었다. 까닭에 공자 역시 두 나라의 문물을 이어받은 주나라의 문화를 따르겠다고 말하는 것이다.

다고 했느냐? 태묘에 들어오면 매사를 묻는구나." 공자께서 이 소문을 들으시고 말씀하시기를, "그렇게 하는 것이 바로 예이니라."[115]

卓吾云, 只論禮與非禮, 那爭知與不知. 方外史曰, 不知便問, 是孔子直心道場處. 若云雖知亦問者, 謬矣.

이탁오는 "단지 예와 예가 아닌 것을 논할 뿐인데, 어찌 알고 알지 못함을 다투겠는가?"라고 하였다.
방외사는 "모르면 묻는 것, 이것이야말로 공자의 바른 마음의 도량이라 할 수 있다. 만약 비록 알면서도 묻는 것이라고 말한다면, 이는 잘못된 이해이다."라고 하였다.

16. 子曰, 射不主皮는 爲力不同科이니 古之道也이니라.

공자께서 말씀하시기를, "활쏘기에 있어서 과녁(皮)[116]을 뚫는 것을 위

---

115 태묘太廟: 노나라의 시조 주공을 모시기 위해 세운 사당이다. 대묘大廟라고도 한다. 추鄹: 노나라의 고을 이름. 공자가 태어난 곳이며, 공자의 아버지 숙량흘叔梁紇이 이 고을의 대부였다. '鄹人之子'는 곧 공자를 지칭한다. 노나라의 임금과 신하들은 예에 밝다고 알려진 공자를 한때 대묘제大廟祭의 제관祭冠으로 임명하였다. 까다로운 제사를 책임진 공자는 그곳에서 근무하는 관리들에게 모든 것을 일일이 묻곤 하였다.
※ 예에 밝다고 알려진 공자가 이렇듯 매사를 묻는 것이 소문이 나자, 어떤 사람이 매사를 묻는 공자를 약간 얕보는 마음으로 위와 같은 질문을 하였던 것이다. 공자의 대답은 간단하다. 비록 본인이 예에 어둡지는 않지만, 그렇듯 사사건건 묻는 것은 결국 예를 다하는 것이라는 대답이다.
116 피皮: 가죽의 의미이나, 여기서는 과녁의 의미로 쓰였다. 옛날 중국의 활쏘기에는 베로 사포射布

주로 하지 않는다고 하는 것은 사람의 힘이 같지 않기 때문이니, 이는 바로 옛날의 도이니라."

17. 子貢이 欲去告朔之餼羊한대 子曰, 賜也아 爾愛其羊가 我愛其禮하노라.

자공이 고삭告朔에 쓰이는 희양餼羊을 버리려(去) 하자 공자께서 말씀하시기를, "사賜야, 너는 그 양을 아끼는가? 나는 그 예를 아낀다."[117]

子貢見得是羊, 孔子見卽是禮. 推此苦心, 便可與讀十輪, 佛藏二經(二經明剃髮染衣者, 不論具戒破戒, 乃至不曾受戒, 亦是佛弟子相, 決定不可毁辱). 卓吾云, 留之, 則爲禮, 去之, 則爲羊. 故云, 其羊其禮.

자공은 고삭에 바쳐지는 양을 보았지만, 공자는 곧 예를 보았던 것이

(과녁)를 만들고 그 가운데 皮라 하여 호랑이나 곰의 가죽을 사용했다.

117 고삭告朔: 옛날 중국의 천자는 매년 12월에 역서曆書를 각 제후에게 나누어 주었고, 제후들은 그것을 사당에 보관하였다가 매월 초하루에 희생양을 바치고 그 달의 역서를 백성들에게 나누어 주었다. 희양餼羊: 제물로 바치는 양. 거去: '가다', '지나다'의 뜻으로 많이 쓰이나, 여기서는 '버리다(除)'의 뜻으로 쓰였다.

※ 노나라에서는 해마다 지내오던 고삭을 문공文公 때부터 잘 지내지 않다가 정공定公과 애공哀公 때에 와서는 아예 지내지 않게 되었다. 그러나 양을 맡은 관원은 계속 양을 바쳐 왔다. 까닭에 자공은 고삭을 지내지 않는데 굳이 양을 바칠 필요가 없음을 말했던 것이다. 이에 대해 공자는 비록 고삭을 지내지 않더라도 양을 바치는 법도는 아직 살아 있으니, 양을 바치는 희양이 예라고 말하고 있는 것이다.

다. 이러한 고심을 미루어 더 나아가 『십륜경(十輪經)』[118]과 『불장경(佛藏

---

118 십륜경十輪經: 원이름은『대승대집지장십륜경(大乘大集地藏十輪經)』이다. 『지장십륜경(地藏十輪經)』이라고도 불린다. 이역본異譯本으로는 역자 미상의 『대방광십륜경(大方廣十輪經)』이 있는데, 북량 때 번역되었으므로 북량본이라 부른다. 이 북량본을 참고하여 당나라 때 현장이 다시 번역하여 미흡한 부분을 보충하고 10권 8품으로 만들어 놓았다. 말법시대에 어떻게 수행할 것인가에 대한 수행의 기본을 설하고 있다. 구체적으로는 부처님의 열 가지 신통력(十力)으로 중생교화를 강조하고, 대승과 소승의 융화와 화합을 설하고 있다. 「서품(序品)」에 보면 부처님이 『월장경(月藏經)』을 설하고 났을 때, 남쪽으로부터 향운과 꽃구름이 몰려와 향비가 내리고 꽃비가 내리는 등 온갖 길상이 나타나자 무슨 까닭에 이러한 상서가 나타나는가 하고 대중이 의아해하였다. 이에 부처님이 지장보살의 공덕이 수승하여 나타는 상서라고 말하며, 지장보살을 칭찬하자 마침 지장보살이 성문의 모습을 하고 부처님 앞에 나타나 오탁악세에 어떻게 하면 부처님의 법륜을 굴릴 수 있는가를 다시 질문한다. 이 물음에 대해 부처님이 세속의 왕이 나라를 다스릴 때 지녀야 할 열 개의 바퀴 곧 '十輪'을 비유를 들어 설명하고, 또 부처님의 십륜을 설한다. 이 부처님의 십륜으로 10가지 악업을 선업으로 바꾼다고 하였다. 이렇듯이 십륜이 이 경의 중요한 대의가 되므로 『십륜경』이라 이름하였다. 이 십륜은 부처님의 十力이 작용하여 중생을 교화하는 것을 상징적으로 말하는 것이다. 이 경의 색다른 법문은 출가 수행자인 비구가 비록 파계를 했더라도 외도보다는 나은 사람이기 때문에 권력자나 속인들이 그를 핍박해서는 안 된다는 이야기가 나온다. 또 수행을 하는 과정에서 계를 지키지 못했다 하여 국법으로 책벌하려 해서는 안 된다고 하였다. 이와 같은 파계한 사람을 두둔하고 옹호하는 점 등이 나타나는 내용 때문에 이 경을 번역한 현장의 제자였던 신라의 신방神昉스님은 이 경을 말법시대용 경이라고 말한 바가 있다. 또 이 경은 다른 대승 경전들처럼 소승을 무시하거나 평가절하하는 말이 나오지 않고, 대승과 소승이 융화 화합을 이루어야 한다고 설하고 있다. 삼승법三乘法은 여래가 중생을 제도하기 위한 방편으로 설한 것이며, 설사 대승을 수행한다 하여도 다른 二乘을 업신여겨서는 안 된다 하였다. 마치 계를 잘 지키는 자라고 해서 파계한 사람을 비방하고 멸시하면 그 사람 역시 파계한 사람이 되고 만다는 논리이다. 참된 승가 정신의 구현은 어떤 사상이나 이념으로 대립되는 것을 방지해야 이루어진다는 뜻이다. 종파적 우열을 논하거나 내 수행은 내세우고 남의 수행을 멸시하는 말세적 풍조를 예방하는 뜻에서 정법의 올바른 실천을 강조한 것이다. 불교는 자비의 윤리이다. 잘못된 업을 짓는 사람이 있더라도 동사섭同事攝으로 교화할 것을 권장한다. 이 경에서 중생을 끝까지 다 제도해 주고 난 뒤에 성불하겠다는 보살의 대비원력을 지닌 지장보살이 성문의 모습으로 나타나는 장면도 시사하는 바가 크다. 보살행 실천을 강조하는 대승의 본질을 외형적 조건에 관계없이 모든 부류들을 평등하게 섭수할 때 구현할 수 있다는 것이다. 까닭에 이 경은 말법시대 수행의 본보기를 보여주는 역할을 하고 있는 경이라고 부르는 것이다.

經)』[119] 두 경전을 읽어보면 좋을 듯싶다(※ 이 두 경전은 머리를 삭발하고 승복을 입은 수행자에 관한 것, 계를 지키고 파계하는 것을 논하지 않는 것, 나아가 일찍이 수계하지 않아도 역시 불자이기에 결코 헐뜯고 욕해서는 안 됨을 밝히고 있다).

이탁오는 "유지시키고자 하는 것은 예이고, 버리고자 하는 것은 양이니, 그러므로 그 양과 그 예를 말하고 있는 것이다."라고 하였다.

18. 子曰, 事君盡禮를 人이 以爲諂也라.

공자께서 말씀하시기를, "임금을 모시는 데 있어서 예를 다하는 것을 세상 사람은 아첨한다고 하는구나."

於三寶境, 廣修供養, 人亦以爲靡費者, 多矣, 哀哉.

불법승 삼보에 귀의한 사람은 널리 중생에게 공양을 베푸는 수행을 실천해야만 한다. 그럼에도 또한 그렇게 하지 못하는 사람들이 많음은 안타까운 일이 아닐 수 없다.

19. 定公이 問하되 君使臣하며 臣事君하되 如之何잇고 孔子對曰,

---

119 불장경佛藏經: 요진姚秦 시대에 구마라집(鳩摩羅什, Kumārajīva)이 405년에 장안長安에서 번역하였다. 별칭으로 『봉입용화경(奉入龍華經)』,『선택제법경(選擇諸法經)』이라고도 한다. 제법의 실상을 깨닫는 것이 계를 지키는 것이라는 의미에서 염법념法 · 염불念佛 · 염승念僧 · 정계淨戒 · 정법淨法 · 정견淨見 · 요계了戒 등을 설하며, 3권 10품으로 구성되어 있다 .

君使臣以禮, 臣事君以忠이라.

정공定公[120]이 묻기를, "임금이 신하를 부리고, 신하가 임금을 보좌하는 일은 어떻게 해야 합니까?" 공자께서 말씀하시기를, "임금은 예로서 신하를 대하고, 신하는 충성으로서 임금을 모셔야 합니다."

20. 子曰, 關雎는 樂而不淫하고 哀而不傷이니라.

공자께서 말씀하시기를, "관저關雎[121]는 즐거워하되 음탕하지 않고, 슬퍼하되 상심하지 않느니라."

後妃不嫉妒, 多求淑女, 以事西伯, 使廣繼嗣之道. 故樂不淫, 哀不傷. 若以求後妃, 得後妃爲解, 可笑甚矣. 詩傳, 詩序, 皆云後妃求淑女, 不知紫陽何故, 別爲新說.

후비는 시기 질투하지 않아야 하니, 다분히 요조숙녀를 구해서 서백(西伯= 문왕)을 모시고 하여금 대를 잇는 가업의 도를 펼쳐야 한다. 그러므로 "즐거워하되 음탕하지 않고, 슬퍼하되 상심하지 않아야 한다."고 한 것이다. 만약 후비를 구하는 데 있어서 방정하지 못한 후비를 얻는

---

120 정공定公: 노魯나라의 임금으로, 이름은 宋이다.
121 관저關雎: 『시경』 국풍國風 주남周南의 첫머리에 있는 시. 주나라 문왕의 시녀가 지은 시로, 문왕이 어진 후비를 얻은 것과 후비 태사太姒의 덕을 칭송한 노래이다.

다면, 심히 웃음거리가 될 것이다. 『시전(詩傳)』과 『시서(詩序)』에서는 모두 후비가 요조숙녀를 찾는 것으로 설명하고 있는데, 주자(紫陽)가 어떻게 일반적 해석을 모르고 한 말이겠는가? 특별히 새로운 해설이라 하겠다.[122]

21. 哀公이 問社於宰我하신대 宰我對曰, 夏后氏는 以松이요 殷人은 以柏이요 周人은 以栗이니 曰, 使民戰栗.이다. 子聞之曰, 成事라 不說하며 遂事라 不諫하며 旣往이라. 不咎로다.

애공哀公이 제아宰我에게 사社에 대해 묻자 제아가 말하기를, "하후씨는 소나무를 심었고, 은나라 사람은 잣나무를 심었으며, 주나라 사람은 밤나무를 심었으니, 말하자면 백성으로 하여금 두려움에 벌벌 떨게 한 것입니다." [123]

---

122 위해爲解: 단정하거나 바르지 못한, 해이한 모습을 의미한다. 시전詩傳과 시서詩序: 주희가 직접 저술한 『시집전(詩集傳)』과 『시서변설(詩序辨說)』을 지칭하는 것으로 보인다. 『詩集傳』은 주희의 『시경』 주해서의 대표적인 것으로, 한漢·당唐 구설舊說을 비롯하여 특히 송조宋朝 제가諸家의 설을 두루 수용하여 송학宋學 『시경』 연구의 집대성이라고 평가받고 있다. 이 책은 시경론 관련 논술을 직접 제시하기보다는, 각 시편詩篇에 대한 주석과 해설의 방식으로 시편의 내용 풀이에 주력하면서 주희의 시경관詩經觀을 제시하였다. 『詩序辨說』은 주로 시서詩序의 문제점을 논박하는 것이 주된 내용이다. 대서大序를 비롯하여 각 시편에 해당하는 소서小序를 제시하고 이에 대한 변론을 펼치고 있으며, 시서詩序와 관련된 주희의 견해가 집약적으로 제시되어 있다.
123 제아宰我: 공자의 제자이다. 이름은 여予, 자는 자아子我 또는 재아宰我라고도 한다. 자양紫陽: 주자의 호이다. 社(社壇): 임금이 토신土神과 곡신穀神에 제사 지내는 제단을 말함. 혹은 죄인을 처형하던 장소를 의미함. 전율戰栗: 애공은 社에 대한 질문을 제아에게 했다. 이에 대해 제아는 사단에 심는 목신木神이 하나라, 은나라, 주나라 세 나라가 모두 다른데, 그 이유는 백성들이 두려움에 덜덜 떨게 하려는 목적으로 그렇게 했다고 대답하고 있다. 여기서 '덜덜 떨게 하다'로 해

공자께서 이 말을 들으시고 말씀하시기를, "이룬 일은 말하는 것이 아니고, 마침내 끝맺은 일은 간하는 것이 아니며, 이미 지나간 일은 탓하지 않는 것이다."

哀公患三家之强暴, 問於有若, 有若對曰, 惟禮可禦暴亂, 此端本澄源之論也. 今云戰慄以敬神明, 似則似矣. 然未能事人, 焉能事鬼, 不知敬止工夫, 安能大畏民志哉. 卓吾云, 實是說他諫他咎他, 亦是說哀公, 諫哀公, 咎哀公.

애공哀公은 삼가(三家: 孟孫, 叔孫, 季孫의 3대부 집)의 강압적 폭력을 걱정하여 유약有若에게 물었다. 유약이 "오직 예로써 폭압적인 어지러움을 제어할 수 있을 뿐입니다."라고 대답하였는데, 이러한 말은 근원을 바로잡고 깨끗이 정리할 수 있는 논리라 할 수 있다. 지금 제아가 '두려움에 덜덜 떨게 한다'라는 말로 신명神明에 대한 공경을 말하고 있는데, 그냥 그럴듯한 말일 뿐이다. 그러니 능히 사람도 섬길 수 없으면서 어찌 귀신인들 섬길 수 있겠는가? 공경하고 삼가는 공부도 알지 못하면서 어찌 크게 백성의 뜻을 두려워한다고 말 수 있겠는가?[124]

석되고 있는 '戰栗'은 원래 '戰慄'로 써야 바른 표현이다. 제아가 굳이 '栗'자를 써서 대답한 것은 '栗'이 '慄'자와 발음이 같아서 자못 해학적인 의미를 담아 표현한 것으로 이해된다. 은근히 당시의 사단에 대한 풍습을 비웃는 속뜻이 담겨 있는 것이다.

[124] 유약有若: 공자의 문하생. 노魯나라 사람. 그 언모언모言貌가 공자를 닮았기 때문에 공자가 죽은 후 문하생들이 그를 사모했다고 한다. 『논어』에서는 유자有子라고 경칭됨. 단본징원端本澄源, 척하탕예滌瑕蕩穢: '근원을 바로잡고 깨끗이 정리하며, 흠결과 잘못을 없애고 새로워진다.'라는 고사성어가 있다. 사즉사似則似: 닮은 듯 비슷하다, 비슷한 것은 비슷하다. 경지敬止: 공경하고

이탁오는 "진실로 이(공자의 말씀)는 제아의 간언과 제아의 허물을 말하고 있는 것이며, 또한 이는 애공에게 하는 말이고, 애공에게 간하는 말이며, 애공을 탓하는 말이라고도 할 수 있다."라고 하였다.

22. 子曰, 管仲之器小哉라 或曰, 管仲은 儉乎리잇고 曰, 管氏有三歸하며 官事를 不攝하니 焉得儉이오 然則管仲은 知禮乎리잇고 曰, 邦君이 樹塞門이어늘 管氏亦樹塞門하며 邦君이 爲兩君之好에 有反坫이어늘 管氏亦有反坫이니 管氏而知禮면 孰不知禮리오.

공자께서 말씀하시기를, "관중管仲은 그릇이 작구나." 어떤 사람이 말하기를, "관중은 검소한 사람입니까?" 공자께서 말씀하시기를, "관씨는 세 소실을 거느렸고, 아래 관원들에게는 겸직시키지 않았으니, 어찌 검소하다고 할 수 있겠소?" 다시 묻기를, "그렇다면 관중은 예를 알고 있습니까?" 공자께서 말씀하시기를, "임금이 나무를 세워 문을 가리면 관씨 역시 나무를 세워 문을 가렸고, 임금이 다른 나라의 임금과 서로 수호하기 위해 술잔을 올려놓는 자리를 마련하면 관씨 역시 술잔을 올려놓는 자리를 마련하였으니, 그 관씨가 예를 안다면 누가 예를 모르겠소이까?"[125]

삼가다.
125 관중管仲: 제齊나라의 대부이다. 이름은 이오夷吾, 제나라의 환공桓公을 도와서 패업霸業을 이루게 한 사람. 기器: 사람의 기량과 역량을 뜻함. 삼귀三歸: 세 소실의 집을 지칭함. 수樹: 여기서

一匡天下處, 是其仁, 不儉, 不知禮處, 是其器小. 孔子論人, 何等公平, 亦何等明白. 蓋大器已不至此, 況不器之君子乎.

천하를 다스려 바로 잡을 수 있으려면[126], 그는 어진 사람이어야 한다. 그런데 검소하지도 않고, 예도 모르는 사람이라고 한다면, 그는 역량이 작은 사람이라 할 수 있다. 공자께서 사람을 평가하는 데 있어 무엇을 공평하고, 또한 무엇을 명백하게 평가하는가? 대개 큰 그릇의 사람도 이미 이러한 기준에 미치지 못할 수 있는데, 하물며 역량이 못되는 군자이겠는가?

23. 子語魯大師樂曰,, 樂은 其可知也이니 始作에 翕如也하여 從之에 純如也, 皦如也하며 繹如也하며 以成이니라.

공자께서 노魯나라의 태사大師에게 음악에 대하여 말씀하시기를, "음악은 알 수 있는 것이오. 처음에 시작할 때에는 그 소리가 합하여 일어

는 집의 문 안에 세워 안과 밖을 막는 담장을 의미한다. 그러나 이것은 당시에 제후만이 설치하여 사용할 수 있었고, 대부는 주렴을 쓰는 것이 당시의 통례였다. 위량군지호爲兩君之好: 제후가 교류하기 위해 다른 나라 제후를 맞이함. 반점反坫: 술잔을 올려놓는 곳. 이것은 제후 이상의 신분을 얻은 사람만이 설치할 수 있는 게 당시의 예법이다.

※ 관중은 제나라 환공을 중국의 패자로 만든 명 대신이다. 공자는 관중이 부인을 3명이나 두고 많은 집안일 보는 사람 등 호사스러운 생활을 했고 임금과 동일한 생활을 하는 등으로 위계질서를 무너뜨렸다고 비판한다. 공자는 관중의 사례를 들어 인과 예를 갖춘 후에 덕으로 백성을 보살피는 정치를 강조하고 있는 것이다.

126 일광천하一匡天下: 어지러운 천하를 다스려 바로잡다.

나고, 그것이 본 가락으로 들어서면 조화를 이루어 거의 하나같이 되고, 음곡音曲의 음색이 명료하게 되며, 그런 상태로 계속 되어서 이루어지는 것이오."[127]

樂是心之聲, 聞其樂而知其德. 故翕如純如等, 須從明德處悟將來, 非安排於音韻之末也.

음악은 마음에서 비롯되는 소리이기에 그 음악을 듣게 되면, 그 음악을 연주하는 사람의 덕을 알 수 있다. 그러므로 합하는 것 같고, 조화로운 것 같다고 하는 것이다. 모름지기 내면의 밝은 본성의 마음(明德)을 좇아 미래를 알 수 있는 것이니, 음운(音韻, 음악)이 끝날 때까지 방임해서는 안 된다.[128]

24. 儀封人이 請見曰, 君子之至於斯也에 吾未嘗不得見也이로다. 從者見之한대 出曰, 二三子는 何患於喪乎리요 天下之無道也

---

[127] 태사太師: 악관樂官의 장을 말한다. 흡翕: 합과 같은 뜻으로 쓰였다. 종從: 여기서는 놓는다는 뜻의 縱의 의미로 쓰였다. 순純: 조화를 이룬다고 하는 和의 뜻으로 쓰였다. 교皦: 명백함. 역繹: 실을 뽑는 것같이 연이어 나오는 것.
※ 태사는 음악을 맡고 있는 관리의 우두머리인데, 공자는 태사와 음악에 대하여 논하고 있다. 음악은 예를 표현하는 하나의 방법임을 드러내고 있으며, 공자의 음악에 대한 조예가 깊음을 보여준다.
[128] 지욱은 음악은 그 음악을 연주하는 사람의 마음이 밖으로 표현되는 것이라는 전제하에, 음악의 시작과 끝은 결국 음악을 연주하는 사람의 한결같은 명덕의 마음이 표현되는 것으로 설명하고 있는 듯하다. 까닭에 음악을 연주하는 사람의 인격과 성품을 보면 음악이 앞으로 어떻게 표현될지를 미리 알 수 있기에, 음악이 끝날 때까지 마음을 방임(安排)해서는 안 된다고 하는 것이다.

久矣이니 天將以夫子爲木鐸이시니라.

의儀지방의 봉인封人이 공자를 만나보기를 청하며 말하기를, "군자들이 이곳에 오면 내가 만나보지 않은 적이 없었소." 그러자 공자를 따르던 사람이 공자와 만나게 해주었다. 그가 공자를 만나보고 나오면서 말하기를, "그대들은 왜 낙망하고 계시오. 천지가 무도해진 지 오래되었으니, 하늘은 장차 부자夫子로 하여금 목탁을 삼으실 것이오."[129]

終身定評, 千古知己, 夫子眞萬古木鐸也.

돌아가신 이후에야 정당하게 평가를 받고 있다. 영원히 자신의 뜻을 알게 하신 공자야말로 진실로 만고의 목탁이라 할 수 있다.

25. 子謂韶하시되 盡美矣오 又盡善也라. 謂武하시되 盡美矣오 未盡善也이시니라.

공자께서 소악韶樂에 대하여 이르시기를, "미의 극치를 이루었을 뿐만

---

129 의儀: 위나라의 서남쪽 국경 지방으로, 지금의 하북성河北省 개봉부開封府 난의현蘭儀縣 지방. 封人: 국경을 관리하는 관원. 二三子: 여러분, 그대들.
※ 공자가 정치 이상을 펴기 위해 천하를 떠돌면서 곤궁에 처한 시절의 이야기이다. 공자를 만나고 나온 관리는 공자는 이 세상에 도를 전파할 위인이 될 것이라 말하며, 제자들에게 긍지를 가지라고 권한다. 이 관리의 말은 그대로 실현되어 오늘날 공자는 많은 사람들에게 큰 가르침을 일깨워 주고 있다.

아니라 선의 극치를 이루었다." 하시고, 무악武樂에 대하여 이르시기를, "미의 극치를 이루었지만 선의 극치를 이루지는 못하였느니라."[130]

覺浪禪師曰, 此評樂, 非評人也. 蓋韶樂, 能盡舜帝之美, 又能盡舜帝之善. 武樂, 能盡武王之美, 未能盡武王之善. 舜武, 都是聖人, 豈有未盡善者. 方外史曰, 王陽明謂金之分兩不必同, 而精純同. 以喩聖之才力不必同, 而純乎天理同, 此是千古至論. 故孟子曰, 行一不義, 殺一不辜, 而得天下, 皆不爲也, 是則同. 亦是此旨.

각랑覺浪선사[131]는 "이는 음악에 대한 평가일 뿐, 사람에 대한 평가가 아니다."라고 하였다. 대개 소악韶樂은 능히 순임금의 미의 극치이고, 또한 순임금의 선의 극치이다. 무악武樂은 무왕의 미의 극치라 할 수는 있지만, 무왕의 선의 극치라고는 할 수 없다. 순임과 무왕은 모두 성인이지만, 어찌 선에 있어서는 차이가 있는가? 방외사는 "왕양명王陽明[132]은 금의 분량은 반드시 같지 않지만, 금이라는 순도(純度= 精純)는 동일

---

130 소韶: 순임금의 악樂. 진盡: 어떤 일의 궁극에 이르다. 어떤 일의 극치를 의미함. 무武: 주周나라 무武왕의 악.

131 각랑도성(覺浪道盛: 1592年~1659年)선사를 지칭한다. 호는 천계天界, 복건성福建省 출신이다. 조동종曹洞宗 문하에서 수행했고, 명말의 저명한 고승이다. 그의 저서를 모아 묶은 『천계각랑성선사전록(天界覺浪盛禪師全錄)』이 전해진다.

132 중국 명나라의 유학자(1472~1528?)이다. 이름은 수인守仁, 자는 백안伯安, 양명은 호이다. 지행합일론(知行合一論)과 심즉리설(心卽理說) 및 치양지설(緻良知說)을 주장하였다. 저서에 『왕문성전서(王文成全書)』, 『전습록(傳習錄)』 등이 있다. 본 『논어점정』에서는 모두 6차례에 걸쳐 왕양명의 주해를 인용하고 있다.

하다. 비유하자면 성인의 재주와 능력은 반드시 같지 않지만, 하늘의 이치를 깨달은 것[133]에 있어서는 동일하다. 이는 천고의 당연한 이론이다."라고 하였다. 그러므로 맹자가 말하기를, "하나라도 의롭지 않음을 행하며, 하나라도 죄 없는 이를 죽여서 천하를 얻는 짓은 다들 하지 않았을 것이니, 이런 점이 같으니라."[134]라고 하였는데, 역시 이러한 취지에서 한 말이다.

26. 子曰, 居上不寬하며 爲禮不敬하며 臨喪不哀면 吾何以觀之哉리요.

공자께서 말씀하시기를, "윗자리에 있으면서 너그럽지 않고, 예를 차리되 공경스럽지 않고, 상에 임하되 슬퍼하지 않으면 내 이런 사람에게서 무엇을 보리요!"[135]

---

133 純純: 여기서는 '밝다', '온전하다'의 의미로 쓰였다.
134 『맹자』 공손축상(公孫丑上) 제2장에서 "나(맹자)는 그분들처럼 행하지 못하고 있지만, 소원인즉 공자를 본받고 싶구나." "백이와 이윤이 공자와 그처럼 비등합니까?" "아니다. 인류가 생긴 이래 공자만 한 분이 있지 않았다." "그러면 세 분 사이에 같은 점이라도 있습니까?" "있다. 백리의 땅을 얻어 임금이 된다면, 다들 제후들이 와서 조회케 하여 천하를 차지할 수 있었을 것이고, 한 가지라도 의롭지 못한 일을 행하고, 한 사람이라도 죄 없는 사람을 죽여서 천하를 얻는 일은, 다들 하지 않았을 것이니, 이런 점이 같다(吾未能有行焉, 乃所願則學孔子也. 伯·伊尹於孔子, 若是班乎. 曰, 否, 自有生民以來, 未有孔子也. 曰, 然則有同與. 曰, 有, 得百里之地而君之, 皆能以朝諸侯有天下, 行一不義, 殺一不辜而得天下, 皆不爲也, 是則同)."라는 내용으로 언급되고 있다.
135 거상居上: 남의 윗자리에 있음. 임상臨喪: 상사喪事에 임함.
※ 윗사람의 도리를 말하고 있다. 윗사람은 인자하게 관용을 가지고 있어야 하고, 예에는 공경, 상에 있어서는 슬픔이 근본임을 강조하고 있다.

即是吾不欲觀之意, 非是觀其得失.

곧 이 말은 내가 보고 싶지 않다는 뜻이지, 그 득실을 본다는 의미가 아니다.

제4 이인里仁편

1. 子曰, 里仁이 爲美하니 擇不處仁이면 焉得知리요.

공자께서 말씀하시기를, "마을[136]의 풍속이 어질어야 사람의 마음도 아름답게 되는 것이니, 어진 곳을 택하여 살지 않는다면 어찌 지혜로운 자라고 할 수 있겠습니까?"

里以宅身, 尙知以仁爲美, 道以宅心, 反不擇仁而處, 何其重軀殼, 而輕性靈也.

마을은 몸을 의탁하여 사는 곳이니, 더욱더 어진 사람들이 함께 살아야 아름답게 됨을 알 수 있다. 도는 마음이 의탁하여 머물러야 할 곳이니, 도리어 어짊을 가리지 않는 곳이라 할 수 있다.[137] 어찌 몸만[138]을 귀하게 여기고, 신령스러운 마음은 가볍게 여길 수 있겠는가!

---

136 이里: 옛날 중국에서는 25호의 마을을 이里라고 했다.
137 도는 선하고 악한 사람을 불문하고 누구나가 마음과 행위를 닦아 체득하고 깨달아야 할 진리이다. 까닭에 지욱은 이러한 도는 어진 사람이든 그렇지 못한 사람이든 차별하거나 분별하지 않는 그 누구에게나 열려 있고, 함께하고 있는 보편적이고 무차별적인 진리임을 설하고 있다.
138 구각軀殼: 육체, 형체를 의미한다.

2. 子曰, 不仁者는 不可以久處約이며 不可以長處樂이니 仁者는 安仁하고 知者는 利仁이니라.

공자께서 말씀하시기를, "어질지 않은 자는 곤궁한 곳[139]에 오래 처하지 못하고, 즐거운 곳에서도 길게 처하지 못하지만, 어진 사람은 인仁을 편안히 여기고 지혜로운 사람은 인仁을 이롭게 여긴다."

見有心外之約樂, 便不可久處長處, 可見不仁之人, 無地可容其身矣. 安仁, 則約樂皆安, 利仁, 則約樂皆利, 何等快活受用.

마음 밖에 곤궁함과 즐거움이 있다고 생각하는 사람은 더욱더 오래 처하지도 길게 처하지도 못한다. 어질지 못한 사람을 보게 되면, 가히 그 몸을 받아 줄 만한 곳이 없다. '인을 편안히 여긴다(安仁)'는 것은 곧 곤궁한 처지이든 즐거운 처지이든 간에 모두 편안히 여긴다는 의미이다. '인을 이롭게 여긴다(利仁)'는 것은 곧 곤궁한 것이거나 즐거운 것이거나 모두 이롭게 여긴다는 의미이다. 어떠한 경우이든 간에 쾌활한 마음으로 수용한다는 뜻이다.

3. 子曰, 惟仁者아 能好人하며 能惡人이니라.

---

139 약約: '곤궁하다'의 뜻으로 쓰였다.

공자께서 말씀하시기를, "오직 어진 사람만이 능히 사람을 좋아할 수도, 미워할 수도 있느니라."[140]

無好無惡, 故能好能惡, 無好無惡, 性量也, 能好能惡, 性具也. 仁, 性體也.

좋아함도 없고, 미워함도 없어야 한다. 그러므로 능히 좋아할 수도 있고, 미워할 수도 있는 것이다. 좋아함도 없고 미워함도 없는 것은 성품의 무량함이며(性量),[141] 능히 좋아하기도 하도 싫어하기도 함은 본성 자체에 갖춰져 있기(性具)[142] 때문이다. 어짊은 본성 그 자체라 할 수 있다.

4. 子曰, 苟志於仁矣면 無惡也니라.

---

140 여기서 仁者는 위정자로서 仁德을 닦은 사람을 의미한다. 어질다고 해서 호불호, 혹은 시시비비도 가리지 않는다는 뜻이 아니다. 즉 위정자가 정사를 행할 때는 정확한 사회 기준과 법령에 따라 신상필벌을 행해야 한다는 뜻이다.
141 성량性量: 마음의 무량한 포용력, 자비, 어짊을 표현하고 있다. 모든 존재의 신성한 본성은 마치 텅 빈 허공과 같고, 모든 지류의 물을 받아들이는 드넓은 바다와 같이 무량무변하다고 보는 것이 성품에 대한 불교적 관점이다. 이러한 신성한 본성을 등진 어리석은 중생의 차별적 마음과 견해로 인해 좋아함과 미워함이 생겨나는 것일 뿐, 본성 그 자체에는 호오가 존재하지 않는 것이다.
142 성구性具: 모든 존재의 본래 본성이 텅 빈 허공과 같다고 보는 관점에서 표현되고 있는 불교적 용어가 '空性'의 이론이라면, 반대로 존재의 본성에는 모든 것이 부족함 없이 갖춰져 있다고 보는 관점에서 표현되고 있는 용어가 바로 '性具'의 이론이다. 공성에 대한 가르침을 통해 존재에 대한 무한한 탐욕과 집착을 버리게 하고 바른 지혜의 정견을 깨닫게 한다면, 성구에 대한 가르침을 통해 누구나가 차별 없는 성스러운 존재이고, 각자 근기에 적합한 수행의 실천으로 부처가 되고 성인이 될 수 있음을 일깨우고 있는 것이다.

공자께서 말씀하시기를, "진실로 인에 뜻을 둔다면 악한 것이 없느니라."

千年暗室, 一燈能破.

천년의 어두운 방 안에 하나의 등불이 비춰지니, 능히 모든 삿됨이 타파되는구나.[143]

5. 子曰, 富與貴는 是人之所欲也이나 不以其道得之어든 不處也하며 貧與賤은 是人之所惡也이나 不以其道得之라도 不去也이니라. 君子去仁이면 惡乎成名이리요 君子無終食之間을 違仁이니 造次에 必於是하며 顚沛에 必於是니라.

공자께서 말씀하시기를, "부귀는 사람들이 바라는 것이지만, 정당한 방법으로 얻은 것이 아니라면 누리지 말아야 한다. 빈천은 사람들이 싫어하는 것이지만, 정당한 상황이 아니라 하더라도 벗어나려고 해서는 안 된다. 군자가 인을 버린다면 어떻게 명성을 이룰 수 있겠는가! 군자

---

143 『화엄경』 입법계품(入法界品)에 "선남자여! 마치 등불 하나가 캄캄한 방에 비춰지면, 백천년 묵은 어둠이 모두 능히 깨져 사라진다. 보살마하살의 보리심이란 등불도 그와 같아서 중생의 마음 방에 들어가면 백천만억 불가설할 겁 동안의 모든 업과 번뇌와 많고 많은 어둠의 장애가 모두 능히 제거되어 사라지느니라(善男子, 譬如一燈, 入於闇室, 百千年闇悉能破盡. 菩薩摩訶薩菩提心燈, 亦復如是, 入於衆生心室之內, 百千萬億不可說劫諸業煩惱, 種種闇障悉能除盡)."라는 내용의 말씀이 표현되고 있다.

는 밥 한 끼 먹는 동안이라도 인을 어기는 일이 없어야 하니, 황급한 때에도 반드시 그것을 지키고 위급할 때에도 그것을 지켜야 하느니라."[144]

此章皆誡訓之辭. 若處非道之富貴, 去非道之貧賤, 便是去仁, 便不名爲君子. 若要眞正成個君子, 名實相稱. 須是終食之間不違, 造次顚沛不違.

이 5장은 모두 경책하고 훈계하는 말씀이다. 만약 도가 아닌 부귀한 환경에 머물러 있거나, 도가 아닌 빈천한 환경에서 벗어나고자 한다면, 곧 이는 인을 버리는 것이기에 더욱 군자라 할 수 없다. 만약 진정으로 바른 군자가 되고자 한다면, 외면(형식)과 내면(실질)이 서로 일치해야 한다.[145] 모름지기 군자는 밥 먹는 동안이라도 군자의 위의를 어기지 말아야 하며, 황급하고 위급할 때라도 역시 어기지 않아야 한다.

6. 子曰, 我未見好仁者와 惡不仁者라 好仁者는 無以尙之요 惡不

---

144 종식지간終食之間: 밥 한 끼 먹는 동안. 조차造次: 급하고 구차한 때. 전패顚沛: 넘어지고(顚), 자빠진다(沛)는 뜻으로, 매우 위급한 때를 말함.
  ※ 군자가 정도를 지켜야 됨을 말하고 있다. 군자가 정도가 아닌 편법으로 부귀를 얻었으면 그에 안주하지 말아야 하고, 반면에 정도가 아닌 상황에서 빈천에 떨어졌다 하더라도 이를 벗어나기 위해 편법을 쓰지 말라는 의미이다.
145 명실상칭名實相稱: '화실상칭華實相稱', '명실상부名實相符' 등과 같은 의미이다. 외면과 내면이 서로 일치함. 선비가 갖추어야 할 면모, 지식인이라면 문장은 화려해야 하고 행동은 신실해야 한다는 등의 뜻을 나타낸다.

仁者는 其爲仁矣에 不使不仁者로 加乎其身이니라. 有能一日
에 用其力於仁矣乎아 我未見力不足者라 蓋有之矣어늘 我未
之見也이로다.

공자께서 말씀하시기를, "나는 아직까지 진실로 인을 좋아하는 사람과 진실로 불인을 싫어하는 사람을 보지 못했다. 인을 좋아하는 사람이 있다면 더 바랄 것이 없으나, 불인을 싫어하는 사람이라 하더라도 인을 실천함에 있어서 어질지 못한 사람이 자신에게 영향을 미치지 않게 한다. 하루라도 능히 인을 행하기 위해 힘쓰는 사람이 있는가? 나는 아직 그렇게 하는 데 힘이 부족한 사람을 보지 못했다. 대개 그런 사람이 있을 법한데 나는 아직 그런 사람을 보지 못했다."[146]

惡不仁者, 用個其爲仁矣四字, 便是一串的工夫. 卓吾云, 無以
尙之, 不使不仁者加乎其身, 正是用力力足處. 蓋有之矣, 謂世界
爾許大, 豈無一日用力者, 奈我未之見耳. 望之之辭, 好仁者, 就是
慚, 惡不仁者, 就是愧.

'어질지 않은 것을 싫어하는 사람(惡不仁者)'이라는 말은 '그 어진 것을 다스린다(其爲仁矣)'라는 네 글자에까지 의미가 사용된다. 곧 이 말은 하

---

146 인의 실천은 노력 여하에 달려 있다. 인을 실천하려고 노력해야 함에도 힘이 부족해서 못한다고 말하는 사람이 많다. 하지만 아직까지 힘이 부족한 사람을 보지 못했으니 그것은 변명이라고 공자는 말한다. 하루라도 인을 실천해 보려고 노력한 적이 있는지 반성하고 인을 실천하기 위해 항상 노력해야 함을 강조하고 있는 것이다.

나로 연결[147]된 공부(工夫, 배워야 할 가르침)이다.

이탁오는 "'더 이상 바라는 것이 없다(無以尙之)'라는 말과 '어질지 않은 것으로 하여금 그 자신의 몸에 더하도록 하지 않는다(不使不仁者加乎其身)'라는 말은 바로 힘써 노력해야 하는 부분에 대한 말이다. '대개 그런 사람이 있을 법하다(蓋有之矣)'라는 말은 세상에 그러한 사람이 이렇듯 많은데[148], 어찌 하루도 힘써 노력하는 사람이 없으며, 어째서 '나는 아직 그런 사람을 보지 못하였는가!'라는 의미를 말하고 있다. 그렇게 되기를 소망하면서 하는 말이다. '인을 좋아하는 자(好仁者)'라는 말은 곧 '부끄럽다'라는 의미를 나타내고 있고, '불인을 미워하는 자(惡不仁者)'라는 말도 '부끄럽다'라는 의미이다."라고 하였다.

7. 子曰, 人之過也各於其黨이니 觀過이면 斯知仁矣니라.

공자께서 말씀하시기를, "사람의 허물은 그 종류에 따라 다른 것이니, 남의 허물을 보면 곧 그 사람의 인을 알 수 있느니라."[149]

此法眼也, 亦慈心也,. 世人但於仁中求過耳, 孰肯於過中求仁哉.

---

147 일천일관一串: 마치 염주처럼 하나로 연결된 꿰미를 의미한다.
148 허대許大: '이렇게(이와 같이)크다', '이렇게 많다'의 의미.
149 누구나 허물이 있을 수는 있다. 다만 공자가 학이편 8장에서 '過則勿憚改'라 언급했듯이, 군자에게도 당연히 허물이 있을 수 있다. 이를 깨닫고 바로 고치느냐 아니냐가 중요할 뿐이다. 사람이 자기가 처한 환경과 조건에 따라서 때로는 피치 못하게 허물을 지을 수도 있으나, 허물을 지은 사정과 환경을 살펴보면 그 허물에서도 인을 엿볼 수 있다. 공자는 이를 말하고 있다.

然惟過, 可以觀仁. 小人有過, 則必文之, 仁人有過, 必不自掩, 故也.

이는 진리를 깨달은 분의 눈(法眼)[150]이며, 또한 자비심이라 할 수 있다. 세상 사람들은 어진 사람에게서 단지 허물만을 찾으려 하는데, 누가 허물 있는 사람에게서 어짊을 찾으려고 하겠는가? 그러나 오직 허물은 어진 사람만이 살필 수 있는 것이다. 소인은 허물이 있으면 반드시 그것을 꾸며서 감추려 하고(文)[151], 어진 사람은 허물이 있으면 반드시 스스로 고치려 하는 것(掩)[152]이 바로 그 까닭이다(故).[153]

8. 子曰, 朝聞道면 夕死可矣니라.

공자께서 말씀하시기를, "아침에 도를 들으면 저녁에 죽어도 좋으니라."

不聞道者, 如何死得. 若知死不可免, 如何不急求聞道, 若知朝聞可以夕死, 便知道是豎窮橫遍, 不是死了便斷滅的.

---

150 법안法眼: 모든 존재의 실상을 바르게 깨달아 얻게 되는 지혜의 눈. 혹은 우리의 몸과 마음이 무상(無常)하고, 괴로움(苦)이며, 무아(無我)임을 통찰하여 얻는 지혜의 눈.
151 문文: 꾸미고 가꾼다는 '식飾'자의 의미로 쓰였다. 소인은 허물과 잘못이 있으면 그것을 고치고 그만두려고 하기보다는, 임시방편으로 변명과 이런 저런 이유를 들어 감추고 숨기려고 한다는 것이다.
152 엄掩: 그만두고 그치다의 의미로 쓰였다.
153 고故: 여기서 故는 위의 문장에서 '然惟過, 可以觀仁'에 대한 이유를 밝히고 있다. 오직 어진 자만이 허물을 볼 수 있는 이유가 왜 그런지를 뒤에 이어지는 문장을 통해 설명하고 있는 것이다.

도를 듣지 못한 사람이 어떻게 죽을 수 있겠는가? 만약 죽음을 면하지 못함을 안다면, 어떻게 급히 도를 구하여 듣지 않을 수 있겠는가? 만약 아침에 도를 듣고 저녁에 죽게 된다면, 곧 도가 온 세상과 과거 현재 미래로 하나로 이어져 있음을 깨닫게 될 것이다.[154] 이러한 깨달음이야말로 죽어도 곧 영원히 죽지 않는 경지라 할 수 있다.

9. 子曰, 士志於道而恥惡衣惡食者는 未足與議也이니라.

공자께서 말씀하시기를, "선비가 도에 뜻을 두고도 남루한 옷차림과 거친 음식을 수치로 여기는 자라면, 함께 도를 논하기에 부족하다."

當與食無求飽, 居無求安, 參看, 便見聖賢學脈.

마땅히 더불어 "배부름을 구해서는 안 되고, 편안함을 구해서도 안 된다."[155]라는 말씀을 참조하여 살펴보면, 곧 성현의 학맥을 깨달을 수 있을 것이다.

10. 子曰, 君子之於天下也에 無適也며 無莫也하여 義之與比니라.

---

154 수궁횡변豎窮橫遍: 주 105) 참조.
155 학이편 14장에서 "공자께서 말씀하시길, '군자는 먹는 데 배부름을 구하지 않고, 거처하는 데 편안함을 찾지 않으며, 일을 행하는 데는 민첩하지만 말을 삼가며, 도를 갖춘 이에게 나아가 자신을 바르게 한다면 가히 배움을 좋아한다고 할 수 있다(子曰, 君子食無求飽, 居無求安, 敏於事而愼於言, 就有道而正焉, 可謂好學也已).'"라는 내용으로 언급되고 있다.

공자께서 말씀하시기를, "군자는 천하의 일에 대하여 오로지 주장하는 것이 없으며, 부정하는 것이 없고[156], 오직 의만을 따를 뿐이다."[157]

義之與比, 正所謂時措之宜, 卻須從格物愼獨來. 若欲比義, 便成適莫, 義來比我, 方見無適莫處. 比義則爲義所用, 義比則能用義, 比義則同告子之義外, 便成襲取. 義比則同孟子之集義, 便是性善. 當與趙州使得十二時, 壇經悟時轉法華並參.

'의를 따른다(義之與比)'라는 말은 바로 때의 형편에 알맞게 처신함을 말하는데,[158] 도리어 모름지기 세상의 궁극적 이치를 깨닫고(格物) 홀로 스스로를 삼가며 살아가는 것(愼獨)이라고도 할 수 있다. 만약 의를 좇는 삶을 살고자 한다면, 곧 바름을 주장하고 그릇됨을 부정할 수 있어야 하지만, 의가 나를 따르도록 하기 위해서는 바야흐로 주장하고 부정함이

---

156 무적야無適也 무막야無莫也: 주자는 '적適'을 '오로지 주장하다'로 해석했고, '막莫'을 '부정하는 것'으로 해석했다. '適莫'은 여러 가지 뜻이 있다. 사전상으로 보면 適은 나와 뜻이 맞는 것이고, 莫은 나와 뜻이 맞지 않는 것이라고 해서 일반적으로 내 마음이 끌리는 것이 適이고 마음이 끌리지 않는 것이 莫이다. 그러므로 適莫을 '나의 뜻과 맞고 나의 뜻과 맞지 않은 바가 없다'로 해석하기도 한다.
157 본 문장에서 공자는 군자가 갖추어야 할 덕목인 인과 더불어 함께 지녀야 할 의를 말하고 있다. 군자는 세상의 모든 일에 대해서 반드시 해야 하는 것도, 하지 말아야 하는 것도 미리 틀에 맞춰 정하지 않고, 오직 때에 맞춰 의로움을 따르는 삶을 살아야 된다는 의미이다.
158 시조지의時措之宜: 『중용』 제25장 3절에서 "誠은 스스로 자기를 이루어 그치는 것이 아니라, 物을 이루는 것이다. 자기를 이룸은 仁이고 물을 이룸은 知이다. 이는 본성의 덕이니, 안팎을 합친 도이다. 그러므로 때의 형편에 맞는 마땅함이다(誠者, 非自成己而已也, 所以成物也, 成己, 仁也, 成物, 知也, 性之德也, 合內外之道也. 故, 時措之宜也)."라는 내용으로 언급되고 있다.

없어야 한다. 의를 따른다는 것은 곧 의로움을 위해서 쓰이는 것(所用, 행동하는 것)이고, 의가 따른다는 것은 곧 능히 (나의) 의로움이 사용됨(能用)을 의미한다. '의가 따른다(比義)'는 것은 곧 고자告子가 말하는 '의는 밖에 있음으로 문득 엄습하여 얻어지는 것(襲取)'이라는 주장과 같은 의미이고, '의를 따른다(義比)'는 것은 곧 맹자가 말하는 의는 내면에 축적되는 것(集義)임으로, 이는 곧 성품이 근본적으로 선하다는 것(性善)과 같은 의미이다.[159]

159 『맹자』 고자상(告子上)편에 고자에 대한 이야기가 전해진다. 고자는 일명 '고불해告不害'라고도 불린다. 정확하게 언제, 어디서 태어났는지 알 수 없다. 그는 기원전 4C쯤 중국 전체가 혼란스러운 전국 시대戰國時代에 태어났다. 그의 사적에 대해서는 잘 알려지지 않았으나, 그가 살아온 행적에 대한 성격이나, 인간성이 당시 최고의 사상가인 맹자(기원전 372~289)와의 논쟁이 『맹자』 속에 인용되고 있어 고불해의 사상을 약간이나마 알 수 있다. 위대한 두 명의 사상가는 동시대 사람이다. 이들의 인간 고유의 사상 철학은 훗날 순자荀子로 인해 또 다른 견해로 나타나게 된다. 순자(298년 ~ 238)는 공자 · 맹자와 더불어 유가의 대표적 사상가 중 한 명이다. 맹자의 성선설性善說과 대비되는 순자의 성악설性惡說이 있다. 순자가 인간의 심성에 대한 학설로 '인간의 본성은 악하다'라고 한 학설이 바로 성악설이다. 순자의 성악설은 그의 저서 『순자(荀子)』의 「성악性惡」편에 나타난 '화성기위(化性起僞: 본성을 변화시켜 인위를 일으킨다)'라는 명제로 대표된다. 즉, 사람의 본성은 악하여 날 때부터 이익을 구하고 서로 질투하고 미워하기 때문에 그대로 놔두면 싸움이 그치지 않는다는 것이다. 그러므로 이것을 고치기 위해서는 예의를 배우고 정신을 수련해야만 한다고 주장하였다. 고자의 사상은 바로 '성무선악설性無善惡說'이다. 이는 삶(生), 식(食), 색(色)은 성(性)이라고 하였다. 자기가 타고난 성질 그대로인 가장 동물적 생리적 욕망인 식욕과 성욕의 현상을 '性'이라고 생각하였다. 그 결론으로서 그는 성은 선도 악도 아니라는 것이다. 그런데 성선설을 주장한 맹자는 "인간에게는 동물과 다른 그 무엇이 있고, 그것은 인간의 타고난 도덕성, 즉 '인의'라 하여 동물과 구별한다."라고 하였다. 다시 고자에 의하면, 본성은 비유컨대 재료의 나무이며, 인의는 만들어진 바구니 같은 그릇이다. 인간이 인의를 행하는 것은 나무의 재료로 굽혀서 만들어진 기구와 같은 것이라 했고, 또 본성을 굽이치는 물에 비유하여 동쪽으로 흐르게 하면 동쪽으로 흐르고, 서쪽으로 흐르게 하면 서쪽으로 흐르는 것과 같이 본성은 처음부터 선이라고도 악이라고도 단정하여 말할 수 없다. 또 자기의 아우는 사랑하지만, 타인의 아우는 사랑하지 않는다고 하는 따위의 차이가 있는데, 그것은 그것이 내적 감성을 주로 하기 때문이며, 연장자를 존경할 경우 타인이라도 존경하는 것은 그것이 외적 사실을 주로 하기 때문이며, 인은 선천적

조주선사가 말한 "24시간을 부린다."[160]라는 가르침과 『육조단경(六祖檀經)』에서 말씀하는 "깨달음을 얻을 때 법화法華[161]를 굴린다"라는 가르침을 함께 참조해 볼 필요가 있다.

11. 子曰, 君子는 懷德하고 小人은 懷土하며 君子는 懷刑하고 小人은 懷惠니라.

으로 갖추어진 것을 인정하지만 의는 어디까지나 후천적으로 밖으로부터 습득되는 것(義外)이라고 하였다. 또한 고자의 사상은 인간의 본성에는 선도 악도 없고, 인간에게는 동물과 다름없는 성욕과 식욕이 전부이며, 인간이 행하는 행동 하나하나는 전적으로 인간의 의지로 인해 선택된 것이기에 이는 선악과 아무 관계가 없다고 하였다. 즉, 인간이 저지르는 일과 행동은 인간의 의지에 따른 행동의 결과이지 착하거나 악해서 일어나는 것은 아니라는 것이다. 이러한 고자의 주장들은 맹자의 사상인 '사람은 태어날 때부터 천성적으로 선한 마음을 갖고 태어난다(集義)'는 성선설과 크게 대비된다. 맹자의 이러한 사상은 고자의 사상과 충돌할 수밖에 없다. 지욱선사의 위와 같은 '比義'와 '義比'에 대한 해석은 바로 이러한 고자와 맹자의 '義'에 대한 기본적 사상의 차이를 염두에 두고 한 설명이다.

160 조주종념선사(趙州從諗禪師: 778 - 897)는 속성이 학郝으로, 당나라 시대의 유명한 선승이다. 남전보원南泉普願선사 문하에서 수행했으며, '개에게는 불성이 없다(狗子無佛性)'라는 일명 '무자無字' 화두와 '뜰 앞의 잣나무(庭前栢樹子)', '차나 마시고 가게나(喫茶去)' 등의 유명한 화두를 남겼다. 그의 행장과 법어를 모아놓은 『조주어록(趙州語錄)』이 전해진다. 그가 설했다고 전하는 "12시간을 부리지만(使得十二時), 열두 시간을 부림을 당한다(被十二時使)"라는 말은 곧 참된 본성을 깨닫지 못한 무명한 중생과 궁극적인 깨달음을 성취한 성인의 다른 경지의 삶을 의미한다. 곧 무명한 중생은 외부 경계에 유혹되고 속박되어 부자유스러운 노예의 삶을 살지만, 성인은 안팎의 경계 대상에 유혹되거나 속박되지 않고 자신의 청정한 본성을 지키며 자유롭고 평정한 삶을 산다는 것을 은유적으로 표현한 내용이다.

161 법화法華: '法華'는 바로 『법화경(法華經)』에서 표현되고 있는 말이다. '법화'의 본래 의미는 부처님이 설한 설법 중에서 모든 대소승을 하나로 깨우치는 '최상승最上乘의 진리'를 말하지만, 『단경(壇經)』에 표현되고 있는 '법화' 모든 중생들의 근원적인 진리성품인 불성, 혹은 법신을 의미한다. 따라서 '悟時轉法華'라는 표현은 무명한 중생이 수행을 통해 본래 구족한 진리 성품인 불성(= 법화)를 깨달음으로써, 무명한 중생의 마음인 탐진치의 번뇌에 이끌려 사는 것이 아니라, 청정본성인 불성을 의지하여 주체적인 삶을 산다는 의미이다.

공자께서 말씀하시기를, "군자는 덕을 생각하지만 소인은 토지(土, 재물)를 생각하고, 군자는 형벌을 생각하지만 소인은 은혜(惠, 혜택, 이익)를 생각하느니라."

見德者不見有土, 見土者不見有德. 見法者不見有惠, 見惠者不見有法. 此皆獨喩於懷, 不可以告人者. 譬如飮水, 冷暖自知而已.

덕을 살피는 사람은 땅(土, 재물)이 있어도 관심을 가지지 않지만, 땅에만 욕심이 있는 사람은 덕이 있어도 관심 밖이다. 법을 살피는 사람은 혜택이 있어도 관심을 가지지 않지만, 혜택만을 찾는 사람은 법이 있어도 지키려고 하지 않는다. 이러한 것은 모두 다만 속에 품은 생각을 비유하는 말이기에, 사람에게 호소해서(告) 될 일은 아니다. 비유하자면 물을 마시는 것과 같아서 냉수와 온수를 마시는 것은 스스로가 각자 알아서 할 뿐이다.

12. 子曰, 放於利而行이면 多怨이니라.

공자께서 말씀하시기를, "이익에 따라[162] 행동하면 원망이 많으니라."

卓吾云, 何利之有.

---

162 방放: 따르다, 의지하다(依)의 뜻으로 쓰였다.

이탁오는 "(이익만을 좇아 행동하면) 무슨 이익이 있을 수 있겠는가?"라고
하였다.

13. 子曰, 能以禮讓이면 爲國乎에 何有이며 不能以禮讓으로 爲國이면 如禮何리오.

공자께서 말씀하시기를, "예와 겸양으로써 나라를 다스린다면[163] 무슨 어려움이 있겠는가? 그러나 예법과 겸양으로써 나라를 다스리지 못한다면 예(禮: 禮制, 문물과 제도)는 무엇에 쓰겠는가?

能以禮讓, 不但用得禮, 亦爲得國. 不能以禮讓爲國, 不但治不得國, 亦用不得禮.

예와 겸양으로써 다스린다는 것은 다만 예를 실천하는 것뿐만 아니라, 또한 나라를 다스리는 것이기도 하다. 예와 겸양으로써 나라를 다스리지 못한다는 것은, 다만 나라를 다스리지 못하는 것뿐만 아니라, 또한 예도 실천하지 못함을 의미한다.

14. 子曰, 不患無位요 患所以立하며 不患莫己知요 可知也이니라.

---

163 위爲: 다스리다(治)의 의미로 쓰였다.

공자께서 말씀하시기를, "벼슬이 없음을 근심하지 말고, 그런 자리에 설 능력을 근심할 것이며, 남이 자기를 알아주지 않는 것을 근심하지 말고, 내가 남에게 알려질 수 있는 능력을 구하라."

此對治悉檀, 亦阿伽良藥也.

이것은 대치실단對治悉檀이며, 또한 아가타의 훌륭한 약이라 할 수 있다.[164]

15. 子曰, 參乎아 吾道는 一以貫之니라. 曾子曰, 唯라 子出하거늘 門

---

[164] 대치실단對治悉檀 : '실단悉檀'은 산스크리트어 'siddhānta' 음역으로, 곧 부처님이 설법한 불법을 뜻한다. 대치실단은 곧 부처님이 중생을 제도하기 위한 목적으로 불법을 설법함에 있어 중생들의 자질과 성향에 따라 달리 설법하는 사실단四悉檀 가운데 하나의 설법 방법을 의미한다. 사실단은 곧 ①세계실단(世界悉檀: 부처님이 중생의 뜻에 맞추어 세간적인 설법을 하여 신심을 일으키는 것을 말함. 세간에 맞추어 세간 일반의 사고방식과 명칭을 적용한 교설) ②위인실단(爲人悉檀: 부처님이 중생의 소질(자질, 근기)의 얕고 깊음에 따라 각각의 사람들에게 상응한 적절한 법을 설하여 수행을 실천하고, 선업을 행하게 하는 것. 이는 설법할 적에 지혜가 얕고 깊은 것이나 과거의 선근 유무에 따라, 알맞게 하는 교법을 설법함. 올바른 믿음을 내어서 선한 종자(善根種子)를 심게 하는 것) ③대치실단(對治悉檀: 상대방의 마음의 병에 따라 적절한 설법을 하는 것(응병여약應病與藥). 탐욕이 많은 중생에게는 모든 존재가 깨끗하지 못하다는 부정관不淨觀을 설하고, 번뇌가 많아 산란한 중생에게는 호흡을 통찰하는 수식관隨息觀을 설하며, 어리석음이 많은 중생에게는 제법의 생성과 소멸의 원인과 조건을 통찰하는 인연관因緣觀을 설법해서 중생의 병인病因을 제거하는 것) ④제일의실단(第一義悉檀: 중생을 깨달음에 들게 하는 최고의 진리, 구경의 진리를 설하여 중생을 깨달음에 들게 하는 것. 중생의 능력이 성숙한 때에 부처님이 제법실상을 설하여 진실의 깨달음을 얻게 하는 것) 등이다. 아가야약阿伽良藥 : 『화엄경』 입법계품(入法界品)에서 언급되고 있으며, '가타'는 산스크리트어 'Agada(아가타 阿伽陀)'의 음역이다. 해독제로 양약良藥 또는 묘약妙藥으로 일컬어졌다.

人이 問曰, 何謂也리잇고 曾子曰, 夫子之道는 忠恕而已矣니라.

공자께서 말씀하시기를, "삼(參: 증자의 이름)아, 나의 도는 하나로 관찰되어 있느니라." 증자가 말하기를, "예 그렇습니다." 공자가 밖으로 나가자 공자의 제자들이 묻기를, "무슨 말씀인지요?" 증자가 말하기를, "선생님의 도는 충忠과 서恕일 뿐입니다.[165]"

此切示下手工夫, 不是印證, 正是指點初心, 須向一門深入耳. 忠恕眞實貫得去, 亦是有個省處, 乃能如此答話. 然不可便作傳道看. 顔子旣沒, 孔子之道的無正傳, 否則兩歎 今也則亡, 豈是誑語.

이는 절실히 공부를 시작하는 것을 보여주는 것이지, 증자를 인증해 주는 것은 아니다. 바로 초심자로 하여금 공부해야 할 방향을 가리켜서 모름지기 한 문으로 깊이 배워 들어가도록 한 것뿐이다. 충서忠恕는 진실을 관통해나가는 것이며, 또한 성찰해야 할 곳이 있음을 의미하는 것이기에, 능히 이처럼 대화하고 있는 것이다. 그렇지만 (공자가 증자에게) 도를 전해주는 것으로 봐서는 안 된다. 안자顔子가 이미 죽었으므로 공자

---

[165] 忠과 恕는 수양에 힘써 자신을 속이지 않는 인격을 쌓고 그것을 미루어 다른 사람에게까지 영향을 준다는 뜻으로, 곧 유가의 최고 가치인 인을 행하는 자세를 가리킨다. 주희는 충은 자기 자신의 할 바를 극진히 한다는 뜻이며, 충서는 자기를 미루어 남에게 미친다는 뜻이라고 풀이했다. 충서는 인을 2가지 측면에서 표현한 것이다. 스스로 사리사욕에 얽매이지 않으며 생각이 구차하지 않은 것이 충이고, 다른 사람을 자신과 같이 생각하고 자기의 이익 때문에 다른 사람을 침해하지 않는 것을 恕라 할 때, 충서는 인을 이룩하기 위한 실천과정이다. 즉 충은 수기修己이며, 서는 치인治人이 된다. 증자는 바로 이 충과 서를 공자의 일이관지하는 인의 사상을 이해했던 것이다.

의 도는 바르게 전할 곳이 없어졌다. 만약 그렇지 않았다면 안자가 지금 죽고 없음을 공자께서 두 번씩이나 한탄하셨는데,[166] 어찌 이것이 거짓이라 할 수 있겠는가!

16. 子曰, 君子喩於義하고 小人은 喩於利니라.

공자께서 말씀하시기를, "군자는 의에 밝고[167], 소인은 이익에 밝느니라."

喩字, 形容君子小人心事, 曲盡其致. 喩義, 故利亦是義, 喩利, 故義亦是利. 釋門中發菩提心者, 世法亦成佛法, 名利未忘者, 佛法亦成世法. 可爲同喩.

'유유(喩)'자는 군자와 소인의 심사를 형용하는데, 그 이치를 매우 자세하고 간곡하게 표현한다.[168] '의에 밝다(喩義)'라는 의미는 이익 또한 의로 삼는 것이고, '이익에 밝다(喩利)'는 의미는 의로움을 또한 이익으로 삼는 것이다.[169] 불교(釋門)의 측면에서 보면 보리심을 일으킨 자는 세속의 법

---

166 선진편 8장에 "안연이 죽자 공자께서 말씀하기를, 슬프다, 하늘이 나를 버리셨구나, 하늘이 나를 버리셨구나(顏淵死, 子曰, 噫, 天喪予, 天喪予)!"라는 내용이 표현되고 있다. 공자가 자신의 도를 이어갈 유일한 제자로 여겼던 안연이 32세에 요절하자 깊이 탄식하며 슬퍼하셨음을 전하고 있다.
167 유유喩: 깨닫다, 이해하다.
168 곡진曲盡: '매우 정성스럽다', '매우 자세하고 간곡하다'는 의미.
169 군자는 이익의 기준을 의로움을 실천하는 것에 둔다. 까닭에 사적으로 아무리 자신에게 이롭더라도 그것이 의에 부합되지 않으면 따르지 않고 외면한다. 반대로 소인은 의로움의 기준을 자신의

도 또한 부처님 법으로 이루려고 하고, 명리를 잊지 못하는 자는 불법 또한 세속의 법으로 이루려고 하는데,[170] 동일한 '유喩'를 의미한다고 할 수 있다.

17. 子曰, 見賢思齊焉하며 見不賢而內自省也이니라.

공자께서 말씀하시기를, "어진 사람을 보고 자신도 그와 같이 되기를 생각해야 하며, 어질지 못한 사람을 보면 나 자신을 스스로 살펴야 하느니라."

方是慚愧二字實義, 方是三人行必有我師, 方可云盡大地無不是藥, 此聖賢佛祖總訣也.

손익에 먼저 기준을 둔다. 까닭에 자신에게 이롭다고 생각되면 그것이 아무리 불의한 일이라도 그것을 따르고, 그렇지 않으면 외면한다. 지욱의 '喩義'와 '喩利'에 대한 설명은 바로 이러한 내용을 설명하고 있다.

170 불교에서 '보리심菩提心'은 ①궁극적인 진리를 깨달아 해탈과 열반을 성취하고자 하는 구도심求道心, ②중생의 번뇌의 마음과 불선한 업, 그리고 생사윤회의 괴로움으로부터 벗어나고자 하는 출리심出離心, ③불법승 삼보에 대한 깊은 신심, ④모든 중생을 제도하여 이고득락을 얻게 하려는 무량한 자비심 등을 복합적으로 의미한다. 하지만 보리심을 일으켜 출가한 수행자 중에서도 온전하고 순수한 보리심을 일으켜 출가한 사람은 명리와 출세를 좇는 세속의 법(世法)을 역류하여 오직 불법의 성취와 깨달음을 위해서 수행을 실천할 뿐이다. 설령 세속의 가치인 명리와 출세를 이룰 수 있는 기회와 환경을 얻는다고 해도 그것을 따르지 않고 외면하거나 벗어나고자 애쓴다. 이와는 반대로 비록 한때나마 보리심을 일으켜 출가는 하였으나, 아직 세속의 가치(世法)를 완전히 버리거나 벗어나지 못한 사람은 불법을 이용하여 도리어 세속에서 미처 이루거나 얻지 못한 명리와 출세를 얻고자 애쓴다. 지욱의 '喩義'와 '喩利'에 대한 불교 내에서의 비유는 바로 이러한 내용을 설명하고 있다.

바야흐로 이 말씀은 '참괴慚愧'라는 두 글자의 진실한 뜻을 나타내고 있다. 바야흐로 "세 사람이 길을 가다보면 반드시 나의 스승이 될 만한 사람이 있다."[171]라는 의미이며, "모든 대지에 약 아닌 것이 없다"[172]라는 말을 이르는 것이라고 할 수 있다. 이러한 말씀들은 성현과 부처님과 조사들의 한결같은 경책의 가르침이다.

18. 子曰, 事父母하되 幾諫이니 見志不從하고 又敬不違하며 勞而不怨이니라.

공자께서 말씀하시기를, "부모를 섬기되 허물이 있으면 은근히 간할 것이니[173], 간함을 따르지 않더라도[174] 더욱 부모님을 공경하여 어기지 말며, 수고로워도 원망해서는 안 되느니라."[175]

---

171 술이편 21장에 "공자께서 말씀하시기를, 세 사람이 길을 갈 때에는 반드시 내 스승이 있으니, 그 중에 선한 사람을 가려서는 그를 따르고, 선하지 못한 자를 가려서는 자신 속의 그런 잘못을 고쳐야 한다(三人行, 必有我師焉. 擇其善者而從之, 其不善者而改之)."라는 내용으로 언급되고 있다.
172 세상 모든 것은 다 나름대로 존재 가치가 있고 적절한 쓰임이 있다. 약초의 예를 들면, 약초는 약초대로 병을 치유하는 데 쓰이고, 독초도 독초대로 병을 다스리는 데 사용될 수 있다. 당연히 모든 산야의 풀들이 병을 치유하고 다스리는 데 필요한 존재가 되는 것이다. 이는 다시 말해 모든 존재들이 나 자신에게 도움이 되고 스승이 될 수 있음을 비유하고 있다. 선인이든 악인이든 자신에게 다양한 측면에서 자신을 일깨우고 지혜를 가르치는 스승이 되고 도움이 될 수 있다는 비유인 것이다.
173 기간幾諫: '조심스럽게 말씀드리다', '은근히 간하다'의 뜻. '幾'는 '미약하다(微)'의 뜻으로 쓰였다.
174 견지부종見志不從: 부모의 뜻이 자기의 간함을 따르지 않음을 본다는 의미.
175 공자는 논어 학이편과 위정편에서 효를 말하고, 또다시 이인편 18장에서 21장까지 다시 효에 대해 종합적으로 언급하고 있다. 이처럼 유학에서는 특별히 효를 강조하고 있다. 효는 공경의 마음이 겉으로 드러난 행위를 말한다. 이에 따라 자신의 근본인 부모와 조상에 대해 효로 섬기고, 제사를 통해 추원보본追遠報本하는 것은 자연스럽고 당연한 이치이다. 까닭에 효를 백행의 근본(百行之

始終只一幾諫. 幾諫, 祇是敬父母, 故期之以聖賢. 不違不怨, 祇是到底敬父母.

처음부터 끝까지 다만 한결같이 '은근히 간함'을 말하고 있다. '은근히 간하다(幾諫)'라는 것은 다만 부모님을 공경하라는 뜻이다. (이렇게 말씀하는 까닭은) 성현이 그렇게 하기를 바라시기 때문이다. '어기지 말고(不違)', '원망하지 말라(不怨)'는 것도 다만 마침내[176] 부모님을 공경하라는 뜻이다.

19. 子曰, 父母在어시든 不遠遊하며 遊必有方이니라.

공자께서 말씀하시기를, "부모가 살아 계시거든 멀리 나가서 놀지 말며, 먼 곳에 갈 일이 있으면 반드시 정해진 장소를 알려야 하느니라."

方, 法也. 爲法故遊, 不爲餘事也. 不遠遊句單約父母在說, 遊必有方則通於存沒矣.

'방方'은 법도를 의미한다. 법도를 지키며 놀아야지 여가(餘事)를 위해 놀아서는 안 된다. '멀리 나가서 놀지 말라(不遠遊)'라는 구절은 오직 부모님이 말씀하실 수 있는 가까운 거리를 지키라는 의미이다. '반드시 법도(= 방소)가 있어야 한다(遊必有方)'라는 표현은 살아 계실 경우나 돌아가

本)이라고 한다.
176 도저도到底: 도대체, 마침내, 결국, 끝까지 ~하다. 여기서는 '마침내', '끝까지 ~하다'의 의미로 쓰였다.

셨을 때나 모두 통용되는 말이다.[177]

20. 子曰, 三年을 無改於父之道라야 可謂孝矣니라.

공자께서 말씀하시기를, "부모님이 돌아가신 후 3년 동안 부모님이 하시던 일(혹은 방식이나 방법)을 바꾸지 않아야 가히 효자라 할 수 있느니라."

21. 子曰, 父母之年은 不可不知也이니 一則以喜오 一則以懼니라.

공자께서 말씀하시기를, "부모의 연세에 대해서 알지 않으면 안 된다. 한편으로 오래 사시는 것을 기뻐하고, 한편으로는 연로하신 것을 두려워해야 하느니라."[178]

喜懼處, 正是知處. 不喜不懼, 便是不知.

---

[177] 지욱선사는 '方'자의 의미를 일반적인 해석인 '장소'로 해석하지 않고 특별히 '法(예법, 법도)'으로 해석하고 있다. 여가를 즐기는 데 있어 어떠한 경우라도 법도를 지키며 놀아야 하고, 이렇듯 법도를 지키며 노는 것은 부모님의 생존해 계실 때나, 돌아가시고 안 계실 때나 한결같이 지켜야 할 기본 자세라는 설명이다.

[178] 효자는 부모의 연세가 많아질수록 일희일구一喜一懼하게 된다. 부모님이 이토록 오래 사셨으니 기쁘지만, 한편으로는 돌아가실 날이 머지 않겠구나 하는 근심이 생겨나기 때문이다. 예전에는 부모 환갑잔치나 칠순잔치 청첩장을 낼 때 '희구지제喜懼之際에~'라는 말을 썼다. 곧 '부모님의 연세가 이렇게 되어 한편으로 기쁘면서도 다른 한편으로는 두려울 즈음에~' 여러분들을 청첩請牒한다는 뜻이다.

부모님에 대해서 기뻐하고 두려워해야 할 부분을 바르게 알아야만 한다. 기뻐하지 않고 두려워하지 않는 것은 곧 부모님에 대해서 알지 못하는 것이다.

22. 子曰, 古者에 言之不出은 恥躬之不逮也이니라.

공자께서 말씀하시기를, "옛사람들이 말을 앞세우지 않았던 것은 몸이 말에 따르지 못함을[179] 부끄럽게 여겼기 때문이니라."

爲之難, 言之得無訒乎.

실천하기 어려우니, 말을 삼가지 않을 수 있겠는가?

23. 子曰, 以約失之者는 鮮矣니라.

공자께서 말씀하시기를, "검약하면 잃는 것이 적으니라."

觀心爲要.

마음을 살피는 것이 필요할 뿐이다.

---

179 체逮: 따르다. 이르다. 미치다의 뜻.

24. 子曰, 君子는 欲訥於言而敏於行이니라.

공자께서 말씀하시기를, "군자는 말은 어눌하더라도(유창하지 못하더라도) 행동은 민첩하고자 해야 하느니라."

訥言敏行, 祇是一事. 觀欲字而字, 便知.

'말을 어눌하지만 행동은 민첩하다'는 것은 다만 하나의 일에 있어서 그렇다는 의미이다. '욕欲'자는 '이而'자로[180] 봐야 곧 글의 의미를 이해할 수 있다.

25. 子曰, 德不孤라 必有鄰이니라.

공자께서 말씀하시기를, "덕은 고립되어 있지 않다. 반드시 이웃이 있느니라."

千里比肩, 百世接踵. 卓吾云, 有一善端, 衆善畢至. 方外史曰, 此約觀心釋也.

---

[180] 지욱은 '~하고자 한다'라는 의미의 '欲'자를 '而'자로 바꿔서 해석해야 본 문장의 의미를 바르게 알 수 있다고 말하고 있다. 곧 '而訥於言, 而敏於行'로 해석해야 한다는 것이다. 이러할 경우 '而'자는 문장을 잇는 어조사가 아니라, '곧~ 하다'라는 의미로 해석된다. 곧 '乃'와 '則'자의 의미로 해석되는 것이다.

천 리 길에 어깨를 나란히 하고, 백세 동안에 발꿈치가 서로 맞닿는다.[181]

이탁오는 "한 가지 선행의 단서는 많은 선(= 善果)이 반드시 찾아오게 한다."라고 하였고, 방외사는 "이 말씀은 마음을 살피라는 의미의 설명이다."라고 하였다.

26. 子游曰, 事君數이면 斯辱矣요 朋友數이면 斯疏矣니라.

자유가 말하기를, "군왕을 섬기는 데 있어서 자주 간하면 오히려 욕이 되고, 친구를 사귀는 데 있어서 자주 충고하면 오히려 사이가 멀어지게 된다."[182]

辱則不能事其君, 疏則不能交其友. 不數, 正是納忠盡誼之法, 非爲求榮求親而已, 亦非當去當止之謂.

'욕이 된다(辱)'는 것은 곧 그 임금을 섬길 수 없게 됨을 의미하고, '멀어진다(疏)'는 것은 곧 그 벗과 교류하지 못하게 됨을 의미한다. 자주 간하거나 충고하지 않음은 바로 충언을 용납하게 하고 도리를 다하는 방

---

181 비견접종比肩接踵: 어깨를 나란히 하고 앞사람과 뒷사람의 발꿈치가 서로 맞닿는다는 의미로, 사람들이 아주 많아서 붐비는 모양을 비유하는 고사이다. 지욱선사의 표현은 덕을 쌓으면 많은 사람들이 함께하고, 그 덕을 잊지 않고 오랫동안 기억하고 보답하게 된다는 설명이다.
182 삭數: 자주, 여러 번의 뜻. 소疏: 소흘하다, 멀어지다의 의미.

법이라 할 수 있다. 간언과 충고를 영화를 구하고 친분을 얻으려는 목적으로만 해서도 안 될 뿐더러, 또한 마땅히 떠나고 그만두라고 말해서도 안 된다.[183]

---

[183] 임금에게 간언하는데 임금이 그 간언을 듣고 수용하지 않는다고 임금 곁을 떠나거나(去), 친구에게 충고하는데 그 친구가 충고를 받아주지 않는다고 친구에 대한 충고를 그만둬서는(止) 안 된다는 의미이다.

제5 공야장公冶長편

1. 子謂, 公冶長이시되 可妻也로다. 雖在縲絏之中이나 非其罪也라 以其子로 妻之하시다. 子謂, 南容하시되 邦有道에 不廢하며 邦無道에 免於刑戮이라 하시고 以其兄之子妻之하시다.

    공자께서 "공야장公冶長은 가히 사위를 삼을 만하다. 비록 검은 노끈으로 묶여 있었으나 그것은 그 사람의 죄가 아니니라." 하시고, 그의 딸을 공야장의 아내로 시집보내셨다. 공자께서 "남용南容은 나라에 도가 있으면 버림을 받지 않고, 나라에 도가 없다고 하도라도 참살을 면할 사람이니라." 하시고, 그 형의 딸을 남용의 아내로 주었다.[184]

---

184 공야장公冶長: 공자의 제자. 성은 公冶, 이름이 張이다. 루설縲絏: 縲(검은 끈 루, 류), 絏(맬 설). 縲絏은 곧 옛날에는 포승줄은 검은 줄로 썼기에 포승줄의 의미로 쓰인다. '縲絏之中'은 곧 옥에 갇혀 있음을 뜻한다. 남용南容: 공자의 제자. 성은 南, 이름은 도縚, 또는 괄适, 자는 자용子容이다.

※ 공야장과 남용은 모두 공자의 제자들이다. 공자는 공야장이 비록 옥에 수인으로 있었으나 그 사람됨을 보고 사위로 삼았다. 남용 또한 나라가 잘 다스려지면 벼슬을 할 인물이고, 나라가 어지러워도 형벌을 받지 않을 정도로 반듯한 사람이라고 보고 조카사위로 삼았다. 공자의 형이 일찍 죽어서 형의 딸을 데리고 있었는데, 형의 딸을 더 반듯한 제자에게 시집보내었다고 볼 수 있다. 공야장편은 주로 공자가 당대는 물론, 앞선 시대의 인물들을 평가하는 내용으로 이루어져 있다. 1장에서 13장까지는 공자의 제자들에 대한 인물평을 다루고 있고, 14장 이후는 주로 공자 전 시대의 인물에 대해 평하고 있다. 공자가 유가의 핵심 사상인 인을 기준하여 인물을 어떻게 평하고 있는지를 잘 드러내고 있다.

曰非其罪, 曰免於刑僇, 只論立身, 不論遇境. 今人還知此意否.

'그 사람의 죄가 아니다'라는 말과 '참살의 형벌을 면한다'라는 말은 단지 입신을 논하는 경우에서 한 말이지, 어떠한 경계를 논해서 하는 말이 아니다. 요즘 사람들은 오히려 이러한 의미를 알 수 있겠는가!

2. 子謂子賤하시되 君子哉라. 若人이여 魯無君子者면 斯焉取斯리요.

공자께서 자천子賤에 대해 이르시기를, "이런 사람이야말로 정말 군자다. 만약 노魯나라에 군자가 없었다면, 이 사람이 어찌 이러한 덕을 갖출 수 있었겠는가!"[185]

卓吾云, 把子賤來做一尊賢取友的榜樣, 非特贊子賤已也.

이탁오는 "자천을 예로 들어 한 분의 존경스러운 성현이[186] 벗을 얻는 모범적인 예를 말하는 것이지, 특별히 자천만을 칭찬하는 것은 아니다."라고 하였다.

---

185 공자가 자천에 대한 인물평을 통해 이인편 첫 장에서 언급한 '里仁爲美, 擇不處仁, 焉得知'를 다시 한번 강조하고 있는 내용이다. 노나라 출신인 자천이 군자로서의 덕행과 학식이 뛰어난 것은 노나라에 그만큼 덕행과 학식이 뛰어난 인물이 많다는 점을 공자가 말하고 있는 것이다.
186 존현尊賢: 尊賢은 어질고 착한 사람을 공경하는 말이다. 특히 윗사람이 아랫사람을 존경할 때 쓰는 표현이다. 이와 달리 '貴貴'는 아랫사람이 윗사람의 어짊을 공경할 때 이르는 표현이다.

3. 子貢, 이 問曰, 賜也는 何如하니잇고 子曰, 女는 器也이니라.
曰, 何器也리잇고 曰, 瑚璉也이니라.

자공이 묻기를, "사(賜, 자공)는 어떠한 사람입니까?" 공자께서 말씀하시기를, "너는 그릇이니라." 자공이 말하기를, "어떠한 그릇입니까?" 공자께서 말씀하시기를, "호련瑚璉이니라."[187]

卓吾批問處云, 也自負. 方外史曰, 只因子貢自負, 所以但成一器, 不能到君子 不器地位.

이탁오는 자공이 묻는 부분에 대해서 평하여 말하기를, "역시 자부심이다"라고 하였다.[188] 방외사는 "자공이 자부심이 있었기 때문에 다만 하나의 그릇을 이룰 수 있다고 한 것이지, 능히 군자에 이를 수 있는 그릇의 위치의 인물이 아니라고 한 것은 아니다."라고 하였다.

---

187 호련瑚璉: 종묘에서 제사 지낼 때 쓰이는 옥으로 만든 제기.
　※ 앞서 공자는 군자의 자격을 갖춘 인물로 공야장, 남용, 자천을 거론한 바 있다. 하지만 언어와 외교술과 이재에 능한 자공은 공자가 생각하는 군자의 기준에 걸맞지 않는 제자인 것 같다. 앞선 위정편 12장에서 공자는 자공에 대해 '君子不器'라고 하고 이미 규정하였는데, 본장에서 또다시 瑚璉이라고 평하고 있는 데서 그러한 이유를 유추할 수 있다. 그러나 공자가 자공에 대해 그릇 가운데에서 종묘 제사에 쓰이는 보기寶器의 하나인 호련이라고 한 것은 자공을 높이 평가한 말이라 할 수 있다. 자공이 종묘의 제사에 쓰이는 호련처럼 보배롭고 빛나는 인물임을 평하고 있는 것이다.
188 자공이 스승인 공자에게 자신의 평가를 묻는 것은, 그만큼 자신에 대한 자부심이 있었기에 가능했다는 의미이다.

4. 或曰, 雍也는 仁而不佞이로다. 子曰, 焉用佞이리요 禦人以口給하여 屢憎於人하나니 不知其仁이어니와 焉用佞이리요.

어떤 사람이 말하기를, "옹雍은 어질기는 하나 말재주가 없는 것 같습니다." 공자께서 말씀하시기를, "말재주가 무슨 소용이 있단 말이오? 말재주만으로 다른 사람을 대하면 자주 미움을 받게 되니, 그가 어진지는 알 수 없으나 그 말재주가 무슨 소용이 있겠소?"[189]

不知其仁, 謂佞者本具仁理, 而全不自知, 可見佞之爲害甚也.

'그가 어진지는 알 수 없다(不知其仁)'라는 의미는 말재주를 앞세우는 자도 본래는 인의 이치를 갖추고 있지만, 온전히 스스로 알지 못하고 있다는 것을 말한다. 가히 말재주만을 앞세우는 사람의 해로움이 얼마나 깊은지 볼 수 있어야 한다.

5. 子使漆雕開로 仕하시되 對曰, 吾斯之未能信이로다. 子說하시다.

---

189 옹雍: 성은 염冉, 이름이 옹雍, 자는 중궁仲弓이다. 노나라 사람으로 공자보다 29세 적다. 사람됨이 중후하고 간결하면서도 묵묵하였다. 녕佞: 말재주. 어御: 당하다(當)의 의미.
※ 염옹은 말은 어눌하였으나 덕행이 훌륭한 공자의 제자였다. 공자 시대에는 말주변을 중요시하였으나, 공자는 실천이 따르지 않는 말재주를 싫어하였다. 말재주로 인해 화를 불러올 수 있으니, 그보다는 오히려 인을 쌓는 데 더 주력하라는 표현인 것이다.

공자께서 칠조개漆雕開에게 벼슬을 하라고 하시자 칠조개가 대답하기를, "저는 아직 관직에 대해 자신이 없습니다." 이 말을 듣고 공자께서 매우 기뻐하셨다.[190]

唯其信有斯事, 所以愈覺未能信也. 今之硬作主宰, 錯下承當者, 皆未具信根故耳. 寡過未能, 聖仁豈敢, 旣不生退屈, 亦不增上慢, 其深知六卽者乎.

오직 그 신뢰가 있는 사람만이 공직의 일을 감당할 수 있다. 그러므로 신뢰를 얻지 못함을 더욱 각성해야만 한다. 지금 억지로 공직의 일을 맡긴다고 해서 잘못[191] 공직의 직분을 받아들이는[192] 자는 모두 신뢰의 뿌리를 갖추지 못했기 때문이다.

"허물을 적게 하려고 해도 잘 되지 않았다."[193], "성聖과 인仁을 어찌

---

190 칠조개漆雕開: 공자의 제자. 성은 칠조漆雕, 이름은 개開, 자는 자약子若이다. 사斯: 공자가 하라고 한 벼슬에 나가는 것을 의미함.
  ※ 공자는 칠조개의 학문과 재능을 인정하여 관직에 나갈 것을 권했다. 하지만 칠조개는 아직 감당할 만한 자신이 없다고 말하며 사양하였다. 칠조개가 사양한 것은 자신에게 공자가 추구하는 위민과 덕치를 실천할 수 있는 역량이 부족했음을 스스로 자각했기 때문일 것이다. 다른 한편으로는 공자의 철환주유를 통해 이미 당시의 시대 상황이 유가의 정치 노선을 수용할 수 있는 정치적 환경이 아니라는 것을 누구보다 잘 알았기 때문이다. 공자는 칠조개의 이러한 사양지심과 현실 직시를 높이 평가하여 기뻐한 것이다.
191 착하錯下: 잘못 ~하다.
192 승당承當: 받아들여 감당하다, 승낙하다.
193 과과미능寡過未能: 헌문편 26장에서 "거백옥이 공자에게 사자를 보냈다. 공자가 함께 앉아 묻기를, '대부께서는 어떻게 지내십니까?' 사자가 답하기를, '대부께서는 잘못을 줄이려고 하시는데 잘 되지 않는 것 같습니다.' 사자가 나가고 공자께서 말씀하시기를, '훌륭한 사자로다. 훌륭한 사자로

감당할 수 있겠는가!"[194]라는 말은 이미 퇴굴심[195]을 일으킨 것도 아니고, 또한 증상만[196]도 아니니, 그 육즉六卽[197]의 이치를 깊이 깨달은 것이라

다.'"라는 내용으로 언급되고 있다.
194 성인기감聖仁豈敢: 술이편 33장에서 "공자께서 말씀하시기를, 성聖과 인仁을 내가 어찌 감당하겠는가. 다만 성인과 인자의 도리를 행함에 싫어하지 않고, 사람들을 가르치는 데 게으르지 않는다고 말할 수는 있을 따름이요.' 공서화가 말하기를, '바로 오직 제자들이 본받아 하지 못하나이다(子曰, 若聖與仁, 則吾豈敢. 抑爲之不厭, 誨人不倦, 則可謂云爾已矣. 公西華曰, 正唯弟子不能學也).'라는 내용으로 언급되고 있다.
195 수행자가 보리심을 일으켜 참된 진리의 깨침을 위해 수행을 실천해 나가다가 이런저런 이유로 수행을 포기하고 물러서거나 굴복하려는 번뇌의 마음.
196 아직 궁극적인 깨달음을 얻지 못했으면서도 이미 얻은 것처럼 교만하게 잘난 체하며 자신을 내세우는 자만의 마음을 가리킨다.
197 천태사상을 정립한 지의(智顗: 538-597)대사는 원교圓敎의 가르침을 의지해 불법을 수행하여 깨달음을 증득해 가는 수행의 계위를 크게 여섯 종류로 분류하여 설명하고 있는데, 이것이 바로 '六卽'이다. 육즉은 곧 이즉理卽, 명자즉名字卽, 관행즉觀行卽, 상사즉相似卽, 분증즉分證卽, 구경즉究竟卽 등을 말하며, 여기서 '六'은 여섯 가지 수행의 차서를 나타내는 것으로, 곧 수행을 통하여 증득하는 지혜의 심천을 의미한다. 또한 '卽'은 떨어지지 않는다는 의미로, 진리에 상즉하여 그것과 일체가 됨을 말한다. 이를 자세히 설명하면, 첫 번째, 이즉은 일체중생은 누구나가 불성(理)을 구족하고 있으며, 이러한 불성(性相)은 부처님이 있든 없든 간에 항상 존재하고 있음을 말한다. 곧 모든 중생은 근원적인 측면에서 모두 부처님과 같은 불성의 존재이지만, 단지 미혹한 중생들은 이러한 이치를 깨닫지 못하고 그냥 그대로 중생의 모습에 머물러 있는 단계를 의미한다. 두 번째, 명자즉은 자기 자신이 본래 부처의 성상을 갖추고 있음을 알고 선지식을 따라 부처님의 경전을 배우고 삼제三諦의 원융한 묘리를 듣고 봄으로써 삼라만상의 일체가 불법임을 아는 경지이다. 문자로 표현된 부처님의 교설을 듣고 배움으로써 겨우 불법에 대한 옅은 이해의 단계에 도달함을 의미한다. 세 번째, 관행즉은 불법을 머리로 이해하는 지식의 단계(名字卽)를 벗어나, 자신의 마음을 직접 관조하여 이치와 지혜가 상응(理慧相應)하게 됨으로써, 행하는 바가 말하는 바와 같고 말하는 바가 행하는 바와 같게 되는 경지에 도달함을 의미한다. 네 번째, 상사즉은 마음의 관조를 통해 미혹을 제거하여 안·이·비·설·신·의 등 여섯 감각기관(六根)이 청정하게 됨으로써, 궁극적인 깨달음의 경지에 거의 비슷하게 접근해 감을 의미한다. 다섯 번째 분증즉은 마음에 대한 관조의 수행이 깊어짐에 따라 지혜가 더욱 증장하여 처음으로 일부분의 무명을 완전히 타파하고 불성의 이치를 부분적으로 깨달아 진여가 드러나는 경지에 도달함을 의미한다. 마지막 여섯 번째, 구경즉은 앞의 다섯 단계를 모두 거쳐 마지막으로 부처님의 깨달음과 동등한 궁극적인 깨달음의 경지인 묘각妙覺의 지위에 도달함을 의미한다.

할 수 있지 않겠는가!¹⁹⁸

6. 子曰, 道不行이니 乘桴浮于海하리니 從我者는 其由與인저 子路聞之하고 喜한대 子曰, 由也는 好勇過我이나 無所取材니라.

공자께서 말씀하시기를, "도가 행해지지 않아서 뗏목을 타고 바다로 떠나가게 된다면, 나를 따를 사람은 유由뿐일 것이다." 자로子路는 이 말을 듣고 기뻐하였다. 공자께서 말씀하시기를, "유는 용맹을 좋아하는 것은 나에 못지않으나 재능은 취할 바가 없느니라."¹⁹⁹

正爲點醒子路而發, 非是歎道不行.

곧바로 자로를 지적하여 깨우쳐 주기²⁰⁰ 위해서 하신 말씀이지, 도가 행해지지 않음을 한탄해서 하신 말씀이 아니다.

---

198 성인은 세상의 바른 이치와 삶의 지혜를 모두 성취한 분이다. 그러한 성인은 세상 이치에 대한 가르침을 묻고 처신의 방향을 묻는 사람들, 혹은 제자들에게 각자 그들에게 적합한 방편적 가르침을 차별적으로 설한다. 지욱선사는 공자 역시 그러한 분으로 인식하고 있는 것 같다. 그렇기에 공자가 상대에 따라 차별적으로 가르침을 설하는 것은 진리에 대한 깨침이 부족하다고 생각하는 퇴굴심, 혹은 자신이 잘났다고 하는 증상만의 아만심 때문이 아니라, 세상의 궁극적 진리와 이치(六卽)를 바르게 깨달은 성인이기에 그럴 수 있다는 설명이다.
199 부桴: 뗏목. 由: 자로의 이름.
　※ 자로는 건달 출신으로 강직하고 솔직한 성격에 용기와 결단력은 뛰어났다. 하지만 다른 한편 사려 깊지 못하고 경솔한 측면이 있었다. 자로는 자주 공자를 모시고 다니면서 공자의 사랑과 책망을 함께 받은 인물로 평가받는다. 위 문장은 공자가 실제로 배를 타고 나가겠다는 것이 아니라, 앞뒤 재지 않고 무모하게 나서는 자로를 가르치기 위한 말씀이라 할 수 있다.
200 점성點醒: 지적하여 깨닫게(깨우치게) 하다.

7. 孟武伯이 問, 子路는 仁乎리잇고 子曰, 不知也로다. 又問한대 子曰, 由也는 千乘之國에 可使治其賦也이어니와 不知其仁也로다. 求也는 何如리잇고 子曰, 求也는 千室之邑과 百乘之家에 可使爲之宰也이어니와 不知其仁也로다. 赤也는 何如리잇고 子曰, 赤也는 束帶立於朝하여 可使與賓客言也어니와 不知其仁也라.

맹무백孟武伯이 묻기를, "자로는 어진 사람입니까?" 공자께서 말씀하시기를, "잘 모르겠습니다." 맹무백이 다시 묻자 공자께서 말씀하시기를, "유由는 천승의 나라에 한 부賦를 맡아서 능히 다스려 나갈 만하나, 그의 어짊에 대해서는 잘 모르겠습니다." "구求는 어떻습니까?" 공자께서 말씀하기를, "구는 천 호쯤 되는 읍의 읍장과 경대부 집안의 집사를 맡을 수는 있겠지만, 그가 어진 사람인지는 모르겠습니다."

"적赤은 어떻습니까?" 공자께서 말씀하시기를, "적은 예복을 갖추고 조정에서 빈객과 말을 나누게 할 수는 있겠지만, 그가 어진 사람인지는 모르겠습니다."[201]

---

[201] 맹무백孟武伯: 노魯나라의 대부. 천승지국千乘之國: 병거兵車 일천 승을 징발할 수 있는 제후의 나라다. 乘은 병거를 세는 수량사. 부賦: 세금을 매기고 거두어들이는 일을 말함. 求: 염유冉有의 이름. 백승지가百乘之家: 경대부卿大夫의 집. 적赤: 공자의 제자로 성은 공서公西, 이름은 적赤, 자는 자화子華.

※ 맹무백은 노나라 맹손가의 대를 이어받은 대부이고, 염구는 공자의 제자로 다재다능하고 임기응변에 뛰어났으며 정사를 처리하는 데 밝았다. 공서적은 공자의 제자로 언변이 뛰어나고 예법에 관한 지식이 해박한 인물이었다. 공자는 노나라의 정사를 전횡하던 삼환씨를 국가의 질서와 기강을 무너뜨린 인의를 벗어난 권세가로 보았다. 하지만 맹손씨 집안의 맹희자가 공자를 공경

此與下論言志章參看, 便見夫子深知三人處.

이러한 대화는 아래에서 더불어 논하고 있는 언지장言志章²⁰²을 참고해 보면, 곧 공자의 세 사람(三人: 子路, 求, 赤)에 대한 깊이 있는 이해를 엿볼 수 있다.

8. 子謂子貢曰, 女與回也로 孰愈오 對曰, 賜也는 何敢望回리잇고 回也는 聞一以知十하고 賜也는 聞一以知二하노이다. 子曰, 弗如也이니라. 吾與女의 弗如也하노라.

공자께서 자공에게 이르시기를, "너를 회(回, 안회)와 비교하면 누가 더 낫다고 생각하느냐?" 자공이 대답하기를, "제가(賜)²⁰³ 감히 어찌 회와 비교가 되겠습니까. 회는 하나를 들으면 열을 아는 사람이고, 저는 하나를 들으면 둘을 아는 정도입니다." 공자께서 말씀하시기를, "안회와 그대가 같지 않고, 나도 자네도 더불어 같지 않느니라."

하도록 유지를 남겼고, 아들인 남용은 공자의 문하생이 되었기에 공자는 맹손씨 집안과는 교류를 유지하고 있었다. 까닭에 맹희자의 아들이자 남용의 동생인 맹의자와 그 아들인 맹무백은 공자에게 정치적 자문을 자주 구하곤 하였다. 위 7장은 맹무백이 공자의 제자들을 가신으로 발탁하기 위해서 공자에게 그 인물됨을 묻고 있는 내용이다. 공자는 삼환씨를 인이 없는 자로 치부하고 있었기에 제자의 인덕과 관련한 질문은 아예 모른다고 답하며, 제자들의 각기 재질과 능력을 맹무백에게 말하며 그들을 추천하고 있다.

202 선진편 25장을 가리킴. 이 장에서는 공자와 위에서 언급되고 있는 세 사람 간의 대화가 이어지는데, 공자의 세 사람에 대한 평가의 일부분을 엿볼 수 있다.
203 사賜 : 자공의 이름.

子貢之億則屢中是病, 顔子之不違如愚是藥. 故以藥病對拈, 非以勝負相形也. 子貢一向落在聞見知解窠臼, 卻謂顔子聞一知十, 雖極贊顔子, 不知反是謗顔子矣. 故夫子直以弗如二字貶之. 蓋凡知見愈多, 則其去道愈遠. 幸而子貢祗是知二, 若使知三知四, 乃至知十, 則更不可救藥. 故彼自謂弗如之處, 正是可與之處. 如此點示, 大有禪門殺活全機. 惜當機之未悟, 恨後儒之謬解也.

자공의 '억측이 자주 적중했다(億則屢中)[204]'는 것은 병이라 할 수 있고, 안자의 '어기지 않음이 마치 바보 같다(不違如愚)'[205]는 것은 약이라 할 수 있다. 그러므로 약을 써서 병을 고치는 것은 이기고 지는 형상이 아니다. 자공이 언제나 듣고 보고 얻은 알음알이의 낡은 틀[206]에 떨어져 있기에 도리어 안자가 하나를 들으면 열을 안다고 말한 것이다. 비록 안자를 극찬하고 있지만 반대로 이는 안자를 비방함을 알지 못하고 있다. 그

---

204 억즉루중億則屢中: 선진편 18장에 "회(回, 안회)는 그 학문이 도에 가까웠으나 쌀뒤주가 자주 비었고, 사(賜, 자공)는 천명을 받아들이지 않고 재화를 늘렸으니, 억측이 잘 적중했기 때문이다(子曰, 回也, 其庶乎, 屢空. 賜, 不受命, 而貨殖焉, 億則屢中)."라는 내용으로 언급되고 있다. 자공은 학문에 있어서는 안회보다는 부족했으나, 재물을 늘리는 것에 있어서는 안회를 뛰어 넘었다. 재물을 늘릴 수 있는 억측, 즉 재주가 안회보다 앞섰기 때문이다. 지혜가 깊고 학문이 깊어도 가난할 수 있고, 어리석고 우둔한 사람이라도 부유할 수 있음을 나타내고 있는 내용이라 할 수 있다.

205 불위여우不違如愚: 위정편 9장에 "공자께서 말씀하시기를, 내가 안회와 더불어 온종일 이야기를 하였으나, 내 말을 어기지 않아 어리석은 사람인 듯하더니, 물러간 뒤에 그 사생활을 살펴봄에 충분히 발명發明하니, 안회는 어리석지 않구나(子曰, 吾與回言終日, 不違如愚, 退而省其私, 亦足以發, 回也不愚)!"라는 내용으로 언급되고 있다.

206 과구窠臼: 낡은 틀, 상투, 정형화된 패턴을 의미함.

러므로 공자께서 직접적으로 '불여弗如'라는 두 글자로 그를 나무라고[207] 있는 것이다.

대체적으로 무릇 지식으로 축적된 견해가 많으면 많을수록 곧 도는 더욱 멀어질 뿐이다. 다행히 자공은 다만 하나를 들으면 두 가지를 안다고 하였는데, 만약 셋, 넷, 나아가 열 가지를 안다고 했다면 더욱더 그를 구할 수 있는 약이 없었을 것이다. 그러므로 자신도 같지 않다고 말한 것이니, 바로 이것이야말로 함께할 수 있는 부분이다. 이는 마치 어떠한 것을 가리켜 일깨워주는 것과 같고, 모든[208] 선문의 죽이고 살리는 온전한 기개(殺活全機)라 할 수 있다. 마땅히 깨닫지 못한 근기를 애석해 하는 것이라 할 수 있는데, 후대의 유생들의 그릇된 이해가 그저 한탄스러울 뿐이다.[209]

---

207 폄貶: 덜다, 떨어뜨리다, 헐뜯다, 벌하다, 물리치다의 뜻. 여기서는 자공의 안회에 대한 극찬이 도리어 안회를 비방하는 결과라는 것을 나무라는 의미로 쓰였다.
208 대유大有: 크게 소유한다는 의미로, 여기서는 진리의 깨침을 위해 수행하는 모든 선문禪門을 총칭하는 의미로 쓰였다.
209 지욱은 본 문장을 해석하는 데 있어 일반적인 해석의 틀을 비판하고 있는 듯하다. 지욱은 공자가 자공에게 안회에 대해 질문을 던진 목적이 단지 자공과 안회의 학문과 지식의 깊이와 능력의 우열 정도를 묻기 위함이 아닌 것으로 이해하고 있다. 그보다는 근본적인 도에 대한 이해와 깨달음, 혹은 누구나가 구족하고 있는 진리본성에 대한 깨침 정도를 묻고 있다고 보는 것이다. 그런데 자공은 이러한 공자의 깊은 의중을 이해하지 못하고, 단순히 지식의 습득 정도를 기준하여 자신과 안회를 비교하는 대답을 하고 있다. 공자는 당연히 자공과 안회의 겉으로 드러난 학습의 능력과 자질의 다름을 누구보다도 잘 알고 있었을 것이다. 까닭에 공자의 자공에게 안회에 대한 질문은 그 다름을 물은 것이 아니라, 보다 근본적인 것을 묻고 있다고 보는 것이다. 공자 자신뿐만 아니라 자공과 안회를 비롯한 모든 존재가 근본적으로 동일하게 소유한 인의 근본성품, 혹은 진리당체에 대한 깨달음의 정도를 묻고 있는 것이라 할 수 있다. 불행하게도 자공은 이러한 공자의 깊은 질문 의도를 전혀 이해하지 못하고 있다. 까닭에 자공은 단순이 자신과 안회를 비교함에 있어, 겉으로 드러난 학습능력과 이해의 우열 정도를 비교하는 단순한 대답을 하고 있다. 질문의 의도를 왜곡했

9. 宰予晝寢이어늘 子曰, 朽木은 不可雕也이며 糞土之牆은 不可杇也이니 於予與에 何誅리요. 子曰, 始吾於人也에 聽其言而信其行이러니 今吾於人也에 聽其言而觀其行하노니 於予與改是하노라.

재여宰予[210]가 낮잠을 잘 때 공자께서 말씀하시기를, "썩은 나무에는 조각을 할 수 없으며, 썩은 흙으로 쌓은 담장[211]은 흙손질[212]을 할 수 없으니, 여予에게 무슨 말로 꾸짖을까." 공자께서 말씀하시기를, "전에는 내가 사람을 볼 때 그 말을 듣고 그 사람의 행실을 믿었는데, 이제는 사람의 말을 듣고 그 행실까지 살피게 되었으니, 재여 때문에 고치게 되었구나."

責宰我處, 可謂雪上加霜. 卓吾云, 乃牽聯春秋之筆.

으니, 당연히 그에 대한 대답도 그릇될 수밖에 없다. 이에 공자는 자공의 대답에 실망하여 '같지 않다(弗如)'라는 말로 자공의 잘못된 대답을 나무라고 있다. 공자 본인이 익히 알고 있는 자공과 안회의 다름을 물은 것이 아니라는 역설적인 부정인 것이다. 나아가 자공과 안회가 겉으로 드러난 자질과 능력이 다르듯이 공자 자신과 자공도 다름을 거듭 말하고 있다. 지욱은 바로 이 부분 '弗如'라는 이 두 글자의 의미를 후대의 유생들이 잘못 해석하고 있다고 지적하고 있다. 자공의 의견에 대한 긍정이 아니라, 도리어 자공의 부족을 질책하는 뜻이라는 해석이다.

210 여予: 공자의 제자 재아宰我의 이름. 재아는 공자의 제자 중에서 가장 말재주가 뛰어난 인물로 알려져 있다. 하지만 게으르고 반항심이 강해 공자의 가르침을 잘 따르지 않았다. 또한 부모의 3년상을 1년으로 줄여야 한다고 함으로써 공자의 책망을 받기도 하였다. 공자가 재아를 직접적으로 책망한 말 속에서 재아의 인물됨을 알 수 있는 내용이 본 공야장편 제9장이다.
211 분토지장糞土之牆: 썩은 흙으로 쌓은 담장.
212 오杇: 흙손.

재아宰我를 질책하는 내용인데, 가히 설상가상의 꾸짖음이라 할 수 있다. 이탁오는 "이는 춘추지필春秋之筆[213]과 관련[214]된 내용이다."라고 하였다.[215]

10. 子曰, 吾未見剛者케라 或이 對曰, 申棖이니이다. 子曰, 棖也慾이어서 焉得剛이리요.

공자께서 말씀하시기를, "나는 아직 강건한 사람을 보지 못하였다." 어떤 사람이 말하기를, "신정申棖이 있습니다." 공자께서 말씀하시기를, "정棖은 욕심이 많은 사람이거늘, 어찌 그를 강한 사람이라고 할 수 있겠는가?"[216]

---

213 춘추지법春秋之法: 사실을 숨기지 않고 사실 그대로 씀을 이르는 말이다. 옛날 사관들은 죽음을 두려워하지 않고 권력에 대항하여 진실을 기록하였다. 이들은 공자의 『춘추(春秋)』에서 비롯된 원칙에 의해 기술했다. 사건을 기록하는 기사記事는 직분을 바로잡는 정명正名, 칭찬과 비난을 엄격히 하는 포폄褒貶의 원칙을 세워, 여기에 어긋나는 것은 철저히 배격했다. 이것이 이른바 춘추지법 또는 춘추필법春秋筆法이라 한다. 이런 원칙을 가장 먼저 잘 지킨 사관이 춘추 시대 진晉나라의 동호董狐였다. 동호는 위세를 두려워하지 않고 사실을 사실대로 직필하였는데, 여기에서 비롯된 말이 동호지필董狐之筆, 또는 동호직필董狐直筆. 춘추지필과 동호지필은 이른바 공정한 사관을 칭찬할 때 인용되는 대표적인 고사라 할 수 있다.

214 견련牽聯: 서로 얽혀 관련되다, 서로 끌어당겨 관련시킨다는 의미.

215 공야장편 9장은 공자가 제자의 허물을 꾸짖는 내용이다. 『논어』가 공자와 제자와의 관계를 기술함에 있어 미추의 사실을 숨기지 않고, 있는 그대로를 적고 있다는 언급이다.

216 신정申棖은 공자의 제자다. '强(剛)'과 관련하여 공자가 신정이라는 제자를 평가하고 있는 내용이다. '剛'에 대해서는 용맹을 좋아했던 자로의 질문에 대한 공자의 답변이 『중용(中庸)』 10장에 잘 나와 있다. 공자는 『중용』에서 剛을 "强哉矯(강하다, 꿋꿋함이여!)"라는 말로 표현하고 있다. 나아가 '强哉矯'에는 세 가지가 있다고 언급하고 있다. 바로 '화합하되 줏대 없이 흐르지 아니함(和而不流)', '중용을 지켜 어느 한쪽으로 치우치지 아니함(中立而不倚)', '나라에 도가 있을 때에는 막

只說棖是慾, 不是剛, 不可以剛與慾對辨. 以對慾說剛, 非眞剛故.

다만 신정申棖이 욕심이 많고 강건하지 않다고 한 것은 강건함과 욕심을 함께 주장할 수 없기 때문이다. 욕심이 많은데도 강건하다고 말하는 것은 진정한 강건함일 수 없기 때문이다.[217]

11. 子貢曰, 我不欲人之加諸我也를 吾亦欲無加諸人하노이다. 子曰, 賜也야 非爾所及也이니라.

자공이 말하기를, "남이 나에게 좋지 못한 일을 하는 것[218]을 바라지 않으므로 나 또한 다른 사람에게 불의를 행하지 않을 것입니다." 공자께서 그 말을 들으시고 말씀하시기를, "사賜야, 너는 아직 그런 경지에는 미치지 못하였느니라."[219]

히더라도 의지를 변치 아니하며, 나라에 도가 없을 때에는 죽음에 이르러도 의지를 변치 아니함(國有道, 不變塞焉, 國無道, 至死不變)'이다. 하지만 공자는 이러한 '强哉矯'를 실천하는 사람을 그동안 보지 못했음을 말하고 있다. 그러자 어떤 사람이 혈기방자하고 객기가 넘치는 것을 강한 것으로 잘못 오해하고, 신장申棖이라는 제자가 공자가 말한 강한 자가 아니냐며 반문하자 공자가 신장은 그런 인물이 못된다고 평가하고 있다.

217 진정으로 강건한 사람은 어짊과 덕을 함께 구족한 사람이라 할 수 있다. 대부분 이기적인 욕심으로 세상을 살아가는 대중들 속에 그러한 사람이 드문 것은 당연하다. 까닭에 공자도 아직 그런 사람을 보지 못했다고 말하고 있다. 인과 덕을 갖춰 인격적 완성을 이루지 못한 채, 개인적인 욕심이 많은 사람은 결코 참된 강건한 사람이 될 수 없는 것이다. 지욱은 공자가 이를 말하고 있다고 이해하고 있다.

218 가저아加諸我: 나에게 불의를 행함.

219 자공은 공자가 가르치고 있는 仁에 대해 어느 정도 자가만의 깨침을 얻었다고 자부하고 있는 듯하다. 11장의 자공의 언급은 바로 자신이 이러한 깨침을 얻었음을 스승에게 자랑하는 언급이다. 자

卓吾云, 推他上路.

이탁오는 "타인을 미루어 자신을 향상시켜 나가야 한다.[220]"라고 하였다.

12. 子貢曰, 夫子之文章은 可得而聞也어니와 夫子之言性與天道는 不可得而聞也이니라.

자공이 말하기를, "선생님의 문장은 가히 얻어 들을 수 있지만, 선생님의 성품과 천도에 대한 말씀은 가히 얻어 들을 수 없습니다."[221]

공은 사리에 밝고 지적 욕구도 커서 매사에 적극적으로 나서는 제자로, 공자로부터 '더불어 시를 논할 수 있구나'라는 칭찬을 받았던 인물이다. 하지만 공자는 자공의 이러한 말에 대해서 가타부타 언급하지 않고 있다. 다만 자공의 말을 그대로 허여할 경우 교만해질 것을 염려하여 그 말을 실천할 정도로 인의 경지에는 이르지 못했음을 은연중에 지적하고 있다.

220 상로上路: 깨닫다, 여정에 오르다, 궤도에 오르다의 의미. 여기서는 향상하다의 뜻으로 쓰였다.
221 공자는 제자들에게 '효제충신孝悌忠信', '인의예지仁義禮智'라고 하는 덕행과 시서육예詩書六藝에 해당하는 문장文章에 관해서는 자주 언급하였다. 그러나 천지자연의 이치, 혹은 역易의 핵심적인 사상인 성性과 천도天道에 관해서는 제자들에게 직접적인 가르침을 설하지 않은 듯하다. 즉 자공을 비롯한 제자들은 인륜과 정사에 관련된 공자의 말씀을 자주 들을 기회가 있었으나 성과 천도에 관해서는 자주 들을 기회가 없었던 것이다. 성과 천도, 즉 역의 이치를 잘 담아내고 있는 유가의 대표적인 경전은 바로 주역이다. 공자가 직접 지었다는 『역경(易經)』의「계사상전(繫辭上傳)」제5장에는 "한 번 음이 되고 한 번 양이 되는 것을 일러 도라 하며, 그 도를 이어받은 것을 선이라 한다. 이를 이루는 것은 성이니, 인자가 그것을 봄에 어질다 하고, 지자는 그것을 보고 지혜라 하니, 이에 군자의 도가 드물다(一陰一陽之謂道, 繼之者善也, 成之者性也. 仁者見之, 謂之仁, 知者見之, 謂之知, 百姓, 日用而不知, 故君子之道鮮矣)."라는 언급이 나온다. 공자가 인륜과 정사를 벗어난 천지자연의 근원적인 도인 천도와 성에 관해 직접적으로 언급하고 있는 내용이라 할 수 있다. 이러한 공자의 가르침을 미처 알지 못했던 12장의 자공의 생각은 지극히 당연한 언급이라 할 수 있다.

言性言天, 便成文章. 因指見月, 便悟性天. 子貢此言, 祇得一半. 若知文字相, 卽解脫相, 則聞卽無聞. 若知不可說法, 有因緣故, 亦可得說, 則無聞卽聞.

　성품에 대한 말과 천도에 대한 말은 곧 문장을 통해 표현된다. 손가락으로 달을 가리키면 달을 봐야 하는 것이니, 곧 성품과 천도를 깨달을 수 있다.[222] 자공子貢의 이러한 말은 단지 공자의 말씀을 반만 이해한 것이라 할 수 있다. 만약 문자의 상이 곧 해탈의 상임을 안다면, 곧 들음이 곧 듣지 않음이라 할 수 있다.[223] 만약 설할 수 없는 법이 인연에 연유하고 있다는 이치를 안다면, 또한 설하는 말씀을 곧 듣지 않아도 들음이 되는 것이다.[224]

---

[222] 자공은 공자의 학문에 대한 말씀(文章)은 자주 들을 기회가 있었지만, 근원적인 성품과 천도에 대한 말씀은 들을 기회가 없었음을 말하고 있다. 이에 대해 지욱선사는 공자가 성품과 천도에 대해 비록 직접적으로 표현하고 있지는 않지만, 이미 하신 말씀 가운데 내재되어 표현되고 있음을 지적하고 있다. 학문에 대한 말씀은 결과적으로 성품과 천도의 이치를 표현해 내고 있다고 보는 것이다. 공자의 말씀은 마치 달을 가리키는 손가락과 같으므로, 그 가리키는 손가락의 방향을 잘 살피면 달을 볼 수 있듯이, 공자가 이미 가르치신 학문의 이치를 깊이 살피면 성품과 천도에 대한 이치도 깨달을 수 있다는 지적인 것이다.

[223] 문장文章은 공자가 하신 말씀을 글로 표현된 형상이라 할 수 있다. 따라서 문자의 형상을 잘 살피면 그 문장이 가리키는 성품과 천도에 대한 이치도 체득할 수 있게 된다. 지욱선사의 '문자상이 곧 해탈상(文字相卽解脫相)이다'라는 표현은 바로 이러한 이치를 말하고 있다. 까닭에 공자의 학문에 대한 말씀을 잘 새겨들어 그 말씀 이면에 감춰진 성품과 천도에 대한 이치를 깨달을 수 있다면, 결과적으로 새겨들은 말씀을 통해 성품과 천도에 대한 말씀도 듣게 되는 결과가 되는 것이다. '들음이 곧 듣지 않음이다(聞卽無聞)'라는 지욱선사의 표현은 바로 이러한 의미를 담고 있다.

[224] 본성과 궁극적 진리는 말로 표현 될 수 없는 무형무체의 법(不可說法)이라 할 수 있다. 그것은 오직 자신의 성품과 천도에 대한 깊은 통찰과 개인적인 수행을 통해 체험되고 깨달을 수 있을 뿐이다. 그런데 그러한 성품과 진리를 우리가 보고 느끼고 체험할 수 있는 것은 오직 성품과 진리

13. 子路는 有聞이오 未之能行하여서 唯恐有聞하더라.

자로子路[225]는 교훈을 듣고 그것을 실행하지 못하였으면, 오직 새로운 말을 들을까 두려워하였다.

卓吾云, 畵出子路. 方外史曰, 子路長處在此, 病處亦在此. 若知不許夜行, 投明須到之理, 便如顔子之從容請事矣.

를 바탕 해서 밖으로 드러나고 있는 원인(因)과 조건(緣)에 따라 생멸하는 현상(有因緣)을 통해서다. 예컨대 인연법에 의지한 생명의 생로병사라는 현상을 통해 모든 생명의 '무상(無常)', '괴로움(苦)', '실체 없음(空, 無我)' 등의 근원적인 성품과 천도의 이치를 짐작하고 깨달을 수 있게 되는 것이다. 말과 글자는 마치 달을 가리키는 손가락과 같다. 이미 근원적인 성품과 진리를 체험하고 깨달았다면, 굳이 그러한 손가락과 같은 말과 글을 듣고 배우고 익힐 필요가 없다. 이미 달을 봤는데 굳이 손가락에 집착하고 매달릴 이유가 없는 것이다. 지욱선사의 '듣지 않음이 곧 들음이다(無聞卽聞)'라는 표현은 바로 이러한 이치를 말하고 있다.

225 자로의 성은 중仲이며, 이름은 유由다. 자로는 그의 자인데, 때때로 계로季路라고 불리기도 했다. 자로는 기원전 542년에 태어나 480년에 죽었는데, 공자가 기원전 551년에 태어났으므로 공자보다는 아홉 살 연하다. 때문에 자로는 자연스럽게 공자 문하 중에서 최고참 선배의 역할을 하면서 공자를 가까이에서 모실 수 있었다. 그래서인지 『논어』에는 자로에 대한 구절이 약 40개 정도 나온다. 자로는 노나라 변卞땅 사람으로 그 성격이 정직하고 용감했으며 매사에 적극적이었지만 자신감이 너무 넘쳐 사태를 성급히 단정 짓는 결점을 가지고 있었다. 그래서 공자는 자로의 이 같은 성격을 내내 염려하면서 자로에게 중도를 지킬 것을 당부했다. 이러한 면에서 본다면 자로는 공자에게 일종의 반면교사와 같은 역할을 했다고 볼 수 있다. 공자의 사상적 지향점이자 학문의 목표는 인仁이었기 때문에 그는 자신에게나 제자들에게나, 군주들 앞에서 이야기를 할 때나 항상 인을 부단히 강조했다. 다만 사람이 인을 이루기 위해서는 애愛와 서恕, 예禮 등의 덕목을 갖추어야 하는데, 역시나 중용에서 벗어나 인만을 너무 강조할 경우 성격이 유약해지고 소극적으로 변하는 단점이 있을 수 있게 된다. 그런데 자로는 유약하기보다는 과단성 있고 심지어 때로 성급하기도 했으므로 공자는 자로를 반면교사로 삼아 유약과 과단 사이의 중용을 잡아 나갈 수 있었던 것이다. 자로가 안연만큼 덕행이 뛰어나지는 못했을지라도 공자의 총애를 받고, 공문십철孔門十哲의 반열에 오를 수 있었던 것에는 그의 이 같은 성격과 공자와의 관계가 어느 정도의 영향을 미쳤을 것이다.

이탁오는 "자로에 대해 전해지는 세평이다."라고 하였다.[226] 방외사는 "자로는 이 부분이 장점인 동시에 또한 아픈 부분이다.[227] 만약 '밤길을 가는 것을 허락하지 말고, 날이 밝을 때까지는 반드시 목적지에 도달해야 한다(不許夜行 投明須到)'라는 이치를 깨닫는다면[228], 곧 안자가 자연스

---

226 화출畵出: 그려내다의 뜻. 出은 동사 뒤에 붙어 의미를 보조하는 보조 동사. 여기서는 세상 사람들이 그려내는 자로에 대한 평판을 의미한다.
227 자로는 공자의 제자 중에서 그 누구보다도 용맹스럽고 더불어 자신에게 철저한 사람이었다. 까닭에 자신에게 주어지는 어떠한 임무를 처리함에 있어서 망설임 없이 앞장서서 처리하였다. 또한 자신의 부족함과 허물을 지적하면 고치고자 애써 노력하였다. 이러한 자로의 성격과 처신은 자로의 장점인 동시에 도리어 단점이라고 할 수 있다. 용맹성은 신중함의 부족을 낳았고, 자신에 대한 질책과 부족함에 대한 지적에 예민함은 그만큼 남의 시선과 세평에 자유롭지 못했음을 증거하기 때문이다. 방외사의 지적은 바로 이 점을 의미하고 있다.
228 「벽암록」제41칙에서 표현되고 있는 화두이다. 본 화두는 조주(趙州: 778~897)선사와 투자대동(投子大同: 819~914)선사와의 선문답을 내용으로 하고 있다. 조주화상은 이 투자선사를 찾아가 "크게 한번 죽은 사람이 되살아날 때는 어떻습니까?"라고 질문하였다. '크게 한 번 죽고 되살아난다'는 표현은 무명심에 의지하여 일으키는 번뇌로 안팎의 경계에 흔들리며 사는 범부, 온갖 욕망에 이끌려 사는 중생심, 몸과 마음이 불변한 실체적 자아라고 생각하는 아상에서 벗어나 진리본성에 대한 깨침을 통해 밝고 자유자재한 지혜의 안목을 구족함을 의미한다. 이러한 질문에 대해 투자선사는 제41칙인 "야간에 통행을 해서는 안 된다. 날이 밝으면 반드시 도착해야 한다(擧. 趙州問投子, 大死底人却活時如何. 投子云, 不許夜行投明須到)."라고 대답하였다. 제41칙은 바로 이러한 조주화상과 투자대동선사 간에 주고받은 문답을 내용으로 하고 있다. 그렇다면 이러한 화두가 전하는 뜻은 무엇일까? 쉽게 머리로 이해하고 가늠할 수 있다면, 그것은 이미 깊이 참구해야만 깨달을 수 있는 화두라고 할 수 없다. 투자대동선사가 던진 화두 또한 상당히 어려운 말이다. 굳이 알음알이로 그 뜻을 찾는다면, 밤은 암흑(暗)이고 낮은 밝음(明)이므로, 어둠을 피하고 밝음을 선택하며, 취사분별하는 중생심으로 어리석은 사람이 되지 말고, 어둠과 밝음을 모두 함께 초월하라는 뜻이라고 할 수 있을 것이다. 조주가 제시한 사활과 투자가 대답한 명암은 삼라만상의 차별경계를 말한다. 인간은 사바세계의 차별세계를 떠나서 살 수가 없다. 그러나 그러한 차별경계에 집착하지 않고, 차별경계를 자유롭게 활용할 수 있는 무심과 평정의 지혜의 체득을 바로 제41칙은 깨우치고 있는 것이다.

럽게²²⁹ 공자의 뜻을 따름과 같이 할 것이다."라고 하였다.²³⁰

14. 子貢이 問曰, 孔文子를 何以謂之文也리잇고. 子曰, 敏而好學하며 不恥下問이라 是以謂之文也이니라.

  자공이 묻기를, "공문자孔文子²³¹를 어찌 (시호를) 문文이라 부르게 되었습니까?" 공자께서 말씀하시기를, "그는 매우 영민하고 학문을 좋아하며, 아랫사람에게 묻는 것을 부끄럽게 여기지 않는 사람이다. 그러므로 문이라 부르게 되었느니라."

---

229 종용從容: 애쓰거나 서두르지 않고 자연스러운 행동 그대로를 뜻함. 從容의 뜻은 문자 그대로 보낸다는 뜻의 從과 맞이한다는 뜻의 容을 합친 개념이다. 그래서 무애하게 아무 걸림 없이 세상 만물을 보내고 마중하는 그런 고요하고 평온한 상태를 말한다고 볼 수 있다. 『중용』 20장 17절에 "성誠이란 하늘의 도이고 정성을 다하는 것은 사람의 도이다. 誠이란 힘들이지 않아도 중中에 맞고, 헤아리지 않더라도 얻는 바가 있으므로 저절로 도에 합치된다. 성인이 그러하다(誠者, 天之道也. 誠之者, 人之道也. 誠者, 不勉而中, 不思而得, 從容中道, 聖人也)."라는 내용으로 언급되고 있다.

230 안연편 1장에 안연과 공자와의 다음과 같은 문답이 나온다. "안연이 인에 대해서 질문 드리자 공자께서 말씀하시기를, '자기를 극복하고 예로 돌아가는 것이 인이니, 하루라도 자기를 이겨서 예로 돌아간다면, 천하가 인으로 돌아갈 것이다. 인을 실천하는 것은 자신에게 달려 있지 남에게 의존하는 것이 아니다.' 안연이 다시 묻기를, '인의 세부 실천사항은 무엇입니까?' 공자께서 말씀하시기를, '예가 아니면 보지 말고, 예가 아니면 듣지 말고, 예가 아니면 말하지 말고, 예가 아니면 행하지 말아야 한다.' 안연이 대답하기를, '제가 불민하오나 말씀해 주신 것을 실천하도록 노력하겠습니다(顔淵問仁, 子曰, 克己復禮爲仁, 一日克己復禮, 天下歸仁焉. 爲仁由己, 而由人乎哉. 顔淵曰, 請問其目. 子曰, 非禮勿視, 非禮勿聽, 非禮勿言, 非禮勿動. 顔淵曰, 回雖不敏, 請事斯語矣).'" 방외사의 '便如顔子之從容請事矣'라는 표현은 바로 이러한 안회의 태도와 처신을 대비해서 안팎의 경계에 자유롭지 못하는 자로의 부족함을 지적하고 있는 말이라 생각된다. 남의 질책과 평판에 신경 쓰지 말고, 모든 것이 자신의 마음과 행위에 달려 있음을 깨달아 안회처럼 묵묵히 가르침을 순종해 인과 예에 어긋나지 않는 삶을 살면 그만이라는 지적이다.

231 공문자孔文子: 위衛 나라의 대부. 이름은 어圉, 文은 그의 시호다.

卓吾云, 於子貢身上, 亦甚有益, 蓋願息, 悅不若己, 是子貢病痛耳.

이탁오는 "자공의 신상에는 또한 좋은 점이 많이 있지만, 대개 '쉬고자 하는 마음'[232]과 '자기보다 못한 사람에 대해 기뻐하는 자세'는 자공의 병통일 뿐이다."라고 하였다.[233]

15. 子謂子産하시되 有君子之道四焉이니 其行己也恭하며 其事上也敬하며 其養民也惠하며 其使民也義니라.

---

232 원식願息: 願息에 대한 자공과 공자와의 문답이 『공자가어(孔子家語)』 곤서편(困逝篇)에 "자공이 공자에게 묻기를, 저는 공부하는 데 지쳤습니다. 도에 대해서도 막힌 듯합니다. 쉬면서 임금이나 섬기려 합니다. 공자께서 말씀하시기를, 시경에 이르기를, '아침저녁으로 온순히 공경하고, 신중히 일하네'라고 읊고 있네. 임금을 섬기는 일은 지극히 어려운 일인데 어떻게 쉬겠다는 것인가(子貢問於孔子曰, 賜倦於學, 困於道矣, 願息於事君, 可乎. 孔子曰, 詩云, 溫恭朝夕, 執事有恪, 事君之難也, 焉可息哉)?"라는 내용으로 언급되고 있다. 자공이 학문과 도 닦음에 지치고 막혀서 '쉬고 싶다(願息)'라고 공자에게 말하자, 공자가 이를 나무라며 쉬는 것은 결국 죽어서나 가능함을 일깨우고 있는 내용이다.

233 자공이 공자에게 공문자의 시호가 왜 '文'이라고 불리게 되었는지 그 연유를 질문한 것은 공문자에 대한 좋지 않은 평판을 익히 들은 까닭이었다. 공문자는 생전에 태숙질泰叔疾이라는 사람으로 하여금 그의 아내와 이혼하게 하고, 자기의 딸을 그의 후처로 삼게 한 적이 있었다. 그 후 태숙질이 전처의 동생과 간통하였는데, 공문자가 대노하여 태숙질을 치려고 하였지만 태숙질은 마침내 송나라로 달아나 버렸다. 그런 일이 있은 이후 공문자는 또 다시 자신의 딸은 태숙질의 아우에게 후처로 주었던 것이다. 이렇듯 옳지 못한 일을 한 사람에게 죽고 나서 文이라는 시호를 주었으니, 자공이 이를 부당한 처사로 여겨 공자에게 그렇듯 질문을 한 것이었다. 이탁오가 말하고 있는 부분은 바로 이러한 부분에 대한 지적의 표현이다. 공문자의 행위가 비록 옳지 못하고, 그의 처신이 자공보다 못하다고는 하지만, 그러한 사람들과 비교하여 자공 스스로가 자만심을 갖거나 우쭐해하는 생각과 처사는 자공의 또 다른 병통이라는 의미이다.

공자께서 자산子産을 평하시기를, "군자의 네 가지 도를 지니고 있었으니, 그 행실에 있어서는 공손하고, 그 윗사람을 섬기는 데 있어서는 공경하고, 그 백성을 기르는 데 있어서는 은혜로우며, 그 백성을 다스림에 있어서는 의로우니라."[234]

不遺纖善.

작은 선도 빠뜨리지 말아야 한다.[235]

16. 子曰, 晏平仲은 善與人交로다. 久而敬之니라.

공자께서 말씀하시기를, "안평중晏平仲은 사람과 잘 사귀었느니라. 오래도록 사귀면서 변함없이 공경하였느니라."[236]

---

234 자산子産: 정鄭나라의 대부. 성은 공손公孫, 이름은 교僑. 행기行己: 자신의 처신, 행실. 사민使民: 국사를 위해 국민을 사역하는 것.
 ※ 자산은 정나라 대부 공손교로 어진 정치를 하고 나라를 부강하게 만든 현명한 재상이었다. 정나라는 지리적으로 강대국 진나라와 초나라 사이에 있었지만 자산의 뛰어난 외교력과 정치력으로 나라의 존엄과 안전을 지킬 수 있었다. 공자는 군자가 실천해야 할 도로 겸손한 행동, 윗사람에 대한 충심, 백성에 대한 사랑과 배품, 공평무사한 관리, 네 가지를 제시하고 있다.

235 섬선纖善: 纖은 작다, 섬세하다, 가늘다의 뜻.

236 안자晏子라고도 불리는 안영(晏嬰: ?~ B.C. 500)은 호가 평중平仲으로 제나라의 영靈 · 장莊 · 경景의 3대 군주에 걸쳐 재상을 지냈으며, 관중管仲과 비견될 정도로 훌륭한 정치가로 평가받는 인물이다. 근검절약과 실용주의를 중시하여 정사를 합리적으로 처리하고 사람을 보는 안목이 뛰어나 적재적소에 인재를 발탁하였다고 한다. 공자는 안영과 직접 대면하기도 하였고, 제나라에 8년간 있으면서 안영의 인물됨을 관찰할 수 있는 기회가 많았다. 공자는 이러한 안영에 대해서 비교적 높게 평가하고 있다.

卓吾云, 久而敬之四字, 的是交法.

이탁오는 "'久而敬之(오래도록 사귀면서 변함없이 공경하다)'라는 4자, 그것은 바로 교류의 법칙이다."라고 하였다.[237]

17. 子曰, 臧文仲이 居蔡하되 山節藻梲하니 何如其知也리요.

공자께서 말씀하시기를, "장문중臧文仲은 큰 거북을 감추어두고, 기둥머리의 모진 곳에다 산의 형상을 조각하고, 대들보 위의 짧은 기둥에 마름을 그려서 길흉화복을 빌고자 하니 어찌 그를 지혜로운 사람이라 하겠는가!"[238]

卓吾云, 夫子論知, 祇是務民之義, 敬鬼神而遠之.

이탁오는 "공자의 논지는 다만 백성의 의로움에 힘쓰고, 귀신을 공경하는 행위를 멀리하라는 말씀이다."라고 하였다.

---

237 적시的是: 여기서는 앞의 문장을 이어받아 '그것은 곧 ~이다'라는 의미로 쓰였다.
238 장문중臧文仲: 노魯 나라의 대부. 이름은 진辰, 文은 시호. 채蔡: 큰 거북. 절節: 기둥머리의 모진 나무. 절梲: 대들보 위의 짧은 기둥.
※ 당시 사람들은 장문중을 지혜롭다고 하였으나, 공자는 결코 지혜로운 자가 아니라고 하였다. 백성을 다스리는 벼슬아치라면 당연히 정신을 똑바로 차리고 백성을 다스리는 데 현실적으로 밝아야한다. 그러함에도 불구하고 장문중은 도리어 무당이 거북이를 갖고 점을 치는 집에 대공에는 마름을 그리고 두공에는 산을 새겨야 한다는 등 귀신을 섬기고, 바닷새를 섬기는 미신에만 정신을 쏟았다. 공자는 이러한 장문중의 어리석은 처신을 비판하고 있다.

18. 子張問曰, 令尹子文이 三仕爲令尹하되 無喜色하며 三已之하되 無慍色하여 舊令尹之政을 必以告新令尹하니 何如잇가. 子曰, 忠矣니라. 曰, 仁矣乎리잇고. 曰, 未知니라. 焉得仁이리요. 崔子弑齊君이어늘 陳文子有馬十乘이러니 棄而違之하고 至於他邦하여 則曰, 猶吾大夫崔子也라. 違之하며 之一邦하여 則又曰, 猶吾大夫崔子也라. 違之하니 何如하리잇고 子曰, 淸矣니라. 曰, 仁矣乎리잇고. 曰, 未知라 焉得仁이리요.

자장子張이 묻기를, "영윤(令尹: 벼슬 이름)인 자문子文은 세 번 벼슬을 하여 영윤이 되었지만 기쁜 기색을 드러내지 않았으며, 세 번 쫓겨났지만 성난 기색을 나타내지 않고 자기가 맡았던 영윤의 정사를 새로운 영윤에게 인계하였는데, 어떻게 보아야 합니까?" 공자께서 말씀하시기를, "충이로다." 묻기를, "인이라고도 할 수 있습니까?" 말씀하시기를, "모르겠네. 어찌 인이라 할 수 있겠느냐?"

(자장이 또 묻기를) 최자崔子가 제나라의 임금을 살해하자 진문자陳文子는 가지고 있던 말 10승(乘= 말40필)을 버리고 다른 나라로 가서 말하기를, '우리나라의 대부 최자와 같다.'고 하고 또 그 나라를 떠났으며, 또 다른 나라로 가서 말하기를, '우리나라의 대부 최자와 같다.'고 하고 떠나갔으니, 이 사람은 어떻습니까?" 공자께서 말씀하시기를, "깨끗하다." 자장이 묻기를, "어질다고 할 수 있습니까?" 공자께서 말씀하시기를, "모르겠네.

어찌 어질다고 할 수 있겠는가?"[239]

仁者必忠, 忠者未必仁. 仁者必淸, 淸者未必仁. 卓吾云, 仲尼認得仁字眞.

어진 사람은 반드시 충성스럽지만, 충성스러운 사람이 반드시 어진 것은 아니다. 어진 사람은 반드시 청렴하지만, 청렴한 사람이 반드시 어진 것은 아니다.

이탁오는 "공자께서 '인仁'이라는 글자의 참된 진리를 체득하신 분이

---

[239] 최자崔子: 제나라의 대부. 이름은 저杼. 제군齊君: 제나라의 임금인 장공莊公, 이름은 광光. 진문자陳文子: 제나라의 대부로 이름은 수須. 위違: 떠나다(去)의 뜻으로 쓰였다.

※ 공자의 핵심 사상은 '사덕四德'이라 불리는 인의예지仁義禮智라 할 수 있다. 이 중에서 공자는 인을 개인의 인격 수양과 정치의 벼리로서 인간이 추구해야 할 가장 최고의 목표로 설정하고 있다. 그러나 공자의 가르침에도 불구하고 제자들 중에서 인에 대해 그 이치를 바르게 깨달은 사람은 많지 않은 것 같다. 공야장면에 나타난 제자들은 스승인 공자에게 사례별로 일일이 인에 대해 묻고 있다. 본 문장의 자장 역시 인을 실현한 인물을 확인하고자 스승에게 재차 질문하고 있다. 그런데 공자는 제자들로부터 이와 비슷한 질문을 여러 번 받지만 번번이 명확하게 '不仁'이라고 하지 않고 '不知'라고 답한다. '不仁'이라고 단정할 경우 제자들이 공자가 그 인물에 대해 모든 것을 부정한다고 오해할 것이기 때문이다. 문헌에 의하면 子文은 초나라 인군으로 하여금 왕을 참칭하게 하면서 나라 안에 여러 분란을 일으킨 인물로 기록되어 있다. 陳文子 역시 자신의 인군에게 간언을 하지 못한 데다 역적도 토벌하지 못한 채 다른 나라로 피신해 갔다가 얼마 지나지 않아 제나라로 돌아온 의롭지 못한 인물로 평가되고 있다. 이러한 측면에서 자문과 진문자는 결코 본받을 만한 인물이 아니다. 인의 정치를 강조해왔던 공자의 견지에서는 이들은 불인한 자라 할 수 있다. 하지만 공자는 자문에 대해서는 '忠', 진문자에 대해서는 '淸'이라는 말로 평하고 있다. 그들이 비록 인의 측면에서는 부족하지만, 또 다른 측면에서는 본받을 만한 장점이 있음을 일깨우고 있는 것이다. 天地之心이라 할 수 있는 공자의 인을 잘 보여주는 내용이라 할 만하다.

다."라고 하였다.[240]

19. 季文子, 三思而後에 行하니 子聞之하시고 曰, 再斯可矣니라.

계문자季文子는 세 번 생각해 본 후에야 비로소 행동에 옮겼다. 공자께서 이 말을 듣고 말씀하시기를, "두 번이면 될 것이다."[241]

卓吾云, 三疑也, 再決也. 要知三不是三遭, 再不是兩次.

이탁오는 "'삼三'은 의심한다는 의미이고, '재再'는 결단한다는 의미이다. '삼'은 세 번 만난다는 뜻이 아니고, '재'는 두 차례라는 의미가 아님을 알아야 한다."라고 하였다.

20. 子曰, 甯武子는 邦有道則知하고 邦無道則愚하니 其知는 可及也이어니와 其愚不可及也이니라.

공자께서 말씀하시기를, "영무자甯武子는 나라에 도가 행하여졌을 때에는 지혜로웠지만, 나라에 도가 행하여지지 않았을 때에는 어리석었다. 그의 지혜로움은 가히 미칠 수 있으나, 그의 어리석음에는 가히 미칠 수

---

240 중니仲尼: 공자의 자. 본명은 공구孔丘, 공부자孔夫子라고도 한다. 인득認得: 어떠한 진리와 이치를 깨닫다, 체득하다의 뜻.
241 계문자季文子: 노나라의 대부로, 이름은 행부行夫. 文子는 시호다.

없느니라."²⁴²

21. 子在陳하고 曰, 歸與인저 歸與인저 吾黨之小子狂簡하여 斐然成章이요 不知所以裁之니라.

공자께서 진陳나라에 계실 때 말씀하시기를, "돌아가야겠다. 돌아가야겠다. 나의 고향에 있는 제자들은 뜻은 크나 그 하는 일이 면밀하지 못하고, 문체는 찬란하지만 재단하는 바를 모르는구나."²⁴³

---

242 영무자는 위衛나라의 대부로, 이름은 유兪, 武는 그의 시호다. 그는 위나라의 문공文公과 성공成公을 섬겼던 인물이다. 그가 문공을 섬길 때에는 나라의 정치가 순조로웠기 때문에 어진 신하들이 많았고, 이 중에서도 영무자가 가장 지혜로운 신하로 손꼽혔다. 그러나 정치가 점차 어지러워지자 약삭빠른 신하들은 전부 물러나 몸을 숨겼다. 하지만 영무자만은 어리석을 만큼 꿋꿋이 자리를 지키며 불의를 행하는 무리들과 맞섰다. 결과적으로 어리석은 정치로 인해 위험한 상황에 처해 있던 성공을 적극 보필하여 구해내었고, 자기 자신도 구할 수 있었다. 공자의 "그의 어리석음에 가히 미칠 수 없다."라는 말은 진정 영무자가 어리석다는 표현이 아니라, 위험한 상황 속에서도 어리석을 정도로 충절을 다하고 굳센 의지를 잃지 않았던 영무자의 처신을 역설적으로 칭찬하는 표현이다.

243 광간狂簡: 뜻은 크지만 그 하는 일이 면밀하지 못함을 의미한다. 비연斐然: 문채가 있는 모양. 성장成章: 볼 만한 것이 있음.

※ 공자는 56세에 고향을 떠나 13년간 열국을 주유하다가 마지막으로 진나라에 들렀다. B.C. 492년 노나라 애공 3년, 노나라의 정치를 전횡하던 계간자가 죽고 그 뒤를 이은 계강자가 공자의 제자 염구를 등용했다. 그래서 공자는 새로운 시대에 대한 희망을 안고 고향으로 돌아가 제자들을 가르치겠다는 뜻을 표명하였다. 유가는 학문을 강조한다. 하지만 학문에 치중하다 보면 현실 정치를 외면한 채, 고담준론에만 빠져 있는 폐단을 낳게 된다. 이상과 목표는 높아지지만(狂簡, 斐然成章), 현실 정치에 참여하는 등의 대처 능력은 떨어질 수밖에 없는 것(不知所以裁之)이다. 또 한편으로 유가는 이상주의에 사로잡혀 타협을 거부하고 당위론적인 자기주장을 고집하는 경우가 많다. 공자는 이를 자로편 21장에서 "공자께서 말씀하시기를, 중도를 행하는 자를 얻어 함께하지 못한다면, 반드시 뜻이 높은 자와 뜻을 굽히지 않는 자와 하게 될 것이다. 과격한 사람은 진취성이 있고, 고집이 센 사람은 하지 않는 바가 있다(子曰, 不得中行而與之, 必也狂狷乎. 狂者進取, 狷者有所不爲也)."라는 말로 경책하고 있다. 공자는 실제로

木鐸之任, 菩薩之心.

목탁의 역할을 자임하시는 것이니, 보살의 마음이라 할 수 있다.

22. 子曰, 伯夷叔齊는 不念舊惡, 怨是用希니라.

공자께서 말씀하시기를, "백이와 숙제[244]는 남의 지나간 악행을 마음에 두지 않았으므로 원망하는 사람이 드물었느니라."

周季侯曰, 舊字, 如飛影馳輪, 倏焉過去之謂. 方外史曰, 如明鏡照物, 姸媸皆現, 而不留陳影. 此與不遷怒, 同一工夫.

주계후周季侯는 "구舊 자는 마치 날듯이 빠르게 내달리는 수레의 그림자

노나라로 돌아와 행단강학을 통해 제자들에게 재단裁斷을 도와 해야 할 바(有所不爲也)를 가르쳤으며, 아울러 후학들을 위해 시서詩書를 편찬하며 『주역』에 「십익전(十翼傳)」 등을 덧붙여 찬술하며, 『춘추(春秋)』를 집필한 것으로 전해진다.

244 백이숙제伯夷叔齊: B.C. 1100년경 은말주초殷末周初의 전설적인 두 성인이다. 백이와 숙제는 고죽孤竹이라는 나라의 의가 좋은 왕자로, 끝까지 군주에 대한 충성을 지킨 의인으로 알려져 있다. 이들에 관한 이야기는 『사기(史記)』의 열전에 나온다. 부왕이 묵태초墨胎初가 죽자 서로 왕의 자리를 양보하려고 주나라로 간 적이 있었다. 그 후 주의 무왕武王이 상중에 천자국인 은나라의 주왕紂王을 쳐서 천자가 되자, 두 형제는 부도덕한 신왕조의 곡식을 먹는 것을 부끄럽다고 여겨 수양산에 들어가 고사리로 연명하다가 굶어죽었다고 전해진다. 의롭고 청백한 사람은 악인을 미워하기 마련이다. 그러나 백이와 숙제는 지나간 악행에 대해서는 마음에 묻어 두지 않았다고 한다. 공자는 이 점을 높이 평가하고 있다. 공자는 술이편 제14장에서 자공이 "백이와 숙제는 어떠한 사람입니까? 세상을 원망했습니까?"라고 묻자 다시 한번 "그들은 현으로써 인을 구하고 인을 얻었으니, 어찌 원망이 있었겠느냐(求仁而得仁, 又何怨乎)!"라고 평가하고 있다.

와 같아서 눈 깜짝할 사이에 사라져 버린 과거를 의미한다."라고 하였다.

방외사는 "마치 밝은 거울이 사물을 비추는 것과 같아서 아름다움과 추함은 다 드러나서 잔상을 남기지 않는다. 이러한 이치와 더불어 다른 사람에게 원망을 옮겨서 화풀이하지 않는 것은 동일한 공부이다."라고 하였다.[245]

23. 子曰, 孰謂微生高直이리오. 或이 乞醯焉이어늘 乞諸其鄰而與之온여.

공자께서 말씀하시기를, "누가 미생고微生高를 곧다고 하는가? 어떤 사람이 식초를 빌리고자 하거늘 그 이웃에 가서 빌려주었느니라."[246]

---

245 주계후周季侯: 명나라 말기의 감찰어사를 지냈던 정치인 주종건(周宗建: 1582-1625)을 가리킨다. 계후는 자, 호는 래옥來玉이다. 연치妍媸: 미추, 아름답고 추함. 밝은 거울은 모든 사물의 본 모습을 있는 그대로 비추는 역할을 한다. 진영陳影: 남겨진 형상, 곧 잔영. 불천노不遷怒: 어떤 사람에 대한 노여움을 다른 사람에게 옮겨 화풀이하지 않음. 숙候: 갑자기, 문득, 잠깐, 언뜻.
※ 같은 이치로 밖의 경계를 마주하여 내 마음에서 일어나는 모든 희로애락과 애증의 감정은 밖의 경계에 그 원인이 있는 것이 아니라, 내 마음의 상태에 따라 달리 비춰진 번뇌의 일시적인 현현이라 할 수 있다. 까닭에 원망과 미움, 시기와 질투 같은 번뇌의 감정에 휘둘리지 않기 위해서는 마치 밝은 거울처럼, 자신의 마음을 청정하고 지혜롭게, 그리고 평정하게 향상시켜야만 한다. 모든 것은 결국 자신의 마음에 비친 무상한 그림자이기 때문이다.
246 미생고微生高: 노魯나라 사람이다. 성은 미생, 이름이 고.
※ 당시에 미생은 곧고 정직한 사람으로 칭송되던 인물이었다. 이러한 미생고를 누가 곧은 인물이라고 평하자, 공자는 미생고가 자신에게 식초를 빌리러 왔던 사람에게 자신의 집에 없던 식초를 이웃에 가서 빌려다 준 예화를 들어 그가 결코 곧은 인물이 아님을 말하고 있다. 없으면 없다고 하면 그뿐인데, 이웃에까지 가서 빌려다준 것은 자신에 대한 세상 사람들의 세평에 자유롭지 못하고, 또한 공명심을 버리지 못한 인물이라는 평이다.

卓吾云, 維直道也, 非譏議微生高也.

이탁오는 "오직 곧은 도라야 한다. 미생고에 대해서는 평하여 논할 필요조차 없다."라고 하였다.

24. 子曰, 言令色足恭을 左丘明恥之하니 丘亦恥之하노라. 匿怨而友其人을 左丘明恥之하니 丘亦恥之하노라.

공자께서 말씀하시기를, "말을 교묘히 꾸며 대고 안색을 수시로 바꿔 남을 지나치게 공경하는 것을 좌구명左丘明은 부끄럽게 여겼는데, 나 역시 부끄럽게 여긴다. 원망을 가슴속에 숨기고 그 사람과 교제하는 것을 좌구명은 부끄럽게 여겼는데, 나 역시 부끄럽게 여긴다."[247]

讀此便知春秋宗旨. 春秋祇是扶三代之直道耳.

이 말씀을 읽으면 곧 『춘추(春秋)』[248]의 종지를 알 수 있다. 『춘추』는

---

247 공자가 본받을 만한 인물로 좌구명을 직접 언급하는 것으로 보아 좌구명의 연배는 공자보다 많은 것으로 추측된다. 좌구명은 실명을 당하고도 춘추 시대 8국의 역사를 나라별로 적은 역사책인 『국어(國語)』를 저술한, 공자와 비슷한 시기의 노나라 학자로 알려진 인물이다. 그는 사마천이 궁형을 당하고도 살아남아 역사책을 기술하는 데 정신적 지주가 된 인물이다. 까닭에 사마천은 「보임소경서(報任少卿書, 소경 임안에게 보내는 답서)」라는 글에서 시련을 극복한 특별한 인물의 하나로 좌구명을 거론하였다.

248 오경(五經) 가운데 하나이다. 경문이 1,800여 조條, 1만 6,500자로 이루어진 최초의 편년체 編年體 역사서로서, 춘추 시대 노魯나라 은공隱公으로부터 애공哀公에 이르기까지 12공公

다만 3대[249]의 올곧은 도를 부양하고 있을 뿐이다.

25. 顔淵季路侍러니 子曰, 盍各言爾志리요. 子路曰, 願車馬와 衣輕裘를 與朋友共하여 敝之而無憾하나이다. 顔淵曰, 願無伐善하며 無施勞하나이다. 子路曰, 願聞子之志하나이다. 子曰, 老者安之하며 朋友信之하며 少者懷之니라.

242년간의 기록을 담고 있다. 본래는 단행본이었지만 지금은 주석서인 춘추삼전(春秋三傳: 공양전公羊傳·곡양곡량전穀梁傳·좌씨전左氏傳)의 부속 형태로 전하고 있다. '춘추'라는 말은 시간의 추이를 상징한 춘하추동의 약어로서 '一年間'이라는 뜻인데, 본래는 주왕조 치하 각 제후국의 독자적인 편년사를 가리키는 통칭이었으며, 『오월춘추(吳越春秋)』·『여씨춘추(呂氏春秋)』·『십육국춘추(十六國春秋)』 등에서도 그러한 사실을 알 수 있다. 이처럼 『춘추』는 본래 노나라의 사관이 기록한 궁정연대기宮廷年代記였는데, 여기에 공자가 독자적인 역사의식과 가치관을 가지고 필삭을 가함으로써 단순한 궁정 연대기 이상의 의미를 지니게 된 것이다. 유가의 문헌 가운데 『춘추』에 관한 언급이 최초로 보이는 것은 『맹자』 등문공(滕文公下)·이루하(離婁下)로서, 군부君父를 시해하는 난신적자亂臣賊子가 배출되는 혼란기에 공자가 명분을 바로잡고 인륜을 밝혀 세태를 바로잡고자 『춘추』를 지었다고 하는 제작 동기가 서술되어 있다. 『순자』·「권학(勸學)」·「유효(儒效)」에서는 처음으로 『춘추』를 경으로서 다루고 있다. 이로부터 한대漢代에 이르러 비로소 『춘추』에 담겨져 있는 공자의 미언대의微言大義를 밝히려는 춘추학이 성립되었다. 『춘추』는 단순한 역사적 사실만을 담고 있는 책은 아니며, 『춘추』의 경문 속에서는 사건이나 인물이 공자의 예와 명분을 중시하는 정치 이념 아래 비판 또는 평가되고 있다. 『춘추』는 사건에 의탁하여 대의명분을 피력한 책이며, 공자의 독특한 필법이 경문 전체에 일관하고 있다. 공자의 미언대의는 『춘추』의 서술 방식이나 용어 사용의 일정한 원칙 속에서 드러나고 있는데, 경문의 내용이 지극히 간결하여 그것을 해석한 전傳을 매개로 하지 않고는 원뜻을 파악하기가 쉽지 않다.
※ 『한국민족문화대백과사전』 참조.

249 『춘추』를 대표하는 것이 이른바 '춘추삼전'인 『공양전』·『곡량전』·『좌씨전』인데, 『좌씨전』은 기록된 사실과 그에 관련된 사실을 통해 역사적·실증적으로 춘추대의春秋大義를 규명하고 있으며, 『공양전』·『곡량전』은 경문을 그 자체로 직접 해석, 기록된 사실의 내재적 의미를 규명하고 있다. 지욱이 말하고 있는 3대는 바로 이러한 3전을 가리키고 있다고 보인다.

안연과 계로가 공자를 모시고 있을 때 공자께서 말씀하시기를, "각각 너희들의 뜻을 말해보지 않겠느냐?" 자로가 말하기를, "원컨대 탈 만한 수레와 말, 그리고 가벼운 털옷 등을 친구들과 함께 입다가 해지더라도 유감이 없겠습니다." 안연이 말하기를, "원컨대 선함을 자랑하지 않고, 남에게 수고로움을 끼치지 않겠습니다." 자로가 말하기를, "선생님의 뜻을 듣고 싶습니다." 공자께서 말씀하시기를, "늙은이에게는 편안하게 하고, 친구에게는 믿게 하고, 어린 사람을 품어 따르게 해야 하느니라."[250]

　子路忘物, 顔子忘善, 聖人忘己. 忘己, 故以安還老者, 信還朋友, 懷還少者.

　자로는 물질에 대한 욕심을 잊었고, 안자가 선함을 자랑하는 것을 잊었다면, 성인(공자)은 자기 자신(자아라는 개체의식)을 잊었다고 할 수 있다. 사사로운 나를 잊었기 때문에 도리어 연장자를 편안히 모실 수 있고, 벗

---

250 盍: 본래는 합하다(合)의 뜻이나, 여기서는 '어찌 아니 하리요(何不也)'라는 뜻으로 쓰였다. 의경구衣輕裘: 가벼운 털로 만들어진 가죽옷. 벌선伐善: 伐은 치다(擊)의 뜻으로 많이 사용되지만, 여기서는 자랑하다(誇)의 의미로 쓰였다. 시로施勞: 남에게 수고로움을 끼침.

※ 안연이 32세에 요절하자 공자는 "하늘이 나를 버리는구나!"라고 탄식하며 통곡했다. 그 정도로 안연은 공자가 제자들 중에서 가장 아끼고 사랑했던 수제자이다. 자로는 공자의 제자 중에 가장 나이가 많았으며(공자와 9세 차이) 성격이 급하고 거칠었지만, 순박하고 솔직했으며 용기와 실천력이 강했던 제자이다. 정자는 "공자는 인을 편안하게 행하였고, 안연은 인을 떠나지 않았고, 자로는 인을 구하였다. 공자, 안연, 자로 모두 남과 함께한 것인데 크고 작은 차이가 있을 뿐이다. 자로는 의리가 강한 사람이니 이익에 연연하지 않고, 안연은 사사로움에 얽매이지 않으니, 자신을 자랑하지 않았다(程子曰, 夫子安仁, 顔淵不違仁, 子路求仁. 又曰, 子路顔淵孔子之志, 皆與物共者也, 但有小大之差爾. 又曰, 子路勇於義者, 觀其志, 豈可以勢利拘之哉. 亞於浴沂者也, 顔子, 不自私己, 故無伐善)."라는 말로 공자, 안자, 자로를 함께 평하고 있다.

에게 믿음을 줄 수 있으며, 어린 사람을 품을 수 있었던 것이다.[251]

26. 子曰, 已矣乎인저 吾未見能見其過하고 而內自訟者也이니라.

공자께서 말씀하시기를, "그만들 두어라. 나는 아직까지 자신의 허물을 드러내어 안으로 반성하고 자책하는 사람을 보지 못하였느니라."[252]

千古同慨, 蓋自訟, 正是聖賢心學眞血脈.

오랜 세월을 걸쳐서 모두가 개탄해야 할 내용이다. 대개 '스스로를 평가하고 반성한다는 것(自訟)'은 바로 성현이 가르치는 마음공부의 참된 혈맥이라고 할 수 있다.

---

251 본 문장에서 '聖人'은 공자를 지칭하는 것으로 이해된다. 성인은 자아라는 개체의식, 자신이 남들보다 잘났다는 자만심, 자신의 이익을 먼저 따지는 사사로운 이기심, 대상을 좁은 식견으로 분별하고 차별하는 일체의 모든 중생심에서 벗어난 분이라 할 수 있다. 이렇듯 무애무변하고 무량한 성인의 마음이라야 모든 것에 대해 무한한 공경, 이해, 포용, 나눔, 믿음을 실천할 수 있다는 의미이다.
252 자송自訟: '스스로를 송사하다'의 뜻으로, 곧 스스로의 잘못을 따지고 평가하고 반성한다는 의미이다.
※ 공자가 철환주유를 끝내고 노나라로 돌아와 후학 양성과 저술에 몰두한 시기는 공자의 말년이다. 그런데 이 시기는 시대적으로는 약육강식의 전국 시대로 접어들려는 매우 혼란한 시기였다. 안연 같은 훌륭한 제자가 있기도 했지만, 모두가 허물(過)을 두려워하거나 고치려고(訟) 들지 않고 서로를 시비 대상으로 삼는 혼탁한 세상이었다. 오랜 세월 너무 많은 것을 보고 경험한 공자이기에 이처럼 비관적인 어투로 말하고 있는 것이다.

27. 子曰, 十室之邑에 必有忠信이 如丘者焉이어니와 不如丘之好學也이니라.

공자께서 말씀하시기를, "열 집이 사는 고을일지라도[253] 반드시 나와 같은 충忠과 신信이 있는 사람이 있을 수 있겠으나, 나와 같이 학문을 좋아하는 사람은 없구나."

孔子之忠信與人同, 祇是好學與人異. 好學二字是孔子眞面目, 故顔淵死, 遂哭云, 天喪予.

공자의 충과 신은 다른 사람들과 더불어 같을 수 있으나, 다만 학문을 좋아함은 서로 다르다. '호학好學'이라는 두 글자야말로 공자의 참된 면목이라고 할 수 있다. 그러므로 안연이 죽자 마침내 통곡하시며 '하늘이 나를 버리셨도다.'라고 탄식하셨던 것이다.[254]

---

253 십실지읍十室之邑: 집이 열 채 정도 있는 마을.
254 안연은 공자보다 30세 연하이고 31세의 젊은 나이에 요절했다. 그는 공자의 복사판이라고 할 만큼 공자의 사랑과 신뢰를 받았다. 『논어』에서 공자는 안회를 지나칠 정도로 편애한 것 같은 인상을 준다. 자신을 이어 장차 공자의 학맥을 이끌고 갈 것으로 믿고 기대했던 바로 그 제자가 먼저 세상을 떠난 것이다. 그때의 참담한 심정을 공자는 선진편 8장에서 "슬프도다. 하늘이 나를 버리셨구나. 하늘이 나를 버리셨구나(噫, 天喪予, 天喪予)!"라고 울고 있다.

제6 옹야雍也편

1-1. 子曰, 雍也는 可使南面이로다.[255]

공자께서 말씀하시기를, "옹雍은 가히 임금이 될 만하다."[256]

只是可臨民耳, 豈可說他做得王帝.

다만 이는 백성을 다스릴 수 있다는 뜻이지, 어찌 그가 왕과 황제가 될 수 있다는 말씀이겠는가?

1-2. 仲弓이 問子桑伯子하되 子曰, 可也이나 簡이니라. 仲弓이 曰, 居敬而行簡하여 以臨其民이면 不亦可乎잇가 居簡而行簡이면 無乃大簡乎리잇고. 子曰, 雍之言이 然다.

---

255 지욱선사는 본 옹야편 1장을 두 단락으로 나누어 주해하고 있다.
256 옹雍: 성은 염冉, 이름이 雍이다. 자는 중궁仲弓이다. 可使: ~하기에 가능하다. 南面: 임금의 자리.
　※ 공자는 중궁에 대해서 특별히 격려하는 발언을 하였다. 그만큼 중궁의 인격과 덕행을 높이 평가하여 아꼈다고 볼 수 있다. 이 장은 공자가 중궁에 대해 제후의 자질이 있다며 중궁을 파격적으로 칭찬한 대목이다.

중궁仲弓이 또 자상백자子桑伯子는 어떠냐고 묻자 공자께서 대답하시기를, "소탈하니라." 중궁이 또 묻기를, "공경하는 마음으로 소탈하게 행동하면서 백성들을 대한다면 역시 괜찮지 않겠습니까? 그렇지만 소탈한 마음으로 소탈하게만 행동한다면 너무 소탈한 것이 아니겠습니까?" 공자께서 대답하시기를, "옹이 말이 그럴듯하구나."[257]

只是論臨民之道, 不是去批點子桑伯子.

다만 이는 백성을 다스리는 도에 관한 담론이다. 자상백자만을 점찍어 놓고[258] 다른 사람은 제외하고서 하는 말이 아니다.

2. 哀公이 問弟子孰爲好學이니잇고 孔子對曰, 有顔回者好學하여 不遷怒하며 不貳過하더니 不幸短命死矣라. 今也則亡하니 未聞好學者也지이다.

---

257 노魯나라 사람. 간簡: 번거롭고 까다롭지 않다. 곧 소탈하고 간단명료하다는 의미. 大: '너무' '심히'라는 의미이므로 '태'라 읽는다.
  ※ 공자의 과분한 칭찬을 들은 중궁은 귀족 신분을 떠나 권력과 부를 마다하고는 안빈낙도의 삶을 사는 자상백자 또한 나라를 다스릴 만한 인물이 아니냐고 스승에게 되묻고 있다. 그런데 공자는 자상백자에게 인정할 만한 것은 단지 '소탈함(簡)'이라고 말한다. 정치라는 것이 복잡다단한 일이라 크게 나눠볼 줄 아는 능력과 대범함이 필요한데, 자상백자는 그런 면에서 좀 부족하다는 대답이다. 공자가 말한 '簡'의 뜻을 이해한 중궁은 '居敬行簡'의 처신은 수기치인하는 입장에서는 괜찮지만, 자상백자의 '居簡行簡'의 처신은 너무 소탈한 것이기에, 정사를 하는 데에는 적합하지 못할 것이라는 의견을 피력한다. 이에 공자 또한 긍정하고 있는 내용이다.
258 비점批點: 시문詩文의 잘된 곳을 찍는 點, 또는 정정 또는 비판할 부분의 점, 여기서는 자상백자만을 점찍어 단정한다는 의미로 사용.

애공哀公이 묻기를, "제자 중에서 누가 학문을 좋아합니까?" 공자께서 대답하시기를, "안회顔回가 있어 학문을 좋아하고 노여움을 옮기지 않으며, 허물되는 일을 두 번 하지 않았으나, 불행하게도 명이 짧아 일찍 죽었습니다. 그가 떠나간 지금에 와서는 학문을 좋아하는 사람이 있다는 말을 듣지 못하였습니다."[259]

無怒無過, 本覺之體, 不遷不貳, 始覺之功. 此方是眞正好學, 曾子以下, 的確不能通此血脈, 孔子之道的確不曾傳與他人. 有所斷故, 名爲不遷不貳. 若到無所斷時, 則全合無怒無過之本體矣. 孔子顔淵皆居學地, 人那得知.

성냄이 없고 허물이 없음이 본각本覺의 몸체이고, 옮겨가지 않고 둘도

---

[259] 공자는 위정편 9장, 옹야편 9장, 선진편 8장과 『주역』「계사하전」 제5장 등에서 안회를 거론하며 칭찬하고 있다. 특히 공자는 안연에 대해 덕행과 수양이 뛰어난 인물로 평가하고 있다. 한편 공자는 단지 일반적 지식을 많이 습득하는 학식보다는 먼저 자기수양을 통한 인격적, 도덕적 덕행의 실천을 강조하였음을 알 수 있다. 이는 논어 첫 편인 학이편이 글공부보다는 덕행에 초점이 맞추어진 것으로도 미루어 알 수 있다. 덕행을 잘 하면 굳이 문장을 익히지 않았더라도 이를 배운 자라고까지 하였다. 위정편의 첫 문장에서도 역시 먼저 덕을 거론하고 있는 것도 이러한 공자의 생각과 무관하지 않다. 선진편 2장에서 공자는 10명의 제자들에 대해 각각 장점을 거론하였는데, 문학에 뛰어난 인물로는 자유와 자하를 꼽았다. 그런데 지금 애공의 '호학하는 이가 누구냐'라는 물음에 공자는 덕행이 뛰어난 안회를 꼽고 있다. 게다가 공자는 안회의 호학의 예로 그의 학식을 거론한 것이 아니라, 허물을 짓지 않고 성내지 않는 등의 인격을 사례로 들고 있다. 이 역시 공자가 학식보다는 먼저 덕행을 강조하고 있음을 알 수 있는 부분이다. 본 장에서 공자는 단정적으로 안회가 죽은 이후로 호학하는 자를 보지 못했다고 했다. 이는 공자가 학문을 학식 차원이 아니라 덕행의 관점에서 보고 있다는 예라 할 수 있을 것이다. 오늘날 입시나 고시 위주의 공부나, 대학 교수나 지식인들이 자신의 명리와 지위를 위해 하는 학문은 공자가 말한 호학과는 거리가 멀다고 할 수 있을 것이다.

아님이 시각의 공덕始覺이다.[260] 이것이야말로 바야흐로 진정한 학문을 좋아하는 것이다. 증자 이후로 정확히 이러한 혈맥이 통용되지 않았으니, 공자의 도는 정확히 일찍이 다른 사람에게 전해지지 않았던 것이다. 단절됨이 있었기 때문에 '옮기지 않고, 두 번 하지 않았다'고 한다. 만약 단절됨이 없는 때에 이르게 된다면, 곧 성냄이 없고 허물이 없는 본체와 합일할 수 있다. 공자와 안연 모두 학문을 즐겨하며 살았음을[261] 세상 사람들이 어찌 알 수 있겠는가!

3. 子華使於齊러니 冉子爲其母請粟하되 子曰, 與之釜하라. 請益하되 曰, 與之庾하라 하시니 冉子與之粟五秉하되 子曰, 赤之適齊也에 乘肥馬衣輕裘하니 吾聞之也하니 君子周急이요 不繼富라. 原思爲之宰러니 與之粟九百이어늘 辭하되 子曰, 毋하라. 以與爾鄰里鄕黨乎인저.

자화子華가 공자의 심부름으로 제齊나라에 가게 되어, 염자冉子가 자

---

260 불교에서 '본각本覺'은 모든 중생이 고유하게 소유하고 있는 청정한 진리본성을 가리킨다. 본래 청정하고 깨어있는 진리성품이라는 의미에서다. 하지만 이러한 본각의 성품은 탐욕과 성냄과 어리석음을 비롯한 미혹한 번뇌의 마음에 오염되고 가려져 그 고유한 청정성을 드러내지 못하고 있다고 본다. '시각始覺'은 바로 이러한 본각의 성품을 계정혜戒定慧 삼학의 수행을 통해 청정본성을 서서히 깨달아 나가는 것을 의미한다. 시각은 수행자의 단계에 따라 불각不覺 · 상사각相似覺 · 수분각隨分覺 · 구경각究竟覺의 네 가지로 구분한다. 이런 과정을 통해 불과佛果에 도달하면 시본불이始本不二 · 절대 평등의 대각을 성취한다. 본각은 작용이란 측면에서 수염본각隨染本覺이라 하고, 체덕體德의 입장에선 성정본각性淨本覺이라고 한다.
261 거학지居學地: '학문의 땅에 거하다', 곧 학문에 전념하고 즐기며 산다는 의미.

화의 어머니를 위해 곡식을 보내 줄 것을 청하자 공자께서 말씀하시기를, "여섯 말 넉 되를 보내 주어라." 염자가 더 주기를 요청하자, "열여섯 말을 보내 주어라."하고 공자가 말하자, 염자는 곡식 여든 섬을 보내 주었다.[262]

공자께서 말씀하시기를, "적赤이 제나라에 갈 적에 살찐 말을 타고 가벼운 털옷을 입었다고 들었다. 군자는 곤궁한 사람은 도와주지만 부유한 사람은 도와주지 않느니라." 원사原思가 가신이 되자, 곡식 9백 섬을 주시거늘 그것을 사양하였다. 그러자 공자께서 말씀하시기를, "그러지 말라. 너의 이웃과 향당에 나누어 주어라."[263]

---

[262] 자화子華: 공서적公西赤의 자. 부釜: 여섯 말 넉 되가 드는 그릇. 유庾: 열여섯 말이 드는 그릇. 병秉: 열여섯 섬이 들어가는 그릇.

[263] 원사原思: 공자의 제자. 송나라 사람으로 이름은 헌憲. 제14편의 편명인 헌문憲問은 곧 '제자 憲이 묻다'는 뜻인데, 이로 보아 原憲이 헌문편을 기록한 것으로 보인다. 리향당里鄕黨: 옛날 중국에서 리는 스물다섯 집 정도가 사는 마을, 鄕은 1만 2천 5백 가구 정도가 사는 지역, 黨은 5백 정도가 사는 고을을 가리킴.

※ 공자가 한때 고위 관직에 있으면서 제자들을 등용하였는데, 본장은 바로 제자들의 공무수행 시 집행하는 비용과 녹에 대한 내용이다. 공자가 제나라에 사절로 보낸 공서화는 녹봉을 받는 정식 관리가 아니라 임시 특사인 듯하다. 공자는 공서화가 부유한 집안이기에 굳이 국가 예산을 지급할 필요가 없다고 보았으며, 또한 공서화를 사절로 보내는 것 자체가 공서화에게는 보상이라고 여겼기 때문에 염구에게 조금만 주도록 지시했다. 그러나 공자를 보좌하는 직책에 있던 염구는 공자의 지시를 위배하면서까지 같은 동문인 공서화에 대해 터무니없이 많은 수고비를 지급하였다. 이는 정실이고 국가 예산의 낭비라 할 수 있다. 반면에 공자는 읍의 재상으로 발탁한 제자 원사에게는 정해진 녹봉을 지급하려 하였다. 그런데 원사는 오히려 이를 너무 많다고 사양하였다. 공자가 헌문편 2장의 가르침인 "나라가 도가 있으면 녹봉을 받을 수 있지만, 나라에 도가 없는 경우 녹봉을 받는 것은 부끄러움이다(邦有道穀, 邦無道穀, 恥也)."라는 가르침을 실천에 옮긴 것이다. 공자는 원사의 이러한 사양지심을 기특하게 여겼다. 이에 이미 정해진 녹봉이라 변경할 수 없으니, 남는 돈은 국가에서 미처 구휼해 주지 못한 백성들을 구제하는 비용으로 쓰도록 한 것이다. 공자의 공명무사한 국정 수행의 면모를 볼 수 있는 내용이다.

4. 子謂仲弓曰, 犁牛之子騂且角이면 雖欲勿用이나 山川은 其舍 諸아.

공자께서 중궁仲弓에 대해서 이르시기를, "얼룩소의 새끼가 털이 붉고 뿔이 바르니, 사람들이 비록 재물로 쓰지 않으려 하나, 산천은 그것을 버리려 하겠느냐!"[264]

卓吾云, 夫子論仲弓如此耳.

이탁오는 "부자께서 중궁을 이와 같이 논할 뿐이다."라고 하였다.

5. 子曰, 回也는 其心이 三月不違仁이오 其餘則日月至焉而已矣니라.

공자께서 말씀하시기를, "안회顔回는 그 마음이 석 달이 지나도 어짊을 어기지 않는다. 그러나 그 나머지 제자들은 겨우 하루나 한 달 동안

---

264 이우犁牛: 얼룩소 성騂: 붉다.
　※ 본 구절은 공자가 중궁에 대해 논하고 있는 내용이다. 어미는 얼룩소이지만 그 새끼는 뿔도 바르고 털도 붉다는 것은 사람으로 비유하면, 아비는 천박하고 부정하지만 자식은 그렇지 않음을 뜻한다. 또한 그러한 새끼를 제사의 희생물로 쓰지 않으려 하나, 산천의 신은 그것을 버리려 하지 않는다고 것은, 곧 아무리 천박한 가문 출신이라도 인물만 출중하고 능력만 있으면 세상에 쓰이게 된다는 의미를 나타낸다. 공자의 이러한 말은 사람을 평하되, 가문이나 가세를 보기보다는 우선 그 사람의 인품과 능력을 보아야 한다는 것을 지시하고 있다.

어짊에 이를 뿐이다."[265]

顏淵心不違仁, 孔子向何處知之, 豈非法眼他心智耶. 三月者, 如佛家九旬辨道之期. 其心其餘, 皆指顏子而說. 只因心不違仁, 得法源本, 則其餘枝葉, 日新月盛, 德業並進矣. 此方是溫故知新.

안연의 마음이 '어짊을 어기지 않았다'라는 표현을 통해 공자가 어떤 부분을 지적해서 그에 대해 말하고 있는지를 알 수 있다. 어찌 진리의 눈으로 다른 사람의 마음을 헤아리는 지혜가 아니겠는가? '삼월三月'이라는 표현은 불교의 3개월 동안의 안거 수행기간[266]과 같다. '그 마음(其心)', '그 나머지(其餘)'라는 표현은 모두 안자에 대한 설명이다. 다만 마음이 어짊을 어기지 않았기에 진리의 근본을 체득할 수 있는 것이고, 그 나머지는 지엽적인 것에 지나지 않는다. 날로 새로워지면 달로 성장할

---

265 『논어』에서 공자는 안회를 20여 차례에 걸쳐 가장 많이 언급하고 있다. 공자의 수제자로 꼽히는 안회의 위상을 말해주는 근거라 할 수 있다. 한편 공자는 자한편 제29장에서 학문의 발전 단계를 ① 더불어 함께 공부하는 단계(與共學) → ② 더불어 도에 나아간 단계(與適道) → ③ 더불어 섬의 단계(與立) → ④ 더불어 권도를 행함의 단계(與權) 등 모두 네 단계로 나눈 바 있다. 위 문장은 이른바 안회의 학문의 단계를 말해주는 것이라 할 수 있는데, 안회가 바로 세 번째 '與立'의 단계에 이르렀음을 나타낸 것이라 볼 수 있다. 위 문장에서 언급한 것처럼, 인을 실천함에 있어서 다른 제자들은 하루나 한 달 정도를 가는 데 비해 안회는 '3개월까지 간다(三月不違仁)'고 하였다. 인은 봄의 덕을 나타내는 말로, '三月不違仁'은 안회가 도의 봄(春)이라는 경지에 들어섰다는 의미인 것이다.

266 구순판도九旬辨道: '九旬'은 곧 불교에서 여름철과 겨울철에 여름 무더위와 겨울 혹한을 피해 한곳에 머물러 3개월 동안 집중 수행하는 하안거夏安居와 동안거冬安居를 의미한다. '辨道'는 곧 수행을 뜻한다. '구순판도'를 다른 말로 '구순금족九旬禁足(3개월, 즉 90일간 출입을 금하고 수행정진한다는 의미)'이라고도 한다.

수 있고, 덕을 쌓는 업이 날로 발전해 간다. 이러한 실천이야말로 바야흐로 '옛것을 익히고 그것을 미루어 새것을 아는 것(溫故知新)'이라 할 수 있다.

6. 季康子問, 仲由는 可使從政也與리잇고. 子曰, 由也는 果하니 於從政乎에 何有리요 曰, 賜也는 可使從政也잇고. 曰, 賜也는 達하니 於從政乎에 何有리요. 曰, 求也는 可使從政也與리잇고. 曰, 求也는 藝하니 於從政乎에 何有리요.

계강자季康子가 묻기를, "중유(仲由, 子路)는 가히 정사를 맡아볼 만합니까?" 공자께서 말씀하시기를, "유由는 과단성이 있으니 정사를 맡아보는 데 무슨 어려움이 있겠습니까?" 묻기를, "사(賜, 子貢)는 정사를 맡아볼 만합니까?" 말씀하시기를, "사賜는 모든 일에 통달해 있으니 정사를 맡아보는 데 무슨 어려움이 있겠습니까?" 묻기를, "구(求, 冉有)는 정사를 맡아볼 만합니까?" 말씀하시기를, "구求는 재능이 있으니 정사를 맡아보는 데 무슨 어려움이 있겠습니까?"[267]

---

[267] 당시 노나라는 인근의 제나라가 침략해올 정도로 국력이 쇠망하였다. 이에 노나라의 실질적 통치자였던 계환자는 아들 계강자에게 주유철환 중이던 공자를 귀국시키라는 유언을 내렸다. 명성이 높았던 공자와 그 문하생들을 등용하여 민심을 수습하고 노나라 내의 결속을 다져 국가적 위기도 막고 자신의 가권도 유지하고자 한 목적에서다. 위 문장은 계강자가 아버지 계환자의 유언을 받들어 주유철환 중이던 공자를 찾아가서는 공자와 문답하는 내용이다. 자로와 염구와 자공은 공자의 문하생 중 특히 능력이 출중하여 이른바 '공문십철孔門十哲'로 분류된 인물들이다. 계강자는 공자에게 이들 3명에 대해 정치적 능력이 있는지 여부에 대해서만 묻고 있다. 이에 대해 공자는 이들 각자가 국정 운영에 있어 분야별(果, 達, 藝)로 뛰어나 자질이 있음을 언급한다. 노나라의 쇠망

7. 季氏使閔子騫으로 爲費宰한대 閔子騫이 曰, 善爲我辭焉하라 如有復我者인댄 則吾必在汶上矣로다.

계씨季氏가 민자건閔子騫을 비費 고을의 읍재를 시키려 하자 민자건이 말하기를, "나를 위하여 잘 말씀드려 주십시오. 만약 또다시 나를 부르러 온다면, 그때에는 내가 반드시 문汶으로 가 있을 것입니다."[268]

有志氣, 有節操, 羞殺仲由冉求.

지기志氣가 있고, 절조節操가 있음이다. 중유와 염구는 심히 부끄러울 수밖에 없다.[269]

을 극복하기 위해선 이들 3명의 능력이 모두 필요하다고 계강자에게 답하고 있는 것이다.
268 민자건閔子騫: 공자의 제자로 노나라 사람으로 이름은 손損, 子騫은 자이다. 공문십철의 한 사람으로 효와 덕행이 뛰어나 역대 중국의 24孝 인물 중 한 사람으로 꼽힌다. 민자건과 증자는 공자의 제자 중에서 능력과 기회가 있었음에도 불구하고 스스로 출사를 거부한 대표적인 인물들이다. 비費: 고을 이름으로, 노나라 세도가인 삼환씨의 주요 거점 지역이었다. 汶: 노나라의 북쪽, 제나라의 남쪽 경계를 흐르고 있던 강 이름.
※ 당시 노나라의 대부 계씨는 국사를 자기 맘대로 전횡하였기 때문에 사람들로부터 심한 비난을 받았던 인물이다. 까닭에 공자와 같은 성인도 그를 비난하는 지경이었다. 당연히 공자의 제자였던 민자건이 계씨의 청을 들어줄 리 만무했다. 계씨가 그를 고을의 수장으로 앉히려 하자, 이를 거절하며 두 번 다시 같은 요청을 한다면 아예 노나라를 떠나 제나라의 경내를 흐르고 있던 汶(곧, 제나라)으로 피해버릴 것이라고 말하고 있는 것이다.
269 수살중유염구羞殺仲由冉求: '羞殺'은 '심히 부끄럽다'는 의미. 중유와 염구는 당시 계씨가 대부로 있던 노나라에서 벼슬을 하던 공자의 제자들이다. 지욱선사는 민자건처럼 떳떳하지 못한 벼슬을 거절하지 않고 노나라에서 벼슬을 한 이들의 처신이 정당하지 못하고 있다고 보는 것 같다.

8. 伯牛有疾이어늘 子問之하실새 自牖로 執其手하사 曰, 亡之리
니 命矣夫라 斯人也而有斯疾也할사 斯人也而有斯疾也할사.

백우伯牛가 병이 나자, 공자가 문병을 가서 스스로 창문을 통하여 손을 잡으며 말씀하시기를, "희망이 없구나. 천명이로다. 이 사람에게 이런 병이 생기다니, 이 사람에게 이런 병이 생기다니!"[270]

說一命字, 便顯得是宿業, 便知爲善無惡果.

'명命'자 한 글자를 설명한다면, 곧 과거 전생에 지은 업(宿業)이 현생에 드러난 것이라 할 수 있다. 곧 선업을 쌓아야 악과를 벗어날 수 있음을 알아야 하는 것이다.

9. 子曰, 賢哉라 回也여 一簞食과 一瓢飮으로 在陋巷을 人不堪其
憂어늘 回也不改其樂하니 賢哉라 回也여.

공자께서 말씀하시기를, "어질도다, 회回여! 한 소쿠리의 밥과 한 표주박의 물로 누추한 곳에서 거처하여 산다면, 다른 사람들은 그 근심을 견

---

270 백우伯牛: 성은 염冉, 이름은 경耕, 공자의 제자로 노나라 사람이다. 유牖: 창문 亡: 여기서는 '없을 無'로 읽는다.

※ 백우는 공자보다 7세 아래인데 공자보다 먼저 죽었다. 안회와 민자건 다음으로 덕행을 잘 실천했다고 일컬어진다. 불행히도 천형으로 일컬어지는 나환(문둥병)을 앓았다. 몹쓸 병에 걸린 제자에 대한 안타까운 마음을 표현하는 공자의 인간적인 면모가 잘 나타나고 있다.

디어 내지 못하거늘 회는 즐거움을 잃지 않는구나. 어질구나, 회여."[271]

樂不在簞瓢陋巷, 亦不離簞瓢陋巷, 簞瓢陋巷就是他眞樂處. 惟仁者可久處約, 約處就是安處利處. 若云簞瓢陋巷非可樂, 則離境談心, 何啻萬里.

즐거움은 소쿠리의 밥과 표주박의 물, 누추한 곳에 있는 것도 아니고, 그러한 곳을 떠나 있는 것도 아니지만, 그(回)는 진실로 즐거운 삶의 거처로 삼고 있다. 오직 어진 사람만이 곤궁한 환경에 거처할 수 있으며, 곤궁한 환경에 거처할 수 있는 사람만이 편안하고 편리하게 지낼 수 있다. 만약 소쿠리의 밥과 표주박의 물과 누추한 곳이 즐겁지 않다고 말한다면, 곧 경계를 떠나 마음을 담론하는 것이 어찌 만 리를 벗어날 뿐이겠는가![272]

---

271 일단사일표음一簞食一瓢飮: 한 소쿠리의 밥과 한 표주박의 물. 재루항在陋巷: 더럽고 지저분한 모퉁이 외진 곳에 산다는 뜻.
  ※ 공자는 안회의 안빈낙도安貧樂道의 삶을 위와 같이 구체적으로 언급하며 그를 칭찬하고 있다. 여기서 '簞食瓢飮'이라는 유명한 고사성어가 나왔다. 이 말은 술이편 15장의 "거친 밥을 먹으며 물을 마시고, 팔을 굽혀 베더라도 즐거움이 또한 그 가운데 있으니, 의롭지 못하면서 부하고 귀함은 내게 뜬구름과 같다(飯疏食飮水, 曲肱而枕之, 樂亦在其中矣, 不義而富且貴, 於我, 如浮雲)."라는 표현과 좋은 대비를 이룬다.
272 하시만리何啻萬里: '何啻'는 '어찌 ~뿐이랴', '오직 ~만은 아니다'라는 뜻이다. 따라서 '하시만리'는 '어찌 만리뿐이랴!'라는 의미로, 곧 앞의 문장과 연결하여 환경이라는 경계에 집착하여 즐거움을 찾는 사람하고는 마음을 담론하는 것이 만리의 먼 거리감이 있을 수밖에 없다는 표현이다.

10. 冉求曰, 非不說子之道이언마는 力不足也로다. 子曰, 力不足
者는 中道而廢하나니 今女는 畫이니라.

염구冉求가 말하기를, "선생님의 도를 좋아하지 않는 것은 아니지만, 힘이 미치지 못합니다." 공자께서 말씀하시기를, "힘이 미치지 못한 자는 중도에 그만두는 것이니, 지금 자네는 한계를[273] 긋고 있는 것이니라."

11. 子謂子夏曰, 女爲君子儒요 無爲小人儒하라.

공자께서 자하子夏에게 말씀하기를, "자네는 군자의 선비가 되고, 소인의 선비는 되지 말아라."[274]

---

273 획畫: 공부하고 노력하면 충분히 나아갈 수 있는데도, 스스로 자신의 능력에 대해 한계를 지어 놓고 더 이상 나아가려고 노력하지 않는다는 의미.
　※ 염구는 공자가 여러 곳에서 '藝'에 밝다고 칭찬할 정도로 재능이 뛰어난 인물로 계씨 가문에 가장 먼저 가신으로 등용된 제자이다. 하지만 공자의 가르침과 현실 정치에 괴리감을 느낀 염구는 아예 자신은 스승이 추구하는 도에 적합하지 못하다고 스스로 고백하고 있다. 공자는 한때 계씨가 왕이 아니면서도 태산에 제사를 지내려고 할 때 계씨의 가신으로 있던 염구에게 예를 벗어난 계씨를 말리도록 했다. 하지만 염구는 '할 수 없다(不能)'는 답변만을 한다. 더 나아가 염구는 계씨 가문을 위하여 세금을 더 징수하는 방책을 내놓기까지 한다. 이러한 염구의 처사에 공자는 그를 제자로 인정하지 않고, 제자들로 하여금 염구의 허물을 공론화까지 하게 된다.
274 유儒: 선비, 여기서는 학문을 닦는 학자(儒, 學者之稱)의 의미로 쓰였다.
　※ 공자는 현실 정치를 중시하여 위정자의 역할과 책임을 특히 강조하였다. 또한 위정자로서 올바로 정사를 펼치기 위해선 자기 자신부터 수신할 것을 요구하였다. 유가에서 내세우는 인의예지仁義禮智와 효제충신孝悌忠信은 수기치인修己治人의 대표적인 덕목이라 할 수 있다. 이에 대한 교과목은 시서詩書와 육예六藝를 비롯한 여러 유학 경전이다. 공자는 유학 경전에서 군자와 소인의 개념을 명확히 하였다. 특히 수기치인과 위정자로서의 역할과 책임을 다하는 사

從性天生文章便是君子儒, 從文章著脚便是小人儒, 卽下學而上達便是君子儒, 滯於下學便是小人儒. 若離下學而空談上達, 不是君子儒, 亦不是小人儒, 便是今時狂學者.

성품을 좇아서 자연스럽게 문장을 공부하는 것[275]이 곧 군자의 공부(君子儒)라고 한다면, 문장만을 좇아서 공부를 하는 것[276]을 소인의 공부(小人儒)라 할 수 있다. 곧 아래에서부터 배워 위로 통달해 가는 것[277]을 군자의 공부라고 한다면, 아래에서 배움이 정체되어 머물러 있는 것을 소인의 공부라 한다. 만약 아래에서의 배움을 떠나 위로의 통달만을 헛되이 담론하는 것은 군자의 공부도 아니고, 또한 소인의 공부도 아니다. 이는 곧 지금의 미친 듯이 공부하는 자[278]라 할 수 있다.

람(儒)을 군자라 하였는데, 공자는 『논어』에서 군자와 소인을 비교하여 언급하는 대목이 모두 17곳이나 된다.

275 종성천생문장從性天生文章: '從性'은 근원적으로 인의예지를 갖추고 있다고 여기는 근본천성에 대한 탐구를, '天生'은 천성적, 선천적, 자연적이라는 의미이다. 또한 '文章'은 학문, 글월, 저술, 공부 등의 의미이다. 따라서 본 문장의 뜻은 타고난 근본 성품에 대한 궁극적 학습과 탐구를 목적으로 자연스럽게 학문을 실천해 나간다는 의미의 표현이다.

276 저각著脚: 발을 붙이다, 일을 시작하다.

277 하학이상달下學而上達: 헌문편 제37장에서 언급되고 있다. 공자가 말하는 '下學'이란 일반적인 학문의 실천을 통한 수양을 말하고, '上達'이란 仁과 義를 궁구하는 등의 인격을 완성해 가는 것을 말한다. 공자는 실천을 통한 수양으로 인과 의에 통달하고 인격 완성을 이루는 것이 참다운 배움이란 것을 강조했다. 군자는 그렇게 실천하기 때문에 갈수록 인격이 완성되어 점점 고상해지지만, 재물과 명리에만 마음을 둔 소인은 날이 갈수록 인격이 무너져 인간성이 허물어지고 천박해지는 것이다. '上達'의 반대 개념인 '下達'이란 재물과 이익 등의 명리에만 통달하는 것을 말한다.

278 광학자狂學者: 구체적으로 어떤 학문을 하는 사람인지 알 수 없지만, 글의 문맥으로 보아 '下學而上達'이라는 학문의 근본을 망각한 채, 세속적 명리를 위해 잡다하게 이런 저런 학문에 매달리고 담론하는 부류의 사람들을 지칭하는 것으로 이해된다.

12. 子游爲武城宰하니 子曰, 女得人焉爾乎아 曰, 有澹臺滅明
者하니 行不由徑하고 非公事이어든 未嘗至於偃之室也하
나이다.

자유子游가 무성武城의 읍재가 되었을 때 공자께서 말씀하시기를, "그
대는 인재를 얻었는가?" 자유가 말하기를, "담대멸명澹臺滅明이라는 사
람이 있는데, 그는 행함에 있어 지름길로 가지 않고, 공적인 일이 아니
면 제 방에 들어오지 않습니다."[279]

卓吾云, 眞能得人.

이탁오는 "참으로 능력 있는 사람을 얻었다."라고 하였다.

13. 子曰, 孟之反은 不伐이로다. 奔而殿하여 將入門할새 策其馬
曰, 非敢後也라 馬不進也라 하니라.

---

279 자유子游: 이름은 언언言偃, 자유는 자. 무성武城: 노나라에 있는 작은 고을. 담대멸명澹臺滅明:
성은 담대, 이름은 멸명, 자는 자우子羽.
※ 공자가 제자 자유와의 대화를 통해 풀어낸 '어떤 인재를 발탁하여 쓸 것인가?' 하는 용인用人
에 대한 담론이다. 공자는 자유가 발탁하여 쓴 담대멸명이란 관리가 어떤 인물인지를 『공자가
어(孔子家語)』제12편 제자행(弟子行)에서 "높은 자리라고 기뻐하지 않고, 낮은 자리라고 성
내지 않았다. 진실로 백성을 이롭게 하고, 스스로 행함에는 청렴했으며, 그 윗사람을 섬기듯 아
랫사람을 도왔다(貴之不喜, 賤之不怒, 苟利於民矣, 廉於行己,其事上也, 以佑其下, 是
澹臺滅明之行也)."라고 평가하고 있다.

공자께서 말씀하시기를, "맹지반孟之反은 자기 공적을 자랑하지 않았다. 패하여 달아날 때에는 군대 후미에서 적을 막았지만, 성문에 이르러서는 말에 채찍을 가하면서 '일부러 뒤에 처진 것이 아니라 말이 나아가지 않았다.'라고 말했느니라."[280]

14. 子曰, 不有祝鮀之佞이며 而有宋朝之美면 難乎免於今之世矣니라.

공자께서 말씀하시기를, "축타祝鮀의 말재간과 송조朝宋의 미모가 없다면, 지금 세상에서 환난을 면하기 어려울 것이니라."[281]

---

280 맹지반孟之反: 노나라의 대부로, 이름은 측側. 전殿: 군대의 후미.
   ※ 공자가 맹지반을 예로 들어 사양지심辭讓之心과 겸손의 미덕을 언급하고 있다. 『춘추좌전(春秋左傳)』에서는 노나라 애공哀公 11년에 제나라가 노나라를 침략했을 당시의 상황을 언급하고 있다. 당시 전쟁에서 맹의자의 아들 맹유자인 설왈은 우사右師를 통솔하였고, 염구는 좌사左師를 통솔하였다. 염구가 통솔하는 좌사는 제나라 군사를 물리쳤으나, 우사는 쫓겨 달아났다. 이때 맹지반은 노나라의 대부로 후퇴하면서 후미 행렬을 맡아 위험을 감수하였다. 당시의 군사 전략상 안전하게 성으로 철수한 후미 담당자에게는 전공을 인정해 주었다. 그러나 맹지반은 본래부터 후미를 맡으려 해서 맡은 것이 아니라, 말이 나아가지 않다 보니 뒤에 처졌다며 겸손하게 자신의 전공을 거절하였다는 것이다.
281 축타祝鮀: '祝'은 송나라 종묘의 관원이고, '鮀'는 위나라 대부로 자는 子魚이다. 말재주가 뛰어났다고 한다. 녕佞: 말재주가 뛰어나다. 송조宋朝: 송나라 공자로, 준수한 미모가 있었다고 함.
   ※ 공자가 노나라를 떠나 철환주유를 하면서 처음 간 곳이 위衛나라이다. 당시 위나라의 군주는 영공靈公이었다. 축타와 송조는 모두 위나라와 관련된 인물들이다. 축타는 종묘를 관장하는 책임자이며, 송조는 위 영공의 부인인 남자南子와 통정한 송나라의 미남 공자이다. 축타가 제사를 잘 관장하고 그 지위를 유지해 나간 데에는 제사 예법에 관한 지식과 함께 말재주가 뛰어난 덕분이었다. 또한 송조는 당시 음란하다고 소문이 자자했던 위 영공의 부인인 남자가 통정할 만큼 미색과 외모가 뛰어났는데 이 둘의 통정 소문은 이미 세상에 널리 알려져 있었다. 당시 강대국인 위나라가 약소국인 송나라를 공격하지 않은 데에는 남자가 상당한 역할을 했기 때

15. 子曰, 誰能出不由戶리오마는 何莫由斯道也오.

공자께서 말씀하시기를, "누가 감히 이 문을 통하지 않고 밖으로 날 수 있겠는가. 그런데도 왜 이 도를 따르려 하지 않는가?"

道不可須臾離, 信然信然. 何故世人習而不察, 日用不知.

도는 한순간도 나를 벗어날 수 없음을 믿고 믿어야만 한다. 무슨 까닭으로 세상 사람들은 익혀서 통찰하려 하지 않고, 매일 사용하면서도 깨달으려고 하지 않는가?

16. 子曰, 質勝文則野요 文勝質則史니 文質이 彬彬然後에 君子니라.

공자께서 말씀하시기를, "실질實質이 문식文飾을 이기면 촌스럽고[282], 문식이 실질을 이기면 호화스러우니[283], 실질과 문식이 적당히 배합된

문이라는 소문이 나 있었다. 본 14장은 공자가 축타의 말재주와 불륜을 가져온 송조의 미모가 오히려 국가와 자신의 안위를 보존해주는 수단이 되고 있는 당시의 타락한 세태를 한탄하고 있는 내용이다. 주자 또한 이 구절을 주해하면서 "도덕이 쇠망한 시대에는 아첨을 좋아하고, 미색을 좋아하니, 이것이 아니면 면하기가 어렵다는 말씀으로, 대개 이런 세태를 가슴 아파하신 것이다(言衰世好諛悅色, 非此難免, 蓋傷之也)."라고 설명하고 있다.

282 질승문즉야質勝文則野: '質'은 마음, 본질, 바탕, '文'은 외적인 형식, 꾸밈, 겉으로 드러난 예의 범절, '野'는 자연성, 야성, 거침을 의미한다.
283 문승질즉사文勝質則史: '史'는 호화스럽고 사치스러운 것, 사관이 역사를 쓸 때 수식을 잘한다는 것에서 유래.

뒤에야²⁸⁴ 군자라 할 수 있다."²⁸⁵

質如樹莖, 文如花葉, 還有一個樹根. 由有樹根, 故使莖枝花葉皆是一團生機. 彬彬者, 生機煥彩也.

'질質'은 마치 나무의 줄기와 같고, '문文'은 나무의 꽃잎과 같다. 하지만 도리어 나무는 뿌리가 있어야 하고, 나무의 뿌리가 있기 때문에 나무 줄기와 꽃잎이 모두 하나로 생기(生機, 생명력)를 얻게 된다. '빈빈彬彬'이라는 것은 생명력이 있어 문채가 빛남²⁸⁶을 의미한다.

17. 子曰, 人之生也直하니 罔之生也는 幸而免이니라.

공자께서 말씀하시기를, "사람의 삶은 정직해야 한다. 정직하지 않아도 살아 있음은 요행으로 (화를) 면하는 것뿐이니라."

卓吾云, 不直的都是死人.

---

284 문질빈빈文質彬彬: '彬彬'은 조화롭게 잘 어울리고 융화되어 빛나는 모양, 곧 내적인 質과 외적인 文이 서로 적당히 중화와 중도를 이루어 아름답게 빛나는 모양을 의미한다.
285 선천적으로 하늘로부터 부여받은 성품 그 자체가 質이라고 한다면, 文은 후천적으로 교육과 인격적 수양을 통해서 성취한 성품의 아름다움과 세련됨이라 할 수 있다. 타고난 바탕인 質과 교육과 수양을 통해 익힌 文이 적절히 균형과 조화를 이루어야 인격적으로 완성된 군자라 할 수 있다. 본 문장은 조화와 통합을 추구하는 유가의 사상을 집약적으로 잘 나타내고 있는 문장이다. 공자는 質과 文에 있어서 어느 한쪽만을 중시하여 치우치는 것을 경계해야 함을 일깨우고 있는 것이다.
286 수경樹莖: 나무 줄기. 환채煥彩: 문채가 밝고 빛나는 모양.

이탁오는 "정직하지 못한 사람은 모두 죽은 사람이다."라고 하였다.

18. 子曰, 知之者는 不如好之者요 好之者는 不如樂之者니라.

공자께서 말씀하시기를, "도를 아는 자는 좋아하는 사람만 같지 못하고, 좋아하는 자는 즐기는 사람만 같지 못하느니라."

知個甚麼, 好個甚麼, 樂個甚麼, 參. 卓吾云, 不到樂的地步, 那得知此.

무엇을 안다는 것이며, 무엇을 좋아한다는 것이며, 무엇을 즐겨한다는 것인지를 참구해야만 한다.
이탁오는 "즐기는 경지에 이르지 못하고서 어찌 이러한 이치를 깨달을 수 있겠는가?"라고 하였다.[287]

19. 子曰, 中人以上은 可以語上也어니와 中人以下는 不可以語上也니라.

공자께서 말씀하시기를, "중등[288] 이상의 사람들에게는 수준 높은 도를 가르칠 수 있다. 그러나 중등 이하의 사람들에게는 높은 도를 곧바로 가르치면 안 되느니라."

---

287 참參: 참구하다, 깊이 궁구하다. 지보地步: 도달한 경지, 처지, 상태.
288 중인中人: 개인적으로 타고난 자질과 학문 성취라는 두 가지 측면으로 해석할 수 있다.

不可語上, 須以上作下說, 爲實施權也. 可以語上, 方知語語皆上, 開權顯實也.

'높은 것을 가르치면 안 된다(不可語上).'라는 말은 모름지기 높은 내용의 가르침을 (사람들의 자질에 따라) 수준을 낮춰 설명해야 한다는 의미로써, 실상을 위해 방편을 시행하기 때문이다. '높은 도를 가르칠 수 있다(可以語上).'라는 말은 바야흐로 모든 가르침들(語語)이 모두 높은 도임을 깨달아야한다는 의미로, 방편을 열어 실상을 드러내기 때문이다.[289]

20. 樊遲問知한대 子曰, 務民之義요 敬鬼神而遠之면 可謂知矣니라. 問仁한대 曰, 仁者先難而後獲이면 可謂仁矣니라.

번지樊遲가 지知에 대하여 묻자, 공자께서 말씀하시기를, "사람이 지켜야 할 도리에 힘쓰고 귀신을 공경하되 멀리한다면 지知라 말할 수 있다."[290] 다시 인仁에 대하여 묻자, 공자께서 말씀하시기를, "어진 사람은 어려운 일을 먼저 하고 이익을 나중에 취하면, 가히 어질다고 할 수 있다."[291]

---

289 개권현실開權顯實: 불교에서 '權'은 방편, 수단, 방법 등의 의미를, '實'은 실상, 본성, 궁극적 진리 등을 의미한다. 따라서 '개권현실'은 언어라는 방편의 설명을 통해 근원적인 실상을 밖으로 표현해 내고, 드러내고, 깨우친다는 뜻이다.
290 정자程子는 "사람들은 귀신을 많이 믿고 있는데, 이는 미혹된 것이며, 믿지 않는 자는 또 공경하지 않으니, 능히 공경하되 멀리할 수 있다면 知라고 말할 수 있다(程子曰, 人多信鬼神, 惑也, 而不信者, 又不能敬, 能敬能遠, 可謂知矣)."라고 주해하고 있다.
291 공자는 제자와의 문답을 통해서 제자의 자질과 처지를 파악하여 그에 걸맞게 가르침을 설한다. 예

曉得民義, 便曉得鬼神道理. 惟其曉得, 所以能敬能遠, 非以不可知而敬之遠之也. 不能先難, 便欲商及獲與不獲, 知難非難, 則請事斯語, 欲罷不能 豈獲與不獲可動其心.

백성의 의로움을 밝게 깨닫는 것이야말로 곧 귀신의 도리를 깨닫는 것이다. 오직 그러한 밝은 깨달음이 있어야만 능히 공경할 수도 있고, 멀리할 수도 있다. 백성의 의로움과 귀신에 대한 도리를 알지 못한다면, 공경하지도, 멀리하지도 못한다.

어려운 일을 앞장서서 먼저 할 수 없다면, 곧 일을 하여 이익을 얻고자 해도 얻지 못한다. 어려운 것이 어려운 것이 아님을 아는 사람이라면, 곧 이러한 공자의 말씀을 청하여 따르기를 그만두려고 해도 그만둘 수 없을 것이니, 어찌 이익을 얻고 얻지 못함에 따라 그 마음이 동요할 수 있겠는가?

21. 子曰, 知者는 樂水하고 仁者는 樂山이니 知者는 動하고 仁者

컨대 위정편 17장에서는 자로에게는 앎에 대해 "아는 것을 안다 하고, 모르는 것은 모른다고 하는 것이 앎이다(知之謂知之, 不知謂不知, 是知也)."라고 말하며 겸손하고 솔직한 자세를 일깨웠다. 본 문장에서 번지는 장문중臧文仲을 염두에 두고 공자에게 知와 仁에 대해 물은 것 같다. 장문중은 노나라 권력자로서 임금만이 가능한 점치는 거북인 채蔡를 개인 사당에 두고 또한 귀신을 섬기며 사당에 온갖 화려한 치장을 한 인물이다. 공자는 이러한 장문중의 행태를 결코 호의적으로 보지 않았다. 따라서 공자가 번지에게 전통적 예법에 따라 귀신(하늘신, 산천의 신, 조상신, 토지신)을 섬기더라도 그러한 귀신을 너무 신비화하거나 종교화하지 말라고(敬鬼神而遠之) 말하는 것은 번지가 장문중을 염두에 두고 질문한 것을 알았기 때문일 것이다. 또한 仁과 관련해서도 장문중의 3가지 불인한 행위를 염두에 두고는 번지에게 자신의 이익만을 챙기는 행위를 하지 않아야 한다고 가르치고 있는 것이다.

는 靜하며 知者는 樂하고 仁者는 壽니라.

공자께서 말씀하시기를, "지혜로운 사람은 물을 좋아하고 어진 사람은 산을 좋아하며, 지혜로운 사람은 동적이고 어진 사람은 정적이며, 지혜로운 사람은 낙천적이고 어진 사람은 장수하느니라."[292]

形容得妙, 智者仁者不是指兩人說. 樂者效法也, 智法水, 仁法山. 法水故動, 法山故靜. 動故樂, 靜故壽. 山水同依於地, 動靜同一心機, 樂壽同一身受, 智仁同一性眞. 若未達不二而二, 二而不二, 則仁者見之謂之仁, 智者見之謂智矣.

용모는 매우 미묘한 것이라서, 지자智者와 인자仁者 두 사람만을 가리켜서 말하는 것은 아니다. '낙樂'은 '본받는다(效法)'라는 의미로, 지혜로운 자는 물을 본받고, 어진 사람은 산을 본받는다. 물을 본받은 사람은 동적이고, 산을 본받은 사람은 정적이다. 동적인 사람은 그런 이유로 낙천적일 수 있고, 정적인 사람은 그런 까닭에 장수할 수 있는 것이다.

산과 물이 한가지로 대지에 의지해 있듯이, 동정動靜도 동일한 마음이

---

[292] 천지자연 중에서 물과 산은 인간의 삶과 밀접한 관계에 있다. 노자가 '최고의 선은 물과 같다(上善若水)'라고 말했듯이, 물은 장애물이 있으면 지혜롭게 돌아가면서 어느 곳이든지 흘러 나가고, 남들이 싫어하는 낮은 곳에 처하면서도 만물을 길러내고 청정하게 하는 특성이 있다. 반면에 산은 중하게 멈춰 있으면서 모든 초목과 뭇 생명체를 품고 있는 어진 덕을 갖추고 있다. 옛 선인들은 흐르는 물은 智, 動, 樂을 상징하고, 후덕하게 멈춰 있는 산은 仁, 靜, 壽를 상징하는 것으로 보았다. 본 문장에서 공자의 설명은 물과 산에 대한 이러한 동양적 가치관을 반영한 설명이라 할 수 있다.

고, 낙수樂壽도 동일한 몸의 느낌이며, 지인智仁도 동일한 성품의 참됨이다. 만약 둘이 아니면서 둘이고, 둘이면서 둘이 아닌 이치를 깨닫지 못한다면, 어진 자에 대해서는 그 어짊만을 보고 어질다고 말하고, 지혜로운 사람에 대해서는 그 지혜로움만을 보고서 지혜롭다고 말하게 될 것이다.

22. 子曰, 齊一變이면 至於魯하고 魯一變이면 至於道이니라.

공자께서 말씀하시기를, "제齊나라가 한 번 변화하면 노魯나라의 수준에 이르고, 노나라가 한 번 변화하면 선왕先王의 도에 이를 것이니라."[293]

---

[293] 위 문장에 대해 정자程子는 "공자 당시에 제齊나라는 강하고 노魯나라는 약했으니, 누구인들 제나라가 노나라보다 낫다고 생각하지 않았겠는가? 그러나 노나라는 아직도 주공의 법제가 남아 있었고, 제나라는 환공의 패도로 말미암아 간략함을 따르고 공을 숭상하는 정치를 하여 태공太公의 유법遺法이 모두 없어져 버렸다. 그러므로 한 번 변화해야만 노나라에 이를 수 있고, 노나라는 폐지되고 실추된 것만 거행하면 될 뿐이니, 한 번 변화하면 선왕의 도에 이를 수 있는 것이다. 내가 생각건대, 두 나라의 풍속은 오직 공자만이 변화시킬 수 있었는데, 한 번도 시험해보지 못하였다. 그러나 이 말씀을 가지고 살펴본다면, 그 시행함에 있어 완급의 순서를 또한 대략 볼 수 있는 것이다(程子曰, 夫子之時, 齊强魯弱, 孰不以爲齊勝魯也. 然魯猶存周公之法制, 齊由桓公之覇, 爲從簡尙功之治, 太公之遺法變易盡矣. 故一變乃能至魯, 魯則修擧廢墜而已, 一變則至於先王之道也. 愚謂二國之俗, 惟夫子爲能變之而不得試. 然因其言以考之, 則其施爲緩急之序, 亦略可見矣)."라고 주해하고 있다.

※ 지리적으로 제나라는 노나라의 근접 국가이다. 제나라 역시 노나라와 마찬가지로 주나라의 예법과 풍속을 계승하고 있었다. 공자는 주공이 세운 노나라가 하·은·주 삼대의 문화를 정통적으로 계승하고 있는 문화 국가로 보았고, 그런 이유로 노나라에 대한 자부심이 남달랐던 것 같다. 공야장편 2장에서 제자인 자천子賤을 칭찬하며 노나라에 군자가 많다고 언급하고 있는 것이 바로 그러한 예이다. 공자는 특히 주나라의 주공이 법, 제도, 문물을 정비하여 국가체제의 기반을 다진 인물로 인정하여 그를 가장 존숭하는 성인으로 꼽았다. 그러한 이유로 공자는 팔일편 14장에서 주나라가 하나라와 은나라를 이어 그 문채가 더욱 빛나니 자신은 주나라를 따

總是要他至於道耳. 吳因之曰, 齊固要脫皮換骨, 魯也要滌胃洗腸.

모두 그 나라들이 도에 이르기를 요구하고 있을 뿐이다. 오인지吳因之[294]는 "제齊나라에게는 진실로 허물을 벗고 뼈를 바꾸는 것처럼[295] 할 것을 요구하고, 노魯나라에게는 창자와 위장을 씻는 것처럼[296] 할 것을 요구하고 있다."라고 하였다.

23. 子曰, 觚不觚면 觚哉觚哉아.

공자께서 말씀하시기를, "모난 술그릇이 모나지 않으면 모난 술그릇이라고 할 수 있겠는가. 모난 술그릇이라고 할 수 있겠는가."[297]

르겠다고 언급하고 있다. 나아가 공자는 위정편 23장에서 은나라는 하나라의 문물을 개편하여 발전시켰고, 주나라는 은나라의 문물을 개편하여 발전시켰으므로, 주나라의 문물을 계승하면 천년 이후도 예측할 수 있다고 말하고 있다. 그러나 각 제후국들은 춘추 전국 시대에 접어들면서 모두 약육강식의 패권 정치를 추구하게 되면서 주나라의 기강과 질서는 무너져 버렸다. 그중에서 제나라만이 여전히 주나라를 존중하여 따랐기에 공자는 제나라를 어느 정도 인정하였다. 노나라의 경우는 삼환씨의 문란한 정사에도 불구하고 여전히 주나라의 풍속이 남아 있기에 공자는 노나라가 한 번 변하면 주나라의 도를 이을 수 있다고 보았던 것이다. 위 문장은 바로 이러한 역사적 배경에서 공자가 언급하고 있는 내용이다.

294 오인지吳因之: 명대에 진사와 태복시경太僕寺卿의 벼슬을 지낸 정치인 오묵(吳黙: 1544-1640)을 가리킨다. 因之는 그의 자이다.
295 탈피환골脫皮換骨: 환골탈태換骨奪胎, 탈태환골奪胎換骨과 비슷한 의미이다.
296 척위세장滌胃洗腸: 위장을 씻어내고 창자를 씻어내다. 곧 모든 것을 깨끗이 비우고 닦아 청정한 모습으로 새롭게 변화한다는 의미. '철저히 회개하다', '개과천선하다'의 뜻을 나타내는 '세심혁면洗心革面'과 비슷한 뜻이다.
297 고觚: 제사에 쓰이는 팔각의 술잔.

24. 宰我問曰, 仁者는 雖告之曰, 井有仁焉이라도 其從之也로소이까. 子曰, 何爲其然也리요 君子는 可逝也언정 不可陷也이며 可欺也이언정 不可罔也이니라.

재아宰我가 묻기를, "어진 사람은 비록 사람이 우물에 빠졌다는 거짓 고함을 듣고도 그 말을 따라야만 하는지요?" 공자께서 말씀하시기를, "어찌 그러겠는가. 군자는 가게 할 수는 있어도 들어가게 할 수는 없다. 잠시 속일 수 있어도 오랫동안 우롱할 수는 없느니라."[298]

此問大似禪機. 蓋謂君子旣依於仁, 設使仁在井中, 亦從而依之乎. 夫子直以正理答之, 不是口頭三昧可比. 陳旻昭曰, 宰我此問, 深得夫子之心. 蓋在夫子, 設使見人墜井, 決能跳下井中救出. 但

※ 모난 그릇에 모서리가 없다는 것은 이름과 실제가 다름을 말한다. 모난 그릇에 모서리가 없는데 어찌 모난 그릇이라 할 수 있겠느냐는 말은, 이름과 실제가 다른데 어찌 실물이라 말할 수 있겠느냐는 뜻이다. 곧 임금이 임금의 도리를 못하고, 신하가 신하의 도리를 못하면서 어찌 임금과 신하라고 말할 수 있겠는가라는 경책의 말씀이다. 공자는 주나라의 문명을 중요하게 생각하였는데 공자에게 있어서 주나라의 예법은 완벽하고 절대적인 것이었다. 팔각의 술잔이 觚인데 사람들이 비슷하게 생긴 술잔을 고라고 하자 이 술잔에 빗대어 나라의 도와 예가 허물어져 가고 있음을 공자가 한탄하고 있는 내용이다.

298 재아宰我: 공자의 제자로, 능란한 말재간과 괴팍한 습관으로 가끔 공자에게 엉뚱한 질문을 했다고 함.

※ 재아는 공자에게 하나의 사례를 들면서 인은 어디까지 추구해야 하는 덕인지를 묻고 있다. 이에 대해 공자는 우선은 그 말을 믿고 빠진 사람을 구하기 위해 우물로 가게 할 수는 있지만, 군자는 사리에 밝아서 무모하게 우물에 들어가지는 않는다고 말한다. 인은 덕행을 베푸는 것이지만 무모하고 어리석게 행동해서는 안 되는 것이라는 지적이다. 아울러 인자에게 이치에 맞는 방법으로 일시적으로는 속일 수 있지만, 부정하게 계속 기망할 수는 없다고 말하면서 재아의 질문을 우회적으로 비판하고 있다.

此非聖人不能, 不可傳繼. 故夫子直以可繼可傳之道答之. 如大舜
方可浚井, 以聽父母之揜, 彼有出路故也. 若尋常孝子, 小杖則受,
大杖則走矣.

 이러한 질문은 크게 보면 선기禪機에 대한 질문과 비슷하다. 대체적으
로 군자에 대해서는 인을 기준하여 설명한다. '만약 어진 사람에게 우물
속에 빠졌다고 말하더라도 또한 그 말을 곧이곧대로 좇아서 따라가야만
하겠는가?'라는 질문에 공자는 직설적으로 바른 이치로써 그에 답하고
있다. 이는 구두삼매로는 가히 비교할 수 없는 대답이다.[299]
 진소민陳旻昭[300]은 "재아宰我는 이러한 질문을 통해 공자의 마음을 깊
이 이해하였다. 대개 공자에게 만약 사람이 우물에 빠져 있다고 알린다
면, 급히 달려가서 우물 속으로 내려가 그를 구해냈을 것이다. 단지 이
는 성인이 아니면 할 수 없는 일이니, 전하여 계승할 수 없는 일이다.
그러므로 공자만이 직접 계승하여 전할 수 있는 도로써 답하고 있는 것
이다. 순임금이 바야흐로 우물을 깨끗이 청소하여 쳐내려 하는데, 부모

---

299 선기禪機: 선승의 역량. 곧 선승이 수행자를 일깨우기 위해 말이나 행동으로 드러내는 예리하고
 격식을 떠난 말이나 동작. 구두삼매口頭三昧: 구두선口頭禪 · 구두변口頭辨 · 구피선口皮禪
 등이라고도 한다. 선의 이치를 체득하지 못하고 선가의 상용어를 겨우 익혀서 말로만 분별하여 깨
 달은 척하는 것을 의미한다.
 ※ 선사는 본인이 직접적인 수행의 체험으로 깨달은 바의 깨침을 바탕 해서 누군가에게 어떠한 선
   에 대한 질문을 받으면, 조금의 망설임도 없이 즉각적으로 선기를 발휘하여 말이나 행동으로
   상대를 일깨운다. 공자도 자신이 인에 대한 체험과 깨침을 바탕 하여 제자의 질문에 조금의 망
   설임 없이 직설적인 답을 통해 제자를 일깨우고 있다는 의미이다.
300 진소민陳旻昭: 명나라 말기 지욱선사와 동시대를 살았던 율양溧陽 출신의 진사로만 알려졌을 뿐,
 자세한 이력은 알 수 없다.

가 그를 흙으로 덮어 묻으려 하자, 길 밖으로 탈출한 경우와 같은 예라 할 수 있다.[301] 예사롭지 않은 효자였기에 작은 매를 때리면 맞았지만 큰 매를 때리려고 하면 도망갔던 것이다."라고 하였다.[302]

25. 子曰, 君子博學於文이요 約之以禮면 亦可以弗畔矣夫인저.

공자께서 말씀하시기를, "군자는 널리 학문을 배우고 예禮로써 제약하면, 역시 도에 어긋나지 않느니라."[303]

---

301 大舜은 순임금을 높여 부르는 말이다. 순임금의 아버지 고수瞽瞍는 첫 아내를 잃고 후처를 얻어 그 사이에서 이복동생인 상象을 낳았다. 계모와 고수는 전처 자식인 순을 제거해서 자신들의 아들인 상에게 모든 재산이 온전히 물려지기를 바라고, 순을 모질게 학대하였을 뿐만 아니라 심지어 죽여 없애려고까지 하였다. 예컨대 창고를 고치라고 해서 지붕에 순이 올라가면 아래서 불을 지르기도 하고, 우물을 손보라고 한 후 순이 내려간 사이에 위에서 우물을 덮어 생매장까지 하려고도 했다. 이에 관한 예화는 『맹자(제5편 萬章章句上 2장)』에서 표현되고 있다.

302 『공자가어(孔子家語)』에 "순임금이 부친을 모실 적에 작은 회초리로 때릴 때에는 맞고, 몽둥이로 때릴 때에는 도망을 갔는데, 도망을 간 것이 불효는 아니었다(舜之事父, 小杖則受, 大杖則走, 非不孝也)."라는 표현이 나온다. 부모가 때리는 작은 매를 맞는 것은 괜찮지만, 큰 매를 맞다가 잘못 몸이 다치거나 목숨을 잃게 되면, 이는 도리어 부모에게 불효를 저지르는 결과가 되므로 일단 피하는 것이 결과적으로는 효도라는 의미이다.

※ 순임금은 부모가 자신을 해치려는 속내를 알면서도 부모에 대한 효심을 저버릴 수 없어 부모의 명을 따랐다. 그러면서도 부모에 대한 원망보다는 지혜로움과 인자한 마음으로 그 모든 위험에서 벗어났고, 자신을 해치려는 부모 형제마저 교화하여 새로운 삶을 살 수 있도록 하였다. 진소민은 이와 같은 순임금의 지혜로움과 인의 실천을 예로 들면서 제아의 질문에 대한 공자의 대답의 본뜻을 설명하고 있는 것이다.

303 약約: 제약하다, 곧 배운 학문을 실천함에 있어 예에 알맞도록 가다듬어 행해야 한다는 의미. 불반弗畔: 어긋나지 않다.

※ 널리 학문을 배워서 지식을 함양하고 예를 지켜서 행동을 절제하는 것 즉, 학문과 예절 두 가지가 우리의 삶에 있어서 동시에 중요함을 공자는 강조하고 있다.

學於文, 乃就聞以開覺路, 不同貧數他寶. 約以禮, 乃依解而起思修, 所謂克己復禮, 不同無聞暗證, 所以弗畔. 畔者, 邊畔, 以文字阿師偏於敎相之一邊. 暗證禪和偏於內觀之一邊, 不免罔殆之失也.

'학문을 배운다는 것(學於文)'은 이내 곧 들음(聞, 배움)으로써 깨달음의 길이 열리도록 하는 것으로, 가난한 자가 타인의 보배를 세는 것과는 다르다.[304] '예로써 제약해야 한다(約以禮)'는 것은 곧 이해를 의지하여 사량하고 자신을 닦아야 함을 의미하는 것으로, 이른바 '자신을 극복하여 예로 돌아간다(克己復禮)'는 뜻이다. 배움이 없어 혼자 깨달은 척하는 것[305] 과는 다르기 때문에 '어긋나지 않는다(弗畔)'고 하는 것이다. '반반'은 '경계(邊畔, 끝)'를 의미한다. 학승[306]은 교학의 상이라는 한 부분에만 편중되게 집착하고, 암증선사는 선정수행의 한 부분에만 편중되게 집착하여 어느 한 쪽으로만 치우치는[307] 실수를 벗어나기 어렵게 된다.

---

304 학문을 배우는 목적이 단지 다른 사람의 글이나 학문을 듣고 배우는 지식의 축적에 목적이 있는 것이 아니라, 그러한 배움을 통하여 자신의 몸과 마음을 바르게 수양하고 향상시키는 것이라야 한다는 의미이다.
305 무문암증無聞暗證: 배움 없이 혼자서 깜냥으로 아는 척하고 깨달은 척하는 것. 불교에서는 부처님이 설한 교학을 무시하고 혼자 선정만을 닦으면서 스스로 깨달았다고 자랑하며, 공부하는 학인이나 법사를 무시하고 하대하는 선사를 '暗證禪師'라고 부른다.
306 문자아사文字阿師: 부처님이 설하신 경전의 공부에 전념하는 학승을 말한다. '阿師'는 선림禪林의 용어로 화상和尙보다 좀 더 친근한 칭호이다. '阿'는 의미 없이 붙여진 발어사發語詞.
307 망태罔殆: 어느 한 쪽으로만 치우치고 편중되어 어둡고 위태로운 상황을 의미한다. '罔'은 자연의 질서나 사물의 이치를 파악하지 못하고 어두운 상태이고, '殆'는 이치를 몰라 본질을 왜곡하게 되면서 나타나는 위험한 상황.

26. 子見南子하신대 子路不說이어늘 夫子矢之曰, 予所否者인대
天厭之天厭之리라.

공자께서 남자南子를 만나보시니, 자로가 기뻐하지 않았다. 공자께서 이에 맹서하여 말씀하시기를, "내가 만약 불미스러운 짓을 저질렀다면, 하늘의 벌을 받을 것이니라, 하늘의 벌을 받을 것이니라."[308]

卓吾云, 子路不說, 全從夫子拒彌子來. 意謂旣曰有命矣, 緣何又見南子.

이탁오는 "자로가 기뻐하지 않은 것은 전적으로 공자께서 미자彌子와 같은 경우를 당하지 않을까 하는 거부감 때문이었다. 이미 목숨을 건졌다고 생각할 수 있는데, 왜 또다시 남자南子를 만나겠는가."라고 하였다.[309]

---

308 남자南子: 위나라 영공靈公의 부인으로, 품행이 매우 좋지 못했다고 전한다. 시矢: 맹서(誓)의 뜻. 부否: 예에 어긋나는 옳지 못한 행동을 의미.
  ※ 南子는 위나라 영공의 부인으로 음란하다고 소문이 나 있었다. 공자가 위나라에 이르자 남자는 공자와의 만남을 요청하였다. 공자는 처음에 사절하다가 부득이 남자를 만났다. 옛날에는 그 나라에 벼슬하면 그 임금의 부인을 만나는 예법이 있었다. 그러나 자로는 공자가 음란하다고 소문난 영공의 부인을 만난 것을 치욕으로 여겨 언짢은 기분을 드러냈다. 이에 공자는 비록 부득이 영공의 부인을 만났지만, 결코 부정한 일은 없었음을 강조하여 설명하고 있는 것이다.
309 미자彌子: 『한비자(韓非子)』 세난(說難)편에 나오는 '미자하彌子瑕'를 지칭하는 것으로 보인다. 미자하라는 미소년이 있었는데 위나라 임금의 총애를 받았다. 위나라 법에 임금의 수레를 몰래 타는 자는 발을 자르도록 되어 있었다. 어느 날 밤, 미자하의 어머니가 병들었다는 소식에 미자하는 임금의 허락 없이 슬쩍 임금의 수레를 타고 나갔다. 한창 미자하를 총애하던 때라 임금은 이 일을 듣고 어머니를 위해 발 잘리는 벌도 잊었다고 그를 칭찬했다. 그리고 어느 날 미자하는 임금과 함

27. 子曰, 中庸之爲德也其至矣乎인대 民鮮久矣니라.

　　공자께서 말씀하시기를, "중용[310]의 덕이 지극하도다. 그런대로 이를 행하는 백성이 적어진 지 오래이구나."[311]

28. 子貢曰, 如有博施於民而能濟衆한대 何如하리잇고 可謂仁乎

께 정원에서 노닐다가 복숭아를 따서 먹게 되었다. 맛이 아주 달아서 먹던 나머지 반쪽을 임금에게 먹으라고 주자, 자신을 사랑하기 때문에 준다며 칭찬을 아끼지 않았다. 그러나 세월이 흘러 미자하의 미색이 쇠하자 임금의 총애도 식었다. 한번은 미자하가 임금에게 죄를 지었다. 이때 임금은 '미자는 본래 성품이 좋지 못한 녀석이다. 과인의 수레를 몰래 훔쳐 타기도 하고, 또 일찍이 먹던 복숭아를 과인에게 먹으라고 한 적도 있다'라고 화를 내며 큰 벌을 내렸다. 이러한 미자하의 예화는 같은 행위일지라도 상대방의 애증의 심리 변화에 따라 정반대의 반응이나 평가가 다르다는 것을 일깨우고 있다. 의위意謂: ~라고 생각하다. 유명有命: 문장의 의미상으로 보아 '목숨을 맡기다', '목숨을 건지다'의 뜻으로 해석된다. 연하緣何: 왜, 어째서.

※ 이탁오는 자로가 공자가 위나라 영공의 부인을 만난 것에 대해서 왜 언짢아하는지를 말하고 있다. 현재는 영공이 공자를 좋아하여 만남을 위해 자기 부인까지 만나게 하지만, 훗날 공자에 대한 존경의 감정이 변하여 혹여 미움을 받게 되면, 미자하의 경우처럼 화를 당하지 않을까 염려되었기 때문이라는 것이다. 다행히 이미 만남을 이룬 이후 목숨을 잃는 위험에서 벗어났으니, 더 이상 영공의 부인을 만날 필요가 없어졌다는 설명이다.

310 '中庸'이란 말은 『역경(易經)』 중천건괘重天乾卦 「문언전(文言傳)」에서 공자가 구이九二 효사爻辭에 대해 "용덕이 중정中正한 것이다. 평소의 말을 미덥게 해야 하고, 평소의 행위를 근신해서 삿됨을 막고 그 성심을 잃지 말아야 한다. 세상을 선하게 하여도 자랑하지 않고 덕을 널리 베풀어야만 한다. 역易에서 말한 '들판에 모습을 드러낸 용이 대인을 봄이 이롭다(見龍在田利見大人)'는 것은 군자의 덕을 의미하는 것이다(龍德而正中者也, 庸言之信, 庸行之謹, 閑邪存其誠, 善世而不伐, 德博而化, 易曰, 見龍在田利見大人, 君德也)."고 한 데서 유래한다.

311 정자는 본 문장에 대해 "치우치지 않음을 '中'이라 하고, 변치 않음을 '庸'이라 한다. 중은 천하의 바른 도이고, 용은 천하의 정한 이치이다. 세상의 가르침이 쇠퇴함으로부터 사람들이 중용의 도를 행하는 데 흥기하지 않아 이 덕을 간직한 이가 드문 지 오래되었다(程子曰, 不偏之謂中, 不易之謂庸. 中者天下之正道, 庸者天下之定理. 自世敎衰, 民不興於行, 少有此德, 久矣)."라고 주해하고 있다.

리잇가. 子曰, 何事於仁이리오 必也聖乎인저 堯舜도 其猶病
諸시니라. 夫仁者는 己欲立而立人하며 己欲達而達人이니라.
能近取譬면 可謂仁之方也已니라.

자공子貢이 말하기를, "만일 백성에게 은혜를 널리 베풀어 많은 사람을 구제하는 사람이 있다면 어떻습니까? 어질다고 할 만합니까?" 공자께서 말씀하시기를, "어찌 어질다고만 하겠는가. 반드시 성인일 것이다. 요임금과 순임금도 이에 있어서는 오히려 부족하게 여기셨을 것이다. 어진 사람은 자신이 서고 싶으면 남도 서게 하며, 자신이 통달하고자 하면 남도 통달하게 한다. 능히 가까운 데에서 취해 남에게 비유할 수 있으면, 인을 실천하는 방법이라고 말할 수 있을 것이니라."[312]

博施濟衆, 果地化他之德, 欲立欲達, 因中二利之始. 子貢求之

---

[312] 정자는 본 문장에 대해 "의서醫書에 손발이 마비된 것을 '불인不仁'이라 하니, 이 말이 인을 가장 잘 형용한 것이다. 인자는 천지와 만물을 한 몸으로 여기니, 자기 아닌 것이 없다. 천지 만물이 모두 자기와 일체임을 인식한다면, 어느 것인들 이르지 못하겠는가? 만약 자신에게 소속시키지 않으면 저절로 자기와는 서로 관련이 되지 않는 것이니, 마치 손발이 마비(不仁)되면 기가 이미 관통하지 않아 모두 자신에게 소속되지 않는 것과 같다. 그러므로 널리 은혜를 베풀고 많은 사람을 구제하는 것은 바로 성인의 공용이다. 인은 지극히 말하기 어려우므로, 다만 말씀하기를 '자기가 서고자 함에 남도 서게 하며 자기가 통달하고자 함에 남도 통달하게 하며, 능히 가까운 데에서 취해 비유할 수 있으면 인을 하는 방법이라고 할 만하다'고 말씀했을 뿐이다. 이는 학자들로 하여금 이와 같이 인을 관찰하여 인의 본체를 터득하게 하고자 하신 것이다(程子曰, 醫書以手足痿痺, 爲不仁, 此言最善名狀. 仁者, 以天地萬物, 爲一體, 莫非己也. 認得爲己, 何所不至, 若不屬己, 自與己不相干, 如手足之不仁, 氣已不貫, 皆不屬己. 故博施濟衆, 乃聖人之功用. 仁至難言, 故止曰, 己欲立而立人, 己欲達而達人, 能近取譬, 可謂仁之方也已. 欲令如是觀仁, 可以得仁之體)."라고 주해하였다.

於果, 不知明其眞因. 己欲立而立人, 己欲達而達人. 不是以己及
人, 正是自他不二, 只向一念觀心處下手也. 立卽不思議止, 達卽
不思議觀. 佛法太高, 衆生法太廣. 觀心則易, 故云能近取譬是仁
之方. 方法也. 立人達人, 正是博施濟衆處. 堯舜猶病, 正是欲立欲
達處. 仁通因果, 聖惟極果. 堯舜尙在因位, 惟佛方名果位耳.

  널리 베풀어 많은 사람을 구제한다는 것은 수행으로 성취한 깨달음의
경지[313]에서 다른 사람을 교화하는 덕을 의미한다. 서고자 하고 통달하
고자 하는 원인 가운데서 두 가지 이익이 시작된다.[314]

  자공이 탐구한 경지에서는 그 참된 원인을 밝게 알지 못하였기에, '자
신이 서고 싶으면 남도 서게 하며, 자신이 통달하고자 하면 남도 통달하
게 해야 한다'고 말한 것이다. 이는 '자기부터 남에게까지 이른다'는 의
미가 아니라, 바로 '자신과 남이 둘이 아니다'라는 뜻이니, 다만 일념으
로 마음의 근원을 통찰해야만 한다. '서다(立, 이루다)'라는 것은 곧 헤아릴
수 없는[315] '지(止, 선정, 사마타)'를, '통달하다(達)'라는 것은 곧 헤아릴 수
없는 '관(觀, 위빠사나, 관조, 통찰, 알아차림)'을 의미한다. 불교의 가장 수승한

---

313 과지果地: 수행의 결과로 깨달음을 성취한 경지.
314 불교에서 과지果地에 대비되는 말이 인지因地이다. 깨달음의 결과(果)을 얻기 위해서는 그러한
    결과를 얻게끔 하는 닦음의 출발(因)이 있어야 한다. 예컨대 불교의 수행법인 팔정도, 육바라밀,
    계정혜戒定慧 등의 수행법(因地)을 닦아야 그 결과로 해탈, 열반, 아라한과, 성불 등의 깨달음의
    경지(果地)에 도달하게 되는 것이다. 공자는 자신이 서고 통달하기 위해서는 먼저 남을 서게 하고
    통달하게 해야 됨을 말하고 있다. 이에 대해 지욱선사는 그렇게 하고자 하는 것이야말로 나도 이
    롭고 남도 이롭게 하는, 두 가지 이익을 얻게 되는 시발점이 된다고 주해하고 있는 것이다.
315 부사의不思議: '不可思議'와 같은 뜻으로, 헤아릴 수 없다, 측량할 수 없다는 의미.

가치는 중생을 부처님 가르침(法, Dhamma)으로 널리 제도하는 것이다.

마음을 통찰하는 수행은 쉬운 일이다. 그러므로 '가까운 데에서 취해 남에게 비유할 수 있다'라고 하는데, 바로 인의 실천 방법을 의미한다. '방方'은 방법을 뜻한다. '남을 서게 하고, 남을 통달하게 한다'라는 것은 바로 자비를 베풀어 널리 중생을 제도하는 것을 뜻한다. '요순도 오히려 병으로 여겼다'라는 것은 바로 '남을 서게 하고 남을 통달하게 하는 것'을 의미한다. '인仁'은 '인과因果'와 상통하는데,[316] 성인만이 오직 깨달음을 증득했다고 할 수 있다.[317] 요임금과 순임금은 오히려 인위因位에 머물러 있지만,[318] 오직 부처님만이 바야흐로 과위果位를 얻었다고 할 수 있을 뿐이다.[319]

---

316 인통인과仁通因果: 여기서 '因果'는 因位와 果位, 혹은 因地와 果地를 의미한다.
317 극과極果: 궁극적인 果位, 곧 수행을 통해 증득한 궁극의 깨달음, 혹은 그 경지를 의미한다.
318 요순은 자신들의 사익에 국한하지 않고, 타인과 백성들을 위해서 자비와 선정을 베풀기 위해 노력하였다. 하지만 '요순도 이에 있어서는 오히려 부족하게 여기셨을 것이다(堯舜其猶病諸)'라는 표현처럼, 지욱선사는 요순이 자타불이自他不二의 경지에서 오직 백성만을 위해서 인을 완전히 실천하지는 못하였다고 이해하고 있는 듯하다. 까닭에 요순이 아직 궁극적인 성인의 경지에 이르지 못한 수행의 단계(因位)에 머물러 있다고 설명하고 있는 것이다.
319 대승불교에서는 보살이 부처가 되기 위한 원인(因)으로 수행을 하는 동안의 지위를 '인위因位'라 한다. 인위의 수행을 달성해서 얻은 부처의 지위(位)를 '과위果位'라 한다. 인위는 또한 '인지因地'라고도 하며, 이 자리에 있는 사람을 '인인因人'이라 일컫는다. 과위는 또한 '과지果地'·'과상果上'·'과두果頭'라고도 한다. 이 자리에 있는 사람을 '과인果人'이라고 부르고, 천태종에서는 '과두불果頭佛'이라고도 한다.

제7 술이述而편

1. 子曰, 述而不作하며 信而好古를 竊比於我老彭하노라.

공자께서 말씀하시기를, "옛것을 전술傳述하기만 하고 창작하지 않으며,[320] 옛것을 믿고 좋아함을 남몰래 우리[321] 노팽老彭에게[322] 견주어 보노라."[323]

---

[320] 술이부작述而不作: '述'은 옛것을 서술한다는 뜻, '不作'은 자기 임의대로 창작하지 않는다는 뜻.
 ※ 『예기(禮記)』 악기(樂記)편에 述과 作에 대한 언급이 나온다. "예악의 뜻을 아는 자는 창작할 수 있고, 예악의 문을 아는 자는 전술할 수 있으니, 창작하는 자를 성인이라 하고, 전술하는 자를 밝은 자라 한다. 밝으면서 성인인 자라야 술작한다고 이른다(知樂之情者, 能作, 識禮樂之文者, 能述, 作者之謂聖. 述者之謂明, 明聖者, 術作之謂也)."라는 내용이다. 이러한 언급에 의거해보면 공자가 스스로 '述而不作'한다고 한 것은 당시 사람들이 공자를 성인으로 여기고 있기에 겸손의 말로 표현한 것임을 알 수 있다. 공자는 『시경』과 『서경』을 편집하고, 『주역』에 주석을 달았으며, 예악禮樂을 정비하는 등 많은 저술을 남겼지만, 개인적 창작물은 없다. 단지 선인들이 세운 학문의 토대 위에 자신의 사상을 정립하였을 뿐이다.
[321] 절비어아竊比於我: '竊比'는 남에게 내세우지 않는다는 겸손의 의미, '於'는 비교격 조사로 ~에, ~와 견주어 본다는 의미, '我'는 친근함의 표현이다.
[322] 노팽老彭: 상(商, 殷)나라의 현명한 대부로 고사故事를 잘 정리하여 진술했다는 설이 있다. 노팽을 두 사람으로 보아 '老'를 노자로 보고, '彭'을 팽조彭祖라고 하는 주장도 있다.
[323] 공자의 관점은 현재 역시 과거의 연장선이며, 미래 사회 또한 현재의 확장이라는 측면에서 이해해야 마땅하다는 것이다. 스승 역시 미래에 펼쳐질 일을 정확히 파악하여 그것에 대처할 능력을 구비해야 한다는 것이다. 따라서 '술이부작'이란 무조건 과거에 함몰되라는 의미가 아니라, 과거에서 현재로 이어지는 시대 변화의 흐름을 정확히 파악하지 못하고 섣부른 예측이나 어설픈 독창성을 내세운 독단적인 학문 태도나 아집은 좋지 못한 결과로 이어질 수 있다는 경책의 뜻을 표현하고 있다.

述而不作, 只因信得理無可作. 旣信得及, 自然好古. 此夫子眞
道脈, 眞學問也. 卓吾云, 都是實話, 何云謙詞.

'전술하기만 하고 창작하지 않는다(述而不作)'는 것은 다만 옛것에 대한 믿음을 원인으로 하여 이치를 체득했기에 더 이상 창작할 필요가 없기 때문이다. 이미 믿음을 원인으로 하여 이치를 체득하는 경지에까지 이르렀기에 자연스럽게 옛것을 좋아할 수 있는 것이다. 이러한 것이야말로 공자의 진정한 도맥道脈이며, 참된 학문이라 할 수 있다.
　이탁오는 "이것은 모두 실화이니, 어떻게 겸손해서 하신 말씀이라고만 하겠는가?"라고 하였다.

2. 子曰, 黙而識之하며 學而不厭하며 誨人不倦이 何有於我哉리요.

　(배운 것을) 묵묵히 기억하며,[324] 배움에 있어 싫증 내지 않고, 다른 사람을 가르침에 게으르지 않는 것, 그 밖에 무엇이 나에게 있겠는가?"

　學不厭, 誨不倦, 孔子亦曾承當之矣. 只一黙而識之, 眞實難到, 宜其直心直口說出.

---

324 묵이지지黙而識之: 여기서 '識'은 '기록하다(記)'는 의미로 '지'라 읽는다. '마음에 새기다', '기억하다'의 뜻으로 쓰였다.

'배움에 있어 싫증 내지 않고, 다른 사람을 가르침에 게으르지 않는다'는 부분은 공자 또한 일찍이 받아들여 실천하셨던 내용이다.[325] 다만 한결같이 묵묵히 그것을 기억하기는 진실로 도달하기 어려우니, 마땅히 그 마음을 곧게 하고 그 입을 곧게 하여 가르쳐야만 한다.[326]

3. 子曰, 德之不修와 學之不講과 聞義不能徙하며 不善不能改는 是吾憂也이니라.

공자께서 말씀하시기를, "덕을 닦지 못하는 것, 학문을 익히지 않는 것, 의를 들어도 능히 옮기지 못하는 것, 선하지 못함을 능히 고치지 못하는 것, 이것이 바로 나의 근심이니라."[327]

眞實可憂, 世人都不知憂, 所以毫無眞樂. 惟聖人念念憂, 方得時時樂.

진실로 걱정해야 할 것을 세상 사람들은 모두 걱정할 줄 모른다. 그렇

---

325 승당承當: '받아들여 감당하다'는 의미로, 이 말은 확신과 의지를 가진 상태에서 어떠한 이해나 득실도 따지지 않고, 그 어떤 두려움도 없이 사태를 당당하게 맞아들이는 것을 가리킨다.
326 설출說出: 입 밖으로 말을 뱉어냄을 의미하지만, 여기서는 '회인불권誨人不倦'이라는 문장과 관련하여 '가르치다'의 뜻으로 쓰였다.
327 공자는 『논어』 1~6편에서 유가가 표방하는 德, 學, 義, 改 등과 관련하여 많은 가르침을 제시하였다. 본 문장에서도 공자는 자기 자신을 빌어 문하의 제자들과 위정자가 취해야 할 태도와 자세를 거듭 제시하고 있다.

기 때문에 터럭만큼의 참된 즐거움도 없다.[328] 오직 성인만이 매순간 걱정을 하니, 바야흐로 때때로 즐거움을 얻는다.[329]

4. 子之燕居에 申申如也하시며 夭夭如也시니라.

공자께서 한가로이 계실 때에는 느긋하시고 얼굴빛이 온화하셨다.[330]

5. 子曰, 甚矣라 吾衰也여 久矣라 吾不復夢見周公이로다.

공자께서 말씀하시기를, "심하구나, 나의 쇠함이여! 오래 되었구나, 내 다시 꿈에서 주공(周公: 주나라 문왕)을 뵙지 못한 것이!"[331]

---

328 일반적인 세상 사람들은 오직 재화의 소유와 명리를 얻고 즐기는 것에만 관심을 갖고, 그러한 것을 원하는 바대로 이루고 얻지 못함을 늘 근심하고 적정한다. 하지만 그러한 것들은 채우고 축적할수록 상대적으로 더욱 부족하게 느껴지고 만족을 줄 수 없는 덧없고 무상한 탐욕의 대상에 불과하다. 결코 마음에 참된 즐거움과 행복과 평안을 줄 수 있는 대상이 아닌 것이다. 지욱은 이러한 이치를 말하고 있다.

329 붓다, 예수, 공자와 같은 분은 개인적인 사사로운 물질적 소유와 명리의 성취에 대한 걱정과 근심에서 벗어난 성인들이다. 오직 보편적인 인류에 대한 사랑과 자비, 궁극적인 진리, 배움, 의로움, 어짊, 예의, 선함 등과 같은 마음의 근본 덕성을 익히고 향상시켜 밖으로 실천하지 못함을 근심하고 걱정한다. 진정 참된 즐거움과 행복은 그러한 가치를 내적으로 익히고 밖으로 실현하는 것에서 비롯됨을 깊이 통찰하고 깨달았기 때문이다. 지욱선사는 이를 말하고 있다.

330 연燕: 한가하다. 신신申申: 편안하고 근심 걱정이 없다. 요요夭夭: 얼굴빛이 기쁘고 온화하다.
※ 연거燕居의 燕은 宴과 상통하는 글자로, 잔치할 때 몸과 마음이 편안한 상태를 말한다. 따라서 燕居라고 하면 쉬는 때, 한가로운 때, 집에 있을 때를 의미한다. 흔히 임금의 침전寢殿을 '燕居之所'라고 하는 것도 공무에서 벗어나 한가롭게 쉰다는 뜻을 담고 있다.

331 공자가 생존하던 당시는 패권 정치를 추구하던 춘추 시대를 지나 약육강식의 전국 시대로 접어드는 시점이었다. 국가 기강과 질서는 무너져 패륜적인 행위가 횡행하여 공자가 이상으로 삼던 위민

卓吾云, 壯哉. 方外史日, 人老心不老.

이탁오는 "훌륭하시다!"라고 하였고, 방외사는 "사람은 늙어도 마음은 늙지 않는다."라고 하였다.

6. 子曰, 志於道하며 據於德하며 依於仁하며 游於藝니라.

공자께서 말씀하시기를, "도道에 뜻을 두고 덕德에 의거하며, 인仁에 의지하고 예藝에 노닐어야 한다."[332]

卓吾云, 學問階級. 方外史曰, 雖有階級, 不是漸次, 可謂六而常卽.

의 덕치는 찾기 힘든 시대 상황이었다. 따라서 공자가 죽음을 목전에 둔 시점까지 세상에 대해 깊은 우려를 하였다. 주공은 주나라를 세운 무왕의 동생이자 문왕의 아들이다. 주나라를 세우는데 큰 기여를 하였을 뿐만 아니라, 하나라와 은나라로부터 이어져온 예법을 모두 정비해서 주례周禮를 짓고, 문왕의 주역 괘사卦辭에 이어 효사爻辭를 달기도 하였다. 공자는 이러한 주공을 성인으로 존숭하고 모든 것을 본받고자 하였다.

332 공자의 사상은 단순히 마음을 수양하여 현실을 떠나 은둔하며 안빈낙도를 즐기는 성인이 되는 것을 목적으로 하는 것에서 벗어나, 인격 완성을 이루어 적극적으로 현실 정치에 참여하여 '덕으로써 백성을 다스리고(爲政以德)', '덕으로써 백성을 이끄는 것(道之以德)'을 목표로 하였다고 볼 수 있다. 위 문장은 바로 위정자가 되기 위한 군자가 학문의 과정에서 추구해야 할 목표를 제시하고 있는 내용이며, 또한 군자가 취해야 할 길을 제시하고 있는 내용이다. 道, 德, 仁, 藝는 유가가 추구하는 가장 이상적인 목표이자 인격 완성의 내용이기 때문이다. 6藝(예禮·악樂·사射·어御·서書·수數)는 유가에서 공부하는 자로서 위정자가 되기 전에 닦아야 할 필수 과목이다. 이렇듯 유학 경전의 道, 德, 仁, 藝의 개념은 매우 정치적이라 할 수 있는데, 이는 한마디로 위민 정치 사상의 핵심 개념들이기 때문이다.

이탁오는 "학문에는 단계[333]가 있다."라고 하였다. 방외사는 비록 단계가 있으나 정해진 순서(漸次)가 있는 것은 아니니, 육예六藝는 서로 항상 밀접하게 연관되어 있다[334]고 말할 수 있다."라고 하였다.

7. 子曰, 自行束修以上은 吾未嘗無誨焉이니라.

공자께서 말씀하시기를, "스스로 속수束修 이상의 예를 행한 사람이라면, 나는 아직까지 가르쳐주지 않은 적이 없느니라."[335]

8. 子曰, 不憤이어든 不啓하며 不悱어든 不發하며 與一隅에 不以三隅反이어든 則不復也이니라.

---

333 계급階級: 여기서 '계급'은 일반적인 의미인 어떠한 '신분상의 차별이나 등위'를 나타내는 것이 아니라, 학문을 하는 데 있어 일정한 순서와 단계가 있음을 의미하고 있다.
334 상즉常卽: 여기서 '卽'은 연관되어 있다. '바탕하고 있다', '접촉하고 있다', '가까이 하고 있다'는 의미를 나타낸다. 비록 육예가 각기 다른 내용의 예처럼 보이지만, 실제에 있어서는 서로가 밀접하게 연관되어 있어 서로 간에 상의상관하고 있는 종합적인 예술이라는 뜻이다.
335 속수束修: '修'는 말린 고기를, '束'은 말린 고기 열 개를 두름으로 엮은 것을 말하는데, 매우 적은 양의 예물을 상징한다.
※ 공자는 배우러 오면서 최소한의 예를 표시하는 사람에 대해서는 계층을 불문하고 다 문하생으로 받아들여 가르쳤음을 볼 수 있다. 당시에 가난하고 미천한 집안의 자식들도 공자의 문하로 배우러 왔기에 이런 말씀도 하셨던 것 같다. 당시의 교육 제도는 '학문은 관부에 있다(學在官府)'고 하여 귀족 관료들이 교육을 독점하고 있었는데, 공자는 민간 차원에서 강학을 시작하여 최초로 사학 제도를 도입하여 공부의 기풍을 불러 일으켰다. 이른바 공자의 '행단강학杏亶講學'이다. 공자가 집 뜰 안에 있는 은행나무 밑에 강단을 설치하여 강의를 시작한 데서 나온 말이다. 여기서 유래하여 조선 성균관에서 입학식을 '속수례束脩禮'라고 하였다.

공자께서 말씀하시기를, "분발하지 않으면 일깨워주지 않고, 표현하려 애쓰지 않으면 계발해주지 않으며, 한 귀퉁이를 일러도 나머지 세 귀퉁이를 알지 못하는 자에게는 다시 가르쳐주지 않느니라."[336]

卓吾云, 讀此二章, 乃見誨人不倦.

이탁오는 "이 두 문장을 읽어보면, 이내 다른 사람을 일깨우는 데 있어 게을러서는 안 된다는 것을 드러내고 있다."라고 하였다.

9. 子食於有喪者之側에 未嘗飽也러시다 子於是日에 哭則不歌러시다.

공자께서는 상喪을 당한 사람 옆에서는 배불리 먹지 않았고, 곡哭을 한 날에는 노래를 하지 않았다.

10. 子謂顔淵曰, 用之則行하고 舍之則藏을 惟我與爾有是夫인저 子路曰, 子行三軍이면 則誰與리잇고 子曰, 暴虎馮河하여 死而

---

[336] 불비不悱: '悱'는 알긴 알지만 밖으로 잘 표현하지 못하는 것. 여일우불이삼우반與一隅不以三隅反: 사각형의 한 모퉁이를 거론해 주었을 때, 세 모퉁이를 반증해내지 못하는 것. '擧一三反'이라고 한다.

※ 공자는 제자들 개개인의 특성을 파악하여 각기 그 능력과 자질에 맞게 문답을 하여 제자를 깨우치는 '一言一藥'의 교육 방식을 사용하였다. 당연히 개개인의 특성에는 학문 수준, 태도와 기질, 출신 배경 등이 포함된다. 공자는 위정편에서 효와 관련하여 노나라 대부인 맹의자, 맹무백과 제자인 번지, 자유, 자하에게 각기 달리 답변해주고 있는 것이 바로 그러한 예이다.

無悔者를 吾不與也이니 必也臨事而懼하며 好謀而成者也니라.

공자께서 안연에게 말씀하시기를, "등용되면 도를 행하고 등용되지 않으면 은둔하는 것은 너와 나만이 할 수 있다." 자로가 말하길, "스승님께서 삼군三軍을 통솔하신다면 누구와 함께하시겠습니까?" 공자께서 말씀하시기를, "맨손으로 호랑이와 덤비거나 황하를 헤엄쳐 건너다가 죽어도 후회하지 않는 사람과는 함께 하지 않겠다. 일에 임하여 신중히 숙고하고 계획을 잘 세워 성공하는 사람과 함께 하겠다."[337]

臨事而懼, 從戒愼恐懼心法中來, 好謀而成, 從好問好察. 用中於民而來, 不但可與行軍, 卽便可與用行舍藏. 否則白刃可蹈, 中庸不可能矣. 卓吾云, 三與字, 當一般看, 若作仲尼牽連自家說, 恐

---

337 폭호빙하暴虎馮河: '暴虎'는 맨몸으로 호랑이와 싸우는 것, '馮河'는 맨몸으로 강을 건너는 것. 자신의 능력과 처지를 벗어나 어리석고 무모하게 일에 도전하거나 앞장서 나서는 것을 은유한다.
※ 안연은 공자가 제자 중에서 가장 아끼고 칭찬한 대표적인 인물이다. 더욱 공자는 제자 가운데 유일하게 안연을 자신의 도를 이을 제자로 생각하였다. 불행하게도 안연이 32세에 요절하자, '하늘이 나를 버렸구나(天喪予, 天喪予)'라고 통곡하며 슬퍼하였다. 안연은 후대에 공자 사당에 복성군復聖公으로 존숭되어 공자와 함께 배향되는 지위를 얻었다. 한편으로 안연은 은둔 군자적인 면모가 강하여 도가에서도 높은 평가를 받았었다. 위에서 공자가 거론한 삶의 방식 또한 안연의 은둔 군자로서의 면모라 할 수 있다. 이에 비해 자로는 직선적이면서도 거칠고 무모한 다혈질 성격으로 인해 공자로부터 질책을 많이 받았던 인물이다. 하지만 한편으로 허심탄회하면서도 진솔하고 우직하여 공자가 가장 편하게 대했던 제자이기도 하다. 여기서도 공자가 안연에게 하는 말을 듣고 있던 자로가 안연처럼 칭찬을 듣고 싶어 자신에게 걸맞을 것이라 생각되는 일을 찾아내 공자에게 질문한 것이다. 속마음으로 '내가 용감하기 때문에 선생님께서 삼군을 지휘하신다면, 당연히 나와 더불어 하실 것이다'라는 생각을 갖고 있었기 때문이다. 이러한 자로의 물음에 공자는 '삼가고 조심하라'는 충고와 함께 허황된 생각하지 말고 실지로 일을 이루어낼 것을 당부하고 있다.

聖人無此等氣象.

　'일에 임하여 신중히 숙고하는(두려워하는) 것'은 경계하고 삼가며 조심하고 두려워하는 심법으로부터 말미암는다. '계획을 잘 세워 성공하는 것'은 묻기를 좋아하고 살피기를 좋아하는 것[338]으로부터 비롯된다. 백성들에게 중도를 행하는 것이야말로 군사를 통솔하는 것뿐만 아니라, 곧 '등용되면 도를 행하고 등용되지 않으면 은둔하는 것'이라 할 수 있다. 그렇지 못하면 날이 선 칼날도 가히 밟을 수 있지만, 중용의 실천은 불가능하다.[339]
　이탁오는 "세 '여與'[340]자는 마땅히 하나의 의미로 봐야 한다. 만약 공자 자신만을 관련지어[341] 말한 것이라고 한다면, 아마 성인일지라도 이와 같은 기상은 없을 것이다."라고 하였다.

11. 子曰, 富而可求也라면 雖執鞭之士라도 吾亦爲之어니와 如不可求인댄 從吾所好하리라.

　공자께서 말씀하시기를, "부를 구하여 얻을 수 있는 것이라면 비록 채

---

338 『중용』 제6장에 "순임금은 묻기를 좋아하시고, 천근한 말도 살피기를 좋아하셨고, 악함은 숨기시고 선함을 드러내시었다(舜, 好問而, 好察邇言, 隱惡而揚善)."라는 표현이 나온다.
339 『중용』 제9장에 "공자께서 말씀하시기를, 천하의 국가도 다스릴 수 있으며, 벼슬자리도 사양할 수 있으며, 날카로운 칼날도 밟을 수 있지만, 중용은 잘 실천할 수 없을 것이다(子曰, 天下國家可均也, 爵祿可辭也, 白刃可蹈也, 中庸不可能也)."라는 표현이 나온다.
340 본 10장의 본문에는 '與'자가 모두 세 번 표현되고 있는데, 이를 가리킨다.
341 견련牽連: 상호 간에 서로 연결되어 있는 의존성을 의미한다.

찍을 잡는 천한 일이라도 하겠지만, 구하여 얻을 수 없는 것이라면 내가 좋아하는 일을 할 것이니라."³⁴²

說得求富者敗興. 卓吾云, 今之求富貴者, 俱是執鞭之士. 方外史曰, 執鞭求富, 還是好的, 今之求富貴者, 決非執鞭之士所屑.

부를 구하는 자의 실패와 성공을 말하고 있다. 이탁오는 "지금 부귀를 구하는 자들은 모두 채찍을 잡는 천한 일에 종사하는 자들이다"라고 하였다.³⁴³

방외사는 "채찍을 잡는 천한 일에 종사하여 부를 구하는 사람은 오히려 훌륭하지만, 현재 부귀를 구하는 자들은 결코 채찍을 잡는 천한 일에 종사하여 부를 구하는 깨끗한 사람³⁴⁴이 아니다"라고 하였다.

12. 子之所愼은 齋戰疾이러시다.

공자께서 신중하게 여기신 것은 재계齋戒, 전쟁, 질병이었다.³⁴⁵

---

342 집편執鞭: 말채찍을 잡는 사람, 곧 천한 직업에 종사하는 사람을 의미함.
　※ 여기서 공자가 좋아하는 일이란 유가의 도를 의미한다. 유가의 도를 따라 살아가는 군자의 삶이란 술이편 15장의 언급처럼 국가에 등용되지 못하여 거친 밥과 물로 끼니를 때우고, 팔베개를 베고 살더라도 구차히 벼슬을 구하지 않는 삶이며, 나아가 술이편 2장에서의 언급처럼 공부하고 가르치면서 후학들을 위해 묵묵히 글을 쓰는 삶이라 할 수 있다.
343 공자가 표현한 '집편지사執鞭之士'는 부를 구하는 데 있어서 그 하는 일이 의롭고 정의로운 일이라면 천한 일이라도 서슴지 않고 하는 사람을 의미한다. 그런데 이탁오는 당시에 부귀를 구하는 자들은 모두 사적인 욕심만을 앞세워 의롭고 부정한 일도 마다하지 않는, 그야말로 천한 일을 하는 사람들이라고 질책하고 있는 것이다.
344 설屑: 힘쓰다, 깨끗하다의 의미로 쓰였다.
345 '재계齋戒'는 마음과 몸을 깨끗이 하고 부정한 것을 멀리하는 것으로, 제사를 지내기 전에 모든

13. 子在齊聞韶하시고 三月을 不知肉味하사 曰, 不圖爲樂之至於斯也호라.

공자께서 제齊나라에 계실 때, 순임금의 음악을 듣고 석 달 동안 고기 맛을 모르고 지내다가 말씀하기를, "음악이 이런 경지에 이르게 할 줄은 생각지도 못하였다."346

讚得韶樂, 津津有味.

순임금의 음악을 찬탄하신 것이니, 흥미진진한 맛이347 있기 때문이다.

14. 冉有曰, 夫子爲衛君乎아 子貢曰, 諾다 吾將問之호리라 入曰, 伯夷叔齊는 何人也리잇고 曰, 古之賢人也이니라 曰, 怨乎리잇가 曰, 求仁而得仁이어니 又何怨이리요 出曰, 夫子不爲也시리라.

염유冉有가 말하길, "스승님께서 위나라 임금을 도와주시겠는가?" 자

것을 조심하고 정성을 기울이는 것을 의미한다. 전쟁은 수많은 사람의 목숨이 달려 있는 것이고, 질병 또한 많은 사람들의 생명과 직결되어 있으므로 조심해야 한다고 하신 것이다.
346 소韶: 순임금의 풍악을 말함. 부도不圖: 생각하지 못함, 헤아리지 못함.
 ※『춘추좌전』에 근거한 후재풍후재齋馮의 주석에 의하면, 주나라 무왕 때 순임금의 후예인 우알보虞閼父가 진陳의 제후로 봉해졌는데, 이에 진나라에서는 자신의 조상인 순임금의 소韶 음악을 예식에 사용하였다. 이로 인해 순임금의 음악인 韶가 진나라에 계승되었다고 한다.
347 진진유미津津有味: 흥미진진한 맛이 있다, 아주 맛있다의 뜻.

공이 말하길, "글쎄, 내가 스승님께 여쭈어 보겠네." 자공이 안에 들어가 공자에게 묻기를, "백이와 숙제는 어떤 사람입니까?" 공자께서 말씀하시기를, "옛날의 현인이시네." 자공이 묻기를, "후회하지 않았습니까?" 공자께서 말씀하시기를, "인을 구하여 인을 얻었는데 무엇을 후회하였겠느냐." 자공이 물러나와 염유에게 말하길, "스승님은 도와주지 않을 것일세."[348]

非說二人以失國爲悔也. 只是二人旣去, 設無中子可立, 則廢宗絶嗣能不動心否乎. 旣曰求仁得仁, 則世間宗嗣又其最小者矣, 何足介意.

두 사람이 나라를 잃고 후회함을 말하는 것이 아니다. 다만 두 사람이 이미 떠나버렸는데, 만약 둘째 아들을 옹립할 수 없었다면 곧 종사宗嗣가 폐하여 후계자가 끊어질 수밖에 없었으니[349] 능히 마음이 동요하지

---

348 염유는 정치적 수완이 뛰어나서 노魯나라의 세력가인 계손씨季孫氏의 가재家宰로 일했다. 자공은 언변이 뛰어나고 정치 외교적인 능력이 탁월해서 공자 사후에 노나라와 위나라의 재상을 지냈다. 위나라는 영공靈公의 아들 괴외蒯聵가 계모인 남자男子를 죽이려다 실패하고 진나라로 추방되고 영공이 죽자 괴외의 아들 출공出公이 왕위에 올랐는데, 괴외는 진나라의 도움을 받아서 출공과 왕위 쟁탈전을 벌였다. 염유가 말하는 위나라 임금은 바로 출공이다. 백이와 숙제는 은나라의 속국인 고죽국孤竹國의 첫째와 셋째 아들인데, 두 사람은 서로 왕위 계승을 사양하고 주나라로 망명을 했다. 염유는 공자가 싫어하는 계손가에서 벼슬을 하고 있으므로 공자에게 직접 물어보지 못하고 공자의 신임을 받고 있는 자공에게 스승의 뜻을 물어 본 것이다. 자공은 재치 있는 말솜씨로 서로 왕위를 양보한 백이와 숙제를 물어 봄으로써 서로 왕위 쟁탈을 한 출공을 도와줄지를 알 수 있었다. 공자는 백이와 숙제가 "어질고 바르게 살았는데 무엇을 후회하겠는가?"라고 백이와 숙제를 어질고 덕망이 높은 사람으로 평가하고 있는 것이다.

349 절사絶嗣: 후계자가 끊어지다.

않을 수 있었겠는가? 이미 '인을 구하여 인을 얻었다'고 말한 것은 곧 세상에서 가업을 계승하는 것이야말로 역시 가장 기본적인 것이라 할 수 있으니, 어찌 염려할 것이 있겠는가?[350]

15. 子曰, 飯疏食에 飮水하고 曲肱而枕之라도 樂亦在其中矣니 不義而富且貴는 於我에 如浮雲이니라.

공자께서 말씀하시기를, "거친 음식을 먹고[351] 물을 마시며, 팔을 베고 자더라도 즐거움이 그 안에 있다. 떳떳하지 못하게 얻은 부와 지위는 나에게는 뜬구름과 같으니라."

樂在其中, 則心境一如. 當與贊顏子處參看. 不義富貴, 但如浮雲, 則似太虛不染, 非巢許之所能達.

---

350 고죽국의 후작인 아미亞微 묵태초墨胎初에게는 세 아들이 있었다. 백이伯夷가 첫째, 아빙亞憑이 둘째, 숙제叔齊가 막내이다. 묵태초는 막내 숙제에게 군주 자리를 물려주려 했다. 묵태초 사후, 백이는 부친의 뜻을 따르고자 했지만 숙제는 관례에 따라 큰형 백이에게 왕위를 양보했다. 이에 백이는 막내아우를 아낀 부친의 뜻이라며 사양하고 나라 밖으로 피신해 버렸다. 이에 숙제도 형제간의 의리를 지키기 위해 형을 따라 도망쳐 버리는 바람에 그 나라 사람들은 어쩔 수 없이 둘째 아들 아빙을 왕으로 세웠다. 지욱대사의 14장에 대한 주해는 이와 같은 사실을 바탕 하여 설명하고 있는 내용이다. 백이와 숙제가 서로 간에 예의를 앞세워 군주 자리를 버리고 떠남으로 인해 고죽국의 종사의 단절을 염려하는 마음의 동요가 있었지만, 다행히 둘째인 아빙이 군주의 자리를 계승하였기에 그에 대한 근심을 덜었을 뿐만 아니라, 본인들 또한 형제간에 예의와 의리를 잃지 않아 인을 성취하는 결과까지 얻었기에 전혀 마음에 개의할 것이 없었다는 표현이다.
351 반소식飯疏食: '疏食'은 먹기에 불편하고 맛없는 하찮은 음식.

'즐거움이 그 안에 있다(樂在其中)'라는 표현은 곧 마음과 경계가 한 가지로 여여함을 나타낸다.352 마땅히 안자顔子가 살던 처지를 찬탄하는 내용을 참고해 봐야 한다. 떳떳하지 못한 부귀는 마치 뜬구름과 같다. 곧 하늘(마음)의 본체는 오염되지 않는 것353과 같아서, 소보와 허유가 능히 깨달은 바의 경지가 아니다.354

16. 子曰, 加我数年하여 五十以学易이면 可以無大過矣리라.

---

352 심경일여心境一如: 마음과 밖의 경계가 차별되지 않고 하나로 합일되어 마음이 고요하고 평화로운 깨달음의 경지를 의미한다.

353 태허불염太虛不染: '太虛'는 우주의 본체, 혹은 텅 빈 마음의 본체를 가리킨다. 따라서 '태허불염'은 우주 본체와 마음의 본성은 마치 하늘과 같이 텅 빈 공성空性이기에 오염되거나 더럽혀지지 않는다는 표현이다.

354 요임금 시대의 소보巢父와 허유許由는 중국에서 은둔 생활의 대표적인 은자로 알려진 인물들이다. 이들에 대한 이야기가 진晉나라 황보밀皇甫謐이 지었다는 중국 고대 필기류 인물전기집인 『고사전(高士傳)』에 전해진다. 세간에서 그들의 인품에 대한 칭찬이 자자하자, 요임금은 그들에게 왕위를 물려주려 하였다. 요임금은 처음 허유에게 왕위를 물려주려고 했으나, 허유가 이를 받아들이지 않고 기산箕山으로 들어가 버리자, 다시 그에게 구주九州의 장을 맡아달라고 하였다. 이 말을 전해들은 허유는 산 아래에 있는 영수강潁水江에서 귀를 씻었다. 그때 허유의 친구 소보가 강가로 송아지에게 물을 먹이러 왔는데, 허유에게 왜 귀를 씻고 있는지 물었다. 허유는 친구 소보에게 왕위와 벼슬을 거절한 과정을 처음부터 끝까지 설명하며 "깨끗하지 않은 말을 듣고 어찌 귀를 씻지 않겠는가?"라고 말하였다. 소보는 깨끗하지 않은 말을 듣고 귀를 씻은 물도 더럽혀졌으므로 송아지의 입도 더럽혀지겠다고 비웃으며 소에게 물을 먹이지 않고 가버렸다는 것이다. 지욱선사는 '즐거움이 그 안에 있다(樂在其中)'라는 공자의 표현을 주해하면서 이들을 예로 들어 그 본뜻을 설명하고 있다. 공자가 말하고 있는 '樂在其中'이라는 본뜻은 소보와 허유처럼 더럽고 깨끗함을 분별하여 자신들만 청정하다고 여겨 세상을 더럽다고 피해 산속에 은둔하여 살았던, 그런 은자의 삶에서 얻는 즐거움을 의미하는 것이 아니라는 설명이다. 안팎의 더럽고 깨끗함, 좋고 나쁨을 분간하고 차별하는 분별경계에서 벗어나, 그 어떤 열악한 환경이든지 그러한 환경을 탓하지 않고 '심경일여'의 경지에서나 누릴 수 있는 현자의 즐거움이라는 의미인 것이다.

공자께서 말씀하시기를, "내가 몇 년을 더 살아서 『역경(易經)』³⁵⁵을 배운다면,³⁵⁶ 큰 허물이 없는 삶이 될 것이니라."³⁵⁷

---

355 중국 유학의 주요 경전 가운데 하나이다. B.C. 700년 이전에 형성된 것으로 추정되며, 자연과 우주의 변화를 해석하는 중국 사상의 바탕이 되는 책이다. 주나라 때에 길흉을 점치는 원리로 널리 쓰였기 때문에 『주역(周易)』이라고도 한다. 이 책을 '역경(易經)'이라고 부른 것은 송나라에 이르러서인데, 특히 정주학을 집대성한 주희朱熹가 『역경』의 중요성을 강조한 이후 유학의 여러 경전 가운데 가장 기본이 되는 경전으로 알려졌다. 『역경』은 64괘를 설명하는 『경(經)』과 64괘를 해석하는 「십익(十翼)」으로 구성되어 있다. 「십익」은 易의 이해를 돕는 10권의 책으로, 주나라 시대에 덧붙여졌을 것으로 추정되며 「단전(彖傳)」상·하, 「상전(象傳)」상·하, 「계사전(繫辭傳)」상·하, 「문언전(文言傳)」, 「설괘전(說卦傳)」, 「서괘전(序卦傳)」, 「잡괘전(雜卦傳)」 등으로 구성된다. 이중 역의 철학적 이론을 설명하고 있는 「계사전」을 가장 중요하게 여기는데, 「계사전」은 역을 점을 치고 미래를 예측하기 위한 수단이 아니라, 자연철학과 실천윤리를 해설하는 학문의 수준으로 높였기 때문이다. 특히 「계사전」에서는 역 철학의 핵심을 음과 양의 대립과 조화라는 '음양이원론(陰陽二元論)'에 두어 이후 동양 사상에 많은 영향을 미쳤다.

356 옛날 선비들은 '加'자를 '빌릴 假'라로 해야 한다고 보았으며, '五十'은 '마침내 졸(卒)'가 나눠져서 된 글자로 해석하였다. 위 글은 공자가 70세 되신 해에 하신 것으로 전해지는 데, 곧 '몇 년을 빌려 더 살면서 위편삼절(韋編三絶) 할 정도로 『주역』을 공부한다면 큰 허물은 짓지 않을 것이다'라고 이해하였다. 그러나 『주역』의 이치로 살펴보면 이 같은 해석은 적절치 못할 수도 있다. 『주역』의 64괘 가운데 체가 되는 건乾 · 곤坤 · 감坎 · 리괘離卦를 제외해 놓고 보면, 『주역(上經)』은 둔屯괘에서 시작하여 대과大過괘로 끝난다. 소강절邵康節의 『황극경세(皇極經世)』로 보면 지금은 대과의 시대가 된다. 곧 선천先天의 끝에 가서 물질 문명과 과학 문명이 극도로 발달한 나머지 혼란한 세상이라는 된다는 것이다. 50은 주역에서 대연수大衍數인 50을 말하는데, 50은 곧 주역의 핵심 수이다. 이러한 관점에서 공자의 말을 이해한다면, '몇 년을 더 살면서 『주역』을 좀 더 공부하고 연구한다면 대과의 세상을 평화의 세상으로 바꿀 좋은 방안을 찾아낼 수 있을 것이다'라는 의미로 이해할 수도 있다.

357 『주역』을 배우면 길흉吉凶 · 소장消長의 이치와 진퇴進退 · 존망存亡의 도에 밝아진다. 당연히 피흉취길避凶取吉 할 수 있는 삶의 큰 지혜를 얻을 수 있다. 공자 역시 말년에 역경을 깊이 있게 공부하여 역리易理의 무궁한 이치를 깊이 깨달았다. 공자가 역을 좋아하여 공부한 내용을 『사기(史記)』의 「공자세가(孔子世家)」에서는 다음과 같이 설명하고 있다. "공자는 나이 들어 역易을 좋아하여 「단전(彖傳)」, 「계사전(繫辭傳)」, 「상전(象傳)」, 「설괘전(說卦傳)」, 「문언전(文言傳)」을 지었다. 홀로 『역경』을 묶은 가죽 끈이 세 번이나 끊어질 정도로 공부하였는데, 공자는 '나에게 수년의 틈을 더 준다면, 나는 역에 정통할 것이다'(孔子晚而喜易, 序彖繫說卦文言, 獨易韋編三絶. 曰, 假我數年, 若是, 我於易則彬彬矣)라고 하였다."

學易方無大過, 易其可不學乎. 今有窮年讀易, 而過終不寡者, 其可稱學易乎.

『주역』을 공부하는 목적은 바야흐로 큰 허물을 없애기 위해서이다. 그러니 『주역』을 배우지 않을 수 있겠는가? 지금 한평생[358] 『주역』을 공부했는데도 마침내 허물이 적지 않은 자라면, 그가 『주역』을 배웠다고 할 수 있겠는가?

17. 子所雅言은 詩書執禮니 皆雅言也시니라.

※ 『주역』은 다른 일반 경전처럼 어느 한 시기에 한 개인에 의해 저술된 경전이 아니다. 지금의 『주역』은 오랜 시간을 경과하면서 여러 사람의 손을 거쳐 완성된 것이다. 하지만 구체적으로 언제 어디서 누구에 의해 어떻게 저술되었는지는 불분명하다. 다만 여러 역사적 문헌들에 언급되고 있는 사료들을 종합하여 그 저자들에 대해 대략적인 추측을 할 수 있을 뿐이다. 전통적으로 '易'은 '人經三聖人更三聖', 혹은 '人經四聖人經四聖'이라는 표현처럼, 복희씨伏羲氏, 문왕文王, 주공周公, 공자에 의해 단계적으로 완성된 것으로 받아들여지고 있다. 『사기(史記)』 「주본기(周本記)」에는 주나라 문왕이 은나라 폭군 주紂왕에 의해 유리羑里옥에 갇혀 있을 때에 8괘를 중첩하여 지금과 같은 64괘의 괘상을 만들었다고 서술하고 있다. 또한 『사기』 「일자열전(日子列傳)」, 「한서(漢書)」 「예문지(藝文志)」 등의 문헌을 참고하면 문왕은 64괘를 만든 것 외에 각 괘에 괘명을 붙이고 괘를 설명하는 괘사卦辭와 효爻를 설명하는 효사爻辭를 지었다고 밝히고 있다. 이외에 피석서皮錫瑞의 『역경통론(易經通論)』에서는 괘사는 문왕이 쓰고 효사는 그의 아들인 주공에 의해 지어졌음을 말하고 있다. 역학사易學史에 있어 빼놓을 수 없는 인물이 바로 공자이다. 공자는 '위편삼절韋編三絶'이라는 말처럼, 말년에 『주역』에 심취하여 『주역』을 엮은 가죽 끈이 세 번씩이나 끊어질 정도로 『주역』을 탐독했다고 전해진다. 괘효사卦爻辭 이외에 『주역』의 내용을 부연하여 철학적 이치를 설명하고 있는 이른바 「십익전(十翼傳)」은 송대 구양수歐陽脩가 이의를 제기하기까지 공자가 저술한 것으로 받아들여져 왔다.

358 궁년窮年: 일평생, 한평생.

공자께서는 『시경(詩經)』, 『서경(書經)』을 읽을 때, 그리고 예를 집행할 때에는 모두 아언雅言[359]으로 말씀하였다.

果然不俗. 今人不知詩書禮, 所以開口便俗.

과연 속되지 않다. 지금 사람들은 『시경』, 『서경』, 『예경』을 알지 못하기 때문에 입을 열기만 하면 곧 저속하다.

18. 葉公이 問孔子於子路어늘 子路不對한대 子曰, 女奚不曰, 其爲人也이 發憤忘食하여 樂以忘憂하여 不知老之將至云爾오.

섭공葉公이 자로에게 공자의 인물됨에 대해 물었는데 자로가 대답하지 않았다. 공자께서 말씀하시기를, "너는 어찌 대답을 하지 않았느냐? 그의 사람됨이 학문에 열중하면 식사도 잊고 도를 즐겨 근심을 잊으며 늙는 것도 모르는 사람이라고 말이다."[360]

---

359 아언雅言: 표준어를 말한다. '雅言'에 대한 해석은 분분하다. 『논어주소(論語注疏)』에서는 공안국孔安國의 말을 인용하여 '正言(바른 말)'라고 했고, 정자는 '雅素之言(평소에 쓰는 말)'이라고 하였으며, 주자는 '雅常也'라고 하여 평소에 하는 '떳떳한 말' 정도로 해석하고 있다. 이런 견해는 우리나라에서도 지배적이다. 이에 반해 중국의 『국어사전(國語辭典)』에서는 옛날에는 공통적인 표준어를 '雅言'이라고 표현했다고 하면서, 『논어』의 본 문장에 언급되고 있는 '아언'을 예로 들고 있다. 현재에도 중국은 넓은 땅과 다양한 종족으로 인해 각 지방마다 말이 워낙 달라 통역 없이는 의사소통이 어려운 경우가 많다. 하지만 문자는 공통적으로 통용된다. 봉건 제후국 시절에 천자가 조회하고 순수巡守를 할 때 각 지역의 제후들과 미리 외교 문서를 주고받게 되는데, 이것이 공용어, 곧 표준어(雅言)인 문자로 가다듬은 것이다.
360 섭공은 초나라의 대부인 심제량沈諸梁을 말한다. 자는 자고子高, '公'은 스스로를 높여 칭한 것

者才是爲人的. 今只偸得一人生耳, 何嘗肯爲人哉. 旣是不肯爲人, 所以一失人身萬劫難也. 王陽明曰, 發憤忘食, 是聖人之志如此, 眞無有已時. 樂以忘憂, 是聖人之道如此, 眞無有戚時. 恐不必云得不得也.

사람의 재능(기본 바탕)을 '사람됨'이라고 한다. 지금 단지 단 한 번의 인생을 엿보고서 어찌 일찍이 사람됨을 말할 수 있겠는가? 사람됨을 기꺼이 말하지 못하는 것은 한 번 사람의 몸을 잃으면, 만겁이 지나도 다시 회복하기 어렵기 때문이다.[361]

왕양명은 "학문에 열중하면 끼니를 챙겨 밥을 먹는 것조차 잊는다'라

이다. 섭공이 자로에게 공자의 인물됨에 대해 물었는데, 공자를 매우 존경하는 자로는 한 마디로 말하는 것에 어려움을 느껴 대답하지 않았다. 이에 공자가 스스로에 대해 자명을 하고 있는 것이다.

361 지욱선사는 공자가 언급하고 있는 '爲人(사람됨)'을 불교적인 관점에서 재해석하고 있다. 불교적인 관점에서 보면, 현생에서 사람으로 태어남은 전생부터 쌓아온 선업(善業: 業因)에 따른 결과(善果: 果報)라 할 수 있다. 불교에서는 모든 존재는 업에 따라 차별적인 여섯 세계(六道: 지옥, 축생, 아귀, 아수라, 인간, 천상)를 윤회한다고 보고 있다. 까닭에 영원히 한 세계에 같은 몸과 마음으로 존재할 수 없다는 것이다. 인간 역시 비록 현생에서 인간의 몸과 마음으로 존재한다고 해도 사후에 다시 인간으로 태어나리란 보장이 없다. 생전에 선업보다 악업을 많이 쌓았다면 인간 세계가 아닌, 그보다 더 낮은 지옥, 축생, 아귀와 같은 악도에 태어날 수 있는 것이다. 지욱은 이러한 이치를 말하고 있다. 현생의 한 인생만 보고 그 사람의 됨됨이를 쉽게 평가할 수 없다는 의미이다. 현생에서 나타난 인간의 본성과 재질은 전생부터 축적되어 온 업의 성향성(向에 따른 차별이기 때문이다. 이런 이치에서 보면, 공자와 같은 성인의 고귀한 성품과 두터운 덕은 전생부터 쌓아온 선업의 결과이지, 현생에서 인위적인 노력에 의해서 단시간에 얻어진 것이 아님을 알 수 있다. 육도를 윤회하는 과정 중에서 한 번 사람의 몸을 잃으면 언제 다시 인간의 몸을 얻을 수 있을지 기약할 수 없다. 까닭에 인간의 몸으로 태어난 현생에서 게으름 없이 선업을 쌓고 몸과 마음을 청정히 닦고 향상시키기 위한 무한한 노력을 기울여야 하는 것이다.

는 것은 성인의 뜻이 이와 같음을 말하는 것으로, 진실로 학문을 그만두는 때가 없다는 의미이다. '도를 즐겨 근심을 잊는다'라는 것은 성인의 도가 이와 같음을 말하는 것으로, 진실로 슬퍼할 때가 없다는 뜻이다. 아마 (주자의 말처럼) '뜻을 얻어서 그러하다'든가, '뜻을 얻지 못해서 그러하다'라고 해석할 필요는 없다"[362]라고 하였다.

19. 子曰, 我非生而知之者라 好古하여 敏以求之者也이니라.

공자께서 말씀하시기를, "나는 태어나면서부터 아는 사람이 아니라, 옛 것을 좋아하고 부지런히 탐구하는 사람이니라."[363]

卓吾云, 都是實話. 方外史曰, 不但釋迦尙示六年苦行, 雖彌勒卽日出家, 卽日成道, 亦是三大阿僧祇劫修來的.

이탁오는 "이 말씀은 모두 실재적인 말씀이다."라고 하였다. 방외사는

---

[362] 주자는 18장을 주해하면서 "얻지 못하면 분발하여 먹는 것을 잊었으며, 이미 얻으면 즐거워서 근심을 잊는 것이다. 이 두 가지로써 노력하여 날로 부지런히 함이 있어서 늙어서 죽을 나이가 되었음을 알지 못하게 되었으니, 다만 스스로 그 학문 좋아함이 돈독함을 말하는 것이다(未得則發憤而忘食, 已得則樂之而忘憂, 以是二者, 俛焉, 日有孶孶而不知年數之不足, 但自言其好學之篤)."라고 설명하고 있다. 왕양명은 이러한 주자의 설명이 공자의 일시적인 태도를 얘기한 것으로 보고, 이보다는 성인은 언제나 도를 추구하는 마음이 끊임이 없고, 까닭에 마음 또한 언제나 부족함이 없어 평정하다고 다른 해석을 하고 있는 것이다.

[363] 공자는 태어나면서부터 사물의 이치를 깨닫고 터득한 것이 아니라, 스스로 열심히 배우고 익혀서 알게 된 것이라고 말하면서 끊임없는 학문의 탐구와 수양을 일깨우고 있다.

"다만 석가모니 부처님도 오히려 6년 고행만을 보이신 것은 아니다. 비록 미륵보살이 당일에 출가하여 당일에 성도했다고 하여도 이는 3대아승지겁[364] 동안 수행을 실천한 결과라 할 수 있다"라고 하였다.

20. 子不語怪力亂神이러시다.

공자께서는 괴이한 것, 무력에 관한 것, 어지럽히는 것, 귀신에 관한 것은 화제로 삼지 않으셨다.[365]

今人撥無怪無神, 亦可撥無力無亂否.

---

364 '겁劫'이란 범어 kalpa를 음역한 말로, 헤아릴 수 없는 무량한 긴 시간(大時)을 뜻한다. 1겁이 얼마나 긴 시간인지는 숫자로는 도저히 표현하기 어렵다. 그래서 겨자씨나 반석을 예로 들어 설명한다. 이를 겨자겁芥子劫, 반석겁磐石劫이라 한다. 겨자겁은 1변이 1유순이 되는 입방체로 된 성 안에 겨자씨를 가득 채우고 그것을 100년에 1개씩 꺼내서 다 없어지는 시간을 말한다. 1유순(由旬, yojana)은 약 13km~14km 정도의 길이다. 또 반석겁이란 1변이 1유순이 되는 입방체의 큰 바위가 있는데 1백년에 한 번씩 날아온 학이 날개를 스쳐서 바위가 다 닳아 없어지는 시간을 말한다. 이와 같이 상상할 수 없는 긴 시간도 대겁大劫에 비하면 태양 아래 반딧불같이 보잘것없는 시간에 불과하다. 대겁은 앞에서 말한 소겁(1겁)이 80개가 모인 시간이다. 그러나 이 시간보다 더 긴 시간이 아승지겁阿僧祇劫이다. '아승阿僧'이란 1, 10, 100, 1000 하고 세어서 60번째에 해당하는 수위명數位名이다. '아승지겁(Asamkhya)'이란 대겁을 아승지로 곱한 시간이다. 3아승지겁은 그야말로 저 인도의 갠지스 강의 모래알처럼 헤아릴 수 없는 무량하게 긴 시간이라 할 수 있다.

365 괴력난신怪力亂神: 怪는 비이성적이고 비현실적인 것, 力은 물리적인 힘을 행사하는 것, 亂은 질서와 평화를 깨뜨리는 것, 神은 귀신으로 우상을 숭배하는 것을 가리키는데, 곧 이성적으로 설명하기 어려운 불가사의한 존재나 현상을 이른다. 공자는 이 네 가지에 대해서 구체적으로 언급하지 않았다. 이를 통해 공자가 현실을 이성적이고 냉철하게 바라보면서, 힘으로 세상을 어지럽히는 것을 매우 나쁘게 생각하고 있음을 알 수 있다.

요즘 사람들은 괴기한 것도 없고 귀신도 없다고 하면 반발하는 데,³⁶⁶ 또한 불가사의한 힘의 존재나 어지럽게 하는 어떤 것이 없다고 하면 반발하지 않겠는가?

21. 子曰, 三人行에 必有我師焉이니 擇其善者而從之오 其不善者而改之니라.

공자께서 말씀하시기를, "세 사람이 길을 가면 그중에는 반드시 나의 스승이 있으니, 선한 사람은 본받아 따르고 그렇지 않은 사람은 가려서 나의 허물을 고쳐야 하느니라."³⁶⁷

師心之人, 那知此益.

자신만이 옳다고 하는 사람이³⁶⁸ 어찌 이러한 이익을 알겠는가?

22. 子曰, 天生德於予시니 桓魋其如予에 何리오.

---

366 발발撥: 반향하여 받아들이지 않고 반발反撥한다는 의미로 쓰였다.
367 결국 모든 사람은 나의 스승이 될 수 있음을 가르치고 있다. 본받을 만한 사람이 있다면 그 장점을 취하여 배우고, 선하지 못한 사람을 만나면 그 단점을 보고 자신의 잘못을 고치는 계기로 삼아야 한다는 경책이다.
368 사심지인師心之人: '자기 마음을 스승으로 삼는 사람'이라는 뜻으로, 곧 자신만 옳다고 고집하고 남의 말에 귀를 기울이지 않는다는 의미의 '사심자시師心自是', '사심자용師心自用'과 같은 뜻으로 쓰였다.

공자께서 말씀하시기를, "하늘이 나에게 덕을 주셨으니, 환퇴桓魋가 나를 어찌하겠는가?"[369]

卓吾云, 卻又微服而過宋, 妙妙. 方外史曰, 王莽學之, 便是東施.

이탁오는 "도리어 또한 변복을 하고 송나라를 지나갔다고 하는 것은[370], 몹시 기묘하다[371]"라고 하였다. 방외사는 "왕망王莽[372]이 그것을 배웠

---

369 환퇴는 송나라 사마司馬의 벼슬에 있던 대부로 곧 상퇴尙魋를 가리킨다. 송나라의 실권자로 공자가 송나라에 갔을 때 큰 나무 아래에서 제자들을 가르치고 있었는데, 환퇴가 그 나무를 쓰러뜨려 공자를 죽이려 하였다. 죽음을 모면한 공자에게 제자들이 피신을 권하자 '하늘이 나에게 덕을 펼치라는 사명을 주었는데, 환퇴 따위가 나에게 무슨 해를 끼칠 수 있겠는가?'라고 위기 상황에서 의연하게 대처하는 공자의 모습이다.
370 이탁오는 『맹자』 진심하편에서 언급되고 있는 "공자께서 노나라와 위나라에서 뜻을 얻지 못해서 송나라로 갔는데, 그때 송나라의 사마 벼슬에 있던 환퇴가 길목을 지키고 공자를 죽이려고 한 사건을 당하자, 변복 차림으로 송나라를 지나갔다(孔子不悅於魯衛, 遭宋桓司馬將要而殺之, 微服而過宋)."라는 내용이 본 22장의 내용과 상반되는 의미이기에 이를 의아하게 생각하여 비판하고 있는 듯하다.
371 묘묘妙妙: 매우 기이하고 미묘하다는 의미의 '기기묘묘奇奇妙妙'의 준말로 쓰였다.
372 한나라 제10대 황제 원제(元帝: 재위 기원전 48~33)의 왕후 왕씨 서모의 동생인 왕만王曼의 둘째 아들 왕망(王莽: 기원전 45~기원후 23)은 갖가지 권모술수를 써서 사실상 최초로 선양혁명禪讓革命에 의해 황제 권력을 빼앗은 인물이다. 왕왕후의 아들 성제成帝가 즉위하자, 왕망의 큰아버지 왕봉王鳳이 대사마대장군영상서사大司馬大將軍領尙書事가 되어 정치를 한 손에 쥐었다. 왕망은 불우하게 자랐으나 유학을 배웠고, 어른을 잘 섬겼으므로 큰아버지 왕봉의 인정을 받았다. 왕망은 기원전 33년에 황문랑黃門郞이 되고, 기원전 16년에는 봉읍封邑 1,500호를 영유하는 신야후新野侯가 되었다. 그 뒤 왕씨 일족의 두령으로서 지위를 굳히고, 기원전 8년에 38세로 재상이라 할 수 있는 대사마大司馬가 되었다. 애제哀帝 때에 신흥 외척의 압박을 피해 한때 정계에서 물러났으나, 애제가 1년 만에 아들 없이 죽자 태황태후 왕씨와 쿠데타에 성공하여 대사마에 복귀했다. 9세의 제14대 황제 평제平帝(재위 기원후 1~5)를 옹립하여 자기의 딸을 왕후로 삼았으며, 자기에게는 안한공安漢公, 재형宰衡이라는 칭호를 붙여 평제의 보정자輔政者로서의 외관을 갖추었다. 그는 평제의 어머니를 비롯한 외척세력을 모두 숙청했고 자신의 아들 왕우王宇도

으니, 곧 동시東施[373]라 할 수 있다"[374]라고 하였다.

독살했다. 기원후 5년에는 평제를 독살한 뒤 2세의 유영劉嬰(宣帝의 현손)을 세워, 당시 유행하던 오행참위설五行讖緯說을 교묘히 이용하며 인심을 모았다. 자기를 스스로 가황제假皇帝라 하고, 신하들에게는 섭황제攝皇帝라 부르게 했다. 그는 8년 유영을 몰아내어 한나라를 멸망시키고 국호를 신新이라 하여 황제가 됨으로써 선양혁명에 성공했다. 황제 왕망은 주周나라의 정전법井田法을 모방하여 토지 개혁을 단행했는데, 이는 지방 호족의 대토지 소유를 제한하고 자영농민의 빈민화를 막으려는 것이었다. 또 가난한 농민에게 싼 이자의 자금을 융자해주는 사대 제도賖貸制度를 두기도 했으며 노비 매매를 금지시켰다. 이것도 사상적으로는 유교 교전인 『주례(周禮)』에서 볼 수 있는 고전적인 것이나, 화폐 제도 개혁과 평준平準, 균수均輸 등 여러 상공 통제책과 함께 당시의 현실이 요청하는 정책이었다. 왕망의 이러한 정책은 후세에서 높이 평가되었다. 그러나 유교적인 이상을 내걸고 여러 가지 개혁을 하려 하였던 왕망의 정치는 당시 사회가 안고 있던 여러 모순을 해결할 수 없었다. 강력한 중앙 집권적 전제 지배를 꾀한 왕망의 정책은 오히려 농민들에게 고통을 주었고, 각지에 있는 호족들과의 이해가 상반된 점에 실패의 원인이 있었다. 그는 대외 정책에도 실패하여 사회 혼란을 증대시켰다. 흉노와 서역 여러 나라들이 그를 이반離反했고, 동쪽에서는 고구려와 충돌했다. 17년 산둥성山東省 일각에서 여모呂母의 난이 일어났으며, 18년 이에 호응하여 번숭樊崇 등도 거병, 이들 반란의 무리는 다른 지방의 반란군까지도 모두 합류하여 수십만의 대집단이 되었다. 이 반란 집단은 두목조차도 글을 모르는 무식한 서민 집단이어서 민중의 절대적인 호응을 얻어, 얼마 후 그 군세軍勢가 100만에 이르렀다. 같은 무렵 허난성河南省 남서부에서 유수劉秀 등의 호족 집단도 왕망을 타도하기 위해 거병하여 유수의 친척인 유현劉玄을 추대하여 경시제更始帝라 하고, 각지에서 거병한 많은 집단을 규합하여 왕망의 군대를 격파하고 장안으로 진격했다. 왕망은 장안의 미앙궁未央宮에서 부하에게 찔려 죽음으로써 건국한 지 15년에 멸망하고, 한나라 왕조의 혈통을 이은 유수劉秀(光武帝)에 의해 후한이 건국되었다. 광무제는 한나라를 건국한 고조 유방劉邦의 9세손이다.

373 동시東施: 곧 못생긴 여자가 서시西施의 눈썹 찌푸림을 본받는다는 뜻으로, 시비나 선악의 판단 없이 남을 흉내 냄을 이르는 말이다. 서시는 중국의 4대 미인 중 하나이다. 월越나라 왕 구천句踐에게 발탁돼 오吳나라 왕 부차夫差에게 미인계를 써 결국 오나라를 망하게 한 여인으로 유명하다. 서시가 사는 마을 동쪽에 같은 시施씨 성을 쓰는 추녀가 살았는데 동시라 불렸다. 동시는 동경의 대상인 서시처럼 되기 위해 늘 서시의 몸짓과 자태를 흉내 내곤 했다. 어느 날 서시가 길을 가다가 갑자기 가슴 통증을 느껴 가슴을 움켜쥐고 이맛살을 찌푸렸는데 동시는 그것마저도 따라 했다. 그러잖아도 못생긴 동시가 얼굴까지 찌푸리면서 다니는 것을 본 마을 사람들은 딱하다는 듯 고개를 젓고 더욱 멀리하였다고 한다. 다른 사람의 행동을 제대로 파악하지 못하고 무작정 따라하는 맹목적인 행동을 나무랄 때 사용하는 고사성어이다.

374 공자는 하늘의 이치인 천도天道를 깨달은 성인이다. 따라서 공자는 스스로 천도를 세상에 일깨우

23. 子曰, 二三子는 以我爲隱乎아 吾無隱乎爾노라. 吾無行而不
與二三子者니 是丘也이니라.

공자께서 말씀하시기를, "그대들은 내가 무엇을 숨기고 있다고 생각하는가? 나는 숨김이 없다. 나는 행함에 있어 그대들과 함께 하지 않는 것이 없으니, 그것이 바로 나이니라."[375]

卓吾云, 和盤托出. 方外史曰, 正惟和盤托出, 二三子益不能知. 如目連欲窮佛聲, 應持欲見佛頂, 何處用耳, 何處著眼.

이탁오는 "숨기는 것 없이 모든 것을 드러내 보이신다는 의미이다."[376]

고 후대에 전승할 책임이 천명으로 주어져 있음을 자각하고 있다. '하늘이 나에게 덕을 주셨다(天生德於予)'라는 말은 바로 공자의 천심을 읽은 자부심이 담긴 표현이라 할 수 있다. 방외사의 왕망에 대한 언급은 바로 이러한 공자의 타고난 천명을 왕망이 그릇되게 모방하고 왜곡하여 스스로 자신이 황제의 지위에 오를 수 있는 천명을 갖고 태어났다고 착각하여 온갖 부조리한 행위를 일삼았음을 비판하고 있는 내용이다. 왕망이 천명을 왜곡하여 비록 온갖 부정한 행위를 통해 황제의 자리에까지 오를 수 있었지만, 이는 어디까지나 추녀인 동시東施가 시비선악을 구별하지 못하고 절세미인인 서시의 아름다움을 모방하기 위해 애쓰던 모습과 크게 다르지 않은 어리석은 행위였음을 질책하고 있는 것이다.

375 이삼자二三子: 그대들, 너희들, 여러분. 여기서는 공자의 제자들을 지칭하고 있다. 구丘: 공자의 이름.
　※ 공자는 제자들에게 각자의 근기와 능력에 맞게 가르쳤다. 그렇기 때문에 특별히 따로 숨길 것이 없었다. 제자들은 공자에게 무언가 특별한 비결이나 감춰진 진리 같은 것이 있는데, 그것을 혼자만 알고 우리에게 숨겨두는 것이 아닐까하는 의문을 품었을 수 있다. 공자는 이러한 제자들의 의심에 더 이상 숨길 것이 없이 다 드러내 가르쳤음을 말하는 있는 것이다.
376 화반탁출和盤托出: '쟁반째로 내놓다', '있는 대로 다 털어놓다'라는 뜻으로, 숨기는 것 없이 진실 그대로를 드러내고 보여준다는 의미이다.

라고 하였다.

방외사는 "바로 오직 '있는 그대로를 드러내 보여준다'는 뜻으로, 제자들이 덧붙여 알 것이 없다. 만약 목련[377]이 부처님의 가르침[378]을 참구하고자 한다면, 마땅히 부처님의 지혜[379]를 깨닫고자 해야지, 어디에서 듣고 어디에서 보고자 하는가?"라고 하였다.[380]

24. 子以四教하시니 文行忠信이니라.

공자께서 네 가지를 가르쳤으니, 학문(文)과 덕행(行)과 성실(忠)과 신의(信)다.[381]

---

377 목련目連: 목건련((Moggalāna, 目犍連), 마하목건련(摩訶目犍連)이라고도 불린다. 부처님의 10대 제자 가운데 신통제일神通第一로 불린다. 지혜제일인 사리뿟따(Sāriputta, 사리불) 존자와 같이 라자가하(왕사성)의 꼴리따(Kolita) 마을의 바라문 가문에서 태어났다. 마을 이름을 따서 '꼴리따'라고도 불리었으며, 어머니의 이름이 목갈리였기 때문에 '목갈라나라'로 불리게 되었다. 어릴 적부터 사리뿟다와 절친한 친구였는데, 어느 날 두 친구는 광대놀이를 보러 갔다가 무상함을 깨닫고 출가를 결심했다. 당시 유명한 수행승인 산자야(Sanjaya) 문하에서 수학하다가 사리뿟따와 함께 부처님의 제자가 되었다. 목건련 존자는 사리뿟다 존자와 함께 부처님의 두 상수제자로 불린다. 그들은 부처님보다 나이가 많았으며, 자신의 동료이자 산자야의 제자 250명과 함께 부처님의 제자가 되었다. 이들 250명은 이후 모두 아라한이 되었다.
378 불성佛聲: 부처님의 진리(Dhamma, 法)에 대한 가르침.
379 불정佛頂: 부처님의 머리 정수리, 곧 부처님의 궁극적인 무량무변한 깨달음의 지혜를 가리킨다.
380 방외사가 목련존자를 예로 들어 이렇듯 설명하고 있는 것은, 아마도 목련존자가 신통제일이라 명성을 얻은 부처님 제자였기 때문이 아닌가 생각된다. 불교의 궁극적인 수행 목적은 부처님처럼 정등정각의 진리를 깨달아 부처가 되는 것에 있지, 남들보다 특출한 어떠한 신통력을 얻는 것에 있지 않다는 것을 일깨우려는 의도인 것 같다.
381 유가에서 학문은 곧 詩·書·六藝를 널리 배우고, 닦고, 실천함을 의미한다. 『중용』 20장에서는 이에 대해 "널리 배우되, 살펴서 묻고, 삼가 생각하고, 밝게 분별하고, 돈독하게 행하여야 한다(博學之, 審問之, 愼思之, 明辨之, 篤行之)."라고 언급하고 있다. 실천적 측면(行)에서는 학이편

25. 子曰, 聖人을 吾不得而見之矣어든 得見君子者면 斯可矣니라.
子曰, 善人을 吾不得而見之矣어든 得見有恒者면 斯可矣니라.
亡而爲有하며 虛而爲盈하며 約而爲泰니 難乎有恒矣니라.

공자께서 말씀하시기를, "성인을 내가 만나보지 못하였지만, 군자다운 자라도 만나본다면 만족하겠다." 공자께서 말씀하시기를, "선인을 나는 만나보지 못하였지만, 한결같은 마음을 지닌 사람이라도 만나본다면 만족하겠다. 없으면서 있는 체하고, 공허하면서 충만한 체하며, 빈약하면서도 부유한 체하는 것이 세인들의 성향이니, 변함없는 마음을 지니기는 어려우니라."[382]

聖人只是證得本亡本虛本約之理. 有恒須是信得本亡本虛本約之理. 就從此處下手, 便可造到聖人地位. 所謂以不生不滅爲本修因, 然後圓成果地修證也. 亡是眞諦, 虛是俗諦, 約是中諦, 依此而修爲三止三觀, 證此妙理, 成三德三身.

6장에서의 언급처럼, 孝·弟·謹·信·愛衆·親仁을 실천하는 것이며, 忠信은 덕으로 나아감에 갖추어야 할 자질과 품성에 해당한다. 즉 학문을 쌓아 덕행을 행하되, 이 모든 것의 근간은 충신이라는 뜻이다.

382 공자는 위정자가 지녀야 할 덕의 단계에 따라 성인, 군자, 선인, 한결같은 마음을 지닌 자(有恒者)로 나누었는데, 높은 덕을 갖추지는 못하더라도 적어도 유항자有恒者는 되어야 하지 않는가 하며 탄식하는 말이다. 세상에 어리석은 것이 세 가지 있다. 없어도 있는 체하는 것, 못나도 잘난 체하는 것, 모르면서도 아는 체하는 것 등이다. 이를 '삼치三痴'라 하는데, 공자는 '亡而爲有, 虛而爲盈, 約而爲泰'란 말로 표현하고 있다. 이런 어리석은 사람은 한결같은 마음(恒常心)을 지니기 어렵다는 것이다.

성인은 다만 본래의 없음(亡), 텅 빔(虛), 약소함(約)의 이치를 증득하신 분이다. '항상함(恒)이 있다'라는 것은 모름지기 본래 없음, 텅 빔, 약소함의 이치에 대한 믿음을 증득했음을 의미한다. 곧 이러한 이치를 좇아 수행한다면, 곧 성인의 지위에 도달하게 될 것이다. 이른바 "나지도 않고 멸하지도 않는 본성(= 常住眞性, 佛性)을 근본적인 수행의 원인으로 삼아야 원만한 깨달음의 경지(果地)를 수행을 통행 성취할 수 있다"[383]고 하는 것이다.

없음이야말로 참된 진리이며, 텅 빔이야말로 세상의 진리이며, 약소함이야말로 중도의 진리라 할 수 있다. 이러한 이치를 의지해야만 세 가지 선정(三止)과 세 가지 지혜(三觀)[384]를 닦는다고 할 수 있으며, 이러한

---

[383] 『수능엄경(首楞嚴經)』제4권에 "아난아! 네가 지금 보고 듣고 깨닫고 아는 것으로써 멀리 여래의 상락아정常樂我淨에 계합하기를 바란다면 먼저 생사의 근본을 가리고 생멸하지 않는 맑고 원만한 성품에 의지하여야 한다. 이 원만하고 고요한 성품으로써 허망한 생멸을 돌이켜서, 이를 항복받아 원명한 깨달음으로 돌이키고, 원명한 깨달음인 생멸이 없는 성품을 얻어 인지因地의 마음을 삼아야만 과지果地의 수증修證을 원만하게 성취하게 되는 것이다(阿難, 汝今欲今見聞覺知, 遠契如來常樂我淨, 應當先擇死生根本, 依不生滅, 圓湛性成, 以湛旋其虛妄滅生, 伏還元覺, 得元明覺無生滅性)."라는 내용의 표현이 나온다.

[384] 삼지三止와 삼관三觀: 중국 수나라의 천태지자(天台智者: 538-597)대사는 불법의 체득을 위한 실천 수행체계로 止觀을 언급하고 있다. '止'는 번뇌의 마음을 가라앉혀 본원적인 마음자리에 머무는 것을 의미하며, '觀'은 번뇌를 가라앉혀 일으키는 지혜의 마음으로, 곧 몸과 마음을 바르게 통찰하는 것을 의미한다. 止는 선정수행에 해당하고 觀은 지혜수행에 해당된다. 천태대사는 이러한 지관수행을 구체적으로 '三止'와 '三觀'으로 풀이하고 있다. 삼지는 체진지體眞止 · 방편수연지方便隨緣止 · 식이변분별지息二邊分別止이다. 체진지는 공의 이치를 체득하여 그곳에 머무르는 것이고, 방편수연지는 교묘한 방편으로 드러난 현실(假)의 모습에 수연隨緣하는 것이며, 식이변분별지는 공空과 가假의 양변을 분별하는 것을 멈추고, 그 어느 곳에도 집착하거나 치우치지 않고 중도에 머무르는 것을 의미한다. 그리고 삼관은 종가입공관從假入空觀 · 종공입가관從空入假觀 · 중도제일의관中道第一義觀이다. 이것 역시 각각 空·假·中에 배대하고 있다. 요컨대 삼지삼관은 공·가·중이라고 하는 삼제三諦를 체험·실천하는 측면에서 표현된 수행법이라 할 수 있다. 그런데 삼지삼관은 그 이

미묘한 이치를 증득해야만 세 가지 덕(三德)과 세 가지 몸(三身)[385]을 이룰

해를 위하여 편의상 단계적으로 설명된 것으로서 본래는 동시적인 것이라 볼 수 있다. 삼지삼관을 동시적·일체적으로 파악하는 것을 이른바 원돈지관圓頓止觀 또는 일심지관一心止觀이라 한다.

[385] 삼덕三德과 삼신三身: 삼덕은 단덕斷德 · 지덕智德 · 은덕恩德을 말하고, 삼신은 법신法身 · 보신報身 · 화신化身을 말한다. 부처님이 성취한 세 가지 내용의 덕과 세 가지 특징적인 몸을 가리킨다. ①법신은 마음의 근원적인 본성(진여 · 불성 · 여래장)인 이치를 인격화한 이름이다. 혹은 우주법계에 상주하는 이불理佛을 의미한다. 이러한 법신을 인격화하여 부르는 이름이 바로 비로자나(Vairocana, 大日如來)불이다. 일반적으로 청정법신비로자나불(淸淨法身毘盧遮那佛)이라고도 부른다. 이러한 법신을 성취하는 것은 수행을 통하여 무수한 번뇌를 모두 끊은 공덕(斷德)을 원인으로 한다. 이러한 측면에서 법신을 자성청정심自性淸淨心 · 본각진심本覺眞心 · 진실하고 신령한 성품 등으로 부른다. 보신은 부사의한 선업으로 성취하신 지혜를 인격화한 이름이다. ②보신이란 '수행을 통하여 성취한 과보(報)의 몸(身)'이란 뜻이다. 깨달음을 성취하여 얻게 되는 온갖 공덕, 자비, 지혜를 비롯한 모든 수승하고 원만무구한 복덕을 상징한다. 이러한 보신을 인격화하여 부르는 이름이 바로 노사나불(盧舍那佛)이며, 일반적으로 원만보신노사나불(圓滿報身盧舍那佛)이라고 부른다. 대승불교에서 이러한 보신을 대표적으로 상징하는 부처님이 바로 48대원의 원력을 세워 그 원력과 수행의 결과로 부처가 되었다는 아미타불을 꼽는다. 이러한 보신을 성취하는 것은 일심의 지혜로 무량한 선법을 모두 닦은 공덕(智德)을 원인으로 한다. 그러므로 보신은 부처님의 지혜 · 여래장성의 공덕상 · 부처님이 성취하신 지혜라 할 수 있다. ③화신은 법신의 부처님이 보신의 공덕을 갖추고 무량한 자비와 지혜로 생로병사의 윤회에 빠져 고통 받는 모든 중생을 제도하기 위해 현실세계에 다양한 모습의 상으로 화현하는 구제대비救濟大悲의 부처님을 뜻한다. 이러한 화신불을 대표하는 부처님이 바로 역사적인 부처님인 석가모니불이다. 까닭에 일반적으로 석가모니불을 천백억화신 석가모니불(千百億化身釋迦牟尼佛)이라고 부르기도 한다. 이러한 화신불은 무변한 중생을 모두 제도하는 공덕(恩德)을 끝없이 베푸신다. 법신과 보신을 이루면 자연히 중생의 근기에 응하여 교화의 작용을 그치지 않는 화신불을 성취한다. 화신은 여래의 불가사의한 업용業用이다. 법신과 보신을 성취하고, 자연히 화신불을 성취하는 것은 맨 처음 보리심을 일으켰기 때문이다. 무상보리심을 일으키는 것(發心)은 三身과 三德의 정인正因이기 때문이다. 일반적으로 삼신불은 달 본체와 달빛, 그리고 강에 비친 달의 그림자에 비유하여 설명하기도 한다. 하늘의 달이 법신이라면 호수에 비친 달그림자는 화신이고, 호수에 달이 비치도록 도와주는 달빛이 보신이라는 것이다. 『법화경』을 소의경전으로 삼는 천태종에서는 이러한 삼신불을 이해하는 데 있어 비로자나와 노사나 그리고 석가모니를 각각 법신(法身: 진리의 몸) · 보신(報身: 깨달은 몸) · 보신(報身, 應身: 중생을 구제하는 몸)에 해당하는 것으로 보면서도, 이 셋을 서로 다른 부처로 보지 않고 하나의 불(一佛)로 보는 견해를 취한다. 일반적으로 다른 종파에서도 이러한 천태종의 견해를 받아들이고 있다.

수 있다.³⁸⁶

26. 子는 釣而不綱하시며 弋不射宿이러시다.

공자께서는 낚시는 하시면서도 그물로 고기를 잡지 않았고, 주살로는 졸고 있는 새는 쏘지 않으셨다.³⁸⁷

---

386 지욱선사는 공자가 언급하고 있는 성인과 선인의 의미와 亡·虛·約의 의미를 불교적 관점에서 재해석하고 있다. 亡·虛·約은 불교적 관점에서 궁극적인 진리의 본래적 실상, 본성, 이치의 또 다른 표현임을 말하고, 이러한 이치를 깨달은 사람이 곧 성인이고 선인이라는 것이다. 나아가 亡·虛·約은 천태종에서 교설하는 空(亡)·假(虛)·中(約)이라는 존재의 세 가지 실상에 대비될 수 있으며, 이러한 이치를 깨닫기 위해 노력하는 것이 곧 천태종에서 수행법으로 가르치고 있는 三止와 三觀의 수행과 다름이 없다는 것이다. 이러한 이치를 깨닫는 것이야말로 불교에서 말하고 있는 三德과 三身을 갖춘 부처이고 성인이라는 설명이다.
387 조釣: 낚시. 익弋: 주살.
※ 재물을 탐하지 않고 검소하게 사셨던 공자의 모습을 보여주는 한편, 탐욕으로 재물을 축적하여 백성들을 가난의 고통으로 몰고 가는 위정자들에 대한 경계의 뜻이 담긴 문장이라 할 수 있다. 『주역』수지비괘(水地比卦)의 구오효사에서 '왕용삼구법王用三驅法'이라는 표현이 나온다. '三驅'는 옛적에 사냥을 하는데 사방을 막아 짐승을 모두 다 잡지 않고, 한 곳을 터놓아 일부 도망갈 짐승은 빠져 나가도록 하고, 나머지 세 곳만 몰아 잡는 사냥법을 뜻한다. 곧 짐승이 계속해서 번식할 수 있도록 일부를 살려두는 방식의 사냥법이다. 또한 그물눈을 크게 만들어 아직 어린 물고기는 잡지 않았으며, 나무가 자랄 때인 봄과 여름에는 벌목을 허용하지 않았으며, 봄철에 나온 어린 벌레는 죽이지 못하도록 하였다. 비록 사냥을 하고 물고기를 잡더라도 약자를 배려하고 종족을 보존할 수 있도록 하기 위한 최소한의 자비를 베풀었던 것이다. 정치에서도 백성을 법으로 다스리되, 백성들의 눈·코·귀·입을 다 막는 식의 강압적 통제를 하는 것이 아니라, 불만을 토로할 언로를 열어주는 통치 방식이 이른바 三驅法에 해당한다. 공자의 도를 계승한 맹자는 왕도 정치를 주창하며, 『맹자』 양혜왕 상편에서 여러 방안을 제시하고 있는데, 그중 하나가 '백성들의 농사 때를 어기게 하거나 빼앗지 말고(不違農時, 不奪其時)', '빽빽한 그물로 어린 물고기와 자라까지 다 잡지 못하게 하는 것(數罟不入洿池, 魚鼈 不可勝食也)' 등이다.

現同惡業, 曲示善機, 可與六祖吃肉邊菜同參.

악업을 함께 드러내면서도, 선한 기틀을 완곡하게 드러내니[388], 가히 육조 혜능대사가 고기 곁의 채소를 먹으며 동참하는 경우라 할 수 있다.[389]

27. 子曰, 蓋有不知而作之者아 我無是也로다. 多聞하며 擇其善者

---

388 현동악업現同惡業, 곡시선기曲示善機: 불교에서 '惡業'이라 함은 살생, 도둑질, 악담, 사기, 폭력 등과 같은 나와 남을 동시에 해롭게 하고 괴로움을 주는 불선한 행위들을 의미한다. '善機'는 선한 근기, 곧 선한 마음의 기틀을 말한다. 공자가 물고기와 조류를 잡는 것은 스스로가 그러한 불선한 행위를 좋아해서 하는 것이 아니라, 더불어 함께 살아가는 사람들과 동업중생의 삶을 살기 위한 어쩔 수 없는 선택의 행위였을 것이다. 공자가 비록 범부들과 더불어 낚시와 새를 잡는 악업을 하면서도 성인이 갖춘 본래의 선한 마음은 감출 수 없음은 당연하다. 까닭에 한 번에 많은 물고기를 죽이는 투망의 사용을 자제하여 오직 먹이의 미끼를 무는 한 마리의 물고기만 잡는 낚시를 사용하고, 주살로 졸고 있는 새는 쏘지 않음으로써 새에게 사냥 당함을 피해 도망갈 수 있는 기회를 주고자 했던 것이다. 지욱선사는 공자의 이러한 행위와 마음을 '현동악업, 곡시선기'라는 말로 표현하면서, 공자와 같은 실천을 드러낸 예로 육조 혜능선사의 일화를 적고 있는 것이다.

389 『육조단경(六祖壇經)』에 "혜능대사가 조계에 이르렀으나 또 (의발을) 뺏고자 하는 나쁜 사람들에게 쫓기게 되었다. 이로 인해 사회현(四會縣: 현 광동성廣東省 사회시四會市)으로 난을 피하여 사냥꾼들 틈에서 무릇 15년을 지내게 되었다. 때때로 사냥꾼들과 더불어 살며 옳은 것을 따라(그때 그때 상황에 맞게) 설법을 하였다. 사냥꾼들이 그물을 지켜 달라고 하였는데, 언제나 살아 있는 것을 보면 다 풀어 놓아 주었다. 언제나 식사 때가 되면 채소를 고기 삶는 냄비에 데쳐 먹었으며, 혹 누가 물으면 '단지 고기 곁의 나물(肉邊菜)을 먹었다' 하였다(能, 後至曹溪, 又被惡人尋逐. 乃於四會縣, 避難, 獵人隊中, 凡經一十五載. 時與獵人, 隨宜說法, 獵人常令守網, 每見生命, 盡放之, 每至飯時, 以菜寄煮肉鍋, 或問, 則對曰, 但喫肉邊菜)."라는 표현이 나온다. 6조 혜능(慧能: 638~713)선사는 5조 홍인(弘忍: 594~674)대사로부터 이심전심으로 법을 인가받고, 그 징표로 의발衣鉢을 전수받게 되었다. 하지만 이를 시기하고 질투하는 무리들의 위협을 피해 멀리 조계曹溪산으로 숨어들어 15년 동안 사냥꾼들 틈에 섞여 숨어 살았다. 지욱선사의 언급은 바로 이때의 혜능선사의 비승비속의 삶을 살면서 보여줬던 자비행에 대한 언급이라 할 수 있다.

而從之하며 多見而識之면 知之次也이니라.

공자께서 말씀하시길, "대개 잘 알지도 못하면서 새로운 것을 지어내는 사람이 있지만, 나는 그런 적이 없다. 많이 듣고 그 가운데서 옳은 것을 골라 따르고, 많이 보고 그것을 마음에 새겨둔다면 (선천적으로) 아는 것에 버금가는 일이니라."[390]

知便不作, 作便不知. 卓吾云, 甘心爲次, 所以爲上. 方外史曰, 今之高談向上, 恥居學地者, 愧死愧死.

안다고 곧 창작할 수 있는 것도 아니고, 창작이 곧 아는 것도 아니다. 이탁오는 "달게 받아들이는 것[391]이 아는 것에 버금가는 일이라 할 수 있는데, 그렇기 때문에 최상이 되는 것이다"라고 하였다.[392]

방외사는 "지금의 사람들은 위로 향하여 고상한 담론만을 일삼고 있으니, 아직 배우는 처지에 놓여 있는 자들은 부끄러워해야 한다. 매우

---

390 깊이 알지 못하면서 지어내는 것(창작)을 비판하면서 많이 듣고 많이 보아 견문을 넓혀서 자신의 식견을 높일 것을 강조하고 있는 내용이다.
391 감심甘心: 달게 여기다, 기꺼이 받아들이다, 만족스럽게 여기다, 흡족해하다의 의미.
392 자신을 낮추고 비워야 밖에서 다른 것을 보고 듣고 배워 자신을 점차 발전적으로 향상시킬 수 있다. 자신이 조금 안다고 자신을 내세우고 아만에 빠져 있는 사람이라면, 그는 더 이상 그 누구에게도 배울 수 있는 자세를 잃게 된다. 이탁오는 바로 이러한 이치를 말하고 있다. 무엇이든지 '기꺼이 받아들이고자 하는 마음(甘心)'이야말로 아는 것에 버금가는 일이고, 가장 최상의 가치가 된다는 의미이다.

부끄럽고 부끄러울 뿐이다[393]"라고 하였다.

28. 互鄕은 難與言이러니 童子見커늘 門人惑한대 子曰, 與其進也요 不與其退也이니 唯何甚이리오. 人이 潔己以進이어든 與其潔也요 不保其往也이니라.

　호향互鄕은 같이 말하기조차 어려운 마을인데, 그 마을의 아이를 공자가 만나주자 제자들이 의아스럽게 생각했다. 공자께서 말씀하시길, "찾아온 사람은 상대해 주고, 떠나버린 사람은 상대할 수 없는 것이니, 어찌 심하게만 대하겠느냐? 자기를 깨끗이 하고 오면 그 깨끗함을 받아들여 함께하고, 그 사람의 지나간 일은 마음속에 두지 않는 것이니라."[394]

　卓吾云, 天地父母之心.

　이탁오는 "(공자의) 천지와 같은 부모의 마음이다"라고 하였다.

29. 子曰, 仁遠乎哉아 我欲仁이면 斯仁이 至矣니라.

---

393 괴사愧死: 부끄러워 죽을 지경이다. 매우 부끄럽다. 너무 부끄럽다.
394 호향互鄕: 고을 이름. 지금의 강소성江蘇省 패현沛縣에 위치.
　※ 당시에 호향 사람들은 인심이 사납고 성격이 거칠 뿐만 아니라, 풍기도 매우 문란해 더불어 이야기하기 어렵다고 알려져 있었다. 하지만 사람의 됨됨이는 사람 개개인에게 달린 것이고, 그 사람이 사는 곳에 달린 것은 아니라 할 수 있다. 어린아이들처럼 사람이 깨끗한 마음으로 다가오면 받아주고, 지난 허물을 문제 삼지 않는 것이 깨어 있는 사람의 지혜로운 처신이라 할 수 있다. 공자는 제자들의 편견을 탓하며 이러한 현명한 처신을 일깨우고 있는 것이다.

공자께서 말씀하시기를, "어찌 인이 멀리 있다고 하겠는가? 내가 인을 바라면 곧 인에 이르게 되느니라."[395]

欲仁卽仁, 仁體卽是本來至極之體, 猶所云念佛心卽是佛也.

어질고자 하는 마음이 바로 인이다. 인의 본체는 곧 본래의 지극한 몸체라 할 수 있다. 이른 바 '염불하는 마음(念佛心)'이 곧 부처(是佛)인 것이다.[396]

30. 陳司敗問, 昭公이 知禮乎잇가. 孔子曰, 知禮시니라. 孔子退커시늘 揖巫馬期而進之曰, 吾聞君子는 不黨이라 하니 君子도 亦黨乎아 君取於吳하니 爲同姓이라. 謂之吳孟子라 하니 君而知禮면 孰不知禮리요. 巫馬期以告한대 子曰, 丘也幸이로다.

---

[395] 공자 사상을 한마디로 표현하면 인仁이다. 공자는 천지자연의 이치인 천도를 본받아 인륜의 네 가지 덕(四德)인 인의예지仁義禮智를 정립하였는데, 그중에서도 가장 근간이 되고 으뜸이 되는 것이 바로 인이다. 그러나 공자는 실제 현실 사회에 인을 실현하는 것이 매우 어렵다고 보았다. 까닭에 이인편 6장에서 "나는 아직까지 진실로 인을 좋아하는 사람과 불인을 미워하는 사람을 보지 못했다."라고 언급하고 있다. 제자들 또한 인을 실행하기 매우 어려운 것이라 인식하여, 인의 적극적인 실천을 망설였다. 이에 공자는 인은 하고자 마음만 먹으면 누구나 다 할 수 있는 것으로, 실천에 게으른 제자들을 경책하며 제자들로 하여금 적극적으로 인의 실천에 나설 것을 당부하고 있다.

[396] 인이 따로 있는 것이 아니라, 어질고자 하는 그 마음 자체가 인이라는 설명이다. 염불은 마음으로 부처님의 자비와 지혜, 그리고 존귀한 덕상을 깊이 생각하며 입으로 부처님의 명호를 부르는 것을 의미한다. 그런데 부처님이 어디 따로 실체적인 존재로 살아 있어 그러한 염불을 하는 것이 아니라, 어지러운 마음을 고요히 가라앉히고 선한 마음을 일으켜 염불하는 그 순간, 그 자체가 부처님이 화현하는 순간이고, 염불자가 부처님을 친견하게 되는 순간이 된다. 까닭에 지욱선사는 염불하는 마음이 바로 부처라고 표현하고 있는 것이다.

苟有過어든 人必知之온여.

진陳나라의 사패司敗가 공자에게 묻기를, "소공昭公은 예를 아는 사람입니까?" 공자께서 답하시기를, "예를 아는 사람입니다." 공자가 물러가시자 사패가 무마기巫馬期[397]에게 예를 표하고 다가가 말하길, "내가 듣기로 군자는 편을 가르지 않는다고 하더니, 군자도 편당하여 두둔합니까? 소공이 오나라 여인을 부인으로 맞이했는데, 동성이기 때문에 오맹자吳孟子라고 불렀으니, 소공이 예를 안다고 하면 누가 예를 모르겠습니까?" 무마기가 이를 공자에게 고하자 공자께서 말씀하시기를, "나는 행복한 사람이다. 내가 잘못이 있으면 다른 사람이 반드시 알려 주는구나."[398]

不似今人强辯飾非.

요즘 사람들과 같이 억지로 말을 교묘하게 하여 거짓을 꾸미는 것처

---

[397] 무마기巫馬期: 공자의 제자로, 성은 巫馬, 이름은 施, 期는 자.
[398] 사패司敗는 요즘 시대의 법무장관에 해당하는 직위이다. 소공昭公은 노魯나라 27대 임금이다. 무마기는 진나라 사람으로 공자의 제자이다. 춘추 시대에 동성 간의 결혼은 금기시되어 있었는데, 노나라의 소공은 오나라의 동성의 여인과 결혼했다. 그런데 동성 결혼이 탄로날까 봐 짐짓 송나라의 여인처럼 보이기 위해 '오맹자'라고 불렀음은 예를 크게 벗어난 것이었다. 사패의 질문에 공자는 소공의 예가 아님을 모르는 바가 아니나, 신하의 도리로 주군의 잘못을 말하지 않는 것이 예의이기에 '예를 안다'고 답했는데, 사패의 비판에 공자는 '나의 잘못을 깨우쳐 주니 행복하다'고 긍정적으로 받아들이고 있는 것이다.

럼 해서는 안 된다.³⁹⁹

31. 子與人歌而善이어든 必使反之하시고 而後和之러시다.

공자께서는 사람들과 함께 노래할 때에 상대방이 노래를 잘하면, 반드시 다시 부르게 하고 그 후에 함께 불렀다.⁴⁰⁰

32. 子曰, 文莫吾猶人也아 躬行君子를 則吾未之有得호라.

공자께서 말씀하시기를, "학문에 있어서 내가 다른 사람보다 못하지는 않지만, 군자의 도를 실천함에 있어서는 아직 부족하구나."⁴⁰¹

也是千眞萬眞之語.

역시 이는 천만 년의 진실된 말씀이라 할 수 있다.⁴⁰²

---

399 강변식비強辯飾非: '억지로 말을 교묘하게 하여 거짓을 꾸미다'라는 의미.
400 공자는 순임금의 음악을 듣고는 침식을 잊을 만큼 음악에 심취하였고, 나아가 음악을 정리하면서 일일이 음을 고르셨다고 한다. 그 정도로 공자는 노래 부르는 것을 좋아했던 것 같다. 노래를 부를 때 노래를 잘하는 사람이 있으면 그것을 배우기 위하여 다시 부르게 하고, 그 후에 함께 부르는 식으로 배움을 게을리하지 않았다는 표현이다.
401 유인猶人: 겨우 다른 사람에 미침, 약간 부족하다는 뜻을 나타냄.
  ※ '군자의 도를 스스로 실천함에 있어서는 아직 부족하다'라고 말하는 공자의 고백에서 도의 실천이 결코 쉽지 않다는 것을 강조하고 있다. 아울러 스스로를 낮춰 평가하는 공자의 겸손함을 엿볼 수 있다.
402 천진만진千眞萬眞: 시대의 변화에 무관하게 변하지 않는 매우 확실한 진실을 표현할 때 쓰이는

33. 子曰, 若聖與仁은 則吾豈敢이리요. 抑爲之不厭하며 悔人不倦
은 則可謂云爾已矣니라. 公西華曰, 正唯弟子不能學也로소이다.

공자께서 말씀하시기를, "성인이나 인자와 같은 행동을 내가 어찌 감히 할 수 있겠는가? 다만 배움에 싫증내지 않고 가르치는데 게을리하지 않았다고 말할 수는 있을 것이니라."
공서화公西華가 말하길 "바로 그것을 저희들은 따라 할 수 없는 것입니다."[403]

更眞. 卓吾云, 公西華亦慧.

더욱 진실 된 말씀이다. 이탁오는 "공서화 역시 지혜롭다."라고 하였다.

34. 子疾病이시어늘 子路請禱한대 子曰, 有諸아 子路對曰, 有之하니 誄曰, 禱爾于上下神祇라 하더이다. 子曰, 丘之禱久矣니라.

공자의 병이 위중하여 자로가 기도하기를 권유하자, 공자께서 말씀하

형용사이다.
403 억抑: 그러나, 다만, 단지. 공서화公西華: 이름은 적赤, 자는 자화子華.
※ 공서화는 공자의 제자로 공자는 공서화에 대해 사교성과 외교적 능력이 뛰어나다고 평가하였다. 공자는 자신을 낮춰 겸허하게 자신이 성과 인의 경지에는 이르지 못했음을 말하고 있다. 하지만 배움과 가르침에 있어서는 끊임없이 매우 노력했음을 자신 있게 말하고 있다. 공서화는 이러한 공자의 행위를 제자들은 차마 본받아 따라 하지 못하고 있다고 고백하면서 공자의 위대함을 말하고 있다.

시기를, "그런 선례가 있느냐?" 자로가 답하길 "있습니다. 뇌誄라는 기도
문에 '너를 위해 천지신명께 빈다'라고 했습니다." 공자께서 말씀하시기
를, "나도 그런 기도를 해온 지 오래 되었느니라."[404]

可與談三種懺法.

가히 더불어 세 종류의 참법[405]을 담론해 볼 필요가 있다.

35. 子曰, 奢則不孫하고 儉則固니 與其不孫也寧固니라.

---

404 유제유저有諸: 전례가 있느냐. 뇌誄: 죽은 이를 애도하면서 그의 행적을 기술한 제문祭文의 글. 상하신上下神: 천신과 지신.
  ※ 공자는 제자들이 사후의 세계나 귀신을 섬기는 것에 관심을 갖기보다는 현실에서 사람들의 삶을 개선하거나 사회의 정의를 구현하는 것에 집중하기를 원했다. 공자는 신 중심의 세계관에서 벗어나 인간 중심의 인문주의를 추구한 주공을 본받고자 했고, 귀신이나 불가사의한 힘 같은 것에 의존하지 않고 인간의 이성을 바탕으로 현실 세계의 모순을 극복하고자 노력했다. 자로가 스승의 병이 걱정되어 기도를 드릴 것을 청하자, 공자는 그런 선례가 있는지 묻고 자로가 기도문의 구절을 얘기하니까 '나도 그러한 기도를 해온 지 오래되었다'라고 답한다. 이 같은 공자의 답변은 '기도는 잘못을 뉘우치고 선에 옮겨가 신의 도움을 비는 것이다(禱者, 悔過遷善, 以祈神之佑也)'라는 기도에 대한 자신의 생각과 아울러 『중용』 24장과 26장에서 '지극한 정성은 신과 같이(至誠如神)', '지극한 정성은 쉼이 없다(至誠無息)'이라고 표현하였듯이, 평상시에 정성을 들이면 그것이 기도라는 공자의 견해를 드러내고 있다. 이러한 공자의 답변에서 기도하면서 삶을 연장하고자 하는 것은 귀신에 아부하는 것이고, 바람직한 삶의 태도가 아니라는 공자의 생각을 또한 엿볼 수 있다.
405 삼종참법三種懺法: 죄업의 소멸을 발원하며 행하는 세 가지 참회법이다. 일정하게 규정된 작법에 따라 부처님 앞에서 자신이 지은 불선한 악업을 참회하는 작법참作法懺, 선정에 들어 마음을 고요히 한 상태에서 불선한 죄업을 떠올리면서 불보살님이 와서 머리를 쓰다듬어 주심으로 인해 죄업이 소멸될 수 있기를 바라는 취상참取相懺, 마음을 바로 하여 단정히 앉아 불생불멸의 실상을 통찰하여 어리석음을 비롯한 모든 번뇌를 없애 나가는 무생참無生懺 등을 말한다.

공자께서 말씀하시기를, "사치하면 겸손하지 못하고, 검소하면 고루하게 된다. 겸손하지 못한 것보다는 차라리 고루한 편이 낫다."[406]

此與對林放同意, 卓吾云, 救世苦心.

이 부분은 임방林放에 대한 가르침과 같은 뜻이라 할 수 있다.[407] 이탁오는 "세상을 구제하기 위한 고심이다."라고 하였다.

36. 子曰, 君子坦蕩蕩이요 小人長戚戚이니라.

공자께서 말씀하시기를, "군자는 편안하고 마음이 너그러우나, 소인은 늘 근심과 걱정을 한다."[408]

---

406 고固: 고루하다, 용렬하고 고집이 세다.
　※ 사치하면 자못 거만하게 되어 겸손하지 못하게 되고, 너무 검소하다 보면 고집스럽고 인색해지는데 둘 다 좋지 않다. 그러나 고집스럽고 인색한 것보다는 차라리 겸손하지 못한 것이 더 나쁘다고 공자는 말한다. 겸손의 중요성을 강조하고 있는 것이다.
407 팔일편에서 언급되고 있는 "임방이 예의 근본을 묻자, 공자께서 말씀하시기를, '훌륭한 질문이다. 예는 사치하는 것보다는 검소한 것이 낫고, 상례는 잘 치르는 것보다는 슬퍼하는 것이 낫다(林放問禮之本, 子曰, 大哉問, 禮與其奢也, 寧儉, 喪與其易也, 寧戚).'"라는 내용의 의미와 같다는 뜻이다.
408 탄탕탕坦蕩蕩: 『논어집주(論語集註)』에서 주자는 "탄은 평평함의 의미이고, 탕탕은 너그럽고 넓은 모양을 의미한다(坦, 平也, 蕩蕩, 寬廣貌)."라고 주를 달고 있다. '탄'은 마음이 고요하고 평정한 상태, '탕탕'은 그 어느 경계에도 집착과 걸림이 없는 자유롭고 여유로운 해탈의 경지를 가리킨다. 척척戚戚: 근심하고 두려워하는 모양.
　※ 군자는 세상의 이치를 깨달았기에 마음이 평안하고 고요하며 너그럽지만, 소인은 어리석어 사리사욕에 빠져 이익만 추구하다 보니 근심과 걱정으로 항상 마음이 불안하고 초조하다는 경책의 말씀이다.

蕩蕩, 卽坦字之註脚, 所謂居易以俟命也, 卻是戒愼恐懼之體. 戚戚, 正是無忌憚處, 思之思之.

'탕탕蕩蕩'은 곧 '탄坦' 자의 주해라 할 수 있다. 이른 바 "평안히 거처하며 천명을 기다린다."[409]는 의미로, 이는 바로 경계하고 삼가며, 두려워하고 조심하는 것[410]의 근본이라 할 수 있다. '척척戚戚'은 바로 어느 곳에서나 거리낌 없이 행동하는 것이다.[411] 잘 숙고하고 숙고할 일이다.

37. 子는 溫而厲하시며 威而不猛하시며 恭而安이러시다.

공자께서는 온화하되 엄격하셨고, 위엄이 있되 무섭지 않았으며, 공손하면서도 편안하셨다.[412]

像讚.

공자에 대한 찬탄이다.

---

409 『중용』 143장에 "그러므로 군자는 평안하게 거처하면서 천명을 기다리고, 소인은 위험하게 행동하면서 요행을 바란다(故, 君子, 居易以俟命, 小人, 行險以徼幸)."라는 내용을 가리킨다.
410 계신공구戒愼恐懼: 『중용』 제1장에 "도는 한순간이라도 떠날 수 없는 것이니, 가히 떠날 수 있으면 도가 아니다. 그러므로 군자는 그 보이지 않는 바를 경계하고 삼가며, 그 들리지 않는 바를 두려워하고 조심한다(道也者, 不可須臾離也, 可離非道也. 是故, 君子戒愼乎其所不睹, 恐懼乎其所不聞)."라는 표현이 언급되고 있다.
411 무기탄처無忌憚處: '무기'는 거리낌이 없다, '탄처'는 장소를 가리지 않는다는 의미.
412 공자의 인품과 평소의 태도를 묘사한 글이다. 온화함과 엄격함, 위엄과 무섭지 않음, 공손함과 편안함에 있어서 한쪽으로 편향되지 않고 조화를 추구하는 공자의 면모를 찬탄하고 있다.

제8 태백泰伯편

1. 子曰, 泰伯은 其可謂至德也已矣로다. 三以天下讓하되 民無得而稱焉이온여.

공자께서 말씀하시기를, "태백泰伯은 지극한 덕을 지녔다고 말할 수 있다. 천하를 세 번이나 양보하였는데, 백성들은 그 덕을 칭송할 길이 없었느니라."[413]

---

413 태백泰伯: 주나라 태왕太王의 장자.
※ 은나라 제후국인 주나라 태왕에게는 세 아들이 있었는데 첫째가 태백泰伯, 둘째가 중옹仲雍, 셋째가 계력季歷이다. 셋째 계력에게는 창昌이라는 아들이 있었는데, 태왕은 셋째 계력의 아들 창이 남달리 뛰어난 인물임을 보고 계력에게 왕위가 이어지게 되기를 바랐다. 태왕의 의도를 알게 된 태백은 왕위 계승을 사양하고 동생인 둘째 중옹을 설득하여 주나라를 떠나 변방 오지에서 은둔했다. 실제로 후에 계력이 태왕을 이어 왕위를 계승했고, 그의 아들인 창이 또 다시 왕위를 계승하여 문왕文王이 되었으며, 문왕의 아들인 발(發: 武王)이 다시 왕위를 계승하여 나중에 은나라의 주紂를 멸망시키고 천자가 되는 데까지 이어졌다. 세 번 천하를 사양했다는 것은 태왕이 죽었을 때 태백은 장남임에도 불구하고 달려가지 않음으로써 계력이 상주가 되게 한 것이 첫 번째요, 계력이 태백을 불렀으나 가지 않은 것이 두 번째요, 상이 끝난 이후 머리를 풀어헤치고 야인이 되어 살아간 것이 세 번째라는 것이다. 이는 철저하게 왕위 계승을 사양했다는 의미이다. 백성들이 그의 덕을 칭송할 수 없었다는 것은 태백이 모든 행동을 백성들이 눈치채지 못하도록 조용히 실천함으로써 백성들이 그를 칭송할 기회조차 갖지 못하도록 했다는 의미이다. 공자는 천하의 평화를 위해 제왕의 자리를 과감히 사양하고 모든 선행을 남이 모르게 묵묵히 실천했다는 점에서 태백을 극찬하고 있다.

三讓, 究竟讓也. 以天下讓, 以天下之故而行讓也. 此時文王已生, 紂亦初生, 泰伯預知文王之德, 必能善服事殷, 救紂之失. 故讓國與之, 令扶商之天下. 是故文王之至德人皆知之, 泰伯之至德, 又在文王之先, 而人罔克知也. 至於文王旣沒, 紂終不悛, 至使武王伐紂, 則非泰伯之所料矣.

'세 번 양보했다(三讓)'는 것은 궁극적으로 끝까지 양보했음을 의미한다. '천하를 양보했다(以天下讓)'는 것은 천하의 여론이 그러했기 때문에 [414] 양보를 실행했음을 의미한다. 이 시기에 문왕(文王: 계력의 아들)은 이미 태어나 있었고, 주紂[415]의 통치 또한 처음 시작하고 있었다. 태백은 문왕이 덕으로 반드시 은나라를 잘 섬길 수 있고, 주왕의 실정으로부터 천하를 구할 수 있을 것을 미리 알아차렸다. 그러므로 그에게 나라를 양보하여 그로 하여금 상(商: 은나라)나라의 천하를 돕도록 한 것이다.

---

414 천하지고天下之故: 천하의 연고, 즉 당시에 시대적 상황이 태백으로 하여금 천하의 왕위를 양보할 수밖에 없었던 연고를 말한다. 당시의 시대적 상황이 태백으로 하여금 왕위를 양보하게끔 작용했다는 의미이다.

415 주紂: 수受, 또는 제신帝辛이라고도 한다. 은나라의 마지막 임금이다. 제을帝乙의 아들로 하나라 걸왕桀王과 더불어 중국 역사상 폭군의 대명사로 일컬어진다. 술을 좋아하고 음란했기에 그로부터 '주지육림酒池肉林'이라는 고사가 생겨났다. 너무 가혹하게 세금을 거두는 데다 형벌을 지나치게 자행했다. 가혹한 형벌을 상징하는 '포락지형炮烙之刑'이라는 말도 그로부터 비롯되었다. 이러한 이유로 백성들의 원성이 자자했으며, 충신인 구후九侯와 악후鄂侯를 죽이고 서백(西伯: 주나라 문왕文王)을 가두자 제후들이 반란을 일으켰다. 충간을 올리는 신하 비간比干 등을 살해하고 현인이었던 기자箕子를 옥에 가두는 것 등으로 인해 세상의 민심을 크게 잃었다. 재위 33년에 목야牧野 전투에서 대패하고 주나라 무왕武王에게 나라를 빼앗기고 말았다.

이러한 까닭으로 문왕의 덕은 사람마다 다 알 수 있었지만, 태백의 지극한 덕은 또한 문왕보다 앞선 것이었기에 사람들이 망각하여 알지 못했던 것이다. 문왕이 세상을 떠났지만 주왕이 마침내 잘못을 뉘우치지 않자, 무왕으로 하여금 주를 정벌하는 데까지 이르게 되었는데 이는 태백이 미처 헤아렸던 바가 아니었다.

2. 子曰, 恭而無禮則勞하고 愼而無禮則葸하고 勇而無禮則亂하고 直而無禮則絞니라. 君子篤於親則民興於仁하고 故舊不遺則民不偸니라.

공자께서 말씀하시기를, "공손하되 예가 없으면 수고롭기만 하고, 신중하나 예가 없으면 두렵고, 용감하나 예가 없으면 난폭해지고, 정직하되 예가 없으면 급박해진다. 군자가 친척들을 돈독하게 대하면 백성들에게 어진 마음이 생기고, 옛 친구와 계속 가깝게 지내면 백성들은 각박해지지 않느니라."[416]

---

416 사葸: 두려워하다, 겁내다. 교絞: 급박하다, 절박하다. 불투不偸: 각박하지 않다.
　※ 위 문장에서 恭, 愼, 勇, 直은 사람의 타고난 성정이나 기질 중에서 비교적 좋은 품성이라 할 수 있다. 그러나 이를 실천함에 있어 적절한 중도와 중용을 이루어야만 한다. 공자는 예가 바로 그러한 중도와 중용의 근간이 됨을 말하고 있다. 즉 너무 공손(恭)하고 사양만 하면 '과공비례 過恭非禮'가 되어 일이 진척이 안 되고 몸만 고생하게 된다. 또한 너무 신중(愼)하여 조심만 하면 매사를 두려워하느라 일이 성사가 안 된다. 용감(勇)한 것도 적절한 때에 발휘되어야 효과가 있는데 앞뒤의 상황을 가리지 않고 무조건 함부로 나서면 난폭할 수밖에 없다. 또한 너무 올곧아(直) 모든 일을 원리원칙에만 따라 매사를 일사천리로 진행하려고 하면, 성격이 급박해서 도리어 실수를 범하게 된다. 이러한 성정과 기질을 적절히 다듬고 절제하기 위해서는 반드시 예가 필요하다고 공자는 가르치고 있다.

此二節, 正是敦厚以崇禮的註脚.

이 두 구절은 바로 돈독히 예를 숭상할 것을 설명하고 있다.

3. 曾子有疾하사 召門弟子曰, 啓予足하며 啓予手하라. 詩云, 戰戰兢兢, 如臨深淵. 如履薄冰이라 하니 而今而後에야 吾知免夫라 小子아.

증자曾子가 병이 깊어지자 제자들을 불러 말하길, "내 발과 손을 펴 보아라.[417] 『시경』에 '몸과 마음을 두려워하고 조심하기를 깊은 연못가에 있듯, 얇은 얼음 위를 걷듯 하라'[418]고 하였는데, 이제야 내가 그런 근심에서 벗어나게 되었구나, 제자들이여!"[419]

---

417 계啓: 열다, 인도하다.
418 전전긍긍戰戰兢兢: '戰戰'은 몹시 두려워서 벌벌 떠는 모양, '兢兢'은 몸을 움츠리고 조심하는 모양을 말한다. 『시경』 소아(小雅) 소민(小旻)에 "감히 맨손으로 범을 잡지 못하고, 감히 걸어서 황하도 못 건너네. 사람들은 그중 하나는 알지만, 그 밖의 것들은 알지 못한다네. 두려워서 벌벌 떨며 조심하기를, 깊은 연못에 임한 것 같이 하고, 살얼음 밟듯이 해야 하네(不敢暴虎, 不敢憑河, 人知其一, 莫知其他, 戰戰兢兢, 如臨深淵, 如履薄冰)."라는 시가 전해진다.
419 증자는 효행이 뛰어났던 공자의 제자이다. 증자가 편찬한 『효경(孝經)』의 첫머리에 "몸과 머리털, 피부는 모두 부모님으로부터 받은 것이니, 감히 훼손하거나 상하게 하지 않는 것이 효의 시작이니라(身體髮膚, 受之父母, 不敢毁傷, 孝之始也)."라는 말에서 증자는 효도라는 것은 우리의 육신을 온전히 하는 것에서 출발해야 함을 언명하고 있다. 증자는 죽음을 앞두고 부모로부터 받은 몸이 온전함을 제자들에게 보여주고, 이제 나는 몸을 훼상하는 근심 걱정을 면하게 되었다고 말하고 있는 것이다.

旣明且哲, 以保其身. 推而極之, 則佛臨涅槃時, 披衣示金身, 令
大衆諦觀, 亦是此意. 但未可與著相愚人言也.

원래 지혜롭고 현명하였기에 그 몸을 보호했던 것이다. 미루어 궁구해 보면, 부처님이 열반하실 때에 가사를 헤치시고 몸을 보여주심으로 인해[420] 대중들로 하여금 자세히 살피게끔 하셨는데,[421] 역시 이러한 의도라고 할 수 있다. 다만 형상에 집착하는 어리석은 사람들과는 더불어 말할 수 없다.

4. 曾子有疾이어늘 孟敬子問之러니 曾子言曰, 鳥之將死에 其鳴也哀하고 人之將死에 其言也善이니라. 君子所貴乎道者三이니 動容貌에 斯遠暴慢矣며 正顔色에 斯近信矣며 出辭氣에 斯遠鄙倍矣니 籩豆之事則有司存이니라.

증자曾子의 병이 위중하자 맹경자孟敬子가 문병을 왔다. 증자가 말하기를, "새가 죽을 때가 되면 그 울음소리가 슬프고, 사람이 죽을 때가 되면 그 말이 선해집니다. 군자가 지켜야 할 귀중한 도가 세 가지 있으니, 몸가짐에 있어서는 난폭함과 거만함이 없어야 하고, 안색을 바르게

---

420 피의시금신披衣示金身: '피의'는 부처님이 걸치셨던 가사를 풀어헤치는 것을, '금신'은 부처님의 육신을 높여 부르는 존칭이다. 부처님은 80세로 열반에 드시면서 슬퍼하는 대중들에게 자신의 노쇠하고 병든 육체를 직접 드러내 보여주심으로써, 육체의 무상함과 덧없음을 일깨우고자 하셨다.
421 체관諦觀: 마음을 기울여 자세히 살피고 관찰함.

함에는 신뢰를 주어야 하며, 말을 함에는 천박하거나 도리에 어긋남이 없어야 합니다. 제기를 다루는 것 같은 사소한 일은 그 일을 맡은 이가 있습니다."[422]

　三個斯字, 皆是誠於中, 形於外, 不假勉强.

　세 개의 '사斯'자는 모두 마음속에서 성심을 다한다는 의미이다. 밖으로 드러나는 형색은 억지로 권해서 되는 일이 아니다.

5. 曾子曰, 以能問於不能하며 以多問於寡하며 有若無하며 實若虛하며 犯而不校를 昔者吾友嘗從事於斯矣니라.

　증자曾子가 말하기를, "능력이 있으면서도 무능한 사람에게 묻고, 지식이 많으면서도 지식이 적은 사람에게 물으며, 있으면서도 없는 것 같이 하고, 가득 차 있으면서도 빈 것처럼 하며, 누가 그에게 잘못을 저질

---

422 사기辭氣: 말과 소리를 내다. 비鄙: 천박하다. 패倍: 어긋나다. 변두籩豆: 제기의 이름. 유사有司: 일을 맡아 하는 관리자.
※ 맹경자는 노나라의 대부로 이름이 첩捷이다. 막강한 권세를 부리던 맹손씨 집안의 당주인데 이 집안 사람들은 모두 거만하고 오만방자하여 사람들의 평판이 좋지 않았다. 그런 맹경자가 문병을 오자 증자는 죽음을 앞두고 직언을 한다. 증자가 말한 세 가지 도는 맹경자가 평소 지키지 않는 것들로서, 이런 것을 하지 말 것을 당부하고 있다. 맹경자는 의식이나 예법을 싫어하였으므로 증자는 '그런 일은 잘하는 사람에게 맡기고 당신은 언행에나 주의하라'고 말하고 있는 것이다. 온화하고 겸손한 행동, 신뢰를 주는 얼굴, 품위 있고 사리에 맞는 말, 이것은 우리 또한 모두가 항상 실천해야 할 본분이 아닐 수 없다.

러도 따지지 않았다. 예전에 나의 벗이 이렇게 실천했다."[423]

在顔子分中, 直是無能, 無多, 本無, 本虛, 本不見有犯者, 犯事, 及受犯者. 但就曾子說他, 便云以能問於不能等耳. 若見有能, 便更無問於不能之事, 乃至若見有犯, 縱使不報, 亦非不校矣. 卓吾云, 不但想他人前日而已, 自家今日亦要下手矣.

안자顔子에 있어서 속내를 살펴보면[424], 바로 능하지 못함, 많지 않음, 본래 없음, 본래 텅 빔, 본래 죄가 있는 사람, 일에 실수를 저지른 사람, 나아가 벌을 받고 있는 사람 등을 분별하지 않고 있다.[425] 다만 증자가 그를 설명하면서 "능력이 있으면서도 무능한 사람에게 묻고…" 등등을 말하고 있을 뿐이다.

만약 안자가 능력이 있으면서도 능하지 못한 일에 대해서 묻지 않았다는 것을 보았다거나, 나아가 만약 잘못을 저질렀는데도 설령 보복하지 않았음을 보았다고 말하는 것이라면,[426] 또한 따지지 않는 것이 아니라 할 수 있다.[427]

---

423 증자는 군자의 모습이 어떠해야 하는지를 구체적으로 제시하고 있다. 여기서 증자가 언급하고 있는 옛적 내 친구는 공자의 제자 중에서 스승의 사랑을 가장 많이 받았다고 전해지는 안회이다.
424 분중分中: '分'은 살펴보다, 분간하다의 의미, '中'은 속마음, 내면의 의미.
425 불견不見: 그냥 본다는 의미보다는, '보지 않는다', '분간하지 않는다', '차별하지 않는다'는 의미이다. 곧 안자가 사람들에 대해 이런저런 이유를 따져 차별하거나 분별하지 않고 평등심으로 평등하게 보고 상대했다는 뜻으로 쓰였다.
426 종시縱使: 설령(설사)~일지라도.
427 증자가 언급하고 있는 내용은 안자가 직접적으로 그렇게 실천했던 사항을 목격해서 말하고 있는

이탁오는 "다만 다른 사람들이 앞전에 실천했던 것을 생각하는 것뿐만 아니라, 현재 자기 자신도 실천할 것을 요구하고 있는 것이다."라고 하였다.

6. 曾子曰, 可以託六尺之孤하며 可以寄百里之命이요 臨大節而不可奪也이면 君子人與아 君子人也이니라.

증자가 말하기를, "어린 군주를 맡길 수 있고,[428] 한 나라의 운명을 맡길 수 있으며,[429] 국난을 당하여도 평소의 뜻을 굽히지 않는 사람이라면,[430] 군자다운 사람일까. 군자다운 사람일 것이다."[431]

것이 아니라는 의미이다. 곧 증자의 '안자가 그렇게 실천했을 것이라는 말'은 안자의 인품을 살펴 보았을 때, 충분히 그렇게 하고도 남았을 것이라는 뜻에서 한 말이다.

428 육척지고六尺之孤: 한 척은 20cm이므로 육척은 120cm 정도의 작은 키이다. '육척지고'는 어린 나이에 아버지를 잃고 즉위한 왕을 가리킨다. 주나라 때 어린 나이에 왕위에 올라 주공의 보필을 받아야 했던 성왕을 빗대어, 당시 노나라의 군주인 원공元公을 비유한 것으로 보인다. 증자 당시의 전국 시대는 각 제후국들 간에 영토를 둘러싸고 전쟁과 합종연횡과 외교 협상이 빈번하였던 시대였다.

429 백리지명百里之命: 당시는 '백리 땅의 운명'이 외교 협상에 따라 좌지우지되는 상황이라, 자고 일어나면 하룻밤 사이에 소속된 나라가 바뀔 정도였다. 따라서 여기서 '百里之命'은 '백리 땅의 운명'을 결정할 정도의 국정 운영 능력을 뜻하는 동시에 당시 원공이 다스리는 적은 지역을 빗댄 것으로 보인다.

430 임대절이불가탈야臨大節而不可奪也: 여기서 '大節'은 큰 어려움을 당하여도 대의를 위하여 목숨까지 바쳐 지키는 절개를, '不可奪'은 어떠한 어려움에도 마음을 빼앗기지 않는 기개와 강직함을 의미한다.

431 당시 노나라의 상황은 삼환씨(三桓氏; 계손季孫, 숙손叔孫, 맹손孟孫)의 전횡이 공자 때보다 더 심해졌으며, 주변 정세는 노나라 도공悼公 13년에 진晉나라가 삼분되면서 바야흐로 약육강식의 전국시대로 재편되는 시점이었다. 이에 사마천은 『사기(史記)』에서 노나라의 군주는 소제후로 전락하여 삼환씨의 집보다 낮다고 하였다. 노나라가 이미 기울어질 대로 기울어진 상태였기에 증자

有才有德, 故是君子. 末二句, 是贊體, 非設爲問答.

재주가 있고, 덕이 있기 때문에 군자라 한다. 끝의 2구절은[432] 본 문장을 돕는 문장이지 문답을 위한 설명이 아니다.

7. 曾子曰, 士不可以不弘毅이니 任重而道遠이니라. 仁以爲己任이니 不亦重乎아 死而後已이니 不亦遠乎아.

증자가 말하기를, "선비가 그 뜻이 크고 굳세어야 하는 것은 책임이 무겁고 갈 길이 멀기 때문이다. 인仁을 임무로 삼았으니 어찌 무겁지 아니한가. 죽은 뒤에야 끝이 나니 어찌 멀지 않겠는가."[433]

弘毅二字甚妙, 橫廣豎深, 橫豎皆不思議. 但死而後已四字, 甚陋. 孔子云, 朝聞道夕死可矣, 便是死而不已. 又云, 未知生焉知死, 便是死生一致. 故知曾子只是世間學問, 不曾傳得孔子出世心

는 임종에 이르러서도 이러한 노나라의 현실에 대해 매우 우려하는 입장이었다. 증자는 당시 노나라가 처한 상황에서는 주공과 같은 능력을 지니고, 삼환씨의 전횡에 대적하여 군주에게 충성을 다할 수 있는 절개를 지닌 신하가 필요하다고 여겼다. 이러한 난세에 목숨을 내놓고 군주를 보필할 신하가 있을까를 걱정하면서 만약 그러한 인물이 있다면 그가 바로 군자가 된다고 말하고 있는 것이다.

432 '君子人與, 君子人也'를 가리킴.
433 홍의弘毅: '弘'은 너그럽고 넓음, '毅'는 마음이 굳세고 강함을 뜻한다.
  ※ 선비는 교양 있는 지식인으로 볼 수 있다. 선비는 어떠한 어려움에도 굴하지 않고 평생 동안 인의 실천을 위해 게으름 없이 노력해야만 한다. 그러한 까닭에 죽어서야 그 책임에서 벗어날 수 있다는 것이다.

法. 孔子獨歎顔回好學, 良不誣也.

'홍의弘毅' 두 글자의 뜻은 깊고 미묘하다. 횡으로는 드넓고 수직으로는 깊어서 종횡[434]으로 모두 불가사의 하다는 뜻이다. 다만 '死而後已 (죽은 뒤에야 끝이 난다)' 네 글자는 심히 비루한 표현이다.

공자께서 "아침에 도를 들으면 저녁에 죽어도 좋다[435]"라는 말씀은 곧 죽음으로 끝나지 않음을 의미한다. 또한 "아직 삶도 모르는데, 어찌 죽음을 알겠는가?"[436]라는 말씀도 곧 생사가 하나의 이치임을 말하고 있다. 그러므로 증자는 다만 세상의 학문만을 알고 있을 뿐이지, 공자가 일찍이 전한 세상을 벗어난 마음의 법을 체득하지 못하고 있다. 공자께서 유독 안회가 학문을 좋아한다고 칭찬하셨다는 말을 실로 거짓이 아니다.[437]

8. 子曰, 興於詩하며 立於禮하며 成於樂이니라.

공자께서 말씀하시기를, "시로써 감흥을 일으키고, 예로써 바르게 서며, 악으로써 인격이 완성되느니라."[438]

---

434 횡수橫竪: 가로 세로를 뜻하는 '종횡'과 같은 의미이다.
435 이인편 8장에서 표현되고 있다.
436 선진편 11장에서 표현되고 있다.
437 양불무야良不誣也: 진실로 거짓말이 아니다.
438 고대 중국에서 詩, 禮, 樂은 인간의 기본적 교양이며 인격의 중요한 요소였다. 공자는 시로써 감성을 느끼고, 예로써 자신의 행동을 규제하여 반듯한 인간이 되며, 음악으로써 조화를 이루고 인

讀詩而不能興, 讀禮而不能立, 習樂而不能成, 何用詩禮樂耶.

『시경(詩經)』을 읽고도 감흥을 일으키지 못하고, 『예경(禮經. 禮記)』을 배우고도 뜻을 세우지 못하며, 『악경(樂經)』을 익히고도 인격을 완성하지 못한다면 시, 예, 악이 무슨 쓸모가 있겠는가?

9. 子曰, 民은 可使由之요 不可使知之니라.

공자께서 말씀하시기를, "백성은 도리를 따르게 할 수는 있지만, 그 도리를 알게 할 수는 없느니라."[439]

若但讚一乘, 衆生沒在苦, 故不可使知之. 機緣若熟, 方可開權顯實. 不可二字, 正是觀機之妙.

만약 일승一乘[440]만을 찬탄하다 보면 중생들이 고통 속에 빠져 있게

격이 완성된다고 말하고 있다. 유교에 있어 시, 예, 악의 가르침을 담고 있는 경전이 바로 『시경』, 『예경』, 『악경』 등이다.
439 由: 따르다, 좇다.
 ※ 백성들에게 정치에 대한 신뢰를 얻어 따라오게 하거나 도리를 따르게 할 수는 있겠지만, 백성들에게 정치의 내용을 알게 하거나 도리나 원리, 이치를 이해시키기는 쉽지 않다. 특히 고대 중국은 계급…사회였으므로 학식이 부족한 백성들에게 통치 원리나 이치를 이해시키는 것은 어려웠을 것이라고 보인다. 공자는 이러한 실정을 말하고 있다.
440 일불승一佛乘이라고도 한다. '一'은 유일무이唯一無二, '乘'은 탈것(수단, 방편)을 의미한다. 중생을 실어 깨달음으로 향하게 하는 교법(法, Dhamma)을 비유한 말이다. 부처님께서 중생을 제도하여 깨달음으로 인도하기 위한 목적으로 팔만대장경이라는 다양한 방편의 교설을 설하셨지만,

된다. 그러므로 "그 도리를 알게 할 수 없다"라고 한다. 기연機緣[441]이 무르익으면 바야흐로 방편을 열어 참된 이치를 드러낼 수 있게 되는 것이다.[442] '불가不可' 두 글자는 바로 중생의 근기를 통찰하는 미묘함을 뜻한다.

10. 子曰, 好勇疾貧이 亂也요 人而不仁을 疾之已甚이 亂也이 니라.

공자께서 말씀하시기를, "용맹을 좋아하고 가난을 싫어하면 난을 일으

궁극적인 참된 가르침은 오직 하나(一乘)뿐이라는 것이다. 대승불교에서 이러한 일승사상을 강조하고 있는 교설의 경이 바로 『법화경』, 『승만경』, 『화엄경』 등이지만, 특히 『법화경』에서 강조되고 있다. 부처님께서 사람의 자질이나 능력을 감안하여 그들에게 적합한 삼승(三乘). 즉 성문승聲聞承 · 연각승緣覺承 · 보살승菩薩承이라는 각각의 고유한 차별적인 실천수행법을 설법하셨지만, 결국 삼승은 일승으로 나가기 위한 방편적 설법에 불과하다고는 주장이다. 특히 천태종에서는 『법화경』이야말로 모든 부처님의 가르침을 궁극적으로 하나의 승, 즉 일승으로 회합시키는 회삼귀일 會三歸一의 가르침을 담고 있다고 믿어 『법화경』을 소의경전으로 삼고 있다.

441 부처님이 가르치신 가르침을 믿고 수행함으로서 어느 일순간 부처님이 가르치신 궁극적인 진리를 깨닫게 되는 인연, 계기, 마음 등을 의미한다.

442 개권현실開權顯實: 전권후실前權後實이라고도 한다. 방편을 열어서 진실을 나타낸다는 뜻이다. 대승불교의 여러 종파 중에서 특히 『법화경』을 소의경전으로 삼고 있는 천태종에서 주장하고 있는 교설이다. 먼저 중생들을 일깨우기 위한 방편으로 쉬운 내용의 권교(權敎: 성문승, 연각승, 보살승)를 설하시고, 나중에 궁극적인 진리의 교설인 참된 실교(實敎: 일승, 불승)를 설하셨음을 말한다. 부처님의 깨달음(正覺)이 아무리 위대하더라도 중생으로 하여금 깨치게 하여 중생도 부처님과 같이 되도록 하지 않는다면 그것은 아무런 가치가 없다. 그러나 부처님의 깨달음은 말로 표현할 수 없는 너무나 높은 경지의 묘법이므로 우리 범부 중생이 바로 쉽게 이해할 수 없다. 그러므로 부처님께서는 중생들이 쉽게 이해하고 실천할 수 있는 쉬운 법부터 가르치시고 난 다음, 어느 정도 불법을 믿고 이해하는 중생의 근기가 무르익은 다음에 진실한 열반의 진리를 밝히셨다는 것이다.

키고, 사람이 어질지 못하다고 해서 너무 미워하면443 난을 일으키느니라."

11. 子曰, 如有周公之才之美로도 使驕且吝이면 其餘는 不足觀也已이니라.

공자께서 말씀하시기를, "주공만큼 훌륭한 재능을 가지고 있더라도 교만하고 인색하다면, 그 나머지는 볼 필요도 없느니라."444

卓吾云, 無周公之才美而驕吝者, 豈不愧死.

이탁오는 "주공周公만큼 훌륭한 재능도 갖추고 있지 못하면서 교만하고 인색한 자라면, 어찌 죽을 만큼 부끄럽지445 않겠는가!"라고 하였다.

12. 子曰, 三年學에 不至於穀을 不易得也이니라.

공자께서 말씀하시기를, "3년을 배우고도 관직에 뜻을 두지 않는 사

---

443 이심이심甚: 너무 지나치다, 너무 심하다.
444 주공은 주 문왕의 아들로 노나라의 첫 번째 임금이다. 공자는 요순임금과 더불어 주공을 매우 존경하여 본받고자 했다. 공자가 싫어한 것은 말 많은 것, 교만과 인색함이었다. 교만은 자신을 내세워 무례하고 잘난 척하는 것이다. 교만해지면 누가 잘못을 말해주어도 귀담아 듣지 않아 그릇되게 된다. 인색은 욕심을 부리고 아까워하여 베풀지 않는 것이다. 인색해지면 자기 것만 챙기고 부당하게 더 가지려고 한다. 당연히 교만과 인색함은 모두가 버려야 불선한 마음이고 그릇된 자세이다.
445 괴사愧死: 죽을 만큼 부끄럽다, 매우 부끄럽다.

람은 찾아보기 어려우니라."[446]

13. 子曰, 篤信好學하며 守死善道이니라. 危邦不入하고 亂邦不居하며 天下有道則見하고 無道則隱이니라. 邦有道에 貧且賤焉이 恥也이며 邦無道에 富且貴焉이 恥也이니라.

공자께서 말씀하시기를, "독실하게 믿으면서 배우기를 좋아하고, 목숨을 걸고 선한 도를 지키며, 위험한 나라에 들어가지 않고, 어지러운 나라에 살지 않으며, 천하에 도가 있으면 나가고 도가 없으면 숨는다. 나라에 도가 있는데도 가난하고 천한 것은 부끄러운 것이고, 나라에 도가 없는데도 부유하고 귀한 것 또한 부끄러운 것이니라."[447]

---

446 부지어곡不至於穀: 여기서 '穀'은 벼슬을 하여 그 대가로 받는 녹을 의미한다. 따라서 '부지어곡'은 '벼슬을 하는 데 뜻을 두지 않음'을 의미한다.
※ 주나라에서는 3년에 한 번 관직에 입문하는 시험을 쳤다. 공자는 자신을 깨우치기 위함보다는 출세하려고 배우는 사람이 더 많음을 아쉬워하였다. 도를 깨우치고 인을 성취하고자 하는 진정한 학자가 없음을 늘 안타깝게 여겼던 것이다.
447 위방危邦은 위태한 나라, 난방亂邦은 이미 어지러워진 나라를 의미한다.
※ 굳은 신념으로 학문을 좋아하고, 죽기를 두려워하지 않고 도리를 지켜야 한다. 그러기 위해서 세상이 잘 다스려질 때에는 세상에 나아가 자신의 역량을 발휘하여 일을 하고, 세상이 어지러우면 세상을 떠나 잠시 은거해야 한다. 정의가 행해지는 나라에 살면서 빈천한 것은 부끄러운 일이다. 왜냐하면 일찍이 열심히 학문에 힘쓰지 않고, 사회에 나라가 능력을 발휘할 수 있는 자기 수양에 게을렀기에 사회에서 쓰임을 얻지 못했기 때문이다. 그러나 불의가 횡행하는 나라에서 부귀한 것은 더 부끄러운 일이다. 그러한 나라에서 부귀를 얻은 것은 자신도 그러한 불의를 함께 저지른 결과이기 때문이다. 공자는 이처럼 도리를 지키고 정도를 구현하는 바른 삶을 강조하고 있다.

信得人人可爲聖賢, 名篤信. 立地要成聖賢, 名好學. 假使鐵輪頂上旋, 定慧圓明終不失, 名守死善道. 危邦不入四句, 是守死善道註脚, 正從篤信好學得來. 邦有道節, 正是反顯其失.

모든 사람들로부터 믿음을 얻은 사람을 가히 성인이라 할 수 있는데, 이를 '독실하게 믿는다(篤信)'라고 한다. 성현이 되고자 뜻을 세운 사람을 '배우기를 좋아한다(好學)'고 부른다. "설사 무쇠 바퀴를 머리 위에서 돌릴지라도 선정과 지혜가 뚜렷이 밝아 끝내 잃지 않는다.[448]"는 말이 바로 '목숨을 걸고 선한 도를 지킨다(守死善道)'는 의미이다. '위방불입危邦不入'이라는 4구는 '목숨을 걸고 선한 도를 지킨다'라는 부분에 대한 해석인데, 바로 독실하게 믿으면서 배우기를 좋아한다는 것을 의미한다. '나라에 도가 있다(邦有道)'는 구절은 바로 도리어 그 실정이 드러난다는 뜻이다.[449]

---

448 중국 당나라 영가현각(永嘉玄覺: 665~713) 대사가 육조혜능(六祖慧能) 대사를 친견하고 깨달은 후에 지었다는 가송가송(歌頌)인 『증도가(證道歌)』에 나오는 게송이다. 만약 어떤 사람이 자신을 쇠뭉치로 죽이려고 머리 위에서 빙빙 돌린다면, 보통 사람들 같으면 혼비백산하여 정신 줄을 놓고 말 것이다. 하지만 몸과 마음에 대한 집착과 탐욕에서 벗어나서 참된 진리의 깨침을 위해 수행하여, 마침내 선정과 지혜를 원만히 성취한 수행자가 있다면, 그는 이미 실체가 없고 무상한 몸과 마음에 대한 집착과 탐욕에서 벗어났기에 조금의 동요도 없이 평정한 마음을 잃지 않을 것이다. 영가현각 대사는 바로 이러한 해탈과 깨달음의 경지를 노래하고 있다.
449 바른 도가 실현되고 정의가 살아 있으며, 예의가 지켜지는 나라는 집권자나 백성들이나 모두 바른 삶을 살기 위해 의지적인 노력을 하게 될 것이다. 나라에 도가 살아있기에 누구나가 범죄를 저지르고 잘못을 범하게 되면, 그 행위에 대한 결과가 쉽게 밖으로 노출되고 사람들이 알 수는 투명한 사회가 될 수밖에 없다. 지욱은 이러한 이치를 말하고 있다.

14. 子曰, 不在其位면 不謀其政이니라.

공자께서 말씀하시기를, "그 직위에 있지 않으면. 그 정사를 논해서는 안 된다."[450]

約事, 卽是素位而行, 不願乎外. 約觀, 卽是隨境鍊心, 不發不觀.

일을 맡아 하는 데 있어서는 현재 자신이 있는 위치에 따라 당연히 해야 할 일을 행하고, 그 밖의 것을 바라지 않아야 한다.[451] 통찰수행(觀: 지혜수행, vipassana 위빠사나 수행)을 하는 데 있어서는 경계를 따라 마음을 단련해야 하며, 보지 않으려고 마음을 내는 것이 아니다.[452]

---

450 당연히 공직에 있는 사람은 누구나가 자신의 직위에 맞는 일을 공사를 구별하여 책임을 다하고 최선을 다해 임해야 한다. 하지만 자기 직분이 아닌 일에는 책임도 지지 않으면서 너무 지나치게 간섭하거나 참견해서는 안 되며, 월권을 해서도 안 된다. 공자는 이를 일깨우고 있다.

451 『중용』 제14장에서 표현되고 있다.

452 불교의 수행은 크게 두 가지 내용으로 설명할 수 있다. 하나는 특정한 명상 주제를 정하여 그 대상에 마음을 집중함으로서 번뇌의 마음을 가라앉혀 마음의 고요와 평정을 얻는 선정수행(定: 止, 사마타 Samatha)과 몸과 마음을 대상으로 하여 몸과 마음에서 일어나는 모든 것을 대상으로 그 생멸변화를 통찰하여 몸과 마음이 결국 무상(無常)하고 괴로움(苦)이며, 실체 없는 무아(無我) 임을 체득하며 지혜를 계발해 가는 지혜수행(觀: Vipassana 위빠사나)이 그것이다. 선정수행을 대표하는 것에는 화두에 마음을 집중하여 선정을 닦아 나가는 간화선과 자신의 들숨과 날숨에 마음을 집중하여 선정을 닦아 나가는 호흡수행(아나빠나 싸띠 Anapana sati), 부처님 명호를 염송하는 데 마음을 집중하여 선정을 닦아나가는 염불수행 등이 있다. 또한 지혜수행을 대표해서는 네 가지 대상(四念處: 身몸 · 受느낌 · 心마음 · 法경계 대상)을 통찰하며 지혜를 계발해 나가는 위빠사나 수행이 있다. 지욱대사의 '約觀, 隨境鍊心, 不發不觀'이라는 표현은 바로 지혜수행(觀)을 설명하고 있다고 이해된다. '경계에 따라 마음을 단련한다(隨境鍊心)'라는 표현은 위빠사나 수행을 하

15. 子曰, 師摯之始에 關雎之亂이 洋洋乎盈耳哉라.

공자께서 말씀하시기를, "악사樂師 지摯가 처음 벼슬을 할 때에 연주하던 관저關雎의 마지막장에 이르면 아름다움이 흘러넘치는 듯 귀에 가득 찼느니라."[453]

16. 子曰, 狂而不直하고 侗而不愿하며 悾悾而不信을 吾不知之矣니라.

공자께서 말씀하시기를, "(어느 한 가지에 흠뻑 빠져) 미친 듯이 뜻만 높고

는 데 있어 가장 기본적인 수행 방법이라 할 수 있다. 예컨대 자신이 어떠한 물질적 대상(境)을 보고 마음에서 그것을 갖고 싶다는 탐욕의 마음이 일어났다면(隨境), 즉시 현재 자신이 일으킨 마음이 탐욕의 불선한 마음임을 바르게 알아차려(正念, 싸띠 sati) 그러한 탐욕의 마음에서 빨리 벗어나도록 마음을 닦아야 하는 것(鍊心)이다. 참고할 것은 지혜수행은 몸과 마음을 무조건 단속하여 어떠한 대상을 접촉하지 않는 것에 목적이 있는 것이 아니라, 몸과 마음으로 어떠한 대상(境)을 접촉하든 간에 즉시 바로 바르게 알아차리는 지혜의 통찰을 중시한다는 사실이다. 경계 대상은 우리가 삶을 사는 동안에는 의도하던 의도하지 않던 간에 저절로 접촉하게 되어있다. 한순간도 안 보고, 안 듣고, 생각하지 않고, 느끼지 않고, 마음을 일으키지 않고 살 수 없다는 의미이다. 지욱선사의 '마음을 일으키지 않고 보지 않는 것이 아니다(不發不觀)'라는 표현은 바로 이를 의미한다. 지혜를 닦는 통찰수행(觀)은 경계가 다가오면 오는 그대로 바르게 알아차려 그 경계 대상의 속성이 무상, 고, 무아임을 통찰하여 그러한 경계 대상에 탐착과 집착과 번뇌를 일으키지 않는 통찰의 지혜를 계발하는 것에 있지, 경계 대상에 억지로 보지 않으려고 마음을 내는 것(不發不觀)이 아니다.

453 사지師摯: 노나라의 악사樂師로, 이름이 지摯이다. 관저지란關雎之亂:『시경』국풍관저편(國風關雎篇)의 마지막 장의 이름. 양양洋洋: 아름다움이 흘러넘치다.

※ 공자는 위나라로부터 노나라로 되돌아와 음악을 조사하여 정리하였다. 이때 악사인 지가 처음으로 관직을 수행할 때였다. 공자는 그 당시 들었던 관저의 음악이 매우 아름답고 성대하여 특별히 감회가 깊었던 것 같다. 이를 제자들에게 언급하고 있는 것이다.

정직하지 않고, 무지하면서 성실하지 않고, 무능하면서 신의가 없으면 나도 어찌할 바를 모르겠노라."⁴⁵⁴

大家要自己簡點, 勿墮此等坑塹.

모든 사람들은 자기 스스로를 성찰해서 이러한 폐단에 빠지지 말아야 한다.⁴⁵⁵

17. 子曰, 學如不及이요 猶恐失之니라.

공자께서 말씀하시기를, "배움은 이르지 못한 것 같이 하고, 잃을까 두려워해야 하느니라."⁴⁵⁶

18. 子曰, 巍巍乎아 舜禹之有天下也而不與焉이여.

공자께서 말씀하시기를, "숭고하고 위대하구나. 순舜임금과 우禹임금

---

454 광狂: 어느 한 가지 일에 미친 듯이 푹 빠져 있음을 뜻한다. 즉 보통 사람보다 지나친 사람을 '미쳤다'고 하는 표현과 같다. 통侗: 무지한 모양. 원愿: 성실하다. 공공悾悾: 무능함, 재주가 없음.
455 대가大家: 모든 사람들. 간점簡點: 검사하다, 살피다. 갱참坑塹: 구덩이.
456 공자는 배움에 대해서 특별히 관심을 가지고 제자들에게도 항상 호학好學하도록 가르쳤다. 호학하는 자세는 끊임없이 공부하는 것이다. 배움에는 완성과 끝이 있을 수 없다. 따라서 '이 정도면 공부를 웬만큼 다했다'는 자만의 자세는 결코 올바른 배움의 태도가 아니다. 공자는 이를 '미치지(이르지) 못한 듯이'라고 말하고 있다. 나아가 공자가 학이편 제1장에서 말하고 있듯이, 배운 것은 항상 잊어버리지 않도록 늘 '學而時習'하는 배움의 실천을 강조하고 있다.

은 천하를 가지고도 정사에 관여치 않으셨다."⁴⁵⁷

無天下者, 亦非巍巍, 巢許是也. 有天下者, 亦非巍巍, 尋常賢君是也. 有天下而不與, 方爲不可思議.

천하를 얻지 못한 인물 중에 숭고하고 위대하지 못한 경우의 사람이 있다면, 바로 소부巢父와 허유許由라⁴⁵⁸ 할 수 있다. 천하를 얻은 사람들 가운데 숭고하고 위대하지 않은 인물이 있다면, 바로 보통의 현군들이 바로 그들이다. (순임금과 우임금이) 천하를 소유하고서도 정사에 관여하지 않았다는 것은 불가사의한 일이다.

19. **子曰, 大哉라 堯之爲君也여 巍巍乎라. 唯天이 爲大시어늘 唯堯則之하시니 蕩蕩乎아 民無能名焉이로다. 巍巍乎라 其有成功也여 煥乎라 其有文章이여.**

공자께서 말씀하시기를, "위대하도다. 요임금이여! 숭고하고 높도다. 오직 하늘만이 위대한데 오직 요임금만이 본받았다. 그 덕이 넓고 넓어

---

457 외외巍巍: 높이 우뚝 솟은 모양.
 ※ 순임금은 중국 고대 삼황오제 시기의 마지막 임금으로, 요임금의 선위를 이어받아 어진 정치를 하여 태평성대를 이루었다고 전해진다. 우임금은 순임금으로부터 왕위를 물려받아 중국 최초 왕조인 하나라를 세운 인물이다. 공자는 순, 우임금이 천하를 다스림에 있어서 훌륭한 인재를 등용하여 적합하게 일을 맡기고, 간섭하지 않으며, 군림하지 않은 것을 매우 높이 평가하고 있다.
458 주) 364 참조.

255

백성들이 무엇이라 이름하여 형용할 수 없다. 그의 공적은 숭고하고 높다. 그의 문화는 찬란하게 빛나도다.[459]

卓吾云, 末節正是則天實際處.

이탁오는 "마지막 구절은 바로 천자의 실제적인 처세를 의미한다."라고 하였다.

20. 舜이 有臣五人而天下治하니라. 武王曰, 予有亂臣十人호라. 孔子曰, 才難이 不其然乎아 唐虞之際於斯爲盛하나 有婦人焉이라 九人而已니라. 三分天下에 有其二하사 以服事殷하시니 周之德은 其可謂至德也已矣로다.

순舜임금은 다섯 명의 신하가 있어서 천하를 잘 다스렸다. 무왕은 "나에게는 훌륭한 신하 10명이 있다."고 말했다.[460]
공자께서 말씀하시기를, "인재를 얻는 것이 어렵다고 하는데, 정말 그

---

459 탕탕蕩蕩: 넓고 넓은 모양. 환煥: 빛나고도 밝은 모습. 문장文章: 문화, 곧 예악의 법도를 의미한다.
※ 요임금은 삼황오제 신화시대(B.C. 21~B.C. 16세기) 오제의 한 사람으로, 백성들에게 덕치를 베풀어 태평성대를 이루었다고 전해지는 인물이다. 이러한 요금에 대해 공자는 이처럼 극찬하고 있다. 공자는 역사적으로 가장 이상적인 임금으로 요임금을 꼽고 있는 것이다.
460 신오인臣五人: 우禹·직稷·설契·고요皐陶·백익伯益 등을 말한다. 난신亂臣: 亂은 다스리다(治)의 의미로, 난신은 곧 어려운 나라를 잘 다스리는 신하를 뜻한다. 신십인臣十人: 주공단周公旦·소공석召公奭·태공망太公望·필공畢公·영공榮公·태전太顚·굉요閎夭·산의생散宜生·남궁괄南宮适이고, 문왕의 비 읍강邑姜을 가리킨다.

렇지 아니한가! 요순시대 이래로 주나라 무왕 때 인재가 많았다고 하지만, 열 명의 인재 중 한 명은 부인이었으니, 아홉 명뿐이다. 주나라는 천하의 삼분의 이를 차지하고도 은나라를 섬겼으니, 주나라의 덕은 최고였다고 할 수 있을 것이다."[461]

歎才難而贊至德, 正因德難, 故才難耳. 倘紂有聖德, 則武王幷九人, 方將同爲紂之良臣, 又何至以亂臣稱哉. 亢龍有悔, 武王之不幸也甚矣.

'인재를 얻는 것이 어렵다(才難)'고 한탄하는 것은 '지극한 덕(至德)'을 찬탄하는 것으로, 바로 덕을 쌓는 것[462]이 어렵다는 말이다. 그러므로 '재난才難'이라고 한다. 만약 은나라 주紂왕이 성스러운 덕을 갖추고 있어서 무왕이 거느린 9명의 신하를 동등하게 대우했다면, 바야흐로 장차 모두 주왕의 훌륭한 신하가 되었을 것이다. 또한 어떻게 '(무왕의) 훌륭한 신하(亂臣)'라고 부르는 데까지 이를 수 있었겠는가! '높이 오른 용은 후

---

461 요임금은 '도당陶唐이라는 나라를 다스린 요임금'이라는 뜻으로 당요唐堯라고 한다. 순임금은 '우虞라는 나라를 다스린 순임금'이라는 뜻으로 우순虞舜이라고 한다. '唐虞'는 당요와 우순 시대로서 요순 시대를 의미한다. 무왕은 명분이 충분히 쌓일 때까지 은나라를 섬기고 그 후 은나라를 멸하고 주나라를 세웠다. 공자는 인재를 얻는 것이 어렵다고 말하면서 훌륭한 인재가 있어서 순임금은 나라를 잘 다스렸고 주나라도 9명의 인재가 있어서 최고의 덕치를 할 수 있었다고 말하고 있는 것이다.
462 인덕因德: 덕을 심다, 덕을 쌓는다는 의미.

회함이 있다(亢龍有悔)'⁴⁶³고 하였듯이, 무왕의 불행이 깊었다고 하겠다.⁴⁶⁴

21. 子曰, 禹는 吾無間然矣로다. 菲飮食而致孝乎鬼神하시며 惡衣服而致美乎黻冕하시며 卑宮室而盡力乎溝洫하시니 禹는 吾無間然矣로다.

공자께서 말씀하시기를 "우禹임금은 흠잡을 데가 없다. 자신은 변변치 않게 먹으면서 제사에는 정성을 다하였고, 자신은 허름하게 입으면서도 제사 예복은 화려하게 했으며, 자신의 궁실은 누추하게 하면서도 치수 사업에는 전력을 다했으니,⁴⁶⁵ 우임금에 대해서는 내가 흠잡을 데가 없도다."⁴⁶⁶

---

463 『주역』 중천건괘(重天乾卦)의 육효六爻의 뜻을 설명한 효사에서 표현되고 있다.
464 만약 은나라의 마지막 왕인 주왕이 지혜롭고 자애로워 예와 덕으로 천하를 바르게 통치하였다면, 결코 제후국인 주나라 무왕에게 나라를 멸망 당하고 왕위를 잃는 일은 없었을 것이다. 신하국인 주나라 무왕이 불의를 일삼는 천자국인 은나라를 어쩔 수 없이 정벌하고 주왕을 죽음에 이르게 한 것은 예와 정의를 따지는 중국 역사에 있어서는 매우 불행한 변란이라 할 수 있을 것이다. 제후국의 왕으로서 어쩔 수 없이 천자국의 왕을 징벌하여 스스로 천하를 통치하는 천자의 지위에 오른 무왕은 그만큼 남모를 깊은 회한과 고난도 많았을 것이다. 지옥은 이를 말하고 있다.
465 간연間然: 흠을 잡아서 비방하는 것. 비菲: 소박한 것(薄). 치효호귀신致孝乎鬼神: 귀신에게 효성을 다함, 곧 제사를 드릴 때에 풍성하면서도 정결하게 하는 것을 의미한다. 불면黻冕: 주자는 제복祭服으로 봤고, 구산양씨龜山楊氏는 제복과 조복朝服으로 봤다. 구혁溝洫: 수로로써 경계를 정함.
466 우임금은 중국 최조 왕조인 하나라(B.C. 2070~ B.C. 1600년)를 세운 인물이다. 그는 오행의 이치를 깨달아 9년 홍수를 다스려 치수에 성공하였고, 이에 순임금으로부터 그 공적을 인정받아 왕위를 선양받고 하나라를 세웠다. 산과 강을 경계로 삼아 전국을 구주九州로 나누었고, 산의 나무들을 베어내 길을 만들어 아홉 주를 서로 오고 가기에 편하게 만들었다. 그는 이러한 모든 일에 직접 참여하며 구주를 전부 경유하였다. 이러한 이유에서 '우임금의 발자취(禹跡)'라는 말이 생겨

如此方無間然, 爲君者可弗思乎.

이와 같이 바야흐로 흠잡을 데가 없어야, 군자라고 생각할 수 있지 않을까?

났으며 천자문에서도 '九州禹跡'이라는 말로 표현되고 있다. 공자는 이러한 우임금의 덕치를 깊이 칭송하고 있는 것이다.

제9 자한子罕편

1. 子罕言利與命與仁이러시다.

공자께서는 이익과 천명과 인에 대하여 드물게 말씀하셨다.[467]

卓吾云, 罕言利可及也, 罕言利與命與仁不可及也. 方外史曰, 言命言仁, 其害與言利同, 所以罕言. 今人將命與仁掛在齒頰, 有損無益.

이탁오는 "이익에 관해서는 드물게 말하는 것이 가능하지만, 이익, 천명, 인에 대해 드물게 말하기는 쉽지가 않다"라고 하였다.

방외사는 "천명을 말하고 인을 말하면서 그 이익을 함께 말하는 것은 해롭다. 까닭에 '드물게 말한다(罕言)'고 한 것이다. 지금 사람들은 천명

---

467 한언罕言: 드물게 말하다, 적게 말하다.
 ※ 공자는 평소에 천지자연의 원리와 근본 이치에 관해서는 잘 말하지 않았다는 의미이다. 그러한 근본 이치에 치중하여 설명하다 보면 제자들이 자칫 현학적이면서 고답준론에 빠져 현실을 외면하기 쉽고, 그에 따라 현실 참여를 통해 세상을 바로 잡으려고 하는 유학의 실천 사상이 공허해지고 말 것이기 때문이다.

과 인을 입안에 걸어놓고 말하는데[468] 손해만 있을 뿐, 무슨 이익이 있겠는가!"라고 하였다.

2. 達巷黨人曰, 大哉라 孔子여 博學而無所成名이로다. 子聞之하시고 謂門弟子曰, 吾何執고 執御乎아 執射乎아 吾執御矣로리다.

달항達巷마을 사람들이 말하기를, "공자는 참으로 위대하다. 저렇게 박학한데도 명성을 이루지 못했구나." 공자가 그 말을 듣고 제자들에게 말하기를, "내가 무엇을 해야겠느냐? 수레를 몰까? 활을 쏠까? 나는 수레를 몰겠다."[469]

卓吾云, 謂門弟子之言, 不敢自安之語也. 然黨人則孔子知己矣.

---

468 괘재치협掛在齒頰: '掛在'는 걸어 놓다, '齒頰'은 치아와 뺨을 의미한다. 따라서 '괘재치협'은 깊이 사량하고 깨우친 것을 말하기보다는, 머리에 아는 것 없이 단지 입으로 아는 척하고 떠벌리는 것을 뜻한다.
469 달항당達巷黨: 달항은 지방 이름, 당은 5백 집 정도의 마을.
※ 공자는 스스로 자신만큼 '好學'하는 사람이 없다고 할 정도로 학문에 정진한 인물이다. 또한 노나라 군주인 애공이 공자에게 호학할 만한 제자를 묻자, 공자는 안연이 죽은 이후로 호학하는 자를 보지 못했다고 하였다. 당연히 공자는 박학다식한 인물로 소문이 나 있었다. 공자 당시의 춘추 시대는 각 제후국들이 수단과 방법을 가리지 않고 부국강병을 달성하여 약육강식의 논리에 따라 패권 국가가 되는 것이 최고의 목표였다. 사회적으로는 부국강병에 도움이 되는 뛰어난 재능이 있다면 인정받아 발탁되는 시대였다. 하지만 공자는 지략을 앞세워 패권 정치를 도울 생각은 없었다. 공자의 학문이 그 시대가 요구하는 당시 위정자들의 정치 노선과는 맞지 않았기 때문이다. 본 문장은 바로 이러한 시대적 배경에서 공자가 사람들의 비아냥에 대해 비천한 일인 마부가 되어 이름을 날려 볼까 하고, 농담으로 대응하고 있는 내용이다.

이탁오는 "제자들에게 물으면서 말한 것은 스스로를 위로하며 하신 말씀이 아니다. 그러나 마을 사람들의 말뜻을 곧 공자께서 아셨을 뿐이다."⁴⁷⁰

3. 子曰, 麻冕이 禮也이어늘 今也純하니 儉이라 吾從衆하리라. 拜下禮也이어늘 今拜乎上하니 泰也라 雖違衆이나 吾從下하리라.

공자께서 말씀하시기를, "삼베로 짠 관을 쓰는 것이 예법인데, 지금은 명주실로 만든 관을 쓴다. 이것은 검소한 것이므로 나는 대세를 따르겠다. 임금에게는 당堂 아래에서 절하는 것이 예법인데, 지금은 사람들이 당 위에서 절을 한다. 이것은 교만한 것이므로 사람들과 어긋나지만 나는 당 아래에서 절하겠다."⁴⁷¹

卓吾云, 眞是時中之聖.

---

470 달항마을 사람들의 공자에 대한 칭찬을 담은 말은, 사실 약간은 공자의 처지를 비웃는 속뜻이 담겨 있다. 공자가 그토록 박식하고 다능함에도 불구하고 나라의 큰 관직을 얻지 못하고 세상을 떠돌고 있다고 보였기 때문이다. 공자는 이러한 마을 사람들의 자신을 평가하는 말뜻을 익히 알아 반 농담으로 제자들에게 물으며 대수롭지 않게 대응하고 있다는 의미이다.
471 마면麻冕: 검은 베로 만든 관. 순純: 명주실.
  ※ 예법은 전통을 중시해야 하지만, 상황의 변화에 따른 예법의 변화를 절절히 받아들이는 것도 현명한 처사라 할 수 있다. 그렇지만 원칙과 도리에 어긋나는 예법은 아무리 대중이 원하더라도 따라서는 안 된다. 공자는 이를 실천하고 있다.

이탁오는 "참으로 시의적절하신 성인이시다."라고 하였다.

4. 子絶四러시니 毋意하고 毋必하고 毋固하고 毋我러시다.

공자께서는 네 가지를 절대 하지 않았다. 사사로운 생각이 없으셨고, 단언하지 않고, 고집부리지 않고, 자신만을 내세우지 않았다.[472]

由誠意, 故毋意, 毋意故毋必, 毋必故毋固, 毋固故毋我. 細滅故, 粗必隨滅也. 由達無我, 方能誠意, 不於妄境生妄惑. 意是惑, 必固是業, 我是苦.

성의를 다하셨기에 '사사로운 생각이 없었다(毋意)'고 하는 것이고, 사사로이 억측하지 않았기 때문에 '단언하지 않았다(毋必)'는 것이며, 단언하지 않았기 때문에 '고집하지 않았다(毋固)'는 것이고, 고집하지 않았기 때문에 '자신만을 주장하지 않았다(毋我)'고 하는 것이다.

섬세한 번뇌를 소멸하야 하는 이유는 거친 번뇌도 반드시 섬세한 번뇌를 소멸해야 없앨 수 있기 때문이다.[473] 무아를 통달해야만 바야흐로

---

472 절絶: 절대로 ~하지 않다. 무毋: 無자와 뜻이 상통.
　※ 공자는 자기 편리한 대로 생각하는 것, 틀림없다고 단정하는 것, 완고하게 고집하는 것, 이기적인 것을 절대 하지 않았다는 표현이다.
473 세멸고조필수멸야細滅故粗必隨滅也: 본 문장에서 '細'는 섬세한 번뇌를, '粗'는 거친 번뇌를 뜻한다. 불교에서 거친 번뇌(粗)는 곧 악업을 일으키는 큰 번뇌를 말하는 것으로, 대표적인 것으로 마음에서 일으키는 세 가지 큰 독성의 마음(三毒心)인 탐욕, 성냄, 어리석음 등을 꼽는다. 이 밖에 마음으로 일으키는 모든 세세한 번뇌를 섬세(미세)한 번뇌(細)라고 한다. 지욱은 공자가 언급하고

성의를 다할 수 있는 것이며, 망령되게 경계를 접촉하여도 망령된 번뇌가 생겨나지 않게 되는 것이다.[474] '의意'는 곧 번뇌, '필必'과 '고固'는 업, '아我'는 괴로움을 의미한다.[475]

5. 子畏於匡이러시니 曰, 文王旣沒하시니 文不在玆乎아 天之將喪斯文也인대 後死者不得與於斯文也어니와 天之未喪斯文也이신대 匡人其如予何리요.

공자께서 광匡 땅에서 위태로운 지경에 빠졌을 때 말씀하시기를, "문왕이 이미 돌아가셨으나 그 문화는 나에게 있지 않은가. 하늘이 이 문화를 없애려 했다면, 후세 사람들은 이 문화를 누리지 못했을 것이고, 하늘이 이 문화를 없애려 하지 않으니, 광 땅 사람들이 나를 어찌

있는 '意', '必', '固', '我' 등을 섬세한 번뇌의 범주에 해당하는 것으로 해석하여, 이러한 번뇌를 소멸시켜야 결국 삼독심과 같은 거친 번뇌도 없앨 수 있음을 말하고 있다.

474 불교에서 '무아無我'는 곧 일반 사람들이 나라고 주장하는 우리들의 몸과 마음에 고정되고 영원불변한 실체로서의 자아(自我: 實我, 眞我, 個我, 아트만, 영혼)가 존재하지 않음을 뜻한다. 우리들의 몸과 마음이라고 하는 존재는 일정한 원인과 조건, 즉 인연에 따라 잠시 존재했다 사라지는 일시적인 가아(假我)의 존재이기 때문에 무상한 존재이며, 그렇기 때문에 괴로움(苦)이라는 것이 불교의 근본 교설이다. 불교에서는 이러한 자아에 대한 근본 이치를 깨닫고 체험해야만 삼독심을 비롯한 모든 번뇌에서 벗어날 수 있고, 궁극적으로 완전한 깨달음을 성취하여 해탈과 열반에 이를 수 있다고 가르친다.

475 지욱선사는 '意'를 마음에서 일으키는 번뇌, '必'과 '固'는 업, '我'는 괴로움에 대비시켜 불교적인 관점에서 재해석하고 있다. 사실 지욱은 이러한 네 가지가 서로 다른 것이 아니라, 하나로 이어지는 것임을 앞 문장에서 이미 설명하고 있다. '意'는 밖의 경계에 이끌리는 번뇌의 마음, 유혹된 마음이고, 이러한 마음이 경계를 접촉하여 구체적으로 밖으로 표출되는 것(業)이 '必'과 '固'이며, 결국 이러한 마음들은 모든 번뇌와 고통의 원인이라 할 수 있는 '我'에 대한 무명과 집착 때문이라고 설명하고 있는 것이다.

하겠느냐."[476]

道脈流通, 卽是文, 非謙詞也. 如此自信, 何嘗有畏.

도맥이 유통되어 전해지고 있음이 곧 '문文'이다. 겸손해서 하는 말이 아니다. 이 같은 스스로에 대한 믿음이 있는데, 무슨 두려움이 있을 수 있겠는가!

6. 大宰問於子貢曰, 夫子는 聖者與아 何其多能也오 子貢曰, 固天縱之將聖이시고 又多能也시니라. 子聞之曰, 大宰知我乎아 吾少也賤이라 故로 多能鄙事하되 君子는 多乎哉아 不多也니라. 牢曰, 子云에 吾不試故藝하시니라.

태재大宰가 자공에게 묻기를, "공자는 성인이십니까? 어찌 그토록 다

---

[476] 외외畏: 위태로운 일에 처하다. 광匡: 지명으로 노魯·송宋·위衛·진陳의 경계에 위치한 요충지. 자자玆: 나에게. 후사자後死者: 문왕보다 후세의 사람. 부득여不得與: 문화 전통을 누리지 못함.
※『장자』,『사기세가(史記世家)』,『한시외전(韓詩外傳)』등에는 위나라 광이란 곳에서 공자 일행이 닷새간 억류된 적이 있었다고 적고 있다. 위기 상황에서 공자는 주나라 문왕의 이야기로 제자들을 안심시킨다. 주나라 문왕의 문화가 아직도 있는 것은 하늘의 뜻이니, 하늘의 뜻에 맡기자며 안심하라는 말이다. 문왕은 은나라 폭군 주紂王에 의해 유리羑里라는 지역에서 7년 동안 갇혀 있으면서, 천지자연의 이치와 그에 부합하는 통치철학을 담은 주역의 괘사를 지었다. 문왕은 덕과 도를 갖춘 위정자로서 공자가 가장 존숭하는 성군이다. 공자는 문왕의 도를 이어받아「십익전(十翼傳)」을 지어 주역을 완성시켰으며 아울러 유학 사상을 정립하였다고 전해진다. 위 문장은 공자가 문왕의 도를 이어받은 것을 자랑스럽게 여기고 또한 그 도가 반드시 세상에 실현될 것이라는 확신 속에 나온 말이라 할 수 있다.

재다능하십니까?" 자공이 말하길, "진실로 하늘이 낳은 성인이시고 다재다능하십니다."

이 말을 듣고 공자께서 말씀하시기를, "태재가 나를 아는구나. 나는 젊었을 때 가난했으므로 잡일에 능했으니, 군자는 다능해야 할까? 다능하지 않다." 뇌牢가 말하기를, "스승님께서는 '내가 관직에 등용되지 않았기에 다양한 재주가 있다'고 하셨다."[477]

固天縱之爲一句, 子貢謂夫子直是天縱之耳, 豈可將聖人只是多能者耶. 此必已聞一以貫之, 故能如此答話. 然在夫子, 的確不敢承當聖人二字, 故寧受多能二字. 而多能甚鄙甚賤, 決非君子之道

---

477 태재大宰: 재상, 大는 태로 읽는다. 고固: 진실로. 종縱: 허락하다, 풀어놓다(사肆와 같은 의미로 한량限量을 하지 못함을 말함). 장將: 거의(기幾, 태殆)~하다. 비사鄙事: 하찮은 일, 미천한 일. 뇌牢 : 공자의 제자로 성은 금琴, 자는 자개子開 또는 자장子張. 시試: 등용되다.

※ 공자는 문무를 다 갖춘 인물이었다. 까닭에 당시 사람들은 이러한 공자를 매우 다재다능한 인물로 평가하였다. 당연히 공자는 모든 제자들에게도 시詩와 서書, 예악禮樂, 나아가 활쏘기(射), 말타기(御) 등을 두루 공부하도록 하였다. 위 문장의 시대적 배경은 공자가 말년에 노나라로 돌아와서 경전 저술과 후학 양성에 매진하던 때였다. 제자가 3천여 명이나 배출되고 각 나라에 공자의 제자들이 관리로 발탁되어 현실 정치에 참여하였던 시기이다. 자공 역시 노나라 대부인 계강자의 가신으로 발탁되었고, 이후 이웃 나라에 사신으로 가게 되었는데, 공자가 다재다능하다는 소문을 익히 듣고 있던 그 나라의 한 관리가 마침 공자의 수제자인 자공을 만나게 되자 '공자가 진짜 성인과 같은 사람이냐?'며 물었던 것이다. 이 관리는 다재다능한 것이 성자로 인식하고 있었던 것이다. 이에 자공이 관리가 묻는 말에 호응하여 공자는 '하늘이 낳은 미래(장차)의 성인(將聖)'이라고 답하면서 재차 반복하여 '多能'이라는 말을 덧붙였다. 성인이란 어진 덕을 갖춘 데다 세상의 이치를 두루 훤히 내다보고 있어 앞으로 올 세상의 후환까지도 염려하시는 분이라는 뜻이다. 공자가 자공의 이 말을 듣고는 세상에 소문이 그렇게 났으니 그 관리의 말이 꼭 틀린 것은 아니라며, 왜 자신이 다재다능했는지에 대해 설명하였다. 아울러 혹여 제자들이 자신을 모델로 삼아 군자의 도를 다재다능한 것으로 잘못 이해할까 봐 제자들에게 그렇지 않음을 깨우쳐 주고 있는 것이다.

也, 大宰此問, 與黨人見識, 天地懸隔.

 '진실로 하늘이 낳았다(固天縱之)'는 한 문장이다. 자공의 공자에 대한 평가는 바로 '하늘이 내리셨다(天縱之)'라는 말뿐이다. 어찌 가히 성인이라고 말하면서 다만 다능한 사람이라고 하겠는가? 이러한 말은 반드시 이미 (태재의 질문의 의도를) 하나로써 일관되게 꿰뚫어[478] 들었기 때문에 능히 이처럼 대답한 것이다. 그러나 공자를 평가함에 있어서 정확한 것은 마땅히 '성인聖人'이라는 두 글자에 국한할 수 없다. 그러므로 차라리 '다능多能'이라는 두 글자를 받아들인 것이니, '多能'이라는 말은 심히 비루하고 심히 천박한 표현일 뿐, 결코 군자의 도라 할 수 없다. 태재의 이러한 질문은 마을 사람들의 식견에 비교하여 하늘과 땅처럼 현격한 차이가 있다.

7. 子曰, 吾有知乎哉아 無知也로다. 有鄙夫問於我하되 空空如也라도 我叩其兩端而竭焉하노라.

 공자께서 말씀하시기를, "내가 아는 것이 있겠는가! 아는 것이 없다. 그러나 비천한 사람이 나에게 물어오면, 아는 것이 없을지라도(빈 것 같더라도) 알고 있는 모든 것을 다 털어내어 알려 줄 것이니라."[479]

---

478 일이관지一以貫之: '하나의 이치로써 모든 것을 꿰뚫음(일관함)', 이인편, 위령공편 등에 공자와 그의 제자 증자와 자공 등의 대화에서 표현되고 있다.
479 갈竭: 다하다. 고叩: 발동하다. 양단兩端: 양두兩頭와 같은 의미로, 시종始終, 본말本末, 상하上

不但無人問時, 體本無知, 卽正當有人問時, 仍自空空, 仍無知
也. 所叩者, 卽鄙夫之兩端, 所竭者, 亦卽鄙夫之兩端, 究竟吾何知
哉. 旣叩其兩端而竭之, 則鄙夫亦失其妄知, 而歸於無知矣.

다만 묻는 사람이 없을 때에도 체성體性은 본래 알 수 없을 뿐만 아니라,[480] 때마침 마땅히 시기적으로 묻는 사람이 있을 때에도 스스로 비고 비어서(空空) 알 수 없다(無知). '발동하게끔 하는(叩)' 대상은 곧 어리석은 사람의 양극단이고, '다하게끔 하는(竭)' 대상 역시도 곧 어리석은 사람의 양극단이니, (공자의) 궁극적인 경지를 내가 어찌 알 수 있겠는가? 이미 그 양극단을 발동하게 해서 그들을 다한다는 것은 곧 어리석은 사람들 역시 그 망령된 알음알이에서 벗어나[481] 알음알이가 없는 경지에 돌아가게끔 하려는 것이다.[482]

下, 정조정조 등의 의미와 상통.

※ 공자는 타인을 가르침에 있어서 술이편 2장에서 "가르침에 있어 게으르지 않았다(誨人不倦)."고 말할 정도로 자부심과 적극성을 나타내었다. 공자는 아무리 비천한 사람이라도 배움의 자세를 갖추고 물으러 온다면 그가 아무리 '무지몽매(空空)'하더라도 이쪽저쪽을 다 두드려 알아들을 수 있도록 최선을 다해 가르쳐 줄 것이라고 말하고 있는 것이다.

480 체본무지體本無知: 지욱선사는 공자가 말하고 있는 '無知'의 본뜻이 단지 무엇을 '알지 못한다'는 일반적인 의미가 아니라, 인간이면 누구나가 갖추고 있는 궁극적인 '본성(體)을 알 수 없다'는 의미로 이해하고 있는 듯하다. 인간의 본성은 본래 시비, 장단, 미추, 본말, 상하의 개념에서 벗어난 순수하고 무구한 당체이기에 우리들이 지식이나 알음알이로는 쉽게 알 수 없기에 '無知'의 대상이라는 해석이다. 지욱선사는 이러한 견지에서 공자가 말하고 있는 '空空'도 일반적인 해석에서 벗어나 본성 그 자체의 실상에 대한 또 다른 표현으로 이해하고 있는 듯하다.

481 실기망지失其妄知: '失'은 벗어나다의 의미. '妄知'는 마음으로 체험하여 깨닫는 것이 아닌, 듣고 보고 배운 지식의 깜냥으로 알음알이를 일으키는 것을 의미한다. 망지의 반대되는 말이 곧 '眞知'이다.

482 지욱선사는 공자가 겸손하게 '모른다(無知)'고 한 대상이 어떠한 것에 대한 지식이 아닌, 참된 본

8. 子曰, 鳳鳥不至하고 河不出圖하니 吾已矣夫인저.

공자께서 말씀하시기를, "봉황새도 오지 않고, 황하에서 하도河圖도 나오지 않으니, 나는 이제 틀렸구나."[483]

此老熱腸猶昔.

이는 (공자가) 늙어서도 뜨거운 마음[484]만큼은 옛날과 변함없음을 의미한다.

9. 子見齊衰者와 冕衣裳者와 與瞽者하시고 見之에 雖少나 必作하시며 過之必趨러시다.

공자는 상복을 입은 사람, 관복을 입은 사람과 시각장애자를 만났을

성, 혹은 궁극적인 진리에 대한 것으로 이해하고 있다. 따라서 공자가 어리석은 사람들을 차별하지 않고 그들 모두가 참된 본성과 진리를 깨닫게끔 고무시키고(叩), 마침내 그들 모두가 깨침을 얻어 참된 본성(無知)의 경지에 도달하게끔 정성을 다한다(竭)는 해석이다.

483 봉황새는 성군이 나와 덕치를 하면 나타난다는 새로, 태평성세의 상징이다. 하도 역시 성군이 나오면 황하에서 용마가 등에 지고 나왔다는 그림으로 성군이 세상에 나타나는 징조이다. 예컨대 순임금 때에는 봉황이 세상에 나타나서 춤을 추었고, 문왕 때에는 봉황이 기산岐山에 나타나 울었으며, 복희씨 때에는 용마龍馬가 하수에서 그림(河圖: 별자리 그림)을 지고 나타나자 복희씨가 그 그림을 보고 팔괘를 그렸다고 전해진다. 공자는 '내 당대에는 봉황이 안 보이고 황하에서 그림도 안 나오니, 성군이 나오지 않겠다. 따라서 나를 등용시킬 임금이 없으니 세상에 나가서 경륜을 펼칠 기회가 없을 것 같다. 나는 끝났다'라고 한탄하고 있는 것이다.

484 열창熱腸: 뜨거운 마음.

때는 상대방이 연하일지라도 반드시 자리에서 일어나고, 그들을 지나갈 때에는 반드시 빠르게 지나가셨다.[485]

10. 顔淵이 喟然歎曰, 仰之彌高하며 鑽之彌堅하며 瞻之在前이러니 忽焉在後로다. 夫子循循然善誘人하사 博我以文하고 約我以禮하시니라. 欲罷不能하며 旣竭吾才하니 如有所立이 卓爾라 雖欲從之나 末由也已로다.

안연이 크게 탄식하며 말하기를, "스승님의 도는 우러러 볼수록 더욱 높고, 뚫고 들어갈수록 더욱 견고하며, 바라보면 앞에 있는가 싶더니 어느새 뒤에 있다. 스승님은 차근차근 우리는 이끌어 주시어 학문으로 나의 지식을 넓혀주시고, 예로써 나의 행동을 절제하게 해주셨다. 그만두려고 해도 그만둘 수가 없고, 나의 재주는 이미 다하였는데, 스승님은 높은 곳에 우뚝 서 계시니, 따라가려고 해도 따라갈 수가 없구나."[486]

---

485 재최齊衰: 상복. 면의상冕衣裳: 관복을 입은. 고자瞽者: 앞을 보지 못하는 소경. 작作 : 일어나다(起). 추趨: 종종걸음으로 빠르게 지나가는 것(疾行).
  ※ 상을 당한 사람, 관직에 있는 사람, 시각장애자에 대해서는 상대방을 헤아려 공자가 예의를 다 했음을 표현하고 있다.
486 위연喟然: 크게 탄식하는 소리. 첨瞻: 우러러봄(仰視). 미彌: 대단히, 더욱더. 찬鑽: 뚫다. 홀언忽焉: 고본에는 '홀연忽然'으로 되어 있다. 순순연循循然: 차례차례로 나아가는 모습, 의사가 환자의 병에 따라 약을 처방한다는 '응병여약應病與藥'과 비슷한 의미. 유誘: 좋은 곳으로 유도하다, 이끌어 나가다(引進). 탁이卓爾: 탁연卓然과 같은 의미로, 높고 의젓한 모양.
  ※ 안연은 공자 다음 가는 아성으로 불리며, 공자의 제자 중 덕행이 가장 뛰어난 인물로 평가되고 있다. 이러한 제자 안연이 공자의 인품과 덕, 그리고 공자가 가르치는 도가 매우 높아서 따라가고 싶어도 따라갈 수 없음을 말하며, 공자를 깊이 칭송하고 있는 내용이다.

此與問仁章參看, 便見顏子眞好學, 又見顏子正在學地未登無學. 約我以禮, 正從克己復禮處悟來, 欲罷不能, 正從請事斯語處起手. 欲從末由, 正是知此道非可仰鑽前後而求得者. 兩個我字, 正卽克己由己之己字. 王陽明曰, 謂之有則非有也, 謂之無則非無也.

이 문장과 더불어 문인장問人章을 살펴보면, 안자가 참으로 학문을 좋아하는 사람임을 볼 수 있다. 또한 안자의 학문의 경지가 아직 무학無學의 경지에 이르지 못한 것도 알 수 있다.[487]

'예禮로써 나의 행동을 절제하게 해주셨다(約我以禮)'라는 말은 바로 '자신을 극복하여 예로 돌아간다(克己復禮)'는 가르침에 대한 깨침이고, '그만두려고 해도 그만둘 수가 없었다(欲罷不能)'라는 말은 바로 '말씀해

---

487 문인장問人章: 안연편 제1장을 말한다. 미등무학未登無學: '무학'은 더 이상 배울 것이 없다는 표현으로, 참된 진리와 본성에 대한 깨침을 의미한다. 안연편 제1장에서 안자가 공자에게 인에 대해 묻자, 공자는 "자기를 극복하고 예로 돌아가는 것이 인이니, 하루라도 자기를 이겨서 예로 돌아간다면 천하가 인으로 돌아갈 것이다. 인을 실천하는 것은 자신에게 달려있지 남에게 의존하는 것이 아니다(克己復禮爲仁, 一日克己復禮, 天下歸仁焉, 爲仁由己, 而由人乎哉)."라고 가르쳤다. 하지만 안자는 공자의 이 같은 가르침의 깊은 뜻을 다 이해하지 못하여, 거듭 인의 구체적 실천 사항을 질문한다. 이에 공자는 또다시 "예가 아니면 보지 말고, 예가 아니면 듣지 말고, 예가 아니면 말하지 말고, 예가 아니면 행하지 말아야 한다(非禮勿視, 非禮勿聽, 非禮勿言, 非禮勿動)."라고 말하며 세세한 인의 실천을 가르치고 있다. 이러한 공자의 구체적 가르침에 안자는 "제가 불민하오나 말씀해 주신 것을 실천하도록 노력하겠습니다(回雖不敏 請事斯語矣)"라고 대답하며 공자의 가르침을 성실히 실천할 것을 다짐한다. 지욱선사는 안자가 공자와의 인에 대한 이러한 문답에서 처음 공자가 말한 인의 뜻을 처음부터 깊이 있게 체득하지 못했기에 또다시 인의 구체적 실천 사항을 물은 것으로 이해하고 있다. 따라서 안자가 아직 더 이상 배울 것이 없는 무학의 경지에 이르지 못한 것으로 말하고 있는 것이다.

주신 것을 실천하도록 노력하겠습니다(請事斯語)'라는 다짐의 실천이라 할 수 있다. '따라가려고 해도 따라갈 수가 없었다(欲從末由)'라는 말은 바로 공자의 도는 우러러 살피고 꿰뚫어 연구하여도 앞뒤를 깨닫지 못했다는 것을 의미한다. 두 개의 '아我' 자는 바로 '극기(克己: 자기를 극복하고)'와 '유기(由己: 자기를 맘미암다)'의 '기己'자이다.

왕양명은 "그것(道)은 있다고 하면 곧 없고, 없다고 하면 곧 있는 것이라 말할 수 있다."고 하였다.[488]

11. **子疾病이시어늘 子路使門人으로 爲臣이러니 病間曰, 久矣哉라. 由之行詐也며 無臣而爲有臣하니 吾誰欺오 欺天乎아. 且予與其死於臣之手也론 無寧死於二三子之手乎아. 且予縱不得大葬이나 予死於道路乎아.**

공자의 병이 위독해지자, 자로가 제자들을 가신家臣으로 삼아 장례 준비를 했다. 공자가 병세가 호전되었을 때 공자께서 말씀하시기를, "유(由, 자로)가 거짓을 행함이 오래 되었구나. 가신이 없는데도 가신이 있는 것처럼 했으니, 내가 누구를 속이겠느냐. 하늘을 속이겠느냐? 내가 가신

---

[488] 공자가 가르치고, 제자들이 찬탄하고 있는 공자의 도는 사실 그 실상을 보거나 만지거나 느낄 수 있는 그 어떤 실체적인 존재가 아니다. 어떤 경우에는 인仁이라 부르고, 또 어떤 경우에는 의義라 하고, 또 어떤 때에는 예禮, 혹은 지知라 부르며 그에 대한 이해와 깨침, 실천 등을 가르치지만, 이는 어디까지나 도를 입 밖으로 표현해 낸 언어적 개념에 지나지 않는 것이다. 왕양명은 안자가 찬탄하는 공자의 도가 이렇듯 언어적 개념에서 벗어난 그 무엇을 말하며, 도의 실상은 있다고도 할 수 없고, 없다고도 할 수 없는 무형무체의 실상임을 말하고 있는 것이다.

의 손에 죽기보다는 차라리 너희들 손에 죽는 것이 낫지 않겠느냐. 비록 성대한 장례는 치르지 못할지라도 내가 길바닥에서 죽기야 하겠느냐."[489]

子路一種流俗知見, 被夫子罵得如此刻毒. 今有禪門釋子, 開喪戴孝, 不知何面目見孔子, 不知何面目見六祖, 不知何面目見釋迦.

자로가 일종의 세속적인 지견을 가졌기에 공자에게 이렇듯 심한 꾸지람을 당했던 것이다. 지금 선종의 부처님 제자들조차도 상복을 입고 조문을 받고 있으니, 무엇이 공자가 보여준 본래면목인지 알지 못하고, 무엇이 육조대사가 보여준 본래면목인지 알지 못하며, 무엇이 석가모니 부처님이 보여주신 본래면목인지를 알지 못하고 있다.[490]

---

489 질병疾病: 병이 위독하다. 병간病間: 병이 차도가 있다. 종縱: 비록~라도. 대장大葬: 군신의 예장을 의미.

※ 원칙과 규정을 중시하여 이를 철저히 지키려 하던 공자의 모습을 보여준다. 공자가 철환주유를 끝내고 노나라로 돌아온 이후에 생긴 일로 보인다. 이 당시 공자는 경전 저술과 후학 양성에 전념하며 아울러 노나라의 국가 원로로서 군주인 애공과 실권자인 계강자에게 정치적 자문도 하고 있었다. 공자가 병석에 눕자 자로는 병수발을 위해 관리로 있던 제자 중의 한 명을 파견하게 하였다. 자로는 스승인 공자가 그 정도의 대우를 받을 만한 위치에 있다고 생각했던 것이다. 그러나 가신을 파견 받는 경우는 현재 고위직에 있거나 정상적으로 정년퇴직한 고위직에 해당하는 것이지 오래전에 퇴직한 공자에게 해당되는 것은 아니었다. 이는 규정과 예법에 맞지 않는 일이다. 공자가 이를 지적해 자로를 질책하며 자신의 후학 양성의 의미도 덧붙여 거론하고 있다.

490 유속지견流俗知見: 참된 진리와 본성을 깨닫지 못하고, 명리만을 좇는 세속적인 이념과 가치에만 매달려 있는 사람들의 삿된 견해. 각독刻毒: 잔혹하고 악랄하다, 독설과 같은 의미. 석자釋子: 부처님의 제자. 개상재효開喪戴孝: 상복을 입고(戴孝) 조문을 받다(開喪). 면목面目: 본래면목本來面目의 줄임말로, 인간이 근본적으로 가지고 태어난 진리 본성(불성), 혹은 선한 순수 무구한 근본심성을 지칭.

12. 子貢曰, 有美玉於斯하니 韞匵而藏諸리잇고. 求善賈而沽諸리 잇고. 子曰, 沽之哉라, 沽之哉라, 我는 待賈者也로다.

자공이 말하기를, "여기에 아름다운 옥이 있다면, 그것을 함에 넣어 보관하시겠습니까? 좋은 상인에게 파시겠습니까?" 공자께서 말씀하시기를, "팔아야지, 팔아야지. 나는 좋은 값을 부를 사람을 기다리고 있느니라."[491]

沽同, 而待與求不同. 世人不說沽, 便說藏耳, 那知此意.

※ 해탈과 열반의 증득을 목표로 세속의 가치에서 벗어나 참된 진리를 찾고자 출가하여 참선 수행하는 부처님 제자들조차 사회인들이 하는 상복을 입고 조문을 받는 등의 세속적 예법에 매달리고 있음을 경책하는 표현이다. 자로가 공자의 참된 본래면목을 깨닫지 못하여 불경스러운 행위를 하였듯이, 당시의 참선수행자들 또한 공자뿐만 아니라, 선정의 대표적 스승이라 할 수 있는 육조혜능 대사와 석가모니 부처님이 가르치신 근본 가르침(= 본래면목)을 바르게 알지 못하였기에, 그처럼 세속의 예법과 관습에 얽매여 비승가적 행위를 하고 있다는 강력한 비판이다.

491 온독韞匵: 함(궤)에 넣다. 장藏: 보관하다. 선가善賈: 좋은 값, 비싼 값. 고沽: 팔다(賣).

※ 현실 정치에 참여하는 방식에 대해 묻는 자공의 질문에 대한 공자의 답변에서 유가의 입장을 엿볼 수 있다. 자공은 언어에 뛰어나 외교에 능하였는데, 상술도 뛰어나 재화를 많이 불려 공자를 경제적으로 뒷받침한 제자라 할 수 있다. 자공은 공자의 인격과 학식을 가장 잘 파악했던 제자이다. 그런데 당시는 대부분의 위정자들이 약육강식과 부국강병의 패도에만 관심이 있어, 덕치와 위민정치를 내세우는 공자를 외면하는 상황이었다. 공자는 자신의 도가 실현되려면 위정자인 군주가 받아 들여야 하는 사실을 잘 알고 있었다. 따라서 공자는 자신의 도를 이해하고 인정하는 밝은 군주가 자신을 등용하면 언제든지 현실 정치에 참여하겠다는 의지와 뜻이 확고하였다. 위 글 역시 자공이 스승인 공자를 아름답고 귀한 옥에 비유하면서 공자의 능력을 알아보는 군주가 나타날 때까지 기다려야 할지, 아니면 발탁되도록 스스로 찾아 다녀야 하는지를 스승에게 묻고 있는 내용이다. 공자가 '팔아야지'라고 답변한 것은 '유가는 기본적으로 현실 정치에 참여한다'는 원칙적인 입장을 나타낸 말이고, '값을 기다린다'는 말은 현재 상황이 유가의 도를 수용하는 여건이 아니니, 현명한 군주가 나타나면 그때 정치에 참여하겠다는 비유라 할 수 있다. 다시 말해 지금 당장 현실 정치에 참여하지 않겠다는 의미인 것이다.

'고沽'자는 같은 의미이지만, '대待'와 '구求'자의 의미는 다르다. 세상 사람들은 파는 것에 대해서는 말하지 않고 보관하는 것만을 말하고 있을 뿐이니, 어찌 이러한 뜻을 알겠는가?[492]

13. 子欲居九夷러시니 或曰, 如之何리잇고. 子曰, 君子居之면 何陋之有리요.

공자께서 동방의 오랑캐 나라로 가서 살고 싶다고 하자, 어떤 사람이 말하기를, "그곳은 누추할 터인데 어떻게 사시겠습니까?" 공자께서 말씀하시기를, "군자가 사는데 어찌 누추함이 있겠는가!"[493]

---

492 자신을 비워가며 힘들게 도를 닦고, 오랜 시간 노력하여 지식을 축적하고 재능을 키우며 인격 완성을 함양하는 목적은 개인의 영달을 위한 목적일 수도 있지만, 그보다 더 높은 가치는 사적인 이익을 넘어서 사회와 국가의 이로움을 위한 봉사와 헌신이 목적일 수도 있다. 지욱선사는 이러한 이치를 말하고 있다. 세상 사람들은 모두가 자신의 이익을 위해 공부하고 재능을 닦아 축적하는 데만 힘쓸 뿐(藏), 사회와 국가, 대중의 이익과 안락을 위해 자신의 지식과 재능을 적극적으로 밖으로 드러내어 봉사하고 헌신하려는 자세(沽)가 부족하다는 지적이다. 공자는 비록 자신의 도(道: 美玉)를 알아주는 현명한 군자를 만나지 못했기에 자신의 능력을 발휘하고 싶어도(沽) 그렇게 하지 못했지만, 언제나 자신의 능력을 발휘하여 국가와 백성의 이익과 안녕을 위한 원대한 뜻만큼은 버리지 않았음을 일깨우고 있는 것이다.

493 구이九夷: 동방의 여러 나라를 두루 일컫는 말.
※ 예로부터 중화권에서는 요순과 하·은·주 삼대 때부터 왕이 있는 도읍지를 중심으로 하여 나라 안이라는 뜻의 '中國'이란 말을 썼고, 그 바깥은 변방이란 개념을 썼다. 보통은 동이東夷, 서융西戎, 남만南蠻, 북적北狄의 개념으로 쓰는데 한편으로 변방을 통틀어 이족夷族이 사는 곳으로 칭하기도 한다. 군자는 덕을 추구하고 덕행을 수행하는 사람이므로 주변의 환경에 크게 영향을 받지 않기에 누추함에 상관없이 살 수 있다고 공자는 말하고 있다. 공자는 동방의 오랑캐 나라에는 순수함이 있기에 중원보다 덕을 수행하고 전파하기 좋다고 생각하였던 것 같다.

卓吾云, 先輩謂當問其居不居, 不當問其陋不陋, 最爲得之.

이탁오는 "선배들은 '마땅히 살 수 있는지 없는지만을 묻고, 마땅히 누추하고 누추하지 않음은 묻지 않았다'고 말하였는데, 그들이야말로 공자의 가르침을 가장 잘 이해하고 있는 사람들이다"라고 하였다.[494]

14. 子曰, 吾自衛反魯然後에 樂正하여 雅頌各得其所하니라.

공자께서 말씀하시기를, "내가 위衛나라에서 노魯나라로 돌아온 후 음악이 바로잡히니, 아雅와 송頌이 각각 제자리를 잡았느니라."[495]

亦是木鐸之職應爾.

역시 목탁의 직분에 응하셨을 뿐이다.

---

494 선배先輩: 구체적으로 누구를 지칭하는지 알 수 없다. 최위득지最爲得之: 공자의 도, 혹은 가르침을 가장 잘 체득(또는 이해)하고 있다.
495 상고시대에 음악(樂)은 오늘날 예술의 한 장르에 속하는 협소한 차원의 음악이 아니라, 당시의 정치 사회 문화가 종합적으로 집약된 포괄적인 개념의 음악을 의미한다. 국가 사회의 모든 의식에 각기 그에 맞는 예법에 따라 음악이 사용되었다. 그런데 주나라가 쇠퇴하면서 국가 기강과 질서가 무너져 예악이 제대로 쓰이지 않는 데다 본래의 격식과 상관없이 임의로 노래가 연주되는 일이 발생하였다. 이에 공자가 노나라 태사인 지摯의 도움을 받아 시가詩歌를 편찬하면서 악보를 바르게 하였다는 내용이다. 공자는 56세(B.C. 495년)에 출발하여 12년 동안 여러 제후국을 순방하고 68세에 노나라에 돌아와서 제자들을 가르치는 가운데 노나라의 음악을 정리하여 체계를 완성하였다. 『시경』에는 305편의 노래가 있는데 귀족의 생활시라고 할 아雅가 105편이고, 주의 왕실과 건국 시조를 찬송한 종교시라고 할 송頌이 40편이며, 사회상을 반영한 민요 즉, 사회시라고 할 풍風이 160편이 실려 있다.

15. 子曰, 出則事公卿하고 入則事父兄하며 喪事를 不敢不勉하며 不爲酒困이 何有於我哉오.

공자께서 말씀하시기를, "나가서는 임금이나 대부를 섬기고 들어와서는 부형을 섬기며, 상사喪事는 정성을 다하여 치르고 술 때문에 곤경에 빠지지 않는 것, 이런 것들이 나에게 무슨 어려움이 있겠는가."[496]

不要看得此四事容易. 若看得容易, 便非孔子.

이러한 네 가지 일은 결코 실천하기 쉬운 것으로 봐서는 안 된다. 만약 실천하기 쉬운 것으로 보았다면, 곧 공자가 아니다.[497]

---

496 공경公卿: 임금이나 대부. 不敢不勉: 노력과 정성을 다하다.
　※ 효孝와 제弟로 상징되는 공경의 예는 당시 신분 사회를 구성하고 있는 가문과 국가의 기강과 질서를 유지하는 가장 중요한 덕목이다. 또한 사람들 간의 관계에서 늘 일상적으로 접하는 인륜의 도리이다. 위 문장에서 '出則事'는 제에 해당하고, '入則事'는 효에 해당한다. 공자가 제자들에게 늘 강조하고 있는 것이 효제인데, 유가에서는 효제를 인의 근본으로 삼는다. '상사喪事'는 사람이 처하는 가장 슬픈 일 중의 하나로 최선을 다하지 않을 수 없고, 제사와 더불어 삼가 초상을 치르고 멀리 조상을 추모하고(愼終追遠), 멀리 조상을 추모하여 근본에 보답한다(追遠報本)는 측면에서 매우 중요시되는 의례였다. 또한 술은 천지자연의 기운이 담긴 곡물의 정화精華이기에, 정화된 술의 향으로 귀신을 불러 흠향하면 곧 인간과 신이 연결된다고 보았다. 그러므로 제사에서 빼놓을 수 없는 것이고, 제를 마친 뒤에 함께 모여 음복飮福함은 귀신의 음덕을 함께 나누고자 하는 뜻이었다. 이때 지나치게 술을 마셔 취하게 되면 오히려 귀신의 음덕을 흩어버리게 된다. 위에서 '不爲酒困'은 요즘처럼 아무 때나 술을 마시는 것이 아니라, 연향례燕饗禮에 마시므로 곤하지 않도록 했다는 의미이다.
497 공자가 언급하고 있는 네 가지 예는 누구나가 쉽게 실천할 수 있는 내용이 아니다. 그럼에도 공자는 네 가지 예를 언급하며, 스스로 '나에게 무슨 어려움이 있겠는가?'라고 말하고 있다. 이는 공자 스스로가 자만해서 말하는 것이 아니라, 그만큼 자신이 어느 상황에서나 예를 다할 수 있는 인격

16. 子在川上曰, 逝者如斯夫인저 不舍晝夜로다.

공자께서 강가에서 말씀하시기를, "지나가는 것이 이와 같구나. 밤낮을 쉬지 않는구나."[498]

此歎境也, 卽歎觀也. 蓋天地萬物, 何一而非逝者, 但愚人於此計斷計常. 今旣謂之逝者, 則便非常. 又復如斯不舍晝夜, 則便非斷. 非斷非常, 卽緣生正觀. 引而申之, 有逝逝, 有逝不逝, 有不逝逝, 有不逝不逝. 非天下之至聖, 孰能知之.

이는 경치를 감탄하심과 동시에 곧 통찰에 대한 찬탄이라 할 수 있다.[499] 대개 천지만물 중에 어느 하나라도 흘러가지 않는 것이 있겠는가? 다만 어리석은 사람들은 이에 대해 단멸斷滅과 상주常住를 헤아릴 뿐이다. 지금 이미 흘러가는 것이라고 한다면, 상주가 아니다. 또 다시 이를 '밤낮을 쉬지 않는 것'과 같다고 한다면, 단멸이 아니다. 단멸하지도 않고 상주하지도 않는다고 한다면, 곧 인연에 따라 생겨나는 것으로 보는

적 완성을 이루고 있음을 표현한 말이라 할 수 있다. 비록 실천하기 어렵지만, 이러한 예를 실천하기 위해서는 공자 자신과 같은 인격적 완성을 위해 더욱 열심히 공부하고 노력해야 됨을 일깨우고 있다는 것이다. 공자가 네 가지 예를 실천하기 쉬운 것으로 이해하여 그 같이 말했다면, 이미 그는 공자가 아니라는 지욱의 언급은 바로 이러한 의미의 해석이다.

498 천상川上: 강가. 서逝: 가다. 부夫: 감탄사.
499 16장에서 공자가 한 말은 풍경에 대한 단순한 찬탄의 소감뿐만 아니라, 어떻게 존재의 실상을 통찰해야 하는가에 대한 찬탄이라는 의미이다.

것이 바른 통찰이라 할 수 있다.[500]

이러한 이치를 확장해서 살펴보면, 갈 만한 인연이 있기에 흘러가는 것이고, 갈만한 인연이 있기에 흘러가지 않는 것이며, 흘러가지 않을 만한 인연이 있기에 흘러가는 것이고, 흘러가지 않을 만한 인연이 있기에 흘러가지 않는 것이다. 천하의 지극한 이치를 깨달은 성인이 아니면, 누가 능히 그러한 이치를 알 수 있겠는가!

17. 子曰, 吾未見好德을 如好色者也니라.

공자께서 말씀하시기를, "나는 아직 여색을 좋아하는 만큼이나 덕을 좋아하는 사람을 보지 못했느니라."

---

500 존재의 실상을 보는 관점에 있어 대부분의 일반인들은 존재의 단멸과 영원을 따져 이해한다. 즉 모든 존재는 한 번 소멸하면 더 이상 존재하지 않게 된다는 이른바 단멸론斷滅論의 견해를 갖는 사람들이 있고, 이와 달리 존재는 소멸과 죽음으로서 끝나는 것이 아니라, 다시 새로운 존재로 거듭 태어나 연속된 삶을 이어간다고 생각하는 상주론常住論의 견해를 가진 사람들이 있다. 존재의 변화와 소멸이라는 일면성에만 관심을 둔 사람들은 단멸론에 빠지기 쉽고, 존재의 불변성과 영원성에 가치를 둔 사람들은 상주론에 빠지기 쉽다. 예컨대 사람이 한 번 죽으면 그것으로서 모든 것이 끝나 더 이상 사후의 새로운 삶은 없다고 보는 관점이 단멸론의 견해라고 한다면, 사람에게는 영원불변한 영혼이 있어 사후에도 또 다른 삶을 이어간다고 보는 상주론이 그것이다. 그러나 이것은 어디까지나 생과 사라는 어느 한쪽 현상만을 보고 집착하는 편협된 관점에 지나지 않는다. 이러한 단멸과 상주의 견해를 벗어나 불교에서는 이른바 '연기론緣起論'을 교설한다. 연기는 원래 '인연생기因緣生起'의 준말이다. 즉 모든 존재는 그것이 존재할 만한 직접적인 원인(因)과 간접적인 조건(緣)이 있어야만 비로소 존재하게 되며(生起), 또 다시 그러한 원인과 조건이 다하면 소멸과 죽음이라는 현상을 낳게 된다는 교설이다. 사실 이러한 연기법의 이치를 이해하고 깨닫는 것은 그리 쉬운 일이 아니다. 존재의 실상을 깊이 있게 통찰하여 바르게 깨달은 성인이라야 가능한 일이다.

惟顔子好學, 亦惟顔子好德耳.

오직 안자만이 학문을 좋아했고, 또한 오직 안자만이 덕을 좋아했을 뿐이다.

18. 子曰, 譬如爲山에 未成一簣하여 止도 吾止也이며 譬如平地에 雖覆一簣이라 進도 吾往也니라.

공자께서 말씀하시기를, "학문은 비유하자면 산을 쌓는 것과 같으니, 한 삼태기의 흙이 부족해서 멈춘 것은 내가 그만둔 것이다. 학문은 땅을 고르는 것과 같으니, 한 삼태기의 흙을 부어도 나아감은 내가 진보한 것이니라."[501]

19. 子曰, 語之而不惰者는 其回也與인저.

---

501 簣: 삼태기 覆: 덮다.
 ※ 『서경(書經)』 주서편(周書篇) 여오(旅獒)장에 "아홉 길의 산을 만듦에 공이 한 삼태기에서 이지러진다(爲山九仞, 功虧一簣)."라 하였고, 『맹자』 진심상(盡心上)편 29장에 "우물 아홉 길을 파고는 샘물에 이르지 못하면 오히려 우물을 버리게 된다(爲井九仞而未及泉, 猶爲棄井也)."고 하였다. 막바지에 조금 남은 끝마무리를 하지 않음으로써 그동안 쌓은 공마저 다 허사가 되는 경우가 많음을 경계하는 말이다. 공자는 이 모든 것이 자기 자신에게 달려 있다고 보았다. 즉 시작하는 것도 내가 하는 것이고, 중도에 그만두는 것도 내가 하는 것이기에, 끝을 맺어 성공하는 것이 모두 다 자기 자신에게 달려 있음을 말하고 있다. 공부와 수행은 남이 하는 것이 아니라, 자기 자신이 하는 것이다. 항상 자신의 게으름과 부족함을 경책하여 열심히 정진하고 수행해야 하는 것이다.

공자께서 말씀하시기를, "내가 말해준 것을 게을리하지 않는 사람은 안회일 것이다."[502]

後一念而方領解, 卽是惰, 先一念而預相迎, 亦是惰. 如空谷受聲, 乾土受潤, 大海受雨, 明鏡受像, 隨語隨納, 不將不迎, 方是不惰.

가르침을 듣고 나서 생각을 일으켜 헤아리고 궁리하는 것도 바야흐로 나태한 것이며, 한발 앞서 생각을 일으켜 미리 예단하여 받아들이는 태도도 역시 나태함이다. 마치 빈 계곡이 소리를 받아들이고 마른 땅이 물기를 받아들이며, 큰 바다가 비를 받아들이고 밝은 거울이 만상을 받아들여 비추는 것과 같이, 말씀을 순종하고 받아들여 보내지도 않고 맞이하지도 않아야만, 바야흐로 게으르지 않다고 할 수 있다.[503]

---

502 타惰: 게으르다.
  ※ 안연은 공자의 수제자로서 공자가 가장 아끼고 사랑한 제자였으나 불행히도 일찍 요절하였다. 이 장에서는 호학에 있어 특별히 안연의 부지런함을 칭송하고 있다. 뒤 20장 역시 안연의 인품을 칭송하는 내용으로 21장까지는 18장의 보완 설명에 해당된다고 볼 수 있다.
503 영해領解: 사물의 이치나 숨겨진 뜻을 궁리하여 앎. 상영相迎: 맞이하다, 출영하다, 환영하다. 부장불영不將不迎: 보내지도 않고 맞이하지도 않는다.
  ※ 제자가 스승의 가르침을 듣거나 배우고 나서 취해야 할 바른 태도를 말하고 있다. 가르침을 듣고 그 가르침에 대해서 이리저리 시비를 따지고 헤아리는 태도도 게으름에 다름 아니고, 그렇다고 가르침을 듣기에 앞서 미리 스승의 가르침을 예단하여 무조건 수용하는 듯한 태도도 게으름과 다르지 않다는 지적이다. 마치 빈 계곡, 마른 대지, 큰 바다, 맑은 거울처럼 모든 가르침을 거역하지 않고 받아들여, 성실히 배우고 익히려는 겸허하고 열린 자세가 공부하는 학인의 게으르지 않은 바른 자세라는 것이다.

20. 子謂顔淵曰, 惜乎라. 吾見其進也요 未見其止也라.

공자께서 안연에 대해 말씀하시기를, "애석하구나. 나는 그가 나아가는 것을 보았어도 멈추는 것은 보지 못했다."[504]

進是下手, 止是歸宿. 正在學地, 未登無學, 奈何便死, 眞實可惜.

'진進'은 시작하는 것이요, '지止'는 돌아오는 것이다. 마침 학문에 뜻을 두어 공부하다가 아직 무학無學의 경지에 오르지도 못했는데, 어찌하여 죽었는가! 참으로 애석하다.[505]

21. 子曰, 苗而不秀者有矣夫며 秀而不實者有矣夫인저.

공자께서 말씀하시기를, "싹이 나서도 꽃을 피우지 못하는 것이 있고, 꽃이 피었어도 열매를 맺지 못하는 것이 있다."[506]

---

504 역시 공자가 다시 한 번 안연의 인격을 칭송하는 문장으로 앞의 19장과 합쳐도 무방한 내용이다. 또한 이와 관련된 말로 공자는 『중용』 8장에서 "안회는 사람됨이 중용을 가려 택하니, 하나의 선함을 얻으면 받들어 가슴에 붙여서 잃지 않았다(回之爲人也, 擇乎中庸, 得一善則拳拳服膺, 而弗失之矣)."라고 하였다.

505 무학無學: 더 이상 배울 것이 없는 경지. 곧 학문의 완성, 혹은 깨달음의 성취를 의미. 불교에서는 탐진치를 비롯한 모든 번뇌에서 벗어나 아라한과(阿羅漢果)의 경지에 도달함을 의미함.
※ 지욱선사 역시 학문을 완성하지 못하고 젊은 나이에 스승보다 먼저 세상을 떠난 안회의 죽음을 애통해하고 있다.

506 묘苗: 싹이 나다. 수秀: 꽃이 피다.
※ 19장, 20장과 연결해 볼 때 32세에 요절한 안회를 애석히 여기면서 하신 말씀인 듯하다.

令人惕然深省.

사람들로 하여금 척연히 깊이 성찰하게 한다.[507]

22. 子曰, 後生이 可畏니 焉知來者之不如今也이리요. 四十五十而無聞焉이면 斯亦不足畏也已니라.

공자께서 말씀하시기를, "후배를 두려워해야 할 것이니, 어찌 그들의 장래가 지금만 못하다고 할 수 있겠는가. 그러나 사오십이 되어도 이름이 나지 않으면 두려운 존재가 아니다."

今日立志, 後來滿其所期, 所以可畏. 四十五十而不聞道, 不能酬今所立之志, 則越老越不如後生矣. 大凡學道之人, 只是不負初心所期, 便爲大妙, 故不必勝今, 只須如今, 便可畏耳.

오늘 뜻을 세우고 후일에 그 약속한 기일이 다가오기 때문에 두려워하게 된다. 사십 오십이 되어도 도를 듣지 못했다면 오늘 세운 뜻이 결과를 얻지 못한 것이니, 곧 나이가 들었어도 후배만 못한 것이다. 대체로 도를 배우는 사람은 다만 초심으로 다짐한 바를 저버리지 않아야만 훌륭한 존재가 될 수 있다. 그러므로 현재를 지나치지 말고 다만 모름지

---

507 척연惕然: 척연하다, 곧 근심하고 두려워하는 모습.

기 오늘이 마지막인 것처럼 해야 곧 두려워한다고 할 수 있다.[508]

23. 子曰, 法語之言은 能無從乎아 改之爲貴니라. 巽與之言은 能無說乎아 繹之爲貴니라. 說而不繹하며 從而不改면 吾末如之何也已矣니라.

공자께서 말씀하시기를, "바른 말을 따르지 않을 수 있겠는가. 그러나 그 말에 따라 잘못을 고치는 것이 더 중요하다. 부드럽게 타이르는 말이 듣기에 즐겁지 않겠는가. 그러나 그 말의 참뜻을 찾아내는 것이 더 중요하다. 즐거워만 하고 참뜻은 찾지 않고, 따르기만 하고 고치지 않는다면, 나도 어찌 할 수가 없느니라."[509]

卓吾云, 與字最妙, 卽以法語之言, 巽與之言耳. 捨法便無以正人, 後三語深望其改與繹也.

이탁오는 "여與 자에 가장 미묘한 뜻이 담겨 있으니, 곧 '바른 말(法語之言)'로써 '부드럽게 타이른다(巽與之言)'는 의미이다. 법을 저버리는 사

---

508 주酬: 보답, 보수, 응대. 월노월越老越: 나이가 들수록, 나이가 들면. 대범大凡: 대체로, 대개, 무릇. 대묘大妙: 훌륭한 묘법, 곧 큰 깨달음을 얻은 사람. 불필不必: ~할 필요가 없다, ~하지 마라. 승금勝今: 오늘보다 잘하려고 하다, 오늘을 지나치다. 여금如今: 오늘처럼, 곧 오늘이 마지막인 것처럼.
509 법어法語: 본받을 만한 말, 바른 말(正語), 진리를 깨우치는 말. 손여지언巽與之言: 순하게 인도라는 말. 역繹: 실마리를 찾음(尋緖), 곧 감춰진 속뜻을 찾음.

람 중에서 바른 사람은 없다. 뒤에 이어지는 세 단락의 말은 그 개선하고 더불어 가르침의 참뜻을 찾아야 됨을 깊이 바라시는 말씀이다."라고 하였다.

24. 子曰, 主忠信하며 毋友不如己者요 過則勿憚改니라.

공자께서 말씀하시기를, "성실과 신의를 지키고, 나보다 못한 사람을 벗하지 말고, 잘못이 있으면 꺼리지 말고 고쳐라."[510]

25. 子曰, 三軍은 可奪帥也이니와 匹夫는 不可奪志也이니라.

공자께서 말씀하시기를, "삼군의 장수는 빼앗을 수 있으나, 필부의 뜻은 빼앗을 수 없다."[511]

---

510 학이편 8장에 있는 문장과 같은 내용이다.
511 삼군三軍: 1군은 약 12,500명의 군사를 말하는데, 삼군은 많은 군사를 지칭한다.
※ 막강한 무력을 동원한다면 아무리 용맹한 장수라도 사로잡을 수 있지만, 사람의 굳건한 기상과 절개는 비록 필부라 해도 빼앗을 수 없다는 뜻이다. 『춘추좌전』 소공 20년편에는 사냥터에서 한 몰이꾼이 제후의 부름에 응하지 않는 사건에 대해 언급하고 있다. 즉 제경공이 사냥터에서 멀리 떨어져 있는 몰이꾼(우인虞人)에게 대부용 깃발(旌)로 신호를 보냈으나 몰이꾼이 자신을 부르는 데 쓰는 피관皮冠이 아니라서 호응하지 않았다. 이에 제경공이 명령 불복종을 들어 몰이꾼을 죽이려 하였는데, 이때 몰이꾼이 자신을 부르는 깃발이 아니었기에 움직이지 않았다며 자신의 잘못이 아님을 제 경공에게 당당하게 말하여 살아났다는 내용이다. 이를 두고 공자가 "도리를 지킴이 관직을 지키는 것보다 낫다(守官不如守道)."고 칭찬하였고, 맹자 또한 "뜻 있는 선비는 구덩이와 도랑에 있는 것을 잊지 않고, 용맹스런 선비는 그 머리 상함을 잊지 않는다(志士, 不忘在溝壑, 勇士, 不忘喪其元)."라는 옛 말을 인용하여 몰이꾼의 기개를 칭찬하였다.

卓吾云, 三軍奪帥, 亦非易事. 借此以極其形容耳.

이탁오는 "삼군三軍의 장수를 빼앗는 것은 역시 쉬운 일이 아니다. 이는 극단적인 예를 들어 그 필부의 뜻을 빼앗을 수 없음을 형용한 것뿐이다."라고 하였다.

26. 子曰, 衣敝縕袍하며 與衣狐貉者로 立而不恥者는 其由也與인저 不忮不求면 何用不臧이리요. 子路終身誦之한대 子曰, 是道也로 何足以臧이리요.

공자께서 말씀하시기를, "해진 솜옷을 입고, 여우나 담비의 모피로 만든 옷을 입은 사람과 함께 서 있어도 부끄러워하지 않는 사람은 유(由=자로)일 것이다. 『시경(詩經)』에 '남을 해치지 않고 남의 것을 탐내지 않으니, 어찌 선하다고 하지 않겠는가?'라고 했다."
자로가 종신토록 이 구절을 외우고자 하니, 공자께서 말씀하시기를, "그 정도의 도만으로 어찌 훌륭하다고 하겠는가."[512]

---

[512] 온포縕袍: 무명으로 만든 도포. 폐敝: 해지다. 호학狐貉: 여우와 담비. 기忮: 해치다. 장臧: 착하다.
※ 자로는 강직한 인물이지만 한편으로 순진하고 외곬수의 성격도 함께 지녔다. 나아가 자로는 의협심이라면 타의 추종을 불허할 만큼 강한 인물이기도 하다. 공자가 『시경』의 구절을 인용하여 자로는 결코 의롭지 않은 부귀를 탐내지도 않고, 남을 해치지도 않으며 비굴해하지 않을 인물이라며 크게 칭찬하였다. 이에 자로는 스승의 칭찬에 흡족해하며 칭찬해주신 그 말을 밤낮없이 암송하며 다녔다. 격려의 칭찬을 바탕으로 좀 더 정진하라는 공자의 깊은 의중을 미처 알지 못했던 것이다. 이를 딱하게 여긴 공자가 '그래서야 어떻게 도를 발전시켜 나아가겠냐'며 자로를 경책하는 내용이다. 한편 위에서 인용된 시는 『시경』 국풍의 패풍(邶風)편 웅치(雄雉)장 구

詩之妙, 在一用字. 夫子說子路之病, 在一足字, 用則日進, 足則誤謂到家, 不知正是道途邊事耳.

『시경(詩經)』의 묘미는 '용用' 한 글자에 담고 있다. 공자께서 자로의 병을 말씀하실 경우에는 '족足' 한 글자에 뜻을 담고 있다. '용用'은 곧 날로 진보함을 의미하고, '족足'은 곧 그릇된 경지에 이름을 의미한다. 정도를 알지 못하니 도를 닦아감에 주변만을 맴돌 뿐이다.[513]

27. 子曰, 歲寒然後에 知松柏之後彫也이니라.

공자께서 말씀하시기를, "날씨가 추워진 후에야 소나무와 잣나무가 늦게 시든다는 것을 알 수 있느니라."[514]

절이다. "무릇 너 군자는 덕행을 알지 못하는가. 해롭게도 않고 탐하지도 않으면, 어찌 착하지 않으리오(百爾君子, 不知德行, 不忮不求, 何用不臧)."라는 내용이다. 부인이 멀리 부역나간 남편을 그리워하며, 혹시라도 남편이 환란을 당할까 근심하며 남편이 잘 처신하여 온전하기를 바라는 염원이 담긴 시이다.

513 가도到家: 집에 도착하다, 절정에 이르다, 고향으로 돌아가다, 어떠한 경지에 이르다. 도도道途: 길을 걸어가다, 도를 닦아가다. 변사邊事: 변경의 일, 본 일을 벗어난 주변의 일.
※ 자로가 공자의 가르침의 핵심을 바르게 이해하여 정도를 가지 못하고, 안타깝게 도의 주변만을 헤매고 있음을 지적하는 말이다.

514 조彫: 새길 조, 여기서는 시들 조.
※ 평상시 무성하던 일반 나무는 겨울이 되면 추위와 바람에 의해 낙엽이 지고 앙상한 가지만 남는다. 반면에 소나무와 잣나무는 추위와 바람에 상관없이 늘 푸르다. 평안한 세상에서는 군자와 소인은 다르지 않다. 위태롭고 어려운 때가 되면 누가 군자이고 소인인지, 누가 진정한 충신인지를 알 수 있게 된다. 사람들의 의지와 지조, 인품은 간난艱難과 환난患難을 겪을 때 분명하게 차별적으로 드러나기 때문이다.

王安石詩云, 周公吐握勤勞日, 王莽謙恭下士時, 假使當年身便死, 一生眞僞有誰知. 可與此節書作註脚.

왕안석王安石[515]의 시에 "주공은 유언비어 떠도는 날을 두려워했고, 왕망[516]은 낮은 선비였을 때 겸손하고 두려워하였네. 만약 그때 몸이 곧 죽었다면, 일생에 걸친 참과 거짓을 누가 알 수 있었으리요."라고 하였는데, 이 27장 구절을 보고 더불어 글을 썼다고 각주를 달고 있다.

28. 子曰, 知者는 不惑하고 仁者는 不憂하고 勇者는 不懼니라.

공자께서 말씀하시기를, "지혜로운 사람은 미혹되지 않고, 어진 사람은 근심하지 않으며, 용기 있는 사람은 두려워하지 않느니라."[517]

---

515 왕안석王安石: 무주撫州 임천현臨川縣에서 태어났고, 자는 개보介甫, 호는 반산半山이다. 송나라의 재상이자 문필가로 당송 팔대가의 한 사람으로, 개혁 정치가이자 문인으로 당송 팔대가 중 한 사람으로 꼽힌다. 그는 황제의 전적인 신뢰를 받았고, 자신의 문장처럼 구습을 타파하고 새로운 세상을 만들겠다는 강한 의지와 신념으로 신법新法이라는 개혁 정책을 추진했다. 1069년부터 1076년 무렵까지 균수법, 시역법, 면행법, 청묘법, 면역법, 보갑법, 보마법 등의 신법 개혁을 단행했다. 한자의 연원과 제자 원리 등을 연구한 『자설(字說)』, 문집인 『왕임천문집(王臨川文集)』, 『임천집습유(臨川集拾遺)』등을 남겼다.
516 중국 전한의 정치가(B.C. 45~A.D. 23)이다. 자는 거군巨君이다. 자신이 옹립한 평제平帝를 독살하고 제위를 빼앗아 국호를 신新으로 명명하였다. 한나라 유수劉秀에게 피살되었다.
517 슬기롭고 총명한 사람은 무엇에 홀리어 정신이 헷갈리지 않고, 어진 사람은 근심 걱정에 빠지지 않으며, 용감한 사람은 두려워하지 않는다. 이러한 知仁勇과 관련해서는 공자의 손자인 자사가 『중용』 20장에서 공자의 말을 다시 상세하게 인용하고 있다.

卓吾曰, 使人自考. 方外史曰, 三個者字, 只是一人, 不是三個人也.

이탁오는 "사람들로 하여금 스스로 되돌아보게 한다."라고 하였다. 방외사는 "세 개의 '자者' 자는 단지 한 사람만을 의미하며, 세 사람을 의미하지 않는다."라고 하였다.[518]

29. 子曰, 可與共學이라도 未可與適道며 可與適道라도 未可與立이며 可與立이라도 未可與權이니라.

공자께서 말씀하시기를, "함께 배워도 같이 도에 나아갈 수는 없고, 함께 도에 나아간다 해도 함께 일을 이룰 수는 없으며, 함께 일을 이룬다 해도 같이 대의에 맞게 적절히 처리할 수는 없느니라."[519]

連說三個未可, 正要他勉到可處.

연달아 이어서 말하고 있는 세 개의 '~ 할 수 없다(未可)'라는 내용은 바로 제자들이 힘써 공부해야 할 부분을 가르치고 있다.

---

518 지혜, 어짊, 용기는 한 사람이 한 사람이 모두 갖춰야 할 기본적인 덕목이라는 의미이다.
519 권權: 저울의 추가 균형을 이루는 것.
  ※ 학문의 단계를 설명하고 있다. 학문의 수준을 단계별로 나누어 보면, 1단계로 '함께 배우는 정도의 수준'에 있는 제자가 있다. 2단계는 1단계를 거쳐서 도를 알고 나아가고자 하는 제자가 있다. 3단계는 앞의 두 단계를 거치면서 도의 이치를 깨닫는 제자가 있다. 공자가 최상으로 여긴 단계는 자신의 지식을 활용하여 자유자재로 응용할 수 있는 독창성의 단계라 할 수 있다.

30. 唐棣之華여 偏其反而로다. 豈不爾思리요마는 室是遠而니라.
子曰, 未之思也이언정 夫何遠之有리요.

"오얏 고운 꽃,
바람에 흔들리네.
어찌 그대를 그리워하지 않을 수 있으리,
그대의 집이 멀기만 하구나."

이 시를 두고 공자께서 말씀하시기를, "정말로 그리워함이 아니니, 어찌 멀다고 하겠는가."[520]

此與思無邪一語參看, 便見興於詩的眞正學問, 亦可與佛門中念佛三昧作註脚. 卓吾云, 人之所以異於禽獸, 全在思. 人之所以可爲聖賢, 全在思. 故力爲辯之, 不但爲一詩翻案而已.

---

520 당체唐棣: 오얏의 일종.

※『시경』편찬 과정에서 빼놓은 시를 일반적으로 '일시逸詩'라고 한다. 이 시 역시 일시로, 지금은 그 전체 내용이 전해지지 않아 정확한 의미가 무엇인지는 잘 알려져 있지 않다. 다만 시를 짓는 데 있어 운율을 맞추어 흥기시키는 구절(對句)을 별도로 두듯이, 앞 구절은 공자가 다음 말을 이끌어내고 흥기시키기 위해 인용한 것으로 이해된다. '豈不爾思'는 '未之思也'와, 대구가 되고, '室是遠而'는 '何遠之有'와 대구가 되고 있음을 알 수 있다. 이 시를 인용하면서 공자가 하고 싶은 말은 『중용』13장에서 언급되고 있는 '도는 사람을 멀리하지 않는다(道不遠人)'와 술이편 29장에서 언급되고 있는 '인이 멀리 있으랴(仁遠乎哉)'라는 깨우침이다. 꽃이 이리저리 흩날리는 자연의 경치를 보고 상념에 잠기면서 먼 곳에 있는 사랑하는 이를 생각하듯, 도 역시 마찬가지라는 것이다. 다시 말해 도를 깊이 사모하지 않아서 도를 깨우치고 도를 실천하지 못할 뿐이지, 도를 생각하고 사모한다면 결코 그 도가 멀어서 행하지 못한다는 소리는 하지 못할 것이라는 의미이다.

이 글과 더불어 '생각에 삿됨이 없어야 한다(思無邪)'는 하나의 말을 참고해 보면, 곧 『시경』이 흥취를 불러일으키는 진정한 학문임을 볼 수 있다. 또한 더불어 불교의 여러 수행법 가운데서는 염불이 삼매에 쉽게 들게 하는 수행법이라고 덧붙여 해석할 수 있다.[521]

이탁오는 "사람이 금수와 다른 것은 오로지 사량할 줄 아는 데 있다. 사람이 성현이 될 수 있는 것도 전적으로 사량할 줄 아는 데 있다. 그러므로 힘써 시의 의미를 말할 경우에는 단지 하나의 시를 번역[522]하는 데 그쳐서는 안 된다."라고 하였다.

---

521 불교는 각 종파(佛門)에 따라 다양한 수행법을 제시한다. 선종에서는 화두를 참구하는 간화선의 수행을 제시하고, 율종에서는 철저한 계율의 닦음을 가르치며, 밀교 계통의 종파에서는 진언의 염송과 주력수행을 강조하기도 한다. 여타의 종파에서는 불보살님의 명호를 부르며 언제 어디서나 누구나 쉽게 수행할 수 있는 염불수행을 제시하기도 한다. 염불念佛은 글자 의미 그대로 부처님의 명호를 정성스러운 마음으로 반복해서 부르며 어지러운 번뇌의 마음을 가라앉히고, 고요한 선정의 마음을 닦아 나가는 수행법이라 할 수 있다. 사랑에 빠진 사람이 연인을 간절히 사모하고 그리워하듯이, 염불은 부처님의 무량한 자비와 지혜, 그리고 위신력과 성스러운 덕상을 깊이 생각하며 부처님의 명호를 반복해서 수념隨念하는 수행법이다.

522 번안翻案: 결정된 판결을 뒤집다, 앞사람의 정론을 뒤집어 놓다, 명예를 회복하다. 여기서는 『시경』의 시를 자신의 견해에 맞춰 번역하는 것을 가리킴.

제10 향당鄕黨편

1. 孔子於鄕黨에 恂恂如也하여 似不能言者러시다. 其在宗廟朝廷에 便便言하사대 唯謹爾러시다.

공자가 자기 마을에 있을 때에는 공손하고 성실하여, 마치 말을 잘하지 못하는 사람 같았다. 그런데 종묘나 조정에서는 분명하고 유창하게 그러나 아주 신중히 말하였다.[523]

2. 朝에 與下大夫言에 侃侃如也하시며 與上大夫言에 誾誾如也러

---

[523] 순순恂恂: 진실하고 공손한 모양, 신실한 모양.

※ 향당편은 『논어』 중에서 좀 특이한 편이다. 공자가 직접 말한 것을 기록한 것이 아니라, 문하의 제자들이 일상생활 속에 나타난 공자의 행동거지를 기록하고 있는 내용이기 때문이다. 가까이서 공자를 지켜본 제자들이 매우 구체적이고 현장감 있게 기술하고 있다. 문장 구조 또한 앞서 공자의 말씀과는 달리 제자들이 직접 보고 묘사한 글인 만큼 혹시라도 스승을 잘못 묘사하지 않을까 하는 두려움으로 문장 말미의 어조사를 '~하는 듯하다' '~한 것 같다'라는 뜻의 '~如也'로 끝맺고 있다. 공자가 고향 마을에 있을 때의 모습을 그린 향당편 본 1장에서, 위의 첫 문장은 공자가 고향 마을의 어른들에게 깍듯이 예의를 차렸음을 말하고 있다. 농촌 사회의 경우 일거수일투족이 바로 드러나게 되어 있는데다 진중한 얘기를 나눌 상황도 아니고, 또한 그렇다고 마을 어른들 앞에서 함부로 나설 수 없다 보니 자연 말수가 적어 마치 어눌한 사람처럼 보일 정도였다. 반면에 정사를 하는 종묘와 조정에서는 의견 개진을 분명히 하여 정확한 의사표현을 하되, 자기주장만 내세운 것이 아니라, 상대방을 설득하여 바른 방향으로 끌어내야 하므로 상황에 따라 신중하게 대했음을 볼 수 있다.

시다. 君在어시든 踧踖如也하시며 與與如也러시다.

공자는 조정에서 하대부와 말할 때는 강직한 듯하셨고, 상대부와 말할 때에는 온화한 듯하셨으며, 군주 앞에서는 발을 조심스럽게 내딛으셨으며, 위의를 갖추셨다.[524]

3. 君召使擯이어시든 色勃如也하시며 足躩如也러시다. 揖所與立하사대 左右手러시니 衣前後襜如也러시다. 趨進에 翼如也러시다. 賓退어든 必復命曰, 賓不顧矣라 하시다.

공자는 군주의 명을 받아 빈객을 접대할 때는 안색을 바로 하고 발걸음을 빨리하였다. 서 있는 사람에게는 마주 잡은 두 손을 좌우로 돌려 인사하고 옷자락도 앞뒤로 가지런히 하였다. 빨리 걸을 때에는 날개를 펼친 듯 경쾌하게 걸었다. 빈객이 돌아가면 반드시 "손님이 돌아보지 않고 잘 갔습니다."라고 보고하셨다.[525]

---

524 간간侃侃: 강직하고 곧음. 은은誾誾: 온화하고 기쁘게 간함. 축적踧踖: 공경하여 삼가는 모양. 여여與與: 공경하는 가운데서도 태연하고 당당한 모양.
 ※ 공자가 노나라에서 대부급에 해당하는 벼슬을 하며 조정에 있을 때, 임금을 섬기고 윗사람과 아랫사람을 대함에 있어 예가 다름을 말하고 있다. 공자는 노나라 정공 9년(B.C. 501년) 51세 때 중도의 재상으로서 정사를 잘하여 1년 만에 중앙 정부의 사구司寇로 발탁되었으며, 정공 14년(B.C. 496년)인 56세에는 노나라의 재상 일을 맡았었다.
525 빈擯: 손님을 대접하다. 발勃: 얼굴빛이 변하는 모양. 곽躩: 바삐 가다. 읍揖: 손을 가슴 앞으로 모아 경의를 표하는 인사. 첨襜: 옷이 가지런한 모양.
 ※ 공자가 대부의 지위에 있을 때 외국 사신을 접대하라는 명을 받고 신하로서 인군을 어떻게 대하는가를 나타내고 있다. 또한 공자가 주례에 의거한 의전 절차에 따라 자국의 수행원들과 함

4. 入公門하실새 鞠躬如也하사 如不容이러시다. 立不中門하시며 行不履閾이러시다. 過位하실새 色勃如也하시며 足躩如也하시며 其言은 似不足者러시다. 攝齊升堂하실새 鞠躬如也하시며 屛氣似不息者러시다. 出降一等하사는 逞顔色하사 怡怡如也하시며 沒階趨進하사는 翼如也하시며 復其位하사는 踧踖如也러시다.

공자는 궁궐 문을 들어갈 때는 송구스러워하며 용납되지 않는 듯 몸을 굽히셨고, 문의 중앙에는 서지 않고 문지방도 밟지 않으셨다. 군주의 자리를 지날 때는 긴장한 얼굴로 빨리 걸었고 말은 삼가 하셨다. 옷자락을 쥐고 당에 오를 때는 몸을 굽히셨고, 숨을 죽여 마치 숨 쉬지 않는 것처럼 하셨다. 당에서 내려갈 때는 한 계단 내려갈 때마다 안색을 펴고 편안한 모습이 되었다. 계단을 다 내려와 빠르게 갈 때는 마치 새가 나는 듯 하셨고, 임금의 빈자리를 다시 지날 때에는 공손하고 신중하셨다.[526]

께 외국 사신을 맞이하여 접대하고 마무리하는 과정을 표현하고 있다. 공자가 인군의 명을 받고 예를 다해 정성껏 국빈을 예우하고는 뒷마무리까지 철저하게 했음을 나타내고 있다.

526 공문公門: 대궐의 문. 국궁鞠躬: 상반신을 굽히다. 여불용如不容: 문에 몸이 안 들어가는 듯하다. 입불중문立不中門: 문의 중앙에 서지 않다. 이역履閾: 문지방을 밟지 않다. 과위過位: 군주가 서는 자리를 지나다. 섭攝: 끌어당기다, 잡다. 자齊: 옷자락. 승당升堂: 제후의 당은 7척 높이로 매 척마다 계단이 있으므로 7계단을 올라야 한다. 병기屛氣: 숨을 죽이다. 출강일등出降一等: 한 계단 내려오다. 정逞: 펴다, 풀다. 이이怡怡: 기뻐하는 모양. 몰계沒階: 계단을 다 내려오다.

※ 대궐의 문이 높고 큰데도 용납하지 못하는 듯이 몸을 굽히는 것은 임금에 대한 공경함이 지극하기 때문이고, 문의 가운데는 임금이 지나 다니는 곳이고 문지방을 밟지 않는 것이 예이다.

5. 執圭하사대 鞠躬如也하사 如不勝하시며 上如揖하시고 下如授하시며 勃如戰色하시며 足蹜蹜如有循이러시다. 享禮에 有容色하시며 私覿에 愉愉如也러시다.

규圭를 잡으면 몸을 굽히어 능히 감당할 수 없는 것처럼 하시고, 규를 위로 올릴 때는 절하는 것처럼 하셨으며, 아래로 내릴 때는 물건을 건넬 때처럼 정중히 하셨다. 얼굴은 긴장하여 신중한 안색을 하셨고, 걸음걸이는 짧게 발을 끌듯 조심조심 걸으셨다. 예물을 올릴 때에는 부드러운 표정을 하셨고, 개인적인 만남에서는 즐거운 표정을 하셨다.[527]

上階如揖, 身微俯也, 下階如授, 身稍直也.

위로 올릴 때에는 '마치 절을 하는 듯하다(如揖)'라는 말은 몸을 은밀히 숙이는 것을, 아래로 내릴 때에는 '주는 것처럼 하다(如授)'라는 말은 몸을 잠시 곧게 펴는 것을 의미한다.

6-1. 君子不以紺緅飾하시며 紅紫로 不以爲褻服이러시다. 當暑하

---

[527] 규圭: 옥으로 만든 패로 사신으로 갈 때 가지고 갔던 임금의 신표. 여불승如不勝: 감당하지 못하는 것처럼 하는 모습. 전색戰色: 매우 긴장한 빛. 축축蹜蹜: 발걸음을 좁게 하는 것, 곧 조심조심 딛는 발걸음을 의미. 순循: 발꿈치를 땅에 대고 끄는 것. 향례享禮: 예물을 주다. 사적私覿: 적은 만남, 곧 사적인 만남을 의미.
※ 이웃 나라의 사신으로 파견되기에 앞서 공자가 임금으로부터 신임장을 받는 모습과 다녀온 뒤에 복명復命하면서 가져온 예물을 드린 뒤 임금과의 사적인 주연 자리까지를 나타내고 있다.

사 袗絺綌을 必表而出之러시다. 緇衣羔裘오 素衣麑裘오 黃衣狐裘러시다. 褻裘長하되 短右袂러시다. 必有寢衣하시니 長一身有半이러라.[528]

군자(공자)께서는 감색과 보라색으로 옷깃을 장식하지 않았고, 붉은색과 자주색으로 평상복을 만들지 않으셨다. 여름에는 칡베로 만든 홑옷을 입으셨는데, 나갈 때는 반드시 겉옷을 입으셨다. 검은 옷에는 검은 새끼 양가죽 옷을, 흰옷에는 흰 새끼 사슴의 가죽옷을, 노란 옷에는 노란 여우의 가죽옷을 입으셨고, 평소에 입는 가죽옷은 길게 하였고 오른쪽 소매는 짧게 하셨다. 반드시 잠옷을 입었는데, 길이가 키의 한 배 반이었다.[529]

吳建先曰, 寢衣, 卽被也. 被長一身有半則可. 若別作衣, 著之而寢, 如此之長, 如何起止, 甚爲可笑. 或曰, 寢衣只有半身長, 如今人所作短衫也, 亦通.

오건선吳建先은 "'침의寢衣'는 곧 이불을 의미한다. 이불의 길이가 키

---

528 지욱선사는 본 6절을 두 단락으로 나눠 주해하고 있다.
529 감紺: 짙은 청색. 축緅: 보라색. 설복褻服: 평상시에 입는 옷. 진袗: 홑옷. 치絺: 가는 갈포(葛布: 모시). 격綌: 굵은 갈포(삼베). 치緇: 검은 색. 고羔: 염소. 구裘: 가죽옷. 소麑: 새끼 사슴. 몌袂: 소매. 穀:천을 자르다.
※ 때와 장소에 따라 입는 공자의 복장을 기록한 글이다. 감색은 제사 때 입는 옷이고, 보라색은 상복의 장식에 쓰는 색이므로 옷깃을 만드는 데 쓰지 않는다. 평상복의 길이를 길게 한 것은 몸을 따뜻하게 하려는 목적이고, 오른쪽 소매를 짧게 한 것은 활동하는 데 편리하기 때문이다.

의 한 배 반이라면 옳다. 만약 별도로 옷을 만들어서 그것을 입고 침상에 든다고 한다면, 이 같은 길이의 옷을 입고 어떻게 일어나고 서고 하겠는가? 심히 웃음거리가 될 것이다. 어떤 사람이 '잠옷(寢衣)은 단지 몸 길이의 반이면 된다. 요즘 사람들이 만들어 입는 짧은 내의와 같다'라고 하였는데, 또한 상통하는 말이다."라고 하였다.[530]

6-2. 狐貉之厚로 以居러시다. 去喪이어든 無所不佩러시고 非帷裳 必殺之러시다. 羔裘玄冠으로 不以弔러시다. 吉月에 必朝服 而朝러시다.

여우나 담비의 두터운 가죽을 방석으로 사용하셨다. 상복을 제외하고는 패옥을 찼고 조복이나 제복이 아니면 몸에 맞게 줄여 입으셨다. 검은 가죽 옷, 검은 관을 쓰고 조문하지 않았고, 매월 초하루에는 반드시 조복을 입고 조정에 나가셨다.[531]

---

530 오건선吳建先이 구체적으로 누구를 지칭하는지 알 수 없다. 단지 당시의 이름 있는 학자였을 것으로 추측된다. '침의寢衣'는 일반적으로 잠잘 때 입는 잠옷으로 해석되고 있다. 그러나 오건선은 잠옷이 아니라, 잠잘 때 덮는 이불(被)로 해석해야 옳다고 주장하고 있다. 잠옷으로 해석하면, 그렇게 긴 잠옷을 입고 일어나고 서는 데 많은 불편함이 있을 수밖에 없어 웃음거리가 될 거라는 주장이다. 지욱선사가 이러한 오건선의 해석을 인용하고 있는 것은 그 또한 오건선의 주장에 동조하고 있음을 알 수 있다.

531 학貉: 담비. 유상帷裳: 조복과 제복. 쇄살: 옷을 줄여 간편하게 맞추는 것.
※ 조복朝服과 예복禮服은 치마에 온폭을 사용하여 휘장과 같이 해서 허리에 주름이 있고 옆을 꿰매는 것은 없다. 상례喪禮에는 주로 흰 색을, 길한 일에는 검은 색을 주로 사용하였으므로 검은 양 가죽옷과 검은 관을 착용하고서는 조문 가지 않는 게 일반적이다. 매달 초하루에는 고삭告朔이라는 중요한 의식이 있으므로 조복을 입고 참가하는 것이다.

7. 齊必有明衣러시니 布니라 齊必變食하시며 居必遷坐러시다.

제사를 위해 목욕재계할 때는 반드시 삼베로 만든 욕의를 입으셨고, 평소와 식사를 달리하셨으며, 반드시 별실로 거처를 옮기셨다.[532]

8-1. 食不厭精하시며 膾不厭細러시다.[533]

밥은 정제한 쌀로 지은 것을 좋아하였고, 회는 가늘게 썬 것을 좋아하셨다.

但云不厭耳, 非刻意求精細也.

다만 싫어하지 않았음을 말하는 것이지, 정한 것과 가늘게 썬 것만을 구해서 고심했음을 말하는 것은 아니다.[534]

---

532 제사 지내기에 앞서 목욕재계한 뒤의 몸가짐을 말하고 있다. 예로부터 몸을 씻고 깨끗한 옷을 입는 것은 삼가고 정성스런 마음을 나타내는 것이기에 목욕재계沐浴齋戒를 하고 나서야 제사를 지냈다. 이렇듯 공자는 목욕재계한 뒤에는 깨끗하고 정갈한 마음을 유지하기 위해 의복은 물론 음식과 평소의 거처까지도 다르게 하였음을 나타내고 있다. 재계할 때에는 반드시 목욕을 하고 목욕이 끝나면 명의明衣를 입는다. 변식變食은 술을 삼가고, 마늘, 파, 부추와 같은 냄새나는 채소를 먹지 않는 것이다. 평상시에는 처첩과 함께 잠자리를 하지만, 제사를 준비할 때에는 별실에서 거처한다.
533 지욱선사는 본 8절을 모두 다섯 단락으로 나눠 주해하고 있다.
534 각의刻意: 진력하다, 고심하다.

8-2. 食饐而餲와 魚餒而肉敗를 不食하시며 色惡不食하시며 臭惡不食하시며 失飪不食하시며 不時不食이러시다. 割不正이어든 不食하시며 不得其醬이어든 不食이러시다.

쉰 밥, 상한 생선, 상한 고기는 드시지 않으셨다. 색이 나쁜 것, 냄새가 나쁜 것은 드시지 않으셨다. 알맞게 익지 않은 것, 제철이 아닌 것은 드시지 않으셨다. 바르게 썰지 않은 것과 간이 맞지 않은 것은 드시지 않으셨다.[535]

色惡, 卽今所謂落色, 如黑魚犬鼈之類. 臭惡, 卽蔥韭蒜等. 割不正, 謂不當殺而殺, 或非分, 或非時也. 不得其醬, 恐致傷人, 故皆不食.

'색이 나쁜 것(色惡)'은 곧 지금의 색이 선명하지 않은 것을 말하는 것으로, 가물치, 개, 자라와 같은 종류의 것이다. '냄새가 나쁜 것(臭惡)'은 곧 파, 부추, 마늘 등이다. '바르게 썰지 않는 것(割不正)'은 죽이지 않아야 할 때 죽이는 것, 혹은 분수에 맞지 않은 것, 때에 적합하지 않은 것을 말한다. '간이 맞지 않은 것(不得其醬)'은 사람을 상하게 할 수 있는 염려가 있었기 때문에 모두 먹지 않았다.[536]

---

535 의饐: 밥이 쉬다. 애餲: 맛이 변한 것. 어뇌魚餒: 썩어 부패한 생선. 임飪: 익히다. 할割: 썰다. 장醬: 간장.
536 낙색落色: 색이 바란 것, 선명하지 않은 것. 흑어黑魚: 가물치. 별鼈: 자라. 총蔥: 파. 구韭: 부추. 산蒜: 마늘.

8-3. 肉雖多나 不使勝食氣하시며 惟酒無量하사대 不及亂이러시다.

고기가 비록 많더라도 밥보다 많이 드시지 않았고, 술은 양을 한정하지 않았으나 만취할 만큼 마시지 않으셨다.[537]

生得如此好酒量, 尙以不爲酒困爲愧, 可見禹惡旨酒, 佛門戒酒, 方是正理. 濟顚林酒仙之屬, 一時權變, 不可爲典要也.

선천적으로 이처럼 양에 상관없이 술 마시는 것을 좋아하셨지만, 오히려 술을 과음하여 정신이 혼미해져 부끄럽게 되는 일은 하지 않으셨다. 가히 '우임금은 맛있는 술을 싫어했다'[538]라는 것을 보면, 불교에서의 술을 금하는 불음주계不飮酒戒는 바야흐로 바른 이치라 할 수 있다. 제전濟顚, 임주선林酒仙과 같은 부류의 사람은 한때에 방편을 펼쳤던 인물로, 준칙으로 삼을 만한 인물은 아니다.[539]

---

537 식시食氣: 밥 기운.
538 『맹자』이루장구하(離婁章句下)에서 "우임금은 맛있는 술을 싫어하고, 착한 말을 좋아하였다(禹惡旨酒而好善言)."라는 표현이 나온다.
539 제전濟顚: 법명은 제공(濟公: 1130~1209), 속명은 이인원李仁遠이다. 남송 시대의 임제종 계통의 승려로 항주항杭州 영은사靈隱寺에서 출가하였다. 법호는 도제道濟, 또는 제전화상濟顚和尙, 제공활불濟公活佛, 제공선사濟公禪師, 제공보살濟公菩薩 등 다양한 이름으로 불리었다. 깨달음을 얻은 후 불교의 계율에 얽매이지 않고 자유롭게 행동하며, 세속 사람들과 어울리며 전법의 활동을 펼쳤다. 임주선林酒仙: 북송 시대에 음주와 육식을 즐겼으며, 신통력으로 기행을 펼치며 세상 사람들과 어울렸던 주선우한酒仙遇閑(925~1012) 선사를 말한다. 백합白鴿, 우현遇賢선사로 불리었으며, 주림선은 세속에서 불리던 이름이다. 주곤酒困: 술을 많이 마셔 정신이 없

8-4. 沽酒市脯를 不食하시며

시장에서 파는 술과 고기포는 드시지 않으셨으며[540]

只是不坐在酒店飯店中飮食耳. 難道他人請孔子, 定要自做酒, 自殺牲.

다만 이는 주점과 식당 한복판에 앉아서 술을 마시고 음식을 드시지 않았음을 말하는 것뿐이다. 설마 다른 사람이 요청한다고 해서 반드시 몸소 술을 담그고 몸소 생명을 희생시켜야만 하겠는가?[541]

8-5. 不撤薑食하시며 不多食이러시다. 祭於公에 不宿肉하시며 祭肉은 不出三日하시더니 出三日이면 不食之矣니라. 食不語하시며 寢不言이러시다. 雖疏食菜羹이라도 瓜祭하사대 必齊如也이러시다.

항상 생강을 드셨으나 많이 드시지는 않았다. 군주의 제사에서 받은 고기는 그날 중에 드셨고, 집안의 제사 때 쓴 고기는 사흘을 넘기지 않

는 상태. 위괴爲愧: 부끄럽게 되다, 창피를 당하다. 권변權變: 그때그때의 형편에 따라 임기응변으로 일을 처리하는 수단, 방편과 비슷한 의미. 전요典要: 준칙, 모범.
540 고沽: 팔다.
541 난도難道: 설마 ~ 하겠는가?, 그래 ~란 말인가? 정요定要: 꼭 ~하다, 반드시, 꼭.

앉으며, 사흘이 지난 것은 드시지 않으셨다. 식사 때는 말을 많이 하지 않고, 잠자리에 들어서도 말을 하지 않으셨다. 비록 거친 밥과 나물국을 드시더라도 고수레를 하고, 반드시 엄숙하고 공경하게 하였다.[542]

9. 席不正이어든 不坐러시다.

자리가 바르지 않으면 앉지 않으셨다.

不正, 謂不依長幼尊卑之敍.

'바르지 않다(不正)'는 것은 어른과 어린 사람을 높이고 낮추는 질서를 따르지 않음을 말한다.[543]

10. 鄕人飮酒에 杖者出이어든 斯出矣러시다. 鄕人儺에 朝服而立於阼階러시다.

---

542 철撤: 거두다. 강薑: 생강. 갱羹: 국. 과瓜: 오이, 일부에서는 '必'자의 오자로 보아 '반드시'로 해석하기도 한다.
※ 공자는 '거친 밥에 물만 먹고도 즐거움이 그 속에 있으며, 선비가 밥이 거칠다고 부끄러워한다면 더불어 상대할 것조차 없다'고 한 바 있다. 시장에서 파는 술이나 포는 무엇으로 어떻게 만들었는지 알 수 없는 까닭에 몸에 해로울 수 있다. '채제祭'는 고수레로 음식을 먹을 때에 모든 음식에서 각기 조금씩을 덜어내어 천지신명에게 감사함과 공경을 표하는 것이다. 공자는 비록 하찮은 음식이라도 반드시 고수레를 하였으니, 근본을 지켰다. 음식을 대하는 것에서 한 치의 흐트러짐도 없이 자신을 절제하는 공자의 모습을 엿볼 수 있다.
543 불의不依: 따르지 않다, 순종하지 않다, 말을 듣지 않다.

마을 사람들과 술을 마실 때에는 노인(지팡이 짚은 자)이 나간 후에 나가셨다. 마을 사람들이 굿(역병을 쫓는 의식)을 할 때는 조복을 입고 동쪽 계단에 서 계셨다.⁵⁴⁴

亦是愛禮極思.

역시 예를 존중하고 극진히 생각함을 나타내고 있다.

11. 問人於他邦하실새 再拜而送之러시다. 康子饋藥이어늘 拜而受之曰, 丘未達이라 不敢嘗이라 하시다.

다른 나라에 문안하기 위해 사람을 보낼 때는 두 번 절하고 보냈다. 계강자季康子가 약을 보내자 절을 하고 받고 나서 말씀하시기를, "제가 이 약에 대해 잘 모르니 감히 먹을 수가 없습니다."⁵⁴⁵

---

544 나儺 : 역병(손님) 쫓는 것. 조阼 : 동쪽 섬돌. 공자가 고향마을에 있을 때에 마을 노인들에 대해 깍듯이 예우하는 모습을 표현하고 있다. 또한 마을 사람들이 역병을 쫓는 의식을 하더라도 공자는 이를 제사의식으로 보고 정성과 공경의 자세로 대했음을 나타낸다.
545 궤饋: 음식이나 물건을 보낼 때 담는 궤. 미달未達: 약의 성질을 알아내는 재주가 없다는 말.
  ※ 사자에게 두 번 절하는 것은 방문할 사람에 대한 공경의 표시이다. 곧 국가 간에 공경의 예를 표하여 친교를 돈독히 함으로써 나라의 안녕을 도모하고자 하는 공자의 깊은 마음이 담겨 있다. 노나라의 실권자인 계강자는 공자가 말년에 노나라로 돌아오셨을 때 정치적 자문을 하곤 하였다. 공자가 병석에 눕자, 계강자는 약을 보냈는데 정확한 진단과 처방에 의한 것이 아니기에 공자는 이를 완곡히 거부하였다.

12. 廐焚이어늘 子退朝曰, 傷人乎아 하시고 不問馬하시다.

마구간에 불이 난 적이 있었는데, 공자께서 조정에서 돌아와 말씀하시기를, "다친 사람은 없느냐?" 말에 대해서는 묻지 않으셨다.[546]

13. 君이 賜食이어시든 必正席先嘗之하시고 君이 賜腥이시어든 必熟而薦之하시고 君이 賜生이시어든 必畜之러시다. 侍食於君에 君祭시어든 先飯이러시다. 疾에 君視之시어든 東首하시고 加朝服拖紳이러시다. 君命召시어든 不俟駕行矣러시다.

임금이 음식을 하사하면 반드시 바로 앉아 먼저 맛보고, 임금이 생고기를 하사하면 반드시 익혀서 제사음식으로 올리고, 임금이 산짐승을 주면 반드시 기르셨다. 임금과 함께 식사할 때 임금이 고수레를 하면 먼저 맛보셨다. 병이 들어 임금이 보러 오면 머리를 동쪽으로 하고 조복을 덮고 그 위에 띠를 펴 놓으셨다. 임금이 부르면 수레가 준비되기를 기다리지 않고 바로 가셨다.[547]

---

546 구廐: 마구간.
※ 어떤 일이 벌어졌을 때 우선 일의 자초지종을 아는 것이 일을 수습하고 해결하는 방안이다. 당시 말은 주요한 교통수단이자 재산이기에 말을 키우고 관리하는 일은 매우 중요한 일이었다. 그럼에도 공자는 마구간에 화재가 났다는 얘기를 듣고, 말보다는 혹여 사람이 다치지 않았는지를 먼저 물었다. 공자가 사람을 중시하여 일의 우선순위를 명확히 구별하였음을 알 수 있는 내용이다.
547 군사식君賜食: 군주가 음식을 하사함. 성腥: 생고기. 천薦: 선조의 영에 바치다. 타拖: 펴놓다. 신紳: 큰 띠. 사俟: 기다리다. 가駕: 멍에.

14. 入太廟에 每事를 問이러시다.

태묘에 들어가셔서는 모든 일을 묻곤 하셨다.[548]

15. 朋友死하여 無所歸어든 曰, 於我殯이라 하시다. 朋友之饋는 雖車馬라도 非祭肉이어든 不拜러시다.

친구가 죽었는데 거두어줄 사람이 없자 "내가 장례를 모시겠다."고 말씀하셨다. 친구가 보낸 선물은 제사를 지낸 고기가 아니면 비록 수레나 말이라 할지라도 절하지 않았다.[549]

16-1. 寢不尸하시며 居不容이러시다.[550]

※ 임금이 음식을 하사하거나 혹은 임금과 함께 식사할 때의 예를 다룬 내용이다. 임금이 하사한 음식을 함부로 하지 않았으며, 또한 임금을 모시고 식사할 때에는 반드시 먼저 맛보아 신하의 예를 다하였음을 나타내고 있다. 임금과 대면할 때는 조복을 입는 것이 예의이다. 그러나 병으로 인해 조복을 입을 수가 없으므로 조복을 몸 위에 덮고 그 위에 띠를 펼쳐 놓아서 병중에서도 임금에게 예의를 다하고 있다.

548 태묘太廟: 노나라에서 주공周公을 모시기 위해 세운 묘.
※ 공자의 겸손함과 제사에 대한 정성스러운 태도를 알 수 있다. 공자는 나라에서 중요하게 다루어야 할 것으로 제사와 역병, 전쟁을 얘기했는데, 제사는 그만큼 중요했으므로 신중하고 정성을 다하여 행하였다.

549 빈殯: 장사지내기 전에 시신을 일정한 장소에 보관하는 일.
※ 의리로 맺어진 친구 사이이기에 빈소를 대신 차려준다. 친구는 재물을 함께 하는 사이이므로 절을 하지 않지만, 제사를 지낸 고기는 그 친구의 조상에 대한 공경심으로 절을 한다.

550 지욱선사는 16절을 두 단락으로 나눠 주해하고 있다.

주무실 때에는 시체처럼 눕지 않으셨고, 집에 있을 때에는 엄한 표정을 하지 않으셨다.

吉祥而臥, 故不尸.

상서로운 모습으로 누우셨으므로 '시체처럼 눕지 않으셨다'고 한다.[551]

16-2. 見齊衰者하시고 雖狎이나 必變하시며 見冕者與瞽者하시고 雖褻이나 必以貌러시다. 凶服者를 式之하시며 式負版者러시다. 有盛饌이어든 必變色而作이러시다. 迅雷風烈에 必變이러시다.

상복을 입은 사람을 보면 비록 친한 사이라도 표정을 바로 하셨고, 관복을 입은 사람과 시각 장애자를 만나면, 비록 자주 보는 사이라도 반드시 예의를 갖추셨다. 상복을 입은 사람과 호적을 짊어진 사람에게는 예를 표하고, 성찬을 대접받으면 반드시 표정을 바로 하고 일어나셨고, 우뢰가 치고 바람이 불면 반드시 자세를 바로 하였다.[552]

---

551 '길상吉祥'은 상서로운 일, 좋은 일, 경사스러운 일이 일어날 모습과 조짐을 뜻한다. 부처님은 주무실 때 오른쪽, 혹은 왼쪽 옆구리를 땅에 대고 팔베개를 하고 주무셨다고 하는데, 이러한 모습을 불교에서는 상서로운 취침 모습으로 생각한다. 시체처럼 반듯하게 눕는 것을 꺼리는 것이다.
552 압압狎: 친하게 지내다. 고瞽: 시각 장애자. 설褻: 자주 보다. 식式: 예를 표하다. 부負: 메다. 신迅: 빠르다.
※ '必變'하는 공자의 모습을 자세히 기록하고 있다. 옛 사람들은 하늘이 천지자연의 운행을 주관하고 또한 사람의 운명에 영향을 미친다는 이른바 '천명사상'을 수순하였다. 따라서 날씨 변화

17. 升車하사 必正立執綏러시다. 車中에 不內顧하시며 不疾言하시며 不親指러시다.

수레에 타시면 반드시 바로 서서 고삐를 잡았고, 수레 안에서는 뒤를 돌아보지 않으셨으며, 빨리 말하지 않고, 직접 손가락질하지 않으셨다.[553]

18. 色斯擧矣하여 翔而後集이라. 曰, 山梁雌雉時哉時哉인저 子路共之한대 三嗅而作하시다.

꿩이 인기척을 느끼고 날아올라 공중을 한 바퀴 돌고 내려앉았다. 이를 보고 공자께서 말씀하시길, "산기슭 다리 밑에 암꿩들이 때를 만났구나, 때를 만났구나." 자로가 꿩을 잡으려 하자, 세 번 울며 날아갔다.[554]

를 단지 자연 현상으로만 받아들이지 않고, 만물을 이뤄내는 신비로운 조화 작용으로 보아 몸가짐과 행동거지를 조심하였다.

553 綏: 고삐. 끈. 편안할 '유'로도 읽는다.
  ※ 당시 수레는 주요 교통수단이었다. 제자인 번지樊遲가 주로 공자가 타는 수레의 마부 역할을 많이 맡았다. 수레 안에서 뒤를 돌아보지 않는 것은 뒤에 탄 사람이 불편해 하지 않도록 배려하는 것이다. 빠르게 말하지 않는 것은 상대방의 이해를 돕기 위해서이고 손가락질을 하지 않는 것은 사람들을 당혹하게 하여 불쾌하게 하지 않기 위해서이다.

554 色: 꿩들이 주변의 기색을 살피는 모습. 翔: 날개. 雌: 암컷 雉: 꿩.
  ※ 본 18절에 대한 해석은 여러 의견이 있다. 바로 '子路共之, 三嗅而作' 부분의 해석인데, '자로가 암꿩을 잡아서 올리니 부자가 잡숫지 않고, 세 번 냄새 맡고 일어나셨다.', 혹은 "자로가 앞으로 나아가자 꿩은 서로 세 번 냄새를 맡다가 날아갔다.'라는 해석 등이다. 야생 꿩을 자로가 잡아서 삶아 올렸다는 해석은 설득력이 떨어진다. 왜냐하면 야생 꿩을 잡는다는 것이 쉽지 않고, 또한 그것을 삶아서 공자에게 올렸다는 것이 본문 내용상 이해하기 어렵기 때문이다.

也是實事, 也是表法, 只一時哉時哉四字, 便將鄕黨一篇血脈收盡. 而實從時習中來, 故得時措之宜, 名爲時中之聖也. 三鳴而作, 正色斯擧矣之證, 正擧集皆時之驗. 雉者, 文明之物, 雌者, 述而不作之象. 山梁者, 旣非廟堂, 亦非窮谷, 乃不行於天下, 而行於後世之象, 按家語, 孔子嘗自筮, 而得賁卦, 愀然有不平之狀, 謂丹漆不文, 白玉不雕, 質有餘則不受飾. 今賁非吾兆, 以其飾也. 蓋孔子是時, 易學未精耳. 後於雜卦傳云, 賁無色也, 則得之矣. 離爲雉, 艮爲山, 故云山梁雌雉, 時哉時哉.

이는 사실적인 일이고, 또한 법도를 드러낸 것이다. 다만 한 단락의 '時哉時哉'라는 네 글자에는 곧 '향당鄕黨' 한 편에 공자의 혈맥(= 법통, 종지, 핵심)을 다 갖추고 있다고 할 수 있다. 실로 때에 따라 익히셨기 때문에 때에 적절하게 조처하는 마땅함을 체득하셨던 것이며, '때에 적합한 성인'이라는 이름을 얻으셨던 것이다.

'세 번 울며 날아갔다(三鳴而作)'[555]라는 말이 바로 꿩이 인기척을 느끼고 날아올랐다는 것을 증거하는데, 바로 날아올랐다, 모였다하는 것은 모두 때의 증표라 할 수 있다. '치雉'는 문명을 상징하는 사물이고, '자雌'는 저술하되 덧붙이지 않음을 상징한다. '산양山梁'은 묘당, 또는 깊은 산골짜기가 아님을 의미하는 것으로, 이내 천하에 실행되지 못하지만 후세에 실

---

[555] 『논어집주(論語集註)』에서 조씨晁氏라는 사람은 '三嗅而作'을 주해하면서 『『석경(石經)』에 후嗅는 알戞(꿩 우는 소리)로 되어있으니, 꿩이 우는 소리를 이름이다(石經, 嗅, 作戞, 謂雉鳴也)"라고 하였는데, 지욱도 이러한 의견을 좇아 '嗅'를 '鳴'으로 바꿔 꿩이 운다는 의미로 해석하고 있는 듯하다.

행됨을 상징한다.[556]

『공자가어(孔子家語)』에 의하면, 공자는 일찍이 스스로 괘를 점쳐서 산화비괘(山火賁卦 ䷕)를 얻었는데 정색하며 불평스런 모습으로,[557] "단칠丹漆은 무늬를 내지 않고 백옥은 새기지 않는다. 바탕 자체로 충분하여 꾸밈을 받지 않아도 되기 때문이다. 내가 얻은 비괘는 내 점괘가 아니라 꾸며진(잘못된) 괘이다."라고 말했다고 한다.[558]

대개 공자는 이 시기에 『역경(易經)』을 공부함에 있어 아직 정미하지 못한 수준이었다. 후일에 『잡괘전(雜卦傳)』에서 "비賁는 색이 없다." 하였는데, 그렇듯 비괘를 얻었던 것이다. '리離'는 꿩이 되고, '간艮'은 산이 된다. 그러므로 "산기슭 다리 밑에 암꿩들이 때를 만났구나, 때를 만났구나."라고 말한 것이다.

---

556 험驗: 증거하다, 시험하다. 표징, 조짐 등의 뜻.
　※ 지욱선사는 공자가 언급하였다는 '山梁雌雉時哉時哉'를 주해함에 있어 주역의 관점에서 새로운 해석을 하고 있음을 알 수 있다. 공자의 사상이 현재는 때를 못 만나 실행되지 못하고 있지만, 후세에 문명한 적절한 때를 만나면 반드시 실행되게 될 것이라는 공자의 뜻을 표현해 내고 있다고 해석하는 것이다. 그 이유는 아래 문장에서 이어진다.
557 산화비괘山火賁卦는 하괘가 리괘離卦인데 '離'는 곧 '火'를 상징한다. 상괘인 산이 붉은 색을 바탕으로 앉아 있는 형상이다. 이 당시만 해도 공자가 아직 주역에 대한 공부가 완성을 이루지 못한 시기였기에 붉은 색을 바탕 한 비괘를 얻음에 이를 불만족스럽게 생각했던 것으로 추측된다.
558 가어家語: 『논어』에 빠진 공자의 일화를 기록했다는 『공자가어(孔子家語)』를 말함. 단칠丹漆: 붉은 칠. 수연愀然: 정색하는 모양, 두려워하는 모양, 걱정하는 모양, 조용한 모양. 비괘賁卦: 산화비괘는 위에는 산(☶), 아래는 불(☲)로 이루어진 괘이다. 산에 단풍이 드는 것처럼, 아름답게 꾸민다는 의미가 파생된다. 효爻로 보면, 양효 셋(초구, 구삼, 상구)과 음효 셋(육이, 육사, 육오)이 서로 잘 어울려져 꾸미고 있는 형상이다. 꾸밈에 있어 겉으로 화려하고 요란하게 꾸미는 것보다, 실질을 따져 순수하고 순박하게 꾸미는 것이 더 참된 꾸밈일 수 있다. 공자가 지었다는 『잡괘전(雜卦傳)』에서 공자는 비괘를 '비무색賁无色'이라고 표현하고 있다. 겉의 화려함보다는 실질적인 내용을 아름답게 꾸며야 한다는 뜻이다.

제11 선진先進편

1. 子曰, 先進이 於禮樂에 野人也이요 後進이 於禮樂에 君子也라 하니 如用之則吾從先進하리라.

 공자께서 말씀하시기를, "선배들의 예악은 촌스럽고, 후배들의 예악은 군자라 한다. 이 중 하나를 택한다면 나는 앞서간 사람들의 것을 따를 것이니라."[559]

 先進的確有野人氣象, 後進的確是君子氣象. 但君子的確不如野人, 故評論須如此, 用之須如彼.

 앞서간 선배들에게는 분명히 야인의 기상이 있고, 뒤에 가는 후배들에게는 분명히 군자의 기상이 있다. 다만 군자는 분명히 야인과 같지 않

---

[559] 野人은 촌스럽고 세련되지 못함을 의미한다. 공자는 당시의 시대 상황을 예가 무너진 사회로 생각하였다. 예컨대 노나라의 권력을 전횡하던 삼환씨가 임금만이 가능한 팔일무나 제사 음악을 멋대로 사용하는 것에 대해 국가 기강과 질서가 무너진 대표적인 비례의 사례로 보았다. 특히 경대부들은 부와 권력을 기반으로 자신의 신분에 맞는 격식을 넘어서 호화롭게 의식을 치르면서 위세를 과시하곤 하였다. 나아가 예전에 행해지던 예악에 대해서는 야인, 즉 촌스럽다고 비하하며 자신들이야말로 군자답다고 자찬하기도 하였다. 공자는 이를 비판하며 사치스러운 것보다 차라리 검소한 편이 낫다고 하며 앞선 시대의 선진을 따르겠다고 말하고 있는 것이다.

다. 그러므로 모름지기 이와 같이 평론하는 것이니, 그 예악을 실천함에 모름지기 그와 같이 해야 한다.[560]

2. 子曰, 從我於陳蔡者皆不及門也이로다. 德行엔 顏淵閔子騫冉伯牛仲弓이요 言語엔 宰我子貢이요 政事엔 冉有季路요 文學엔 子游子夏니라.

공자께서 말씀하시기를, "나를 따라 진나라와 채나라에서 고생했던 사람들이 이제는 문하에 없구나. 덕행에는 안연顏淵, 민자건閔子騫, 염백우冉伯牛, 중궁仲弓이 뛰어났고, 언어에는 재아宰我와 자공子貢이 뛰어났고, 정사에는 염유冉有와 계로季路가 뛰어났으며, 문학에는 자유子游와 자하子夏가 뛰어났느니라."[561]

陳旻昭曰, 夫子尋常不喜言語, 故或云文莫吾猶人也, 或云焉用

---

560 선배인 야인은 조금은 순박하고 촌스러운 예악을, 후배인 군자는 좀 더 세련되고 화려한 예악을 추구했음을 알 수 있다. 선배들(야인)의 예악은 문(형식)과 질(바탕)을 가졌지만, 후배들(군자)의 예악은 문이 그 질을 압도했다고 할 수 있다. 이 중에서 공자는 세련되고 화려한 예악의 기상을 좇는 군자들보다는, 조금은 순박하고 촌스럽다고 평가되는 예악을 선호한다고 말하였다. 지욱선사 또한 공자가 따른다고 말하는 야인의 예악 실천을 강조하고 있는 것이다.
561 공자가 주유철환 시 겪었던 가장 어려웠던 시기를 거론하고 있는데, 여기서 나온 말이 '진채절량陳蔡絶糧'이라는 말이다. 공자가 63세에 진나라에서 채나라로 가는 길에 오나라의 진나라 침공 전쟁에 휘말려 깊은 산중에서 식량마저 떨어진 채 일행 모두가 사경에 빠지는 곤란을 당했다가 초나라 원군의 도움으로 목숨을 구하였는데 이때 환난을 함께 겪었던 제자들을 공자는 잊을 수가 없었을 것이다. 덕행, 언어, 정사, 문학 등의 공문사과孔門四科와 이름 있는 10명의 공자의 제자, 곧 공문십철孔門十哲이 언급되고 있다.

佞, 或云予欲無言, 乃敎人, 何以仍立言語一科耶. 蓋空言則非聖人所取, 而有益之言可裨於世道, 可發明至理者, 則又不可廢也. 聖門第一能言, 莫若宰我, 於井有仁章, 及三年喪章見之, 第二能言, 莫若子貢, 於足食足兵章見之, 皆有關於世道人心之甚者也.

진민소는 "공자께서는 보통 말씀하시는 것을 좋아하지 않으셨다. 그러므로 어떤 때에는 '학문은 내가 다른 사람에 못 미침이 없었다(술이편 32장)'라고 하셨고, 어떤 때에는 '말재주가 무슨 소용이 있단 말이오(공야장편 4장)'라고 하셨으며, 어떤 경우에는 '나는 말을 하지 않으려고 한다(양화편 19장)'고 말씀하며 사람들을 가르치셨는데, 무슨 이유로 이렇듯 한 단락의 말씀을 하셨던 것일까?

대개 빈말은 성인이 말하지 않지만, 세상의 도리에 가히 도움이 될 만한 이로움이 있는 말과 지극한 이치를 밝히는 말은 또한 말하지 않을 수 없다. 공자의 문하(聖門)에서 첫 번째로 말을 잘하는 인물은 재아宰我만 한 사람이 없는데, 정유인장井有仁章과 삼년상장三年喪章을 보면 그 이유를 알 수 있다.[562] 두 번째로 말을 잘하는 인물로는 자공子貢만 한 사람이 없는데, 족식족병장足食足兵章을 보면 그 이유를 알 수 있다.[563] 모두 세상의 도의, 사람의 마음과 깊이 관련이 있는 내용들이다."라고 하였다.

---

[562] 제6 옹야편 24장과 제17 양화편 21장을 가리킨다.
[563] 제12 안연편 7장을 가리킨다.

3. 子曰, 回也는 非助我者也로다. 於吾言에 無所不說이온여.

공자께서 말씀하시기를, "안회는 나를 돕는 자가 아니다. 나의 말에 대해서 기뻐하지 않는 바가 없구나."[564]

人問王陽明曰, 聖人果以相助望門弟子否. 陽明曰, 亦是實話. 此道本無窮盡, 問難愈多, 則精微愈顯. 聖人之言本是周徧, 但有問難的人胸中窒礙, 聖人被他一難, 發揮得愈加精神. 若顏子胸中了然, 如何得問難. 故聖人亦寂然不動, 無所發揮.

사람들이 왕양명에게 묻기를, "성인께서도 과연 문하의 제자들이 서로 도와주기를 바라셨을까요?" 왕양명이 말하기를, "또한 실제적인 이야기입니다. 이 도는 본래 끝이 없는 무궁한 것이기에 질문과 반론을 많이 할수록 그 정미한 이치가 잘 드러날 것입니다. 성인의 말씀은 본시 모든 것을 두루 포함하고 있습니다. 다만 질문하고 반론하는 사람들의 가슴속이 막혀 있기 때문에 성인은 그들에게 한 번 반론을 받으면 더욱 정신을 다하여 그 이치를 발휘해 내는 것입니다. 안회와 같은 사람은 가슴속으로 확연히 이해를 하였기에 무슨 질문과 반론이 필요하겠습니까.

---

[564] 안회는 공자의 수제자이다. 공자가 어리석다고 여길 정도로 공자의 말씀에 충직하였던 인물이다. 안회는 공자의 말을 말없이 깨닫고 마음으로 통하여 의문을 가진 바가 없었다. 돕는다는 것은 질문을 하여 서로 이끄는 경우를 말한다. 공자의 '안회는 돕는 자가 아니다'라는 말은 안회를 나무라는 뜻에서 한 말이 아니라, 실은 안회에 대하여 기뻐하면서 역설적으로 그를 칭찬하고 있는 표현이다.

그러므로 성인께서도 역시 움직이지 않으시고, 더욱 밝혀내시는 것도 없었던 것입니다."[565]

4. 子曰, 孝哉라. 閔子騫이여 人不間於其父母昆弟之言이로다.

공자께서 말씀하시기를, "효성스럽구나. 민자건閔子騫이여. 그의 부모와 형제들이 그를 효자라고 칭찬하는 말을 하여도 아무도 흠을 잡지 않는구나."[566]

從他格親苦心處表出.

---

[565] 문란問難: 풀기 어려운 문제에 대하여 서로 논의함. 질애窒礙: 답답하게 막혀있다, 곧 의문이 풀리지 않고 정답을 알 수 없어 답답한 마음 상태. 요연了然: 확실히 이해함, 분명히 깨달음.
※ 안회는 이심전심으로 공자가 일깨우고자 했던 참된 도와 가르침의 핵심을 이해하고 체득했던 유일한 제자라 할 수 있다. 다른 제자들에게는 그들의 근기와 자질에 따른 다양한 방편적 가르침을 설했다고 한다면, 안회만큼은 세세하고 구체적인 설명을 하지 않고 직설적이고 단도직입적으로 가르침을 설해도 그는 공자의 도를 이해하고 체득했다. 왕양명은 이를 말하고 있다.
[566] 불간不間: 흠을 잡지 않다, 이간하지 않다. 곤제昆弟: 이복형제.
※ 공자가 민자건의 효성과 우애를 칭찬하고 있는 내용이다. 민자건은 후대에 중국 21효의 한 명으로 추앙받을 정도로 효행이 지극하였고, 성품이 고결하고 덕행이 훌륭하여 공문십철에 들어가는 제자이다. 민자건은 어려서 어머니를 여의고 계모의 학대를 받고 자랐다. 『한시외전(韓詩外傳)』에는 민자건이 계모의 차별에도 이를 탓하거나 원망하지 않고 효를 실천하여 가족 간의 화목을 이뤄냈던 일화를 전하고 있다. 즉 계모가 민자건에게는 갈대로 된 홑옷을 입히고 두 동생인 친자식에게는 따뜻한 비단옷을 입혔는데, 민자건의 아버지가 이를 알고는 계모를 쫓아내려 하였다. 민자건은 계모가 쫓겨나면 자식 셋이 홑옷을 입고 추위에 떨어야 하지만, 계모가 그대로 있으면 자신만이 홑옷을 입으면 된다며 아버지를 만류하였다. 계모 또한 이 얘기를 전해 듣고 크게 깨달아 자애로운 어머니가 되었다고 한다.

그의 인격에 관해 친히 고심의 마음을 드러내셨다.

5. 南容이 三復白圭이어늘 孔子以其兄之子로 妻之하시다.

남용南容이 백규白圭의 시를 세 번씩이나 반복해서 외우자 공자는 형의 딸을 그에게 시집보내셨다.[567]

6. 季康子問, 弟子孰爲好學이니잇고. 孔子對曰, 有顏回者好學하더니 不幸短命死矣라今也則亡이온저.

계강자季康子가 묻기를, "제자들 중에 누가 학문을 좋아합니까?" 공자가 답하시기를, "안회라는 제자가 있어 학문을 좋아했습니다만 불행히도 단명하여 죽었습니다. 지금은 그런 사람이 없습니다."

說了又說, 深顯曾子子思不能傳得出世道脉.

설명하고 또 다시 설명하지만, 증자曾子와 자사子思가 공자의 도를 깊

---

[567] 백규白圭: 『시경』 대아억편(大雅抑篇)에 실려 있는 "흰 옥의 흠은 갈아서 없앨 수 있지만, 말의 흠은 없앨 수 없네(曰白圭之玷, 尙可磨也, 斯言之玷, 不可爲也)."라는 내용의 시.
  ※ 남용은 공자의 제자 중에서 보기 드문 대부 집안 출신으로 인품이 뛰어났다. 공자는 말재주만 있고 자기 성찰이 없는 사람을 특히 싫어했다. 그런데 남용이 하루에 세 번씩 '백규' 시를 외우며 자기 성찰을 하는 모습에 그의 인품을 알아보고 각별한 애정을 가지셨다.

이 현양하여 공자의 출세간의 도맥을 전했다고는 할 수 없다.568

7. 顔淵이 死커늘 顔路請子之車하여 以爲之槨한대 子曰, 才不才에 亦各言其子也이니 鯉也死커늘 有棺而無槨하니 吾不徒行하니 以爲之槨은 以吾從大夫之後라 不可徒行也니라.

안연顔淵이 죽자 부친 안로顔路가 공자의 수레를 팔아서 외관外棺을 마련하고자 청했다. 공자께서 말씀하시기를, "재주가 있건 없건 간에 또한 각자 그 자식에 대한 정은 다 같은데, 내 아들 이鯉가 죽었을 때에도 내관은 있었지만 외관은 없었소. 수레로 외관을 마련할 수 있었지만 그러지 않은 것은 내가 대부라는 지위의 말석에 있어서 예의상 걸어 다닐 수 없었기 때문이오."569

---

568 증자는 공자보다 46세나 어린 제자이지만, 공자의 말씀을 가장 잘 기억하고 잘 실천했던 제자로 평가 받는 인물이다. 일반적으로 그가 공자의 유교적 적통을 이어받아서 공자의 손자인 자사에게, 자사는 다시 맹자에게 그 계보가 이어졌다고 전해진다. 특히 『대학』은 증자가, 『중용』은 증자의 제자 자사가 지었다고 알려져 있다. 지욱선사는 이렇듯, 일반적으로 공자의 도맥을 이어받았다고 전해지는 증자와 자사가 결코 공자의 참된 도맥을 전수받은 인물들이 아님을 말하고 있다. 공자가 그토록 탄식하며 안타까워했던 안회의 죽음으로 인해 공자의 출세간의 도맥은 단절되어 더 이상 세상에 전해지지 않게 되었다는 견해를 피력하고 있는 것이다.
569 안로顔路: 안연의 아버지로 路는 자, 이름은 무요無繇, 공자보다 여섯 살이 적으며 공자가 처음 가르침을 베풀 때 수학함. 곽槨: 외관. 鯉: 공자의 아들.
※ 안로는 아들인 안연이 요절하자 장례 비용을 마련하기 위해 동분서주하였다. 가난한 살림에 겨우 관은 마련하였으나 곽까지 마련하여 제대로 격식을 갖춘 장례를 치러주고 싶었다. 안로는 공자가 유달리 안회를 아꼈다는 사실을 알고 있는 데다 이전에도 말을 팔아서 문상 비용을 마련한 적이 있기 때문에 수레를 팔아 곽을 마련할 수 있도록 청탁하였던 것이다. 그러나 공자는 재주가 있건 없건 간에 자식 사랑하는 마음이야 다 같으나 형편이 안 되면 처지에 맞게 장례를 치르도록 충고하고 있다. 더욱이 공자가 타는 수레는 국정자문 원로이자 전관예우 차원에서 군

顔路只是一個流俗知見, 如何做得回的父親.

안로顔路는 단지 한 가지 세속의 지견에 빠져 있으니, 어떻게 안회의 부친이라 할 수 있겠는가?[570]

8. 顔淵이 死커늘 子曰, 噫라 天喪予하셨다 天喪予하셨다.

안연이 죽자 공자께서 말씀하시기를, "아! 하늘이 나를 버리는구나. 하늘이 나를 버리는구나."[571]

9. 顔淵이 死커늘 子哭之慟하신대 從者曰, 子慟矣이로소이다. 曰, 有慟乎아 非夫人之爲慟이면 而誰爲리요.

안연이 죽자 공자께서 통곡을 하셨다. 따라간 제자가 말하기를, "선생님께서 통곡을 하셨습니다." 공자께서 말씀하시기를, "내가 통곡을 하였

주가 공자에게 지급한 공적인 자산이므로 임의로 팔 수 없었다. 또한 예법상 전현직 대부 출신은 군주가 제공한 수레를 타고 다니게 되어 있으므로 공자는 안로에게 수레를 팔아 쓸 수 없다며 청을 거절하고 있다.

570 지욱선사는 안회만이 유일하게 공자가 가르친 출세간적인 참된 도맥을 이해하고 체득했던 인물로 받아들이고 있다. 까닭에 세상에서 유행하는 허례허식을 좇아서 아들의 장례를 모양 있게 행하고자 했던 안회의 아버지 안로의 행위가 도리어 아들을 욕되게 하는 어리석은 언행임을 비판하고 있다.

571 공자가 자신의 도를 이어갈 유일한 제자로 여겼던 안연이 32세에 요절하자 깊이 탄식하며 애통하는 내용인데, 다음 9장과 연결된다.

는가. 내가 이 사람을 위해 통곡하지 않는다면, 대체 누구를 위해 통곡
을 한단 말이더냐."⁵⁷²

朝聞夕死, 夫復何憾. 只是借此以顯道脉失傳, 杜後儒之冒認源
流耳. 若作孔子眞如此哭, 則獃矣.

아침에 도를 들었다면 저녁에 죽은들 다시 무슨 유감이 있겠는가? 다
만 안회의 죽음으로 인해 도맥을 드러내어 세상에 전승하게 됨을 잃게
되었으니, 도백이 막혀 후대의 유생들이 공자의 근본 가르침(源流)을 잘
못 이해하게 만들었을 뿐이다. 만약 공자께서 이와 같이 애통해 하신 것
이 사실이라면, 실의하셔서 그랬을 것이다.⁵⁷³

10. 顔淵이 死커늘 門人이 欲厚葬之한대 子曰, 不可하니라. 門人
    이 厚葬之한대 子曰, 回也는 視予猶父也이어늘 予不得視猶子
    也이나니 非我也이라 夫二三子也이니라.

안연이 죽자 제자들이 그의 장례를 후하게 지내려고 하자 공자께서
"안 된다."고 하셨다. 그러나 제자들이 후하게 장례를 행하자 공자께서
말씀하시기를, "안회는 나를 아버지처럼 섬겼는데, 나는 그를 아들처럼

---

572 통慟: 서럽게 우는 것.
573 두杜: 막히다, 닫히다. 여기서는 공자의 도맥이 단절되어 세상에 전승되지 못함을 의미한다. 모인
    冒認: 남의 것을 자기 것처럼 꾸미어 속임. 애獃: 실의失意에 빠진 모습.

대하지 못하였으니, 이것은 나 때문이 아니라 너희들 때문이니라."[574]

卓吾云, 不是推干係. 方外史曰, 孔子待回厚到底, 後之欲厚其子弟者, 思之.

이탁오는 "사적인 관계에 얽매어 밀고 나가는 것은 옳지 않다."고 하였고, 방외사는 "공자께서 안회의 장례를 끝까지 후하게 치르기를 바란다고 여겨, 나중에 공자의 제자들이 후하게 장례를 치르고자 했을 것으로 생각된다."라고 하였다.[575]

---

574 안회의 아버지인 안로는 자식의 초상을 후하게 치르고 싶은 마음에 공자의 수레까지 팔고자 요청하였지만 공자로부터 거절당하였다. 그러나 안로는 아마도 다른 제자들에게 도움을 요청하여 좀 더 격식을 갖춘 장례를 치르고자 했던 것 같다. 그러나 공자는 안회의 집안 형편을 벗어난 성대한 장례는 도리어 안회를 욕되게 하는 것이기에 '不可'하다고 말렸다. 하지만 인정상 십시일반 찬조를 하였을 것으로 생각되는 공자의 제자들은 스승의 의중을 깊이 헤아리지 못하고 격식을 갖춰 후하게 장례를 치렀던 것 같다. 이에 공자가 자신의 충고에 아랑곳하지 않고 분수에 넘치게 장례를 후하게 치른 것을 탄식하고 있는 내용이다. 『중용』 14장에서는 "군자는 그 지위에 바탕 하여 행하지, 그 바깥을 원하지 않아야 한다. 부귀에 바탕 해서는 부귀한 대로 행하고, 빈천에 바탕 해서는 빈천한 대로 행해야 한다(君子, 素其位而行 不願乎其外, 素富貴, 行乎富貴, 素貧賤, 行乎貧賤)."라는 내용의 장례법에 대한 언급이 표현되고 있다. 이러한 견지에서 보면 안회의 장례에 대한 공자의 태도가 쉽게 이해 될 수 있다. 그러나 제자들은 공자의 충고에도 아랑곳하지 않고 안회의 아버지와 제자들이 분수를 벗어난 성대한 장례를 진행했던 것이다. '안연이 공자를 아비처럼 여기고 따랐으나 공자가 안연을 자식처럼 보지 않았다'는 것은 실제로 공자가 안연을 자식처럼 보지 않았다는 뜻이 아니다. 다만 안연을 사실상 자식처럼 여겼으나, 오히려 제자들은 공자의 가르침과 달리 분수에 맞지 않게 상을 치렀으니, 제자들이 안연과의 부자 같은 관계마저 무너뜨리는 결과가 되었다고 탄식한 것이다.
575 간계干係: 의리로 맺어진 동료와 친족 관계를 의미.
※ 방외사는 공자의 몇몇 제자들이 공자의 의중을 잘못 이해하여 결과적으로 안회의 장례를 후하게 치르게 되었음을 말하고 있다.

11. 季路問事鬼神한대 子曰, 未能事人이면 焉能事鬼리오. 敢問死이노이다. 子曰, 未知生이면 焉知死리오.

계로(季路, 자로)가 귀신 섬기는 것에 대해 묻자, 공자께서 말씀하시기를, "산 사람도 섬기지 못하면서 어찌 귀신을 섬기겠느냐?" 자로가 "감히 죽음에 대해 묻습니다."라고 하자, 공자께서 말씀하시기를, "아직 삶도 알지 못하면서 어찌 죽음에 대해 알겠느냐?"

季路看得死生是兩橛, 所以認定人鬼亦是兩事. 孔子了知十法界不出一心, 生死那有二致, 正是深答子路處. 程子之言, 頗得之.

자로는 생과 사를 둘로 나눠 보는 것 같다. 그렇기 때문에 사람과 귀신 또한 두 섬김으로 나눠 생각했던 것이다. 공자는 십계十界의 세계가 일심을 벗어나지 않는 세계임을 깨달으신 분인데, 생사에 어찌 두 가지 이치가 있다고 하겠는가! 바로 자로의 질문에 대한 답에 깊은 이치라 담겨 있다. 정자의 말[576]은 자못 그러한 이치를 체득했다고 할 수 있다.[577]

---

[576] 정자가 11장에 대해 "낮과 밤은 생사는 도이니, 삶의 도를 알면 곧 죽음의 도를 안다. 사람을 섬기는 도를 다하면, 귀신을 섬기는 도를 다하니, 죽음과 삶, 사람과 귀신은 하나이면서 둘이고, 둘이면서 하나이다. 어떤 사람이 '공자께서 자로에게 가르쳐주지 않았다'고 말하지만, 이것은 이에 대해 깊이 가르쳐주신 것을 알지 못한 것이다(晝夜者, 死生之道也, 知生之道, 則知死之道. 盡事人之道, 則盡事鬼之道. 死生人鬼, 一而二, 二而一者也. 或言夫子不告子路, 不知此乃所以深告之也)."라고 주해하고 있는 내용을 가리킴.
[577] 양궐兩橛: 두 개의 말뚝을 박다. 곧 어떠한 현상과 이치에 대해 이분법적인 견해를 견지하거나 단정하는 것을 의미. 십법계十法界: 깨달음의 정도에 따라 나누는 열 가지 경지. 곧 미혹한 중생의

12. 閔子는 侍側에 誾誾如也하고 子路는 行行如也하고 冉有
子貢은 侃侃如也이어늘 子樂하시다. 若由也은 不得其死
然이로다.

민자건은 공자를 곁에서 모시고 있을 때는 온화하였고, 자로는 굳세
었고, 염유와 자공은 강직하니, 공자는 기뻐하였다. 다만 자로에 대해서
는 천수를 누리지 못할까(잘못 죽음을 당할까) 염려하셨다.[578]

13. 魯人이 爲長府러니 閔子騫曰, 仍舊貫如之何오 何必改作이리
요. 子曰, 夫人이 不言이언정 言必有中이니라.

노나라 사람이 장부長府라는 창고를 새로 짓자 민자건이 말하기를,
"이전 그대로 사용하면 어땠을까. 굳이 새로 지을 필요가 있었는가?" 공
자께서 말씀하시기를, "이 사람은 평소에는 말이 없지만, 일단 말을 하
면 사리에 맞는 말만 하는구나."[579]

세계(迷界)인 지옥, 아귀, 축생, 아수라, 인간, 천상의 다섯 세계와 깨달음의 세계(悟界)인 성문계
聲聞, 연각緣覺, 보살菩薩, 불佛의 세계를 지칭한다. 파頻: 자못, 약간, 조금.
578 은은誾誾: 온화하고 따뜻한 모습. 행행行行: 지나치게 강한 모양. 간간侃侃: 강직한 모양.
  ※ 제자들이 공자를 옆에서 모시고 있을 때의 모습을 표현하고 있다. 효성이 깊은 민자건과 용감
    한 자로, 정사를 잘 보는 염유와 언어에 탁월한 자공의 모습을 공자는 말한다. 그러나 정치적으
    로 혼란한 시국에 의롭고 강한 성격의 자로가 뜻하지 않게 잘못 목숨을 잃지 않을까 걱정한다.
    공자의 염려대로 자로는 위나라 대부의 일을 맡아보다가 정변에 휘말려 공자보다 1년 먼저 세
    상을 떠났다.
579 노인魯人: 노나라 소공昭公을 가리킨다. 『춘추좌씨전(春秋左氏傳)』에 소공 25년(BC 517년)에
  '공이 장부에 계셨다(公居於長府)'라는 기록이 나온다.

卓吾云, 勸魯人也, 非讚閔子也.

이탁오는 "노나라 사람을 권하여 타이르고자 하신 것이지, 민자건을 칭찬하신 것이 아니다."라고 하였다.[580]

14. 子曰, 由之瑟을 奚爲於丘之門고 門人이 不敬子路한대 子曰, 由也는 升堂矣오 未入於室也이니라.

공자께서 말씀하시기를, "자로는 거문고를 어찌하여 내 집 문밖에서 타느냐?" 이에 제자들이 자로를 공경하지 않자 공자께서 말씀하시기를, "자로는 대청마루까지 올라섰으나 아직 방안까지 들어서지 못했을 뿐이다."[581]

※ 민자건의 말에는 소공이 민생을 돌보기도 어려운 혼란한 시국에 세금을 더 걷기 위해 나라 곳 간을 고치려고 하는 것에 대해 탄식하는 뜻이 담겨 있다. 공자가 이 말을 듣고 '言必有中'이라 고 한 것은 당시 정국 상황에 대한 민자건의 비판적인 발언이 매우 시의적절 했음을 칭찬한 언 급이다.
580 권勸: '권하여 타이르다'의 의미인 권유勸諭, 또는 권선징악의 뜻으로 쓰였다.
581 해奚: 어찌 ~하느냐? 구지문丘之門: 공자 집문.
※ 자로는 성격이 무모할 정도로 급하고 아울러 굳세고 과감한 기질의 인물인지라 음악 역시 그러 한 풍의 음악을 좋아하고 거문고를 그렇게 연주했던 것 같다. 자로의 거문고 소리를 듣고 어찌 저런 실력으로 내 집 앞에서 연주하느냐고 공자가 책망하였다. 이로 인해 제자들이 자로를 무 시하자 공자가 해명하며, 자로의 후배격인 제자들을 나무라고 있다. 한편 승당과 입실은 도에 들어가는 단계의 비유라 할 수 있다. 자로의 학문이 이미 높고 공명정대한 경지에 이르렀으나, 아직 정밀하고 심오한 영역에는 들어가지 못했을 뿐이라는 지적이다.

收之則升堂, 揀之則門外, 可參.

수용함이 곧 승당升堂이고, 분간함이 곧 문외門外라 할 수 있으니, 그 뜻을 헤아릴 수 있어야 한다.[582]

15. 子貢問師與商也孰賢이니잇고. 子曰, 師也는 過하고 商也는 不及이니라. 曰, 然則師愈與리잇고. 子曰, 過猶不及이니라.

자공이 묻기를, "자장과 자하 중 누가 더 현명합니까?" 공자께서 말씀하시기를, "자장은 지나치고 자하는 부족하다." 자공이 다시 묻기를, "그러면 자장이 더 낫다는 말씀입니까?" 공자께서 말씀하시기를, "지나친 것과 부족한 것은 마찬가지니라."[583]

---

582 간揀: 분간, 구별하다, 가려 뽑다.
　※ 공자가 표현하고 있는 '升堂'은 어떠한 실력과 경지에 대한 받아들임과 인정을 뜻하고, '丘之門'에서 '門'은 어떠한 실력과 경지에 대해 아직 일정한 실력과 경지에 도달하지 못했음을 뜻하는 말이기에, 이러한 뜻을 잘 살펴야 한다는 말이다.
583 유愈: 낫다. 유猶: 같다.
　※ 중용, 중도를 일깨우고 있는 말씀이다. 師는 자장의 이름이고 商은 자하의 이름이다. 자공이 어짊(賢)에 대해 구체적으로 알고 싶어 자장과 자하를 비교하여 묻는 질문이다. 하지만 공자는 안회와 같은 특별한 경우를 제외하고는 각자의 부족한 점을 들어 더욱 분발토록 가르친다. 자장은 재주가 많고 뜻이 넓어서 터무니없이 어려운 일을 벌이기를 좋아하였다. 자하는 독실하게 믿고 조심하였지만 포부가 작아서 늘 미치지 못하였다. 현명함과 지혜로움이 넘치는 것이 어리석고 모자란 것보다는 나은 것 같지만, 한편으로는 중용을 잃은 점은 매한가지이다. 무슨 일에서든 너무 과해도 문제가 되고 부족하여도 문제가 된다. 적절하게 중도를 이루고 지키는 것이 무엇보다 중요한 것이다.

卓吾云, 然則師愈, 子貢卻呈自己供狀, 過猶不及, 夫子亦下子貢鉗錘.

이탁오는 "'그렇다면 자장이 더 낫다는 말씀입니까(然則師愈)?'라는 자공의 질문은 자공이 오히려 자신과 자장이 같이 현명하다는 것을 드러낸 말이라 할 수 있고, '지나친 것과 부족한 것은 마찬가지이다(過猶不及)'라는 공자의 말씀은 공자께서 또한 자공을 일깨워 하심하게끔 한 것이다."라고 하였다.[584]

16. 季氏富於周公이어늘 而求也爲之聚斂而附益之한대 子曰, 非吾徒也로소니 小子아 鳴鼓而攻之可也이니라.

계씨季氏는 주공周公보다 부유한데도 염구冉求가 그를 위해 가혹하게 세금을 걷어 재산을 늘려주자 공자께서 말씀하시기를, "염구는 이제 내 제자가 아니다. 너희가 북을 두드리며 그를 성토해도 좋다."[585]

---

584 각정卻呈: 오히려 뽐내다, 도리어 드러내다. 공상供狀: 자백하다, 진술하다. 하下: 하심하다, 낮추다의 의미로 쓰임. 겸추鉗錘: 칼과 망치, 곧 단련시키거나 깨우치는 도구, 혹은 수단과 계기를 상징함.
585 염구는 제자들 사이에서 자공과 더불어 정사에 매우 뛰어난 제자로 평가되던 인물이다. 『춘추좌전』에 따르면, 계손씨가 세금을 올려 받기 위해 세법을 고쳐 전부(田賦: 경작지의 넓이에 따라 토지세를 부과)를 시행하려고 가신인 염구를 세 번씩이나 보내 공자에게 자문을 구하였다. 하지만 공자는 이러한 세법인 위민정치에 크게 어긋나는 정책이라 생각하여 끝까지 직답을 하지 않았다. 뿐만 아니라 염구를 사적으로 불러 "군자가 행할 때에는 예를 헤아려야 한다. 베풂에는 그 후함을 취하고, 일은 그 중도를 들며, 취렴은 그 박함을 따라야 한다. 이와 같이 하면 구부(丘賦, 곧 井田法에 해당)도 족할 것이니라. 만약에 예를 헤아리지 않고 탐냄이 끝이 없으면 비록 전부법田賦法

卓吾云, 攻求正所以攻季氏.

이탁오는 "염구를 성토하는 것이야말로 바로 계손씨를 공벌하는 것이다."라고 하였다.

17. 柴也는 愚하고 參也는 魯하고 師也는 辟하고 由也는 喭이니라.

자고(시柴)는 어리석고, 증자(삼參)는 우둔하고, 자장(사師)은 고집이 세고, 자로(유由)는 거칠도다.[586]

卓吾云, 識得病, 便是藥.

이탁오는 "병을 아는 것이 곧 약이다."라고 하였다.

으로써 하더라도 장차 또한 부족할 것이다. 너의 계손이 만약에 법을 시행하는데 본받고자 한다면 주공의 법이 있느니라. 만약에 구차히 행하려 한다면 또 어찌 나를 방문하는가?"라고 나무랐다. 이러한 공자의 당부와 염려에도 불구하고 계손씨는 부전법을 그대로 시행하였고, 이에 공자는 자신의 위민정치 이념에 반하여 계손씨의 정책에 앞장섰던 염구를 출문조치 하였다

[586] 시柴: 자고子羔. 삼參: 증삼, 곧 증자. 노魯: 둔하다. 벽辟: 한쪽으로 치우치다, 편벽되다. 언喭: 거칠다.

※ 공자의 제자들에 대한 평이다. 그들의 장단점을 일깨워줌으로써 스스로가 좀 더 바른 인격 완성을 이루도록 경책하신 것이다. 증삼은 어릴 때부터 아버지인 증점을 따라 공자 문하에서 공부했다. 증삼은 '魚魯不辨(魚와 魯를 구분하지 못함)'이라 하여 노둔하다는 평가를 받았으나, 훗날 대학을 지어 공자의 도를 전할 정도로 늦게 학문의 성취를 이루었다. 나아가 증자로 칭송받고 후대에 종성공宗聖公으로 존숭받아 공자 사당 우편에 배향 받았다.

18. 子曰는 回也는 其庶乎오 屢空이니라. 賜는 不受命하고 而貨
殖焉이나 億則屢中이니라.

공자께서 말씀하시기를, "안회는 도에 가까웠으나 곤궁하였고, 자공은
천명을 받아들이지 않고 재산을 늘렸는데, 그의 예측은 대개 적중했기
때문이니라."[587]

凡夫受命所縛, 賢人能不受命, 惟聖人眞學問, 則知命而不必轉
命. 是故有志爲聖人者, 只須俟命. 今直以屢空二字, 傳顔子之神,
作子貢之藥. 子貢一生, 吃了億則屢中之虧, 便不受命, 而貨不覺
其自殖矣.

무릇 천명을 받아들이는 것을 속박이라고 생각한다면, 현인도 천명을
받아들이지 않을 것이다. 오직 성인만이 참된 학문을 닦기에 천명을 깨
달아 운명에 휘둘리지 않는다. 이러한 이유로 성인이 되고자 하는 뜻이

---

587 서庶: 가깝다. 루공屢空: 쌀뒤주가 자주 비었다. 식殖 :늘리다. 억億: 예측하다, 억측하다.
※ 『논어』전편을 통해 살펴 볼 때, 안회는 하늘로부터 타고난 재질을 그대로 발현하여 실천할 줄
알았기에 공자는 그를 수제자로 여겨 가장 아꼈음을 알 수 있다. 자공은 영민하면서도 공자의
도를 잘 따랐던 제자이기에 공자는 간혹 안회와 비교하여 자공의 분발심을 유도하며 그를 일깨
웠다. 한편 『사기(史記)』에 따르면, 자공은 물건이 저렴할 때 많이 사들여 두었다가 귀해지면
팔아서 돈을 벌었다고 한다. 나아가 재화 운영에 밝으면서도 학문에 대한 꾸준한 정진으로 식
견이 높아 무슨 일을 헤아려서 적중하는 일이 많았다. 위 문장은 공자가 자공의 이런 점을 칭
찬한 내용이다. 먼저 안회에 대해 언급한 것은 자공이 안회처럼 '樂天知命'하고 '安貧樂道'의
도를 깨우친다면, 더욱 훌륭한 인재가 되리라는 기대와 아쉬움이 있었기 때문일 것이다.

있는 사람은 다만 모름지기 천명을 기다려야만 한다.[588]

지금 '루공屢空' 두 글자로서 안자의 정신을 전하는 것이니, 자공은 즐거움으로 삼아야 한다. 자공이 일평생 동안 '예측이 자주 적중하는(億則屢中)' 바르지 못한 일로 밥 먹고 살았다고 한다면 곧 천명을 받아들이지 않는 것이니, 재화는 그 스스로가 심은 것임을 깨닫지 못한 것이다.[589]

19. 子張이 問善人之道한대 子曰, 不踐迹이나 亦不入於室이니라.

---

588 사명俟命: 천명을 기다리다.
　※ 천명에 대한 지욱선사의 생각을 밝히고 있다. 天命, 즉 하늘이 내려준 자신의 운명을 안다는 것은 자신이 타고난 운명과 분수와 능력과 자질을 아는 것이고, 또한 큰 틀에서 자신이 어떠한 운명적 삶을 살아갈 것인가를 아는 것이라 할 수 있다. 불교적 관점에서 보면, 천명은 곧 자신이 전생에 지은 선악의 업과 타고난 성향性向을 아는 것이라 할 수 있다. 왜냐하면 불교에서는 과거와 현재와 미래가 하나로 이어지는 윤회의 삶을 가르치기에, 현생은 과거에 쌓은 업의 결과로 태어난 인과의 운명으로 보는 까닭이다. 불교에서는 모든 존재는 업으로 인해 태어나고, 업의 상속자이며, 업의 굴레로부터 벗어날 수 없음을 가르친다. 다만 그러한 업보의 운명에 굴복하고 순종하여 피상적인 노예의 삶을 사는 것을 지양하고, 자신의 마음을 잘 닦아 선한 마음을 계발하고 증장시켜 나와 남을 이롭게 하는 선업을 쌓아 보다 나은 행복한 삶을 살 수 있는 운명의 개척을 지향한다.
589 전명轉命: 천명에 굴림을 당하다, 곧, 자신의 의지에 상관없이 운명에 속박되고 이끌려 사는 것을 의미. 사명俟命: 천명을 기다리다. 흘吃: 받아들이다, 먹다. 휴虧: 이지러지다, 부족하다, 모자라다.
　※ 지욱선사 역시 천명을 받아들여 청빈한 삶을 산 안자의 정신을 칭찬하고 있다. 따라서 공자가 '루공屢空'이라는 두 글자로 안회를 칭찬하고 있는 뜻은 결과적으로 안회의 정신을 가르쳐 자공을 비롯한 그의 제자들도 안회와 같은 청빈한 삶을 살기를 바라는 뜻이었음을 말하고 있다. 자공의 경우에 있어서는 설령 운 좋게 이런 저런 예측의 결과로 돈을 벌었다고 하더라도, 그것은 떳떳하지 못한 행위에 지나지 않을뿐더러 돈을 벌 수 있었던 것 또한 예측을 잘해서 그런 것이 아니라, 자신이 전생에 뿌리고 심은 선업(= 곧 천명)의 결과로 얻어진 것임을 말하고 있다.

자장이 선인의 도를 묻자 공자께서 말씀하시기를, "옛 성현의 자취를 밟지 않으면, 또한 높은 학문의 경지에는 들어서지 못하느니라."[590]

此須四句料揀, 一踐迹而入室, 君子也. 二不踐迹而入室, 聖人也. 三不踐迹而不入室, 善人也. 四踐迹不入室, 有恒也.

이 19장은 모름지기 네 단락으로 (사람들의 경지를) 헤아려 분간해 볼 수 있다. 첫 번째, 성현의 자취를 밟고 나서 깊은 경지에 들어서게 되는 군자가 있을 수 있고, 두 번째, 성현의 자취를 밟지 않아도 높은 경지에 들어서는 성인이 있을 수 있으며, 세 번째, 성현의 자취도 밟지 않고, 깊은 경지에도 들지 못하는 선인이 있을 수 있고, 네 번째, 성현의 자취를 밟더라도 깊은 경지에 들지 못하는 보통 사람들이 있을 수 있다.[591]

---

590 踐迹: 밟다. 적迹: 흔적, 발자취. 불입어실不入於室: 집에 들어가지 못함, 곧 높은 도의 깨침의 경지에 이르지 못함.
 ※ 여기서 선인은 성현의 자취를 담은 문장 공부를 하지는 못했지만, 천지자연의 이치에 따라 순리대로 살고자 노력하는 본바탕이 선한 사람을 지칭한다. 공자는 보이지 않는 절대적인 권위의 신보다는 천지자연의 참된 도를 깨달아 인격 완성을 이룬 성인을 본받고자 했다. 요순의 두 임금과 주나라의 무왕과 문왕 등은 공자가 가장 존경하고 본받고자 했던 대표적인 성인들이었다.
591 료간料揀: 잘 헤아려 중요한 핵심을 분간해 낸다는 뜻.
 ※ 지욱선사는 공자가 언급하고 있는 '천적踐迹'의 뜻을 크게 네 단계의 경우, 즉 군자, 성인, 선인, 보통 사람들로 분간하여 설명을 덧붙이고 있다. 성현의 가르침을 배움으로 인해 깊은 경지에 이르게 되는 군자, 성현의 가르침을 의지하지 않아도 혼자만의 깨침을 통해 스스로 성인의 경지에 도달한 생이지지生而知之의 성인, 성현의 가르침을 배우지 않았기에 깊은 경지에도 이르지 못했지만, 선천적으로 선하게 태어난 선인, 마지막으로 성현의 가르침을 배웠어도 높은 경지에는 이르지 못하는 보통의 사람들이 있을 수 있다는 설명이다.

20. 子曰, 論篤을 是與면 君子者乎아 色莊者乎아.

　공자께서 말씀하시기를, "말을 논리정연하게 한다면 그 사람이 과연 군자이겠는가, 아니면 겉모습만 그럴듯한 사람이겠는가?"[592]

　不但教人勘他, 亦是要人自勘.

　단지 사람들을 가르쳐서 그들이 헤아리게끔 할 뿐만 아니라, 또한 사람들이 스스로가 헤아리게끔 하는 말씀이라 할 수 있다.

21. 子路問聞斯行諸리잇고. 子曰, 有父兄이 在하니 如之何其聞斯行之리요 冉有問聞斯行諸리잇고. 子曰, 聞斯行之니라. 公西華曰, 由也問聞斯行諸어늘 子曰, 有父兄在라. 求也問聞斯行諸어늘 子曰, 聞斯行之라 赤也惑하여 敢問하노이다. 子曰, 求也는 退故로 進之하고 由也는 兼人故로 退之니라.

　자로가 묻기를, "옳은 것을 들었으면 바로 실행해야 합니까?" 공자께서 말씀하시기를, "부형이 계시는데 어찌 들었다고 바로 실행할 수 있겠는가."

---

592 논리가 독실한 사람(論篤)은 곧 말만 그럴듯하고 번지르르 하게 잘하는 사람을 지칭한다. 공자는 이런 사람을 외모만 그럴듯하게 꾸민 '색장자色莊者'라고 표현했다. 공자는 누차 제자들에게 실천이 결여된 말재주를 경계할 것을 가르쳤다. 예컨대 학이편 3장의 '巧言令色', 공야장편 4장의 '焉用佞,' 선진편 24장의 '惡夫佞'이라는 표현이 바로 그러한 내용이다. 성실한 언행의 일치를 이룬 사람이 참된 군자라는 지적이다.

염유가 묻기를 "옳은 것을 들었으면 바로 실행해야 합니까?" 공자께서 말씀하시기를, "옳은 것을 들었으면 바로 실행해야 한다."

공서화가 말하길, "자로가 물을 때는 부형이 계시는 것을 생각하라 하시고, 염유가 물을 때는 들었으면 바로 실행하라고 하셨는데, 저(赤)는 무슨 말씀이신지 이해가 안 됩니다." 공자께서 말씀하시기를, "염유는 소극적이어서 부추긴 것이고, 자로는 지나치게 적극적이어서 절제시킨 것이니라."[593]

卓吾云, 赤原不問由求, 還問赤耳. 方外史曰, 答由求, 卽是答赤.

이탁오는 "공서화(赤)는 원래 자로와 염유가 묻지 않았는데, 오히려 공서화가 물었을 뿐이다."라고 하였고, 방외사는 "자로와 염유에게 답하신 것을 곧 공서화에게도 답한 것이다."라고 하였다.

22. 子畏於匡하실새 顔淵이 後러니 子曰, 吾以女爲死矣라 하다. 曰, 子在어시니 回何敢死리잇고.

---

[593] 공자가 제자들의 특성과 자질에 따라 문답을 통해 차별적인 가르침을 주는 대표적인 사례의 하나이다. 자로와 염구가 똑같은 질문을 하였으나, 공자는 자로와 염구의 성품과 기질에 따라 각기 다른 답변을 하였다. 이미 여러 번 언급되었듯이, 자로는 성격이 급하면서 과단성이 있으며 의리를 생명같이 여기는 인물이다. 반면에 염구는 공자로부터 '미리부터 역부족하다며 자기 한계를 긋고 중도에 그만두는(中道而廢) 인물'로 지적까지 받은 제자이다. 곧 자로는 옳은 일이라면 앞뒤 가리지 않고 먼저 실행부터 하는 성격이고, 염구는 이런 저런 이해관계를 따지느라 옳은 일이라도 실천에 옮기지 않는 인물이다. 두 제자의 이런 성품을 잘 알고 있던 공자이기에 이렇듯 각기 다른 답변을 준 것이다.

공자가 광匡이란 곳에서 어려움을 당했을 때 안연이 뒤늦게 오자 공자께서 말씀하시기를, "나는 네가 죽은 줄 알았다." 안연이 말하길, "스승님께서 살아 계신데, 제가 어찌 감히 죽을 수 있겠습니까?"[594]

卓吾云, 吾以汝爲死, 驚喜之辭. 子在, 回何敢死, 誰人說得出. 方外史曰, 悟此, 方知聖人不必慟哭, 又知聖人必須慟哭.

이탁오는 "'나는 네가 죽은 줄 알았다(吾以汝爲死)'라는 표현은 놀라 기뻐하시며 하신 말씀이다. '스승님께서 살아 계신데, 제가 어찌 감히 죽을 수 있겠습니까(子在, 回何敢死)?'라는 말은 누구든지 내뱉게 되는 말이다."라고 하였다.

방외사는 "이 문장의 의미를 안다면, 바야흐로 성인께서 반드시 통곡하지 않으신 이유를 알 수 있을 것이며, 또한 성인께서 반드시 통곡하신 이유도 알 수 있을 것이다."라고 하였다.[595]

---

594 이 글은 자한편 5장과 연결된 내용이다. 공자가 주유철환 할 때에 광성匡城 땅에서 노나라의 장수 양호陽虎로 오인 받고 구금되었다가 풀려나던 일을 내용으로 한다. 자한편 5장 내용이 함께 억류되어 있던 제자들을 안심시키기 위한 말씀이었다면, 위 문장은 억류에서 풀려난 뒤 뒤늦게 합류한 안연의 안부를 확인하면서 나눈 농담조의 말씀이다. 공자의 안연에 대한 애틋한 마음과 안연의 스승에 대한 존숭의 마음을 엿볼 수 있는 내용이다.
595 통곡慟哭: 몹시 슬피 울다.
※ 공자는 제자 중에서 안연을 자신의 도를 이어받을 유일한 제자로 여겼다. 까닭에 안연에 대한 애정은 그 어느 제자보다도 각별했을 것이다. 본 22장은 어지러운 상황에서 잠시 헤어졌던 안연이 살아 돌아왔음을 크게 기뻐하는 공자의 모습이 표현되고 있다. 이렇듯 아꼈던 안연이 32세에 요절하자 깊이 크게 탄식했음은 당연하다. 방외사는 이러한 내용을 언급하고 있는 것이다.

23. 季子然이 問, 仲由冉求는 可謂大臣與리잇고. 子曰, 吾以子爲異之問이라니 曾由與求之問이로다. 所謂大臣者는 以道事君하다가 不可則止하나니 今由與求也는 可謂具臣矣니라. 曰, 然則從之者與리잇고 子曰, 弑父與君은 亦不從也리라.

계자연季子然이 묻기를, "자로와 염구는 대신이라고 할 수 있겠습니까?" 공자께서 말씀하시기를, "저는 특별한 것을 물으실 줄 알았는데, 자로와 염구에 대해 물으시는군요. 소위 대신이란 함은 도로써 임금을 섬기다가 그것이 불가능해지면 그만두는 사람인데, 중유仲由와 염구冉求는 자리만 채우는 신하라고 할 수 있습니다."

계자연이 묻기를, "그러면 이들은 (계씨 가문을) 따르기만 하는 자들입니까?" 공자께서 말씀하시기를, "아버지와 임금을 시해하는 일은 따르지 않을 것입니다."[596]

---

[596] 계자연季子然: 노나라의 대부로, 계환자季桓子의 동생이며 계평자季平子의 아들이다. 공자에게서 글을 배웠다. 仲由: 자로의 이름. 冉求: 염유. 구신具臣: 신하의 숫자만 채운다는 의미로, 여기에서는 쓸데없이 자리의 수만 채우는 신하를 뜻함. 시弑: 윗사람을 죽임.

※ 자로와 염구가 계씨季氏의 가신으로 있을 때의 일이다. 계자연은 계환자의 동생으로 당시 실권자였던 계강자의 숙부이다. 당시 공자 문하의 제자들 중 여러 사람이 계씨 가문의 가신으로 있었다. 특히 공자의 제자인 자로와 염구가 계씨의 가신으로 있자 계자연이 공자에게 은근히 위세 부리는 질문을 하였다. 정사에 대해 물을 줄 알았던 공자로서는 계자연의 질문에 자못 실망한 듯하다. 이에 공자는 '大臣'은 군주를 섬기다가 도에 맞지 않으면 언제든지 그만두는 신하를 의미하는데, 계씨 가문을 섬기는 가신인 자로와 염구는 단지 구색 갖춘 신하에 불과하다고 답하였다. 자신의 제자들이 노나라 군주의 신하가 아니라 계씨 가문의 가신으로 있는 것 자체를 옳은 일이 아님을 은연중에 표현하고 있는 대답이라 할 수 있다. 계자연이 다시 '그렇다면 자로와 염구가 신하의 직분으로서 윗사람인 계씨 가문의 지시는 잘 따르지 않겠냐?'라는 질문에, 공자는 군주를 허수아비로 만들고 권력을 전횡하던 계씨 가문을 염두에 두고 '만약 계씨 가

字字鈇鉞, 足使子然喪魄.

글자 하나하나가 형벌로의 도구로, 족히 계자연으로 하여금 혼배백산하게 만들고 있다.[597]

24. **子路使子羔로 爲費宰한대 子曰, 賊夫人之子로다. 子路曰, 有民人焉하며 有社稷焉하니 何必讀書然後에 爲學이리잇고. 子曰, 是故로 惡夫佞者니라.**

자로가 자고子羔를 비費의 읍재로 삼으려 하자 공자께서 말씀하시기를, "남의 자식을 해치려 하는구나."

자로가 말하길, "백성이 있고 사직社稷이 있는데, 어찌 반드시 글을 읽는 것만이 배우는 것이라고 하겠습니까?" 공자께서 말씀하시기를, "이래서 내가 말 잘하는 사람을 싫어하는 것이다."[598]

문이 군주를 시해하는 등의 권력 찬탈 행위를 벌일 경우는 결코 따르지 않을 것이라'고 답하고 있다. 비록 자로와 염구가 대신의 도에는 부족하지만, 군신의 의리는 잘 알고 있는지라 시해와 반역이라는 대역죄는 결코 따르지 않을 것이라는 표현이다.

597 부월鈇鉞: 임금이 신하에게 병권의 상징으로 내려 준 형벌의 도끼로, 주로 출정하는 장군이나 큰 임무를 띤 장수에게 정벌과 생사여탈권을 인정하는 의미로 주었다. 상백喪魄: 넋을 잃고 정신을 잃음을 뜻함.

598 자고子羔: 공자의 제자. 비費: 노나라의 대부 계씨의 영지. 적賊: 해롭게 하다, 해치다. 부인지자 夫人之子: 남의 아들. 夫는 어조사 저. 사직社稷: 토지의 신과 곡물의 신. 영자佞者: 말을 이리저리 돌려 잘하는 사람.

※ 『공자가어(孔子家語)』에 의하면 자고는 인정은 많으나 유약하고 소심하며, 매우 융통성이 없는 성격의 소유자로 언급되고 있다. 이러한 자고에 대해서 공자는 비읍의 책임자로 정사를 수

夫子元不責子羔不讀書, 子路那得知之.

공자는 본디 자고가 글을 배우지 않음을 질책하지 않았는데, 자로는 어찌 그러한 이유를 알지 못했을까?[599]

25-1. 子路와 曾晳과 冉有와 公西華가 侍坐러니 子曰, 以吾一日 長乎爾나 毋吾以也하라. 居則曰, 不吾知也라 하나니 如或 知爾면 則何以哉오.[600]

행하기에는 부족하다고 보았다. 이러한 자고를 자로는 계씨 영토의 읍장으로 천거하였다. 당연히 공자는 이를 정실 인사의 추천으로 생각하여 질책하고 있다. 이에 자로는 정사에 대해 관리와 백성이 그 마을에 있으니 다스리면 되고, 사직 등의 제사는 관례대로 의식을 치르면 되는 것이니, 그러한 일은 꼭 책을 통해서만 배울 수 있는 것이 아니기에 정사를 맡아서 시행하다 보면 익숙해질 수 있음을 거듭 말하고 있다. 자로가 공자의 의도를 이해하지 못하고 자꾸 변명만 늘어놓자 마침내 공자는 '惡夫佞者'라며 일갈하며 자로를 강도 높게 질책하고 있다. 자신의 역량과 상관없이 공직을 취한 자고와는 달리 대조적인 처신을 한 제자는 칠조개와 민자건이다. 칠조개는 공자가 벼슬자리를 추천하였음에도 자신이 없다(공야장편 5장)며 사양하였으며, 덕행과 학식이 뛰어난 민자건 역시 계씨의 비읍 재상 제안을 일언지하에 거부하였다(옹야편 7장). 공자가 이들 둘을 칭찬하였음은 당연하다.

599 공자는 자로가 자고를 계씨 사읍私邑의 읍장으로 추천한 것을 나무라며 극구 반대하였다. 그 이유는 단지 자고의 학문이 아직 읍을 다스릴 만한 역량에 이르지 못한 이유도 있겠지만, 무엇보다 자고가 공직을 맡아 정사를 돌볼 만한 인물이 아님을 잘 알았기 때문이다. 자고는 인물됨이 유약하고 소심하며 매우 융통성이 없는 성격의 소유자였기에, 정사를 맡게 되면 잘못 큰 실수를 할 수도 있을 것이고, 나아가 스스로가 난세에 위험한 처지에 놓여 신상에 큰 위험을 당할 수도 있었던 것이다. 공자는 이러한 이유로 자고가 공직을 맡는 것을 반대한 것인데, 자로는 공자의 의중을 깊이 이해하지 못하고, 단지 공자가 자고의 학문이 부족하여 공직을 반대하고 있다고 생각하고 있다는 지욱선사의 해석이다.

600 지욱선사는 본 25장을 크게 네 부분으로 나눠 주해하고 있다.

자로, 증석(曾晳= 曾點), 염유(冉有= 求), 공서화(公西華= 赤)가 공자를 모시고 앉아 있었다. 공자께서 말씀하시기를, "내가 너희들보다 나이가 조금 많기는 하나 꺼리지 말고 자유롭게 말했으면 한다. 너희들은 평소에 나를 알아주는 사람이 없다고 말하는데, 만약 누군가가 너희들을 알아준다면 어떻게 하겠느냐?"[601]

聖賢心事, 雖隱居求志, 而未嘗置天下於度外. 雖遑遑汲汲, 而未嘗橫經濟於胸中. 識得此意, 方知禹稷顔子, 易地皆然. 奈四子各見一邊, 終不能知孔子行處. 故因此侍坐, 巧用鉗錘, 以曾點之病爲三子之藥, 又以三子之病, 爲曾點之藥也.

성현이 바라시는 일은 비록 숨어 살면서 자기의 뜻을 구하는 것이지만, 일찍이 세상일을 도외시하지 않으며, 비록 아무리 황급하더라도 가슴속에 세상과 나라를 다스리고 백성을 구제하는 일을 저버리지 않는다. 이러한 뜻을 인식한다면, 바야흐로 우禹, 직稷, 안자顔子가 한 일은 비록 견지를 바꾸어 놓고 보면 모두 동일함을 알 수 있다.[602]

---

601 일일장호이一日長乎爾: 약간 나이가 많다. 무오이야毋吾以也: 어려워 말라. 거居: 평소에 살면서.
※ 본 선진편 25장은 『논어』 20편 중에서 가장 긴 문장이다. 여기에는 공자의 유가사상과 문답식 교육방법 그리고 공자가 드물게 말씀하신 천도 사상이 복합적으로 나타나 있다. 시기적으로는 공자가 철환주유를 하면서까지 끊임없이 현실 정치 참여를 모색하였으나 매번 좌절당하던 때로 보인다. 춘추 시대에서 전국 시대로 넘어가던 이 시기는 이미 패도정치가 횡행하여 공자가 추구하는 덕치와 위민정치는 받아들여질 여지가 없었기 때문이다.
602 심사心事: 걱정거리, 시름, 마음속으로 바라는 일, 염원. 여기서는 염원의 의미로 쓰였다. 은거구지隱居求志: 세상을 피해 은둔해 살면서 참도 진리와 가치를 추구하는 것. 치천하어도외置天下

어찌하여 네 제자는 각기 다른 한 측면만을 보고자 하는가? 그렇다면 마침내 공자가 실행하고자 했던 부분을 알 수 없을 것이다. 그러므로 이렇듯 같이 앉게 된 계기를 통하여 교묘히 제자들을 가르치고 깨우치는 것이니, 일찍이 증점(曾點=증석)의 병으로써 세 제자의 부족함을 치료하는 약으로 삼고, 또한 세 제자의 병으로써 증점의 부족함을 치료하는 약으로 삼고자 하신 것이다.[603]

於度外: 세상일에 도외시하다. 황황급급遑遑汲汲: 몹시 바쁜 모양. 횡횡: 가로 놓다, 뜻을 굽히다. 여기서는 외면하여 관심을 가지지 않는다는 의미로 쓰였다. 경제經濟: 여기서는 '세상과 나라를 다스리고 백성을 구제한다'는 뜻인 '경세제민經世濟民'의 줄임말로 쓰였다. 우직안자역즉개연禹稷顔子易地則皆然: 우직안자역지즉개연禹稷顔子易地則皆然: 『맹자』 이루편하(離婁編下) 29장에서 언급되고 있다. 우禹는 중국 하나라의 시조로 치수에 성공한 인물로 알려진 인물이고, 후직后稷은 신농神農과 더불어 중국에서 농업의 신으로 숭배되는 인물로 순舜임금이 나라를 다스릴 적에 농업을 관장했다고 전해진 인물이다. 맹자는 우 임금과 후직은 태평성대에 세 번 자기 집 문 앞을 지나면서도 들어가지 못해 공자가 그들을 어질게 여겼으며, 공자의 제자인 안자는 난세에 누추한 골목에서 한 그릇의 밥과 한 바가지의 물로 다른 사람들은 감내하지 못할 정도로 가난하게 살면서도 안빈낙도의 태도를 잃지 않아 공자가 그를 어질게 여겼다고 하였다. 그러면서 맹자는 "우와 후직, 안회는 모두 같은 길을 가는 사람으로 서로의 처지가 바뀌었더라도 모두 같게 행동했을 것(禹稷顔回同道 … 禹稷顔子易地則皆然)."이라고 평하고 있다. 곧 맹자는 안회도 태평성대에 살았다면 우 임금이나 후직처럼 행동했을 것이며, 우 임금과 후직도 난세에 살았다면 안회처럼 행동했을 것이라며, '처지가 바뀌면 모두 그러했을 것'이라는 뜻으로 '易地則皆然'이라는 표현을 사용하였다.

603 25장은 공자가 자로, 증석, 염유, 공서화 등 네 명의 제자들과 같이 둘러앉아 있게 되자, 공자가 제자들에게 만약 세상에서 그들을 등용해 써준다면 어찌할 것인가를 묻고, 제자들이 이에 답하며 대화를 나누고 있는 내용이다. 지욱선사는 이러한 공자와 네 제자와의 문답은 결국 공자가 네 제자들을 세상에 바르게 쓰일 수 있는 인물로 만들기 위한 목적으로 가르치고 일깨우는 자리라고 평하고 있다. 자로, 염유, 공서화 등은 세상에 나아가 현실 정치에 쓰이게 되면, 각자 나름대로 능력껏 자신들의 역량을 발휘할 것임을 말하고 있다. 다만 증석만이 이들 세 명과 달리 현실 정치에 연연해하지 않고 자연을 벗 삼아 노닐고 시를 읽으며 보다 차원 높은 청빈낙도의 삶을 살 것을 말한다. 그렇다면 지욱선사가 언급하고 있는 자로, 염유, 공서화의 병(부족한 점)은 무엇이고, 증석의 병은 무엇일까? 앞의 세 사람은 보다 높은 참된 진리의 탐구를 외면하고 오로지 현실 정치에의 참

25-2. 子路率爾而對曰, 千乘之國이 攝乎大國之間하여 加之以師旅오 因之以饑饉이어든 由也爲之면 比及三年하여 可使有勇이요 且知方也케 하리이다. 夫子哂之하시다.

자로가 경솔히 나서서 답하길, "천승(千乘, 제후)의 나라가 대국 사이에 끼어 대군의 침입을 당하고 기근에 시달려도 제(由)가 다스린다면 3년 만에 백성이 용기를 되찾게 하고 도리의 방향을 아는 나라로 만들겠습니다." 이 말을 듣고 공자께서 빙그레 웃으셨다.[604]

子路說的句句不虛, 又且高興熱鬧, 所以夫子爲之撫掌大笑. 袁了凡曰, 禮云, 笑不至矧, 矧與哂同, 露齦大笑也. 居喪則笑不至矧. 今言志時聞此暢談, 何妨大笑. 若註云, 微笑, 則成尖酸氣象矣.

자로가 말하는 한 마디 한 마디의 말은 헛되지 않았고, 또한 매우 기뻐하며 열성적으로 말하였기에 공자께서 손뼉을 치며 크게 웃으셨던 것이다.

여만을 희망하고자 하는 것이 병이라고 한다면, 이와는 달리 증석은 현실 정치에 무관심한 채 오로지 이상적인 가치만을 찾아 혼자만의 안빈낙도의 삶을 살고자 하는 것이 병통이라 할 수 있을 것이다. 지욱선사는 바로 이러한 부분을 지적하고 있는 것이다. 공자의 근본 사상은 출세간적인 진리의 탐구와 아울러 그러한 진리와 가치를 현실 세계에서의 적극적인 실현을 지향하는 것이기에, 결국 공자는 네 제자들과의 대화를 통해 이를 가르치고 일깨우고 있다는 것이다.

604 솔리率爾: 불쑥, 경솔히. 섭攝: 끼어 있음(接). 천승지국千乘之國: 전차 천대의 군사력을 가진 나라. 사여師旅: 師는 2200명. 旅는 500명, 전쟁의 의미. 비比: 대략. 급삼년及三年: 삼 년이 되면. 방方: 나아가야 할 바른 길과 방향. 신哂: 빙그레 웃다. 비웃듯 웃다.

원료범袁了凡[605]은 "『예기(禮記)』에서 '웃을 때 잇몸이 드러나도록 웃지 않아야 한다'라고 하였는데, 잇몸과 웃음이 함께했다는 것은 잇몸을 드러내고 놓고 크게 웃었다는 것을 의미한다. 상중일 때는 잇몸이 드러나도록 웃지 않아야 한다. 지금 자로가 뜻을 말하며 이렇듯 즐겁게 말하는 것을 듣는다면, 어찌 크게 웃는 것을 꺼려할 수 있겠는가! 주자의 주해와 같이 (哂을) '미소微笑'라고 해석한 것은 곧 자로의 말이 부족한 기상을 이루고 있기 때문일 것이다."라고 하였다.[606]

25-3. 求아 爾는 何如오 對曰, 方六七十과 如五六十에 求也爲之면 比及三年하여 可使足民이어니와 如以禮樂엔 以俟君子하리이다. 赤아 爾는 何如오 對曰, 非曰能之라 願學焉하노이다. 宗廟之事와 如會同에 端章甫로 願爲小相焉하노이다.

---

605 원료범(袁了凡: 1533-1606): 了凡은 스스로를 부른 자호自號이다. 명나라 강남오강江南吳江 출신으로 본명은 황黃, 자는 곤의坤儀이다. 하도河圖, 낙서洛書, 명리, 산수, 음악 등을 익혀 박학다재하다는 명을 들었다. 진사를 비롯한 여러 공직을 맡아 수행하였고, 37세에 우연히 당시에 유명한 운곡선사(雲谷禪師: 1500-1579)를 만나 불교에 입문하여 평생 동안 경전공부와 참선 공부를 하다가 74세에 죽음에 들었다. 사후에 명나라 희종熹宗으로부터 상보사소경(尙寶司少卿)이라는 직책에 추증追贈되었으며, 자녀의 교육용으로 쓴 『료범사훈(了凡四訓)』이라는 책을 남겼고, 그가 저술한 17종의 글을 담은 『원료범문집(袁了凡文集)』이 전해진다.

606 고흥열료高興熱鬧: 매우 기뻐하며 열성적으로 말하다. 무장대소撫掌大笑: 손뼉을 치며 크게 웃다. 신矧: 잇몸. 노은露齦: 잇몸을 드러내다. 창담暢談: 흉금을 털어놓고 이야기하다, 마음껏 이야기하다, 즐겁게 이야기하다. 방妨: 방해하다, 꺼려하다. 첨산尖酸: 신랄하다, 가시가 있다, 인색하다, 모질다.

※ 원료범의 설명은 주자가 '哂'을 '微笑'의 의미라고 해석하고 있는 것은 자로의 대답이 조금은 부족하고 모순된 부분이 있어(成尖酸氣象) 공자께서 약간 비웃듯이 미소 지었기 때문이라는 해석이다.

點아 爾는 何如오 鼓瑟希러니 鏗爾舍瑟而作하여 對曰, 異乎三子者之撰호이다. 子曰, 何傷乎리요 亦各言其志也이니라. 曰, 莫春者에 春服이 旣成이어든 冠者五六人과 童子六七人으로 浴乎沂하여 風乎舞雩하며 詠而歸하리이다. 夫子喟然嘆曰, 吾與點也하노라.

"구求야, 너는 어찌하겠느냐?" 염구가 대답하길, "사방 6, 70리 또는 5, 60리쯤 되는 나라를 제가 다스린다면 3년 만에 백성의 생활을 풍족하게 만들겠으나, 예와 악의 진흥은 군자의 힘을 빌리겠습니다."

"적赤아, 너는 어찌하겠느냐?" 공서화가 대답하길, "제가 잘할 수 있다기보다는 배우기를 바라는 것은 종묘의 행사나 제후들의 회합 때에는 검은 예복과 예관을 쓰고 임금을 보필하는 작은 벼슬의 소상小相이 되고 싶습니다."

"점點아, 너는 어찌하겠느냐?" 증석이 거문고를 간간이 타고 있다가 거문고를 소리 나게 내려놓고 자세를 바로 하며 대답하길, "세 사람의 생각과는 다릅니다." 공자께서 말씀하시기를, "괜찮다. 각자 자신의 포부를 말해보는 것일 뿐이니라."

증석이 말하기를, "늦은 봄에 봄옷을 지어 입고 어른 대여섯 명과 어린 아이 예닐곱 명을 데리고 기수沂水에서 목욕을 하고, 무우舞雩에서 바람을 쐬다가 시를 읊으며 돌아오겠습니다." 공자께서 감탄하며 말씀하시기를, "나도 점과 같이 그렇게 하고 싶구나."[607]

---

607 갱鏗: 금옥소리, 거문고 타는 소리. 찬撰: 짓다, 품다. 막莫: 여기서는 저물 모暮의 뜻. 무우舞雩: 기우

鏗爾者, 舍瑟之聲. 此非與點, 乃借點以化三子之執情耳.

'갱이鏗爾'는 거문고 소리를 의미한다. 이렇듯 증석이 더불어 하지 않는다는 뜻은 증석을 빌어 세 제자의 집착의 생각을 교화하신 것뿐이다.[608]

25-4. 三子者出커늘 曾晳後러니 曾晳曰, 夫三子者之言이 何如하리잇고. 子曰, 亦各言其志也已矣니라. 曰, 夫子何哂由也시리잇고. 曰, 爲國以禮어늘 其言이 不讓이라 是故로 哂之호라 唯求則非邦也與리잇고. 安見方六七十과 如五六十而非邦也者리오 唯赤則非邦也與리잇고. 宗廟會同이 非諸侯而何오 赤也爲之小면 孰能爲之大리오.

세 제자가 나가도 증석만 남아 있다가 증석이 묻기를, "저 세 사람의 말을 어떻게 생각하십니까?" 공자께서 대답하시기를, "각자 자신의 포부를 말해본 것일 뿐이다."
증석이 묻기를, "선생님께서는 왜 유(由, 자로)가 말했을 때 웃으셨습니

제. 막춘莫春: 늦은 봄. 관자冠者: 갓을 쓴 어른. 단장보端章甫: 端은 검은 천으로 만든 예복, 章甫는 검은 예관. 소상小相: 하찮은 일을 맡아보는 작은 벼슬. 위喟: 한숨 쉬다.
608 거문고를 연주하다 멈춘 증석은 자로, 염유, 공서화 등 세 사람의 말에 대해 자신의 생각과 다름을 공자에게 말하였고, 공자 또한 증석의 말에 동조하며 함께하고 싶다고 말하였다. 이에 대해 지욱선사는 공자가 이렇듯 증석의 말에 동조함은 증석의 말을 빌어 세 제자의 잘못된 생각(執情)을 일깨워 주고자 하는 뜻에서 그렇게 한 것이라고 해석하고 있는 것이다.

까?" 공자께서 대답하시기를, "나라를 다스리는 것은 예로써 해야 하는데, 그 말이 겸양하지 않으므로 웃었노라."

"구(求, 염구)의 경우는 나라를 다스리는 이야기가 아니지 않습니까?"
"어찌 사방 육칠십리 또는 오육십리면 나라가 맞지 않느냐?"

"적(赤, 공서화)의 경우도 나라를 다스리는 이야기가 아니지 않습니까?"
"종묘의 제사와 제후와의 회동이 어찌 제후가 하는 일이 아니겠느냐? 그런데 적赤이 소상이라면 도대체 누가 대상이 될 수 있겠느냐."

不哂其爲國之事, 特哂其不讓之言耳. 旣說爲國, 又說非邦也與, 正是與三子, 以補點之虛證, 一直皆夫子之言, 不是一問一答也.

그렇듯 나라를 다스리는 일을 비웃은 것이 아니라, 특별히 그 겸양하지 못한 말에 대해 비웃는 것뿐이다. 이미 나라를 다스린다고 하면서, 또한 나라가 아님을 말하겠는가? 바로 이는 세 제자들과 더불어 증석의 부족한 점을 보완해 주시는 것이니, 곧바로 모든 공자의 말은 하나의 물음에 하나의 답만을 말하는 것이 아니다.[609]

---

609 나라의 다스림은 지역의 작고 큼에 구애되지 않아야 한다. 작든 크든 모든 지역은 나라에 포함되기 때문이다. 또한 공직자가 하는 모든 일 또한 국민과 나라를 다스리는 일이라 할 수 있다. 이러한 이치를 모르고 증석은 나라의 크고 작음, 공직자의 하는 일을 차별하여 자신의 의견을 말하다가 공자의 일깨움을 듣고 있다. 지욱선사는 공자가 제자들뿐만 아니라, 다른 사람들을 교화함에 있어 한 가지 문답에 국한하지 않고 종합적으로 그 모든 상황과 이치를 따져 곧바로 교화의 가르침을 설함을 말하고 있다.

제12 안연顔淵편[610]

1. 顔淵이 問仁한대 (僧問和尙, 如何是佛) 子曰, 克己復禮爲仁이니 一日克己復禮면 天下歸仁焉하나니 爲仁이 由己니 而由人乎哉아. (和尙答曰, 只你便是) 顔淵이 曰, 請問其目하노이다. (僧又問曰, 如何保任) 子曰, 非禮勿視하며 非禮勿聽하며 非禮勿言하며 非禮勿動이니라. (和尙答曰, 一翳在目, 空華亂墜) 顔淵이 曰, 回雖不敏이나 請事斯語矣리이다. (僧禮拜)

안연이 인에 대해서 묻자 (승려가 화상에게 물었다. "무엇이 부처입니까?")[611] 공자께서 말씀하시기를, "자기를 극복하고 예로 돌아가는 것이 인이니, 하루라도 자기를 이겨서 예로 돌아간다면 천하가 인으로 돌아갈 것이다. 인을 실천하는 것은 자신에게 달려 있지 남에게 의존하는 것이 아니

---

610 안연편은 크게 어짊(仁), 정치(政), 군자(君子)에 대한 문답의 내용으로 구성되어 있다. 問仁과 관련해서는 안연, 중궁, 사마우, 번지와의 문답이 있고, 問政가 관련해서는 자공, 자장, 제경공, 계강자와의 문답, 그리고 유약, 애공과의 문답도 있다. 군자론과 관련해서는 사마우의 질문 외에도 제자들끼리의 문답과 별도의 공자의 말씀이 표현되고 있으며, 선비에 대한 담론도 담겨 있다.

611 지욱선사는 안연이 공자에게 인을 묻듯이, 본인 스스로가 수행력이 높은 승려를 뜻하는 화상에게 무엇이 부처인가를 묻고 있다. 물론 여기서 표현되는 화상은 가상 인물인 동시에 공자를 지칭하는 것이라고도 할 수 있다. "무엇이 부처입니까?"라는 질문은 안연의 "인이 무엇입니까?"라는 질문처럼, 무엇이 참된 본성이고, 무엇이 궁극적인 참된 진리인가라는 질문이다.

다."("다만 네가 곧 부처이니라.")⁶¹²

안연이 묻기를, "인의 세부 실천사항은 무엇입니까?" (승려가 또 다시 묻기를, "어떻게 보임해야 합니까?")⁶¹³ 공자께서 말씀하시기를, "예가 아니면 보지 말고, 예가 아니면 듣지 말고, 예가 아니면 말하지 말고, 예가 아니면 행하지 말아야 한다." (화상이 답하며 말하기를, "하나의 눈병이 눈에 있으니, 허공 꽃이 어지럽게 흩날리는구나.")⁶¹⁴

안연이 말하기를, "제가 불민하오나 말씀해 주신 것을 실천하도록 노

---

612 공자는 인이 무엇인가를 묻는 안연의 질문에 자신을 극복하여 예로 돌아감이 인이라고 말하였다. '자신을 극복한다(克己)'는 것은 곧 오욕락과 온갖 번뇌에 오염된 자신의 몸과 마음을 정화하고 수양하여 이를 극복해 냄을 의미하고, '예로 돌아간다(復禮)'는 것은 곧 청정무구한 본성(仁)을 회복하여 그러한 마음을 주인으로 삼고 의지하여 바르게 살아감을 의미한다고 할 수 있다. '무엇이 부처인가?'라는 승려의 질문에 화상은 '네 자신이 바로 부처이다'라고 답하고 있다. 부처가 어디 별도로 따로 존재하는 특별한 그 무엇이 아니라, 누구나가 소유하고 있는 불성의 성품이 바로 부처라는 대답이라 할 수 있다. 공자가 자신을 극복하여 예로 돌아감이 바로 인이라 가르쳤듯이, 따로 부처를 찾지 말고 누구나가 소유하고 있는 불성의 성품을 깨닫고, 그러한 불성을 밖으로 드러내어 청정한 삶을 살라는 가르침이다.

613 보임보임: 보임이란 '보호임지保護任持'의 준말이다. 자신의 본성이 곧 부처의 성품임을 깨닫고, 깨달은 바의 본성을 잘 보호하고 깊이 간직하며, 나아가 추가적으로 남은 습기의 번뇌를 마저 제거하고 공부를 보완하여 마침내 깨달음을 완성해 간다는 뜻이다.

614 '예翳'는 눈에 눈병이 생긴 것을 의미한다. 눈에 병이 생기면, 마치 허공에 꽃이 어지럽게 날리는 것처럼 보인다. 이는 곧 청정무구한 본성의 마음에 하나의 망상이 떠오르면, 일순간에 또 다른 잡다한 번뇌 망상이 연이어 나타나 본성을 어지럽힘을 비유한다. 공자는 안연에게 자신을 극복하여 예로 돌아가야 함을 가르쳤다. 그러자 안연은 또 다시 그 구체적 실천 사항을 물었고, 공자는 세세한 실천 사항을 일러주었다. 사실 '극기복례'라는 공자의 가르침에 모든 이치와 진리가 함축되어 있다. 누구나가 그 이치를 깨닫고 실천하면 그만이다. 그런데 안연은 아직 공자의 가르침의 핵심을 완전히 깨닫지 못하고 있다. 까닭에 인의 구체적 실천을 묻는 사족의 질문을 추가적으로 한 것이다. 화상이 말하고 있는 '一翳在目, 空華亂墜'라는 표현은 바로 이러한 면을 지적하고 있다. 불성이 부처임을 깨닫는다면, 다른 외부에서 부처를 찾는 망상에서 벗어나, 오직 자신의 청정한 본성을 지키고 밖으로 드러내어 청정한 삶을 살면 된다는 가르침인 것이다.

력하겠습니다."⁶¹⁵ (승려가 절을 올린다.)⁶¹⁶

克, 能也. 能自己復禮, 卽名爲仁. 一見仁體, 則天下當下消歸仁體, 別無仁外之天下可得. 猶云十方虛空, 悉皆消殞, 盡大地是個自己也, 故曰由己. 由己, 正卽克己. 己字不作兩解. 夫子此語分明將仁體和盤托出, 單被上根, 所以顔子頓開妙悟, 只求一個入華屋之方便, 故云請問其目. 目者眼目, 譬如畫龍須點睛耳, 所以夫子直示下手工夫. 正所謂流轉生死, 安樂涅槃, 惟汝六根, 更非他物. 視聽言動, 卽六根之用, 卽是自己之事. 非敎汝不視不聽不言不動, 只要揀去非禮, 便卽是禮. 禮復則仁體全矣. 古云, 但有去翳法, 別無與明法. 經云, 知見立知, 卽無明本. 知見無見, 斯卽涅槃. 立知, 卽是非禮. 今勿視勿聽勿言勿動, 卽是知見無見也. 此事人人本具,

---

615 극기克己: 사리사욕을 극복하고 이겨냄. 목目: 조건, 조목. 청사사어의請事斯語矣: 그 말씀을 받들어 실천하고 싶다.

※ 인은 공자 사상의 핵심이다. 까닭에 『논어』에는 仁이라는 글자가 무려 100여 개나 표현되고 있다. 공자의 많은 제자들이 인을 묻고 있지만, 공자는 인을 한마디로 단정지어 '이것이다, 저것이다'라고 개념을 규정하지 않았다. 공자는 중궁이나 사마우, 번지가 인을 물었을 때는 각자가 이해할 수 있는 범위에서 한 가지씩만 들어서 말해주었지만, 안연에게만큼은 포괄적인 뜻이 담긴 '克己復禮'를 먼저 가르치고 나아가 구체적인 실천 조목에 해당하는 '視‧聽‧言‧動'를 가르치고 있다. 인이 인간이 갖춰야 할 가장 기본적이고도 선한 근원적인 성품이라고 한다면, 예는 이러한 인의 마음을 행동으로 드러내는 가장 선한 실천적 행위라고 할 수 있다. 곧 인이 근원적인 마음의 체성이라고 한다면, 예는 밖으로 활용되는 마음의 작용이라 할 만하다.

616 승려가 절을 올렸다는 것은 곧 화상의 가르침을 완전히 체득하여 자신이 궁금해하던 의문을 해소하고 깨달음을 얻었음을 의미한다. 지욱선사 자신이 불교에서 가르치는 부처(佛)가 무엇인지, 공자가 가르치는 인이 무엇인지, 그 근본 이치를 바르게 이해하고 깨달았음을 은유하는 표현이라 할 수 있다.

的確不由別人, 只貴直下承當, 有何利鈍可論. 故曰回雖不敏,
請事斯語, 從此三月不違, 進而未止, 方名好學. 豈曾子子思所
能及哉.

 '극克'은 능하다는 의미이다. 능히 스스로 '예로 돌아감(復禮)'을 곧 '인
仁'이라 한다. 한 번 인의 체성을 보게 되면, 곧 천하의 모든 의문이 곧
바로 해소되어 인의 근본으로 되돌아가게 되는 것이니, 특별히 인을 벗
어나 세상에서 아무것도 얻을 것이 없다. 오히려 말하기를, "시방의 허
공이 모두 다 소멸하여 사라지니, 모든 대지가 하나의 자기이다."라고
하였다.[617] 그러므로 자기를 '말미암는다(由己)'고 한 것이다. '유기由己'가
바로 '극기克己'의 뜻이다. '기己' 자를 두 가지 의미로 나눠 해석해서는
안 된다.[618]

 공자께서 이렇듯 분명하게 밝혀 말씀하시는 것은 인의 근본을 있는
그대로 드러내 보여줌으로써 오직 근기가 뛰어난 안자로 하여금 문득
신묘한 깨달음을 얻게끔 하려는 것이다. 다만 안자는 깨달음의 집(華屋,
인의 체득)으로 들어가는 구체적인 방편을 구하고자 하는 이유로 그 조목

---

617 『능엄경』에 "만약 어떤 사람이 진성을 발하여 근원에 돌아가면, 시방의 허공이 모두 녹아 없어
   진다(若有一人, 發眞歸源, 十方虛空, 悉皆消殞)."라는 표현이 나오고, 송말원초(宋末元初)시
   대에 살았던 고봉원묘(高峰原妙: 1238~1295)선사가 쓴 『고봉화상선요(高峰和尙禪要)』에 "원
   래 모든 대지가 선불장이고, 모든 대지가 다 자기이다(元來盡大地是箇選佛場, 盡大地是箇自
   己)."라는 표현이 나온다.
618 지욱선사는 개인의 사적 이기심과 욕망을 제어하고 극복한다는 의미의 '克己'와 모든 선악이 자기
   로부터 비롯된다는 의미의 '由己'에서 표현되고 있는 '己'자의 뜻이 본래 하나임을 설명하고 있다.
   내적인 인의 체득과 외적인 인의 실천은 결국 자기 자신에서부터 비롯되고 실천된다는 지적이다.

을 공자께 청해 물은 것이라 할 수 있다. 대저 '목目'은 곧 안목을 의미한다. 비유하자면, 용을 다 그리고 나서 모름지기 마지막에 눈에 점을 찍는 것과 같을 뿐이니, 까닭에 공자께서는 곧바로 공부의 구체적 실천덕목을 가르쳐 주신 것이다.

바로 이른 바 "생사를 유전과 열반을 얻어 안락하게 됨이 오직 그대의 몸과 마음(六根)이니,[619] 곧 다른 존재가 아니다."[620]라고 하였듯이, 보고 듣고 말하고 움직이는 것은 곧 몸과 마음의 작용으로, 곧 내 자신의 일이다. 그대가 보고 싶지 않고, 듣고 싶지 않고, 말하고 싶지 않고, 행동하지 않고 싶은 것을 다른 사람에게 시켜서는 안 된다. 다만 '예가 아닌 것(非禮)'을 가려서 버리는 것이야말로 곧 예라 할 수 있다. '복례復禮'야말로 예체禮體의 전부인 것이다.

옛 말에 이르기를, "단지 눈병(翳)을 치료해 줄 수 있는 방법은 있을 수 있으나, 특별히 눈을 밝게 해줄 방법은 없다."고 하였다. 『능엄경(楞嚴經)』에서도 "지견에 알음알이를 세우면 곧 무명의 근본이 되고, 지견에 보는 것(見)조차 없으면 이것이 곧 열반이니라."라고 하셨다.[621] 알음알이

---

619 불교에서 육근六根은 우리들의 몸과 마음을 이루고 있는 여섯 가지 감각기관을 가리킨다. 곧 눈(眼), 귀(耳), 코(鼻), 혀(舌), 육체(身), 마음(意) 등이다. 이러한 여섯 가지 기관으로 이루어진 우리의 몸과 마음은 밖의 여섯 가지 경계 대상(六境)인 형상(色), 소리(聲), 냄새(香), 맛(味), 접촉(觸), 마음의 대상(法)을 접촉하여 희로애락의 감정을 느끼고, 취사의 선택을 하며, 온갖 번뇌의 감정을 일으키고 애착한다.

620 『능엄경』 제5권에서 표현되고 있다.

621 '지견입지知見立知'는 우리가 어떠한 경계 대상을 접촉하여 볼 때, 대상의 실상의 본래 모습 그대로를 보지 못하고, 개인적인 느낌, 관점, 호오, 가치, 학습된 윤리, 습득된 지식, 믿는 종교 등, 온갖 인위적인 것으로 가공된 사적인 견해에 따라 왜곡된 관점에서 알음알이를 일으키는 것을 의미한다. 이러한 순수하지 못한 왜곡된 견해야말로 우리를 더욱더 어리석게 만드는 결과를 낳는다는

를 세우는 것(立知)이야말로 곧 '비례非禮'이다.

지금 '보지 말고, 듣지 말고, 말하지 말고 움직이지 말라'고 하는 것은 곧 지견에 따라 사적인 견해가 없어야 됨을 말하는 것이다. 이러한 실천의 사항을 사람마다 모두 갖춤은 분명히 다른 사람을 말미암는 것이 아니다. 다만 소중히 직접 가르침을 이어받아야 하는 것이니, 무슨 근기의 뛰어남과 둔함을 논할 필요가 있겠는가! 그러므로 "제가 불민하오나 말씀해 주신 것을 실천하도록 노력하겠습니다(請事斯語)."라고 말한 것이다. 이렇듯 '석 달 동안 인을 어기지 않음(三月不違)'을 실천하여 멈추지 않는다면, 바야흐로 '학문을 좋아한다(好學)'고 할 수 있다. 어찌 증자曾子, 자사子思 능히 따를 수 있는 경지이겠는가?[622]

2. 仲弓이 問仁한대 子曰, 出門如見大賓하며 使民如承大祭하고 己所不欲을 勿施於人이니 在邦無怨하며 在家無怨이니라. 仲

표현이 바로 '즉무명본卽無明本'이다. 경계 대상을 봄에 있어서 이렇듯 왜곡된 개인적인 견해를 벗어나 대상의 있는 모습 그대로를 지혜의 눈으로 보는 것이 바로 '지견무견知見無見'의 의미이다. 경계대상을 개인적인 애증과 호오 등과 같은 오염된 온갖 번뇌의 마음에서 벗어나 지혜의 눈으로 실상 그대로의 모습으로 볼 수 있는 마음, 그 자체가 청정무구한 열반의 경지라는 표현이 '사즉열반斯卽涅槃'이다.

622 당하當下: 즉각, 바로, 바로 그때. 소귀消歸: 해소하여 되돌아가다, 소화시켜 되돌리다, 곧 어떠한 이치를 자기 것으로 이해하고 깨달아 바른 진리의 세계로 회귀함을 의미. 소운消殞: 소멸하여 사라지다. 화반탁출和盤托出: '전반탁출全盤托出'과 같은 의미로, 쟁반째로 내놓다, 있는 대로 모두 다 털어놓다의 뜻. 상근上根: '상근기上根機'의 준말로, 타고난 자질과 역량이 남보다 특출하고 영리한 사람. 돈개묘오頓開妙悟: 문득 안목이 열려 신묘한 진리의 깨침을 얻는 것. 화옥華屋: 화려한 집, 여기서는 인의 근본 체성의 깨달음을 은유함. 간거揀去: 가려서 버리다. 직하승당直下承當: 곧바로 가르침을 이어받다. 삼월불위三月不違: 안회가 '석 달 동안 인을 어기지 않았다'는 의미로, 옹야편 제5장에서 언급되고 있다.

궁이 曰, 雍雖不敏이나 請事斯語矣리이다.

중궁仲궁이 인에 대해서 묻자 공자께서 말씀하시기를, "대문을 나서면 귀한 손님을 만난 듯이 하고, 백성을 부릴 때는 큰 제사를 지내는 것처럼 하며, 자신이 하고 싶지 않은 일을 남에게 시키지 말라. 이렇게 하면 백성들에게 원망 받지 않고 가족들에게 원망 받지 않을 것이다."
중궁이 말하기를, "제가 불민하오나 말씀해 주신 것을 실천하도록 노력하겠습니다."[623]

出門四句, 卽是非禮勿視聽言動之意. 邦家無怨, 卽是天下歸仁之意. 但爲中根人說, 便說得淺近些, 使其可以承當. 卓吾云, 出門二句, 卽居敬也. 己所二句, 卽行簡也. 在邦二句, 卽以臨其民, 不亦可乎也. 王陽明曰, 亦只是自家無怨, 如不怨天不尤人之意.

대문을 나서면 '귀한 손님을 만난 듯이 해야 한다'라는 의미의 '여견대빈如見大賓' 네 글자의 문구는 곧 예가 아니면 보고 듣고 말하고 움직이지 말라는 뜻이다. '백성들에게 원망 받지 않는다(邦家無怨)'는 것은 곧 천하가 인으로 돌아가게 한다는 의미이다. 다만 중간 근기의 사람들을 위해서 말씀하시면서 더욱 알아듣기 쉽게 말씀 하신 것이니, 그(중궁)로 하여금 가르침을 받아 실천할 수 있도록 한 것이라 할 수 있다.

---

623 중궁仲궁: 염옹冉雍의 자. 대빈大賓: 귀한 손님. 재방在邦: 조정에서 정사를 봄. 재가在家: 은퇴해서 집에 있음.

이탁오는 "'출문出門' 두 문구는 곧 자신에게 엄격하라는 뜻이고, '기소己所' 두 문구는 대인관계에 있어 간결하고 소탈하게 대하라는 뜻이며, '재방在邦' 두 문구는 곧 '백성을 그렇게 대하면 괜찮지 않겠는가?'라는 뜻이다."라고 하였다.

왕양명은 "역시 자신부터 원망이 없어야 하는 것이니, 하늘도 원망하지 않게 하고 사람들을 탓하게 하지 않게 하는 것과 같다."고 하였다.[624]

3. 司馬牛問仁한대 子曰, 仁者는 其言也訒이니라. 曰, 其言也訒이면 斯謂之仁矣乎리잇고. 子曰, 爲之難하니 言之得無訒乎아.

사마우司馬牛가 인에 대해서 묻자 공자께서 말씀하시기를, "어진 자는 그 말을 삼간다." 사마우가 묻기를, "말을 삼가는 것으로 인이라고 할 수 있겠습니까?" 공자께서 말씀하시기를, "실천하는 것이 어려우니 말을 삼가지 않을 수 있겠느냐?"[625]

---

624 중근기中根人: 타고난 근기가 가장 뛰어난 사람을 '상근인上根人'이라고 한다면, 바로 그 아래의 중간 근기의 사람을 '중근인'이라 한다. 중근인보다 더 아래의 근기의 사람을 '하근인下根人'이라 한다. 지욱선사는 공자의 수제자라 할 수 있는 안연을 상근인으로 보았고, 그 외의 제자들은 중근기 정도의 수준으로 평가하고 있는 것 같다. 천근淺近: 천근하다, 평이하다, 알기 쉽다. 사耶: 어조사로 쓰였다. 거경居敬, 행간行簡: 거경은 자신에게는 엄격하다는 뜻이고, 행간은 대인관계를 간결하고 소탈하게 대한다는 뜻으로, '以臨其民, 不亦可乎'라는 문구와 함께 옹야편 제1장에서 표현되고 있다.

625 인訒: 말을 더듬거리다, 참다, 둔하다.
   ※ 사마우는 공자를 죽이려던 송나라 대부인 사마상퇴의 아우이다. 형과는 달리 공자를 따랐던 충실한 제자였으나 자신의 처지로 인해 지나치게 말이 많았던 듯하다. 그런 사마우가 인을 묻자 공자는 '말을 삼가는 것(訒)'이라고 답하였다. 사람이 실천할 것을 생각하고 말한다면, 과연 그 말이 쉽게 나올 수 있겠느냐는 뜻이다.

其言也訒, 不是訒言, 全從仁者二字來, 直是畵出一個仁者行樂圖. 牛乃除卻仁者二字, 只說其言也訒, 便看得容易了. 故卽以爲之難三字藥之.

'그 말을 삼가다(其言也訒)'라는 것은 말을 참고 하지 말라는 뜻이 아니다. 전적으로 '인자仁者'라는 두 글자의 의미를 좇아서 직접적으로 한 사람의 인자가 즐거이 실천하고자 하는 의도를 밖으로 그려내라는 뜻이다.[626]

사마우가 이내 '인자仁者' 두 글자를 빼놓고 다만 '말을 삼가는 것(其言也訒)'라고만 말한 것은 더욱더 쉽게 그 뜻을 알고자 해서이다. 까닭에 공자께서 곧 '爲之難(실천하는 것이 어렵다)'라는 세 글자로 그를 가르치신 것이다.[627]

4. 司馬牛問君子한대 子曰, 君子는 不憂不懼니라. 曰, 不憂不懼면 斯謂之君子矣乎리잇고. 子曰, 內省不疚이니 夫何憂何懼리요.

사마우가 군자에 대해서 묻자 공자께서 말씀하시기를, "군자는 걱정하

---

626 직시화출일개인자행락도直是畵出一個仁者行樂圖: 인자는 번듯하게 말만 앞세우지 않고, 자신이 즐거이 실천할 수 있는 것을 밖으로 드러내어 적극적으로 행동하는 사람이라는 은유의 표현이다.
627 제각除卻: 제거하다, 없애버리다. 약藥: 여기서는 사마우의 어리석음을 일깨우고 치유한다는 의미로 쓰였다.

지 않고 두려워하지도 않는다."

사마우가 묻기를, "걱정하지 않고 두려워하지 않으면 군자라는 것입니까?" 공자께서 말씀하시기를, "스스로 돌아보아 거리끼는 것이 없으면 무엇을 걱정하고 무엇을 두려워하겠느냐?"[628]

不從君子二字上, 悟出不憂不懼根源, 便是不內省處.

위의 '군자君子' 두 글자를 제외하고 해석하면, 걱정하지 않고 두려워하지 않을 수 있는 근원을 깨닫는다면 곧 내적인 성찰을 하지 않아도 된다.[629]

5. 司馬牛憂曰, 人皆有兄弟어늘 我獨亡이로다. 子夏曰, 商은 聞之矣로니 死生이 有命이요 富貴在天이라 하오 君子敬而無失하며 與人恭而有禮면 四海之內가 皆兄弟也이니 君子何患乎無兄弟也이리요.

사마우가 근심하여 말하기를, "남들은 다 형제가 있는데 유독 나만 없

---

628 내성불구內省不疚: 내면을 반성하여 잘못(병폐)이 없다면.
629 사마우가 공자에게 '군자'의 의미를 묻자, 공자는 평소에 근심걱정이 많았던 사마우에게 내적으로 병폐가 없어 근심 걱정하지 않는 자가 바로 군자임을 일깨웠다. 지욱선사는 이에 대해 근심하고 걱정하는 마음의 본성과 근원을 깨닫기만 하면, 굳이 별도로 마음의 병폐를 성찰할 필요가 없음을 덧붙여 말하고 있다. 그 무엇인가를 근심하고 걱정하는 마음은 청정무구한 본성을 벗어난 번뇌의 마음일 뿐이다. 그러한 번뇌를 일으키는 마음의 근원을 깨닫게 되면 저절로 근심과 걱정에서 벗어나 자유롭게 되니, 굳이 따로 마음의 병폐를 찾거나 성찰할 필요가 없게 된다는 의미의 해석이다.

다오." 자하가 말하기를, "내(商)가 듣건대 사람이 죽고 사는 것은 운명으로 정해져 있고, 부귀는 하늘에 달려 있다고 합니다. 군자가 조심하여 실수가 없고, 남들에게 겸손하여 예의를 지킨다면 천하의 모든 사람들이 형제가 될 것인데, 군자가 어찌 형제가 없다고 걱정하겠습니까?"[630]

卓吾云, 牛多言而躁, 兄又凶頑不道, 料必不相容者, 故憂其將害己也. 子夏以死生有命慰之, 又教以處之之法, 謂只待以恭敬, 疎者可親, 況親者乃反疎乎. 蓋勸其兄弟和睦也.

이탁오는 "사마우는 말이 많고 조급했고, 형은 또한 흉악하고 완미하며 도를 행하지 않았지만, 헤아려 보면 반드시 서로를 용납하지 않았다고 할 수 있다. 그러므로 장차 자신에게 해가 이르지 않을까 근심했던 것이다.

자하가 죽고 사는 것은 하늘의 명에 달렸다고 그를 위로하고, 또한 그가 어떻게 처신해야 하는지 방법을 가르쳐 준 것은 다만 공경하는 태도로 사람들을 대하라는 말이다. 관계가 친하지 않은 사람도 더욱 친하게 대해야 하거늘, 하물며 친한 사람을 도리어 소홀히 대하면 되겠는가? 대

---

630 상商: 자하의 이름. 사해四海: 온 세상.

※ 『춘추(春秋)』 애공(哀公)14년의 기록에 의하면, 송나라 대부 사마상퇴司馬向魋가 동생들과 합세해 송나라 조曺읍에서 군주인 경공景公에 맞서 반란을 일으켰다. 민심을 얻지 못해 반란이 실패하자 사마상퇴는 위衛나라로 도피했다. 이 여파로 동생인 사마우도 반란에 가담하지는 않았으나 자신의 모든 것을 버리고 제齊나라로 피신하였다. 위 글은 사마우가 공자 문하생으로 있으면서 과거 반란에 가담했던 형제들을 생각하며 자신의 처지를 한탄하며 걱정하는 것에 대해 자하가 충고해주는 내용이다.

체적으로 그 형제간에 화목하게 지낼 것을 권하는 내용이다."라고 하였다.[631]

6. 子張이 問明한대 子曰, 浸潤之譖과 膚受之愬不行焉이면 可謂明也已矣니라. 浸潤之譖과 膚受之愬不行焉이면 可謂遠也已矣니라.

자장이 총명함에 대하여 묻자, 공자께서 말씀하시기를, "물이 스며들듯이 은근하게 반복되는 비방과 피부를 찌르는 듯한 무고를 전혀 받아들이지 않는다면 총명하다고 할 수 있다. 물이 스며들듯이 은근하게 반복되는 비방과 피부를 찌르는 듯한 무고를 전혀 받아들이지 않는다면 멀리 내다본다고 할 수 있다."[632]

一指能蔽泰山. 不受一指之蔽, 則曠視六合矣.

---

631 흉완凶頑: 흉악하고 미련하다, 흉악하고 완미하다.
632 침윤浸潤: 물이 스며들듯이 점점 침범하여 넓어짐. 참譖: 간악한 말로 남을 헐뜯고 비방하다. 부소膚愬: 피부를 찌르듯이 자극하는 하소연.
 ※ 열 번 찍어 넘어가지 않는 나무가 없다는 속담이 있듯이, 악의를 갖고 다른 사람을 계속해서 참소하면 아무리 현명한 군주라고 해도 안 넘어가기가 쉽지 않다. 더군다나 거듭 호소하는데다 마치 당장 급박한 듯이 매달리면 더욱더 그 말을 믿을 수밖에 없을 것이다. 이것이 이른바 오랜 시간에 걸쳐 이뤄지면 침윤浸潤의 참소이고, 단시간 내에 효과를 보게 하는 부수膚受의 호소이다. 남을 다스리는 윗자리에 있으면 이런 참소를 하는 자들이 몰려들게 마련이다. 그러나 이런 것에 휩쓸리지 않으려면 널리 배워서(博學) 전후 사정을 자세히 묻고(審問), 신중히 헤아리고(愼思) 밝게 판단(明辨)할 줄 알아야 된다. 공자는 바로 위정자가 이러한 혜안과 처신을 가져야 됨을 가르치고 있다.

손가락 하나로 능히 태산을 가릴 수 있다. 손가락 하나로 가리는 것을 받아들이지 않는다면 널리 천하를 볼 수 있다.[633]

7. 子貢이 問政한대 子曰, 足食足兵이면 民이 信之矣니라. 子貢이 曰, 必不得已而去이면 於斯三者에 何先이리잇고. 曰, 去兵이니라. 子貢이 曰, 必不得已而去이면 於斯二者에 何先이리잇고. 曰, 去食이니 自古로 皆有死어니와 民無信不立이니라.

자공이 정치에 대하여 묻자 공자께서 말씀하시기를, "식량을 비축하고 군비를 잘 갖추고 백성들에게 신뢰받는 것이다."
자공이 다시 묻기를, "부득이하여 이 세 가지 중에서 하나를 버려야 한다면 어느 것을 버려야 합니까?" 공자께서 말씀하시기를, "군비를 버려야 하느니라."
자공이 묻기를, "만약 부득이하여 남은 두 가지 중에서 하나를 버려야 한다면 어느 것을 버려야 합니까?"
공자께서 말씀하시기를, "식량을 버려야 한다. 옛날부터 사람은 누

---

633 태산泰山: 본래는 중국 산동(山東)성 서부에 있는 타이산(Tàishān)을 가리키지만, 세상에서 가장 높고 큰 산, 많은 사람들이 존경하는 덕망 높은 사람을 비유하기도 한다. 광시曠視: 넓게 보다, 크게 보다, 밝게 보다. 육합六合: 동서남북과 상하의 육방을 가리키며, 천하, 우주, 전체를 의미하기도 한다.

※ 태산이 아무리 크고 높아도 그것을 보는 눈을 손가락 하나로 가리면, 태산은 보이지 않게 된다. 사람의 시선을 가리어 어두워지면 세상 그 무엇도 밝게 볼 수 없게 된다. 아무리 많은 사람이 그 누군가를 계속해서 헐뜯고 비방해도 그것을 맹목적으로 수용하지 않고, 비시와 정사를 분명하게 통찰할 수 있는 혜안을 잃지 않고 전체적인 실정을 살필 줄 알아야 된다는 주해이다.

구나 죽게 마련이지만, 백성들의 신뢰를 잃으면 나라가 존립할 수 없느니라."

陳旻昭曰, 假饒積粟巨萬, 豈名足食. 使菽粟如水火, 方名足食耳. 假饒擁衆百萬, 豈名足兵. 如周武王觀兵於孟津, 諸侯不期而會者八百, 方名足兵耳. 足食足兵, 民乃信之, 則去食去兵, 民亦信之矣. 今時要務, 正在去兵去食, 不在調兵徵糧也. 方外史曰, 蠲賦稅以足民食, 練土著以足民兵, 故民信之. 必不得已而去兵, 去官兵正所以足民兵也. 又不得已而去食, 去官食, 正所以足民食也. 所以效死, 而民弗去, 今時不得已則屯兵. 兵屯而益不足矣. 又不得已則加稅, 稅加而益不足矣. 求無亂亡得乎. 聖賢問答, 眞萬古不易之良政也. 又曰, 旣已死矣, 且道有信立個甚麽. 若知雖死而立, 方知朝聞夕死可矣, 不是死而後已矣的.

진소민은 "설령 곡식은 헤아릴 수 없는 양만큼 풍요롭게 쌓아두었다고 한들 어찌 '식량을 충분히 비축했다(足食)'고 부를 수 있겠는가! 만약 식량이 물과 불처럼 많다면 바야흐로 '식량을 충분히 비축했다(足食)'고 할 수 있을 뿐이다. 설령 백만의 무리를 거느렸다고 한들 어찌 '군비를 충분히 갖추었다(足兵)'고 부를 수 있겠는가!
주나라 무왕 같은 경우에는 맹진孟津에서 군대의 위세를 보일 때, 제후들이 (정벌하기를) 기약하지 않았는데도 모인 자가 무려 8백이나 되었다.⁶³⁴ 바야흐로 이러한 경우를 '족병足兵'이라 부를 수 있을 뿐이다. 식량을 비축하고 군비를 잘 갖춰야만 백성들에게 신뢰받지만, 군비를 버리고 식량을 버려도 역시 백성들에게 신뢰를 받을 수 있어야 하는 것이다. 지금 중요하게 힘써야 할 일은 바로 '군비를 버리고 식량을 버리는 것 (곧 백성들에게 신뢰를 얻기 위해 힘쓰는 것)'에 있지, 군사를 준비하고 식량을 조달하는 것에 있지 않다."라고 하였다.⁶³⁵

방외사는 "세금을 면제해줌으로써 백성의 식량을 풍족하게 하고, 토착민들을 병사로 단련시킴으로써 백성들의 군대를 풍족하게 하게 되면, 백성들에게 신뢰를 얻게 된다. 반드시 부득이하게 병사를 줄일 수밖에 없다면, 관병을 줄임으로써 백성들의 군대를 충족하게 해야 된다. 또한 부득이하게 식량을 줄여야 한다면, 관리들의 식량을 줄이는 것이 바로 백성의 식량을 풍족하게 하는 것이다. 그렇게 함으로써 사력을 다한다면 백성들이 떠나지 않게 될 것이며, 지금 부득이 군사를 징집한다고 해도 부족한 군병을 충족시킬 수 있게 된다. 또한 부득이 세금을 증세하더라도 부족한 세금을 채울 수 있다. 나라가 혼란하여 망하지 않기를 원하는가? 성현께서 묻고 답하시기를, '참으로 만고에 변하지 않아야 할 것

---

634 주나라 무왕이 제후국으로 섬기던 상나라 주紂왕이 폭정을 일삼자 그를 토벌하기 위해 1차로 맹진에서 거병한 것을 가리킨다. 폭정을 일삼던 주왕을 토벌하려고 군사를 일으킨 무왕에게 모든 제후와 백성들이 무한한 신뢰를 보냈기에, 이유를 불문하고 제후들이 무왕을 돕기 위해 그렇듯 일시에 많이 모여들었다는 의미이다.

635 거만巨萬: 수만 단위로 셀 만큼 매우 많은 돈의 액수. 숙속菽粟: 콩과 좁쌀, 식량, 양식. 옹擁: 소유하다, 거느리다, 잡다. 관병觀兵: 군대의 위세를 보이다. 맹진孟津: 맹진盟津이라고도 불린다. 동한 시기 낙양洛陽 동북쪽 황하黃河변의 중요 나루터로서 군사상의 요충지였다. 지금의 하남성 맹현성孟縣城 남쪽에 있다.

은 선량한 정치이다'라고 하였다."

또한 방외사는 "이미 싸워 죽기를 각오했다면, 또한 전쟁에 나서는 길에 신뢰를 얻게 되는데, 무슨 나라의 존립을 걱정하겠는가! 만약 비록 죽더라도 존립하는 길을 알고자 한다면, 바야흐로 아침에 (도를) 들으면 저녁에 죽어도 좋다'라는 뜻을 알아야만 한다. 죽고 나서 그만둔다는 의미가 아니다."라고 하였다.[636]

8-1. 棘子成이 曰, 君子는 質而已矣이 何以文爲리요.[637]

극자성棘子成이 말하기를, "군자는 바탕이 잘 갖추어 있으면 되지 문으로 꾸며서 무엇하리요."

有激之言, 快心之論, 不可無一, 不可有二.

격렬한 의지가 담긴 말이지만, 충분히 말할 수 있는 이론이라 할 수 있다. (質과 文 중에) 하나는 없어도 된다고 해도 안 되고, 둘로 나눠 있어도 된다고 해도 안 된다.[638]

---

636 견부세蠲賦稅: 세금을 면제해 주다. 효사效死: 사력을 다하다, 목숨을 돌보지 않고 진력하여 일하다, 목숨 바쳐 일하다. 둔병兵屯: 원래는 '군대를 주둔하다'는 뜻이지만, 여기서는 부족한 '군사를 징병하다'의 의미로 쓰였다. 익부족益不足: 부족한 것을 채우다. 심마甚麼: 어떻게, 이와 같이, 무엇.
637 지욱선사는 8장을 두 문장으로 나눠 주해하고 있다.
638 쾌심지론快心之論: '快心'은 만족하게 여기는 마음, 마음의 상쾌함 등을 의미한다. 쾌심지론은 마음에 만족과 상쾌함을 줄 수 있는 타당하고 적합한 이론이라는 의미이다.
 ※ 극자성은 바탕인 質을 중요시하고 질을 꾸미는 文을 경안시하는 듯하다. 이에 대해 지욱선사

8-2. 子貢이 曰, 惜乎라 夫子之說이 君子也이나 駟不及舌이로다.
文猶質也이며 質猶文也이니 虎豹之鞟이 猶犬羊之鞟이니라.

자공이 말하기를, "안타깝소. 극 선생이 군자에 대해 말한 것은 사두마차로도 쫓아갈 수 없을 것이오. 문식이 바탕이요 바탕이 문식이므로, 털 없는 호랑이와 표범의 가죽은 개나 양의 가죽과 같습니다."[639]

文也是皮膚上事, 質也是皮膚上事, 須要知文質從何處發生出來. 譬如活虎豹, 活犬羊, 總是活的, 若虎豹之鞟, 犬羊之鞟, 總是死貨

는 질과 문을 하나로 봐도 안 되고, 둘로 나눠도 안 됨을 말하고 있다. 질과 문은 불가분의 관계로 서로가 상호 보완적인 관계임을 주장하고 있는 것이다.

639 부자夫子: 벼슬하는 사람을 높여서 부르는 말로, 여기서는 곧 극자성을 가리킴. 곽鞟: 털을 뽑아낸 가죽. 사駟: 네 마리 말이 이끄는 마차(四馬), 여기서는 대부의 수레를 끄는 네 마리 말로 잘 달리는 마차를 뜻함. 사불급설駟不及舌: 춘추 시대 정나라 법가 학자인 등석(鄧析: ?~B.C. 501)의 저서 『등석자(鄧析子)』에 "네 마리의 말이 달려도 혀에 미치지 못하니라. 그러므로 나쁜 말은 하지 말고, 구차한 말은 귀담아 두지 말라(駟不及舌, 故惡言不出, 口苟語不留耳)."라는 내용으로 더 구체적으로 언급되고 있다.

※ 극자성은 위衛나라에서 대부 벼슬을 하고 있었지만 덕행을 중시하는 유가의 가르침을 존중하여 검소하게 지낸 인물이다. 그는 당시에 내실(質)을 중요시하지 않고 꾸미기(文)만을 좋아하는 풍토를 못마땅하게 여겼다. 이런 이유로 자공에게 8장과 같은 질문을 했던 것이다. 이는 곧 '군자는 품성이 착하여 덕행만 행하면 되는데, 굳이 무슨 격식이 그리 필요하느냐?'라는 질문이다. 자공이 극자성의 말에 대해 '駟不及舌'이라는 말로 비판한다. 극자성의 군자에 대한 정의가 속도감 있게 빠르게 달리는 마차라도 따라잡을 수 없는, 다시 주워 담기도 힘든 실언에 가깝다는 비판인 것이다. 나아가 자공은 극자성의 말대로 만약 質만 있고 文이 없으면, 이는 털을 뽑아낸 호랑이 가죽과 표범 가죽을 개나 양가죽과 같은 것으로 격하시키는 일이라고 지적하였다. 호랑이, 범 가죽의 털을 벗겨 내었다고 해서 결코 개나 양가죽과 같아지는 것이 아니기 때문이다. 즉 각자의 용도가 따로 있다는 뜻이다. 결과적으로 文과 質이 상호 보완적인 역할을 해야 한다는 '文質而彬彬'의 뜻을 다시 일깨우고 있는 것이다.

耳. 子貢一生說話, 只有此二句, 大似悟的, 可與文質彬彬章參看.

'문文'은 겉으로 드러난 표피적인 일이고, '질質'도 겉으로 드러난 표피적인 일이다. 모름지기 '문질文質'이 어느 곳으로부터 발생해서 나오는지를 알아야만 한다. 비유하자면 살아 있는 호랑이와 표범, 살아 있는 개와 양은 모두 살아 있다는 것이고, 호랑이와 표범의 가죽, 개와 양의 가죽은 같은 것은 모두 죽은 물건일 뿐이다.

자공이 일생 동안 한 말 중에서 단지 이러한 두 문구에 있어서만큼은 대개 거의 깨달음에 이르렀다고 할 수 있겠으나, 가히 더불어 '문질빈빈文質彬彬'장을 참고해 더 살펴봐야 할 것이다.[640]

9. 哀公이 問於有若曰, 年饑用不足하니 如之何오 有若이 對曰, 盍徹乎시니잇고. 曰, 二도 吾猶不足이어니와 如之何其徹也이리오 對曰, 百姓이 足이면 君孰與不足이며 百姓이 不足이면 君孰與足이리잇고.

---

640 피부지사皮膚上事: 겉으로 드러난 표피적인 일, 곧 근본적인 것이 아니라는 의미. 사화死貨: 현재 쓰이지 않는 화폐, 쓸모없는 죽은 물건. 차이구此二句: '文猶質也, 質猶文也'를 말한다. 문질빈빈장文質彬彬章: 곧 옹야편 16장을 가리킨다.

※ 지욱선사는 질과 문은 어느 것 하나도 빼놓을 수 없는 둘 다 중요하고 상호 보완적인 것(文質彬彬)이긴 하지만, 근원적인 것이 아닌 표피적인 것임을 말하고 있다. 그러면서 살아 있는 호랑이와 표범, 개와 양, 그리고 그들이 죽어서 남긴 생명 잃은 가죽을 예로 들고 있다. 생명으로 살아 있는 호랑이와 표범, 개와 양이 보다 근원적인 진리본성(性)을 상징하는 것이라면, 그들이 죽어서 남긴 가죽은 표피적인 文質에 지나지 않는다는 비유라 할 수 있다. 나아가 지욱선사는 자공이 문질이 둘 다 중요함을 지적하며 '文猶質也, 質猶文也'라고 말하고 있는 것은 비록 깨달음의 비슷한 수준(似悟)에 이른 말이기는 하지만, 아직 文質의 바탕을 이루고 있는 보다 근원적인 것(본성)을 깨닫지 못한 경지임을 지적한다. 까닭에 공자가 말하고 있는 '文質彬彬'의 가르침을 다시 한번 살펴볼 것을 권하고 있는 것이다.

애공哀公이 유약有若에게 묻기를, "흉년이 들어 재정이 궁핍한데 어찌 하면 좋겠습니까?" 유약이 답하기를, "어찌 십 분의 일세를 거두시지 않 습니까?" 애공이 말하기를, "십 분의 이세를 거두어도 부족한데 어떻게 십 분의 일세를 거두란 말입니까?" 유약이 답하기를, "백성이 풍족하면 군주가 어찌 부족할 것이며, 백성이 부족한데 어찌 군주만 풍족하겠습 니까?"[641]

格言良策, 萬古不刊, 當與去食去兵章, 刻於宮殿.

이치에 맞는 훌륭한 정책은 만고에 고치지 말아야 한다. 마땅히 '거식 거병去食去兵'장과 궁전에 새겨야 할 말이다.[642]

---

641 합盍: 어찌 ~하지 않느냐? 철徹: 주대의 10분지 1을 바치는 조세법인 경전법耕田法을 말함.
※ 『춘추좌전』에 의하면 양공(襄公)11년에 노나라 실권자인 삼손三孫씨의 한 사람인 계무자季武 子가 기존의 이군二軍을 3군으로 확대하면서 삼손씨가 각기 일군씩 차지하고는 부세賦稅를 독점하여 징수하였다. 이후 삼환씨의 전횡이 심해지고 전란으로 국력이 쇠퇴하면서 노나라 재 정은 궁핍해졌다. 이에 계손씨는 공자의 제자인 염구를 통해 부세를 올렸고, 공자는 염구의 이 러한 행태를 신랄하게 비판한 바 있다(선진편 16장). 노나라 말기인 애공哀公 시기는 전란과 흉년으로 삼환씨로부터 거두는 재정 조달이 줄어들어 형편이 더욱 궁색해진 것 같다. 이를 견 디다 못한 애공이 삼환씨의 부세를 올려 주어서라도 재정을 메꿀 요량으로 유약에게 대책을 물 었다. 애공은 공자에게 수시로 정치적 자문을 구했는데 국가의 재정이 매우 궁핍한 상황에서 공자 대신에 후계자로 떠오른 유약을 불러 부세 인상에 대한 민심과 여론을 파악하려고 한 것 으로 보인다.
642 불간不刊: 고치지 않다, 삭제하지 않다. 거식거병장去食去兵章: 안연편 제7장을 지칭. 각어궁전 刻於宮殿: 궁전에 새기다, 곧 나라를 통치하는 군주나 관리들이 마음에 새기고 실천해야 할 가르 침이 될 만한 중요한 내용이라는 의미이다.

10-1. 子張이 問崇德辨惑한대 子曰, 主忠信하며 徙義이 崇德也이니라.[643]

자장子張이 덕을 숭상하고 미혹함을 분별하는 것에 대하여 묻자 공자께서 말씀하시기를, "충실과 신의에 주로 힘쓰고, 정의를 향하여 나아가는 것이 덕을 높이는 것이다."[644]

能主, 方能徙, 不能徙, 便是無主.

능히 주로 힘쓰는 것(主)이 바야흐로 곧 능히 실천하는 것(徙)이라 할 수 있다. 능히 실천하지 않는다면 곧 주로 힘쓰는 것이라 할 수 없다.

10-2. 愛之란 欲其生하고 惡之란 欲其死하나니 旣欲其生이요 又欲其死는 是惑也이니라.

---

643 지욱선사는 10장을 모두 세 문장으로 나눠 주해하고 있다.
644 사徙: 옮기다. 변혹辨惑: 마음이 어리석음과 미혹됨을 분별함.
  ※ '숭덕崇德'은 곧 '진덕進德'의 의미라 할 수 있다. 공자는 자장의 물음에 '主忠信', '徙義'의 두 가지 실천을 가르치고 있다. 역대의 수많은 위정자들 모두가 백성을 사랑하고, 백성을 위한 정치를 한다고 주장하였다. 하지만 입으로만 백성을 위하고 사랑한다고 하면서 실제로는 대부분 자기 자신의 사적인 욕심만을 챙기는 군주가 더 많았다. 백성을 사랑하고 위하는 길은 곧 백성을 이롭게 하고 살리는 정치를 하는 것이다. 그러나 당시의 군주들은 부국강병의 정치적 실현을 핑계 삼아 오히려 백성에게 부역과 세금을 심하게 부과하는 등의 패도 정치를 일삼았을 뿐이다. 崇德과 進德이 실천되지 않았던 것이다.

"좋아하면 살기를 바라고 미워하면 죽기를 바라는데, 이렇듯 살기를 바라다가 또 죽기를 바라는 것이 미혹이니라."[645]

四個其字, 正顯所愛所惡之境, 皆自心所變現耳. 同是自心所現之境, 而愛欲其生, 惡欲其死, 所謂自心取自心, 非幻成幻法也, 非惑而何.

네 개의 '기其' 자는 바로 좋아하고 싫어하는 경계를 드러내는 것이라 할 수 있으니, 모두 자기 마음이 경계를 접촉하여 변화의 마음을 드러내는 것뿐이다. 동일하게 자신의 마음이 드러내는 경계라 할 수 있으니, 좋아하는 대상에 대해서는 살기를 바라고, 싫어하는 대상에 대해서는 죽기를 바라는 것이다. 이른바 "자신의 마음에서 자신의 마음을 취하면, 환 아닌 것이 환의 경계(幻法)가 된다."라는 말씀이니, 미혹하지 않으려면 어떻게 해야 하겠는가?[646]

---

645 자신이 좋아하는 사람은 살기를 바라고, 싫어하는 사람은 죽기를 바라는 것, 이러한 마음이야말로 결국 본인 스스로가 상대에 따라 달리 일으키는 미혹이라는 가르침이다.
646 자심취자심自心取自心, 비환성환법非幻成幻法:『능엄경』5권에서 표현되고 있다.
※ 지욱선사는 사람들이 일반적으로 드러내는 애증과 호오의 마음 등은 모두 자신의 마음이 밖의 경계를 접촉하여 일으키는 분별의 마음, 미혹된 변화의 마음임을 말하고 있다. 당연히 사람들은 좋아하는 대상은 취하고자(取, 生) 하고, 싫어하는 대상에 대해서는 벗어나고자(捨, 死) 한다. 애증과 호오의 마음이 모두 밖이 아닌, 자신의 마음이 만들어 내는 미혹의 마음(幻法)일 뿐이다. 이러한 마음의 경계를 『능엄경』에서 바로 '自心取自心, 非幻成幻法'이라는 말씀으로 가르치고 있다. 자신이 경계를 접촉하여 일으킨 미혹된 마음을 본인 스스로가 다시 취하여 그것에 얽매여 부자유스럽게 된다는 가르침이다. 동일한 대상을 보고 어떤 사람은 좋아하는 마음을 일으키고, 또 다른 사람은 싫어하는 마음을 일으킬 수 있다. 동일한 대상임에도 불구하고 보는 사람에 따라 다른 애증과 호오의 마음을 일으키는 것이다. 이러한 경우가 바로 '非幻成幻

10-3. 誠不以富요 亦祇以異라. (宜在有馬千駟章, 其斯之謂與上)

"진심으로 부를 말미암은 것이 아니라, 다만 사람에 따라 다르기 때문이다."(마땅히 계씨季氏편 12장의 '그것은 바로 이를 두고 하는 말이다〈其斯之謂與〉'라는 문장 위에 있어야 할 내용이다.)[647]

11. 齊景公이 問政於孔子한대 孔子對曰, 君君臣臣父父子子이니이다. 公曰, 善哉라 信如君不君하며 臣不臣하며 父不父하며 子不子면 雖有粟이나 吾得而食諸아.

제나라 경공景公이 정치에 대하여 묻자 공자께서 말씀하시기를, "임금은 임금다워야 하고, 신하는 신하다워야 하며, 아버지는 아버지다워야

法'이다. 애증과 호오는 대상에 있는 것이 아니라, 대상을 접촉하여 스스로가 일으키는 환법에 지나지 않는 것이다. 그렇다면 이러한 미혹의 마음을 없애고 다스리려면 어떻게 해야 하는가? 바로 그러한 마음을 일으키는 자신의 마음의 본성을 통찰하고, 대상을 접촉하여 미혹의 마음이 일어나는 순간, 그러한 마음이 일어남을 즉각 바르게 알아차림 하는 것(正念, 싸띠 sati)이다. 모든 것은 밖이 아닌, 자신의 마음이 일으키는 허상의 경계에 지나지 않는다. 당연히 자신의 마음의 실상을 지혜롭게 통찰하고, 찰나로 일어났다 사라지는 생멸의 마음(生滅心)을 알아차리는 것이야말로 미혹에서 벗어나는 첩경이라 할 것이다.

647 '유마천사장有馬千駟章'은 곧 계씨편 12장을 지칭한다. '誠不以富, 亦祇以異'라는 구절에 대한 해석은 여러 설이 있다. 특히 정자는 "이 문장(誠不以富, 亦祇以異)은 잘못된 편집(錯簡)이다. 마땅히 제16편(계씨편 12장) '齊景公有馬千駟'의 위에 있어야 한다. 이 아래 글로 인하여 (계씨편 12장의 아래 문장인 '其斯之謂與') 또한 제경공이란 글자도 잘못되었다(此, 錯簡, 當在第十六篇, 齊景公有馬千駟之上, 因此下文, 亦有齊景公字而誤也)."라고 말하고 있다. 계씨편 12장에 실려야 문장이 잘못 본 안연편 10장에 실렸다는 주장이다. 지욱선사도 정자의 주장에 동의하고 있음을 알 수 있다.

하고, 자식은 자식다워야 하는 것입니다."

제나라 경공이 말하길, "좋은 말씀입니다. 참으로 임금이 임금답지 못하고, 신하가 신하답지 못하며, 아버지가 아버지답지 못하고, 자식이 자식답지 못하다면 비록 곡식이 있다고 한들 내가 어찌 먹을 수 있겠습니까?[648]

12. 子曰, 片言에 可以折獄者는 其由也與인저 子路는 無宿諾이러라.

---

648 신여신여信如: 참으로 만약. 수유속수雖有粟: 비록 곡식이 있어도.
※ 경공과 공자는 두 번 만났다. 노나라 소공昭公 20년, 경공이 노나라를 방문했을 때 만났고 소공 25년, 소공이 계씨를 주살하려다 실패하여 제나라로 망명했을 때 공자도 제나라로 갔고 경공을 만났다. 『사기(史記)』「공자세가(孔子世家)」에 의하면, 노나라의 소공이 실권자인 계명자를 치려다 오히려 삼환씨에 의해 소공이 제나라로 쫓겨난 사건이 있었다. 이를 '노란魯亂'이라 한다. 이때 공자도 제나라로 가서 제나라 대부인 고소자高昭子의 가신이 되었는데, 위 내용은 공자가 고소자를 통해 제 경공을 알현하면서 나눈 문답이다. 당시에 제나라는 세금이 과중하여 존경받는 노인들조차 굶어 죽거나 얼어 죽는 일이 비일비재하였다. 경공은 장기간 재위에 있었으나 대부들의 세력을 억제하지 못하고 나라도 올바르게 다스리지 못했다. 정국이 불안한 가운데 당시 제 경공은 민심을 얻지 못하고 군주로서의 위엄도 서지 않았다. 경공은 여색을 밝혀 후궁이 많은데다 사치스런 생활까지 하였고, 본부인의 자식인 태자가 일찍 죽는 바람에 후계 태자도 정하지 못하고 있었다. 당시에 제나라의 재상이었던 안영이 진晉나라에 사절로 가서 제나라의 상태를 묻는 진나라의 물음에 '말세다(季世也)'라고 할 정도였다. 이때 제나라에 진陳씨라는 대부가 있었는데, 진씨는 백성들에게 곡식을 대여하면서 4개의 도량형(豆·區·釜·鍾) 중 3개를 변경하여 빌려주는 양보다 적은 양으로 환급을 받게 하였다. 또한 백성들에게 물건을 파는데 소매가격 대신에 도매가격으로 값싸게 공급하게 하였다. 이렇듯 진씨가 백성의 고통을 애틋하게 여겨 부모가 자식을 사랑하듯이 백성들을 위로하는 선정을 베풀었기에 민심은 모두 진씨에게 쏠리고 있었다. 제 경공이 공자에게 위의 질문을 하게 된 배경에는 마침 노나라에서 소공이 쫓겨난 것과 제나라의 이러한 실정이 담겨 있다. 공자 또한 제 경공의 실정을 매우 잘 알고 있었기에 위와 같이 대답하였다. 경공은 '善哉'라며 공자의 말을 긍정은 하였지만, 실천을 미루다가 결국 제나라는 몰락의 길을 걷고 말았다.

공자께서 말씀하시기를, "한마디로 송사를 판결할 수 있는 사람은 아마도 유(由: 자로)일 것이다." 자로는 승낙한 것을 지체하지 않았다.[649]

13. 子曰, 聽訟이 吾猶人也이나 必也使無訟乎인저.

공자께서 말씀하시기를, "송사를 듣고 처리하는 것은 나도 다른 사람과 다를 게 없다. 중요한 것은 반드시 송사가 없도록 하는 것이니라."[650]

14. 子張이 問政한대 子曰, 居之無倦하며 行之以忠이니라.

자장子張이 정치에 대하여 묻자 공자께서 말씀하시기를, "마음 두기를 (혹은 거처하기를) 게을리하지 말고, 행함에 충심으로 해야 하느니라."[651]

---

649 절折: 판결을 내리다. 옥獄: 옥사, 곧 재판. 무숙無宿: 잠자는 일이 없다, 곧 묵히고 때를 넘기는 일이 없다. 낙諾: 대답하다, 승낙하다. 그동안 공자의 자로에 대한 평가는 자로의 성격이 급하고 솔직하거나, 무모할 정도로 용감하여 진중하지 못하다는 점에 치우친 면이 있었다. 그러나 여기서 공자는 자로의 옥사를 판단하는 능력을 높이 평가하고 있다. 나아가 그가 우유부단하지 않고 좌고우면하지 않는 결단력이 있음을 칭찬하고 있다. 이는 자로가 노나라 변방의 포浦라는 마을의 수장을 맡았을 때 모든 송사를 신속, 명쾌하게 판결하여 마을 사람들로부터 칭송을 받았던 것에 대한 칭찬이라 할 수 있다.

650 정치의 궁극적 목표는 다툼이 없는 공정하고 평등한 세상을 이뤄내는 것이다. 따라서 13장의 문장은 송사가 없는 나라를 만들고 싶다는 공자의 강한 의지의 표현이다. '必也'라는 표현에는 공자의 매우 자신에 찬 의지를 담아내고 있다.

651 무권無倦: 게을리 하지 않다.

※ 공자의 문답 교육방식은 각 개인의 근기와 개인적 특성을 반영하여 그에 걸맞게 가르치는 '일언일약一言一藥', '응병여약應病與藥'의 방식이다. 많은 이들이 정사에 관해 물음에도 불구하고 자장 또한 정사에 대해 묻자, 자장의 상황에 맞게 정사의 조목條目에 관해 말하지 않고 정사에 임하는 자세와 마음가짐을 일깨우고 있다. 공자가 자장에 대해 '편벽되다(선진편 17장)'

不曰行無倦, 居以忠, 便見合外內之道.

공자께서 "행함에 태만하지 말고, 마음 두기를 충심으로 해야 한다."라고 말하지 않은 것은, 곧 안팎의 도에 합일해야 함을 보여주신 것이라 할 수 있다.[652]

15. 子曰, 博學於文이요 約之以禮면 亦可以弗畔矣夫인저.

공자께서 말씀하시기를, "널리 학문을 배우고 예로써 단속한다면, 바른 길에서 벗어나지 않을 것이다."[653]

16. 子曰, 君子는 成人之美하고 不成人之惡하나니 小人은 反是니라.

고 한 평가로 보아 자장은 평소에 일을 처리함에 게으르고 행실 또한 충성되지 못한 것으로 보였던 까닭이라 생각된다. 정치란 야단스러운 것이 아니라 자기가 맡은 일을 부지런히 충직하게 봉사하는 것이 정치의 요체라는 말씀이다. '忠'이란 자신의 마음을 다하는 것이다. 忠이란 글자는 자신에 마음의 중심을 잡아 진실하지 않음이 없는 것을 말한다. 다시 말하자면 정치란 자기가 맡은 일을 자신의 모든 정성을 다해 일하는 것이다. 정치란 자기가 맡은 일이 비록 작은 일이라 할지라도 자기의 충과 정성을 다해 부지런히 일하는 것이다. 이것이 바로 정치라고 공자께서는 가르치고 있다. 게으름이 없으면 처음과 끝이 동일한 것이요, 일을 충으로써 하면 속과 겉이 같은 것이다.

652 '내외지도外內之道'에 있어 '內道'는 자신의 내면을 통찰하고 다스리는 마음의 도라고 한다면, '外道'는 그러한 마음의 도를 입과 말과 의지로 밖으로 드러내는 실천의 도라 할 수 있다. '合外內之道'는 곧 그러한 안팎의 도가 하나로 일치해야 함을 의미한다. 안(內)에서 성취한 도가 仁이라고 한다면, 그러한 인이 밖(外)으로 드러낸 실천이 바로 義 · 禮 · 智라 할 수 있다. 결과적으로 '合外內之道'는 언제 어디서나 인의예지가 하나로 유지되고 실천됨을 뜻한다고 볼 수 있다.
653 불반弗畔: 어기지 않다, 벗어나지 않다.
  ※ 옹야편 제25장과 같은 내용이다.

공자께서 말씀하시기를, "군자는 다른 사람들의 좋은 점은 이루어지게 하고, 나쁜 점은 이루지 못하게 하지만, 소인은 그 반대로 하느니라."[654]

請各各自思之.

바라건대 모두가 (소인처럼) 그렇게 하는지를 스스로 숙고해 봐야만 한다.

17. 季康子問政於孔子한대 孔子對曰, 政者는 正也이니 子帥以正이면 孰敢不正이리요.

계강자季康子가 정치에 대하여 묻자, 공자께서 말씀하시기를, "정치란 바르게 하는 것입니다. 당신께서 솔선하여 바르게 행한다면 누가 감히 부정을 저지르겠습니까?"[655]

---

654 공자가 말하는 군자와 소인은 위정자로서 덕을 갖춘 자와 그렇지 못한 자를 기준으로 구분한다. 즉 덕을 갖춘 자를 군자, 그렇지 못한 자를 소인이라고 부르는 것이다. 논어 전체에서 공자가 군자와 소인을 대비하여 말한 곳은 모두 17곳이다.

655 솔帥: 주장하다, 거느리다(領), 장수(將)의 의미로 쓸 때는 '수'로 발음하지만, 여기서는 거느리다(率)의 의미로 쓰여 '솔'로 발음한다.

※ 계강자는 서자 출신으로 계씨 가문의 적통을 빼앗은 노나라 실권자이다. 임금을 능가할 정도로 세력이 막강하였는데 예도를 어기고 부정축재하였고 언행 또한 오만방자하였다. 계강자는 부친인 계환자의 유지에 따라 주유철환 중에 있는 공자를 노나라로 귀국시킨 인물이지만 공자를 직접 등용하지 않고, 대신 공자의 제자들을 등용하여 썼다. 다만 공자에 대해서는 국정자문 원로로 예우하고 있었는데, 본 장은 이때 계강자가 공자에게 정치에 대해 물은 내용이다. 계씨 가문은 몇 대에 걸쳐 노나라의 권력을 전횡하면서 나라의 기강과 질서를 무너뜨렸다. 당연히 공자는 계강자에 대해 매우 비판적이었다. 공자가 언급하고 있는 '正'은 바른 정치, 곧 '政事'를 지칭한다고 볼 수 있다.

18. 季康子患盜하여 問於孔子한대 孔子對曰, 苟子之不欲이면 雖賞之라도 不竊하리라.

계강자가 도둑이 많음을 근심하여 공자에게 묻자, 공자께서 답하시기를, 진실로 당신께서 욕심을 내지 않는다면, 사람들에게 상을 준다고 해도 도둑질하지 않을 것입니다."[656]

19. 季康子問政於孔子曰, 如殺無道하여 以就有道인댄 何如리잇고 孔子對曰, 子爲政에 焉用殺이리요 子欲善이면 而民善矣리니 君子之德은 風이요 小人之德은 草라 草上之風이면 必偃하느니라.

계강자가 공자에게 정치에 대해 물어보면서 말하기를, "무도한 자들을 죽여서 백성들이 도를 지키게 하면 어떻겠습니까?"

공자께서 말씀하시기를, "당신께서 정치를 하는데 어찌 살인을 하려고 합니까? 당신께서 선함을 추구하면 백성도 선하게 될 것입니다. 군자의

---

656 구苟: 진실로. 절竊: 훔치다.

※ 계강자가 나라에 도적질이 많음을 걱정하여 공자에게 대책을 묻고 있다. 공자는 이러한 질문에 당신이 욕심만 부리지 않으면 백성들은 설령 상을 준다고 해도 도둑질하지 않을 것이라 답하고 있다. 이는 계씨 가문의 권력 전횡과 계강자의 적통자리 탈취가 다 도둑질에 해당하는 것으로 보고 계강자를 면전에서 신랄하게 비난하고 있는 내용이라 할 수 있다. 계강자는 세법까지 고쳐가며 백성들에게 세금을 더 거둬 크게 원성을 받고 있는 처지였다. 백성들이 계씨 가문을 나라의 국권을 훔친 큰 도둑으로 보고 있어, 큰 도둑이 도둑질을 멈추지 않는 이상 백성들의 작은 도둑질은 멈추지 않는다는 의미일 것이다.

덕은 바람과 같고, 소인의 덕은 풀과 같습니다. 바람이 불면 풀은 그 방향으로 눕게 마련입니다."[657]

三節都提出一個子字, 正是君子求諸己, 乃端本澄源之論.

3절(17, 18, 19장)의 내용은 모두 하나의 '자子(계강자)'라는 글자에서 제출되고 있다. 바로 이는 군자의 도는 자기 자신에게서 찾아야 한다는 것으로, 근본을 바로잡고 근원을 맑게 하라는 논리라고 할 수 있다.[658]

---

657 언언偃: 쓰러지다, 드러눕다.
  ※ 계강자의 물음은 법치주의를 바로 세워 국가 기강과 질서를 세우는 정치 수단으로 '無道한' 범법자에 대해 일벌백계의 방식으로 사형시키는 것이 어떠냐는 질문이다. 공자는 위정편 1장에서 "덕으로써 정치를 하는 것은, 비유하자면 마치 북두칠성이 그 자리에 있으면, 뭇 별들이 그곳을 향해 돌고 있는 것과 같다(爲政以德, 譬如北辰, 居其所而衆星, 共之)."라고 말한바 있다. 또한 위정편 3장에서는 "법으로 이끌고 형벌로 다스리면 백성은 벌을 면하려 하고 부끄러움을 모를 것이다(子曰, 道之以政, 齊之以刑, 民免而無恥. 道之以德, 齊之以禮, 有恥且格)."라고 말하였다. 공자의 이러한 말은 곧 통치자가 실천해야 할 덕치에 대한 정의라고도 할 수 있다. 그런데 계강자는 덕치를 벗어난 형벌을 위주로 한 '齊之以刑'을 묻고 있다. 이에 공자는 그 유명한 '바람이 불면 풀은 그 방향으로 눕게 마련이다(草上之風, 必偃)'라는 말로 계강자의 잘못된 생각을 일깨우고 있다. '草上之風, 必偃'라는 말은 『서경(書經)』 군진편에 인용된 '너는 오직 바람이고 아래 백성은 오직 풀이다(爾惟風, 下民惟草)'라는 주공周公의 말에서 유래한다. 이는 곧 위정자가 군자로서 덕치를 행하면 소인에 해당하는 하급관리나 다른 위정자가 감화를 받아 자연히 그를 따라 선정을 하게 된다는 의미이다.
658 구저기求諸己: 자기 자신에게서 구하고 찾다. 단본징원端本澄源: 근본을 바로잡고 근원을 맑게 하다.
  ※ 지욱선사는 17, 18, 19장에서 계강자가 공자에게 묻고 있는 모든 질문에 대한 답은 결국 자기 자신에게서 찾아야 됨을 말하고 있다. 위정자가 군자의 덕을 갖춰 선정을 베풀기 위해서는 외부가 아닌, 바로 자기 자신이 선정과 덕치를 실천할 수 있는 내적으로 먼저 군자의 품격과 인성을 닦고 갖춰야 한다는 일깨움이다.

20. 子張이 問, 士何如라야 斯可謂之達矣리잇고. 子曰, 何哉오 爾所謂達者여 子張이 對曰, 在邦必聞하며 在家必聞이나이다. 子曰, 是는 聞也라 非達也이니라. 夫達也者는 質直而好義하며 察言而觀色하여 慮以下人하나니 在邦必達하며 在家必達이니라. 夫聞也者는 色取仁而行違오 居之不疑하나니 在邦必聞하며 在家必聞이니라.

  자장이 묻기를, "선비가 어떠하여야 통달한 사람이라 이를 수 있습니까?" 공자께서 말씀하시기를, "네가 말하는 통달한 사람이란 것이 어떤 사람인가?" 자장이 대답하기를, "나라에 있어도 반드시 소문(명성)이 나며, 집안에 있어도 반드시 소문(명성)이 나는 것입니다."
  공자께서 말씀하시기를, "그것은 소문난 사람이지 통달한 사람이 아니다. 통달한 사람이란 질박하며 정직하고 의를 좋아하며, 남의 말을 살피고 얼굴빛을 보아 생각해서 몸을 낮추는 것이니, 나라에 있어서도 반드시 통달하며, 집안에 있어서도 반드시 통달하게 되는 것이다. 소문난 사람이란 얼굴빛은 인을 취하나 행실은 위배되며 자처하여 의심하지 않으니, 나라에 있어도 반드시 소문이 나며, 집에 있어도 반드시 소문이 나느니라."[659]

---

659 색취인色取仁: 겉으로만 어진 듯 가장하는 것.
  ※ 자장은 '通達'의 뜻을 스승인 공자에게 묻고 있다. 자장은 용모가 수려하고 자질이 뛰어나면서 사람을 잘 사귀므로 은근히 스스로도 자랑스러워했다. 그래서 이만하면 자신이 '통달한 사람이 아닐까?'하는 의도로 물었을 것이다. 이에 공자는 일반적인 소문의 의미인 '聞'과 모든 이치를 통달하여 자신뿐만 아니라 세상을 이롭게 하는 삶을 살게 하는 '通達'의 깊은 뜻을 명백하게

眞正好先生, 金沙不濫, 藥病灼然.

진정 훌륭하신 선생님이다. 금과 모래를 빠트리지 않고, 병을 치료하시는 약(방법, 가르침)이 빛난다.[660]

21. 樊遲從游於舞雩之下러니 曰, 敢問崇德修慝辨惑하노이다. 子曰, 善哉라 問이며 先事後得이 非崇德與아 攻其惡이요 無攻人之惡이 非修慝與아 一朝之忿으로 忘其身하여 以及其親이 非惑與아.

번지樊遲가 공자와 함께 무우舞雩 제단 아래를 걷다가 묻기를, "덕을 높이고, 사특함(악)을 몰아내고, 미혹을 분별하는 방법은 무엇입니까?"

공자께서 말씀하시기를, "참 좋은 질문이다. 섬김(혹은 일)을 먼저하고 얻는 것을 뒤로 한다면 덕을 높일 수 있지 않겠느냐. 나의 잘못을 반성하고 남의 잘못을 비난하지 않는다면 악을 몰아낼 수 있지 않겠느냐. 한 순간의 분노를 이기지 못해 자신의 몸을 망쳐 부모에게까지 누를 끼치

구분하여 자장을 일깨우고 있다. 통달이라는 것은 자신을 위하여 덕을 닦아 이름을 구하지 않아도 이름이 자연히 나타나는 것이고, 소문이라는 것은 사람을 위하여 덕을 꾸며서 그 이름을 구하면 이름이 또한 나타나는 것이니, 서로 같은 듯하지만 실상은 전혀 다르다는 가르침인 것이다.

660 금사불감金沙不濫: 금과 모래를 구별하지 않는다. 곧 공자가 제자들을 가르치고 일깨움에 있어 그 어떤 제자도 소외시키지 않는다는 뜻이다. 약병작연藥病灼然: 공자가 제자들이 처한 환경과 역량, 그리고 타고난 성향과 자질을 따져 그들에게 가장 적합하고 적절한 방법의 가르침(藥)으로 그들을 부족한 점(病)을 가르치고 일깨운다는 의미이다. '灼然'은 빛나다의 의미.

게 된다면 그것이 미혹이 아니겠느냐?"⁶⁶¹

22. 樊遲問仁한대 子曰, 愛人이니라. 問知한대 子曰, 知人이니라. 樊遲未達이어늘 子曰, 舉直錯諸枉이면 能使枉者直이니라. 樊遲退하여 見子夏曰, 鄕也에 吾見於夫子而問知하니 子曰, 舉直錯擧枉이면 能使枉者直이라 하시니 何謂也오. 子夏曰, 富哉라 言乎여 舜有天下에 選於衆하사 擧皐陶하시니 不仁者이 遠矣오 湯有天下에 選於衆하사 擧伊尹하시니 不仁者遠矣이라.

번지가 인仁에 대하여 묻자 공자께서 말씀하기를, "사람을 사랑하는 것이다." 그리고 지知에 대해 묻자 공자께서 말씀하시기를, "사람을 아는 것이다." 번지가 이해하지 못하자 공자께서 말씀하시기를, "바른 사람을 등용해서 그릇된 사람 위에 앉히면, 그릇된 사람을 바르게 할 수 있느니라."
번지가 물러나와 자하를 만나 말하기를, "조금 전에 내가 스승님에게 지知에 대해 물었더니 '바른 사람을 등용해서 그릇된 사람 위에 앉히면, 그릇된 사람을 바르게 할 수 있다'라고 말씀하셨는데, 이 말이 무슨 뜻입니까?"

---

661 공악공오攻惡: 악한 마음을 다스려 없어지게 함. 특匿: 사악함.
※ 번지는 이미 공자로부터 仁에 대해 위 문장의 '先事後得'과 같은 뜻의 '先難後獲'이라는 답변을 들은 바 있다(옹야편 20장). 번지가 생활의 어려움에도 불구하고 공자를 따르면서 학문의 높은 단계를 물었다. 까닭에 공자는 '善哉'라 부르며 그를 칭찬하고 있다. 자로편 4장에서 설명한 好禮, 好義, 好信의 연장선상에서 공자는 번지에게 더욱 따뜻하게 가르침을 주는 내용이다.

자하가 말하기를, "얼마나 의미심장한 말씀이십니까. 순임금이 천하를 다스릴 때 많은 사람들 중에 고요皐陶를 뽑아 등용하자 바르지 못한 자들이 떠났고, 탕 임금이 천하를 다스릴 때 많은 사람들 중에 이윤伊尹을 뽑아 등용하자 바르지 못한 자들이 떠났던 것을 말씀하신 것 같습니다."662

23. 子貢이 問友한대 子曰, 忠告而善道之하되 不可則止하여 無自辱焉이니라.

자공이 벗에 대하여 묻자 공자께서 말씀하시기를, "충심으로 권고하여 바른 방향으로 인도하되 벗이 받아들이지 않으면 그만두어야 한다. 지나친 충고로 스스로를 욕되게 해서는 안 되느니라."

---

662 조錯: 배치하다. 왕枉: 굽은 것. 향鄕: 앞서, 아까. 부富: 원대하다, 의미심장하다. 고요皐陶: 순舜임금의 중신. 이윤伊尹: 탕湯 임금의 중신.

※ 옹야편 20장에는 번지가 공자에게 知와 仁을 묻고 공자가 이에 답변한 내용이 있다. 그런데 본 22장에서 똑같은 질문을 한 것은 앞 장에서 '崇德修慝辨惑'을 묻고 공자에게 칭찬을 받은 이후로 배움의 열정이 깊어졌기 때문으로 보인다. 공자가 전에는 번지에게 구체적으로 '務民之義, 敬鬼神而遠之'와 '先難而後獲'으로 답변해준 바 있는데, 이번에는 또다시 '지인知人'과 '애인愛人'의 비유를 들어 간략히 답변하고 있다. 번지는 애인과 지인을 별개로 보고 있는 듯하다. 즉 愛人은 두루 사랑하는 것이고 知人은 특정한 사람을 판단하고 알아보는 선택의 문제라고 인식하고 있기 때문일 것이다. 그런데 공자는 번지가 이해하지 못하자 각기 따로 설명하지 않고, '擧直錯諸枉, 能使枉者直'이라는 표현으로 그 둘이 결코 별개가 아님을 일깨운다. 하지만 번지는 그 뜻을 정확히 이해하지 못해 자하에게 보충적인 설명을 듣고자 한다. 그런데 자하는 이를 정확히 이해하여 위와 같이 번지에게 답변을 하고 있다. 즉 곧은 인물을 알아보고 이를 선택하여 등용하는 것은 지인의 능력이다. 그리고 등용된 곧은 인물로 인해 주변의 불인한 자들이 어진 자가 되거나 아니면 쫓겨나 멀리 간다면, 이것이야말로 곧 인의 실천이 된다는 의미이다. 다시 말해 지인을 통해 애인을 실현한 것이 된다는 설명인 것이다.

自辱, 則反帶累朋友, 所以不可. 若知四悉隨機, 方可自利利他.

'스스로를 욕되게 하다(自辱)'는 것은 곧 (지나친 충고를 하다가) 도리어 친구의 잘못에 말려들 수 있기 때문에 그렇기 하지 말라하고 한 것이다. 만약 근기에 따라 설하는 네 가지 실단(四悉檀)의 가르침을 안다면, 바야흐로 나도 남도 이롭게 할 수 있을 것이다.[663]

24. 曾子曰, 君子는 以文會友하고 以友輔仁이니라.

증자가 말하기를, "군자는 학문으로써 벗을 모으고, 벗과 함께함으로써 서로 인을 보완해야 한다."[664]

---

663 대루帶累: 연루되다, (남의 사건에) 말려들다. 사실수기四悉隨機: '四悉'은 '사실단四悉檀'을 의미하고, '隨機'는 사람들의 타고난 역량과 자질을 따른다는 의미이다. 따라서 '四悉隨機'는 사람들의 차별적인 근기에 따라서 네 가지 실단의 가르침을 설한다는 뜻이다.
 ※ 悉檀은 범어 'siddhānta'의 음역으로 성취成就·종宗·이理 등으로 번역된다. 사실단은 부처님이 중생을 인도하여 깨달음을 완성시키기 위해 제시한 교법을 네 가지 범주로 나눈 것으로, 곧 세계실단世界悉檀 · 각각 위인실단各各爲人悉檀 · 대치실단對治悉檀 · 제일의실단第一義悉檀을 가리킨다. 세계실단(= 樂欲悉檀)은 흔히 세간에서 통용되는 가르침을 설하여 중생을 즐겁게 하는 교설을 말하며, 위인실단(= 生善悉檀)은 중생들의 능력과 자질에 따라 각각 그들에게 적합한 가르침을 설하여 청정한 행위를 하도록 하는 것을 가리킨다. 대치실단(= 斷惡悉檀)은 중생들의 번뇌와 악업을 소멸시키는 가르침을 가리키며, 제일의실단(= 入理悉檀)은 진리를 바로 설하여 중생들을 깨달음에 들게 하는 가르침을 말한다. 이러한 실단에 대해서 천태의 지의는 悉은 두루 미친다는 의미의 '徧'으로, 檀은 널리 베푼다는 의미의 '단나(檀那 dāna, 施)'로 해석하고 있다.
664 벗은 나이와 관계없이 뜻이 같은 사람(同志)을 말한다. 따라서 군자의 벗이란 학문에 뜻을 둔 사람이어야 하고, 학이편 첫 장에서 말한 '自遠方來'할 수 있는 벗이 바로 군자의 벗이 된다. 위와 같은 증자의 말로 인해 흔히 공부하는 사람들의 모임을 '以文會'로 정하는 경우가 많다.

爲蓮故華, 以文會友也, 華開蓮現, 以友輔仁也.

연蓮은 연꽃을 피우기 때문에 연이 되는데, 이러한 이치가 '학문으로써 벗을 모은다(以文會友)'는 뜻이라 할 수 있다. 연꽃이 핌으로 인해 연의 실상이 밖으로 드러나게 되는데, 이러한 이치가 '벗과 함께함으로써 서로 인을 보완한다(以友輔仁)'는 뜻이라 할 수 있다.[665]

---

665 연은 연꽃을 피우기 때문에 연이라 불린다(爲蓮故華). 한편으로 연꽃으로 인해 연이라는 실상의 존재가 밖으로 드러나게 된다(華開蓮現). 지욱선사는 '위연고화爲蓮故華'의 이치를 '以文會友'의 뜻에 대비시키고, '화개연현華開蓮現'의 이치를 '以友輔仁'의 뜻에 대비시키고 있다. 여기서 '蓮'은 仁이라 할 수 있고, '華'는 文이라 할 수 있다. 이는 곧 仁을 바탕 해서 文이 표현되고, 반대로 인은 학문을 통해 밖으로 그 실상을 드러내게 된다는 설명이다. 나아가 인을 바탕 한 학문으로 인해 벗들이 모일 수 있게 되고, 그렇게 모인 벗들로 인해 인이 더욱 함양되고 깊어지게 된다는 설명이기도 하다.

제13 자로子路편⁶⁶⁶

1. 子路問政한대 子曰, 先之勞之니라. 請益한대 曰, 無倦이니라.

자로子路가 정치에 대해 묻자 공자께서 말씀하시기를, "앞서 솔선수범하여 수고하는 것이다." 조금 더 자세히 설명해주기를 청하자 공자께서 말씀하시기를, "그렇게 하는 데 게을리하지 않아야 한다."⁶⁶⁷

---

666 본 자로편은 자로가 정치에 대한 물음(問政)을 주제로 하여 선비들이 정사에 참여하는 자세와 내용을 적극적으로 담아내고 있다. 직접적으로 정사를 묻는 問政의 내용은 『논어』 전체를 통해 모두 9번이 언급되고 있다. 바로 안연편에서 5번, 자로편에서 4번이다. 안연편에서는 자공子貢, 제경공 齊景公, 자장子張이 각 한 번씩이고 계강자季康子가 두 번이다. 또한 자로편에서는 자로와 중궁仲弓과 엽공葉公과 자하子夏가 각 한 번씩 공자에게 정사를 묻는 내용으로 이뤄져 있다. 특히 본 편에서 다룬 공자의 정명론(3장)과 번지樊遲의 농사 관련 문답(4장), 선비론(20장), 교민敎民 (29장, 30장)의 내용 등은 유교의 지향점을 분명히 나타내고 있다.

667 공자는 13여 년이 넘는 주유철환 속에서도 끊임없이 위정자들에게 정치의 도를 설파하고 다녔으며 아울러 올바른 위정자를 키워내기 위하여 제자들 교육에 심혈을 기울였다. 말년에는 유학 사상과 체계를 집대성하여 위정자가 정사를 실행함에 지침으로 삼아야 할 내용을 종합적으로 정리하였다. 공자는 당대에 이미 학식과 덕망이 높은 성인으로 알려져 있었기에 많은 위정자와 제자들이 공자에게 정치에 대해 물었다. 자로 또한 마찬가지이다. 지로의 정치에 대한 물음에 공자는 '先之勞之, 無倦'이라고 말로 답변하고 있다. 자로는 '先之勞之'에 매우 적합한 인물이라 평가할 수 있다. '先之勞之'하면 자연스럽게 백성과 주변의 신망을 받게 된다. 자로는 공자를 수행하면서 정치의 구체적인 내용에 대해서는 이미 보고 듣고 배웠을 것이다. 공자는 자로에게 정치의 내용보다는 자로의 성정에 맞추어 위정자의 자세를 가르친 것이라 할 수 있다. 그런데 '先之勞之'라면 그 누구보다도 먼저 행할 자신이 있는 자로였기에 스승인 공자의 답변이 미흡했던지 자로는 스승에게 좀 더 구체적인 답변을 청하고 있다. 공자는 의욕이 지나친 자로가 조급히 많은 성과를 기대하다

先勞並去聲呼之. 先之, 創其始也, 勞之, 考其終也. 無倦, 精神貫徹於終始也. 卓吾云, 請益處便是倦根, 故卽以無倦益之.

'선先'과 '노勞'는 거성去聲으로 읽어야 한다.[668] '앞서 솔선수범한다(先之)'는 것은 그 시작을 앞장서서 실천한다는 의미이고, '수고한다(勞之)'는 것은 그 끝마침을 살핀다는 의미이다. '게을리하지 않아야 한다(無倦)'는 것은 정신을 기울여 일(政事)의 시작과 끝을 끝까지 잘 관철되도록 노력해야 한다는 의미이다.

이탁오는 "자로가 조금 더 설명해 주기를 청한 부분은 곧 게으름에 대한 근본이라 할 수 있다. 까닭에 곧 '게으르지 않아야 한다(無倦)'는 말로써 그를 이롭게 한 것이다."라고 하였다.

2. 仲弓이 爲季氏宰라 問政한대 子曰, 先有司요 赦小過하며 擧賢才니라. 曰, 焉知賢才而擧之리잇고. 曰, 擧爾所知면 爾所不知를 人其舍諸아.

중궁仲弓이 계씨季氏의 집사가 되어 정치에 대해 묻자 공자께서 말씀

중도에 실망할 것을 우려하여 꾸준히 열심히 하라는 뜻의 '無倦'이라는 말로 자로를 다시 일깨우고 있다.

668 거성去聲: 고대 중국어는 네 가지 발음으로 글자를 읽었는데, 이를 '사성(四聲: 평성平聲, 상성上聲, 거성去聲, 입성入聲)'이라 한다. 평성은 평평하여 높낮이가 없는 소리, 상성은 처음에는 낮게 계속하다가 차차 높아져서 가장 높게 되었다가 그치는 소리, 거성은 처음에는 높게 시작했다가 나중에 낮추어 버리는 음, 입성은 급히 끝을 막는 소리를 뜻한다.

하시기를, "먼저 담당자에게 일을 맡겨 처리하고, 그들의 작은 잘못은 용서해 주고, 우수한 인재를 등용해라."

중궁이 묻기를 "어떻게 우수한 인재를 알아보고 등용합니까?" 공자께서 말씀하시기를, "먼저 네가 알고 있는 자를 선발해라. 그렇게 하면 네가 알지 못하는 인재는 다른 사람들이 내버려 두겠느냐?"[669]

仲弓獨問擧賢才, 可謂知急先務.

중궁이 유독 훌륭한 인재의 천거에 대해 묻고 있는데, (이는 중궁이 인재의 천거가) 무엇보다 먼저 해야 할 급선무임을 잘 알고 있었다고 말할 수 있다.

3. 子路曰, 衛君이 待子而爲政하시나니 子將奚先이리잇고. 子曰,

---

[669] 중궁仲弓: 공자의 제자로, 덕행으로 좋은 평가를 받던 염옹冉雍을 가리킨다. 유사有司: 담당 관리.
※ 『논어』에서 중궁에 대한 평가는 여러 부분에서 언급되고 있다. 예컨대 '어질지만 아첨하는 말재주(佞)가 없는 것으로 소문났고(공야장편 4장), 공자로부터 제후의 자질이 있음을 칭찬 받았으며(옹야편 1장), 위정자가 취해야 할 자세인 '거경행간居敬行簡'을 정확히 분별할 정도로 학문적 수준이 높았고(옹야편 1장), 공자로부터 '산천이 결코 버리지 않을 것'이라는 격려를 들었다(옹야편 4장)'는 등등의 호의적 평가이다. 정사에 대한 중궁의 질문에 공자는 우선 직무를 직접 담당하는 일선의 중하위직 관리를 적재적소에 배치할 것을 가르친다. 아울러 담당 관리에게 직무 권한을 자율적으로 행사하도록 부여하되, 직무 수행과정에서 발생한 실수에 대해서는 일일이 굳이 징계하지 말도록 당부한다. 나아가 공자는 중궁으로 하여금 덕망 있고 유능한 인재를 발탁하여 윗사람에게 천거할 것을 가르친다. 신중한 성격의 중궁이 땅은 넓고 사람은 많은데 어떻게 일일이 인재를 가려낼 수 있을지 우려하며 공자에게 다시 한 번 인재들을 분별하여 발탁하는 방안에 대해 묻자, 공자는 중궁이 미처 발탁하지 못한 우수한 인재(賢才)는 다른 사람들이 가만 놔두지 않을 것임을 말하고 있다. 이러한 공자의 말은 옹야편 4장에서 이미 언급되고 있는 "얼룩소의 새끼가 붉고 뿔이 나 있으면, 사람들이 비록 쓰지 않더라도 산천이 그것을 가만 놔두겠느냐(犁牛之子, 騂且角, 雖欲勿用, 山川其舍諸)?"라는 가르침과 맞닿아 있다.

必也正名乎인저 子路曰, 有是哉라 子之迂也여 奚其正이리잇고. 子曰, 野哉라 由也여 君子於其所不知에 蓋闕如也이니라. 名不正이면 則言不順하고 言不順이면 則事不成하고 事不成이면 則禮樂不興하고 禮樂이 不興이면 則刑罰不中하고 刑罰이 不中이면 則民無所措手足이니라. 故로 君子名之인댄 必可言也에 言之인댄 必可行也이니 君子於其言에 無所苟而已矣니라.

자로가 말하기를, "위衛 나라 임금이 스승님께 국정을 맡긴다면 스승님께서는 무엇을 먼저 하시겠습니까?" 공자께서 말씀하시기를, "반드시 명분을 바로 세우겠다."

자로가 말하기를, "그렇습니까. 스승님께서는 세상 물정에 어두우십니다. 그것을 바로 세워 무엇 하시겠습니까?" 공자께서 말씀하시기를, "경솔하고 무례하구나. 유(자로)야! 군자는 자기가 모르는 것에 대해서는 입을 다무는 법이다. 명분이 바로 서지 않으면 말이 정연하지 않고, 말이 정연하지 않으면 일이 제대로 되지 않는다. 일이 제대로 되지 않으면 예악이 흥성하지 못하고, 예악이 흥성하지 못하면 형벌이 공정할 수 없다. 형벌이 공정하지 못하면 백성들은 손발을 어디에 두어야 할지 모르게 된다. 그러므로 군자는 명분을 세워 정연하게 말하고, 말한 것은 반드시 실행해야 한다. 군자는 함부로 말하는 법이 없어야 하느니라."[670]

---

[670] 위군衛君: 위나라 군주인 출공첩出公輒을 지칭함. 우迂: 멀다. 여기서는 '오'로 발음한다. 오활迂闊하다의 준말로 '세상물정에 어둡다'는 뜻. 야野: 경솔, 무례함, 야비함. 조措: 놓다.

人問王陽明曰, 孔子正名, 先儒說上告天子, 下告方伯, 廢輒立
郢, 此意如何. 陽明答曰, 恐難如此, 豈有此人致敬盡禮, 待我爲
政, 我就先去廢他, 豈人情天理耶. 孔子旣肯與輒爲政, 必輒已能
傾心委國而聽. 聖人盛德至誠, 必已感化衛輒, 使知無父之不可以
爲人, 必將痛哭奔走, 往迎其父. 父子之愛本於天性, 輒能痛悔眞
切如此, 蒯聵豈不感動底豫, 蒯聵旣還, 輒乃致國請戮. 聵已見化
於子, 又有孔子至誠調和其間, 當亦決不肯受, 仍以命輒, 群臣百
姓, 又必欲得輒爲君. 輒乃自暴其罪惡, 請於天子告於方伯諸侯,
而必欲致國於父. 聵與群臣百姓, 亦皆表輒悔悟仁孝之美, 請於天
子告於方伯諸侯, 必欲得輒爲君. 於是集命於輒, 使之復君衛國,
輒不得已, 乃如後世上皇故事, 尊聵爲太公, 備物致養, 而始自復
其位. 則君君, 臣臣, 父父, 子子, 名正言順, 一擧而可爲政於天下

※ 공자가 말한 正名은 '政은 正이다(안연편 17장)'라는 말과 함께 유가에서 정치를 나타내는 가
장 핵심적인 말이다. 위 문장은 앞서 술이편 14장에서 염구가 당시 위나라 군주인 첩輒의 요
청이 있을 경우, 스승인 공자가 과연 정사에 참여할 것인지를 동료인 자공에게 묻는 것과 같은
내용이다. 첩은 위 영공靈公에 의해 쫓겨난 태자인 괴외蒯聵의 아들로, 할아버지인 영공이 죽
자 아버지 괴외가 위나라로 돌아오는 것을 막고, 할아버지인 영공의 사당을 마치 죽은 아비를
모셔놓은 것(禰)처럼 하면서 제사를 지내고 군주의 자리를 계승하여 출공出公이 된 인물이다.
할아버지 사당을 마치 아버지 사당인 양 부르고, 살아 있는 아비를 마치 죽은 아비처럼 칭했으
니, 인륜을 천륜으로 여기는 공자에게는 도저히 용납될 수 없는 일이었다. 공자는 안연편 11장
에서 제경공의 '政'에 대한 질문에 "인군은 인군답고 신하는 신하답고, 아비는 아비답고 자식은
자식다워야 한다(君君臣臣父父子子)"고 답변한 바 있다. 공자는 아버지를 아버지로 여기지
않았던 출공첩의 정사에 처음부터 참여할 생각이 없었다. 더욱이 당시 공자는 67세로서 13여
년의 주유철환을 마무리할 때이다. 그러나 현실 정치 참여 욕구가 강했던 염구와 자로는 공자의
이러한 입장을 이해하지 못하여 공자가 위나라 정사에 참여할 의사가 있는지를 궁금해했다. 다만
직설적인 자로는 공자에게 직접 물은 반면에 염구는 자공을 통해 간접적으로 물었던 것이다.

矣. 孔子正名, 或是如此.

　사람이 왕양명에게 묻기를, "공자께서 말씀하고 있는 '正名'에 대해서 앞선 선비들이 말하기를, '위로는 주나라 천자에게 고하고, 아래로는 많은 지방 제후들에게 알려서 첩輒을 쫓아내고 아우인 영郢을 임금으로 세우려고 하는 것'이라고 하는데, 이와 같은 의미의 해석에 대해서 어떻게 생각하십니까?"[671]

　왕양명이 대답하기를, "아마 그러한 해석은 좀 곤란하지 싶습니다. 어찌 군주(위나라 임금 출공첩)가 지극한 공경으로 예의를 다하면서 자신(공자)에게 정치를 맡기려 하는데, 자신이 바로 먼지 그(輒)를 쫓아낼 수 있겠습니까! 어찌 그렇게 하는 것이 인정이고 하늘의 순리이겠습니까? 공자께서 이미 첩을 위하여 정치를 맡기로 하셨다면, 반드시 첩도 이미 마음을 기울여 나라를 맡기고 공자의 의견을 청취했을 것입니다.

　성인(공자)의 훌륭한 덕과 지극한 정성으로 반드시 이미 위나라 첩을 감화시켜서 아버지가 없이는 사람 노릇도 할 수 없다는 것을 깨닫게 하고, 반드시 장차 통곡하며 달려가서 그의 아버지(영공)를 맞이하도록 하

---

671 선유先儒: 여기서 선유는 곧 호안국胡安國과 주자를 지칭하는 것으로 이해된다. 왜냐하면 그들이 바로 공자가 말한 '正名(바른 명분)'을 '위로는 주나라 천자에게 고하고, 아래로는 많은 지방 제후들에게 알려서 첩輒을 쫓아내고 아우인 영郢을 임금으로 세우는 것'으로 이해하고 있기 때문이다. 다시 말해 호안국과 주자는 바른 명분을 정의로 이해하여, 정당하지 못한 군주와 정치세력을 여론과 무력으로 쫓아내는 일이야말로 정의를 회복하는 정명의 실천으로 이해하고 있다.

※ 본 글은 왕양명의 철학어록이라 할 수 있는 『전습록(傳習錄)』에 실려 있는 내용이다. 『전습록』 상권에는 명나라 시대에 진사의 벼슬을 지냈던 육징(陸澄: 425~494)이 공자의 정명 사상에 대해 왕양명에게 묻고 답하는 본 내용의 글이 실려 있다.

381

셨을 것입니다. 아버지와 아들간의 사랑은 천성에 근본하고 있습니다. 첩이 이와 같이 아프게 뉘우치고 진심으로 간절하게 대한다면, 괴외(蒯聵: 첩의 아버지)인들 어찌 감동하여 좋아하지 않을 수 있겠습니까? 괴외가 이미 돌아오게 된다면, 첩도 바로 나라를 아버지에게 바치며 처벌을 자청하게 될 것입니다. 괴외가 이미 자식(첩)에게 감화되고 또한 공자께서 그들 부자 사이를 지극한 정성으로 화해시키고 계시니, 마땅히 또한 결코 군주의 자리를 수용하지 않고 예전대로 첩으로 하여금 군주의 자리를 지키도록 시켰을 것입니다. 여러 신하들과 백성들 역시 반드시 첩이 군자가 되기를 바랐을 것입니다.

  첩은 그 자신의 죄악을 스스로 드러내면서 주나라 천자에게 간청하고 방백(지방 관찰사)과 제후들에게 고하여 반드시 나라를 아버지에게 되돌려 드리고자 하였을 것입니다. (첩이 이렇게 한다면) 괴외와 군신, 그리고 백성들 역시 첩이 잘못을 후회하고 인효仁孝를 깨달아 아버지께 임금 자리를 바쳤다는 아름다운 일을 널리 알리면서, 첩을 임금으로 앉히려고 천자에게 간청하고 방백과 제후에게 고하여 반드시 첩을 다시 군주로 삼으려고 할 것입니다. 그렇게 한다면 천자는 첩에게 명을 내려 그로 하여금 위나라 군주로 복귀하도록 하였을 것입니다. 첩도 어쩔 수 없이 이내 뒷날 아들에게 황제 자리를 물려주고 물러나는 것처럼 괴외를 태공으로 높이 받들어 온갖 물품을 갖추어 봉양해 드린 다음에야 비로소 다시 그 군주의 자리에 앉게 될 것입니다.[672]

---

672 본 왕양명이 언급하고 있는 내용은 위나라 태자 첩輒을 폐위하고 영郢을 세우려던 이야기(廢輒立郢)를 주 내용으로 공자의 정명 사상이 설명되고 있음을 알 수 있다. 첩과 그의 아버지 괴외 간

그렇게만 된다면 임금은 임금답게, 신하는 신하답게 아버지는 아버지답게, 자식은 자식답게 될 것입니다. 명분도 바르게 되고 여론도 순조롭게 되어 단 한 번에 천하에 정치가 제대로 행해지게 될 것입니다. 공자께서 말씀한 정명은 혹여 바로 이와 같은 뜻일 것입니다."[673]

4. **樊遲請學稼한대 子曰, 吾不如老農호라 請學爲圃, 曰, 吾不如老圃호라 樊遲出커늘 子曰, 小人哉라 樊須也여 上이 好禮하면 則民莫敢不敬하고 上이 好義하면 則民莫敢不服하고 上이 好信하면 則民莫敢不用情이니 夫如是면 則四方之民이 襁負其子而至矣리니 焉用稼이리요.**

에 벌어졌던 군주자리 다툼의 내용을 간략히 설명하면 이렇다. 위나라 영공(衛靈公)의 부인 남자南子가 음탕하였기에 태자 괴외蒯聵가 남자를 죽이려고 하였으나, 실패하여 진晉나라로 도망갔다. 위 영공과 남자는 후에 공자公子 영郢을 임금에 앉히려고 하였으나 공자 영이 사양하고 취임하지 않았다. 위 영공이 세상을 떠난 뒤에 남자는 도망간 괴외의 아들 첩을 임금에 앉히고 아버지 괴외가 돌아오지 못하도록 막으라고 시켰다. 12년 뒤에 괴외가 진晉나라 대부 조앙趙鞅의 도움을 받아 위나라 정권을 되찾았고, 대부 공리孔悝가 괴외를 임금으로 세워 괴외는 위 장공衛莊公이 되었다. 그의 아들 첩은 다른 나라로 도망가서 4년 동안 머물렀다. 위 장공 괴외는 3년 뒤에 진나라 군대에 피살되었다. 위나라는 임금이 3번 바뀌는데 첩이 제齊나라에서 돌아와서 다시 임금이 되어 9년을 통치하였다. 나중에 자로는 대부 공리를 구하려다가 전쟁터에서 죽고 말았다.

673 저예底豫: 기뻐함에 이르다. 곧 기뻐하다. 청륙請戮: 죽음의 형벌을 자청하다. 방백方伯: 지방 관찰사. 집명集命: 명을 내리다. '集'은 내리다의 뜻.

※ 왕양명은 공자가 말하는 정명正名을 성인이 성덕盛德에서 우러나와 죄인이나 사람들과 소통하고 공감하며 지성至誠을 다하여 죄인을 감화시키고 죄인이 회개하여 인륜을 회복하는 것으로 이해하고 있는 듯하다. 한마디로 정명이 무력이나 형벌, 여론을 앞세워 외적으로 정의를 실행하는 것이라기보다는, 성인이 '盛德至誠'의 감화로 사람들의 잘못을 일깨워 바로잡고, 세상의 질서를 바르게 회복시키는 것으로 이해하고 있는 것이다.

번지樊遲가 농사짓는 법을 가르쳐 달라고 청하자 공자께서 말씀하시기를, "나는 늙은 농부만 못하다." 다시 채소 재배법을 가르쳐 달라고 청하자 공자께서 말씀하시기를, "나는 채소 재배하는 늙은 농부보다 못하다."

번지가 나가자 공자께서 말씀하시기를, "번지는 소인이구나. 윗사람이 예를 좋아하면 백성들은 감히 그를 공경하지 않을 수 없고, 윗사람이 의를 좋아하면 백성들은 감히 복종하지 않을 수 없으며, 윗사람이 신의를 좋아하면 백성들은 감히 진심을 다하지 않을 수 없게 된다. 무릇 이렇게 하면 사방의 백성들이 자식을 등에 업고서라도 찾아올 것인데 농사법을 배워서 무엇 하겠느냐?"[674]

---

674 가稼: 곡식을 심다. 포圃: 채소를 가꾸다. 강부襁負: 포대기에 싸서 업다.

※ 번지는 공자의 수레를 직접 몰 정도로 누구보다도 공자를 근거리에서 모시며 가르침을 받던 제자이다. 하지만 번지는 머리가 그렇게 지혜롭고 똑똑한 편은 못되었던 것 같다. 『논어』에는 번지와 관련된 공자와의 문답이 모두 7번 나오는데, 대부분은 공자의 가르침을 한 번에 알아듣거나 그 뜻을 깊이 있게 이해하지 못한 것으로 표현되고 있기 때문이다. 번지가 비록 공자를 직접 모시며 가르침을 듣는 제자이긴 하였으나, 공자의 가르침을 이해하고 실행하는 제자 반열에 들지도 못하고 또한 출사할 능력도 갖추지 못했던 것이다. 가난과 고생을 견디지 못한 번지는 마침내 생계를 위해 농사를 짓겠다며 스승인 공자에게 농사법을 묻고 있다. 자한편 6장에서는 스승인 공자가 이웃 나라로부터 '성인이신가? 어찌 그리 재능이 많으신가(聖者與, 何其多能也)?'라는 평가를 받고 있는 내용이 있다. 까닭에 제자들도 스승인 공자가 모르는 것이 없는 다재다능한 분이라고 여겨 번지가 이 같은 질문을 한 것으로 보인다. 공자의 가르침인 유가사상의 핵심은 孝弟忠信의 修身齊家와 위정자로서의 治人에 관한 철학이라 할 수 있다. 그 궁극적인 목표 역시 덕치와 위민정치를 통한 소강小康사회와 대동大同세상의 실현이라 할 수 있다. 공자는 실제로 이를 세상에 전파하기 위해 십수 년의 주유철환의 고생을 마다하지 않았다. 그런데 번지는 전혀 엉뚱한 질문을 하고 있다. 이에 공자는 다른 제자들에게도 경각심을 주려는 의도에서 번지를 '小人'이라 질책하는 한편, 제자들에게 다시 한 번 위정자로서의 갈 길을 일깨우고 있는 것이다.

寧爲提婆達多, 不爲聲聞緣覺. 非大人, 何以如此.

차라리 제바달다提婆達多가 될지언정 성문과 연각승이 되어서는 안 된다. 대인이 아니라면 어찌 이와 같이 실천할 수 있겠는가?[675]

5. 子曰, 誦詩三百하되 授以之政에 不達하며 使於四方에 不能專對하면 雖多사 亦奚以爲리요.

공자께서 말씀하시기를, "『시경(詩經)』의 시를 삼백 편이나 외워도 정사

---

675 제바달다提波達多: 붓다의 사촌이었던 석가족 출신의 사문 데바닷다(Devadatta)를 지칭한다. 그는 붓다의 첫 번째 후원자인 마가다국 빔비사라 왕의 아들 아사세와 공모하여 붓다의 교단에 반역을 꾀하였던 인물이다. 붓다를 시해하기 위해 바위를 굴려 떨어뜨리고, 술 취한 코끼리를 풀어 달려들게 하는 등, 극악무도한 대표적 악인으로 전해지고 있다. 후세 기록에는 이러한 악행으로 인해 산 채로 무간지옥에 떨어진 것으로 기록하고 있다. 성문연각聲聞緣覺: 곧 성문승聲聞乘과 연각승緣覺乘을 가리킨다. 대승불교에서는 성문승(聲聞乘: 부처님의 교설의 가르침을 듣고 깨달음을 이루고자 하는 것), 연각승(緣覺乘: 혼자서 진리에 대한 통찰을 통해 깨닫는 것), 보살승(菩薩乘: 위로는 진리를 구하고 아래로는 중생의 구원을 통해 깨달음을 이루는 나가는 것) 등의 3가지 승(三乘)을 교설한다. '乘'은 배를 타고 바다를 건너듯이, 수행자가 진리의 깨달음을 통해 이 사바세계에서 저 피안의 세계로 건너가는 수행의 차별적인 방법과 수단을 의미한다. 성문승은 붓다의 4성제(四聖諦: 苦集滅道)에 대한 가르침을 직접 듣고 깨달음을 얻는 수행자를 가리킨다. 연각승은 독각獨覺, 벽지가불辟支迦佛이라고도 부르며, 12인연(十二因緣)의 법문을 스스로 통찰하여 깨달음을 성취해 가는 수행자를 지칭한다. 보살승은 대승불교를 실천하는 대표적인 수행승으로 자리이타自利利他를 원력으로 하여 6바라밀의 법문을 실천하며 성불을 위해 수행하는 수행자를 통칭한다. 지욱선사는 공자로부터 '小人'이라는 지적을 받는 번지의 행위가, 마치 대중의 교화와 사회적 봉사를 외면하고 오로지 개인적인 깨달음만을 먼저 생각한다는 성문과 연각승과 닮아 있음을 비판하는 것 같다. 한편으로 다시 생각해야 할 부분은 지욱선사처럼 붓다의 가르침을 수순하여 수행하는 수행자를 성문, 연각, 보살승으로 분류하여 오직 보살승만이 가장 수승하고 합당한 수행자로 이해하고 강조하는 것은 어디까지나 후세의 대승불교를 주장하는 사람들의 주장에 지나지 않음을 알아야 한다. 붓다는 결코 그러한 분류를 하지 않으셨다.

를 제대로 하지 못하고, 사방의 외국에 사신으로 나가서 제대로 대응하지 못한다면 외운 시가 많다 한들 무슨 소용이 있겠는가?"[676]

誦詩者, 思之.

『시경』의 시를 읽고 공부하는 사람들은 그 뜻을 사유해야만 한다.

6. 子曰, 其身이 正이면 不令而行하고 其身이 不正이면 雖令不從이니라.

공자께서 말씀하시기를, "지도자의 몸가짐이 바르면 명령을 하지 않아도 행해지고, 몸가짐이 바르지 않으면 명령을 해도 사람들이 따르지 않느니라."[677]

---

[676] 『시경』은 고대 중국의 시가를 모아 엮은 오경(五經)의 하나로, 본래는 3,000여 편이었다고 전하나 공자에 의해 305편으로 간추려졌다. 『사기』에 의하면 공자가 311편을 가려냈다 하나 이 중 여섯 편은 제목만 전한다. 공자는 위정편 제2장에서 『시경』에 실린 시들을 가리켜 "한마디로 정리해서 말한다면, 사특함이 없다(一言以蔽之, 思無邪)."라고 정의하며 제자들에게 특별히 공부하도록 권면하였다. 또한 공자는 학이편 15장과 팔일편 8장 등에서 공부가 일정 수준에 오른 제자들에 대해서 "비로소 더불어 시를 말할 수 있구나(始可與言詩已矣)."라고 칭찬할 만큼 시에 대한 공부를 중요시하였다. 이렇듯 공자가 제자들에게 시에 대한 공부를 강조한 이유를 유추할 수 있는 내용이 바로 양화편 9장의 "시는 감흥을 일으키며, 사물을 통찰하게 하며, 무리와 어울리게 하며, 불의를 원망하게 하며, 가까이는 어버이를 섬기게 하며, 멀리는 인군을 섬길 수 있게 하며, 새와 짐승, 초목의 이름에 대하여 많이 알게 한다(詩, 可以興, 可以觀, 可以群, 可以怨, 邇之事父, 遠之事君, 多識於鳥獸草木之名)."라는 내용이다. 시를 읽고 그 뜻을 사유함으로서 얻게 되는 이로움을 구체적으로 적시하고 있는 내용이라 할 수 있다.

[677] 공자의 기본적인 철학과 사상은 군주와 경대부 등의 위정자들에게 해당하는 내용이 주를 이룬다.

7. 子曰, 魯衛之政은 兄弟也로다.

공자께서 말씀하시기를, "노魯나라의 정치와 위衛나라의 정치는 형제처럼 차이가 없구나."[678]

8. 子謂衛公子荊하되 善居室이로다 始有에 曰, 苟合矣라 하고 少有에 曰, 苟完矣라 하고 富有에 曰, 苟美矣라 하니라.

공자께서 위나라 공자 형荊에 대하여 평하시기를, "그는 집안 살림을 잘 관리하였다. 처음 재산을 모았을 때 '그런대로 족하다'라고 말했고, 조금 더 재산이 늘어나자 '그런대로 다 갖추었다'라고 말했고, 더욱 재산이 늘어 부유하게 되자 '그런대로 보기에 좋게 되었다'라고 말했느니라."[679]

『대학』의 '수신제가치국평천하修身齊家治國平天下'는 이를 가장 잘 집약하고 있는 구절이라 할 수 있다. 위정자의 '수기치인修己治人'은 공자가 제시한 정치 철학임과 동시에 사상이라고 해도 과언이 아니다.

678 노나라는 주나라 문왕의 넷째 아들 주공이 세운 나라이다. 주공은 아들 태공에게 노나라를 다스리게 하고 주공은 주나라 조정에 남아 형 무왕을 도우며 주나라의 국가기틀을 확립하는 데 주력하였다. 위나라는 주나라 문왕의 일곱째 아들 강숙康叔이 세운 나라이다. 두 나라는 뿌리가 같은 형제의 나라 할 수 있다. 그런데 노나라는 대부인 계손씨가 군주인 소공昭公을 쫓아내고는 정공定公을 세웠고(기원전 509년), 이로부터 노나라는 계씨 가문이 권력을 장악하여 국정을 농단하였다. 위나라의 경우, 영공靈公의 아들인 괴외(蒯聵= 莊公)와 괴외의 아들인 첩(輒= 出公), 곧 부자 사이에 군주 자리를 놓고 권력 투쟁이 벌어졌었다. 같은 뿌리에서 나온 노나라와 위나라 양국에서 벌어지는 권력 쟁탈전으로 인해 양국이 모두 국정농단으로 국력이 급격히 쇠퇴하기에 공자가 '두 나라의 정사가 형제같이 닮았다'고 탄식하고 있는 것이다.

679 형荊은 위나라 헌공의 서자로 겸손하고 검소했다고 평가받던 인물이다. 보통 춘추 시대 각 제후국

9. 子適衛하실새 冉有僕이러니 子曰, 庶矣哉라. 冉有曰, 旣庶矣어든 又何加焉이리잇고. 曰, 富之니라. 曰, 旣富矣어든 又何加焉이리잇고. 曰, 敎之니라.

공자께서 위나라에 가실 적에 염유가 수레를 몰았다. 공자께서 말씀하시기를, "사람이 참 많구나." 염유가 말하기를, "사람이 많아지면 무엇을 추가해야 합니까?" 공자께서 말씀하시기를, "생활을 넉넉하게 해주는 것이다." 염유가 말하기를, "생활이 넉넉하게 되었다면 무엇을 더 해야 합니까?" 공자께서 말씀하시기를, "교육하는 것이니라."680

의 대부들은 부를 축적하여 이를 바탕으로 군사를 갖추어 자신의 영향력을 확대하고 권세를 행사하는 것을 최고의 목표로 삼았다. 그리고는 예와 법도를 무시한 채 사치스럽게 꾸며 자신의 위세를 자랑하였다. 이에 따라 제후국들 간에 또는 경대부 가신들 간에는 권력 쟁탈이 빈번하게 발생하곤 하였다. 그러나 공자 형은 그러한 권력 확대를 추구하지 않고, 부족하면 부족한 대로 넉넉하면 넉넉한 대로 예와 법도를 지키며 절도 있는 생활을 하였다. 까닭에 거백옥蘧伯玉, 사어史魚 등(위 영공衛靈公편 제6장)과 더불어 공자에게 모범적인 인물로 평가받았다.

680 공자는 위나라를 방문하면서 규모와 자연 자원에 비해 인구가 의외로 많은 것을 보고는 위정자가 '정사를 잘 한다'고 생각했던 것 같다. 이에 놀라는 표정으로 "백성들이 정말로 많구나(庶矣哉)!"라고 말했다. 정사의 구체적인 방안을 알고 싶던 염구는 스승에게 정사를 더 잘 하려면 어떻게 해야 하는지를 묻고 있다(何加焉). 염구의 질문에 공자는 요순임금 시절 이래로 성군이라 불리는 인군들이 가장 힘써 왔던 '박시제중博施濟衆', 즉 백성들에게 널리 베풀어 구제함과 아울러 '민이식위천民以食爲天', 즉 백성들은 먹는 것으로써 하늘을 삼는다는 것을 다시금 강조하는 차원에서 '富之'라는 원론적인 답변을 하고 있다. 이에 염구는 백성을 부하게 한 다음에는 '반드시 국방을 튼튼히 하는 강병책에 힘써야 하는 것이 당연한 순서가 아닐까?' 하는 자신의 생각을 바탕으로 그 다음의 실천을 묻고 있다. 그러나 공자는 염구의 생각과는 달리 '백성에 대한 교육(敎之)'을 언급하고 있다. 교육이야말로 백성들의 삶을 바르게 이끌 수 있는 훌륭한 정치적 실천임을 일깨우는 언급이라 할 수 있다.

卓吾曰, 一車問答, 萬古經綸.

이탁오는 "하나의 수레를 몰면서 공자와 염유가 주고받은 문답은 만고의 국정에 대한 경륜이다."라고 하였다.

10. 子曰, 苟有用我者이면 期月而已라도 可也이니 三年有成이리라.

공자께서 말씀하시기를, "만약 나를 등용해 주는 사람이 있다면, 일년이면 웬만큼 괜찮아질 것이고, 삼 년이면 성과가 있을 것이다."[681]

者才不是說眞方, 賣假藥的.

등용해 줄 수 있는 군주에게 능력을 펼칠 수 있는 진정한 방법을 다 설명하지 않은 것이니, 가짜 약을 판 것이라 할 수 있다.[682]

---

681 기월朞月: 1주년

※ 공자는 현실 정치 참여를 표방하고 기회가 닿으면 언제든지 정치 참여를 시도하였다. 여기서 '유용아有用我'는 공자의 적극적인 정치 참여 의사를 나타낸 것이라 볼 수 있다. '일 년이면 웬만큼 이루고 3년이면 온전히 이루어 놓겠다(朞月可, 三年有成)'는 공자의 말은, 노나라 정공(定公: 기원전 509~495년 재위) 때 51세의 공자가 중도 지역의 재상으로 발탁되어 1년 만에 큰 치적을 이루고 또한 56세에 사임할 때까지 중앙 정부에서 이룩한 성과를 염두에 둔 자신감 있는 말이라 할 수 있다.

682 공자는 자신이 등용되면 구체적으로 어떻게 정치적 역량을 펼칠 것인가를 다 밝히지 않고, 대략적인 시기만을 말하고 있다. 이에 대해 지욱선사는 공자가 가짜 약을 팔고 있는 것이라고 말한다. 아직 자신을 등용해 줄 군주가 누구인지를 알지 못하는 상태이기에 자신이 구체적으로 어떻게 정치

11. 子曰, 善人이 爲邦百年이면 亦可以勝殘去殺矣라 하니 誠哉라 是言也여.

공자께서 말씀하시기를, "선한 사람이 백 년 동안 나라를 다스리면 잔악한 사람들이 없어져서 사형을 할 일도 없어질 것이라고 했는데, 참으로 옳은 말이다."[683]

深痛殺業, 深思善人.

살생에 대한 행위를 깊이 아파하고, 선업을 실천하는 선인에 대해 깊이 숙고해야만 한다.

12. 子曰, 如有王者라도 必世而後仁이니라.

적 역량을 발휘할 것인지를 말하지 않고, 군주에게 자신의 정치적 역량이 '이 정도이다'라는 홍보용 언급만을 하고 있다는 해석이다.

683 위방爲邦: 나라를 다스리다. 승잔勝殘: 잔악한 사람을 교화하여 악한 일을 못하게 하다. 거살去殺: 사형을 하지 않다.

※ 공자 당시는 약육강식의 전국시대로 막 접어들 무렵이었다. 주공이 토대를 쌓은 예악에 바탕한 국가 기강과 질서는 무너져버렸고, 신하가 주군을 죽이고(臣弑其君) 자식이 군주인 아버지를 시해하는(子弑其父) 등의 인간의 가장 기본적인 인륜마저 저버리는 패륜적인 행위가 횡행하였다. 당연히 공자가 추구하던 위민정치와 덕치는 찾기 힘든 지경이 되었다. 이러한 시대 상황이었기에 공자는 백성을 위해 덕치를 실천할 수 있는 성군이 쉽게 나타나지 않는다고 보았던 것이다. 공자가 선인으로 생각한 기존의 인물은 요순임금, 하나라 우왕, 은나라 탕왕, 주나라 문왕과 무왕, 그리고 주공 등이라 할 수 있다. 공자는 이러한 성군들처럼 당시의 살육이 횡행하던 어지러운 시대를 덕치로 안정시키고, 백성들이 시대적 혼란함 속에 죄를 지어 죽음을 당하는 불행한 삶에서 벗어나게 해줄 성군의 등장을 희망했던 것이다.

공자께서 말씀하시기를, "비록 참된 왕이 나타나 세상을 다스려도 한 세대가 지나야 인덕이 행해지는 세상이 될 것이다."[684]

可見五濁甚難化度.

다섯 가지로 오염된 세상과 사람들을 교화하여 제도하기 어렵다는 것을 볼 수 있다.[685]

13. 子曰, 苟正其身矣면 於從政乎에 何有이며 不能正其身이면 如正人에 何오.

공자께서 말씀하시기를, "진실로 자신의 행동을 바르게 한다면, 정치

---

684 왕자王者: 왕도로 세상을 다스리는 성왕. 세世: 한 세대, 30년.
 ※ 공자는 비록 선왕의 도를 이어받아 덕치와 위민정치를 실행하는 성왕(王者)이라 하더라도, 인덕이 행해져 그 성과가 나타나려면 최소 30년이라는 한 세대에 걸친 선정이 실천되어야 함을 말하고 있다. 덕치의 결과로 나라에 인덕이 행해지는 것이 그만큼 어렵고 긴 시간이 필요한 것임을 일깨우고 있다.
685 오탁五濁: '五濁'은 곧 겁탁劫濁, 명탁命濁, 중생탁衆生濁, 견탁見濁, 번뇌탁煩惱濁 등을 말한다. 대승불교에서 주장하는 교설로, 부처님이 가르치신 정법이 쇠퇴해지는 말세가 되면 나타나게 되는 되는 다섯 가지 혼탁함, 또는 그러한 다섯 가지 혼탁한 세상(五濁惡世)을 가리킨다. '濁'은 범어로 kaṣāya인데 곧 오염, 부패, 타락을 의미한다. 겁탁은 세상이 기근, 질병, 전쟁 등으로 인해 오염되어 혼탁함을 말하고, 명탁은 인간의 수명이 빈번한 전쟁, 기아, 사고, 자연재해, 바이러스, 질병 등으로 인해 타고난 천명을 다 살지 못하고 단명하는 혼탁함을 말하며, 중생탁은 사람들의 타고난 자질과 성향이 저열하고 어리석어 인간이 지켜야 할 기본적인 윤리 도덕조차 잘 지키지 않는 저열한 중생들이 많아지는 혼탁함을 말한다. 또한 견탁은 사람들이 종교, 이념, 가치, 윤리 등의 특정한 견해에 오염되어 집착하고 다투는 혼탁함을 말하고, 번뇌탁은 인간들이 탐욕, 성냄, 어리석음 등의 삼독심과 같은 치성한 마음의 번뇌로 오염되어 혼탁함을 말한다.

를 하는 데 무슨 어려움이 있겠는가? 자신의 행동을 바르게 하지 못한다면, 어떻게 다른 사람을 바르게 할 수 있겠는가?"[686]

不正身之人, 難道不要正人耶, 故以此提醒之.

자신을 바르게 하지 못하는 사람이 다른 사람을 바르게 할 수 있겠는가? 그러므로 이러한 말씀으로 깨우치고 있는 것이다.[687]

14. 冉有退朝어늘 子曰, 何晏也이오 對曰, 有政이러이다. 子曰, 其事也로다 如有政인대 雖不吾以나 吾其與聞之니라.

염유冉有가 관청에서 물러나오자 공자께서 말씀하시기를, "어찌하여 늦었는가?" 염유가 대답하기를, "정사에 관한 일이 있었습니다."
 공자께서 말씀하시기를, "(아마도 계씨가의) 사적인 일이었겠지. 만일 정사에 관한 일이었다면 비록 내가 현직에 있지는 않지만, 나도 참여하여 들었을 것이다."[688]

---

686 종정從政: 정치를 하다.
　※ 위정자의 가장 기본적인 덕목인 '修己治人'을 말하고 있다. 『대학』에 나오는 '修身齊家治國平天下'라는 말과 일맥상통하는 말이다. 비슷한 내용이 자로편 6장과 안연편 17장에서 언급되고 있다. 군주를 비롯해 경대부 가신 등을 포함한 위정자들이 무엇보다 먼저 자신을 바르게 하고, 정의롭게 해야 함을 가르치고 있는 내용들이다.
687 난도難道: 설마 ~하겠는가?
688 안晏: 늦다. 염유冉有: 공자의 제자 염자(冉子, 冉求로도 불린다)로, 노나라 계씨의 가신으로 있었다.

卓吾曰, 一字不肯假借, 如此.

이탁오는 "한 글자도 핑계(구실)를 댈 수 없을 때가 이 같은 경우일 것이다."라고 하였다.[689]

15. 定公이 問, 一言而可以興邦이라 하니 有諸리잇고. 孔子對曰, 言不可以若是其幾也이어니와 人之言에 曰, 爲君難하며 爲臣不易라 하나니 如知爲君之難也인댄 不幾乎一言而興邦乎리잇고. 曰, 一言而喪邦이라 하니 有諸리잇고. 孔子對曰, 言不可以若是其幾也이어니와 人之言에 曰, 予無樂乎爲君이요 唯其言而莫予違也라 하나니 如其善而莫之違也인댄 不亦善乎리잇고 如不善而莫之違也인댄 不幾乎一言而喪邦乎리잇고.

노나라 정공定公이 묻기를, "한마디로 나라를 흥하게 할 수 있다고 하는데, 그런 말이 있습니까?" 공자께서 답하시기를, "말이란 한마디로 표현할 수 있는 것은 아닙니다만, 세인들이 말하길 '임금 노릇하기도 어렵고 신하 노릇하기도 쉽지 않다'고 합니다. 임금 노릇하기가 어렵다는 것

※ 염유는 계씨 가문의 가신으로 일하면서도 스승인 공자에게 꼬박꼬박 문안 인사를 다녔다. 하루는 평소보다 문안 인사가 늦자, 공자가 늦은 이유를 묻고 있다. 염유는 공자가 계씨 가문에서 일하는 자신을 마땅치 않게 여기는 것을 익히 알고 있었기에 스승의 물음에 솔직히 답변하지 못하고 정사로 늦었다고 거짓으로 답한다. 이에 공자는 염유의 변명을 질책하며 '政'과 '事'의 개념을 다시금 분명하게 일깨우고 있다.

689 가차假借: 빌다, 차용하다, 구실 삼다.

을 깨닫는다면, 나라를 흥하게 할 수 있는 한마디 말이 아니겠습니까?"

노나라 정공이 다시 묻기를, "한마디의 말로 나라를 망하게 할 수 있는 말이 있습니까?" 공자께서 답하시기를, "말이란 한마디로 표현할 수 있는 것은 아닙니다만, 세인들이 말하길 '임금 노릇처럼 즐거운 것이 없다. 내가 말하면 따르지 않는 사람이 없다'라고 하는데, 그 말이 옳은 때 따르지 않는 사람이 없다면 정말 좋은 일이나 그 말이 옳지 않은데도 따른다면 나라를 망하게 하는 한마디 말이 아니겠습니까?"[690]

四個幾字一樣看, 皆是容易之意. 傳曰, 幾者, 動之微, 知幾其神. 可以參看.

네 개의 '기幾'자는 동일한 의미로 봐야 한다. 모두 용이하다는 뜻이

---

690 저諸: 여기서는 어조사로 '저'로 발음. 기幾: 가깝다(近)의 뜻.

※ 노나라 정공(定公, 재위 기원전 509년~495년)은 제26대 군주로 계손씨(계평자)가 소공昭公을 축출하고 소공의 아들인 공연公衍 대신에 군주로 세운 인물이다. 정공 5년에 계평자가 죽고 아들인 계환자가 계씨 가문을 잇자, 계평자의 가신이었던 양호陽虎가 권력을 장악하였다. 정공 9년, 계환자와 양호의 권력투쟁 끝에 양호가 쫓겨나면서 계환자가 노나라의 권력을 장악하였으나 정사를 전횡하는 정도는 아니었다. 정공은 삼환씨의 권력 공백기를 기회로 군주의 권력 기반을 강화하기 위해 사대부들에게 신망을 받고 있던 공자를 중도의 재상으로 발탁하였다 (정공 9년, 기원전 501년). 공자는 정공의 뜻을 받들어 삼환씨의 도성 중 2개를 허물고, 제나라와의 협곡회담을 통해 잃어버린 땅을 회복하는 등 큰 공적을 이루었다. 이때 공자는 정공에게 많은 정치적 자문을 해주었다. 정공의 물음에 대한 공자의 답변 요지는 군주의 말이 '善'할 경우는 별 문제가 없지만, 군주의 말이 善하지 않음에도 이를 어기지 말라고 하여 신하와 백성들이 따르게 된다면, '아첨하는 말'이 난무하여 결국은 나라를 망하게 할 수 있다는 뜻이다. 또한 공자의 답변에는 첫째로 정공이 善한 말을 하도록 충간하는 뜻이 있으며, 둘째는 아첨하는 신하를 두지 않기 위해선 정공이 인재를 잘 발탁하여야 한다는 뜻도 함축하고 있다.

다. 『주역』 「계사하전(繫辭下傳)」에서 "'기幾'라는 것은 움직임이 은미함(아직 드러나지 않음)이니, 기미를 아는 것은 신神일 것이다."라고 하였는데, 참고해 볼 필요가 있다.

16. 葉公이 問政한대 子曰, 近者說하며 遠者來니라.

섭공葉公이 정치에 대해 묻자 공자께서 말씀하시기를, "가까이 있는 사람들이 기뻐하고 멀리 있는 사람들이 찾아오는 것입니다."[691]

17. 子夏爲莒父宰라 問政한대 子曰, 無欲速하며 無見小利니 欲速則不達하고 見小則大事不成이니라.

자하子夏가 거보莒父라는 지방의 읍재가 되어 정치에 대해 물었다. 공자께서 말씀하시기를, "급히 서둘지 말고 작은 이익을 꾀하지 말거라. 급히 서두르면 목적을 달성하기 어렵고 작은 이익을 꾀하면 큰일을 이

---

691 섭공은 초나라 국경지대인 섭葉이라는 곳의 읍장이다. 자로가 먼저 섭공을 만난 적이 있는데 이때 섭공이 자로에게 공자에 대해 물었으나 자로가 답변을 해주지 않은 일이 있었다. 술이편 18장에서는 후에 이 일을 들은 공자는 자로에게 "그 사람됨이 분발하면 먹을 것을 잊으며, 낙천지명으로써 근심을 잊어 장차 늙는 줄도 모르는 사람이라고 알려 주지 않았느냐(發憤忘食, 樂以忘憂, 不知老之將至云爾)"라고 말한 내용이 실려 있다. 본문 내용은 공자는 섭공에게 백성들의 마음을 잘 살펴 정치를 해야 할 것을 충고하고 있는 내용이다. 곧 위민과 덕치에 대한 가르침이다. 백성을 위한 덕치를 하면 백성들이 기뻐하게 되고, 그에 따라 선정에 대한 소문이 퍼져 이웃 지역의 백성들도 자연스럽게 찾아오게 된다는 지적이다.

루지 못하느니라."⁶⁹²

觀心者, 亦當以此爲箴.

마음을 공부하는 사람들 역시 마땅히 이러한 말씀으로써 경계를 삼아야 한다.

18. 葉公이 語孔子曰, 吾黨에 有直躬者하니 其父攘羊이어늘 而子證之하나이다. 孔子曰, 吾黨之直者는 異於是하니 父爲子隱하며 子爲父隱하나니 直在其中矣니라.

섭공葉公이 공자에게 말하기를, "우리 마을에는 매우 정직한 사람이 있습니다. 그는 아버지가 양을 훔치자 그 사실을 고발했습니다."
공자께서 말씀하시기를, "우리 마을의 정직한 사람은 그와 다릅니다. 아비는 아들을 위해서 숨겨주고 아들은 아비를 위해서 숨겨 주니, 정직은 그 가운데 있는 것입니다."⁶⁹³

---

692 거보莒父: 노魯나라의 고을 이름. 욕속欲速: 급히 서두르다. 일을 빠르게 하려고 성급하게 서두르면 순서가 바뀌게 되고 오히려 제대로 하지 못한다. 작은 것을 도모하면 성취하는 것은 적어지고 잃는 것은 많아진다. 자하의 단점은 사소한 일에 마음을 쓰는 것이었기에 공자는 작은 이익에 연연하지 말라고 일언一藥으로 자하를 일깨우고 있다.
693 양攘: 남의 물건을 술수를 부려 빼앗음. 직궁直躬: 행실이 곧은 자, 혹은 그 자체를 이름으로 보기도 한다. '直躬證父'의 고사로 널리 회자된다. 당黨: 500호의 가구를 뜻함, 여기서는 지역 공동체 마을을 칭한다.
※ 아비를 고발하여 증인이 된다는 뜻의 '직궁증부直躬證父'는 『사기(史記)』「소진전(蘇秦傳)」에

才有第二念起, 便不直, 此卽菩薩不說四衆過戒也.

조금이라도 다른 생각이 있어서 그렇게 했다면, 정직함이 아니다. 이는 곧 보살은 사부대중의 허물을 말하지 말라는 계戒라 할 수 있다.[694]

19. 樊遲問仁한대 子曰, 居處恭하며 執事敬하며 與人忠을 雖之夷狄이라도 不可棄也이니라.

번지樊遲가 인에 대해 묻자 공자께서 말씀하시기를, "평소에는 공손하게 행동하고, 일을 할 때는 신중하게 하고, 사람을 대할 때는 진심으로 대하라. 이런 것은 비록 오랑캐 땅에 가더라도 버려서는 안 되느니라."[695]

서 언급되고 있는 '미생지신尾生之信'이라는 말과 더불어 지나친 정직이나 지나친 신의는 오히려 인정을 벗어나 정직도 아니고 신의도 아니라는 뜻으로 널리 회자된다. '尾生之信'은 중국 춘추 시대에 미생尾生이란 사람이 다리 밑에서 만나자고 한 여자와의 약속을 지키기 위해 홍수에도 피하지 않고 기다리다가 마침내 익사하였다는 고사에서 유래되었는데, 융통성이 없이 약속만을 굳게 지키는 것을 이르는 말이다. 얼핏 보기에 직궁의 행위를 정직하다고 할 수 있으나, 유학의 핵심 사상인 人倫之道의 입장에서 보면 효제孝悌의 윤리를 저버린 매정한 처사라 할 수 있다. 앞서 자로편 16장, 술이편 18장에서 보았듯이, 섭공은 자신을 스스로 '公'이라고 참칭한 인물이다. 그러면서도 섭공 스스로는 엄격한 법치주의가 바른 정사라고 생각하였다. 위 질문은 이러한 섭공이 자신의 나라는 부자간에도 범법 행위가 밝혀지면 엄격히 법을 지킨다며 공자를 은근히 떠보는 질문이라 할 수 있다. 이에 공자는 인정을 저버린 냉정한 법치보다는 덕치가 더 우위의 정치임을 답변하고 있다고 볼 수 있다. 직궁의 행위가 크게 잘못된 것은 아니나, 아비의 죄를 무조건 고발하는 것만이 옳은 처사는 아니라는 지적이다.

694 재才: 조금, 겨우. 제이염기第二念起: 두 번 생각을 일으킴, 곧 딴 생각을 일으키는 것. 불설사중과계不說四衆過戒: 대승불교에서 설하는 십중대계十重大戒 가운데 여섯 번째 계목이다. '사중四衆'은 곧 비구, 비구니, 남성 불자(우바새), 여성 불자(우바니)를 가리킨다.

695 공자는 仁에 대해 어떤 한 개념으로 고정적으로 규정하지 않고 제자들의 역량과 근기에 맞춰 각각

也只是克己復禮, 而變文說之.

역시 다만 '자신을 극복하여 예로 돌아가라'는 가르침이라 할 수 있는데, 변문 형식으로 그것을 쉽게 설명하고 있다.[696]

20. 子貢이 問曰, 何如斯可謂之士矣리잇고. 子曰, 行己有恥하며 使於四方하여 不辱君命이면 可謂士矣니라. 曰, 敢問其次하노이다. 曰, 宗族이 稱孝焉하며 鄕黨이 稱弟焉이니라. 曰, 敢問其次하노이다. 曰, 言必信하며 行必果하면 硜硜然小人哉나 抑亦可以爲次矣니라. 曰, 今之從政者는 如何하리잇고. 子曰, 噫라 斗筲之人을 何足算也리오.

자공이 묻기를, "어떻게 행동해야 선비라고 할 수 있습니까?" 공자께서 말씀하시기를, "자신의 행동에 대해 부끄러워할 줄 알고, 외국에 사

다르게 인을 설명하고 있다. 까닭에 조금은 아둔한 번지는 공자에게 몇 번이나 거듭 인을 묻고 있다. 공자는 번지의 반복된 질문에도 불구하고 성실히 답변을 해주는 덕을 베풀고 있다. 恭, 敬, 忠 등은 유가의 핵심적인 규범이자 덕목이기에 아무리 강조해도 지나치지 않다. 특히 이러한 덕목은 저 먼 변방의 이족異族에게도 해당되는 보편타당한 가치이다. 공자를 이를 거듭 번지에게 일깨우고 있다.

696 변문變文: 원래 변문은 중국 당대唐代에 유행한 문체이다. 이는 본래 불교 승려들이 설창(說唱, 강창講唱)의 형식을 빌려 청중을 상대로 불경을 이야기하던 일종의 방식으로, 그 내용은 대부분 불교적인 범주를 벗어나지 않고, 용어는 통속적이며, 문체는 구어체에 가깝고, 보편적으로 운문韻文과 산문이 혼합되어 하나의 작품을 이루는 형태이다. 변문 가운데 운문의 체재는 7언이 주류이나, 때로 3언·5언·6언 등이 끼어 있으며, 산문의 체재는 보통 산문이나 구어체 및 변문騈文을 사용하고 있기도 하다. 여기서는 변문의 원래 의미보다는 공자가 '문장의 내용을 바꿔가며(變文)' 아둔한 번지에게 쉬운 내용으로 '극기복례'를 일깨우고 있다는 해석이다.

신으로 가서 군주의 명을 잘 처리하면 선비라고 할 수 있다."

자공이 다시 묻기를, "그 아래 단계는 어떤 것입니까?" 공자께서 말씀하시기를, "친척들이 효자라고 칭찬하고, 마을사람들이 어른을 잘 공경한다고 칭찬하는 것이다."

자공이 다시 묻기를. "그 아래 단계는 어떤 것입니까?" 공자께서 말씀하시기를, "말한 것은 반드시 지키고, 행동함에 반드시 과단성 있게 행한다면 고지식한 소인이라 할지라도 다음 단계의 선비라고 할 수 있다."

자공이 다시 묻기를, "지금 정치하는 사람들은 어떻습니까?" 공자께서 말씀하시기를, "아, 한 말 정도의 도량이 좁은 이들이라 논할 수가 없구나."[697]

---

[697] 억抑: 그러나. 경경연硜硜然: 변통이 없음. 두斗: 한 말. 소筲: 한말 두 되 들이 그릇, 기량이 좁음.
※ 자공이 공자에게 위정자로 나설 선비의 자질을 묻고 있다. 공자는 먼저 몸소 행하되(行己), 부끄러운 짓을 하지 않았는가를 돌아보아야 한다(有恥)고 일깨운다. 이는 곧 의롭지 못한 일에 뜻을 두고, 능력도 안 되면서 능력이 있는 듯이 행동하지 않았는가를 살펴야 한다는 가르침이다. 이어서 선비가 발탁되어 임금의 명을 받고 외국에 사신으로 나갈 경우 업무수행을 잘 하여 임금의 명을 욕되게 하지 않아야 한다고 지적한다. 공자는 공야장편 3장에서 자공을 '호련瑚璉(종묘에서 제사에 쓰이는 옥으로 만든 제기)'에 비유했고, 옹야편 6장에서는 '달達(모든 일에 통달함)하다'라고 칭찬했으며, 선진편 2장에서는 언어에 능한 제자라고 평가하고 있다. 이는 곧 자공이 외교관으로서의 임무를 훌륭히 수행할 능력이 있다는 평가라 할 수 있다. 자공이 선비에 대해 좀 더 상세하게 묻자, 공자가 두 번째로 언급한 것이 유가에서 가장 중요한 수신덕목으로 삼고 있는 '효제孝弟'이다. 인간관계에 있어 가장 기본적인 윤리덕목인 효제를 실천해야 선비라는 가르침이다. 다음으로 공자는 말에 대한 신의와, 행동의 과단성에 따를 결과의 성취를 말하고 있다. 공자는 『중용』 13장에서 "떳떳한 덕을 행하며, 떳떳한 말을 삼가니, 말은 행동을 돌아보고, 행동은 말을 돌아보아야 한다(庸德之行, 庸言之謹, 言顧行, 行顧言)."라고 언급하고 있는데, 같은 뜻의 표현이라 할 수 있다. 마지막으로 자공은 당시의 경대부들은 어디에 해당하느냐고 묻고 있다. 이에 공자는 사람들의 소견과 역량이 한 말 들이밖에 되지 않는 속 좁은 자들이라 평가하며, 더 이상 거론할 가치조차 없다고 비판한다. 군주의 권력을 찬탈하여 몇몇 대부들이 전횡을 일삼고, 가신들마저 권력을 농단하는 시대적 상황을 염두에 둔 비판적 평

若人知有自己, 便做不得無恥之行. 此句, 便是士之根本. 三節只是前必具後, 後不具前耳. 子貢從來不識自己, 所以但好做個瑚璉. 雖與斗筲貴賤不同, 同一器皿而已. 卓吾云, 孝弟都從有恥得來. 必信必果, 也只爲不肯無恥. 今之從政者, 只是一個無恥.

만약 사람이 자신이 어떤 능력의 사람인지를 안다면, 곧 부끄러움이 없는 행동은 하지 않을 것이다. 이 구절의 글은 곧 선비의 근본에 대한 말씀이라 할 수 있다. 3절의 글은 모두 다만 앞의 단계를 실천해야 뒤의 단계가 갖춰지는 것이지, 뒤의 단계를 실천한다고 앞의 단계가 갖춰지는 것은 아님을 말하고 있다. 자공이 아직까지 자기 자신에 대해 알지 못하기 때문에 공자께서 다만 좋은 호련瑚璉이 될 만하다고 말씀하셨던 것이다. 두斗와 소筲는 귀천이 다르지만, 동일하게 살림살이에 쓰이는 그릇일 뿐이다.[698]

이탁오는 "효제孝弟는 모두 부끄러움을 아는 것으로부터 비롯된다. 반드시 신의를 지키고 반드시 결단성 있게 행동하는 것도 부끄러워함이

가라 할 수 있다.
698 주부득做不得: ~할 수 없다, ~ 해서는 안 된다, 만들 수 없다. 종래從來: 지금까지 내려온 그대로의 것, 이전부터 여태까지. 기명器皿: 집안 살림살이에 쓰이는 여러 가지 기구, 식기, 그릇. 전필구후전必具後, 후불구전後不具前: 자공은 선비가 갖춰야 할 덕목을 세 번씩이나 묻고 있다. 이에 공자는 '言必信, 行必果 → 孝弟 → 不辱君命, 有恥'이라는 3단계의 실천 덕목을 언급하고 있다. 지욱선사는 이러한 실천 단계에 있어 맨 아래 실천 단계인 '言必信, 行必果'의 덕목을 실천할 수 있어야 뒤의 단계인 '孝弟'의 덕목을 실천할 수 있게 되고, '孝弟'의 덕목을 실천할 수 있어야 '不辱君命, 有恥'의 덕목도 실천하게 됨을 말하고 있다. 결국 맨 위의 '不辱君命, 有恥'의 덕목의 실천은 맨 아래 단계의 '言必信, 行必果'의 덕목의 실천 없이는 불가능한 덕목임을 주장하고 있는 내용이다.

없으면 기꺼이 실천할 수 없다. 지금 정치를 하는 사람들은 다만 하나의 부끄러움도 없는 사람들이다."라고 하였다.

21. 子曰, 不得中行而與之인댄 必也狂狷乎인저 狂者는 進取요 狷者는 有所不爲也이니라.

공자께서 말씀하시기를, "중용의 도를 행하는 사람과 함께 하지 못한다면, 뜻이 크거나 고집 센 사람과 함께 할 것이다. 뜻이 큰 사람은 진취적이고, 고집 센 사람은 옳지 않은 것은 절대 하지 않느니라."[699]

---

699 여지與之: 함께 함. 광광狂: 뜻은 높지만 덕행이 그에 따르지 못하는 것. 견견狷: 고집이 세고 융통성이 부족한 것. 유소불위有所不爲: 나쁘다고 생각되는 일은 하지 않는 바가 있다. 곧 옳지 못하다고 생각하는 것은 절대로 안 함.

※ 공자는 『중용』 9장에서 "천하 국가도 나누고, 벼슬과 녹봉도 사양하며, 흰 칼날도 밟을 수 있으나 중용은 가히 능히 할 수 없다(子曰, 天下國家可均也, 爵祿可辭也, 白刃可蹈也, 中庸不可能也)."고 하였다. 그만큼 중용의 도인 중도의 실천이 어려움을 고백하고 있다. 당연히 공자는 중도를 함께 행할 수 있는 제자나 벗을 얻어 함께하고 싶었을 것이다. 하지만 혼란한 당시에 그러한 인재를 얻기는 그리 쉬운 일이 아니었을 것이다. 공자는 『중용』 제8장에서 "안회의 사람됨은 중용을 택하여 하나의 좋은 일이라도 발견하게 되면, 그 좋은 것을 소중히 가슴속에 받들어 간직하고 잃지 않으려 노력한다(子曰, 回之爲人也, 擇乎中庸, 得一善, 則拳拳服膺而弗失之矣)."라고 언급하고 있다. 공자의 많은 제자들 가운데 유일하게 중용의 도를 실천한 인물로 안연을 지목하고 있음을 알 수 있는 내용이다. 공자는 차선책으로 중도를 실천할 줄 아는 사람들과 함께하지 못한다면, 미치광이(狂者)와 고집쟁이(狷者)라도 함께해서 유가의 도를 가르치고자 했던 것 같다. '狂者'는 요즘의 '미치광이'가 아니라, 어떤 일에 한번 뜻을 두면 지조가 있어 미친 듯이 하는 사람을 뜻한다. '狷者' 또한 뜻을 굽히지 않고 절개를 지키는 고집스러운 사람을 가리킨다. 융통성이 없는 것 같지만 지킬 것은 꼭 지키고, 하지 말아야 할 것은 절대로 하지 않는 사람이 곧 狷者라 할 수 있다.

狂狷, 就是狂簡. 狂則必簡, 簡卽有所不爲. 有所不爲, 只是行己
有恥耳. 孟子分作兩人解釋, 孔子不分作兩人也. 若狂而不狷, 狷
而不狂, 有何可取.

'광견광광狂狷'은 바로 '광간狂簡'⁷⁰⁰의 의미와 같다. 뜻만 크고 진취적인 사
람(狂)은 반드시 면밀하지 못하고(이상을 실현해 나가는 마름질, 곧 방법론을 잘 모
르는 것), 면밀하지 못하기에 하지 않아야 할 것은 하지 않는다. '하지 않
아야 할 바가 있다(有所不爲)'는 말은 다만 자신의 행동에 대해 부끄러워
할 줄 아는 것을 의미한다.

맹자는 두 사람(狂者와 狷者)을 나눠 해석하지만,⁷⁰¹ 공자는 두 사람을
나누지 않는 것 같다. 만약 광자가 견자와 다르고, 견자도 광자와 다르
다고 한다면, 어떤 누구를 선택해서 함께해야 하겠는가?

22. 子曰, 南人이 有言曰, 人而無恒이면 不可以作巫醫라 하니 善

---

700 공야장편 21장에서 언급되고 있다.
701 맹자는 『맹자』 진심장(盡心章) 하편 37장에서 "공자께서 어찌 중도를 행할 수 있는 사람을 얻어 함
께 하고자 하지 않았겠는가! 필히 얻지 못했기에 그다음 차선책을 생각하셨던 것이다. 금장琴張, 증
석曾晳, 목피牧皮 같은 제자들이 공자가 말씀하신 광자狂者라 할 수 있다. 그 뜻이 크고 큰 듯
이 으스대며 말하기를, '옛 사람이여!, 옛 사람이여!' 말하지만, 그 행실을 가만히 살펴보면, (행실
이 그 말을) 숨기지를 않는 자들이라 할 수 있다. 광자 또한 얻지 못한다면 깨끗하지 못한 것을 달
갑게 여기지 않는 선비라도 얻어 함께하고자 하셨으니, 이러한 사람이 견자狷者이다. 이러한 사람
이 역시 그 (광자) 다음이라 할 수 있다(孔子, 豈不欲中道哉. 不可必得, 故思其次也. 如琴張
曾晳牧皮者, 孔子之所謂狂也. 其志嘐嘐然曰, 古之人, 古之人, 夷考其行, 而不掩焉者也.
狂者, 又不可得, 欲得不屑不潔之士而與之, 是狷也. 是又其次也)."라고 말하고 있다. 맹자
는 광자와 견자를 다른 사람으로 나눠 언급하고 있는데, 지욱선사는 이를 지적하고 있는 것 같다.

夫라 不恆其德이면 或承之羞라 하니 子曰, 不占而已矣니라.

공자께서 말씀하시기를, "남방 사람의 말에 '사람이 한결같은 마음이 없으면 무의巫医조차도 될 수 없다'는 말이 있는데 옳은 말이다." "항상 덕을 쌓지 않으면 수치를 당할 수 있다'는 말이 있는데, 이 말에 대해 공자께서 말씀하시기를, "점조차 칠 필요가 없느니라."[702]

觀象玩占之人, 決不無恒. 無恒卽是無恥.

상(象: 卦象, 곧 점을 쳐서 얻게 되는 64괘)을 살펴보고 그 점사(占辭: 괘상에 담긴 길흉화복을 설명한 글)를 음미하는 사람은 결코 항심恒心이 없는 사람이 아니다. 항심이 없는 사람은 곧 부끄러움이 없는 사람이다.[703]

---

702 항恒: 마음이 한결같음. 무의巫醫: 주술 등으로 재앙을 물리쳐 치료하는 사람.
　※ 술이편 25장에서 공자는 위정자가 지녀야 할 덕의 단계에 따라 聖人, 君子, 善人, 有恒者로 나누고 있다. 이 중에서 '有恒者'는 가장 낮은 위정자의 덕목이라 할 수 있다. 까닭에 공자는 언제나 한결같은 마음, 곧 항심이 없는 사람은 정치를 해서는 안 될 최소한의 자격도 없는 사람으로 평가하였다. 공자는 술이편 25장에서 "없으면서 있다 하며, 비었으면서 차 있다 하며, 약소하면서 크다(위세를) 하면 유항자가 되기 어려우니라(亾而爲有, 虛而爲盈, 約而爲泰, 難乎有恒矣)."라고 언급하며 항심이 없는 사람(無恒者)을 비판하고 있다. 공자는 변방의 남쪽 사람들이 일상생활 속에서 체험으로 터득한 '恒'의 교훈이 유가의 가르치는 덕목과 크게 다르지 않음을 제자들에게 가르치고 있다. '불항기덕不恒其德, 혹승지수或承之羞'는 『주역』 64괘 중 32번째 괘인 뇌풍항(雷風恒䷟)괘의 구삼九三 효사爻辭이다. 恒에 대해 공자는 "군자가 이로써 세워 방소를 바꾸지 않는 것(君子, 以立不易方)."이라고 하였다. 즉 한번 뜻을 세우면 항구한 마음으로 천지자연의 도가 항구한 것처럼 꾸준히 해 나가야 한다는 뜻이다. 한편으로 공자는 마지막 문장에서 항심이 없는 사람은 점도 소용이 없으니 점치는 것도 하지 말라고 충고하고 있다.
703 관상완점지인觀象玩占之人: 「계사상전(繫辭上轉)」 2장에서 "군자가 거처할 때는 그 상을 살펴

23. 子曰, 君子는 和而不同하고 小人은 同而不和이니라.

공자께서 말씀하시기를, "군자는 화합하되 함께하지 않고, 소인은 함께하면서도 화합하지 못하느니라."[704]

無諍故和, 知差別法門故不同. 情執是同, 擧一廢百故不和.

다툼이 없는 까닭으로 '화和'라 하고, 차별법문을 아는 까닭에 '부동不同'이라 한다.[705] 사적인 정에 집착하는 것을 '동同'이라 하고, 하나를 들

보고 그 계사繫辭를 음미하며, 움직이고자 할 때는 그 변화를 살펴보고 그 점사占辭를 알아본다. 이로써 하늘로부터 도움을 받아서 길하지 않음이 없는 것이다(君子居則觀其象而玩其辭, 動則觀其變而玩其占. 是以自天祐之, 吉无不利)."라는 내용이 언급되고 있다.

704 '和'는 유가에서 특히 중시하는 덕목 가운데 하나이다. 和는 조화調和, 화합和合, 화목和睦, 온화溫和 등의 뜻으로, 상황에 따라 다양하게 해석된다. 군자는 곧 위정자라 할 수 있다. 공자는 참된 군자는 소인이라고 불리는 사람들과는 달리 처신해야 됨을 말하고 있다. 군자는 백성들과 나라를 위한 일에는 화합하여(和) 함께 일하되, 사리사욕을 위해 붕당을 짓는 것과 같은 일은 함께 하지 않아야 함(不同)을 가르친다. 이와는 반대로 소인은 붕당을 짓고 불화를 일삼으면서도 사욕에 따라 교언영색巧言令色으로 부화뇌동附和雷同한다. 공자는 군자는 소인의 이와 같은 처신을 해서는 안 됨을 일깨우고 있는 것이다. 한편 공자는 『중용』 제10장에서 "군자는 화하되 방종하게 흐르지 않고, 중립하여 치우치지 않는다(君子, 和而不流, 中立而不倚)."라고 말하며 '和'의 덕목을 강조하고 있으며, 『주역』 38번째 괘인 화택규(火澤睽)괘에서 "군자는 같으면서도 달라야 한다(同而異)."고 말하고 있다.

705 '君子和而不同'에 대한 해석이다. 다툼이 없는 것이 '和'라는 말은 당연한 해석이지만, '不同'의 의미가 차별적인 법문을 아는 것(知差別法門)이라는 것은 지욱선사의 새로운 해석이다. '차별법문'은 곧 부처님이나 공자와 같은 성인이 대중이나 제자를 상대로 가르침을 설하는 경우에 있어 가르침을 듣는 대상의 타고난 자질과 성향, 처한 환경이나 여건에 따라 차별적으로 다른 내용의 가르침을 설하는 것을 의미한다.

어 백 가지를 없애는 것을 '불화不和'라 한다.[706]

24. 子貢이 問曰, 鄕人이 皆好之면 何如리잇고 子曰, 未可也이니라. 鄕人이 皆惡之면 何如리잇고 子曰, 未可也이니라. 不如鄕人之善者好之요 其不善者惡之니라.

자공이 묻기를 "마을 사람들이 모두 좋아하는 사람은 어떻습니까?" 공자께서 말씀하시기를, "그것만으로 안 된다." "마을 사람들이 모두 미워하는 사람은 어떻습니까?" 공자께서 말씀하시기를, "그것도 안 된다. 마을의 선한 사람들이 좋아하고 선하지 않은 사람이 미워함만 못하다."[707]

不善者惡, 正是好處, 何必怪他不善者之惡耶.

선하지 못한 사람을 미워하는 것은 바로 좋은 처사이다. 무엇 때문에

---

706 거일폐백擧一廢百: 『맹자』 진심상(盡心上)편 26장에서 "한쪽을 잡는 사람을 미워하는 까닭은 그 도를 해치는 행위이기 때문이다. 하나를 들어서(주장함으로서) 백 가지를 폐하는 것이라 할 수 있다(所惡執一者, 爲其賊道也, 擧一而廢百也)"라는 내용으로 표현되고 있다.
707 위정자가 나라의 전체 백성, 혹은 한 지방이나 마을 사람들 개개인 모두를 100% 다 만족시킬 수는 없다. 왜냐하면 개개인 모두의 생각이 다르고 손익과 처한 환경이 다 다르기 때문이다. 위의 공자의 언급은 어떤 일이나 어떤 사람에 대해 모든 사람이 다 만장일치로 좋아하거나 싫어한다든지, 찬성하거나 반대하는 상황은 바람직하지 않다는 뜻을 일깨우고 있다. 나아가 시시비비를 가리는 데 있어 자기 주관이 없이 군중심리에 따른 대세를 좇거나 어느 한 특정한 주의주장에만 휩쓸리지 말아야 한다는 뜻도 담겨 있다. 곧 앞 장의 '和而不同'처럼 무조건 똑같이 따라 해서는 안 된다는 지적이다. 한편으로 착한 자가 좋아한다고 해서 착하지 못한 자도 똑같이 좋아하면 이는 착한 자와 착하지 못한 자의 구별이 없어져 시시비비를 가릴 수 없게 된다. 착한 자가 좋아하고 착하지 못한 자가 미워함은 인간 심정에서 있어 자연스러운 이치이기 때문이다.

반드시 다른 사람이 선하지 못한 사람을 미워하는 것을 이상하게만 생각할 수 있겠는가!

25. 子曰, 君子는 易事而難說也이니 說之不以道면 不說也이요 及其使人也하얀 器之니라. 小人은 難事而易說也이니 說之雖不以道라도 說也이요 及其使人也하얀 求備焉이니라.

공자께서 말씀하시기를, "군자는 섬기기는 쉬우나 기쁘게 하기는 어렵다. 기쁘게 하려 해도 도리에 맞지 않으면 기뻐하지 않는다. 그러나 사람을 부릴 때 그 사람의 그릇에 맞게 일을 시킨다. 소인은 섬기기 어려우나 기쁘게 하기는 쉽다. 비록 도리에 맞지 않는 방법으로 기쁘게 해도 기뻐한다. 그러나 사람을 부릴 때 그 사람이 모든 것을 구비하고 있기를 (다 해주기를) 바라느니라."[708]

---

708 『대학』의 마지막 장인 10장에서는 군자의 실천 덕목인 '혈구지도絜矩之道'가 다음과 같이 언급되고 있다. "이른바 천하가 평안함은 그 나라를 다스림에 달려 있다. 윗사람이 노인을 노인으로 대접하면 백성들이 사이에 효가 일어나고, 윗사람이 어른을 어른으로 대접하면 백성들이 이를 따라서 공경할 것이며, 윗사람이 외로운 이들을 불쌍히 여기면 백성들이 등지지 않을 것이다. 이런 까닭에 군자는 '絜矩之道'를 지켜야 하는 것이다. 윗사람에게서 싫었던 바로써 아랫사람을 부리지 말고, 아랫사람에게서 싫었던 바로써 윗사람을 섬기지 말며, 앞사람에게서 싫었던 바로써 뒷사람을 선도하지 말고, 뒷사람에게서 싫었던 바로써 앞사람을 따르지 말며, 오른쪽 사람에게서 싫었던 바로서 왼쪽 사람과 사귀지 말고, 왼쪽 사람에게서 싫었던 바로써 오른쪽 사람과 사귀지 말라. 이러한 것들이 바로 '혈구지도'인 것이다(所謂平天下, 在治其國者, 上老老而民興孝, 上長長而民興弟, 上恤孤而民不倍, 是以君子有絜矩之道也. 所惡於上, 毋以使下, 所惡於下, 毋以使上, 所惡於前, 毋以先後, 所惡於後, 毋以從前, 所惡於右, 毋以交於左, 所惡於左, 毋以交於右, 此之謂絜矩之道也)." '絜矩之道絜'에서 '絜'은 잰다는 뜻이고 '矩'는 곱자(曲尺)을 말하는데, 목수들이 집을 지을 때 'ㄱ'자 모양의 곱자를 가지고 정확한 치수를 재듯이 내 마음을 자

君子悅道, 悅卽非悅, 小人好悅, 道卽非道.

군자는 바른 도리를 기뻐하지, 기뻐함만을 기뻐하지 않는다. 소인은 기뻐함만을 좋아하지만 바른 도리를 도로 여기지 않는다.[709]

26. 子曰, 君子는 泰而不驕하고 小人은 驕而不泰니라.

공자께서 말씀하시기를, "군자는 태연하되 교만하지 않고, 소인은 교만하며 태연하지 못하느니라."[710]

泰故坦蕩蕩, 從戒愼恐懼來, 驕故長戚戚, 從無忌憚來.

로 삼아 남의 마음을 재고, 내 처지를 생각해서 남의 처지를 헤아리는 것을 의미한다. 곧 '혈구지도'는 곱자를 가지고 재듯이, 자기의 처지를 미루어 남의 처지를 헤아리는 군자의 실천 덕목이라 할 수 있다. 본 자료편 25장의 내용은 바로 이러한 군자의 혈구지도와 관련된 실천 덕목이라 해도 좋다. 군자는 사람 섬기기를 어렵게 여기지 않는다. 군자는 내적으로는 '格物, 致知, 誠意, 正心'의 수신修身의 도를 잘 체득하였기에 언제 어디서나 중후함을 잃지 않고, 손익과 고락에 있어서도 쉽게 동요하거나 일희일비하지 않는다. 또한 아랫사람을 부림에 있어서도 각자의 역량과 능력에 맞추어 적절히 사람을 부릴 줄 안다. 이에 비해 소인은 '교언영색巧言令色'으로 사람을 섬기려 하지만, 그 자체가 쉬운 일이 아니다. 또한 사적인 이익만을 좇기에 바른 수단과 방법으로 얻은 것이 아니더라도 쉽게 기뻐한다. 뿐만 아니라 소인은 아랫사람을 부림에 있어서는 '혈구지도'가 아닌, 자기가 원하는 바의 기준을 갖춰 모든 것을 다 해줄 것을 지나치게 요구한다.

709 군자는 바른 도를 좋아하고, 그러한 도를 실천함을 기뻐하지만, 단지 바른 도를 벗어난 기쁨은 좋아하지 않는다는 해석이다. 이에 비해 소인은 바른 도의 실천에는 전혀 관심이 없고, 오로지 자신의 이익에 따른 기쁨만을 좋아하고 추종한다는 의미의 해석이다.

710 군자는 천지의 이치를 체득하고 따르므로 편안하고 느긋하며 자랑하거나 방자하지 않는다. 하지만 소인은 어리석은 마음으로 욕심만을 따르므로 이와 반대이다.

군자가 태연한 이유는 마음의 동요가 없어 넓고 광대하기 때문이다. 언제나 경계하고 삼가며 조심하고 두려워한다. 소인이 교만한 이유는 늘 근심하기 때문이다. 언제나 아무런 거리낌 없이 행동한다.[711]

27. 子曰, 剛毅木訥은 近仁이니라.

공자께서 말씀하시기를, "강직함, 과감함, 소박함, 말이 신중함은 인에 가깝다."[712]

---

[711] 탄탕탕坦蕩蕩: 마음이 늘 평탄하고 넓다. 장척척長戚戚: 늘 근심하다. 술이편 36장에서 "君子坦蕩蕩, 小人長戚戚."라는 내용으로 표현되고 있다. 계신공구戒愼恐懼: 경계하고 삼가며 조심하고 두려워하다. 『중용』제1장에서 "하늘이 만물에게 부여해 준 것을 '性'이라고 하고, 자신이 부여받은 본성에 따르는 것을 '道'라고 하며, 도를 닦는 것을 '敎'이라고 한다. 도라고 하는 것은 잠시라도 떨어질 수 없다. 떨어질 수 있다면 도가 아니다. 그러므로 군자는 다른 사람이 보지 않는 곳에서도 삼가고 다른 사람이 듣지 않는 곳에서도 조심한다(天命之謂性, 率性之謂道, 修道之謂敎. 道也者, 不可須臾離也, 可離非道也. 是故君子戒愼乎其所不睹, 恐懼乎其所不聞)."라는 내용으로 언급되고 있다. 무기탄無忌憚: 아무런 거리낌 없이 행동하다. 『중용』제1장에서 "군자는 중용에 따라 행동하고, 소인은 중용에 반하여 행동한다. 군자의 중용이란 군자의 덕을 갖추고 있으면서 때에 맞추어 중에 처함이다. 소인의 중용 즉 소인이 중용에 반하여 행동하는 것은 소인의 마음을 가지고 있으면서 아무런 거리낌 없이 행동함이다(君子, 中庸, 小人, 反中庸. 君子之中庸也, 君子而時中. 小人之中庸也, 小人而無忌憚也)."라는 내용으로 언급되고 있다.

[712] 강剛: 의지가 굳음. 의毅: 결단력 있음. 목木: 소박함. 눌訥: 말이 신중한 듯 어눌함.
※ 본 27장은 공자가 자로의 성정과 재질을 염두에 두고 나온 말인 듯하다. 자로는 강직한 인물로 평가된다. '강의剛毅'은 '강직强直'과 상통한다. 공자 당시는 무력을 숭상하던 시대였다. 따라서 强이나 剛은 대체로 칭찬의 의미로 쓰였다. 『중용』10에서 자로는 스스로를 '强'하다고 여기며 공자에게 '强'에 대해 묻고 이에 공자가 답하는 내용이 나온다. 공자는 답변 마지막에 '강하다! 꿋꿋함이여(强哉矯)!'라고 말하며 '强'에 대해 칭송한다. 나아가 공자는 군자의 '强哉矯'에는 세 가지가 있다고 설명한다. 바로 ①화합하되 곁으로 흐르지 않는다(和而不流). ②중용을 지켜 어느 한쪽으로 치우치지 않는다(中立而不倚). ③나라에 도가 있을 때에는 막히더라도 의지를 변치 아니하며, 나라에 도가 없을 때에는 죽음에 이르러도 의지를 변치 않는다(國有

不是質近乎仁, 只是欲依於仁者, 須如此下手耳. 卓吾云, 剛毅木訥都是仁, 仁則幷無剛毅木訥矣.

근본 바탕이 인에 가깝게 된다는 의미가 아니라, 다만 인에 의지하고자 하면 모름지기 이와 같이 실천해야 된다는 말이다.

이탁오는 "강직함(剛), 과감함(毅), 소박함(木), 말이 신중함(訥)" 등은 모두 인이라 할 수 있지만, 인에는 곧 아울러 '강의목납剛毅木訥' 자체는 없다."라고 하였다.[713]

28. 子路問曰, 何如라야 斯可謂之士矣리잇고 子曰, 切切偲偲하며 怡怡如也이면 可謂士矣니 朋友切切偲偲이요 兄弟怡怡니라.

자로가 묻기를, "어떻게 해야 선비라고 할 수 있겠습니까?" 공자께서 말씀하시기를, "간곡히 서로 선을 권하고, 잘못을 고치도록 애쓰고, 서로 화목하여 기뻐하면 선비라고 할 수 있다. 친구지간에는 간곡히 서로 선을 권하고 잘못을 고치도록 애를 쓰고, 형제간에는 화목해야 하느

道, 不變塞焉, 國無道, 至死不變). 등이다. 이른바 이것이 진정한 '剛毅'의 뜻이라 할 수 있다. 한편 '訥과 木'은 공자가 당시 위정자들의 사치 풍토와 아첨하는 번지르르한 말, 즉 교언영색巧言令色을 경계하는 말이다. 공야장편 4장에서 공자는 자로에 대해 "말재주를 어디에 쓰겠나(焉用佞)!"며 질책하기도 한다. 또한 이인편 24장에서는 "말은 어눌할지언정 실천은 민첩하게 하라(欲訥於言而敏於行)."고 가르친다.

713 군자가 실천하는 '剛毅木訥'이 인을 밖으로 드러내는 개별적인 실천 덕목은 맞지만, '剛毅木訥'이 '仁' 그 자체의 본질은 아니라는 표현이다.

니라."⁷¹⁴

卓吾云, 兄弟易切切偲偲, 朋友易怡怡, 故分別言之.

이탁오는 "형제간에는 서로 선을 권하고 잘못을 고치도록 애쓰게 하는 게 쉽고, 친구지간에는 화합하여 기뻐하는 것이 쉽다. 그러므로 그 가르침을 분별하여 말씀하신 것이다."라고 하였다.

29. 子曰, 善人이 敎民七年이면 亦可以卽戎矣니라.

공자께서 말씀하시기를, "선한 사람이 백성을 7년간 가르치면 전쟁에라도 나가게 할 수 있다."⁷¹⁵

---

714 절절切切: 간절하다. 시시偲偲: 상세하게 권하다. 이이怡怡: 화목하다.
 ※ 본 내용 역시 공자가 자로의 성정에 맞추어 一言一藥의 충고를 해주고 있는 내용이다. 자로는 주로 직설적으로 궁금한 점을 공자에게 묻고, 들은 가르침을 자신에게 적용하여 충실하게 지켜 나가고자 노력하였지만, 가르침의 깊은 뜻을 이해하지 못하고 단편적인 이해에만 머물고 마는 경우가 많았다. 자한편 26장에서 공자가 『시경』의 구절을 인용하여 자로를 크게 칭찬한 적이 있었는데, 자로는 스승의 칭찬에 흡족해하며 그 구절을 밤낮없이 암송만 하다가 결국 스승에게 큰 질책을 받은 경우가 바로 그런 예이다. 이러한 자로였기에 공자는 자로가 혹여 切切, 偲偲, 怡怡 이 세 가지에 대해서도 단편적으로만 이해할 것을 우려해 붕우와 형제를 나누어서 구체적 가르침을 주고 있는 것이다.
715 즉卽: 나가다. 융戎: 전쟁, 군사, 오랑캐.
 ※ 본 문장은 아래 제30장과 연결되는 내용이다. 당시는 부국강병을 위한 약육강식의 쟁탈과 권력 투쟁으로 인해 전쟁이 빈발하는 시대였다. 전쟁이 빈번하던 당시의 백성은 과중한 세금에 시달리고 군역으로 징발되어 전쟁터로 내몰렸다. 가혹한 정치가 호랑보다 무섭다는 '가정맹어호苛政猛於虎'란 말도 이때 나왔다. 군주가 부국강병이라는 명분하에 백성들에게 과중한 세금에다 전쟁터에서 목숨을 내놓는 일까지 요구할 경우, 백성의 지지와 신뢰를 얻기란 쉽지 않다. 이

卓吾云, 說七年, 便不是空話.

이탁오는 "7년이면 백성을 교화할 수 있다는 말은 결코 헛된 말이 아니다."라고 하였다.

30. 子曰, 以不敎民戰이면 是謂棄之니라.

공자께서 말씀하시기를, "가르치지 않고 백성을 전쟁에 나가게 하는 것은 그들을 버리는 것이라 말할 수 있다."[716]

仁人之言, 惻然可思.

어진 사람의 말씀은 성심으로 생각하게 한다.[717]

는 30장에서 공자가 경고했듯이 선정을 통해 백성의 지지와 신뢰를 기반으로 하지 않은 전쟁은 패할 수밖에 없기 때문이다. 따라서 패할 전쟁에 백성을 강제로 내모는 행위는 백성을 버리는 것과 같다. 이에 공자가 최소한 선인(술이편 25장 해설 참조)의 군주가 7년 정도의 선정을 베풀어 경제적 기반을 쌓는 한편 백성이 군주를 충분히 믿고 따를 정도로 교화되었을 때 비로소 전쟁터에 나가게 할 수 있다고 하였다. 본 29장과 30장에 동시에 나오는 '敎民'은 '백성에게 전쟁의 방법을 가르치다'는 뜻이 아니라 '선정을 베풀고 교육을 통해 백성을 교화시킨다'는 의미의 뜻이다. 그래야 백성의 지지와 신뢰를 얻어 전쟁을 수행할 수 있기 때문이다.

716 이以: 사용하다. 기棄: 버리다.
717 측연惻然: 여기서 '惻然'은 '가엽게 여기다'는 의미가 아니라, '간절하다, 성심을 다하다'는 의미로 쓰였다.

제14 헌문憲問편

1. 憲이 問恥한대 子曰, 邦有道에 穀하며 邦無道에 穀이 恥也이 니라.

원헌原憲이 부끄러움에 대해 묻자 공자께서 말씀하시기를, "나라에 도가 있으면 녹을 받되, 나라에 도가 없는데 녹을 받는 것이 부끄러움 이니라."[718]

卓吾曰, 原思辭祿, 欲脫其身於穀之外. 孔子恥穀, 欲效其身於 穀之中. 方外史曰, 若知素位而行, 便不肯脫身穀外.

이탁오는 "원사原思가 녹을 사양한 것은 그 자신이 녹을 받는 벼슬에 서 벗어나 다른 삶을 생각해서이다. 공자가 '녹을 받는 것이 부끄러움이

---

[718] 헌憲: 공자의 제자 원헌原憲을 지칭하며, 원사原思라고도 불린다. 곡穀: 녹祿을 말함.
※ 공자의 제자인 원헌原憲은 안연 못지않게 빈한하여 푸성귀와 풀뿌리를 캐먹으면서도 안빈낙도 安貧樂道한 것으로 유명하다. 공자가 노魯나라의 사구司寇라는 벼슬을 할 때, 안빈낙도할 줄 아는 원헌을 가상히 여겨 재상(邑宰)으로 임명한 적이 있었다. 옹야편 3장을 보면, 이때 원헌 은 녹봉 구백 속속粟이 많다고 하여 사양하기도 했다. 이에 공자는 녹봉이 많다고 사양한 원헌에 게 위정자로서의 처신에 대해 설명하고 있다. 곧 출사하여 지위에 맞는 녹봉을 받는 것은 합당 한 일인데, 녹봉만 받고 아무 일도 하지 않는다면 그것이야말로 부끄러운 일이라는 설명이다.

다(恥穀)'라고 한 것은 그 자신이 녹을 받는 것에 대한 속내를 드러낸 것이라 할 수 있다."라고 하였다.[719]

방외사는 "만약 자리를 지켜 마땅히 해야 바를 행한다면, 곧 기꺼이 자신이 녹을 받는 것에서 벗어나고자 하지 않을 것이다."라고 하였다.[720]

2. 克伐怨欲을 不行焉이면 可以爲仁矣리잇고. 子曰, 可以爲難矣어니와 仁則吾不知也이니라.

원헌이 묻기를 "남을 이기려 하고(克), 자랑하고(伐), 원망하고(怨), 욕심을 부리는 것(欲), 이 네 가지를 하지 않는다면 인이라고 할 수 있습니까?" 공자께서 말씀하시기를, "그렇게 하기 어려운 일이지만, 인인지는 나는 모르겠다."[721]

---

719 어곡지외於穀之外: 녹을 받는 벼슬에서 벗어나다. 효效: 밝히다, 드러내다, 나타내다. 어곡지중於穀之中: 녹을 받으며 벼슬에 머물러 있는 것.
  ※ 앞의 주732)를 참고해 보면, 이탁오의 말을 이해할 수 있을 듯싶다.
720 소위이행소位而行: 맡은 바 자신의 자리(지위)를 지켜 행한다. 『중용』 14장에서 언급되고 있다. 곡외穀外: 녹을 받는 벼슬에서 벗어나다.
  ※ 공자가 노나라의 사구라는 벼슬을 할 때, 원헌에게 읍재의 벼슬을 맡긴 적이 있었다. 하지만 원헌은 안빈낙도의 삶을 좋아하였고, 벼슬살이가 익숙하지 않아 '녹을 받기가 부끄럽다' 여기며 벼슬을 그만두고자 했던 것 같다.
721 극克: 남에게 이기기를 좋아함. 벌伐: 자기의 공을 자랑하고 내세움.
  ※ 仁은 공자의 핵심 사상이다. 그렇기에 많은 제자와 위정자들이 공자에게 인을 묻고 있다. 하지만 공자는 '仁'을 명확하게 또는 단정하여 하나의 개념으로 규정짓지 않았다. 이는 인이 어느 하나의 개념이나 언어로 명확하게 단정하여 설명하기에는 그 뜻이 너무 포괄적이고 깊은 의미를 함축하고 있기 때문일 것이다. 나아가 인을 묻는 대상들이 인의 깊은 뜻을 이해하고 깨닫기에는 아직 타고난 성향이나 근기가 부족했기 때문일 수도 있다. 한편 공자는 특정한 인물을 평가하는 질문에 대해서는 '그렇다' '아니다'로 단정지어 답변하지 않고 대체적으로 '不知'라고

爲仁決不是者樣工夫.

인이 될 수 있는 것은 결코 이러한 공부가 아니다.[722]

3. 子曰, 士而懷居면 不足以爲士矣니라.

공자께서 말씀하시기를, "선비가 편안한 삶을 바란다면, 선비라고 하기에 부족하니라."[723]

得少爲足便是懷居, 與不知老之將至相反.

말하며 답변을 유보하는 태도를 보였다. 특이하게도 원헌은 다른 제자들처럼 '仁이 무엇이냐?' 고 직접 묻지 않고 있다. 원헌은 매우 빈한하게 살면서도 극기의 도를 닦은 것에 대해 자부심을 가졌던 인물이다. 그렇기에 스스로 '克伐怨欲'에서 벗어나고자 노력하였다. 따라서 본인이 '그러한 노력을 하며 사는 것이 인이라고 할 수 있겠느냐?'라는 질문을 하고 있는 것이다. 이에 공자는 격려하는 차원에서 '어려운 일을 해냈구나(可以爲難矣)'라고 칭찬하면서도, '不知'라는 말로 그러한 행위가 인임을 확인해 주지 않고 있다. 이는 아마도 원헌의 자칫 지나친 금욕적 행동이 오히려 기존의 관습과 법을 넘어 청빈한 삶을 통해 자기만족과 아만에 빠지는 것을 염려한 대답일 수도 있다. 한편 공자는 안연편 1장에서 원헌과 같이 빈한하였던 안연이 인을 물었을 때, '克己復禮'라고 하면서 자세히 답을 주고, 안연이 다시 구체적인 방안을 물었을 때 역시 '예가 아니면(非禮) ~하지 말라'라고 답변하며 친절히 가르침을 주었다. 이는 안연은 공자의 가르침을 충분히 잘 알아듣고 깨달을 수 있는 지혜로운 성향과 훌륭한 근기를 갖추고 있었기 때문이다.

722 자양者樣: 이와 같은, 이 같은.
723 이인편 11장에 "군자는 덕을 생각하고 소인은 땅을 생각한다(君子懷德, 小人懷土)."라는 말이 표현되고 있다. 본 문장은 바로 이와 연계되는 내용이다. 선비가 '懷居'한다면 '小人懷土'에 해당하고, 언제나 이익만을 좇게 된다는 뜻이다. 모름지기 선비(곧 군자)라면 항상 천지의 무량한 덕을 품고 널리 백성을 위해 봉사하고 베푸는 군자의 삶을 살아야지, 사적 명리를 좇아 벼슬자리에 연연하는 소인의 삶을 살아서는 안 된다는 가르침인 것이다.

작은 것을 얻는 것에 만족해하는 삶이 바로 '회거懷居'라 할 수 있다. 더불어 '늙음이 곧 다가오는 것도 알지 못한다(不知老之將至)'라는 삶과는 상반된다.[724]

4. 子曰, 邦有道엔 危言危行하고 邦無道엔 危行言孫이니라.

공자께서 말씀하시기를, "나라에 도가 서 있으면 말을 준엄하게 하고, 행동도 준엄하게 해야 한다. 도가 없을 때에는 행동은 준엄하게 하되 말은 겸손하게 해야 하느니라."[725]

---

[724] 부지노지장지不知老之將至: 술이편 18장에서 언급되고 있는 말이다. 초나라 대부 섭공葉公이 자로에게 공자에 대해 물었지만 자로는 제대로 대답하지 않았다고 하자, 공자 스스로가 "도를 즐기느라 근심을 잊고 늙음이 곧 다가오는 것도 알지 못한다."라고 왜 말하지 않았냐고 하면서 언급한 내용이다.

[725] 공자는 『주역』「계사상전」제8장에서 "언행은 군자의 추기(樞機: 樞는 문고리를 뜻한다. 樞機는 곧 사물의 요긴한 곳, 또는 중요한 요체를 의미)이다. 추기가 발하는 것은 영광스러움과 욕됨의 주체가 되는 것이다. 언행은 군자가 천지를 움직이는 까닭이 되니, 가히 삼가 하지 않을 수 있겠는가 (言行, 君子之樞機, 樞機之發, 榮辱之主也. 言行, 君子之所以動天地也, 可不愼乎)!"고 하였다. 언행은 위정자가 정사를 펼치는 데 있어 겉으로 드러나는 가장 중요한 표현 방식이기에, 그만큼 가장 조심하고 신중해야 하는 행위라 할 수 있다. 공자 또한 당연히 앞서는 '言'보다는 '行'을 중시하였다. 이에 공자는 나라에 도가 있거나 없거나 '行'에 있어선 다 같이 '危行'하라고 한 반면에, '言'에 대해선 구별하여 다르게 말하고 있다. 공자가 가르치고 있는 실천 덕목인 '孝弟忠信, 恭敬, 仁義禮智' 등은 말보다는 행동에 의해 드러나는 덕행이다. 나라에 도가 있든 없든 무관하게 덕행은 일관되게 실천하라는 의미에서 '危行'의 危는 '바르다, 엄정하다'는 뜻을 내포하고 있다. 따라서 '危言'은 나라에 도가 있을 때는 공자의 가르침대로 '바르고 엄정하게 말하라'는 뜻이다. 바른 직언이나 간언이라 하더라도 이를 곡해하거나 반발을 불러올 수 있다. 이에 공자가 본의 아니게 쓸데없는 화를 부를 가능성을 예방하는 차원에서 나라에 도가 없을 때에는 말(言)을 조심하라는 뜻에서 '孫'하라고 하였고, 강조의 의미로 '孫言'이 아닌 '言孫'으로 표현하고 있다.

言遜不是避禍, 正是挽回世運之妙用耳.

'말은 겸손하게 해야 한다(言遜)'는 것은 화를 피하기 위해서 그렇게 하라는 뜻이 아니다. 이렇게 하는 것은 바로 나라의 운명을 바로 잡는 미묘한 용법이기 때문이다.[726]

5. 子曰, 有德者는 必有言이어니와 有言者는 不必有德이니라. 仁者는 必有勇이어니와 勇者는 不必有仁이니라.

공자께서 말씀하시기를, "덕이 있는 사람은 반드시 바른 말을 하지만, 바른 말을 하는 사람이 반드시 덕이 있는 것은 아니다. 어진 사람은 반드시 용기가 있지만, 용기가 있는 사람이 반드시 어진 것은 아니니라."[727]

有見地者必有行履, 有行履者不必有見地. 故古人云, 只貴見地, 不問行履也. 倘無行履, 決非正見.

---

726 만회세운挽回世運: '挽回'는 '바로잡아 회복시키다'의 의미이고, '世運'은 나라의 운명을 뜻한다.
727 '有德者'는 덕을 실천하는 사람을 뜻한다. 앞 문장은 '말보다 덕행이 우선이며, 덕을 쌓아야 그 말에 신뢰가 있으며' 아울러 '말만 앞세우는 자는 결코 덕이 있는 자가 아니라'는 공자의 일관된 가르침을 나타내고 있다. 공야장편 9장에서 공자는 제자인 재여宰予의 말을 먼저 믿었다가 그렇지 않음을 보고, "처음에 내가 사람을 대함에 그 말을 들으면 그 행실을 믿었으나, 이제 나는 그 말을 들으면 그 행실을 살펴보게 되었다(始吾於人也, 聽其言而, 信其行, 今吾於人也, 聽其言而, 觀其行)."라고 말하며 실천이 결여된 허언을 나무라고 있다. 두 번째 문장은 춘추 전국 시대 당시 용맹함을 숭상하는 세태를 비판하며 인이 결여된 용맹함은 군자의 덕목이 아님을 강조하고 있는 내용이라 할 수 있다.

바른 안목을 갖춘 사람은 반드시 행실을 바르게 함이 있지만, 행실이 바르다고 반드시 바른 안목을 갖춘 사람은 아니다. 그러므로 옛사람이 "다만 바른 견해(안목, 지견)을 귀하게 여길 뿐, 행실에 대해서는 묻지 않는다."[728]고 말하였다. 만약 바른 행실이 없는 사람이라면, 결코 바른 견해를 갖춘 사람이 아니다.

6. 南宮适이 問於孔子曰, 羿는 善射하고 奡는 盪舟하되 俱不得其死어늘 然이나, 禹稷은 躬稼而有天下하시니이다. 夫子不答이러시니 南宮适이 出커늘 子曰, 君子哉라 若人이여 尙德哉라 若人이여.

남궁괄南宮适이 공자에게 묻기를, "예羿는 활을 잘 쏘았고, 오奡는 육지에서 배를 끌 정도로 힘이 세었지만, 두 사람 다 제명에 죽지 못했습니다. 우禹와 직稷은 몸소 농사를 지었는데도 오히려 천하를 얻었습니다."

공자께서는 대답하지 않았다. 남궁괄이 물러난 뒤에 공자께서 말씀하시기를, "군자로구나. 이 같은 사람이여! 덕을 숭상하는구나. 이 같은 사람이여!"[729]

---

728 유견지자有見地者: 바른 견해(안목, 지견)를 갖춘 사람. 행리行履: 일상생활에서의 행동과 행위.
 ※ 당나라 위산영우(潙山靈祐,771~853) 선사가 한 말이라 전해진다.
729 예羿와 오奡는 힘으로 권력을 찬탈하고 폭정을 행하다가 몰락한 대표적 인물을 상징하며, 공자 당시의 세상을 비유한 말이기도 하다. 예는 하나라 제후이며 유궁국(有窮國: 하남성 낙양 남쪽의 나라)의 군주로 하늘의 해를 활로 쏘아서 떨어뜨렸다는 전설이 있을 정도로 명궁이었다. 무력으로 하나

千古至言, 文不加點, 故不答也. 出後而贊, 正是不答處. 不答, 又就是贊處.

천년을 전해오는 당연한 이치의 말은 글로 첨가해서는 안 된다(곧 다른 말로 덧붙일 필요가 없다). 그러므로 답하지 않으셨던 것이다. 남궁괄이 밖으로 나간 후에 칭찬하신 말씀이 바로 답하지 않으신 내용이며, 또한 칭찬의 내용이기도 하다.

7. 子曰, 君子而不仁者는 有矣夫이어니와 未有小人而仁者也이니라.

라의 군주인 상相을 멸하고 왕위를 찬탈하였으나, 그의 신하 한착寒浞(한착의 字가 羿이다)에 의해 죽임을 당하였다. 한착 역시 육지에서 배를 끌어당길 정도로 힘이 장사였으나, 하나라 임금 상의 아들에게 죽음을 당하고 말았다. 한편 우禹임금은 9년 홍수를 잘 다스려 순임금으로부터 왕위를 선양받은 인물이다. 천하를 얻은 뒤에 오직 선정에만 힘써 치수와 토지 구획 정리를 통해 중국의 9주州를 만들었다고 전해진다. 직稷은 순임금의 다섯 현신들 가운데 한 사람으로, 파종법을 개량하여 농업에 비약적 발전에 기여한 인물로 전해진다. 이로 인해 그는 후대에 농사의 신으로 받들어 모셔졌으며, 주나라의 시조가 되었다. 태백편 20장에서 공자는 "순임금이 (직을 비롯해) 다섯 신하를 둠에 천하가 다스려졌다(舜有臣五人而天下治)."고 언급하고 있다. 남궁괄(공자의 제자, 자는 남용南容)이 이러한 우임금과 직을 백성을 위한 정사를 펼쳐 새로운 왕조를 연 인물이라고 말하고 있는 것은 공자를 우임금, 직과 같은 훌륭한 인물임을 나타내고자 하는 의도가 숨어 있다. 즉 예와 오 같은 시대에 공자가 위민과 덕치라는 정치 사상을 온 나라에 전파하는 것이야말로 곧 우임금과 직이 백성을 위한 정사를 펼친 것이나 다름없지 않느냐는 뜻인 것이다. 공자는 남궁괄의 질문에 담긴 비유와 의도를 충분히 알고 있었기에 남궁괄에게 직접 답변을 하지 않고 있다. 다만 공자는 남궁괄이 덕치와 위민정치의 핵심을 알고 있음을 흡족해 하면서 남궁괄을 크게 칭찬하였을 뿐이다. 공자는 이러한 남궁괄에 대해 공야장편 1장에서 "나라에 도가 있음에 버려지지 아니하며, 나라에 도가 없음에 형벌을 면할 사람이다(邦有道, 不廢, 邦無道, 免於刑戮)."라고 칭찬하고 있다.

공자께서 말씀하시기를, "군자로서 어질지 못한 자는 있겠지만, 소인
으로서 어진 자는 없느니라."[730]

警策君子, 激發小人. 小人若仁, 便是君子, 那有定名.

군자에 대해서는 경책하고 소인에 대해서는 분발하게 하는 말씀이다.
소인이 만약 어질다고 한다면, 곧 군자라 할 수 있다. 어찌 소인과 군자
가 정해진 이름이겠는가?[731]

8. 子曰, 愛之란 能勿勞乎아 忠焉이란 能勿誨乎아.

공자께서 말씀하시기를, "사랑한다면 수고롭게 하지 않을 수 있겠는
가. 진정으로 대한다면 깨우쳐 주지 않을 수 있겠는가."[732]

---

730 유의부有矣夫: 있지만.
731 격발激發: 분발시키다, 끓어오르게 하다, 불러일으키다.
　※ 소인과 군자가 본래부터 정해진 것은 아니다. 소인도 마음을 청정하게 닦고 행위를 바르게 한
　　다면 군자가 될 수 있는 것이고, 비록 군자라 불리다가도 소인의 마음을 일으키고 소인의 행위
　　를 한다면, 그 순간 그 역시 소인이 되는 것이다. 어떠한 마음을 일으키고 행위를 하느냐가 기
　　준이지, 선천적으로 소인과 군자가 분별되는 것은 아니라는 설명이다.
732 사랑한다고 해서 무조건 아무것도 시키지 않고 감싸고 평안하게만 놔둘 수만은 없다. 사랑한다면
　　더욱더 바른 인격을 갖추고, 기술을 쌓고, 정상적인 사회인으로 살 수 있도록 이끌고 수고롭게 해
　　야 그가 발전할 수 있는 것이다. 누군가에게 진심으로 성실하게 대하고 있다면 그 역시 발전할 수
　　있도록 깨우쳐 주어야 한다. 愛는 부모의 자식 사랑하는 정을 말한 것이고, 忠은 신하의 임금에
　　대한 충성으로, 곧 의리를 말한다. 그런데 애와 충은 하나이면서 둘로 마치 손등과 손바닥처럼 맞
　　닿아 있다. '忠'이란 진실된 마음으로 상대방을 섬기거나 사귐을 말한다. 신하가 임금에게 충성을
　　다한다는 것은 그 임금으로 하여금 성군이 되고 명군이 되게 하는 데에 있다. 이에 신하는 항상

9. 子曰, 爲命에 裨諶이 草創之하고 世叔이 討論之하고 行人子羽
脩飾之하고 東里子産이 潤色之하니라.

공자께서 말씀하시기를, "정鄭나라에서는 외교문서를 작성할 때, 비심
裨諶이 초안을 잡으면 세숙世叔이 그에 대해서 의견을 제시하고, 외교관
인 자우子羽가 그것을 수정하고, 동리東里에 사는 자산子産이 문장을 다
듬었느니라."[733]

作文要訣.

문장을 작성하는 중요한 방법이라 할 수 있다.

임금에게 인에 뜻을 두고 도에 나아가도록 사뢰되 임금을 순히 받들어야 한다. 공자가 술이편 2장
에서 언급하는 '誨人不倦(가르침에 게으르지 않다)' 역시 위정자로 하여금 어진 정치를 하게 하는
데 그 목적이 있다.
733 위명爲命: 외교문서를 작성하다. 행인行人: 외교관. 수식修飾: 문장을 수정함. 윤색潤色: 문장을
품격 있게 다듬는 것.
※ 공자가 정나라의 정사를 맡았던 네 명의 대부들을 칭찬하고 있는 내용이다. 비심裨諶, 세숙世
叔, 자우子羽, 자산子産은 정나라의 대신들이며 공자보다 조금 앞선 시대의 인물들이다. 정
나라는 작지만 강한 나라였다. 정나라는 외교 문서를 작성할 때, 반드시 이 네 현인의 손을 거
쳐 상세하고 정밀하게 완성했으니, 저마다의 장점을 다했기에 외교에서 그르친 경우가 없었다.
정나라는 내치와 더불어 외교적 능력이 높이 평가받았다. 정나라는 총리격인 자산의 지휘 하에
각 관리들을 적재적소에 배치하여 일을 맡겼으니 능력이 통합적으로 발휘되어 약소국임에도 불
구하고 나라를 잘 보존하는 큰 공적을 이루었다. 『춘추좌전』 양공(襄公) 31년 편에 위衛나라
의 북궁문자北宮文子가 "정나라는 예가 있어 수 세대의 복이니, 큰 나라가 정나라를 칠 일이
없다."라고 말하는 대목이 나오는데, 바로 위의 내용을 두고 하는 말이다. 공자는 이러한 부분
을 높이 평가하고 있는 것이다.

10. 或이 問子産한대 子曰, 惠人也이니라. 問子西한대 曰, 彼哉여 彼哉여 問管仲한대 曰, 人也奪伯氏騈邑三百하여늘 飯疏食沒齒하되 無怨言하니라.

어떤 사람이 자산子産에 대해서 묻자 공자께서 말씀하시기를, "은혜를 베푸는 사람이다."[734] 자서子西에 대해 묻자 공자께서 말씀하시기를, "그저 그런 사람이다."[735] 관중管仲에 대해 묻자 공자께서 말씀하시기를, "그

---

734 자산은 정나라의 대부로 공자보다 조금 앞선 시대의 인물이다. 그는 정나라가 약소국임에도 불구하고 강대국인 초나라의 자서와 제나라의 관중과 더불어 당대의 명재상으로 알려진 인물이다. 까닭에 공자 역시 공야장편 15장 자산의 위정자로서의 능력뿐 아니라 군자의 네 가지 덕(恭, 敬, 惠, 義)을 실천한 인물로까지 칭찬하고 있다. 그러하기에 세간의 위정자들이 자산이 명재상에다 그 정도면 인자가 아닌가 하고 물었던 것 같다. 그런데 공자는 간단히 '惠'만을 거론하고 있다. 공자가 이렇듯 자산에 대해 '惠'라 한 것은 음란한 음악의 대명사로 정성鄭聲을 일컬을 정도로 문란해진 정나라에서 자산이 농업제도를 개량하고 조세를 경감하고 부역을 공정하게 시킨 공적을 높이 평가한 데서 연유한 것으로 이해된다.
735 피재피재彼哉彼哉: '그것이야 뭐'하며 외면하고 낮추는 어투이다.
※ 자서子西는 초나라 평왕平王의 서庶 장자이다. 당시 영윤令尹, 즉 총리 직책에 있던 상常이 평왕이 죽자 어린 태자 임任를 대신하여 자서를 군주에 세우려 했으나 자서가 성내며 말하기를 "나에게 천하를 준다 하더라도 나는 결코 받지 않을 것이다(吾以天下, 吾滋不從也)."라고 말하며 반드시 영윤을 죽이겠다고 말한 인물이다. 결국 태자 임이 왕위에 올라 소왕昭王이 되었고, 자서는 영윤이 되어 정사를 도왔다. 소왕이 왕위에 오른 지 12년 되던 해에 오나라에 의해 초나라가 대패하자 자서는 오히려 기뻐하며, "이제야 일을 할 수 있겠구나." 하면서 도읍지를 영郢에서 약都으로 옮기고, 정사를 일신하여 나라를 안정시킨 인물로 평가된다. 자서는 왕위를 사양한 데다 강대국인 진晉나라에 대항함으로써 당시 세간에 호걸로 소문나 있었다. 이러한 자서에 대해 공자는 "저것인가, 저것인가"하고 짐짓 애매한 답을 하고 있다. 초나라의 제후는 공작의 지위에 불과한데도 춘추 시대 최초로 왕으로 칭하기 시작했고, 섭공의 예에서 보듯이 읍장들은 스스로 公이라 칭하였으며, 자서는 어진 정치를 행하도록 독려하지도 않았다. 자서는 오히려 전쟁으로 나라가 피폐해지기를 기다렸다 정사를 일신시켰다고 했으나, 백성들의 삶은 별로 나아진 것이 없었다. 이러한 이유에서 공자가 그러한 답변을 했을 것이라 이해된다. 좋게 평가할 만한 인물이 아니라는 뜻이다.

사람은 백씨伯氏의 병읍騈邑 삼백 호를 몰수하였는데 백씨는 거친 밥을 먹으면서도 죽을 때까지 원망하지 않았느니라."[736]

11. 子曰, 貧而無怨은 難하고 富而無驕는 易하니라.

공자께서 말씀하시기를, "가난하게 살면서 원망하지 않기는 어렵고, 부유하게 살면서 교만하지 않기는 쉽지 않느니라."[737]

---

[736] 인야人也: 그 사람. 몰치沒齒: 죽을 때까지.
  ※ 정자산과 초나라 자서와 함께 삼인의 영웅호걸로 꼽히던 관중에 대해 묻자, 공자가 관중을 매우 우호적으로 평가하는 내용이다. 팔일편 22장에서 관중이 사치하고 신하의 예도 모르는 그릇이 작은 인물이라고 나쁘게 평가한 내용과는 크게 대조적인 언급이다. 본장에서 공자가 왜 관중을 높이 평가하였는지에 대해서는 헌문편 18장에 언급된다. 한편 『순자(荀子)』 중니(仲尼)편에서는 관중에 대해 "제 환공이 관중의 재능을 보고 충분히 나라를 맡길 만하다고 여겼는데, 이는 천하의 큰 지혜라 할 수 있다. 마침내 관중을 중보(仲父: 왕실의 어른)로 세웠는데, 이는 천하의 큰 결단이다. 관중을 중보로 세웠음에도 왕실의 친척들이 감히 질투하지 않았고, 고高씨와 국國씨 가문과 개국공신의 후손의 신하들도 감히 미워하지 않았다. 관중에게 식읍 삼백 호를 주었지만, 부자들도 감히 관중을 적대하지 않았다. 귀하고 천한 사람이나 아이나 어른이나 모두 숙연하게 환공을 따르고 높이며 공경하니, 이는 천하의 큰 절의라 할 수 있을 것이다(齊桓公見管仲之能, 足以託國也, 是天下之大智也. 遂立以爲仲父, 是天下之大決也, 立爲仲父而貴戚, 莫之敢妒也. 與高國之位而本朝之臣, 莫之敢惡也. 與之書社三百而富人, 莫之敢距也. 貴賤小長, 莫不秩秩然從桓公而貴敬之, 是天下之大節也)." 라고 평가하고 있다.
[737] 공자 당시 백성들은 과도한 부역과 병역 그리고 과중한 세금 때문에 늘 가난하였다. 당시에 '가혹한 정치가 호랑이보다 사납다(苛政猛於虎)'는 말이 나온 것은 당연한 일이었다. 시대 상황이 이러하니 백성들은 위정자들을 크게 원망할 수밖에 없었을 것이다. 한편 기득권층에 속하는 선비들 또한 당시의 기강과 질서가 무너져버린 혼란한 시대였기에 능력에 따라 공정하게 관직에 진출하여 출세하기가 결코 쉽지 않았다. 당연히 그들 역시 가난할 수밖에 없었고 '세상에 도가 없어졌다'고 한탄하며 세상을 원망하였다. 본 장의 앞 문장은 백성들이나 선비들이 가난하여 세상을 원망하는 것은 어쩌면 자연스럽고 쉬운 일이라는 의미이다. 한편으로 이는 위정자들이 정치를 잘못한 데에 원인이 있다는 의미도 내포되어 있다고 볼 수 있다. 부자는 주변 사람들의 아부와 아첨에 의해 교

無怨就是樂.

원망함이 없는 것이 곧 즐거움이다.

12. 子曰, 孟公綽이 爲趙魏老則優이어니와 不可以爲滕薛大夫니라.

공자께서 말씀하시기를, "맹공작孟公綽은 조趙씨나 위魏씨의 가신이 되기에는 충분하지만, 등滕나라나 설薛나라의 대부는 될 수는 없느니라."[738]

13-1. 子路問成人한대 (卓吾云切問) 子曰, 若臧武仲之知와 公綽之不欲과 卞莊子之勇과 冉求之藝에 文之以禮樂이면 亦可以爲成人矣니라.[739]

만해지기 쉽다. 공자는 가난한 사람이 원망하지 않기보다는 오히려 부자가 교만하지 않기가 더 쉽다고 하였다. 부자가 수양과 학식을 닦아 인품이 갖추어지면 자연스럽게 교만해지지 않을 것이기 때문일 것이다.

738 노나라 권력자인 삼환씨 가문의 하나인 맹씨 가문 출신의 맹공작에 대한 인물평이다. 맹씨 가문이 비록 진晉나라의 조趙씨와 위魏씨와 한韓씨 가문만큼 큰 가문은 아니지만, 맹공작의 인품은 큰 가문의 어른이 되어도 손색이 없을 만큼 훌륭하다는 점을 말하고 있다. 하지만 인품이 훌륭하다고 반드시 정치적 능력이 탁월한 것은 아니다. 작은 나라일수록 국가를 보존하려면 지도자로서의 능력이 더 중요하므로, 능력에 따른 인재를 발탁할 수밖에 없다. 춘추 시대에 있어 각 제후국 간에는 영토 확장을 목적으로 서로 간에 약육강식의 침탈이 빈번하였다. 당연히 약소국들은 강대국에 병합되지 않고 나라를 보존하는 일이 가장 중요한 국가 정책이었다. 등나라, 설나라 같이 사방 오십 리도 안 되는 작은 나라들은 무엇보다 내적으로는 백성들을 단합시키고, 외적으로는 외교 능력을 발휘하여 강대국과 평화 협정을 맺어 나라를 보존하는 것이 가장 큰 정책 과제였다. 공자가 맹씨 가문과 교류를 하면서 맹씨 가문 출신들 중 인품과 자질이 좋은 인물인 맹공작의 예를 들어, 권력자 가문의 통치 능력에 한계가 있음을 지적하는 내용이기도 하다.

739 지욱선사는 본 13장을 두 단락으로 나눠 해석하고 있다.

자로가 완전한 인격에 대해 묻자 (이탁오는 "간절한 물음이다."라고 하였다.) 공자께서 말씀하시기를, "장무중臧武仲과 같은 지혜, 맹공작孟公綽과 같은 무욕, 변장자卞莊子와 같은 용기, 염구冉求와 같은 재능이 있고, 여기에 예악에 관한 소양이 있다면 완전한 인격이라고 할 수 있느니라."[740]

卓吾云, 知廉勇藝, 是銅鐵, 禮樂是丹頭. 方外史曰, 四子若能文之以禮樂, 則四子便各各成人, 非要兼四子之長也. 禮是此心之節文, 樂是此心太和, 誠於中而形於外, 故名爲文, 非致飾於外也.

이탁오는 "지혜(知), 청염(廉= 不欲), 용기(勇), 재능(藝) 등이 동철(銅鐵: 구리와 쇠)이라고 한다면, 예와 악은 보물이라 할 수 있다."라고 하였다.[741]

---

740 성인成人: 완전한 인격. 장무중臧武仲: 노魯나라의 대부 장손흘臧孫紇을 지칭하며, 계씨季氏 일파의 세력에 몰려 제齊나라로 망명하였다. 변장자卞莊子: 맹손씨孟孫氏의 영지인 변卞 고을의 대부이다. 예藝: 다재다능.
※ 공자가 말하는 성인, 군자, 선인 등은 인의예지를 갖춘 모범적인 인격 완성자인 동시에 기강과 질서가 무너진 당시 시대 상황을 타파하고 안정시킬 수 있는 문무를 겸비한 위정자라 할 수 있다. 하지만 이러한 능력을 갖춘 인물의 등장이 쉽지 않았기에, 그들을 대신하여 '有恒者'의 품성을 지닌 위정자만이라도 있기를 희망하였다. 술이편 25장의 "없으면서 있다 하고, 비었으면서 차있다 하며, 간략하면서 크다 하면 유항자가 되기 어렵다(■而爲有, 虛而爲盈, 約而爲泰, 難乎有恒矣)."라고 제자들에게 언급하고 있는 내용이 바로 그러한 희망의 언급이었다. 자로는 공자가 언급하고 있는 '有恒者'의 개념만 가지고는 무언가 부족하였기에, 다시금 위정자라면 '무엇인가를 이루어 완성한 사람(成人)'인가를 좀 더 구체적으로 묻고 있다. 이에 공자는 친절하게 知, 不欲, 藝, 勇, 禮樂 등의 구체적인 덕목을 예로 들어 그러한 덕목들을 갖추는 것이야말로 '成人'이 됨을 가르치고 있는 것이다.
741 단두丹頭: 원래는 의미는 외단(外丹: 외부적인 약초와 광물 등의 약물의 섭취를 통해 몸의 단련하고 질병을 다스리는 것)에서 이야기하는 신단神丹을 만들기 위하여 사용하는 약물을 말한다. 마치 두부를 만들기 위하여 사용하는 간수와도 같은데, 내단內丹에서는 전신의 음질陰質을 청양지기

방외사는 "네 사람이 만약 예악으로써 소양을 갖춘다면, 곧 네 사람은 각각 '인격을 갖춘 사람(成人)'이라 할 수 있을 것이다. 그렇다고 네 사람의 장점을 다 갖추라고 하는 것은 아니다. 예禮는 이 마음을 절도 있게 꾸미는 것이고, 악樂은 이 마음을 크게 조화롭게 만드는 것이다. 마음속이 정성스러우면 밖으로 드러나는 것이니, 그러므로 '꾸민다(文)'고 한다. 외형을 장식하라는 말이 아니다."라고 하였다.[742]

13-2. 曰, 今之成人者는 何必然이리오 見利思義하며 見危授命하며 久要에 不忘平生之言이면 亦可以爲成人矣니라.

또 말씀하시기를, "오늘날의 완전한 인격은 반드시 그럴 필요가 없다. 이익을 취할 때 정당함을 생각하고, 위급한 경우에 목숨을 바칠 수 있고, 오래된 약속이라도 잊지 않고 지킨다면, 역시 완전한 인격이라고 할 수 있느니라."[743]

淸陽之氣로 바꿀 수 있는 물질을 말한다. 여기서는 보배, 혹은 보석을 의미한다.

742 사자四子: 장무중, 맹공작, 변장자, 염구 등을 지칭함. '子'는 남자에 대한 통칭. 성어중이형어외誠於中而形於外: 『대학』 6장에 "이른바 마음속이 정성스러우면 바깥으로 드러나니, 그러므로 군자는 반드시 그 홀로를 삼간다(此謂誠於中, 形於外, 故君子必愼其獨也)."라는 내용으로 표현되고 있다.

743 수명授命: 생명을 내놓음. 요구久要: 옛 약속.
  ※ '今之成人' 이하의 문장은 知, 不欲, 藝, 勇, 禮樂 등의 공자의 답변에 대해 자로가 자신은 이룬 것이 없다고 여길 것을 우려한 공자가 자로의 품성과 자질에 견주어 그에 맞는 답변을 한 것이라 할 수 있다. 한편 '今之成人' 이하의 문장에 대해서는 앞의 공자의 답변에 대한 자로의 말이라고 하는 일부 견해도 있다.

此與得見有恒, 抑亦可以爲次之意同. 卓吾云, 然則今之不成人者極多矣.

이 말씀은 '한결같은 마음을 지닌 사람을 만나 볼 수 있다면(술이편 25장)'이라는 말씀과 '억지로라도 또한 그 다음은 될 수 있다(자로편 20장)'라는 말씀과 더불어 같은 뜻이라 할 수 있다.
이탁오는 "그렇지만 지금 시대에는 인격을 이루지 못한 사람들이 극히 많다."라고 하였다.

14. 子問公叔文子於公明賈曰, 信乎아 夫子不言不笑不取乎아 公明賈對曰, 以告者過也로소이다. 夫子時然後言이라 人不厭其言하며 樂然後笑라 人不厭其笑하며 義然後取하니 人不厭其取하나니이다. 子曰, 其然가 豈其然乎리오.

공자께서 공숙문자公叔文子에 대해 공명가公明賈에게 묻기를, "정말로 그분은 말하지 않고, 웃지 않고, 받지 않습니까?"
공명가 대답하기를, "전한 사람이 과장을 했습니다. 그분은 말을 해야 할 때 말하기 때문에 사람들이 그 말을 싫어하지 않고, 정말로 즐거울 때 웃기 때문에 사람들이 그 웃음을 싫어하지 않고, 의로운 것임을 안 연후에 받기 때문에 사람들이 그가 받는 것을 싫어하지 않습니다."

공자께서 말씀하시기를, "그렇습니까. 어찌 그럴 수 있습니까?"[744]

卓吾曰, 是樂取之詞, 非猜疑之語. 方外史曰, 聖人見人之善, 如己之善, 與後儒自是不同.

이탁오는 "이는 즐거운 마음으로 다른 사람의 좋은 점을 취하라는 말씀이지, 의심하고 시기해서 하는 말씀이 아니다."라고 하였다.[745]
방외사는 "성인은 다른 사람의 좋은 점을 보고, 자신의 좋은 점처럼 여기지만, 후대의 유생들은 자신과 다르다고만 생각한다."라고 하였다.

---

744 공숙문자公叔文子: 위衛나라의 대부이다. 이름은 기技, 文은 시호이다. 공명가公明賈: 위나라 사람. 신호信乎: 정말인가.
※ 공자는 당시 세간에 오르내리는 인물평이 지나치게 잘못 전파되고 있다고 생각되면 제자들에게 이를 지적하곤 하였다. 본 장에서도 공자는 죽은 공숙문자에 대한 세간의 不言·不笑·不取에 대한 평가에 대해 강하게 의문점을 제기하고 있다. 그 정도면 거의 성인의 경지에 이르렀다고 할 수 있는데, 공자가 공숙문자에 대해 아는 바는 그렇지 않았기 때문이다. 공숙문자는 위衛나라 영공靈公과 더불어 헌공獻公의 손자로, 군주인 위 영공보다 부자였다. 공숙문자는 부유하고 위세가 있었음에도 청렴하고 예의범절이 엄숙하다는 평판을 듣고 있었다. 한번은 공숙문자가 위 영공을 청하여 자기 집의 잔치에 초대한 적이 있었다. 문제는 군주가 대부의 집에 방문하였을 때, 대부가 군주보다 위세가 클 경우, 군주가 그 위신을 잃기 때문에 대부의 자리가 위태로워질 수 있다는 사실이다. 『춘추좌전』 정공(定公) 13년의 내용을 보면, 공숙문자로부터 위나라 영공을 초청하였다는 소리를 들은 사추(史鰌= 史魚)는 이를 염려하여 공숙문자에게 "그대는 부유하니 군주가 탐한다면, 그 화가 그대에게 미칠 것이라(子富而君貪, 其及子乎)."라고 충고하고 있다. 이러한 표현에 근거하여 공자는 공숙문자의 말이 '어찌 다 마땅하며 그 취함이 어찌 다 선하다고 할 수 있겠는가!'라고 하며 세간의 공숙문자에 대한 평가에 의문을 던지고 있는 것이다.
745 낙취樂取: 즐거운 마음으로 좋은 점을 취하다. 시의猜疑: 시기하고 의심함.

15. 子曰, 臧武仲이 以防으로 求爲後於魯하니 雖曰不要君이나 吾不信也하노라.

공자께서 말씀하시기를, "장무중臧武仲은 방防읍을 근거지로 후계자를 세워줄 것을 노魯나라 임금에게 요구하였는데, 그 요구는 강요한 것이 아니라고 하더라도 나는 그 말을 믿지 못하겠느니라."[746]

16. 子曰, 晉文公은 譎而不正하고 齊桓公은 正而不譎하니라.

공자께서 말씀하시기를, "진晉나라 문공文公은 속이고 바르지 않았다.

---

746 방防: 노나라 지명. 위후爲後: 뒤를 이음.
※ 『춘추좌전』 양공(襄公) 23년 편에는 장무중에 관한 일화가 소개되고 있다. 당시 노나라의 권력자인 계무자季武子는 적자가 없었다. 까닭에 첫째 서자인 공미(公彌= 公鉏) 대신에 둘째 서자인 도자悼子를 후계자로 삼고자 지혜롭다고 소문난 장무중에게 계책을 묻는다. 계무자는 술자리를 마련하여 대부들을 불러 모은 뒤 북쪽에 자리를 높이 깔고 장무중이 당하堂下로 내려가 도자를 맞이하여 북쪽 자리로 안내하자, 나머지 대부들도 어쩔 수 없이 일어나 같이 맞이할 수밖에 없었다. 자연히 주객이 정해지고 예에 따라 술잔을 주고받은 뒤에 계무자가 다시 공미를 불러 사람들 사이에 앉혔다. 이는 결국 도자가 후계자임을 공표한 것과 다름없었다. 이렇듯 장무중의 계책은 성공했지만, 이 과정에서 맹손씨孟孫氏와 갈등이 생겨 장무중은 어쩔 수 없이 주邾나라로 망명하게 된다. 이로 인해 장무중은 선대에 대한 제사를 지내지 못하고, 장씨 가문의 존립마저 위태롭게 되었다. 망명 중이던 장무중은 자신의 식읍인 방防읍으로 다시 잠입해 돌아와 점거하고 이복형인 장위臧爲를 선대 제사의 후계자로 승인해 주도록 군주에게 청원하며 장위로 하여금 집안의 가보로 내려온 점치는 '큰 거북(蔡: 공야장편 17장)'을 군주에게 헌납하도록 하였다. 그러나 실상은 장무중이 방읍의 세력을 근거로 군주를 압박한 것이나 다름없었다. 권력 관계가 복잡하였던 노나라는 어쩔 수 없이 이를 승인하였는데, 장무중은 소기의 성과를 거두었으나 결국엔 방읍을 내놓고 다시 주나라로 망명하는 신세가 되었다. 본 장의 공자의 언급은 바로 이러한 내용을 근거로 하고 있다.

제齊나라 환공桓公은 바르고 속이지 않았느니라."⁷⁴⁷

17. 子路曰, 桓公이 殺公子糾하자 召忽은 死之하고 管仲은 不死하니 曰, 未仁乎인저 子曰, 桓公이 九合諸侯하되 不以兵車는 管仲之力也이니 如其仁如其仁이리요.

자로가 묻기를, "환공이 공자 규糾를 죽였을 때 소홀召忽은 따라 죽었으나 관중은 죽지 않았으니 이는 어질지 못한 것이겠지요?"
공자께서 말씀하시기를, "환공이 여러 번 제후를 규합하면서 무력을

---

747 휼譎: 속이다.
※ 춘추 시대의 오패(五覇: 다섯 제후)인 제 환공과 진 문공에 대한 공자의 인물 평가이다. 진 문공(晉文公: 기원전 697년~628년)은 19년의 망명 생활 끝에 62세에 군주가 되어서 9년의 짧은 재위 기간에도 불구하고 제 환공의 뒤를 이어 패자가 된 인물이다. 진 문공은 초나라가 송나라를 공격하여 포위했을 때에, 초나라와 깊은 외교관계를 맺고 있던 조曹, 위衛 두 나라를 공격하였다. 문공이 이렇듯 두 나라를 공격한 이유는 정치적 계략이 있었기 때문이다. 문공은 초나라의 공세를 늦춘 다음, 송나라를 포위하고 있는 초나라 군사가 철수하게끔 하는 것과 조, 위 두 나라를 회복시켜주는 것을 조건으로 내걸고 조, 위 두 나라를 부추기어 초나라와 절교하게 만든 다음 초나라로 쳐들어갔다. 계략은 성공하였고 문공은 마침내 승리하여 중원의 패자가 되었다. 그런데 공자가 이렇듯 진 문공에 대해 혹평하고 있는 것은 진문공이 오로지 대의명분만을 내세워 권모술수와 정의롭지 못한 비정상적인 수단과 방법으로 패권을 차지하여 패자가 되었기 때문이다. 한편 제 환공은 명신 관중管仲의 힘을 얻어 주周를 종주국으로 받드는 한편 제후들의 패자가 되었다. 당시 주의 왕실은 실권 없는 이름뿐이고, 실제로는 여러 제후국이 난립하여 혼란하였다. 이때 제 환공이 제후국들을 모아 회합을 주도하여 '존왕양이(尊王攘夷: 주나라 왕실을 높이고 변방의 이민족들을 물리침)'를 내세우며 무너진 기강과 질서를 바로잡고자 하였다. 후에 환공은 초나라를 공격하였는데. 진의 문공과는 달리 당시 천자인 소왕昭王이 남정南征에서 돌아오지 않는 책임과 초나라에서 종주국에 공물을 바치지 않은 것 등을 이유로 물었다. 진 문공처럼 속임수를 쓰지 않고 떳떳하게 대의명분을 내세워 초나라를 공격하였던 것이다. 공자의 환공에 대한 칭찬은 바로 이러한 처신에 대한 평가이다.

쓰지 않은 것은 관중 덕분이었으니, 어질다고 할 수 있지 않겠느냐."[748]

不以兵車, 故如其仁, 乃救刀兵劫之眞心實話.

'관중이 무력을 쓰지 않도록 했기 때문에(不以兵車: 곧 전쟁을 피할 수 있게 하였기 때문에)' '어질 수 있지 않겠는가(如其仁)'고 한 것이니, 이는 전쟁으로부터 구해내고자 하는 진심이 담긴 실화였기 때문이다.[749]

18. 子貢이 曰, 管仲은 非仁者與인저. 桓公이 殺公子糾어늘 不能

---

[748] 제나라 환공과 공자 규는 모두 제나라의 양공襄公의 동생들이다. 양공이 무도했으므로 해를 입을까 봐 두려워서 환공은 거莒나라로 망명했고, 공자 규는 노나라로 망명했다. 양공이 피살된 후 환공이 먼저 제나라로 돌아가서 제나라 군주가 되었다. 그리고는 노나라로 피신해 있던 공자 규를 죽였다. 규를 보좌했던 소홀은 자살하고 관중은 죽지 않고 환공의 재상이 되었다. 관중은 제 환공이 춘추 시대의 첫 패자가 되도록 보좌한 신하로서 죽은 지 100여 년이 넘도록 최고의 현명한 재상으로 소문 나 있었다. 공자는 앞서 제 환공에 대해 헌문편 16장에서 '正而不譎'이라고 칭찬한 바 있다. 이에 의협심이 강하고 강직한 자로가 제 환공이 발탁한 관중은 자기가 모시던 공자 규를 좇아 자살한 소홀과 달리 살아서 다른 군주를 섬겼는데, 이것은 '어질지 못한' 행위가 아니냐고 따지듯이 물었던 것이다. 제 환공은 제후들을 아홉 번씩이나 모아 회합하여(九合諸侯) 그 결과로 '규구지회(葵丘之會: 기원전 651년에 다섯 조항이 담긴 공동선언문이다. 이로 인해 국가기강과 질서를 바로 잡고, 백성들로 하여금 전쟁의 참화를 겪지 않도록 하는데 기여하게 되었다.)'를 발표하였는데, 제 환공이 이렇듯 분열되어 있는 제후국들을 모아 회합을 통해 공동선언문과 같은 평화조약을 맺고 전쟁을 피할 수 있었던 것은 관중이라는 명신의 역할이 컸기에 가능한 것이었다. 공자는 관중의 이러한 정치적 업적을 높이 평가하며, 이러한 관중이 '위정자의 어진 일'이 아니면 지금 시대에 누가 이와 같이 어진 일을 했느냐며 내심 되묻고 있다.

[749] 도병겁刀兵劫: '刀兵劫'은 이른바 폭력, 전쟁 등으로 인해 많은 사람들이 죽는 말세의 시대를 의미한다. 대승불교의 여러 경전이 집대성된 『대방등대집경(大方等大集經)』에는 석가모니불이 가르치신 정법이 쇠퇴하는 말세가 되면 큰 기근겁飢饉劫, 큰 질병겁疾病劫, 큰 도병겁刀兵劫 등의 이른바 삼재三災가 일어나며 지구상의 많은 인류가 죽음을 맞이하게 된다는 설법이 설해지고 있다.

死요 又相之온여. 子曰, 管仲이 相桓公霸諸侯하여 一匡天下하니 民到於今受其賜하나니 微管仲이면 吾其被髮左衽矣러니라 豈若匹夫匹婦之爲諒也라 自經於溝瀆而莫之知也리요.

자공이 말하기를, "관중은 어진 사람이 아니지요. 제나라 환공桓公이 공자 규糾를 죽였을 때 따라 죽지 않았고, 오히려 환공의 재상이 되었습니다."

공자께서 말씀하시기를, "관중은 환공을 보필하여 환공이 제후들의 패자가 되고 천하를 통일하여 바로잡게 해주었으니, 백성들이 지금까지 그 혜택을 보고 있다. 만약 관중이 없었다면 우리는 머리를 풀고 옷깃을 왼쪽으로 여미는 오랑캐가 되었을 것이다. 그가 어찌 보통 필부들이 사소한 절개를 지키기 위해 개천에서 목을 매어 죽어도 아무도 알아주는 사람이 없는 것과 같겠느냐."[750]

大丈夫生於世間, 惟以救民爲第一義, 小名小節, 何足論也. 天下後世受其賜, 仁莫大焉. 假使死節, 不過忠耳, 安得爲仁, 況又不必死者耶. 當知召忽之死, 特匹夫匹婦之諒而已矣. 王珪魏徵亦與

---

750 피발좌임被髮左衽: 머리를 헤치고 옷깃을 왼편으로 여미는 오랑캐의 복식. 필부필부匹夫匹婦: 보잘 것 없는 남녀, 곧 보통 사람. 량諒: 작은 절개를 지킴. 경經: 목매어 죽음. 구독溝瀆: 도랑, 개천.

※ 본 18장은 17장에서 공자가 자로에게 한 답변을 불만족스럽게 생각한 자공이 다시 공자에게 거듭 묻는 내용이다. 자로가 관중에 대해 자신의 인군을 섬기다 따라 죽지 않은 '不忠'에 강조점을 두었다면, 자공은 한발 더 나아가 '不忠에다 변절까지 한 인물'임을 강조하여 질문하고 있다. 스승인 공자가 이런 인물에 대해 '如其仁'이라 칭찬하니 도대체 이해할 수가 없었던 것이다.

管仲同是個人, 若夫忠臣不事二君, 烈女不更二夫, 本非聖賢之談, 正是匹婦之諒. 故易辭曰, 恒其德貞, 婦人吉, 夫子凶. 大丈夫幸思之.

　대장부는 세상에 태어나서 오직 백성을 구제하는 것을 제1의 의로움으로 삼으니, 작은 명리와 작은 절개는 논해서 무엇 하겠는가? 천하의 백성들은 후세대에 이르러 그러한 혜택을 받게 되니, 어짊이 크지 않겠는가! 만약 죽음으로 절개를 지켰다면 이는 충성에 불과할 뿐이니, 어찌 인하다고 할 수 있겠는가! 하물며 또한 당연히 따라 죽지 않은 자이겠는가. 마땅히 소홀召忽의 죽음이 다만 보통 필부들이 사소한 절개를 지키기 위한 죽음일 뿐임을 알아야만 한다.

　왕규王珪, 위징魏徵 또한 관중과 더불어 같은 (명가를 받는) 사람이다.[751] 무릇 '충신은 두 임금을 섬기지 않고, 열녀는 두 지아비를 바꿔 맞이하지 않는다'와 같은 말은, 본래 성현의 말씀이 아니다. (그러하기에 소홀의 죽음은) 바로 필부의 사소한 절개일 뿐이다. 그러므로 『역경(易經)』 뇌풍항(雷風恒,䷟)괘 육오 효사에서 "그 덕에 항상하면 바르니, 부인은 길하고

---

751 왕규王珪(571~639)는 당 나라 태종太宗 때의 문신이다. 왕승변王僧辯의 손자로, 고조高祖 때 태자중사인太子中舍人이 되어 이건성李建成을 보필하였으나, 이건성이 피살된 후 태종이 즉위하자 재기용되어 예부상서(禮部尙書) 등을 지내며 태종의 정관貞觀의 정치를 도운 명신이다. 위징魏徵(580~643) 역시 당나라의 정치가로 당 태종을 도운 명신이다. 자는 현성玄成이며, 당 태종을 섬겨 간의대부諫議大夫・좌광록대부左光祿大夫에 임명되고 정국공鄭國公에 봉해졌다. 직간直諫으로 이름이 높았다. 왕규, 위징이 당 태종과 나눈 문답 대부분은 『정관정요(貞觀政要)』에 실려 있다. 두 사람 모두 처음 태자 이건성을 따랐다가 나중에 형을 제거하고 왕위를 차지한 이세민李世民, 즉 태종을 도왔다는 특징이 있다.

부자(夫子: 남편)는 흉하다."고 하였다. 대장부라면 그러한 말을 숙고하기 바란다.[752]

19. 公叔文子之臣大夫僎이 与文子로 同升諸公이러니 子聞之하시고 曰, 可以爲文矣로다.

공숙문자公叔文子의 가신 대부 선僎이 공숙문자와 함께 조정에 올랐는데, 공자께서 그 소식을 듣고 말씀하시기를, "공숙은 시호를 문文이라고 할 만하구나."[753]

卓吾云, 因他諡文子, 故曰可以爲文, 文字不必太泥. 總之, 極其許可之詞.

이탁오는 "그의 시호가 '문자文子'이기 때문에 '문이 될 만하다(可以爲

---

[752] 지욱선사는 『역경』에 대한 주석서인 그의 『주역선해(周易禪解)』에서 뇌풍항괘 육오를 해석하면서 "유순한 음효陰爻로 가운데 자리하여 구이의 현자와 상응하고 있다. 항구함의 정도를 얻은 자라 할 수 있다. 그러나 위대한 임금이 교화하고 제도하는 권능을 주재하는 데 있어 절대적으로 열고 닫는 응용의 변통이 없다면, 거의 아녀자의 도에 가깝다고 할 수 있지 않겠는가(柔中而應九二之賢, 似得恒之正者. 然大君宰化導之權, 乃絶无變通闔闢之用, 不幾爲婦道乎)?"라고 언급하고 있다. 주군을 따라 죽은 소홀의 죽음은 단지 작은 가치만을 알고 보다 큰 공익적 가치를 외면한 아녀자, 혹은 소인배의 신념과 가치에 불과하다고 비판하고 있는 것이다. 군자, 대인배, 선인, 성인이라면 응당 사적이거나 혹은 작은 집단적인 가치와 신념에만 집착할 것이 아니라, 보다 큰 공익적 가치와 백성의 행복을 위해 때와 상황에 따라 적절히 열고 닫을 수 있는 변통의 지혜를 발휘해야 된다는 해석이다.

[753] 고대 중국에서 '文'이라는 시호는 대단히 영예로운 호칭이었다. 공숙문자는 위나라의 대부이다. 공숙문자는 자신의 가신이었던 대부 선僎을 추천하여 자신과 동등한 위衛나라의 대신이 되게 만들었다. 공숙문자의 이런 헤아림과 배려를 공자는 높이 평가하고 있다.

文)'고 한 것이다. '文'이라는 글자에 너무 집착할 필요는 없다. 전체적으로 보면, 공문숙자에 대한 극진한 칭찬의 말씀이다."라고 하였다.[754]

20. 子言衛靈公之無道也러시니 康子曰, 夫如是로되 奚而不喪이니잇고. 孔子曰, 仲叔圉는 治賓客하고 祝鮀는 治宗廟하고 王孫賈는 治軍旅하니 夫如是奚其喪이리요.

공자께서 위衛나라 영공靈公의 무도함을 말하자 강자康子가 말하기를, "그런데도 어찌 망하지 않습니까?"
공자께서 말씀하시기를, "중숙어仲叔圉가 외교를 맡고, 축타祝鮀가 내정을 다스리고, 왕손가王孫賈가 군대를 통솔하고 있으니 어찌 망하겠습니까?"[755]

低低人尚有大用若此, 況肯用聖賢者乎.

저열한 사람도 오히려 사람을 이와 같이 등용해 쓰거늘, 하물며 성현이 기꺼이 사람을 씀에 있어서겠는가.[756]

---

754 태니太泥: 크게 집착하다, 너무 집착하다. '泥'는 젖다, 물들다의 의미.
755 강자康子: 노魯나라의 실력자인 대부 계강자季康子. 부여시夫如是: 그러한데. 해이奚而: 어째서. 중숙어仲叔圉: 공문자로, 배우기를 좋아하고 자기보다 못한 사람에게 묻는 것을 부끄러워하지 않았다. 축타祝鮀: 위나라의 대부로 말재주가 뛰어났다. 왕손가王孫賈: 위나라의 대신이다.
※ 위 영공은 무도해서 마땅히 지위를 잃어야지만, 이 세 사람을 등용하였기에 그 지위를 보존할 수 있었다. 공자는 현명한 인재를 등용하는 것이 매우 중요함을 말하고 있다.
756 저저인低低人: 저열한 사람, 곧 위나라 영공靈公처럼 무도한 사람을 지칭함.

21. 子曰, 其言之不怍이면 則爲之也難하니라.

공자께서 말씀하시기를, "함부로 말하고 부끄러워하지 않는다면, 그 말을 실천하기는 어려우니라."[757]

正要人怍.

바야흐로 사람은 부끄러워해야만 한다.

22. 陳成子弑簡公이어늘 孔子沐浴而朝하사 告於哀公曰, 陳恒이 弑其君하니 請討之하소서. 公曰, 告夫三子하라. 孔子曰, 以吾從大夫之後라 不敢不告也하니 君曰, 告夫三子者온여 之三子告한대 不可라 하여늘 孔子曰, 以吾從大夫之後라 不敢不告也이니라.

진성자陳成子가 간공簡公을 시해하자 공자께서 목욕하시고 조정에 나

---

757 작怍: 부끄러워하다.

※ 공자는 말(言)은 실천하기가 쉽지 않고, 신뢰가 있어야 하기 때문에 항상 조심할 것을 곳곳에서 누누이 당부하였다. 학이편 14장에서 표현되고 있는 '愼於言', 학이편 3장에서 표현되고 있는 '巧言令色' 등이 바로 그러한 예이다. 본 21장의 말씀 또한 같은 내용의 가르침이다. 말한 바대로 실천하기란 결코 쉽지 않다. 당연히 말에 실천이 따르지 않으면 부끄러운 일이다. 따라서 부끄럽게 여기지 않고 쉽게 내뱉는 말은 행하기가 어렵다는 공자의 가르침이다. 『중용』 13장에서 언급되고 있는 "말은 행동을 돌아보고, 행동은 말을 돌아보라(言顧行, 行顧言)."라는 가르침 역시 말의 무게와 행동의 실천을 강조하는 있는 경책의 말씀이라 할 수 있다.

가서 애공哀公에게 고하여 말씀하기기를, "진항陳恒이 그 군주를 시해했으니, 그를 토벌하십시오." 애공이 말하기를, "세 대부(三子: 계손, 숙손, 맹손)에게 말하시오."

공자께서 말씀하시기를, "나는 대부의 말석에 있었기에 고하지 않을 수 없었는데, 임금께서는 세 대부에게 말하라고 하시는구나." 공자가 세 대부에게 고하셨으나 안 된다고 하자, 공자께서 말씀하시기를, "나는 대부의 말석에 있었기에 고하지 않을 수 없었느니라."[758]

陳恒三子, 一齊討矣.

---

[758] 진성자는 제나라 환공 때 진陳나라에서 제나라로 망명한 진경중陳敬仲의 5대손이다. 제환공의 진경중에 대한 신임을 기반으로 그 후손들이 대대로 대부를 이어 가며 세력을 확장해 나갔다. 세력을 키운 진성자는 마침내 군주인 간공을 시해했다. 공자 말년인 기원적 481년의 일이다. 이미 제나라는 최저崔杼가 장공莊公을 시해하고 경공景公을 군주로 세웠었고, 대부들이 마음대로 정사를 전횡하고 있었다. 진성자의 제나라 간공 시해 사건은 공자가 『춘추』 집필을 끝내고(애공 14년 봄) 나서 돌아가시기 직전의 일이다. 공자는 『춘추』를 통해 '신하가 군주를 시해하고(臣弑其君)', '자식이 아비를 시해하는(子弑其夫)' 각 나라의 사례를 일일이 적시했는데, 공자 생전에 일어난 간공 시해 사건이 빠지게 되자 제자들이 논어에 기록하게 된 배경이다. 공자는 진성자의 군주 시해 사건에 매우 분개하였다. 과거에는 천자나 제후 연합군이 기강과 질서를 무너뜨리는 제후나 경대부에 대해선 강력히 응징(征伐, 討伐)을 가하는 것이 일반적이었다. 당연히 공자는 조정에 들어가 애공을 만나 토벌할 것을 주장하였다. 그런데 공자는 토벌을 청하여도 받아들여지지 않을 것을 미리 알았을 것이다. 그럼에도 이렇듯 애공에게 보고하고 정벌을 주장한 것은 이를 공론화하여 문제 삼고자 했던 것으로 이해된다. 그러나 무기력한 애공은 도리어 공자에게 삼환씨를 찾아가 논의하라고 말한다. 이는 노나라의 군주 권력이 이미 삼환씨에게 넘어간 것이란 것을 상징적으로 말해주고 있다. 군주의 명을 차마 어기지 못한 공자는 '以吾從大夫之後, 不敢不告也'이라는 말을 하고 있다. '以吾從大夫之後'이라는 표현은 공자가 국가 원로인 전직 대부로서 임금의 명대로 따르지 않을 수 없는 답답한 현실을 한탄하는 내용이고, '不敢不告也'이라는 표현은 늙은 전직 대부로 무력한 임금을 대신해 현직 대부인 실세를 찾아다니며, 일일이 알려야 하는 현실을 통탄하며 고발하는 뜻이 담겨 있는 내용이라 할 수 있다.

진항(陳恒= 陳成子)과 세 대부(三子)를 일제히 토벌해야 함을 말하고 있다.

23. 子路問事君한대 子曰, 勿欺也이요 而犯之니라.

자로가 군주를 섬기는 법을 묻자 공자께서 말씀하시기를, "속이지 말고, 면전에서 직언하라."[759]

不能闕疑便是自欺, 亦卽欺君. 今之不敢犯君者, 多是欺君者也. 爲君者喜欺, 不喜犯, 奈之何哉.

의심나는 부분을 가려내려고 하지 않는 것은 곧 자신을 속이는 것이며, 또한 임금을 속이는 것이기도 하다. 지금 감히 주군에게 직언하지 않는 자는 대부분 주군을 속이는 자라 할 수 있다. 주군을 위한다고 하면서 속이는 것을 좋아하는 자는 직언하기를 싫어하는 자이니, 낸들 그것을 어찌하겠는가?[760]

24. 子曰, 君子는 上達하고 小人은 下達하니라.

---

759 범犯: 범하다. 직언으로 간諫하다.
   ※ 거짓말을 하면서 곧지 못한 것(僞言不直)을 '欺'라 하고, 곧은 말을 하면서 숨김이 없는 것(直言無隱)을 '犯'이라 한다.
760 궐의闕疑: 의심나는 부분을 가려내다. 위정편 18장에서 '다문궐의(多聞闕疑: 많이 들어서 의문을 없애라)'라는 표현으로 나온다.

공자께서 말씀하시기를, "군자는 위로 통달하고 소인은 아래로 통달하느니라."[761]

形而上者謂之道, 形而下者謂之器. 上達故不器, 下達故成瑚璉斗筲等器, 若不成器者, 幷非小人.

형이상形而上인 것을 '도道'라 하고, 형이하形而下인 것을 '기器'라 한다. 위로 통달하기 때문에 기器를 이루지 못하고, 아래도 통달하기 때문에 호련(瑚璉: 옛날 제사 때 곡식을 담아 놓는 그릇)과 두소(斗筲: 斗는 한 말들이, 筲는 한 말 두 되들이의 용기) 등의 그릇을 만들어 낸다. 만약 그릇도 만들어내지 못하는 사람이라면, 그런 사람은 소인도 아니다.[762]

25. 子曰, 古之學者는 爲己러니 今之學者는 爲人이로다.

---

[761] 『주역』의 「계사상전(繫辭上傳)」 12장에 "형이상形而上인 것을 '도道'라 하고, 형이하形而下인 것을 '기器'라 이른다(形而上者, 謂之道, 形而下者, 謂之器)."라는 말이 표현되고 있다. 여기서 '形而上者謂之道'는 본체적인 도리를 의미하고 '形而下者謂之器'는 그러한 본체적인 도리를 바탕으로 드러난 현상세계, 물질세계를 지칭한다. 본 장에서 표현되는 上과 下는 바로 「계사상전」 12장에서 표현되고 있는 '形而上'과 '形而下'를 말한다. 군자는 보이지 않더라도 천지자연의 궁극적인 참된 이치와 조화로운 가치를 궁리하고, 소인은 오로지 무명한 마음으로 겉으로 드러난 보이는 물건의 이로움만을 탐낸다는 공자의 가르침이다.

[762] 지욱선사는 上達과 下達, 군자와 소인의 의미를 새롭게 해석하고 있음을 알 수 있다. 위로 보이지 않는 정신적인 가치와 참된 진리를 탐구하는(上達) 사람이 군자라고 한다면, 일반 사회에서 보이는 물질적 가치와 쓰임새, 그리고 그러한 것에 대한 생산과 소유에 관심을 기울이는(下達) 사람이 소인이라는 것이다. 만약에 상달에도, 하달에도 관심이 없어 사회에서 아무런 역할도 없이 무위도식하는 사람이 있다면, 그러한 사람은 결과적으로 소인도 되지 못한다는 설명이다. 군자와 소인을 우열의 가치로 평가하지 않고, 기울이는 관심과 실천하는 역할에 따른 상대적 평가라 할 수 있다.

공자께서 말씀하시기를, "옛날 사람들은 자기의 수양을 위해서 공부했고, 지금 사람들은 남에게 보이기 위해 공부하느니라."[763]

盡大地是個自己, 所以度盡衆生, 只名爲己. 若見有己外之人可爲, 便非眞正發菩提心者矣.

모든 세상이 다 자기 자신이다. 그렇기 때문에 중생을 다 제도해야만 하는 것이니, 다만 이름이 '자기를 위한다(爲己)'고 하는 것이다. 만약 자신을 벗어나 다른 사람만을 위한다고 생각하는 사람이 있다면, 그는 곧 진정한 보리심을 일으킨 사람이 아니다.[764]

26. 蘧伯玉이 使人於孔子, 어늘 孔子與之坐而問焉曰, 夫子는 何爲오 對曰, 夫子欲寡其過나 而未能也이니이다. 使者出커늘 子曰, 使乎使乎여.

---

763 『서경(書經)』 우서虞書 대우모(大禹謨)편에 "사람의 마음은 오직 위태롭고 도의 마음은 오직 미미하니, 오직 정미롭게 하고 오직 한결같이 해야만 진실로 그 중심을 잡을 수 있다(人心惟危, 道心惟微, 惟精惟一, 允執厥中)."라는 말이 있다. 학문을 함에 있어 내실을 정미롭게 다지고 튼실히 해야 함을 일깨우고 있는 말이다. '爲己之學'이 자신의 내실을 다지기 위한 학문이라면, '爲人之學'은 오로지 출세를 위한 방편으로 삼는 공부라 할 수 있다. 후대로 갈수록 학문의 본래 목적과 가치가 외면되고, 오로지 공부가 한갓 출세의 수단과 현학자들의 문식文飾의 도구로 변질되어 감을 비판하는 내용이라 할 수 있다.

764 진대지盡大地: 모든 대지, 이 땅 전체를 가리키는 말. 발보리심發菩提心: 위로는 부처님의 참된 가르침을 통해 궁극적인 진리의 깨달음을 구하고, 아래로는 모든 중생들을 부처님 법으로 구제하고자 큰 구도심과 자비심을 함께 일으키는 것.

※ 나와 남을 차별하지 않고, 모든 존재가 나와 한 마음 한 몸, 즉 일심동체임을 깨닫고, 자신을 위하는 것이 곧 남을 위하는 것이고, 남을 위함이 곧 자신을 위하는 것이라는 설명이다.

거백옥蘧伯玉이 공자께 사자를 보내왔다. 공자께서 함께 앉아 묻기를, "대부께서는 어떻게 지내십니까?" 사자가 대답하기를, "대부께서는 잘못을 줄이려고 하시는데 잘되지 않는 것 같습니다." 사자가 나가자 공자께서 말씀하시기를, "훌륭한 사자로다. 훌륭한 사자로다."[765]

千古聖賢眞學問, 眞血脉, 不億使者一言點出. 眞奇眞奇.

영원히 전해지는 성현의 참된 학문과 참된 혈맥은 사자로 하여금 억측하여 한 마디의 말로 표현해 낼 수 없는 것이니, 참으로 기이하고 기이하다.[766]

27. 子曰, 不在其位면 不謀其政이니라.

---

765 위 내용은 공자가 13년간의 철환주유를 끝내고 노나라로 돌아가자 위나라의 대부 거백옥이 공자의 안부를 묻기 위해 보낸 심부름꾼과의 대화 내용이다. 한때 공자는 철환주유를 하면서 위나라에서 거백옥의 집에 의탁해 있었는데, 이를 인연으로 거백옥이 심부름꾼을 공자에게 보내 안부를 물었던 것이다. 공자는 마치 거백옥을 눈앞에서 대하듯 심부름꾼을 예우하며 안부를 물었다. 이에 심부름꾼은 "夫子欲寡其過"라는 말과 함께 덧붙여 "而未能也"라고 대답하고 있다. 공자는 예기치 못했던 지극히 겸손한 사자의 답변에 거듭 감탄사를 말한다. 역시, 그 주인에 그 심부름꾼이라는 뜻이다. 거백옥은 50세가 되어서 자신의 49년 동안의 허물을 돌이켜 반성하였다고 할 정도로 행동거지가 겸손한 인물로 알려졌다. 까닭에 공자는 위영공편 6장에서 "군자로다, 거백옥이여! 나라에 도가 있으면 벼슬하고, 나라에 도가 없으면 가히 거두어서 감추는구나(君子哉, 蘧伯玉, 邦有道則仕, 邦無道則可卷而懷之)."라고 칭찬하고 있다.
766 불억不億: 억측하다. 일언점출一言點出: 한마디의 말로 가려내다(표현해 내다).
※ 성현의 말씀과 전해지는 참된 궁극적 진리는 추측해서 억지로 표현할 수 없는 것이기에, 누구나가 보고 느끼고 깨달은 바를 있는 사실 그대로를 말할 수밖에 없다는 말이다. 거백옥이 보낸 사자 역시 남다르게 뛰어난 인격을 갖춘 거백옥의 있는 그대로의 모습을 말할 수밖에 없었다는 의미의 해석이다.

공자께서 말씀하시기를, "그 지위에 있지 않다면, 그 지위에 따르는 정사를 논하지 않아야 하느니라."

28. 曾子曰, 君子思不出其位니라.

증자가 말하기를, "군자의 생각은 자기 지위를 벗어나지 않는다."[767]

未之思也, 夫何遠之有, 正是思不出其位.

깊이 생각해 보지 않아도 어찌 생각이 멀리 있을 수 있겠는가? 바야흐로 생각은 그 지위(현재 자신이 처해 있는 상황과 자리)를 벗어나지 않는다.[768]

29. 子曰, 君子는 恥其言而過其行이니라.

공자께서 말씀하시기를, "군자는 말이 행동보다 앞서는 것을 부끄러워한다."[769]

---

767 27장, 28장은 정치를 행함에 있어 그 자리에 걸맞게 해야지 그렇지 못하면 분수를 벗어난 참람(僭濫)된 짓을 저지르게 된다. 당시 경대부가 군주를 위협하고, 가신이 경대부를 위협하여 정사가 문란해지는 행태에 대한 비판이면서 위정자들이 바르게 처신하도록 하는 말이라 할 수 있다.
768 미지사야未之思也, 부하원지유夫何遠之有: 자한편 30장에서 언급되고 있다.
769 헌문편 22장의 "그 말을 부끄럽게 생각하지 않으면, 실행하는 것이 어렵다(其言之不怍, 則爲之也難)."라는 내용과 이인편 22장의 "옛사람들이 말 앞세우지 않은 것은 몸이 말에 따르지 못함을 부끄럽게 여겼기 때문이다(古者, 言之不出, 恥躬之不逮也)."의 내용과 연관된 공자의 말이

卓吾云, 恥字, 何等精神. 過字, 何等力量.

이탁오는 "'치恥' 자는 어떠한 정신적인 것을 의미하고, '과過' 자는 어떠한 역량을 의미한다."라고 하였다.

30. 子曰, 君子道者三에 我無能焉하니 仁者는 不憂하고 知者는 不惑하고 勇者는 不懼니라. 子貢曰, 夫子自道也샷다.

공자께서 말씀하시기를, "군자의 도에는 세 가지가 있는데, 나는 그중에서 하나도 제대로 하는 것이 없다. 어진 사람은 걱정하지 않고, 지혜로운 사람은 미혹되지 않고, 용기 있는 사람은 두려워하지 않느니라."
자공이 말하기를, "이는 스승님이 겸손히 자신에 대해 말씀하신 것이다."[770]

다. 아울러 『중용』 13장에서 "떳떳한 덕을 행하며, 평상의 말을 조심해서 행실에 부족한 점이 있으면, 더욱 더 힘쓰고 할 말이 남아 있어도 감히 다하지 않아야 한다. 그리하여 말할 때에는 행실을 되돌아보고 행할 때에는 말을 되돌아볼지니, 이렇게 하면 군자가 어찌 독실하지 않겠는가(庸德之行, 庸言之謹, 有所不足, 不敢不勉, 有餘, 不敢盡, 言顧行, 行顧言, 君子, 胡不慥慥爾)."라는 내용도 역시 말의 신중함과 말에 따른 실천을 일깨우고 있다.

770 자한편 28장에도 본 내용과 비슷한 표현이 나오는데, 단지 지혜(知)가 먼저 언급되고 있다. 그렇다고 仁, 知, 勇 가운데 무엇이 먼저인지 우선순위가 정해진 것은 아니다. 『중용』 20장에서는 "지혜로움과 인자함, 용맹스러움 이 세 가지가 천하에 두루 통하는 보편적인 덕이다. 그러나 이것을 행하게 하는 방법은 한 가지이다(知仁勇三者, 天下之達德,也 所以行之者, 一也)."라는 표현이 나온다. 결국 세 가지 덕목이 모두 한 가지로 중요함을 말하고 있을 뿐이다. 공자가 자신도 실행하지 못한다고 하면서도 仁, 知, 勇 세 가지 실천 덕목을 권면하고 나선 것은 정말로 이 세 가지를 실천하기가 힘든 면도 있지만, 그만큼 세 덕목이 중요함을 강조하는 어법이기도 하다.

仁者知者勇者, 三個者字, 正與道者者字相應. 所謂一心三德, 不是三件也. 夫子自省, 真是未能. 子貢看來, 直是自道. 譬如華嚴所明, 十地菩薩, 雖居因位, 而下地視之, 則如佛矣.

'인자仁者', '지자知者', '용자勇者'라는 표현에 있어 세 개의 '자者'라는 글자는 바야흐로 '도자道者'라고 할 때의 '者'와 서로 상응한다. 이른바 '일심삼덕一心三德'이라 할 수 있으니, 세 가지가 별개로 구분되는 것은 아니다.[771]

공자께서 스스로 성찰하시면서 진정 능히 실천하지 못한다고 하셨을 뿐이다. 자공이 주목한 것은 바로 '스스로에게 말씀하셨다(自道)'라는 내용이다. 비유하자면, 『화엄경(華嚴經)』에서 밝히신 바와 같이 십지보살十地菩薩[772]이 비록 인위因位에 머물러 있지만, 아래 경지에 머물러 있는

---

771 대승불교에서는 깨달음을 완성하여 열반을 성취하고 부처가 되면 저절로 세 가지 덕(三德)을 구족하게 된다고 교설한다. 바로 법신덕(法身德: 생로병사를 벗어난 청정무구하고 영원한 진리의 몸), 반야덕(般若德: 세상의 모든 이치와 진리, 모든 존재의 실상을 통찰할 수 있는 부처의 지혜), 해탈덕(解脫德: 모든 번뇌와 생사윤회에서 벗어나 얻게 되는 자유와 자재함)이 그것이다.
※ 공자가 가르치는 仁, 知, 勇의 덕은 개별적인 것이 아니라, 마치 부처의 경지를 성취하게 되면 저절로 갖춰지게 되는 세 가지 덕처럼, 성인이나 군자가 인을 성취하게 됨으로써 저절로 일심에 갖춰지게 되는 마음의 덕이라는 설명이다.
772 십지보살十地菩薩: 대승경전인 『화엄경』에서는 부처님 법에 귀의한 대승수행자가 수행을 통해 부처가 되는 계위를 크게 52위位로 분류하여 제시하고 있다. 바로 10신十信·10주十住·10행十行·10회향十廻向·10지十地·등각等覺·묘각妙覺 등의 계위가 그것이다. 이러한 계위 중에서 41위부터 50위까지가 바로 대승보살이 닦아야 할 계위인 '보살십지菩薩十地'라고 한다. 바로 ①환희지(歡喜地: 보살이 중도의 지혜를 얻어서 처음으로 불성의 이치를 보고 삶의 잘못된 견해에서 생기는 모든 번뇌를 끊고 자리이타自利利他를 실천하여 진실한 기쁨이 가득한 지위) ②이구지(離垢地: 사물의 참모습을 보지 못하는 데서 생기는 번뇌를 끊고 모든 욕망의 더러움을 제거하고 깨끗하게 하는 지위) ③발광지(發光地: 인내의 완성을 얻고 가장 깊은 내성적 통찰에 도달

수행자를 살피는 것과 같다. 바로 부처님과 같은 경지라 할 수 있다.[773]

31. 子貢이 方人하더니 子曰, 賜也는 賢乎哉아 夫我則不暇로다.

자공이 사람들을 비교하자 공자께서 말씀하시기를, "사賜는 현명한가 보구나. 나는 그럴 겨를이 없구나."[774]

함으로써 삶의 형태에서 빚어진 모든 숙업으로부터 자유롭게 되어 지혜의 광명이 나타나는 지위) ④염혜지(焰慧地: 용맹 또는 정진의 완성에 도달함으로써 깨달음의 지혜가 더욱 밝아져서 지혜광명이 불꽃처럼 밝아지는 지위) ⑤난승지(難勝地: 삼매의 완성을 성취함으로써 정신활동 속에서 두 가지 진리, 즉 이제二諦의 진실된 진리와 세속적 진리의 조화를 완성하는 지위) ⑥현전지(現前地: 최고의 지혜를 얻어 참된 진리의 실상이 바로 눈앞에 현전하는 지위) ⑦원행지(遠行地: 성문과 소승적인 깨달음을 멀리 초월하여 광대무변한 진리의 세계에 이르는 지위로써 모든 중생에게 큰 자비를 실천하기 시작하는 지위) ⑧부동지(不動地: 이미 진리를 깨달아 동요함이 없는 지위로, 후퇴하지 않는다고 하여 불퇴전不退轉이라고도 한다.) ⑨선혜지(善慧地: 완전한 지혜의 힘을 갖추어 부처님과 같은 열 가지 힘을 얻고 중생의 근기에 따라 설법하는 지위) ⑩법운지(法雲地: 마치 가뭄에 비구름이 굵은 빗줄기를 내리듯이, 모든 선근공덕을 갖추고 중생에게 온갖 이익이 되는 보살행을 행하는 지위) 등이다. 이러한 열 가지 수행의 계위를 닦아 나가는 보살을 '십지보살十地菩薩'이라고 하고, 열 가지 단계를 완성해야만 비로소 등각과 묘각의 지위를 거쳐 부처의 경지에 이른다.

773 인위因位: 아직 불과(佛果= 果位, 果上, 果頭)를 얻지 못한 보살의 지위를 말한다. 하지下地: '보살십지'를 기준하여 그 계위의 높고 낮음에 따라 위의 계위를 上地, 아래의 계위를 下地라고 부른다.

※ 지욱선사는 공자가 仁·知·勇 세 가지 실천 덕목을 말하면서, 자신도 능히 다 실천하지 못한다고 말하는 내용을 대승보살이 열 가지 수행의 계위(十地)를 수행해 나가면서 궁극적인 깨달음의 지위인 부처의 경지에 도달함에 비유하고, 자신들보다 낮은 단계에 머물러 있는 수행자들을 살펴서 그들 또한 보살의 계위로 올라갈 수 있게끔 보살피는 것에 대비시켜 설명하고 있다. 대승보살이 자신보다 낮은 경지에 머물러 있는 수행자들을 제도하기 위해 보살의 지위(因位)에 계속 머물러 있듯이, 공자 또한 제자들을 가르치고 제도하기 위해 스스로를 겸손히 낮춰 마치 부처님처럼(如佛) 제자들을 보살피고 있다는 의미의 해석이다.

774 방方: 비교(比)하다, 견주다.

不暇二字頂門針也. 若能思齊內省, 則雖妍媸立辨, 不名爲方人矣.

'불가不暇'라는 두 글자는 정수리에 놓는 침이라 할 수 있다. 만약 어진 이를 보면 그분과 같이 되기를 생각하고, 어질지 못한 이를 보거든 내 스스로를 깊이 살펴볼 수 있어야 하는 것이니, 곧 비록 아름답고 추함을 분별하는 것이라고 해도 그것은 사람을 비교하는 것이라고 부를 수 없다.775

32. 子曰, 不患人之不己知요 患其不能也이니라.

공자께서 말씀하시기를, "다른 사람이 나를 알아주지 않는 것을 걱정하지 말고, 자신의 무능함을 걱정해야 하느니라."

호재호재乎哉: 의심하는 어투의 말. 불가불가不暇: ~할 시간이 없다. 겨를이 없다.

※ 자공은 언어표현에 능숙한 인물이라 평가 받던 인물이다. 그런데 그는 자신이 아는 사람들을 평가하여 우열을 묻는 듯한 질문을 자주 하는 버릇이 있었다. 선진편 15장에서 '자장(師)과 자하(商) 중에 누가 현명한가(師與商也, 孰賢)?'라고 묻는 내용이 바로 그러한 경우이다. 하지만 공자는 '누가 더 현명하다'라고 하지 않고, 그 둘의 단점(過, 不及)을 지적하는 답변을 주곤 하였다. 답변을 듣고 난 자공이 '그러면 자장이 더 나은 것입니까(然則師愈與)?'라고 다시 묻는데, 비교하기를 좋아하는 자공의 성격이 잘 드러나는 내용이다. 여기서 그 유명한 '과유불급過猶不及'이라는 공자의 답변도 설해진다. 위 내용 역시 공자가 한편으로는 자공을 좋은 의미로 권면하면서 다른 한편으로는 자공의 비교하기 좋아하는 성격을 깨우치기 위해 하는 말이다. 즉 남들 비교할 겨를이 있으면 자기 자신부터 먼저 열심히 성찰하고 수신하라는 말씀인 것이다.

775 정문침頂門針: '頂門一針'의 준말이다. 정수리에 침 하나를 꽂는다는 뜻으로, 상대방의 급소를 찌르는 따끔한 충고나 교훈을 이르는 말이다. 유의어로 '頂門一鍼'이라는 말도 있다. 사제내성思齊內省: 이인편 17장에서 "어진 이를 보면 그분과 같이 되기를 생각하고, 어질지 못한 이를 보거든 내 스스로를 깊이 살핀다(子曰, 見賢思齊焉, 見不賢而內自省也)."라는 내용으로 표현되어 있다. 연치妍媸: 예쁨과 추함.

何有於我哉, 我無能焉, 是吾憂也. 則吾未之有得, 皆患不能之
真榜樣也.

무엇이 내가 가지고 있는 장점이고, 나의 무능함인지 스스로 근심해
야 한다. 자신이 (다른 사람의 좋은 점을 배워) 얻는 것이 없다면, 모두 진정
(다른 사람을) 본받아 실천하지 못함을 근심해야만 한다.[776]

33. 子曰, 不逆詐하며 不億不信이나 抑亦先覺者是賢乎인저.

공자께서 말씀하시기를, "남들이 나를 속이지 않을까 지레짐작하지 않
고, 남들이 나를 믿지 않을까 억측하지 않는다. 그럼에도 먼저 깨닫는
것이 현명하다."[777]

不惟揀去世間逆億, 亦復揀去二乘作意神通矣.　世人自多詐,
則恒逆詐. 自多不信, 則恒億不信. 聖人哀之, 故進以先覺二字. 若
欲先覺, 須從不詐不疑, 不逆不億下手. 直到至誠地位, 自然任運
先覺. 苟不向心地克己復禮, 而作意欲求先覺, 便是逆億了也. 故
曰君子可欺. 唯可欺方為君子耳.

---

776 방양榜樣: 본보기, 모범, 귀감.
777 역逆: 미리 헤아리다. 억億: 억측하다. 억抑: 오히려.
　※ 남들에게 신경 쓰지 말고 자신의 능력 개발에 힘써 어려운 상황도 잘 처리하고 능력을 발휘하
　　게 되면, 자연스럽게 남들도 나를 알아봐 주게 된다는 표현이다.

오직 세상을 미리 억측하는 것을 제거해야 할 뿐만 아니라, 또 다시 이승二乘의 작의作意와 신통도 제거해야만 한다. 세상 사람들은 스스로 속이는 경우가 많기에 언제나 미리 억측한다. 스스로가 다분히 믿지 않기에 언제나 억측하여 믿으려 하지 않는다. 성인은 그들을 불쌍하게 여기시기 때문에 '선각先覺' 두 자로 나아가도록 한 것이다.[778]

만약 먼저 깨닫고자 한다면, 모름지기 속이지도 말고 의심하지도 말아야 하며, 미리 헤아리지도 않고 억측하지도 않아야 한다. 곧바로 지극한 정성으로 깨달음의 지위에 이르게 되면, 선각의 경지에서 자연히 노닐게 될 것이다.[779]

---

[778] 간거揀去: 가려내어 버리다, 가려내어 제거하다. 이승二乘: 성문승聲聞乘과 연각승緣覺乘을 합쳐 이르는 말이다. 석가세존의 가르침을 직접 듣고 네 가지 성스러운 진리(四聖諦: 고집멸도苦集滅道)를 깨달은 제자들을 성문승이라 부르고, 부처님의 직접적인 교화에 의하지 않고 홀로 선정수행과 지혜수행을 통해 12연기의 이치를 깨달아 부처의 경지에 이른 수행자를 연각승이라고 한다. 하지만 이는 보살승菩薩乘을 주장하는 대승불교에서의 분류에 지나지 않는다. 작의(作意, manasikāra): 정신의 기울임, 정신 활동을 뜻한다. 여기서는 성문승이 상대적이고 고정화된 생각과 사고의 틀을 벗어나지 못한 수행자라는 의미로 표현되었다. 보살승이 성취한 임운무작(任運無作: 아무런 조작 없이 있는 그대로 운용됨)의 자유자재한 깨달음에 대한 상대적 표현이다.

※ 지욱선사는 본 내용의 공자의 말을 빌려 대승불교(보살승)의 관점에서 성문승과 연각승을 비판하고 있음을 알 수 있다. 성문승은 또 다른 말로 소승이라 표현된다. 이는 어디까지나 '위로는 진리를 구하고 아래로는 중생을 교화한다'라고 하는 대승불교도들이 대중 교화를 외면한 채, 오로지 개인의 수행에만 집중하는 기존의 전통적 교단과 수행승들을 낮춰 부르는 표현이다. 연각승은 다른 말로 독각승獨覺乘이라 불리는데, 이들 역시 개인적인 깨달음을 통한 신통 변화에만 관심을 기울일 뿐, 대중의 교화에 무관한 이기적인 수행자라는 의미로 지칭되고 있다. 대승불교의 종교적 교리를 수용하고 있는 지욱선사는 이들 이승二乘이 자신들의 편협되고 이기적인 생각에만 집착하여 중생의 근기에 맞춰(隨順衆生) 그들을 적극적으로 제도하고 교화하지 않는다고 보고, 이를 비판하고 있는 것이다.

[779] 자연임운自然任運: 무위임운無爲任運, 임운무작任運無作과 같은 의미이다. 인위적인 생각과 사고의 틀에서 벗어나, 자연적인 이치와 움직임에 맡긴다는 뜻이다.

진실로 마음이 '사사로운 자신을 극복하여 예로 돌아가는 것(克己復禮)'을 지향하지 않는다면 생각으로만 선각을 구하자고 하는 것이니, 곧 미리 헤아리고 억측하는 것이라 할 수 있다. 그러므로 '군자는 속일 수 있다(君子可欺)'고 하는 것이니, 오직 속일 수 있어야 바야흐로 군자라 될 수 있을 뿐이다.[780]

34. 微生畝謂孔子曰, 丘는 何爲是栖栖者與오 無乃爲佞乎아 孔子曰, 非敢爲佞也라 疾固也이니라.

미생무微生畝가 공자에 대해 말하기를, "공자(丘)는 무엇 때문에 바삐 돌아다니는 것인가. 말재주를 피우기 위해서인가?"

공자께서 말씀하시기를, "감히 말재주를 피우기 위해서가 아니라, 세상의 고루함을 싫어해서입니다."[781]

---

[780] 군자가사君子可欺: 옹야편 14장에서 언급되고 있는 말이다. 군자는 속일 수는 있어도 바르게 분별하여 판단하는 것까지는 막지 못한다는 의미로 표현되고 있다.

※ 군자는 자신을 내세우지도 고집하지도 않는다. 상대에 따라 자유자재한 응용의 도를 드러낸다. 상대에 따라 다양한 모습으로 방편지도方便之道를 펼쳐 보이는 것이다. 그러하기에 군자는 때때로 세상을 모르는 어리숙하고도 순진한 모습으로도 보인다. 당연히 세상 사람들은 그러한 군자를 속이기도 하고 비방하기도 한다. 하지만 군자는 어리석지 않기에 때때로 세상 사람들에게 속임과 비방을 당한다고 할지라도 결코 정도에서 벗어나 어리석은 악업에 빠지거나 자신의 성스러움을 잃지 않는다.

[781] 서서栖栖: 바삐 돌아다니는 모양. 녕佞: 말솜씨. 질疾: 싫어하다. 고固: 완고하여 융통성이 없음.

※ 미생무微生畝는 신분이나 행적에 관하여 알려진 바가 전혀 없는 인물이다. 微生은 성, 畝는 이름으로 추정된다. 행적에 관해 알려진 바는 없으나 공자와의 대화 내용이나 말투로 미루어보아 공자보다 나이가 많았던 사람으로 보인다. 공야장편 24장에 나오는 '미생고微生高'와 동일인으로 보는 견해도 있으나 아무런 근거가 없다. 그렇다면 공자와 같은 마을의 어른이 아니었

35. 子曰, 驥는 不稱其力이라 稱其德也이니라.

공자께서 말씀하시기를, "천리마는 그 힘 때문에 칭송받는 것이 아니라, 그 덕(주인을 잘 만나 조련이 잘된 것)을 칭송받는 것이니라."[782]

可以人而不如馬乎.

사람이 쓰일 수 있는 것도 말과 같다고 할 수 있지 않겠는가![783]

36. 或曰, 以德報怨이 何如하리잇고. 子曰, 何以報德고 以直報怨

을까 한다. 도가의 은자로 보기도 하는데, 헌문편에 노장적 분위기의 단면이 출현하고 있기 때문에 전혀 근거 없는 추정이라 보기도 어렵다. 이러한 미생무가 공자의 주유철환을 빗대어서는 공자가 가장 싫어하는 말 중의 하나인 '영녕'을 사용하며 이 나라 저 나라로 벼슬자리나 구하려 다닌다며 비아냥거리는 어투로 말하고 있다. 이에 공자가 '감敢'이란 말로 정중하게 반박하면서 현실 도피만을 고집하는 이들을 미워한다는 뜻으로 '질고야疾固也'라고 단호하게 답변하고 있다. '서서자栖栖者'에 대해서 송나라 학자인 형병(邢昺: 932-1010)의 『논어주소(論語注疏)』에서는 "동서남북으로 분주히 다니는 자와 같다(如是東西南北而栖栖皇皇者)."라고 해석하고, '고固'에 대해서는 '고루固陋'하다고 해석하면서 '질고疾固'를 "세상이 고루함을 미워하여 도를 행하여 교화시키고자 한다(疾世固陋, 欲行道以化之)."라고 풀이하고 있다.

782 천리마는 단순히 말을 지칭하는 것이 아니라, 훌륭한 임금에 짝하는 훌륭한 신하를 비유한다고도 볼 수 있다. 아무리 인격과 능력을 갖춘 인물이라고 해도 그 인물됨을 알아보고 등용하여 써줄 수 있는 선군을 만나야 자신의 능력과 덕을 펼칠 수 있기 때문이다.

783 천리마는 선천적으로 태어날 때부터 천리마가 되는 것은 아니다. 천리마라는 명마가 되기 위해서는 선천적으로 타고난 자질과 능력도 있어야겠지만, 그 말의 가능성을 알아보는 눈 밝은 주인을 잘 만나 단련하고 조련됨으로써 천리마라는 준마가 되는 것이다. 사람 역시 아무리 타고난 자질과 능력이 출중하더라도 그러한 자질과 능력을 쓸 수 있게끔 훌륭한 스승과 선인을 만나 배우고 닦는 자기 수양의 훈련과 조련이 있어야만 훌륭한 쓰임새 있는 인물이 될 수 있는 것이다. 지옥선사의 말은 이러한 의미를 담고 있는 표현이다.

이요 以德報德이니라.

어떤 사람이 말하기를, "원한을 덕으로 갚으면 어떻겠습니까?" 공자께서 말씀하시기를, "덕은 무엇으로 갚겠는가? 원한은 올바름으로 갚고 덕은 덕으로 갚아야 하느니라."[784]

達得怨親平等, 方是直. 若見有怨而強欲以德報之, 正是人我是非未化處. 怨宜忘, 故報之以直, 謂不見有怨也. 德不可忘, 故報之以德, 謂知恩報恩也.

원한을 가진 사람이나 친한 사람이나 평등하게 대할 수 있다면 바야흐로 곧다고 할 수 있다. 만약 원한을 가진 사람을 보고서 억지로 덕으로써 갚고자 한다면, 바야흐로 이는 내가 상대를 아직 교화시키지 못한 것이라 할 수 있다. 원한은 마땅히 잊어버려야 올바름으로써 갚는다고 할 수 있으니, 그러므로 원한이 있어도 보지 않는다고 한다. 덕은 잊을 수 없는 것이다. 그러므로 덕으로써 갚는다고 하는 것이니, 은혜를 알게 되면 은혜를 갚게 되는 것이다.

---

[784] 주자는 위 문장을 주해하면서 '어떤 사람(或)'은 노자의 『도덕경』에 나오는 도교의 가르침을 따르는 사람이라고 설명하고 있다(或人所稱, 今見老子書). 실제로 『도덕경』 63장에서는 원한이나 원망까지도 덕으로써 갚으라고(以德報怨) 말하고 있다. 도가의 인물로 표현되는 혹자의 질문에 공자는 '以直報怨, 以德報德'으로 답한다. 원망은 그 마음이 생겨난 원인을 살펴서 풀어내야 없어지는 것이기에 있는 그대로의 원인과 조건들을 살펴서 상대에 따라 죄와 벌을 따지고 화해와 용서로 원망을 풀어야 한다는 뜻이다. '以德報怨'이 도가의 입장이라면, '以直報怨, 以德報德'은 유가의 입장이라고 할 수 있다.

37. 子曰, 莫我知也夫인저. 子貢이 曰, 何爲其莫知子也리잇고. 子曰, 不怨天하며 不尤人이요 下學而上達하노니 知我者는 其天乎인저.

공자께서 말씀하시기를, "나를 알아주는 사람이 없구나." 자공이 말하기를, "어찌 선생님을 알아주는 사람이 없겠습니까?"
공자께서 말씀하시기를, "하늘을 원망하는 것도 아니고 사람을 탓하는 것도 아니다. 아래로부터 배워 위로 통달했으니 하늘은 나를 알아 줄 것이다."[785]

心外無天, 故不怨天, 心外無人, 故不尤人, 向上事須從向下會取, 故下學而上達. 惟其下學上達, 所以不怨不尤. 今人離下學而高談上達, 譬如無翅妄擬騰空.

마음 밖에 하늘이 있는 것이 아니다. 그러므로 '하늘을 원망하지 않는다(不怨天)'고 한다. 마음을 벗어나 사람이 있는 것도 아니다. 그러므로

---

785 막莫: 없다. 우尤: 탓하다.
　　※ 춘추의 난세에 태어난 공자는 세상을 바로잡고, 백성을 구제할 큰 뜻을 품었으나 자기의 정치적 이념을 펼쳐볼 기회를 쉽게 얻지 못하였다. 그러므로 그는 자신을 알아주는 사람이 없다고 탄식하고 있다. 그러나 그는 하학이상달下學而上達한 경지를 하늘은 알아주리라고 스스로를 위로하고 있다. 여기서 '下學'이란, 자기의 생활 주변의 일을 성실히 배워나가는 것을 뜻한다. 즉 어버이에게 효도하고 벗에게는 신의를 지키며, 말을 삼가고 맡은 일에는 민첩함과 같은 것 등이 그것이다. 이렇게 그는 단순한 글공부가 아닌 실천적인 자기 수양을 통하여 급기야는 '上達' 즉 천지자연의 심오한 궁극적인 진리와 이법에까지 통달하게 되었다.

'사람을 탓하지 않는다(不尤人)'고 한다.⁷⁸⁶

위의 일로 나아가기 위해서는 모름지기 아래를 향해 회합하고 취해야 한다. 그러므로 아래를 배워 위를 통달한다고 하는 것이다. 오직 그렇듯 아래를 배워 위를 통달하기 때문에 원망하지 않고 탓하지 않게 되는 것이다. 지금의 사람들은 아래에 대한 배움을 벗어나 위만을 통달하고자 고상한 담론만을 일삼고 있다. 비유하지면 날개도 없이 헛되이 하늘을 날고자 생각하는 것이라 할 수 있다.⁷⁸⁷

38. 公伯寮愬子路於季孫이어늘 子服景伯以告曰, 夫子固有惑志於公伯寮하나니 吾力이 猶能肆諸市朝니이다. 子曰, 道之將行

---

786 불교에서는 모든 것이 마음에서 비롯된다고 하는 이른바 '일체유심조一切唯心造'의 가르침을 교설한다. 지욱선사는 이를 말하고 있다. 나를 벗어난 밖의 모든 대상에 대한 애증愛憎과 오호惡好의 감정은 결국 내 마음이 밖의 경계를 접촉하여 일으키는 차별적인 마음일 뿐이다. 상대에 대한 원한의 마음, 은혜를 갚고자 하는 보은의 마음 역시 내가 일으키는 유심에 지나지 않음을 지욱선사는 말하고 있는 것이다.

787 향상사向上事, 향하사向下事: '向上事(향상의 일)'란 곧 일상의 일을 벗어나 높은 차원의 정신적인 가치와 궁극적인 진리와 이치를 탐구하고 체득하는 일을 의미한다. 이에 비해 '向下事(향하의 일)'란 먹고 자고 말하고 공부하고 움직이고 하는 등등의 일상의 모든 일을 의미한다. 회취會取: 모으고 취한다는 의미로, 여기서는 현실의 삶을 살아가기 위해 누구나가 기본적으로 익히고 배워야 하는 일체 모든 것(예컨대 기본적인 도덕과 예의범절, 지식과 교양 등등)을 의미한다. 무시망의등공無翅妄擬騰空: 날개(翅)도 없이 헛되이 하늘을 날고자(騰空) 생각하는 것(擬). ※ 지욱선사는 공자가 표현하고 있는 '下學而上達'에 대해 그 의미를 부연하여 설명하고 있다. '上達'에 이르기 위해서는 무엇보다 기본과 기초가 되는 '下學'을 먼저 익히고 닦아야 한다는 설명이다. 이른바 윤리 도덕과 사회 질서, 효제孝悌, 예악사어서수禮樂射御書數(예절·음악·활쏘기·말타기·글·셈), 문학과 같은 인간이 기본적으로 지키고 실천해야 할 것들을 먼저 학습하고 닦아야 한다는 것이다. 이 같은 기초적인 하학을 벗어나 헛되이 이상만 높아 상달만을 논하는 것은 마치 날개 없는 새가 하늘을 날고자 하는 것처럼, 어리석고 무모한 행위에 지나지 않는다는 일깨움이다.

也與도 命也이며 道之將廢也與도 命也이니 公伯寮其如命何리요.

공백료公伯寮가 계손季孫에게 자로를 모함했다. 이에 자복경백子服景伯이 공자에게 고하기를, "계손씨는 확실히 공백료의 말에 속고 있습니다. 제 힘으로 능히 그를 죽여서 거리에 내걸 수도 있습니다."
공자께서 말씀하시기를, "도가 행해지는 것도 천명이고, 도가 피폐해지는 것도 천명이다. 공백료가 그 천명을 어찌 하겠느냐."[788]

子服眼中有伯寮, 孔子了知伯寮不在子路命外. 伯寮自謂慇得子路, 孔子了知子路之命差遣伯寮. 可見聖賢眼界胸襟.

---

788 공백료公伯寮: 노나라 출신으로 성은 공백公伯, 이름은 요寮, 자는 자주子周이다. 한때 공자에게서 학문을 배웠다. 계손季孫: 노나라의 실권을 쥐고 있던 계무자季武子를 지칭한다. 자복경백子服景伯: 노나라의 대부로, 세도가 숙손씨의 일족인 자복씨子服氏를 지칭한다. 伯은 자, 景은 시호, 이름은 하기何忌이다. 소愬: 모함하다. 사肆: 시체를 내걸다.
※ 공자는 노나라 정공定公 때 재상인 사구司寇를 맡았었다. 이때 공자는 군주의 권한을 강화하기 위해 삼환씨三桓氏의 세 성을 무너뜨리고자 하였다. 이때 공자는 자로를 총책임자이자 계손씨의 가신으로 삼아 2개의 성을 차지했다. 이 공적으로 자로는 비읍費邑의 재상이 되었다. 공자가 정사를 총괄하고 아울러 제자들이 출사하면서 공자의 세력이 커지자, 삼환씨는 자신들의 권력이 약해지는 것에 위험을 느꼈다. 이를 틈타 계손씨의 가신인 공백료가 자로에 대해 계손씨季孫氏에게 모함하였고, 마침 공자 세력에 위협을 느꼈던 계손씨는 자로를 의심하게 되었다. 위 내용은 이러한 낌새를 파악한 자복경백이 이를 공자에게 알리는 내용이다. 자복경백은 맹손씨孟孫氏 가문 출신의 대부이다. 맹손씨 가문은 남궁경숙南宮敬叔이 공자의 제자로 입문하는 것을 비롯해 공자에 대해 친분과 교류를 유지해오며 공자를 존중했던 가문이다. 자복경백은 자신이 대부로서 자로를 보호할 권한 정도는 가지고 있다고 하면서 공자에게 말하고 있는 것이다.

자복子服은 백료伯寮를 안중에 두고 있었는데, 공자는 공백료에게 자로의 목숨이 달려 있음을 알았다. 백료 스스로가 자로를 모함하는 말을 하고 있었기에, 공자는 자로의 목숨이 백료에 맡겨져 있음을 알았던 것이다. 가히 성현이 눈으로 보는 세계가 마음에 있음을 볼 수 있다.[789]

39. 子曰, 賢者는 辟世하고 其次는 辟地하고 其次는 辟色하고 其次辟言이니라.

공자께서 말씀하시기를, "현명한 사람은 어지러운 세상을 피하고, 그 다음은 나라를 피하고, 그 다음은 사람을 피하고, 그 다음은 말을 피하느니라."[790]

程子曰, 四者非有優劣, 所遇不同耳.

---

[789] 안중유안中有: 안중에 두고 있다. 곧 관심을 갖고 살펴보고 있다는 의미. 차견差遣: 파견하다, 임명하다. 흉금胸襟: 마음(속), 가슴(속), 포부.
  ※ 지욱선사의 위와 같은 말은 공백료가 계손씨에게 자로를 모함하는 것을 자복이 알려주기 이전에 이미 전후 사정을 마음속으로 이미 모두 예측하고 있었음을 나타내고 있다.
[790] 공자는 현실 정치에 참여할 때의 자세와 참여할 수 없는 상황과 몸가짐에 대해 많은 말을 남겼는데, 학이편 16장, 위영공편 18장, 이인편 14장, 헌문편 33장이 모두 그러한 내용을 담고 있다. 나아가 나라에 도가 없을 경우(邦無道)에 현자들이 어떻게 처신해야 하는지를 제시하고 있는데, 공야장편 1장과 20장, 위영공편 6장, 헌문편 1장과 4장, 태백편 13장 등의 내용에 담겨 있다. 본 문장은 '피辟(= 避)'자를 써서 현자가 피하여야 할 구체적 내용을 언급하고 있다. '辟世'는 세상을 등지는 것, '辟地'는 무도한 나라를 떠나는 것, '辟色'은 덕이 없는 위정자 밑에서 정치를 하지 않는 것, '辟言'은 도리에 맞지 않거나 아첨하는 말을 하는 자를 피하는 것 등이 바로 그것이다.

정자程子는 "네 가지 경우는 우열을 말하는 것이 아니라, 만나는 경우가 다름을 말하는 것이다."라고 하였다.

40. 子曰, 作者七人矣로다.

공자께서 말씀하시기를, "이렇게 실천한 사람이 일곱 사람이 있었다."[791]

41. 子路宿於石門이러니 晨門이 曰, 奚自오 子路曰, 自孔氏로다 曰, 是知其不可而爲之者與아.

---

791 앞 문장과 연계하여 7인을 해석하는 데 있어 그 의견이 분분하다. 7인을 『논어』에 나오는 인물인 장저長沮와 걸닉桀溺(미자편 6장), 장인(丈人, 미자편 7장), 신문(晨門, 헌문편 41장), 하궤인(荷蕢人, 헌문편 42장), 의봉인(儀封人, 팔일편 24장), 접여(接輿, 미자편 5장) 등으로 보는 경우인데, 이들은 애초부터 도가 사상을 추구했던 인물로 평가되던 사람들이다. 따라서 공자가 말하는 '作者'의 뜻과는 부합하지 않는다. 다른 측면에서 미자편 8장에서 거론하는 백이伯夷, 숙제叔齊, 우중(虞仲= 仲雍), 이일夷逸, 주장朱張, 유하혜柳下惠, 소련少連 등이라 보는 경우인데, 이 역시 공자가 중히 여긴 태백泰伯과 기자箕子가 빠져 그다지 설득력이 약하다. 다른 한편으로 '作'을 '述而不作(술이편 1장)'이나 예기 악기편의 '作(창작)'으로 해석하면, 앞 문장의 상황을 극복하는 적극적인 입장에서 해석하는 경우이다. 『예기』 악기편에서 "예악의 꾸밈을 아는 자는 창작할 수 있고, 예악의 문을 아는 자는 전술할 수 있으니, 창작하는 자를 성인이라 이르고, 전술하는 자를 밝은 자라 하니, 밝으면서 성인인 자라야 술작한다고 이름 한다 '知禮樂之情者, 能作, 識禮樂之文者, 能述, 作者之謂聖, 述者之謂明, 明聖者, 術作之謂也)."라 하였다. 곧 적극적으로 정사를 일으킨 인물로 해석하는 것이다. 이 경우 7인은 聖人을 가리킨다. 이러한 견해에 따라 송대 유학자인 장횡거張橫渠는 7인을 '복희, 신농, 황제, 요, 순, 우, 탕'으로 보았고, 진식陳埴은 '요, 순 우, 탕, 문, 무, 주공' 등으로 보았다. 즉 장횡거와 진식은 '作者, 七人矣'라는 말을 "어지러운 세상을 다스리고자 일어난 성인 7인이라"는 뜻으로 해석하고 있는 것이다. 반면 그 외에는 모두 "세상이 어지럽기에 자리에서 일어나 직책을 버리고 세상을 피한 은둔 군자 7인이라"고 해석하고 있다.

자로가 석문石門에서 잤는데 문지기가 묻기를, "어디서 오시오?" 자로가 말하기를, "공씨 댁에서요." 문지기가 말하기를, "안 되는 줄 알면서도 굳이 하려는 그 사람 말이오?"⁷⁹²

只此一語, 描出孔子之神. 蓋知可而爲者, 伊尹周公之類是也. 知不可而不爲者, 伯夷柳下惠等是也. 知可而不爲者, 巢許之類是也. 知不可而爲之者, 孔子是也. 若不知可與不可者, 不足論矣.

다만 이 한 문장은 공자의 정신을 묘사해 표현한 말이라 할 수 있다. 대개 될 수 있음을 알아서 실천했던 사람은 이윤伊尹과 주공周公 같은 부류의 사람이라 할 수 있다.⁷⁹³ 안 되는 줄 알았기에 하지 않는 사람은

---

792 석문石門: 지명. 신문晨門: 문지기. 자自: ~부터.
※ '신문晨門'은 도성이나 교관(郊關: 도성 주변)에서 밤과 새벽에 출입문을 닫고 여는 일을 하는 사람을 지칭한다. 주자가 "대개 어진 사람으로 포관에 은둔한 사람이다(蓋賢人, 隱於抱關者也)."라고 해석하는 것으로 보아 도가에 속한 사람인 것으로 추측된다. 당시 도가 무리 중에는 도성 출입문 담당과 야경꾼으로 밤에 목탁을 치고 다니는 것을 생업으로 삼은 사람들이 많이 있었기 때문이다. 당시 도가의 무리들은 성인의 위민爲民, 위정爲政, 위방爲邦에 대해 아예 '무위자연無爲自然'의 논리로 비판적 대응을 하였다. 따라서 공자의 철환주유에 대해서도 '티끌 같은 세상(俗塵) 뭐 그리 야단스럽게 돌아다니느냐?'는 식으로 냉소적 비판을 하였다. '知其不可而爲之者'이라는 표현 역시 이러한 도가의 비판적 시각을 보여주는 질문이라 할 수 있다.
793 묘출描出: 묘사해 내다, 표현해 내다.
※ 이윤伊尹: 은殷 왕조 초기의 전설적인 재상으로, 이름은 지摯이다. 탕왕湯王을 도와, 하夏 왕조의 마지막 왕으로 중국역사상 가장 폭정을 일삼았다고 전해지는 걸왕桀王를 멸망시키고 천하를 평정했다. 이에 탕왕은 이를 귀히 여겨 아형阿衡이라 칭했다고 한다. 주공周公: 성은 희姬, 이름은 단旦 또는 숙단叔旦, 시호는 문文, 주문공周文公이라고도 불린다. 주周나라 무왕의 넷째 아들로, 무왕을 도와 상商나라를 멸망시키고 주周 왕조를 창업하는 데 기여한 인물이다.

백이伯夷와 유하혜柳下惠 등과 같은 부류의 사람이라 할 수 있다.[794] 될 수 있음을 알면서도 하지 않은 사람은 소부巢父와 허유許由와 같은 부류의 사람이다.[795] 안 되는 줄 알면서도 굳이 하려는 사람은 바로 공자이다. 만약 될 수 있는 것과 되지 않는 것을 헤아리지 못하는 사람이라면, 논할 필요조차 없다.

이후 주나라의 예악과 법도를 정비하고, 봉건 제도를 정착시켜 봉건 국가로서의 기틀을 다졌다. 무왕이 죽은 후에는 어린 성왕成王을 대신하여 약 7년간 섭정하면서 왕실 내외부의 반란을 진압했다. 유가학파는 주나라의 제도 대부분을 만든 그를 성인으로 존경한다.

794 백이伯夷: 백이와 숙제叔齊는 은나라 탕왕 때에 제후국으로 봉해진 나라인 고죽국孤竹國 왕의 두 아들이다. 고죽국 왕이 왕위를 셋째인 숙제叔齊를 그 후계로 세우려고 하다가 미처 행하지 못하고 죽었다. 숙제는 왕위를 장손인 첫째 백이에게 양보하려고 하자 백이는 '부父왕의 명이었다'라고 말하면서 달아나 버렸다. 숙제도 역시 왕위에 오르는 것을 달갑게 생각하지 않고 나라 밖으로 달아났다. 결국 둘째인 중자中子가 왕위에 오르게 되었다. 유하혜(柳下惠: B.C. 720 ~ B.C. 621): 춘추 시대 노魯나라의 대부이다. 이름은 전획展獲, 자는 금禽, 전금展禽이라 불리기도 한다. 柳下는 봉지封地이다. 사사士師의 직책을 수행할 때 세 번이나 쫓겨나면서도 직도直道를 견지하였던 고사로 유명하다. 제齊나라가 노나라를 침략했을 때 유하혜는 노나라 대부 장문중臧文仲에게 작은 나라로서 큰 나라를 섬기는 방도를 일러주었다. 또 노나라 동문 밖에 원거爰居라는 바닷새가 날아와서 장문중이 새에게 제사 지내려 하자 국가전례를 명분 없이 더 하지 말라고 타일렀다. 맹자는 유하혜를 화합을 이룬 성인(和聖)이라고 칭송하면서도 그가 거취와 관련해서는 불공不恭했다고 비평했다. 유하혜는 '좌회불란(坐懷不亂, 품에 안고서도 난잡하지 않다)'과 관련된 일화로도 유명하다. 어느 날 그가 추운 밤 집이 없는 여인을 발견하였는데, 마음이 약한 그는 그녀가 동사할까 봐 자신에 집에 데려와 자신의 품에서 재우게 되었다. 하지만 그는 낯선 여자와 하룻밤을 지내면서도 음란하지 않았다고 전해져 훗날 지조 있는 남자로 불리기도 했다.

795 허유許由는 본시 중국의 패택沛澤이라는 곳에서 살고 있던 어진 은자였다. 그는 바르지 않은 자리에는 앉지도 않았고, 부정한 음식은 입에 대지도 않았으며, 오로지 의義를 지키고 살았다. 이러한 소문을 들은 요堯임금은 천하를 그에게 물려주고자 찾아갔다. 이 제의를 받은 허유는 이를 거절하고, 기산箕山 밑을 흐르는 영수穎水로 가서 못들을 것을 들었다고 하며 귀를 씻었다. 이 때 소부巢父가 조그만 송아지 한 마리를 앞세우고 걸어오며 그 광경을 보고 허유에게 그 연유를 물었다. 사정을 들은 소부는 크게 웃으며, 자신이 몰고 온 송아지에게 허유가 씻은 더러운 물을 먹일 수 없다며 더 상류로 올라가서 송아지에게 물을 먹였다. 뒤에 허유가 죽자 요임금은 기산 위에 묻고 그의 무덤을 '기산공신箕山公神'이라 하였는데, 이 두 은자의 절개와 지조에서 이른바 '기산지절箕山之節' 또는 '기산지조箕山之操'라는 말이 생겨났다.

42. 子擊磬於衛러시니 有荷蕢而過孔氏之門者曰, 有心哉라 擊磬
乎여 既而曰, 鄙哉라 硜硜乎여 莫己知也이어든 斯已而已矣니
深則厲요 淺則揭니라. 子曰, 果哉라 末之難矣니라.

공자가 위衛나라에서 계실 때에 경쇠(석경石磬)라는 악기를 치시자, 삼태기를 메고 공자의 문 앞을 지나던 자가 말하기를, "미련이 남아 있구나! 경쇠 치는 것을 들으니." 잠시 후 또 말하기를, "비루하도다. 깽깽거리는 소리가! 자신을 알아주지 않으면 그만두면 될 것을. 물이 깊으면 옷을 벗고, 얕으면 걷어 올리면 될 것을."
　공자께서 말씀하시기를, "과감하구나. 그렇게 산다면 어려울 것이야 없겠구나."[796]

796　격擊: 두드리다. 하荷: 메다. 궤蕢: 삼태기.
　※ 공자는 평상시에 음악을 중시하여 제자들에게 악기 연주와 노래를 가르쳐 늘 음악을 가까이 하도록 했으며, 스스로도 좋은 음악이 있으면 배워 익혔다(술이편 9장, 31장, 태백편 15장, 선진편 14장, 25장, 양화편 20장). 제나라에서는 순임금의 음악인 소韶에 심취해 익히느라 음식 맛을 잃을 정도였다(술이편 13장). 철환주유를 마치고 노나라에 돌아와서는 음악을 바로잡아 악사들이 음악을 제대로 연주하도록 했다(팔일편 23장, 자한편 14장). '격경擊磬'은 『서경(書經)』에서 표현되고 있는 '擊石拊石' 곧 석경石磬을 친다는 의미이다. 공자가 석경을 친 것은 12율여律呂 가운데 가장 기본음이 되는 황종(黃鐘, 子月 곧 復月)을 바루기 위한 것이다. 황종음이 바루어지면 나머지 율려의 음들이 다 바로잡아지기 때문이다. 그런데 당시 도가의 무리들은 공자를 쓸데없이 세상일에 너무 근심이 많고 참견하는 사람쯤으로 평가하였다. 따라서 위 본문은 도가가 공자가 위정자들이 그렇게 외면하고 홀대하면 이제 그만둘 때가 되었는데도 지위도 없이 굳이 음악의 일에 연연해하는지 모르겠다며 빈정대는 말투라 할 수 있다. 하지만 공자는 구세안민救世安民을 위한 신념이 분명했기에 자신을 빈정대는 도가에 대해 "과감하게 말하는 것을 보니 살기는 쉽겠구나."라고 답하고 있다. 세상을 등지고 무위자연의 삶을 지향하는 도가의 은자들을 비판하는 말이라 할 수 있다. 공자는 위정자들의 폭정으로 고통을 당하며 피폐한 삶을 살아가고 있는 백성들을 외면하고 오로지 개인적인 안락만을 찾고자 하는 도가의 무리들을 오히려 안타깝게 여기는 말이라 할 수 있다.

既知音亦知心, 但不知木鐸之意耳. 果哉末之難卻與知不可而為
之, 作一註脚, 可謂難行能行.

소리(음악)를 안다는 것은 또한 마음을 아는 것이라고도 할 수 있지만,
다만 (세상을 위해 울리는) 목탁의 뜻에 대해서는 모르는 자라고 할 수 있
다.[797] "과감하구나. 그렇게 산다면 어려울 것이야 없겠구나(果哉末之難)."
라는 말은 오히려 "안 되는 줄 알면서도 굳이 하려고 한다(知不可而為
之)."라는 말과 더불어 같은 하나의 뜻으로 주해할 수 있으니, 이른바 실
천하기 어려운 것을 능히 실천한다는 것을 말하고 있다.[798]

43. 子張이 曰, 書云, 高宗이 諒陰三年을 不言이라 하니 何謂也잇
고 子曰, 何必高宗이리요 古之人이 皆然하니 君薨커시든 百
官이 總己하여 以聽於冢宰三年하니라.

자장子張이 말하기를, "『서경(書經)』에서 '고종高宗이 상을 당하고 삼년
상 동안 말을 하지 않았다'고 했는데 무슨 뜻입니까?"
공자께서 말씀하시기를, "어찌 고종뿐이겠는가. 옛날 사람들은 모두

---

[797] 도가의 무리라고 추측되는 사람이 공자가 치는 석경의 소리를 듣고 공자를 비판조로 평하고 있다.
지욱선사는 이러한 점에 비춰 도가의 무리가 소리를 듣고 사람의 마음을 읽을 줄 아는 사람임을
인정하고 있다. 하지만 그는 공자가 사회와 백성을 위해 인을 실천하고자 하는 깊은 뜻까지는 미
처 깨닫지 못하고 있음을 비판하고 있는 것이다.
[798] '과재미지란果哉末之難'과 '지불가이위지知不可而為之'라는 말은 공자가 그 누구도 쉽게 실천
할 수 없는 백성의 복리와 나라의 안녕을 위해 스스로 사회의 목탁이 되고자 나선 것임을 표현하
고 있다는 주장이다.

그러했다. 임금이 죽으면 백관들은 자신의 책임으로 일을 처리하고 3년 간 총재冢宰의 지휘에 따랐느니라."799

古之人皆然一句, 傷今思古, 痛甚痛甚.

'옛날 사람들은 모두 그러했다(古之人皆然)'라는 한 구절은 현재의 현실에 가슴 아파하며 정도가 행해지던 옛날을 그리워함이니, 애통해함이 깊고도 깊음을 표현하고 있다.

44. 子曰, 上이 好禮면 則民易使也이니라.

공자께서 말씀하시기를, "윗사람이 예를 좋아하면 백성을 다스리기 쉬우니라."800

---

799 양암諒陰 : 임금이 부모 초상 때 거처하는 움막, 陰은 침묵할 암闇으로 읽음. 훙薨 : 죽다. 총재冢宰 : 3년 상을 치르는 임금을 대신하여 정사를 위임받은 재상.
※ 고종은 은나라 22대 임금인 무정武丁을 지칭한다. 그는 19대 임금인 반경盤庚이 수도를 은殷 땅으로 이전하면서 취약해진 왕권을 강화시키고 은나라의 기반을 튼튼히 닦은 현군이다. 왕권 역사상 최초로 묘호廟號인 '宗'자가 붙여진 인물이기도 하다. 자장의 질문은 『서경』열명상(說命上)편의 "왕께서 양암에서 복상 3년을 하시고 이미 상을 벗으시고, 그는 오직 말씀이 없으셨다(王, 宅憂亮陰三年, 旣免喪, 其惟不言)."라는 내용에 근거하고 있다. 자장은 '不言'이라는 말에 무슨 특별한 의미가 있을 것이라는 생각으로 질문한 것이다. 자장의 질문에 공자는 '三年喪은 누구나 다 치르는 일'이라며 첫 부분은 원론적으로 답변하고 있다. 그리고 고종이 정사에 관여하지 않았다는 뜻이 담긴 '不言'에 대해서는 뭇 신하와 총재冢宰의 역할로 답변하였다. 초상 기간은 왕이 정사에 직접 신경 쓸 경황이 없어 권력 공백기가 생기는 만큼 이 시기를 대신하는 총재와 뭇 신하의 역할이 중요함을 일깨우는 말이라 할 수 있다.
800 공자는 이미 위정편 3장에서 "덕으로써 인도하고, 예로써 질서를 유지해야 한다(道之以德, 齊之

45. 子路問君子한대 子曰, 修己以敬이니라. 曰, 如斯而已乎잇고 曰, 修己以安人이니라. 曰, 如斯而已乎잇고 曰, 修己以安百姓이니 修己以安百姓은 堯舜其猶病諸이니라.

 자로가 군자에 대해 묻자, 공자께서 말씀하시기를, "자신을 수양하여 경건해지는 것이니라."
 자로가 묻기를, "그것만 하면 됩니까?" 공자께서 말씀하시기를, "자신을 수양하여 다른 사람을 편안하게 해주는 것이니라."
 자로가 묻기를, "그것만 하면 됩니까?" 공자께서 말씀하시기를, "자신을 수양하여 백성을 편안하게 해주는 것이니라. 자신을 수양하여 백성을 편안하게 해주는 것은 요堯 임금과 순舜 임금도 어려워했던 일이다."[801]

以禮)."고 말하며, 위정자가 실천해야 할 정치 철학을 밝힌 바 있다. 사실 공자가 정립한 예의 본래 의미는 인륜 규범을 포함해 국가 사회의 모든 문물 제도인 의례와 예악 등을 포함한다고 볼 수 있다. 나아가 예는 가정을 비롯해 사회와 국가라는 공동체의 질서와 기강을 유지시켜 주는 가장 기본적인 규범이라고도 할 수 있다. 당연히 군주를 비롯한 국가 지도층이 예의 실천에 앞장서고 좋아하여 예로써 다스린다면, 모든 백성들도 자연스럽게 국가 정책에 호응하고 따르게 되어 정치가 한결 편해지게 되는 것이다.

801 기유병저其猶病諸: 그렇게 하지 못하는 것을 근심(병)으로 여기다.
※ 본 문장은 모두 세 단계의 문답인데, 자로가 정치에 참여하기 전에 공자에게 자문을 구하는 문장인 듯하다. 공자는 이미 공야장편 7장에서 "유(由= 자로)는 천승의 나라의 한 부를 맡아서 능히 다스려 나갈 만하다(由也千乘之國, 可使治其賦也)."라고 평가한 바 있다. 자로가 어느 정도 선비의 자질을 갖추고 또한 능히 천승의 나라에 그 군사를 다스릴 만하다고 보았기에 본 장에서는 '修己'의 실천을 강조하면서 물음의 단계에 따라 '以敬, 以安人, 以安百姓'의 세 단계의 실천을 가르치고 있다고 보여 진다. 천지자연의 이치를 공경하듯, 공경하는 자세로 수신의 도를 세우고(修身以敬), 이를 바탕으로 사람들을 잘 다스려 편안하게 하며(修己以安人), 더 넓게는 백성들을 편안하게 하는 것(修己以安百姓)이 바로 군자가 실천해야 할 덕목이라는

盡十方世界是個自己, 豎窮橫徧, 其體其量其具皆悉不可思議.
人與百姓, 不過自己心中所現一毛頭許境界耳. 子路只因不達自
己, 所以連用兩個如斯而已乎, 孔子見得己字透徹, 所以說到堯舜
猶病. 非病不能安百姓也, 只病修己未到極則處耳.

   온 시방세계가 다 자기 자신이라 할 수 있으니, 시간과 공간적으로 온 세계에 두루 하다. 그 몸체와 그 넓이와 그 그릇이 모두 다 불가사의하다. 사람과 백성은 자기 심중에서 드러난바 한 터럭 끝만큼의 경계에 불과할 뿐이다.

   자로는 다만 자기 자신에 대해 통달하지 못했기 때문에 연달아 두 번씩이나 "그것만 하면 됩니까(如斯而已乎)?"라고 물었던 것이다. 이에 공자께서 '기己'라는 글자의 뜻을 투철하게 드러내시며, 요순도 오히려 부족하게 여겼다고 말한 것이다. 병으로 여기지 않는다면, 백성을 평안하게 할 수 없을 것이니, 다만 자신이 궁극적인 깨달음에 이르지 못했음을 병으로 여겨야만 할 것이다.[802]

지적이다. 이는 『대학(大學)』에서 제시하고 있는 8조목(格物 · 致知 · 誠意 · 正心 · 修身 · 齊家 · 治國 · 平天下)에 해당하는 것으로, '格物 · 致知 · 誠意 · 正心'이 修身以敬에, '齊家 · 治國'은 修己以安人에, '平天下'는 修己以安百姓에 해당한다고 볼 수 있다. 그러나 공자는 이러한 실천을 대단히 어렵고도 힘든 사항이기에 성군으로 칭송되는 요순도 다 실천하지 못하여 늘 근심으로 여겼던 사항임을 말한다. 자로로 하여금 쉽게 포기하지 말고, 최선을 다해 정사에 임할 것을 추가고 격려의 말이다.

802 수궁횡편豎窮橫徧: 가로세로로 무궁하고 두루 하다. 곧 시간적 · 공간적으로 두루 하고 꽉 차 있다는 의미이다. 선불교에서는 '횡편시방橫徧十方 수궁삼제豎窮三際'라는 표현으로 우리들의 마음이 공간적으로는 시방에 두루 하고, 시간상으로는 삼세에 두루 함을 일깨우고 있다. 일모두허一毛頭許: 한 터럭(티끌)끝 크기만큼. 극히 작은 크기를 가리키는 표현으로, '許'는 ~쯤, 정도를 뜻한

46. 原壤이 夷俟러니 子曰, 幼而不孫弟하며 長而無述焉이요 老而不死니 是爲賊이라 하시고 以杖叩其脛하시다.

원양原壤이 두 다리를 벌리고 편안히 앉아서 공자를 맞이하니, 공자는 "어려서는 윗사람을 공경할 줄 모르고, 커서는 이렇다 할 만 한 업적이 없고, 늙어서는 죽지도 않고 있으니 이는 도적이다."라고 하면서 지팡이로 정강이를 툭 치셨다.[803]

다. 미도극즉처미도極則處: '極'은 修己를 통한 궁극적인 깨달음, 자기완성을 의미한다. 따라서 본 문장은 '궁극적인 깨달음(자기완성)에 이르지 못한 그 부분(夭)'이라는 의미로 해석된다.

※ 지욱선사는 군자의 뜻을 묻는 자로가 아직 궁극적인 깨달음에 이르지 못한 사람임을 말하고 있다. 그렇기 때문에 '修己'를 가르치는 공자에게 두 번씩이나 '如斯而已乎?'라는 질문을 추가로 하고 있다는 것이다. 불교적인 관점에서 보면 모든 존재는 서로 서로 원인(因)과 조건(緣)이 되며 일심동체로 연결되어 있는 연기적 존재로 보고 있다. 따라서 '나(我)'라는 한 존재는 하나의 독립된 개체(個)가 아니라, 세상 모든 존재와 더불어 상의상관相依相關하는 하나로 존재로 세상에 두루 하고 있음을 교설한다. 결과적으로 세상을 맑히고 다른 존재를 구제하는 것은 결국 자기 자신을 먼저 맑히고 구제하는 것에서 비롯되는 것이라 할 수 있다. 공자가 군자의 뜻을 묻고 있는 자로에게 '修己로써 ~하라'고 하신 것은 바로 그와 같은 깊은 뜻이 있기 때문일 것이다. 하지만 자로는 공자의 이 같은 깊은 뜻을 아직 깨닫지 못하고 두 번씩이나 같은 질문을 반복하고 있다. 하지만 '修己'를 이루어 세상을 구제하는 일은 그리 쉬운 일이 아니다. 그렇기에 요순도 그 부족함을 늘 근심하였던 것이다. 자로를 비롯한 우리가 늘 부족하게 여기고 근심해야 할 것은 다름이 아니라, 바로 수기를 통한 자기 자신의 궁극적인 진리의 깨침, 그리고 인격 완성을 통한 성인의 경지에 이르는 것이라 할 수 있다. 지욱선사 또한 '修己'를 일깨우고 있는 공자의 가르침을 통해 이를 거듭 지적하고 있는 것이다.

803 이夷: 두 다리를 벌리다. 공자 당시에는 손님을 맞이할 때는 단정히 꿇어앉는 게 통례였다. 사俟: 기다리다. 술述 :칭찬하다. 고叩: 때리다. 경脛: 정강이.

※ 원양은 공자의 어린 시절 친구이다. 『예기』 단궁하(檀弓下)편에는 공자와 원양과의 일화가 나온다. 공자가 모친상을 당한 원양의 장례를 도와주기 위해 찾아갔는데, 원양이 미리 만들어놓았던 곽槨을 꺼내 공자와 함께 다시 손을 보고나서 나무에 올라서 "오래되었구나. 내가 노래를 부르지 않은 지가(久矣予之不托於音也)."라고 하면서 노래를 불렀다는 것이다. 자신의 어머니가 죽었는데도 슬퍼하기보다는 노래를 부를 정도로 예가 없었음을 나타대고 있다. 원양은 아

以打罵作佛事.

때리고 꾸짖는 것으로써 불사를 하신 것이다.[804]

47. 闕黨童子將命이어늘 或이 問之曰, 益者與리잇고. 子曰, 吾見 其居於位也하며 見其與先生並行也하니 非求益者也라 欲速 成者也이니라.

궐당闕黨의 동자가 공자의 말을 전하는 심부름을 하고 있는데, 어떤 사람이 묻기를 "학문에 정진하는 아이입니까?"

공자께서 말씀하시기를, "내가 보니 저 아이는 어른의 자리에 앉아 있고, 어른과 나란히 걷고 있습니다. 저 아이는 공부하고 정진하려는 아이가 아니고 빨리 성장하기를 바라는 아이입니다."[805]

마도 노자의 부류로 예법을 벗어난 자인 듯하다. 그가 어려서부터 장성할 때까지 선한 모습은 하나도 없고, 세상에 오래 살아 윤리를 망치고 풍속을 어지럽히고 있으니 공자는 해충 같은 도적이라고 말하고 있는 것이다. 따라서 위 내용은 공자가 말년에 고향인 곡부曲阜에 돌아와 있을 때 원양을 방문하면서 일어난 일로 본다. 예법을 번거롭다고 보는 원양이 웅크리고 앉아 공자를 대하자, 공자가 지팡이로 원양을 톡톡 치면서, 반 농담 반 진담으로 원양의 도가적 인생 전체를 기롱하고 있는 내용이다. '老而不死'는 『시경』 용풍(鄘風)편에 나오는 "사람이면서 예도 없는데, 어찌 빨리 죽지도 않는가(人而無禮, 胡不遄死)?"를 빗대어 한 말이다.

804 타매打罵: 때리고 욕하다. 불사佛事: 부처가 되는 일, 곧 수행을 통하여 부처의 경지에 도달함을 의미한다. 일반적으로는 절에서 하는 모든 행사와 일을 불사라고도 부르기도 한다. 여기서는 상대의 잘못을 지적하여 바른 사람이 되도록 '일깨우고 가르치는 일'이라는 의미로 쓰였다.
805 장명將命: 손님과 주인 사이의 말을 전달하다. 익益: 학업이 진전하여 유익함이 있음.
 ※ 궐당闕黨은 오늘날 중국 산동성山東省 공자의 고향 곡부曲阜에 공자의 사당이 있는 궐리闕 里를 말한다. 공자가 철환주유하고 난 뒤에 고향 땅에 돌아와 제자들을 가르치면서 집필하실

為學日益, 為道日損, 人都看作兩橛. 若知下學而上達, 則日益處即日損處矣. 今童子而能居位並行, 何等志氣. 但恐其離下學而求上達, 便使依乎中庸之道, 故令之將命, 所以實其操履耳. 居位即是欲立, 並行即是欲達, 皆童子之所難能, 故知不是僅求益者. 卓吾云, 在居位並行處, 見其欲速成, 非不隅坐隨行也. 若不隅坐隨行, 一放牛小廝矣, 何以將命.

학문은 날마다 이로움을 더해 가는 것이고, 도는 날마다 덜어내는 것이니,[806] 사람은 모두 이러한 두 가지 경우에 매달려 있다고 볼 수 있다. 만약 '아래를 배워 위를 통달할 줄' 아는 사람이라면, 곧 날마다 이익이 되는 배움을 바탕으로 해서 날마다 덜어내는 도를 실천하는 사람이라

때인 듯하다. 예로부터 잔심부름은 나이 어린 동자를 시키는데, 어떤 제자가 보기에 공자 같은 큰 스승이 심부름을 시킬 때에는 다른 사람보다 특별히 나은 점이 있기에 부리는 것이 아닌가 짐작하여 묻는 내용이다. 공자는 심부름 또한 가르침의 한 방법이기에 심부름하는 동자의 태도를 유심히 살폈던 것 같다. 명을 받을 때의 몸가짐과 명을 전달할 때의 행동들을 살펴본 결과, 동자는 글을 익히고 외우는 것은 열심히 하고 심부름하는 일에 대해서는 빨리 해냈지만, 그 과정에서 지켜야할 정성스런 예의는 부족한 것으로 보였다. 이처럼 공자가 동자의 부족함에도 불구하고 계속 일을 시키는 것은 동자로 하여금 그 일을 통해 깨달음을 얻기 위함이라고 할 수 있다. 여기서도 공자가 각 제자들의 성정에 맞추어 스스로 깨치게 하는 교육방식이 표현되고 있음을 알 수 있다.

806 위학일익為學日益, 위도일손為道日損: 노자의 『도덕경』 제48장에서 "학문은 날로 더해가는 것이고, 도는 날마다 덜어내는 것이다. 덜어내고 또 덜어내면 마침내 무위의 경지에 이르게 된다. 행함이 없는 지경에 이르면 되지 않는 일이 없다. 세상을 다스리는 것은 억지로 일 꾸미지 않을 때만 가능하다. 억지로 일을 꾸미면 세상을 다스리기엔 족하지 못하다(爲學日益, 爲道日損, 損之又損, 以至於無爲. 無爲而無不爲, 取天下, 常以無事, 及其有事, 不足以取天下)."라는 내용으로 언급되고 있다.

※ 학문이 무엇인가를 배움으로써 지식과 학문이라는 이익을 날마다 축적해 나가는 것이라면, 도를 닦는 것은 자신의 사사로운 탐욕과 명리를 버리고 비워냄으로써 날마다 스스로를 가볍고 청정하게 만들어 가는 것이라는 설명이다.

할 수 있다.

지금 동자는 어른의 자리에 앉고 어른과 나란히 걷고 있으니, 어떤 의지와 기개로 그렇게 하겠는가? 동자는 다만 아마 그 아래의 배움을 벗어나 위로 통달함만을 구하고자 하는 것이기에, 더욱더 (동자에게) 중용의 도를 의지하도록 가르치신 것이다. 그렇기 때문에 그로 하여금 '말을 전하는 심부름(將命)'을 하도록 시킨 이유는 진실로 그가 이행해야 할 것을 실천하도록 하신 것뿐이다.

'어른의 자리에 앉았다(居位)'는 것은 곧 입신立身하고자 하는 것이고, '어른과 나란히 걷고 있다(並行)'는 것은 곧 통달하고자 하는 것이니, 모두 다 동자가 할 수 없는 일들이다. 그러므로 (공자가 동자에게 말을 전하는 심부름을 시킨 이유가) 겨우 이로움만을 구하는 것이 아님을 알게끔 하신 것이다.

이탁오는 "어른의 자리에 앉고, 어른과 나란히 걷는 것은 그가 속히 이루고자 하는 욕심 때문이라 할 수 있다. 모퉁이에 앉아 따라서 행하지 않으면 안 되는 것이니, 만약 모퉁이에 앉아 따라서 행하지 않도록 한다면, 심부름하는 아이를 소를 방목하듯 방치하는 것과 같다. 어찌 공자의 말을 전하는 심부름하는 아이라고 할 수 있겠는가!"라고 하였다.[807]

---

[807] 우좌수행隅坐隨行: '모퉁이에 앉아 따라서 행하다'라는 의미로, 어린아이가 '장유유서長幼有序'와 같은 마땅히 지켜야 할 예를 어기지 않고 지킴을 뜻한다. '隅坐'와 관련해서『예기(禮記)』단궁(檀弓)편에 "증자가 병으로 누웠는데 위독하였다. …… 동자가 모퉁이에 앉아 촛불을 잡고 있었다(曾子寢疾病, …… 童子隅坐而執燭)."라는 표현이 나오고, '隨行'과 관련해서는『예기(禮記)』왕제(王制)편에 "아버지의 연배 되는 분은 뒤따라 걸어야 한다(父之齒隨行)."라는 표현이 나온다. 또한 '隨行'의 뜻으로 쓰인 '行'과 관련해서는『맹자(孟子)』고자장구(告子章句) 하편 제2장에 "천천히 걸어서 어른보다 뒤에 함을 공손하다 이르고, 빨리 걸어서 어른보다 앞섬을 공손하지 않다고 이른다(徐行後長者, 謂之弟, 疾行先長者, 謂之不弟)."라는 표현이 나온다. 소시小廝: 심부름하는 아이.

제15 위영공衛靈公편

1. 衛靈公이 問陳於孔子한대 孔子對曰, 俎豆之事는 則嘗聞之矣어니와 軍旅之事는 未之學也라 하시고 明日에 遂行하시다. 在陳絶糧하니 從者病하여 莫能興이러니 子路慍見曰, 君子亦有窮乎리잇고. 子曰, 君子固窮이니 小人은 窮斯濫矣니라.

위衛나라 영공靈公이 공자에게 군대의 진법陳法에 대해 묻자 공자께서 답하시기를, "제사에 관한 것은 공부했습니다만, 군사에 대해서는 배우지 못했습니다." 다음 날 위나라를 떠났다.

공자가 진陳나라에 있을 때 식량이 떨어져 따르던 제자들이 병이 들어 일어나지 못하였다. 자로가 화가 나서 공자를 뵙고 말하기를, "군자가 이렇듯 곤궁해도 됩니까?" 공자께서 말씀하시기를, "군자는 곤궁에 처해도 의연하지만 소인은 곤궁에 처하면 못하는 짓이 없게 되느니라.[808]

---

808 진陳: 군대의 진법. 조組: 떡을 담는 제기. 두豆: 고기를 담는 제기. 군軍: 12,500명 군대. 려旅: 500명 군대. 상嘗: 맛보다. 온慍: 화를 내다. 람濫: 함부로 하다, 지나치다.

※ 본 위영공편은 모두 41장으로 구성되었다. 위衛나라 영공靈公을 첫 장으로 시작으로, 당시 제후들이 예악에 관심을 갖기보다는 군사 일에 더 많은 관심을 보이고 있음을 나타내고 있다. 이에 공자가 자신의 도를 펴는 것을 포기한 채, 철환주유를 마치고 노나라로 돌아감을 암시하고 있다. 위나라 영공과 관련해서는 술이편 14장, 자한편 17장, 헌문편 21장 등에서 이미 언급되고 있듯이, 공자는 영공을 그다지 좋게 평가하지 않았던 것 같다. 본 문장의 첫 번째 문장은 위

只消慍見, 便是濫. 若知樂在其中, 那見有窮可慍.

'자로가 화를 내며 공자를 만나는 것(慍見)'이 곧 '과도하게 행동하는 것(濫)'이다. 만약 자로가 곤궁함 속에서도 즐거움이 있음을 알았다면, 어찌 곤궁함이 있다고 공자를 뵙고 화를 낼 수 있었겠는가!⁸⁰⁹

2. 子曰, 賜也아 女以予로 爲多學而識之者與아 對曰, 然하이다 非與잇고. 曰, 非也라 予는 一以貫之니라.

공자께서 말씀하시기를, "사(賜= 자공)야, 너는 내가 많이 배워서 모든

영공이 부인인 남자南子를 시해하려다 진晉나라로 망명한 태자 괴외蒯聵를 응징하기 위해 진나라를 공격하려고 공자에게 진법에 대해 묻는 내용이다. 이에 공자는 당연히 군대의 진법을 알면서도 답변을 거부한다. 『사기(史記)』 공자세가(孔子世家)에 보면, 위 영공은 다음 날 다시 공자를 접견할 때 바깥의 메뚜기와 기러기를 구경하며 딴청을 피우면서 일부러 공자를 외면한다. 이에 공자는 미련 없이 위나라를 떠나 진陳나라로 향했다. 공자가 위나라를 떠날 당시 나이는 60세였다. 이때는 초楚나라와 오吳나라가 자신의 동맹국이자 속국인 진陳나라와 채蔡나라를 사이에 두고 전쟁을 치르는 시기이다. 공자는 진나라를 거쳐 초나라로 들어갈 생각이었다. 때마침 초나라 소왕昭王이 서사書社의 땅으로 공자를 등용하려 했기 때문이다. 그러나 초나라 영윤令尹 자서子西의 반대로 공자의 등용이 좌절되었고, 결과적으로 공자 일행은 전란의 와중에 진나라와 채나라 사이에서 7일 동안이나 헤매게 된다. 대략 기원전 492년의 일이다. 양식도 다 떨어지고 언제 끝날지도 모르는 풍찬노숙의 고난 속에서 일부 제자들도 병들어 눕게 되자, 자로는 스승인 공자에 대해 섭섭한 마음이 들었다. 위정자들에게 조금만 타협하고 비위를 맞춰주었다면 스승을 비롯한 많은 제자들이 그렇듯 비참한 고생을 피할 수 있었을 것이라는 원망에서다. 자로의 원망하는 마음을 충분히 이해하고 있던 공자는 담담히 '君子固窮, 小人窮斯濫矣'이라는 표현으로 곤궁에 처한 군자가 어떻게 처신해야 하는지를 일깨우고 있다. 결국 초나라 소왕의 원병이 파견되어 공자 일행은 위기를 벗어날 수 있게 되었다.

809 지소只消: 하기만 하면, 만약 ~라면.

이치를 아는 사람이라고 생각하느냐?" 자공이 답하기를, "그렇습니다. 아닌지요?" 공자께서 말씀하시기를, "아니다. 나는 하나의 이치로 모든 것을 꿰뚫고 있을 뿐이니라."[810]

卓吾云, 腐儒謂然非與處不如曾子之唯, 可發一笑. 方外史曰, 俗儒妄謂曾子傳得孔子之道, 則子貢亦傳得孔子之道矣. 孔子何以再歎今也則亡.

---

810 여女: 너(汝).

※ 자한편 6장에서 자공은 공자에 대해 "진실로 하늘이 내린 장래의 성인이시고, 또한 재능이 많으시다(固天縱之將聖, 又多能也)."라고 극찬한 바 있다. 아마도 자공의 이 같은 스승에 대한 극찬은 자공을 비롯한 모든 제자들이 가진 공통된 생각이었을 것이다. 공자의 제자 중에서 공자와 가장 많은 대화를 나눈 제자는 자공, 자로, 자장, 증자, 안연 등을 꼽을 수 있다. 이 중에서 자공은 자로나 증자보다는 명민하고 자장보다 신뢰가 있으며, 안연보다 활달하여 공자가 먼저 대화를 시작한 경우가 많았다. 이에 공자는 마음속에 담긴 화두를 다른 제자보다는 주로 자공에게 하곤 하였다. 본 문장에서도 공자는 자공에게 먼저 질문을 하고 있다. 한편 공자는 젊을 때부터 박학다식한 것으로 인정받았다. 당연히 제자들은 공자의 많은 저술 작업과 가르침이 '박학다식'을 토대로 이루어진다고 생각했을 것이다. 본 문장은 바로 제자들의 이러한 인식을 고쳐주기 위해 자공에게 먼저 던지는 질문이라 할 수 있다. 공야장편 12장에서 자공은 "문장은 가히 얻어 들었으나, 성품과 천도를 말씀하시는 것은 아직 듣지 못했다(文章可得而聞也, 言性與天道, 不可得而聞也)."고 고백한 바가 있다. 아직 공자의 궁극적 가르침을 깨닫지 못한 표현이라 할 수 있다. 자공의 공부 수준을 익히 알고 있던 공자는 그를 다시 향상시키기 위해 이렇듯 자공에게 의도적인 질문을 던진 것이라 볼 수 있다. 하지만 자공의 대답은 공자의 핵심적인 가르침을 아직 이해하지 못하는 수준에 머물고 있다. 이에 공자는 이미 이인편 15장에서 표현되고 있는 '一以貫之'라는 말로 자공을 일깨우고 있다. 앞서 이인편 15장에서 공자는 '吾道, 一以貫之'라는 말로 증자를 일깨우자, 이를 이해한 증자는 다른 제자에게 "선생님의 도는 충忠과 서恕뿐입니다(夫子之道, 忠恕而已矣)."라고 말하며 공자의 도를 '忠恕'의 의미로 풀이해준 적이 있었다. 본문에서 공자와 자공의 문답 이후 후속 내용이 없는 것으로 보아, 이때 자공은 '一以貫之'의 뜻을 대략 이해했던 것으로 생각된다.

이탁오는 "자공의 '그렇습니다(然), 아닌지요(非與)?'라는 말은 증자의 '오직 그렇습니다'라는 대답과는 다른 의미이니, 실소를 일으키게 된다."라고 하였다.[811]

방외사는 "세속의 유생들은 증자가 공자의 도를 전해 얻었듯이, 자공 또한 공자의 도를 전해 얻었다고 헛되이 말한다. 그렇다면 공자께서 무슨 이유로 두 번씩이나 '지금은 없구나(今也則亡)'라며 탄식했겠는가!"라고 하였다.[812]

3. 子曰, 由아 知德者鮮矣니라.

공자께서 말씀하시기를, "유(由= 자로)야, 덕을 아는 사람이 거의 없구나."[813]

---

811 부유腐儒: 사고방식이 아주 완고하여 쓸모없는 유생을 의미하며, 여기서는 자공을 지칭한다. 유가에서 이상적인 인간상인 참된 선비를 뜻하는 '진유眞儒'에 대립하는 부정적인 의미로 사용된다.
※ 이인편 15장에서 공자는 증자에게 "나의 도는 하나로 관철되어 있느니라(吾道, 一以貫之)."라고 가르친다. 이에 증자는 공자의 말뜻을 이해하고 '唯'라고 대답한다. 이탁오는 이러한 증자의 대답과 자공의 '然, 非與'라는 대답과는 그 뜻이 전혀 다름을 말하고 있다. 증자는 어느 정도 공자의 도를 이해하는 대답이지만, 자공은 아직도 공자의 도를 전혀 이해하지 못하고 있는 대답이라는 뜻이다.

812 '금야즉망今也則亡'이라는 표현은 옹야편 2장과 선진편 6장에서 두 번 나오고 있다. 애공哀公과 계강자季康子가 공자에게 제자들 중에서 누가 가장 배우기를 좋아하느냐는 같은 질문을 하자, 공자는 안회가 가장 배움을 좋아했는데(好學), 단명하여 일찍 죽었음을 말하며 탄식조로 뱉은 말이다. 방외사 역시 공자의 도를 바르게 이해하고 전해 받은 인물은 오직 안회 한 사람임을 말하고 있는 것이다.

813 자로를 대상으로 하는 말이지만, 당대의 시대 상황에 대해 한탄하고 있는 내용이라 할 수 있다. 이와 비슷하게 시대 상황을 한탄한 내용이 옹야편 27장에서 "중용의 덕을 실천함이 덕의 지극함이다. 그럼에도 이를 행하는 백성이 적어진 지가 오래되었구나(中庸之爲德也, 其至矣乎, 民鮮久

痛下一針.

통절한 마음으로 하시는 따끔한 충고의 말씀이다.

4. 子曰, 無爲而治者는 其舜也與인저 夫何爲哉시리요 恭己正南面而已矣시니라.

공자께서 말씀하시기를, "아무 것도 하지 않는 듯이(無爲) 나라를 잘 다스린 분은 순舜임금이다. 그분이 무엇을 했겠는가? 공손한 모습으로 남쪽을 바라보았을 뿐이니라."[814]

從來聖賢, 只有爲人爲學爲德而已, 斷斷無有爲治者. 若一有爲

矣)."라는 내용으로 표현되고 있다.
814 순임금은 평민 출신이었다. 백성의 생업인 농사와 그릇 만들기와 물고기 잡는 방법들을 연구하여 주변 사람들에게 가르쳐줬고, 지극한 효성으로 부모를 받들었다. 이런 이유로 그를 따르는 사람들이 점차 많아졌고, 그에 대한 결국 소문이 요임금에게까지 알려져 발탁되어 왕위에까지 오른 인물로 전해진다. 이런 순임금은 '박시제중博施濟衆' 즉 백성들에게 널리 베풀고 능히 구제하는 정치를 행하면서도 이의 실천이 부족할까 늘 걱정하였다(其猶病諸, 옹야편 28장, 헌문편 45장). 이러한 순임금에 대해 공자는 태백편 18장에서 "높고 높도다! 순임금과 우임금은 천하를 소유하고서도 일신의 즐거움으로 삼아 집착하지 않으셨다(巍巍乎, 舜禹之有天下也而不與焉)."라고 극찬하였다. 본장에서는 '無爲而治'라는 또 다른 표현으로 순임금을 거듭 칭송하고 있다. '無爲而治'는 순임금이 직접 정사에 하나하나 개입해 작위적으로 하지 않아도 이미 법과 제도를 갖추고 어질고 능력 있는 인물들을 적재적소에 등용해서 잘 다스려지도록 했다는 뜻이다. '恭己正南面'에서 '恭己'는 군주로서 하늘을 공경하며 신하와 백성들을 공손히 대함을, '南面'은 『주역』 「설괘전(說卦傳)」의 '남쪽을 대면하여 천하의 소리를 들으며, 밝음을 향하여 다스린다(南面而聽天下, 嚮明而治)'라는 표현에 근거한 말로, 곧 인군의 밝은 정치를 상징한다.

治之心, 則天下益亂矣. 恭己二字, 卽是修己以敬, 又卽爲人爲學爲德之實工夫.

　지금까지 성현은 다만 사람을 위하고 학문을 하고 덕을 실천함에 있어서 결코 작위적인 다스림으로 한 적이 없었다. 만약 작위적으로 다스리는 마음이 하나라도 있었다면, 곧 천하가 더욱 어지러워졌을 것이다.[815]
　'공기(恭己: 몸을 공손히 하다)'라는 두 글자는 곧 자신을 닦음으로써 공경한다는 뜻이고, 또한 사람을 위하고 학문을 하고 덕을 실천함을 진실로 공부한다는 뜻이기도 하다.[816]

5. 子張이 問行한대 子曰, 言忠信하여 行篤敬이면 雖蠻貊之邦이라도 行矣어니와 言不忠信하며 行不篤敬이면 雖州里나 行乎哉아 立則見其參於前也요 在輿則見其倚於衡也이니 夫然後行이니라. 子張이 書諸紳하니라.

　자장子張이 자신의 뜻이 어떻게 하면 행해질 수 있는지 묻자, 공자께서 말씀하시기를, "말이 진실되고 믿음직하며 행동이 돈독하고 공손하

---

815 성현이 세상을 다스림에 어떠한 제도와 법령, 무력이나 강압적인 수단 등(有爲)에만 의지하지 않고, 오로지 세상을 위한 무량한 자애의 마음과 성현이 갖춘 깊고 높은 덕과 인품을 통해 다스렸음을 말한다.
816 단단斷斷: 결단코, 절대로.

면, 비록 오랑캐 나라에서도 행할 수 있을 것이다. 말이 진실되지 않고 신의가 없으며 행동이 돈독하지 않고 공손하지 않으면, 비록 고향이라고 하더라도 실천될 수 있겠느냐? 서 있으면 그것이 눈앞에 참여하듯이 보이고, 수레에 타면 수레의 멍에에 의지하는 것처럼 보여야 한다. 그렇게 한 뒤에 행해질 것이니라."

자장은 그 말씀을 허리띠에 적었다.[817]

信而曰忠, 敬而曰篤, 對治子張病根也. 參前倚衡但盡其忠信篤敬耳, 非以此求行也. 惟不求行, 夫然後行.

신의가 있어야 충성스럽다고 할 수 있고, 공경함이 있어야 돈독하다

---

817 행行: 뜻을 구현시켜 퍼져 나가게 한다. 만맥蠻貊: 오랑캐. 蠻은 남만南蠻, 貊은 북적北狄. 참參:엄숙하게. 여輿: 수레. 의倚: 걸려 있다. 형형衡: 수레의 멍에. 신紳: 허리띠.

※ 자장은 위정편 18장에서 '어떻게 하면 출사할 수 있을까(學干祿)'를 묻고 있다. 또 안연편 20장에서는 '어떻게 하면 세상에 이름이 알려질 수 있을까(在邦必聞, 在家必聞)' 등을 묻고 있다. 본 문장 역시 자장이 공자에게 어떻게 처신해야 출사할 수 있고, 또한 세상에 이름이 알려질까를 묻는 내용이다. 자장은 공자가 말보다 행실을 중시함을 익히 알고 있었기에 특별히 '行'에 대해 물었을 것이다. 이에 공자가 제자들에게 항상 강조하였던 원론적인 답변인 '忠信과 篤敬'을 거듭 말하고 있다. 덧붙여 사람들 속에 서 있을 때와 수레를 타고 갈 때의 상황을 예로 들어 그 뜻을 자세히 설명해 주기까지 한다. 서 있을 때에는 내 앞에 있는 사람들을 볼 수 있을 뿐만 아니라, 고개를 돌려 주위를 두루 살필 수 있는 한편 그 사람들 또한 모두 나를 보고 있음을 알 수 있다. 『대학』에서 증자는 "열 사람의 눈이 보고 있으며, 열 사람의 손이 지적함이니, 그렇듯 엄함이다(十目所視, 十手所指, 其嚴乎)."라고 말하고 있다. 그렇듯 자신이 어느 곳, 어느 위치에 있든 간에 함부로 처신하지 말고 '言忠信, 行篤敬'해야 함을 말한다. 한편 수레를 탔다는 것은 말이 충성스럽게 잘 달리고, 마부가 방향을 따라 잘 몰며, 멍에가 튼튼하다는 것을 믿는다는 의미이다. 그렇지 못하다면 수레를 탈 수 없는 것이니, 군자는 어떤 일을 하든 간에 먼저 '言忠信, 行篤敬'이 기본이 되어야 한다는 의미이다.

고 할 수 있다. 자장의 병의 원인을 아시고 그에 맞춰 가르침을 주신 것이다. '앞에 참여한다(參前)'라는 말과 '멍에에 의지한다(倚衡)'라는 말은 다만 그 '충신독경忠信篤敬'을 다하라는 의미일 뿐이지, 이렇게 함으로써 자신의 뜻을 행해짐을 구하라는 뜻이 아니다. 오직 자신의 뜻을 행해짐을 구하려고 하지 않아야만, 그런 연후에 뜻이 행해질 수 있는 것이다.[818]

6. 子曰, 直哉라 史魚여 邦有道에 如矢하며 邦無道에 如矢로다. 君子哉라 蘧伯玉이여 邦有道則仕하고 邦無道則可卷而懷之로다.

공자께서 말씀하시기를, "곧도다! 사어史魚여. 나라에 도가 있을 때는 화살처럼 곧더니, 나라에 도가 없을 때도 화살처럼 곧구나.[819]

---

818 대치對治: 어떠한 가르침이나 교화를 함에 있어서 상대의 근기와 처한 환경, 능력에 맞춰 적절한 가르침과 교화를 펼친다는 의미이다. 또 다른 표현으로 '대치설법對治說法', '응병여약應病與藥'이라고도 한다.
※ 자신의 뜻을 펼칠 것을 먼저 고민하고 염려할 것이 아니라, 언제 어디서든지 '言忠信, 行篤敬'을 바르게 실천하기만 하면, 자신의 뜻을 펼칠 수 있는 기회와 자리는 저절로 얻게 된다는 뜻이다.
819 사어史魚: 위나라 대부이다. 史는 벼슬 이름, 魚는 성, 이름은 추鰌이다.
※ 『공자가어(孔子家語)』에 사어와 관련한 일화가 전해진다. 사어가 대부로 있던 위나라에는 거백옥이란 현인이 있었으나 위나라 영공靈公은 그를 등용하지 않고 오히려 간신배라 할 수 있는 미자하彌子瑕를 등용하였다. 사어가 누차 미자하를 내치고 거백옥을 등용할 것을 간언하였으나, 영공은 이를 받아들이지 않았다. 후에 사어는 병으로 죽어 가면서 아들에게 어진 자를 등용하게 하고 어질지 못한 자를 물러나게 하지 못하여 임금을 바르게 보좌하지 못했으니, 자신이 죽거든 예법대로 염하지 말고 시신을 창문 아래에 두라고 유언하였다. 아들은 아버지의 유

군자로다! 거백옥蘧伯玉이여. 나라에 도가 있을 때는 벼슬을 하고, 나라에 도가 없을 때는 재능을 거두어 감출 줄 아는구나."[820]

春蘭秋菊, 各擅其美.

봄에는 난이 피고 가을에는 국화가 피니, 그 아름다움으로 각자의 자리를 차지하고 있는 것이다.[821]

  언을 그대로 따랐다. 문상을 온 위 영공이 이를 괴이하게 여기며 그 이유를 묻자, 사어의 아들은 아버지의 유언을 그대로 전해주었다. 위 영공은 부끄럽게 여기고 예법대로 빈소를 차려 장례를 치르도록 명하고, 마침내 거백옥을 등용하고 미자하를 내쫓았다고 한다. 이 말을 들은 공자가 "옛날에 간언한 사람들은 죽으면 그만이였는데, 사어처럼 죽어서까지 시신으로 간언한 사람은 없었다. 충심으로 그 임금을 감동시킨 사람이니, 가히 곧다고 말하지 않을 수 있겠는가(古之諫者, 死則已矣, 未有若史魚死而屍諫, 忠感其君者也, 可不謂直乎)?"라고 말하며 자어를 칭찬했다는 것이다.

820 권卷: 거두다. 회懷: 마음속에 감추다.

※『춘추좌전』양공(襄公)14년 편에 거백옥과 관련한 일화가 나온다. 위나라 헌공獻公은 무도하여 신하를 무시하고 방탕한 생활을 하였다. 이에 손문자孫文子와 영혜자寧惠子 두 사람이 주동이 되어 폭군을 쫓아내고 국가의 기강을 바로잡는다는 명분하에 위 헌공을 시해하려 계획하였다. 이때 손문자가 거백옥의 참여를 구했으나, 거백옥은 "군주가 그 나라를 다스리는데 신하가 감히 그것을 범할 수 있습니까? 비록 범한다 하더라도 어찌 더 낫다고 알 수 있습니까(君制其國, 臣敢奸之, 雖奸之, 庸知愈乎)?"라고 말하며, 위나라를 떠나버렸다. 이후 손문자의 반란으로 제나라로 망명하였던 위 헌공은 13년 만에 다시 복귀를 노리고는 영혜자의 가문인 영희寧喜와 타협을 시도하였다. 위 헌공의 제안을 받은 영희는 거백옥에게 자문을 구하지만, 이때도 거백옥은 "나(瑗)는 군주가 나가는 것도 듣지 못했는데, 감히 그가 들어오는 일을 들었겠는가(瑗不得聞君之出, 敢聞其入)?"라고 말하며 또 다시 위나라를 떠났다. 이후 영희는 손씨 가문을 치는 동시에 위나라 군주인 표剽를 시해하고는 위 헌공을 복귀시켰다는 것이다. 본 문장의 거백옥에 대한 공자의 말은 바로 두 번의 반란 사건을 둘러싸고 일어난 거백옥의 처신과 관련된 말이라 할 수 있다.

821 천擅: 멋대로 하다, 차지하다, 물려주다, 마음대로 함.

7. 子曰, 可與言而不與之言이면 失人이요 不可與言而與之言이면 失言이니 知者는 不失人하며 亦不失言이니라.

공자께서 말씀하시기를, "함께 말할 수 있음에도 말을 나누지 않으면, 사람을 잃는다. 함께 말할 수 없음에도 말을 나누면, 실언을 하게 된다. 지혜로운 사람은 사람을 잃지 않으며, 실언도 하지 않느니라."[822]

四悉檀.

네 가지 실단悉檀이라 할 수 있다.[823]

8. 子曰, 志士仁人은 無求生以害仁이요 有殺身以成仁이니라.

공자께서 말씀하시기를, "뜻을 지닌 사람과 어진 사람은 목숨을 구하고자 인을 해치는 일이 없고, 목숨을 버려서라도 인을 이룸은 있다."[824]

---

822 본 문장은 앞장의 사어와 거백옥의 경우와 연관된다고 보아『논어』의 편집자들이 6장 바로 뒤에 붙였다. '더불어 말할 만하다(可與言)'는 표현은 상대방을 알고 말한다는 뜻이다. 상대방이 나에게 충언과 간언을 해주기를 바라는데 그렇지 못하다면, 상대방은 나를 더 이상 만날 필요가 없을 것이다. 반면에 말을 받아들일 자세가 되어 있지 않는 사람에게 이런저런 충언을 해준다면, 괜히 시간만 낭비하고 자신의 입만 아프게 될 것이다. 따라서 지혜로운 사람은 침묵할 것인지 말할 것인지를 잘 헤아려 사람을 잃지도 않아야 하고, 말에도 실수가 없어야 하는 것이다.

823 주) 160 참조.

824 유교에서는 뜻을 지닌 사람(志士)과 어진 사람(仁人)의 '살신성인殺身成仁'을 군자가 반드시 지키고 갖춰야 할 굳건한 절개로 여긴다. 바로 본 문장의 공자의 말이 그 근원이 되었다고 볼 수 있다. 맹자는『맹자』고자상편 10장에서 "삶도 역시 내가 바라는 것이고 의로움 또한 내가 바라는

如此方名志士仁人. 今之志士仁人, 宜以此自勘.

이와 같이 실천해야 바야흐로 '뜻을 지닌 사람(志士)', '어진 사람(仁人)'이라고 부를 수 있다. 요즘 뜻을 지닌 사람과 어진 사람은 마땅히 이러한 공자의 가르침으로써 스스로를 헤아려봐야 한다.[825]

9. 子貢이 問爲仁한대 子曰, 工欲善其事인데 必先利其器니 居是邦也하며 事其大夫之賢者하여 友其士之仁者라.

자공이 인을 행하는 방법을 묻자 공자께서 말씀하시기를, "장인(工)이 그 일을 잘하려면 반드시 먼저 연장을 예리하게 잘 갖추어 놓아야 하듯이, 어느 나라에 있든지 그 나라의 현명한 대부를 섬기고 어진 선비를 사귀어야 하느니라."[826]

賢之與仁, 皆吾利器也, 奈何鈍置之耶.

것이지만, 두 가지를 함께 얻을 수 없다면, 삶을 버리고 의를 취할 것이다(生亦我所欲也, 義亦我所欲也, 二者不可得兼, 舍生而取義者也)."라고 말하면서 '살신성인'을 '舍生取義'이라는 표현으로 명확히 정의하고 있다.

825 자감自勘: 스스로를 헤아리다, 스스로를 성찰하다.
826 자공은 언어에 능숙하며 또한 장사를 하여 부자가 될 정도로 실리적이며 사리분별력이 탁월한 인물로 평가받았다. 이러한 자공의 평가를 익히 듣고 있던 공자는 인을 묻는 질문에 장인이 쓰는 도구를 비유로 들어 자세히 설명해 주고 있다. 공자가 자공에게 위와 같이 말한 이유는 자공이 자기만 같지 못한 사람들과 더불어 함께하기를 좋아하기에 다른 사람과 어울려 처신함에 반드시 삼갈 것을 주문하는 내용이다. 한편 대부의 현자와 선비의 인자가 '인하다(仁)'는 점에선 별반 차이가 없으나, 대부의 현자는 대부 중에서도 직책을 잘 수행할 수 있는 능력을 갖춘 자를, 선비의 인자는 관직에 나아가지는 못했으나 덕행이 있는 어진 자를 의미한다.

현명한 대부를 섬기고 더불어 어진 선비를 사귀는 것은, 모두 나의 그 릇(능력)을 향상시키는 (이롭게 하는) 일인데, 어찌 무엇 때문에 둔하게 방치하겠는가?

10. 顔淵이 問爲邦한대 子曰, 行夏之時하며 乘殷之輅하며 服周之冕하며 樂則韶舞요 放鄭聲하며 遠佞人이니 鄭聲은 淫하고 佞人은 殆니라.

안연顔淵이 나라를 다스리는 방법에 대해 묻자, 공자께서 말씀하시기를, "(책력으로는) 하夏나라 시대의 역법을 쓰고, (교통수단으로는) 은殷나라 시대의 수레를 타고, (관복으로는) 주周나라 시대의 예관을 쓰고, 음악은 소무韶舞를 쓰라. 정鄭나라의 음악을 쓰지 말고, 아첨하는 사람을 멀리하라. 정나라의 음악은 음란하고, 아첨하는 사람은 위험하다."[827]

---

827 은지로殷之輅: 은나라 임금이 타던 나무로 만든 큰 수레. 면冕: 예관. 소무韶舞: 순임금의 음악. 방放: 몰아내다. 영佞: 아첨하다.

※ 본문에서 안연은 국가를 통치하는 데 필요한 구체적 방법을 묻고 있다. 이에 공자는 통치자가 시행하고 본받아야 할 국가 체제와 법제도에 관해 구체적으로 알려주고 있다. 공자는 요순의 성군 정치를 기반으로 하은주夏殷周 삼대의 법과 제도를 본받아 통치의 수단으로 활용할 것을 말하고 있는 것이다. 책력으로는 인寅 월을 정正월로 삼는 하나라의 책력법이 적합하고, 교통수단으로는 은나라 때 개발된 나무 수레가 가장 견고하고 비용이 적게 들어 교통수단으로 적합하며, 복식에 있어선 백성의 수고로움을 덜어 주면서도 예법에 맞는 주나라의 면류관을 쓰는 것이 좋다는 것이다. 나아가 음악은 국가의 기강과 질서를 세우고 아울러 백성의 교화까지 이루는 좋은 수단이기에 진선진미한 순임금의 소韶 음악이 합당하며, 이와는 달리 음란하고 방탕한 음악이라 평가되는 정나라의 음악은 추방되어야 한다는 것이다. 또한 세상을 어지럽히는 교언영색巧言令色의 무리들을 멀리해야 한다고도 하였다. 이는 음란하고 방탕한 음악이 흥성하면 아첨꾼이 득세하고, 아첨꾼이 득세하면 예악의 질서가 무너지게 되어 결국엔 나라가 혼탁해지기 때문일 것이다.

王陽明曰, 顔子具體聖人, 其於爲邦的大本大原, 都已完備. 夫子平日知之已深, 到此都不必言, 只就制度文爲上說. 此等處亦不可忽略, 須要是如此方盡善. 又不可因自己本領是當了, 便於防範上疏闊. 須是要放鄭聲遠佞人. 蓋顔子是克己, 向裏德上用心的人, 孔子恐其外面末節或有疎略, 故就他不足處幫補說. 若在他人, 須告以爲政在人, 取人以身, 修身以道, 修道以仁, 達道九經, 及誠身許多工夫, 方始做得. 此方是萬世常行之道, 不然只去行了夏時, 乘了殷輅, 服了周冕, 作了韶舞, 天下豈便治得.

왕양명은 "안자顔子는 성인의 본체를 갖추고 있고, 그 나라를 다스리는 데 필요한 큰 근본과 큰 원칙은 이미 모두 갖추고 있다. 공자께서 평소에 이미 그에 대해 깊이 알고 있으셨기 때문에 이러한 부분에 관해서는 전혀 말할 필요가 없었다. 그렇기에 다만 제도와 문화에 대해서만 말씀하셨던 것이다. 이러한 것들에 대해서도 역시 소홀히 여겨서는 안 되기 때문이니, 모름지기 이같이 말씀하신 대로 실천해야만 바야흐로 최선을 다했다고 할 수 있을 것이다. 또한 자기의 본령인 마음이 올바르다고 해서 금령禁令이나 법칙法則에 대해서 소홀해서는 안 되는 것이다. 모름지기 정나라 노래 같은 것은 버리고 간사한 사람들은 내쳐야만 한다.

대체로 안자는 자기를 극복하고 내적인 마음과 덕에 대해 마음을 쓰는 사람이었다. 그렇기에 공자는 그가 외면의 말단적인 제도를 혹여 소홀히 여길 것을 염려하셨다. 까닭에 그의 부족한 부분을 도와주기 위해 보충하여 설명하셨던 것이다.

만약 다른 사람이었다면, 모름지기 정치를 하는 것은 사람에게 달려 있는 것이니, 사람을 등용하여 씀에 있어서는 자신을 닦음으로써 본을 보여야 하고, 자신을 닦음에 있어서는 바른 도로써 해야 하며, 도를 닦음에 있어서는 어짊으로써 해야 하고, 통달하는 도리와 아홉 가지 원리(九經), 나아가 자신을 정성스럽게 하는 것과 같은 여러 가지 내용의 공부에 대해서 비로소 말씀하셨을 것이다. 이러한 것들은 만세에 걸쳐 항상 행해져야 할 도리라고 할 수 있기 때문이다. 그렇지 않고 단지 하나라 시대의 역법을 사용하게 하고, 은나라 시대의 수레를 타게 하며, 주나라 시대의 면류관을 쓰게 하고, 순임의 소무韶舞를 사용하게 한다고 해서 어찌 천하가 다스려 질 수 있겠는가?"라고 하였다.[828]

11. 子曰, 人無遠慮면 必有近憂니라.

공자께서 말씀하시기를, "사람이 멀리 생각하지 않으면, 반드시 근심

---

828 방범防範: 방비하다, 예방하다, 대비하다. 여기서는 나라를 통치하는 데 필요로 한 금령이나 법칙 등을 의미한다. 소활疏闊: 소홀하고 어설프다. 방幇: 돕다, 거들어 주다. 구경九經: '치국구경治國九經'의 줄임말이다. 공자가 69세(B.C. 484)에 이르러 여러 나라의 철환주유를 마치고 노魯나라로 돌아왔을 때, 당시 노나라의 군주인 애공哀公이 공자에게 정치를 묻자 이에 공자가 아홉 가지 실천 요건을 말했다. '애공문정哀公問政'으로 후대에 알려진 그들의 대화는 『중용(中庸)』과 『공자가어(孔子家語)』에 기록되어 있으며, 그 내용은 다음과 같다. ①끊임없이 몸과 마음을 닦을 것(修身) ②현명한 사람을 존경하고 잘 모실 것(尊賢) ③가족을 잘 보살필 것(親親) ④대신을 공경하고 믿을 것(敬大臣) ⑤신하를 따뜻하게 보듬을 것(體群臣) ⑥서민들을 내 자식처럼 아낄 것(子庶民) ⑦기술인들을 불러 모을 것(來百工) ⑧멀리에서 온 사람을 잘 대할 것(柔遠人) ⑨여러 제후를 포용할 것(懷諸侯) 등이다. 방시방始: 겨우, ~이 되어서야, ~에야 비로소.

이 가까이 있느니라."⁸²⁹

未超三界外, 總在五行中. 斷盡二障, 慮斯遠矣.

삼계를 벗어나지 못하는 원인은 모두 다섯 가지 수행에 달려 있다고 할 수 있다. 두 가지 번뇌를 다 끊으려고 하는 것이야말로 그 '멀리(遠)'를 생각하는 것이라 할 수 있다.⁸³⁰

---

829 공자는 『주역』 계사하전(繫辭下傳) 5장에서 "공자께서 말씀하시길, 위태롭게 여기는 것은 그 지위를 편안히 하려는 것이요, 망할까 염려하는 것은 그 생존을 보존하려는 것이며, 어지러울까 염려하는 것은 그 다스림을 가지고자(지키고자) 함이다. 이러한 까닭으로 군자는 편안할 때 위태로움을 잊지 않고, 보존하고 있을 때라도 망함을 잊지 않으며, 다스려질 때에도 혼란함을 잊지 않는 것이다. 이렇게 함으로써 몸이 편안해지고 나라를 보전할 수 있게 된다(子曰, 危者, 安其位者也, 亡者, 保其存者也, 亂者, 有其治者也, 是故, 君子安而不忘危, 存而不忘亡, 治而不忘亂.. 是以身安而國家, 可保也)."라고 하였다. 『명심보감(明心寶鑑)』에서도 "일생의 계책은 어릴 때 있고, 일 년의 계책은 봄에 있으며, 하루의 계책은 새벽에 있으니, 어려서 공부하지 않으면 늙어서 아는 바가 없고, 봄에 농사짓지 않으면 가을에 바랄 바가 없으며, 새벽에 일어나지 않으면 하루를 분별할 수 없다(一生之計, 在於幼, 一年之計, 在於春, 一日之計, 在於寅. 幼而不學, 老無所知, 春若不耕, 秋若無所望, 寅若不起, 日無所辨)."라고 말하고 있다. 미리미리 계획을 세우고, 준비하고 대비하며 조심하라는 가르침이라 할 수 있다.

830 삼계三界: 중생이 윤회하는 세 가지 형태의 세계, 곧 욕계欲界, 색계色界, 무색계無色界의 세계를 가리킨다. 첫 번째 욕계는 탐욕이 많아 정신이 흐리고 거칠며, 순전히 물질에 속박되어 가장 어리석게 살아가는 중생세계로, 곧 지옥, 아귀餓鬼, 축생畜生, 아수라阿修羅, 인간, 천상(天) 등의 6도六道의 세계가 여기에 속한다. 그 중 천상의 세계는 다시 사왕천四王天, 땅꺤뗀忉利天, 야마천夜摩天, 도솔천兜率天, 화락천化樂天, 타화자재천他化自在天 등 육욕천六欲天으로 구성된다. 이 가운데 지옥은 가장 짙은 탐욕으로 생겨난 세계이고, 타화자재천은 탐욕이 극히 미세한 중생이 사는 세계라고 한다. 이 세계의 욕심은 크게 식욕食慾, 색욕色慾, 재욕財慾, 명예욕, 수면욕으로 대별되며, 이러한 욕심들 때문에 항상 어지럽고 고통스러운 마음으로 살아가게 된다고 한다. 두 번째 색계는 욕심은 떠났지만 아직 마음에 맞지 않는 것에 대하여 거부감을 일으키는 미세한 진심瞋心이 남아 있는 중생들이 사는 비교적 맑은 선정禪定 세계이다. 이 색계에서는 선정이 점차 깊어지는 수행의 경지에 따라 초선천初禪天, 이선천二禪

12. 子曰, 已矣乎라 吾未見好德을 如好色者也케라.

공자께서 말씀하시기를, "다 되었구나. 나는 아직 여색을 좋아하는 것처럼, 덕을 좋아하는 사람을 보지 못했다."[831]

天, 삼선천三禪天, 사선천四禪天, 정범천淨梵天의 다섯 세계로 나누어진다. 마지막으로 무색계는 탐욕과 진심이 모두 사라져서 물질의 영향을 받지는 않지만, 아직 '나(我)'라는 생각(我見)을 버리지 못하여 정신적인 장애가 남아 있는 세계이다. 중생이 사는 세계 가운데 가장 깨끗한 세계로서, 미세한 자아의식으로 인한 어리석음만 떨쳐버리면 불지佛地에 이르게 된다. 이 세계에는 공무변처空無邊處, 식무변처識無邊處, 무소유처無所有處, 비상비비상처非想非非想處 등의 사공천四空天 등이 있다. 오행五行: 보시布施, 지계持戒, 인욕忍辱, 정진精進, 지관止觀 등 다섯 가지 실천수행을 가리킨다. 이 중 '지관'은 선정수행과 지혜수행을 통칭한다. 이러한 측면에서 보면, 오행은 곧 대승불교에서 수행 덕목으로 강조하는 육바라밀 수행법과 크게 다르지 않다. 이장二障: 번뇌장煩惱障과 소지장所知障을 말한다. 번뇌장은 열반과 해탈을 장애하는 번뇌이고, 소지장은 알아야 할 바(所知)에 대한 앎, 즉 보리(완전한 깨달음)를 장애하는 번뇌이다. 번뇌장은 영원불변한 자아가 있다는 집착(我執), 즉 아견我見으로 인해 번뇌가 생겨나게 하는 마음작용을 말한다. 이 번뇌들이 유정有情의 몸과 마음을 요동하고 괴롭게 하여서, 몸과 마음을 적정寂靜과 평정平靜의 상태에 있지 못하게 하여 열반의 증득을 방해한다는 것이다. 이에 비해 소지장은 궁극적 깨달음을 장애하는 번뇌를 지칭하며, '所知'는 깨달음의 성취를 위해 반드시 알고 체득해야 할 내용을 말한다. 곧 악견(惡見: 삿된 견해) · 의(疑: 회의적 의심) · 무명(無明: 어리석음) · 탐(貪: 탐욕) · 진(瞋: 성냄) · 만(慢: 자만) 등의 번뇌가 알아야 할 바(所知)의 존재의 참다운 실상을 있는 그대로 알지 못하게 방해한다는 것이다. 소지장은 무분별지無分別智가 발현하는 것을 장애한다는 뜻에서 '지장智障' 또는 '보리장菩提障'이라고도 한다.

※ 지욱선사는 공자가 말하고 있는 '遠慮'의 의미를 불교적인 관점에서 재해석하고 있다. 즉 '원려'의 의미는 해탈과 열반이라는 불교의 궁극적인 깨달음을 생각하는 것으로 이해하고, 이를 위해 다섯 가지 수행(五行)을 통해 두 가지 근본적인 번뇌를 단절하여 삼계를 벗어나는 것으로 그 뜻을 재해석하고 있는 것이다.

831 '已矣乎'는 '이제 그만두어야겠다'라는 자신의 의지를 꼭 집어 나타내면서도 완곡하게 표현하는 말이다. 공자는 철환주유를 하면서 도를 펼치고자 많은 노력을 했다. 하지만 자신의 뜻을 받아들여 이를 실현시켜 줄 만한 덕을 좋아하는 위정자를 만날 수 없었다. 당연히 공자는 크게 실망하였고, 자신의 의지를 내려놓을 수밖에 없었다. '已矣乎'는 바로 '이제는 정말 그만두자. 아니 정말 그만두어야 할까?' 하면서 탄식하는 표현인 것이다. 자한면 17장과 비슷한 내용이라 볼 수 있다.

正是不肯絶望.

바야흐로 절망하는 표현은 아니다.

13. 子曰, 臧文仲은 其竊位者與인저 知柳下惠之賢을 而不與立也로다.

공자께서 말씀하시기를, "장문중臧文仲은 자리를 훔친 사람이라 할 수 있다. 유하혜柳下惠가 지혜로운 줄 알면서도 그에게 벼슬을 주지 않았다."[832]

誅心在一知字.

질책하는 마음이 '지知' 한 글자에 담겨 있다.[833]

14. 子曰, 躬自厚하며 而薄責於人이면 則遠怨矣니라.

---

832 장문중과 유하혜는 노나라의 대부들이다. 특히 장문중은 공자보다 두어 세대 전의 사람으로 유명한 정치가이다. 하지만 그는 자신의 권세에 집착하여 당시에 유하혜가 현명한 사람으로 소문난 것을 알면서도 추천하여 함께 정치를 하지 않았다. 이는 결국 지위를 도둑질한 것처럼, 장문중의 큰 실책이라 할 수 있다. 공자는 이를 탓하고 있는 것이다. 공자는 공야장편 14장에서도 이러한 장문중을 탓하고 있다.
833 주심誅心: 꾸짖는 마음, 질책하는 마음.

공자께서 말씀하시기를, "자신에 대한 책망은 무겁게 하고, 남에 대한 책망은 가볍게 하면 원망이 멀어지느니라."[834]

厚責人者, 只是不能自厚耳.

다른 사람에 대한 질책은 무겁게 하는 사람일수록, 다만 스스로에 대한 질책은 무겁게 하지 않는다.

15. 子曰, 不曰如之何如之何者는 吾末如之何也已矣니라.

공자께서 말씀하시기를, "어찌할까, 어찌할까 하고 깊이 생각하지 않는 사람은 나도 어찌 할 수가 없느니라."[835]

畢竟將如之何.

---

834 궁躬: 자기 스스로.
 ※ 사람들은 누구나가 자신의 잘못에는 관대하고 다른 사람의 잘못에 대해서는 냉정하고 엄격하게 꾸짖고자 한다. 공자는 선비들은 특히 이렇게 해서는 안 됨을 말하고 있다.
835 여지하如之何: 어찌할까? 말末: 하지 못하다.
 ※ '如之何'는 무슨 일을 당했을 때 어쩔 줄 모르고 당황한다는 의미가 아니라, 평소에 미리 심사숙고한다는 뜻이다. 술이편 8장에서 언급되고 있는 "분발하지 않으면 열어주지 않고, 답답해하지 않으면 펴주지 않는다(不憤不啓, 不悱不發)."라는 내용과 뜻이 상통한다. 모든 문제는 자신이 먼저 숙고하고 고민해야 답을 찾을 수 있고, 그 누군가로부터도 도움과 가르침을 받을 수 있다는 가르침이다.

마침내 장차 어찌해야 할까?

16. 子曰, 群居終日에 言不及義요 好行小慧면 難矣哉라.

공자께서 말씀하시기를, "여럿이 종일 함께 있으면서 의義에 대해서는 말하지 않고 잔재주 부리기나 좋아하니 난감하구나."[836]

小慧與義正相反.

잔재주(작은 지혜)와 의로움으로 다스리는 정치는 서로 상반된다.

17. 子曰, 君子義以爲質하고 禮以行之하며 孫以出之하며 信以成 之하나니 君子哉라.

공자께서 말씀하시기를, "군자는 의를 바탕으로 삼고, 예로써 행하고, 겸손함으로써 나아가고, 신의로써 이룬다. 이것이 군자이다."[837]

---

836 대부분의 사람들은 공적인 의로움과 공익보다는 사적이고 집단적인 명리에만 더 많은 관심과 논의에 익숙하다. 여러 사람이 무리지어 종일토록 함께 있는 경우는 위정자들이 정사를 논하는 자리이거나, 동문수학하거나 같은 조직에 속해 있을 경우이다. 상하급자나 선후배나 동문 학우들로 구성되어 있는 이들이 일을 처리하고 논의할 때 공적인 차원이 아니라 사적인 이해관계에 얽매이면 당연히 공적인 일은 이루기 힘들 수밖에 없을 것이다. 공자는 이를 일깨우고 있다.

837 본 17장부터 22장까지는 군자의 도에 대해 언급하고 있다. '君子之道'는 공자의 핵심사상이라 해도 과언이 아니다. 하지만 공자는 '이것이 군자가 추구해야 할 도이다'라고 단정 지어 말하지는 않는다. 단지 군자로서, 위정자로서 처신해야 할 자세와 실천 덕목을 내용으로 하여 다양한 표현으

行之, 行此義也, 出之, 出此義也, 成之, 成此義也. 卓吾曰, 不是 以義爲質, 以禮行之, 以孫出之, 以信成之. 方外史曰, 須向君子二 字上著眼.

'행한다(行之)'라는 말은 이러한 의를 실천한다는 의미이고, '나아간다 (出之)'라는 말은 이러한 의를 밖으로 표현해낸다는 의미이며, '이룬다(成 之)'라는 말은 이러한 의를 이룬다는 의미이다.

이탁오는 "의를 바탕으로 삼으라는 말이 아니라, 예로써 의를 행하고, 겸손함으로써 의를 표현해 내며, 신의로써 의를 이룬다는 뜻이다."라고 하였다.

방외사는 "모름지기 '군자君子'라는 두 글자의 의미에 관심을 기울여 야 한다."라고 하였다.

18. 子曰, 君子는 病無能焉이요 不病人之不己知也이니라.

공자께서 말씀하시기를, "군자는 자신의 무능함을 걱정할 뿐, 남들이 나를 알아주지 않음을 걱정하지 않느니라."[838]

로 설명하고 있을 따름이다.

[838] 자신이 남들보다 잘나고 우수하다고 생각하는 자만심은 자신을 더 나은 존재로 향상시키고 발전 시키는 데 큰 장애가 된다. 자신이 남들보다 부족하기에 늘 더 배우고 익혀야 된다고 생각하는 겸 손한 마음자세야말로 자신을 더욱 깊고 높은 인격체로 향상시키고 발전시켜 나갈 수 있는 기본이 되는 것이다. 공자도 헌문편 30장에서 군자의 도에는 세 가지가 있는데, 본인은 그중에서 하나도 '능함이 없다(我無能焉)'라고 겸손해하고 있다. 제자들이 자못 자만심에 빠져 배움과 실천에 나태 해질 것을 염려하여 스스로를 겸손히 낮추는 동시에 제자들을 경책하는 표현이라 할 수 있다. 본

19. 子曰, 君子는 疾沒世而名不稱焉이니라.

공자께서 말씀하시기를, "군자는 죽은 후에 이름이 일컬어지지 않을 것을 걱정하느니라."[839]

稱字去聲. 沒世而實德不稱, 君子之名, 眞可疾矣.

'칭稱' 자는 거성去聲으로 읽어야 한다. 죽고 나서 진실로 덕이 칭송되지 않는다면, 군자라는 이름은 참으로 흠이 될 수 있다.

20. 子曰, 君子는 求諸己요 小人은 求諸人이니라.

공자께서 말씀하시기를, "군자는 자신을 탓하고, 소인은 남을 탓하느니라."[840]

문장 역시 같은 가르침을 일깨우고 있다. 남들이 자신을 알아주고 인정해 주지 않음을 탓하고 걱정할 것이 아니라, 겸손한 마음으로 자신의 부족함을 먼저 성찰하고 되돌아봐야 한다는 가르침인 것이다. 한편 '不病人之不己知也'라는 표현과 관련해서는 학이편 1장과 16장, 이인편 14장 등에서도 비슷한 내용이 언급되고 있다.

839 질疾: 근심하다, 걱정하다.
　※ 본 문장에서 '이름이 칭송되지 않는다(名不稱)'는 말은 당대에 출세하여 유명해진다는 의미보다는 당대에는 그다지 드러나지 않았지만, 훗날 생전에 쌓은 덕이 밝혀져 후세 사람들에게 길이 칭송받게 되는 것을 의미한다.
840 구求: 책(責)함.
　※ 세상 모든 것은 나로부터 비롯된다. 자신이 어떤 마음과 어떤 인격체로 살아가느냐에 따라 세상도 달리 비춰지고 차별적으로 다가온다. 불교나 유교에서 무엇보다 먼저 '수신修身'을 강조

識得自己, 自然求己. 小人只是不知自己耳, 哀哉.

자기 자신을 아는 것이야말로 자연스러운 자기에서 구하는(탓하는) 것이라 할 수 있다. 소인은 다만 자신을 알지 못할 뿐이니, 애통하다!

21. 子曰, 君子는 矜而不爭하며 群而不黨이니라.

공자께서 말씀하시기를, "군자는 긍지를 가지되 다투지 않으며, 어울리되 파벌을 만들지 않느니라."[841]

矜則易爭, 群則易黨, 故以不爭不黨為誡勉.

긍지를 갖다 보면 다투기 쉽고, 무리와 어울리다 보면 파당을 만들기 쉽다. 그러므로 다투지 말고 파당을 만들지 말라는 것으로써 훈계하고 격려한 것이다.[842]

하는 것도 바로 그러한 이유일 것이다. 맹자도 『맹자』 진심상盡心上편 4장에서 "만물의 이치가 모두 나에게 갖추어져 있으니, 나를 돌아보고 지금 하는 일에 성의를 다한다면, 그 즐거움이 더없이 클 것이다(萬物皆備於我矣, 反身而誠樂莫大焉)."라고 하였는데, 이 또한 모든 것이 자신으로부터 비롯됨을 설하는 말이라 할 수 있다.

841 군자가 긍지를 가질 수 있는 것은 일반 보통 사람들과는 달리 고단한 수신修身의 수양을 통해 인격적 완성을 이루고, 대의를 위해 예와 의를 실천하기 때문일 것이다. 이러한 군자가 개인적 이익을 위해 다투고, 당파를 이루어 집단적 행위에 앞장선다면, 그러한 군자는 이미 군자로서의 자질을 상실한 것이라 볼 수 있을 것이다. 군자의 타락은 곧 백성을 도탄에 빠뜨리고, 나라를 위태롭게 만드는 결과로 이어지기에 공자는 끊임없이 이렇듯 수신을 강조하고 있는 것이다.

842 계면誡勉: 훈계하고 격려함.

22. 子曰, 君子는 不以言擧人하며 不以人廢言이니라.

공자께서 말씀하시기를, "군자는 말만 듣고 사람을 천거하지 않고, 사람만 보고 그의 말을 무시하지 않느니라."[843]

至明至公.

지극히 공명정대하라는 말이다.

23. 子貢問曰, 有一言而可以終身行之者乎리잇고. 子曰, 其恕乎인저 己所不欲을 勿施於人이니라.

자공이 묻기를, "평생토록 지켜 행할 한마디 말은 무엇입니까?" 공자께서 말씀하시기를, "그것은 서(恕: 용서)다. 자기가 원하지 않는 것을 남에게 강요하지 않는 것이니라."[844]

---

843 '불이언거인不以言擧人'은 말만 듣고 사람을 판단하여 천거하지 말라는 뜻이다. 교언영색巧言令色에 미혹될 수 있음을 경계한 말이다. '불이인폐언不以人廢言'은 내가 미워하거나 나를 받아들이지 않는 사람이라고 하여 그 사람의 옳은 말에 대해서조차 듣지 않으려는 태도를 경계한 말이다. 자칫하면 이로 인해 파당을 짓게 되기 때문이다.
844 '서恕'와 '기소불욕己所不欲, 물시어인勿施於人'은 유교의 주요 덕목 가운데 하나이지만, 다른 종교에서도 강조하는 보편적 가치라고 해도 무방하다. '恕'는 자신을 사랑하듯, 다른 사람도 사랑하라는 말이다. 불교에서 강조하는 자비심, 기독교에서 가르치는 하나님의 사랑과 크게 다르지 않다. 이인편 15장에서 증자가 공자가 말하는 도를 보충 설명하면서 언급하고 있는 '忠恕'라는 표현과 안연편 22장에서 인을 묻는 번지樊遲에게 답한 '愛人'이라는 표현 역시 '恕'의 또 다른 표현이라 할 수 있다.

可行於天下, 可行於萬世, 眞是一以貫之.

온 세상에서 실천되어야 하고, 영원히 실천되어야 하는 것이니, 진실로 하나로써 일관되게 꿰뚫고 있는 덕목이라 할 수 있다.

24. 子曰, 吾之於人也에 誰毁誰譽리오. 如有所譽者면 其有所試矣니라 斯民也는 三代之所以直道而行也이니라.

공자께서 말씀하시기를, "내가 다른 사람에 대하여 누구를 헐뜯고 누구를 칭찬하겠느냐. 만약 내가 칭찬한 사람이 있다면 그를 시험해(겪어)보았기 때문이다. 이 백성들은 3대의 바른 도를 행하는 사람들이니라."[845]

---

845 毁譽: 헐뜯다, 비방하다. 예譽: 기리다, 칭찬하다. 삼대三代: 하夏, 은殷, 주周.
※ 공자는 어떤 인물과 사항에 대해서 평가할 경우 대체적으로 부정적인 평가나 비난하는 표현 대신에 있는 그대로의 사실을 말하거나 탄식하는 표현을 주로 사용하였다. 공자가 칭찬한 인물로는 위영공편 6장에서 언급되고 있는 위나라의 거백옥蘧伯玉과 사어史魚, 공야장편 1장에서 언급되고 있는 남용南容 정도이다. 더불어 진심으로 존숭과 찬탄을 말하고 있는 인물로는 요임금과 순임금, 그리고 하은주 삼대 시대의 성군으로 지칭되는 우임금, 탕왕, 문왕, 무왕, 주공 등이다. 야인으로는 백이, 숙제, 태백 등이 있다. 본 장에서 공자는 성군의 도를 '직도直道'라 표현하고 있다. 성인의 인정仁政은 만물을 왕성하게 생성해 내는 봄의 원대한 덕(元德)에 비유할 수 있다. 그러하기에 성인은 인정을 펼쳐 백성을 풍요롭고 행복하게 살 수 있도록 해야 하는 것이다. 『서경(書經)』 주서周書 홍범洪範에서 '나무는 굽어서 뻗어나간다(木曰曲直)'라는 표현이 나온다. 나무는 곡진하게 구부리고 나온 뒤에 곧게 자란다는 의미이다. 이러한 나무의 덕(木德) 본받은 성군 또한 백성을 곧게 자라도록 선정을 펼쳐야 하는데, 공자가 말하고 있는 '直道'는 바로 이러한 성군의 도를 지칭하는 것이라 볼 수 있다.

人自謂在三代後, 孔子視之, 皆同於三代時. 所以如來成正覺時, 悉見一切衆生成正覺.

사람들 스스로가 3대의 후손으로 살고 있다고들 말하는데, 공자도 그들을 보기에 모두가 3대의 시대와 동일하게 곧은 도를 실천하며 사는 것 같았던 것이다.[846]
그러한 이유로 여래께서도 정각正覺을 성취하실 때에, 모든 일체 중생들에게 정각의 성취를 보이셨던 것이다.[847]

25. 子曰, 吾猶及史之闕文也와 有馬者借人乘之하니 今亡矣夫인저.

공자께서 말씀하시기를, "나는 사관들이 의아한 것을 적지 않고, 말을 가진 사람이 남에게 빌려주어 타게 하는 것을 보았는데 지금은 이런 것

---

846 공자 당시의 백성들이 스스로 자신들이 하은주 3대의 후손임을 말하곤 하였는데, 공자 역시도 당시의 백성들이 하은주의 곧은 도를 본받아 실천하며 사는 것으로 보였기에 '斯民也, 三代之所以直道而行也'라고 말했다는 의미의 해석이다.
847 여래如來: 석가모니 부처님을 호칭하는 열 가지 이름(十號) 가운데 하나이다. '그렇게(tathā 如) 진리의 세계에서 오신 분(혹은 도달한 분 āgata 來)'이라는 뜻이다. 정각正覺: 석가모니 부처님이 증득하신 가장 수승한 깨달음인 '무상정등정각無上正等正覺, Anuttarā-samyak-saṃbodhi'을 지칭한다.
※ 공자 당시의 백성들이 바른 삶을 살고자 노력한 것은 하은주 3대를 다스렸던 성군들의 '곧은 도(直道)'를 본받고자 해서이다. 성군들이 모범을 보임으로 인해 백성들도 성군들의 덕행을 본받아 살았다는 것이다. 같은 이치로 석가모니 부처님이 이 세상에 오셔서 '정각'이라는 깨달음의 성취를 모든 중생들에게 보이신 것은, 중생들 또한 부처님을 본받아 탐진치 삼독심에서 벗어나 정각을 이루도록 하시기 위한 자비심 때문이라는 것이다.

이 없구나."[848]

不敢絶望.

그렇다고 감히 절망해서는 안 된다.

26. 子曰, 巧言은 亂德이요 小不忍則亂大謀니라.

공자께서 말씀하시기를, "교활한 말은 덕을 어지럽히고, 작은 일을 참지 못하면 큰일을 그르친다."[849]

二皆自亂自己耳. 卓吾云, 一失之浮, 一失之躁.

---

848 사지궐문史之闕文: 사실이 아닌 것은 비워두다.
※ 본 문장은 공자가 과거를 회상하며 옛날과 현실을 비교하며 자신의 소회를 밝히고 있는 내용이다. 과거에는 역사를 기록하는 사관이 사실을 기록할 때 문헌고증이 되지 않는 내용은 빼놓고 기록하지 않았다. 그런데 이제는 권력자들의 횡포로 있는 사실조차 왜곡하여 마음대로 기록한다는 것이다. 또한 옛날에는 말이 없는 자가 먼 길을 다녀오려고 할 때, 말을 가진 사람이 빌려줘서 타게끔 했는데 이제는 그런 미풍양속마저 없어졌음을 탄식하고 있는 것이다. 공자 당시는 혼란한 정세로 인해 국가의 기강과 질서가 무너지자 약해진 군주의 통치를 벗어나 대신들이 실권을 장악하여 정사를 전횡하는 폐단이 생겨났다. 나아가 대신들의 실권에 휘둘린 사관들이 권력자들을 미화하기 위해 검증이 안 된 내용들을 기록하고 사실을 왜곡하는 범죄를 저질렀다. 이러한 위정자들의 횡포는 민간의 아름다운 풍속마저 해치어 각박한 민심을 낳기에 이르렀다. 공자는 이를 탄식하고 있는 것이다.
849 자기중심이 없는 사람일수록 간교(巧)한 말에 휘둘리기 쉽다. 확고한 자기 신념과 중심이 서야 이런 저런 간교한 말에도 중심을 잃지 않고, 바른 처신을 할 수 있게 되는 것이다. 작은 것을 참아내지 못하는 사람은 결코 큰일을 도모하고 이루기 어렵다. 크고 작은 모든 어려움과 역경을 능히 참고 극복해 낼 줄 아는 사람만이 사사로운 자기도 극복(克己)하고 큰일도 성취할 수 있는 것이다.

두 가지 경우가 모두 자신이 자신을 어지럽히는 것이다.

이탁오는 "덕이 어지럽혀지면 부초처럼 가벼워지고, 참지 못하면 조급해진다."라고 하였다.[850]

27. 子曰, 衆惡之라도 必察焉하며 衆好之라도 必察焉이니라.

공자께서 말씀하시기를, "대중이 미워하는 것도 반드시 살펴보고, 대중이 좋아하는 것도 반드시 살펴보아야 하느니라."[851]

上句爲豪傑伸屈, 下句爲鄕愿照膽.

위 문장은 호걸豪傑들의 진퇴와 득실에 대한 가르침으로 삼아야 하고, 아래 문장은 향원鄕愿들의 속마음을 꿰뚫어 보는 가르침으로 삼아

---

850 일실一失: 여기서 '一失'은 덕이 어지럽혀지고, 참지 못함을 가리킨다.
851 공자는 『중용』 제6장에서 "순舜 임금은 크게 지혜로운 분이다. 순임금은 묻기를 좋아하고, 평소의 일상적인 가까운 말을 꼼꼼히 살피기를 좋아하셨다. 악함을 숨기고 선함을 드날리셨으며, 그 두 극단을 잡아서(고려하여) 그 가운데를 취한 뒤에 백성들에게 쓰셨다(舜其大知也與! 舜好問而好察邇言. 隱惡而揚善, 執其兩端, 用其中於民)."라고 말한바 있다. 그러나 공자 당시, 대부분의 위정자들은 이해관계에 따라 붕당을 만들고 이합집산을 일삼았다. 붕당을 만든 무리들은 각기 자기들만의 손익과 입장에서 시시비비를 판단할 뿐이다. '필찰必察'은 세밀히 살핀다는 의미이다. 소문만 듣고 선악을 판단하고 분별하지 않기 위해서는 반드시 '必察'의 자세가 중요하다. 공야장편 23장에서 공자가 '곧다'고 소문난 미생고微生高에 대해 다시 살펴보고, 그가 그렇지 않음을 말하는 것, 『맹자』 이루장 하편 30장에서 맹자가 청렴하다고 소문난 제나라의 진중자陳仲子와 불효자라고 소문난 장군 출신의 광장匡章에 대한 세간의 소문이 잘못되었음을 밝힌 것 등이 대표적인 '必察'의 사례라고 볼 수 있다.

야 한다.[852]

28. 子曰, 人能弘道요 非道弘人이니라.

공자께서 말씀하시기를, "사람이 도를 넓히는 것이지, 도가 사람을 넓히는 것이 아니니라."[853]

---

852 호걸豪傑: 지혜와 용기가 뛰어나고 높은 기개와 사나이다운 풍모를 갖춘 사람. 신굴伸屈: '伸'은 곧음(直), '屈'은 굽음(曲)을 뜻한다. 따라서 '伸屈'은 때에 따라 나아가고(進) 물러남(退), 뜻을 얻거나(得意) 잃음(失意) 등을 비유한다. 향원鄕願: 마을의 신망을 얻기 위해 선량을 가장한 사람, 속인의 인기를 모으는 위선자. 여기서 향원은 세상과 두루두루 잘 화합하여 딱히 지적하려 해도 지적할 게 없는 사람을 지칭한다. 얼핏 보면 성인과 비슷하지만, 그들은 결국 세상에 아첨하고 대중을 속이는 인물들일 뿐이다. 조담照膽: 속마음을 꿰뚫어 보다.
※ 위 문장(上句)은 '衆惡之, 必察焉'을 가리킨다. 대중이 싫어하고 미워함을 살피라는 의미인데, 지욱선사는 이를 영웅호걸들이 받아들여야 할 가르침임을 말하고 있다. 호걸들이 자신의 뜻을 펼쳐 나감에 있어, 대중들이 자신을 미워하고 싫어하는 경우가 생긴다면, 그 이유를 세밀히 살펴서 잠시 멈추거나 물러설 줄 아는 '伸屈'의 처신을 해야 된다는 지적이다. 아래 문장(下句)은 '衆好之, 必察焉'을 지칭한다. 지욱선사는 이러한 공자의 말을 '향원'이라 불리는 대중의 인기를 얻고 있는 사람들에게 적용시켜 재해석하고 있다. 그들이 과연 진실 되게 대중의 인기를 얻을 수 있는 자격이 있는지 그 속내를 깊이 살펴야 된다는 뜻으로 받아들여야 한다는 해석이다.

853 도는 밖에 존재하는 것이 아니라, 이미 내 마음속에 내재해 있다. 까닭에 그러한 도를 자신이 찾아 밖으로 드러내고, 선용善用하는 것은 오직 내 자신의 마음과 의지에 달려 있을 뿐이다. 밖에 도가 따로 존재하여 그러한 도가 저절로 나를 찾아오고 나를 이끄는 것이 아니다. 공자도 이를 말하고 있다. 공자는 『중용』 13장에서도 "도는 사람에게서 멀리 있는 것이 아닌데, 사람들이 도를 행한다고 하면서 사람을 멀리한다면 도를 행한다고 할 수 없다(道不遠人, 人之爲道而遠人, 不可以爲道)."라고 말하고 있다. 도라는 것이 자신과 더불어 함께 살아가는 사람들을 벗어나 저 높은 하늘이나 깊은 산속에 있는 것이 아니라, 우리들이 일상적인 삶을 살아가는 바로 지금, 여기에 살아 숨 쉬고 있음을 일깨우는 말이라 할 수 있다.

可見道只是人之所具, 天地萬物, 又只是道之所具. 誰謂天地生人耶.

가히 도를 깨닫는 것은 다만 사람에게 갖춰진 것을 깨닫는 것이니, 천지만물도 또한 이러한 도를 갖추고 있다. 누가 천지가 사람을 출생시킨다고 말하는가?⁸⁵⁴

29. 子曰, 過而不改면 是謂過矣니라.

공자께서 말씀하시기를, "잘못이 있는데 고치지 않는 것, 그것이 바로 잘못이니라."⁸⁵⁵

---

854 지욱선사는 도는 사람과 천지를 비롯한 모든 존재에 내재해 있음을 말하고 있다. 하늘과 땅에만 도가 별도로 존재하는 것이 아니라, 사람에게도 천지와 차별 없이 동등한 도가 존재하고 있다는 뜻이다. 까닭에 성인과 범부가 근원적인 본성에 있어서는 차별이 없듯이, 천지와 인간관계에 있어서도 그 근원적인 본성에 있어서는 결코 차별이 있을 수 없다는 주장이다. 이러한 측면에서 보면, 천지가 주체가 되어 사람을 탄생시키는 것이 아니라, 사람 그 자체가 진리의 당체로서 세상에 태어나 존재한다는 것이다.

855 학이편 8장과 자한편 24장에서 표현되고 '허물이 있으면 고치기를 꺼려하지 말라(過則勿憚改)'는 말과 같은 내용이다. 공자는 『주역』 「계사하전(繫辭下傳)」 제5장에서도 "선을 쌓지 않으면 족히 명성을 이룰 수 없고, 악을 쌓지 않으면 족히 몸을 멸하지(망치지) 않는다. 소인은 작은 선은 이익됨이 없다고 여겨서 실천하지 않고, 작은 악은 해될 것이 없다고 여겨 저버리지 않는다. 그러므로 악이 쌓여서 가릴 수 없게 되는 것이며, 죄가 커서 해결할 수 없게 되는 것이다(小人, 以小善, 爲无益而弗爲也, 以小惡, 爲无傷而弗去也. 故, 惡積而不可掩, 罪大而不可解)."라고 말하며, 작은 선악도 가볍게 생각하지 말고 선행의 적극적인 실천과 악행의 과감한 단절을 일깨우고 있다.

為三種懺法作前茅.

세 가지 참회법을 실천하는 데 있어 전모前茅로 삼아야 할 내용이다.[856]

30. 子曰, 吾嘗終日不食하고 終夜不寢하여 以思하니 無益이라 不如學也이로다.

공자께서 말씀하시기를, "내가 하루 종일 먹지 않고, 밤새도록 자지 않고, 생각하였으나 이익이 없었으니, 배우는 것만 못하였다."[857]

---

856 삼종참법三種懺法: 불교에서 죄업을 참회하는 세 가지 참법을 가리킨다. 곧 ①작법참(作法懺: 규정된 참회법에 따라 부처님 앞에 참회하는 것) ② 취상참(取相懺: 선정에 들어 참회의 생각을 하면서 불보살이 와서 정수리를 만져줌과 같은 서상瑞相 얻기를 바라는 것) ③ 무생참(無生懺: 마음을 바로하고, 단정히 앉아 만법이 무생무멸無生無滅의 실상임을 관하여 무명번뇌를 끊는 것) 등이다. 전모前茅: '前茅'는 병사가 모초茅草로 만든 경보용 기를 들고 선두에서 가는 것을 말한다. '茅(띠풀)'는 초나라 지역의 특산으로 초나라 군대의 척후병이 신호용 깃발로 사용했다. 척후병이 적군의 동정을 발견하면 이를 가지고 신호를 해주는데, 이런 이유로 선봉에 서는 것을 '前茅'라고 부르게 되었다. 이로부터 유래하여 이름이나 서열이 앞에 놓인다는 뜻이 '명렬전모名列前茅'라는 말도 생겨났다.
※ 전쟁에 나가는 병사가 전모의 깃발을 앞세우고 가듯이, '잘못이 있으면 고쳐야 된다'는 참회의 당위성을 앞세워 세 가지 참회법을 닦아야 한다는 의미이다.
857 본 문장의 '종일불식終日不食', '종야불침終夜不寢'은 제28장의 '인능홍도人能弘道, 비도홍인非道弘人'과 더불어 공자가 당시 도가의 무리들을 염두에 두고 한 말이라고 볼 수 있다. 도가의 무리들은 치열한 현실의 삶을 벗어나 무위자연의 도를 주장하며, 그러한 도를 수양한다는 목적으로 불식不食과 불침不寢을 일삼았다. 이는 백성의 복리를 위해 현실적인 사회 문제와 정치에 깊은 관심을 가지며 그 바른 실천 방향을 찾던 유학의 도와는 큰 거리감이 있다. 이런 이유로 공자는 먹지 않고 자지 않으며, 사색에만 매달리는 도피적이고 소극적인 도가의 행위는 결코 치열한 현실적 문제를 해결하는 데 아무런 도움이 되지 않는다고 생각했을 것이다. 마지막 문장인 '무익無益, 불여학야不如學也'라는 공자의 말은 바로 이러한 도가의 폐단을 비판한 것이라 할 수 있다. 위정편 15장에서 언급되고 있는 '생각만 하고 배우지 않으면 위태롭다(思而不學則殆)'라는 표현 역시도 같은 맥락이라 볼 수 있다.

學思本非兩事, 言此以救偏思之失耳.

배우고 사색하는 것은 본래 두 가지 일이 아니다. 이 문장은 사색에만 치우치는 실수에서 구해 내기 위해서 하신 말이라 할 수 있다.

31. 子曰, 君子는 謀道요 不謀食하나니 耕也에 餒在其中矣요 學也에 祿在其中矣니 君子는 憂道不憂貧이니라.

공자께서 말씀하시기를, "군자는 도를 구하지 밥을 구하지 않는다. 농사를 지어도 굶주릴 수 있지만 배우면 녹을 얻을 수 있다. 군자는 도를 걱정하지 가난을 걱정하지 않느니라."[858]

卓吾云, 作訓詞看.

---

858 경야耕也: 농사를 지음. 뇌餒: 굶주리다.
※ 학이편 14장에서 표현되고 있는 "군자는 배부름을 구하지 않고, 거처함에 편안함을 구하지 않는다(君子, 食無求飽, 居無求安)."라는 말과 술이편 15장에서 표현되고 있는 "거친 밥을 먹으며 물을 마시고, 팔을 굽혀 베개로 삼더라도 즐거움이 또한 그 가운데 있다(飯疏食飮水, 曲肱而枕之, 樂亦在其中矣)."라는 말 또한 본 문장과 비슷한 내용이라 할 수 있다. 군자의 본분은 도를 구하는 것이라 할 수 있다. 도를 구하여 인격을 완성하게 되면, 저절로 나라의 경영에 동참할 수 있는 등용의 길이 열리게 되고 경제적인 이익도 얻게 된다. 농부는 농사를 짓지만, 천지지변으로 인해 농사를 망치게 되면 굶주리게 되는 경우가 있을 수 있다. 그럼에도 불구하고 농부가 천재지변을 미리 염려하여 밭 갈고 김매는 일을 포기하지는 않는다. 군자 또한 미리 등용되지 못할 것을 예단하고 염려하여 수양과 학문에 게으르다면, 그는 이미 군자의 자격을 잃었다고 할 수 있다. 군자는 단지 등용의 여부와 경제적인 가난을 염려하지 않고 자신의 공부에 전념해야 하는 것이다.

이탁오는 "훈계하시는 말씀으로 봐야 한다."라고 하였다.[859]

32. 子曰, 知及之오도 仁不能守之면 雖得之나 必失之니라. 知及之하며 仁能守之오도 不莊以涖之면 則民不敬이니라. 知及之하면 仁能守之하며 莊以涖之오도 動之不以禮면 未善也이니라.

공자께서 말씀하시기를, "지혜가 있어도 인으로 지키지 않으면, 비록 얻더라도 반드시 잃게 된다. 지혜가 있고 인으로 지켜도 엄정한 자세로 임하지 않으면, 백성이 공경하지 않는다. 지혜가 있고 인으로 지키고 엄정한 자세로 임해도 백성을 다스림에 예로써 하지 않으면, 아직 최선이 아니니라."[860]

知及仁守, 是明明德, 莊以涖之, 是親民, 動之以禮, 是止至善. 不能莊涖動禮, 便是仁守不全, 不能仁守, 便是知之未及. 思之

---

859 훈사訓詞: 훈화, 교훈의 말.
860 급及: 미치다. 장莊 :위엄. 이涖: 임하다.
※ 군자, 혹은 위정자가 반드시 지켜야 할 덕목을 말하고 있다. 공자는 『대학』 1장에서 "대학의 도는 밝은 덕을 밝히는 데 있고, 백성들을 새롭게 하는 데 있으며, 지극한 선에 머무는 데 있다 (大學之道, 在明明德, 在親民, 在止於至善)."고 하였다. 이 역시 도의 궁극적인 목표인 지극한 선에 도달하기 위해 최고 통치자인 군주가 갖추어야 기본적 자세를 말하고 있다. 지혜를 얻고, 어진 마음인 인으로 지혜를 보완하고, 사람들이 가볍게 보지 않는 엄숙한 자세로 백성에 임하고, 예를 지켜 품위를 잃지 않는 행위를 행하는 것이야말로 '지어지선止於至善'을 이루기 위한 군자의 기본적 덕목이 되는 것이다.

思之. 如來得三不護, 方可名動之以禮, 故曰修己以敬, 堯舜其
猶病諸.

  지혜를 이루고 나서 인으로 지켜야 된다는 말은 곧 밝은 덕(明德: 인간
이 선천적으로 지닌 내면의 본질적인 밝음)을 밝힌 것이다. 엄정한 자세로 임한
다는 것은 곧 백성과 친밀히 하고 새롭게 한다는 것(親民)이다. 백성을
움직이는 데 있어 예로써 한다는 것은 지극한 선에 머무른다는 것이다.
엄정한 자세로 임하여 예로써 움직이지 못한다면, 곧 인으로 지키는 것
이 온전하지 못함이다. 인으로 지키지 못한다면 곧 지혜에 이르지 못한
것이니, 거듭 헤아리고 헤아려야만 한다.
  여래께서는 세 가지 불호(三不護)[861]를 성취하셨으니, 바야흐로 이를
'움직임에 예로써 한다'고 부를 수 있다. 그러므로 헌문편 45장에서 '공
경함으로써 자기를 수양하는 것(修己以敬)'은 '요임금과 순임금도 오히려
부족하게 여기셨다(堯舜其猶病諸)'고 말씀한 것이다.

33. 子曰, 君子는 不可小知而可大受也요 小人은 不可大受而可小知也이니라.

  공자께서 말씀하시기를, "군자는 작은 일은 알지 못하지만 큰일을 맡

---

861 삼불호三不護: 신불호身 不護, 어불호語 不護, 의불호意 不護를 말한다. 여래의 신身·구口·의意
   의 삼업三業은 청정하여 과실이 없기 때문에, 다른 사람처럼 알지 못하게 감추어 지킬 필요가 없
   음을 의미한다.

을 수 있고, 소인은 큰일을 맡을 수는 없지만 작은 일은 아느니라."[862]

不可小知, 不可以思議測度之也, 可大受, 如大海能受龍王之雨, 能受衆流之歸也. 小人反是.

'작은 일은 알지 못한다(不可小知)'는 것은 생각하고 헤아려서 측량할 수 없음을 의미하고, '큰일을 맡을 수 있다(大受)'는 것은 마치 큰 바다가 능히 용왕이 내리는 비를 받아들일 수 있음과 같다. 능히 군자가 많은 무리들이 귀의하여 오면 받아들여 품을 수 있음을 뜻한다. 소인은 이와는 반대이다.[863]

34. 子曰, 民之於仁也에 甚於水火하니 水火는 吾見蹈而死者矣어니와 未見蹈仁而死者也케라.

---

[862] 군자는 작은 일로는 그의 재능을 알 수 없지만, 큰일을 맡길 수 있다. 반면에 소인은 좁은 식견을 가졌기에 큰일을 맡기기에는 그 역량이 부족하다. 본 문장은 위정자로서 정사를 맡을 때 군자는 군자에 맞게 소인은 소인에 맞게 일을 맡겨야 한다는 뜻을 나타내고 있다. 공자는 『주역』「계사하전(繫辭下傳)」제5장에서 "덕은 부족한데 지위는 높고, 지혜(앎)는 작으면서도 도모하고자 하는 것은 크며, 힘이 보잘 것 없으면서도 책임이 무거우면 (禍에) 미치지 않는 사람이 적을 것이다(德薄而位尊, 知小而謀大, 力小而任重, 鮮不及矣)."고 언급하였다. 지혜와 능력이 부족한 소인이 잘못 큰일을 맡게 되면, 화를 당하게 된다는 것을 경책하는 말이다.

[863] 용왕지우龍王之雨: 용왕이 내리는 비. 용왕은 바닷속의 용궁龍宮을 지배하고 다스린다는 전설의 왕을 지칭한다. 예로부터 비와 바다의 일을 주재한다고 하여 농민과 어민의 유력한 신으로 숭배되었고, 현재도 어민들은 고기를 잡기 위해 출항을 앞두고 용왕에게 풍어를 기원하는 의미로 용왕제를 지내곤 한다.

※ 군자의 뛰어난 능력과 넓고 깊은 마음의 역량을 말하고 있다.

공자께서 말씀하시기를, "인은 사람에게 물과 불보다 더 중요하다. 물이나 불을 따르다(밟다) 죽는 사람은 보았으나, 인을 따르다 죽는 사람은 보지 못했느니라."[864]

既曰未見蹈仁而死, 又曰有殺身以成仁, 方信殺身不是死.

위에서 이미 말씀하신 '인을 따르다 죽는 사람은 보지 못했다(未見蹈仁而死)'라는 말과 또 위영공 8장의 '몸을 죽여 인을 이루는 일이 있다(有殺身以成仁)'라는 말씀은 바야흐로 몸을 죽여도 (사사로운 몸을 죽여 인을 성취하는 것) 죽는 것이 아니라는 이치에 대한 믿음을 의미한다.

---

864 도蹈: 밟다, 따르다.
※ 물과 불은 인간생활에 있어 가장 기본적인 필수불가결한 자연적 요소이다. 까닭에 인간 생활에 있어 물과 불이 없으면 하루도 살기가 어렵다. 인仁은 인간이 선천적으로 가지고 태어난 지극히 선한 덕성이다. 이러한 인간의 신성한 덕성인 인은 물과 불처럼, 인간과 인간 간의 관계 속에서 잃어버려서는 안 될 필수불가결한 요소이다. 하지만 사람들은 물과 불이 없어서는 안 될 중요한 요소임을 알면서도 사람과의 관계 속에서 필수불가결한 인에 대해선 별로 중요성을 느끼지 못하고 산다. 물과 불은 때때로 자연 재해나 인재로써 인간에게 화를 불러오지만, 인은 어떤 경우에도 사람에게 전혀 화가 되지 않는다. 오히려 인간 사회에 조화와 평화, 그리고 안녕에 크게 기여한다. 그럼에도 불구하고 사람들은 목마를 때 물을 찾고, 추울 때 불을 찾는 것처럼, 인을 찾고 갈망하는 사람이 드물다. 공자는 바로 이러한 현실을 탄식하고 있다. 맹자 또한 이러한 인간의 인에 대한 인식 부족을 『맹자』 고자상편 11장에서 "인은 사람의 마음이고, 의는 사람의 길이다. 그 길을 버리고 따라가지 않고, 마음을 놓아버리고 찾을 줄 모르니 슬프다. 사람들은 닭이나 개를 놓치면 찾을 줄 알면서도 마음을 놓치고도 찾을 줄 모른다. 학문하는 길은 다른 것이 아니다. 그 놓친 마음을 찾는 것뿐이다(仁, 人心也, 義, 人路也. 舍其路而不由, 放其心而不知求, 哀哉. 人, 有鷄犬, 放則知求之, 有放心而不知求, 學問之道, 無他. 求其放心而已矣)."라는 말로 경책하고 있다.

35. 子曰, 當仁하여 不讓於師니라.

공자께서 말씀하시기를, "인을 행함에 있어서는 스승에게도 양보하지 말아야 하느니라."[865]

見過於師, 方堪傳授. 卓吾云, 只為學者, 惟有當仁一事讓師, 故云.

제자가 스승보다 더 뛰어남을 보게 되면, 바야흐로 스승의 가르침을 훌륭하게 전수받았다고 할 수 있다.
이탁오는 "다만 배우는 자를 위해서, 오직 인의 실천 한 가지 일만큼은 스승도 양보할 수 있다는 이유를 말씀한 것이다."라고 하였다.

36. 子曰, 君子는 貞而不諒이니라.

공자께서 말씀하시기를, "군자는 곧고 바르지만, 자기 뜻만 고집하지 않느니라."[866]

---

865 겸양은 군자의 덕목이지만, 인의 실천만큼은 그 누구에게도 양보함이 없이 적극적으로 실천할 것을 거듭 강조하는 공자의 말이다.
866 양諒: 작은 신의를 고집함.
　※ 군자가 곧고 바름을 지키는 것은 당연하다. 그러나 언제 어디서나 자신의 곧고 바름만을 고집하여 집착하다 보면, 이는 도리어 자기 아만과 독선에 빠져 대사를 그르치고 다른 사람과의 융합과 통합을 해치게 된다. 군자로서 떳떳하게 정도를 지키되 자신의 소신을 맹목적으로 고집하지 말고, 때에 따라 적절히 방편의 융통성을 보여야 한다는 가르침이다.

諒即硜硜小人.

'양량(諒)'은 곧 속이 좁아서 자기 고집만 부리는 소인을 의미한다.[867]

37. 子曰, 事君하되 敬其事하고 而後其食이니라.

공자께서 말씀하시기를, "임금을 섬김에 있어 그 맡은 일에 성의를 다한 후에 녹봉을 생각해야 하느니라."[868]

敬其事敬字, 從敬止發來. 既敬其事, 必後其食矣.

'그 맡은 일에 성의를 다하다(敬其事)'라고 할 때의 '경(敬)' 자의 의미는 성의를 다하는 태도로 일을 시작하고 마무리하라는 뜻이다. 이미 그 맡은 일에 성의를 다했다면, 반드시 그 녹봉의 보상이 뒤따르게 되는 것이다.[869]

38. 子曰, 有教면 無類니라.

---

867 갱갱硜硜: 속이 좁고 편협함. 자로편 20장에 '硜硜然小人'이라는 표현이 나온다.
868 앞서 31장에 나온 '君子謀道, 不謀食'과 비슷한 내용이다. 공직을 맡은 공직자는 자기의 맡은 바 직책에 최선을 다하고, 봉급만을 너무 앞세우지 말라는 말이다.
869 지발止發: 여기서는 그 일(其事)의 시작과 마침을 의미한다.

공자께서 말씀하시기를, "가르침에 차별을 두지 말라."[870]

佛菩薩之心也. 若使有類, 便無教矣.

부처님과 보살의 자비심이라 할 수 있다. 만약 차별하는 마음이 있다면, 곧 교육자의 자질이 없는 것이다.

39. 子曰, 道不同이면 不相為謀니라.

공자께서 말씀하시기를, "도가 다르면 함께 도모하지 않아야한다."[871]

毫釐有差, 天地懸隔, 仁與不仁而已矣.

털끝만큼이라도 차이가 있으면 하늘과 땅의 간격으로 벌어진다. 어짊과 어질지 않음의 차이라고 할 수 있을 뿐이다.[872]

---

870 유교유교有敎: 가르침을 둔다, 곧 배움이 일정 단계 이상을 넘어 남을 교화할 만한 정도가 되었다는 뜻이다. 무류無類 : '類'에 대해 주자는 '선악의 다름(善惡之殊)'이라 해석하였고, 공안국孔安國은 '귀천의 종류(貴賤種類)'라고 해석하였다. 결과적으로 '無類'는 남을 가르침에 있어서 그 신분이나 귀천, 선악과 빈천을 차별하지 말고 공평한 마음과 자세로 교육해야 한다는 것을 의미한다.
871 추구하는 길, 즉 지향하는 이상과 목적이 같지 않으면 함께 일을 도모하지 않아야 한다. 이념과 추구하는 방향이 다른데 억지로 함께하고자 하면, 도리어 불화와 반목만이 깊어져 일을 그르칠 뿐이다. 어느 정도 비슷한 성향과 이념의 동질성이 있어야 서로 함께 일을 도모하고 추진할 수 있음은 당연하다. 본 공자의 말은 치열한 삶의 현장인 현실에서 벗어나 깊은 심산에 은둔하여 무위자연의 도만을 추구하는 도가의 무리와 함께할 수 없다는 표현일 수도 있다.
872 호리유차毫釐有差, 천지현격天地懸隔: 털끝만큼이라도 차이가 있으면 하늘과 땅의 간격으로 벌

40. 子曰, 辭는 達而已矣니라.

공자께서 말씀하시기를, "말은 그 뜻이 전달되면 그뿐이니라."[873]

從古有幾個真正達的. 卓吾云, 五字便是談文祕密藏.

예로부터 몇 마디의 말이 진정 전해지고 있을까?
이탁오는 "사달이이의辭達而已矣' 다섯 글자는 곧 문장을 담론하는 비밀을 감추고 있다."라고 하였다.

41. 師冕이 見할새 及階어늘 子曰, 階也라 하시고 及席이어늘 子曰, 席也라 하시고 皆坐어늘 子告之曰, 某在斯요 某在斯라 하시다. 師冕이 出커늘 子張이 問曰, 與師言之道與리잇고 子曰, 然하다 固相師之道也이니라.

어진다. 중국 선종 3대 조사인 승찬(僧璨: ?~606) 스님이 저술한 『신심명(信心銘)』에서 "지극한 도는 어려움이 없다. 오직 간택을 꺼려한다. 다만 증애만 없으면 환하여 명백할 것이다. 호리라도 차이가 있으면 하늘과 땅처럼 멀어진다. 현전을 얻고자 하면 순역을 두어서는 안 된다.(至道無難, 唯嫌揀擇. 但莫憎愛, 洞然明白. 毫釐有差, 天地懸隔. 欲得現前, 莫存順逆)."라는 내용으로 표현되고 있다.

873 이이의而已矣: 그뿐이다.

※ 말을 함에 있어 논리정연하게 다듬어서 상대방에게 알아듣도록 해야 한다는 말이다. 말은 장황하게 늘어놓지 말고 이치에 맞게 간결해야 상대방이 쉽게 알아들을 수 있기 때문이다. 특히 위정자로서 임금의 명을 받아 외교무대에 나가 응대하는 사신의 말(辭命)은 국가의 존망까지 좌우할 수 있기에 더욱 논리정연하고 정확해야 한다.

장님인 악사 면冕이 공자를 뵈러 왔는데 계단 앞에 이르자 공자께서 "계단입니다."하고 알려 주었다. 자리에 이르자 공자께서 "자리입니다." 하고 알려 주었다. 자리에 앉자 공자께서 "누가 여기 있고 누가 저기 있습니다."라고 알려 주었다.

악사 면이 돌아가자 자장子張이 묻기를, "그렇게 하는 것이 장님 악사에게 말하는 방법입니까?" 공자께서 말씀하시기를, "그렇다. 그렇게 하는 것이 진실로 악사를 돕는 방법이니라."[874]

子張看得道字奇特, 孔子注得道字平常.

자장子張에게 있어 '도道(공자가 장님인 악사를 대하는 방법)'란 글자는 기특하게 보였겠지만, 공자에게 있어 '도道' 자는 평상시의 마음 씀씀이라 할 수 있다.[875]

---

[874] 사師: 악사樂師. 급계及階: 계단에 이르다. 개좌개좌皆坐: 모두 자리에 앉다. 모재사모某在斯: 아무개는 여기에 있다. 상相: 돕다.

※ 공자 당시에 악사樂師는 맹인이 담당하였다. 비록 눈으로는 보지 못하지만 청각은 도리어 발달되어 소리에 대한 감각이 뛰어났기 때문이다. 악사가 공자를 찾아오자 공자는 그를 맞아들이며 그의 눈을 대신하여 이것저것 자세히 말해주고 이끌어주고 있다. 공자는 그 누구보다도 예의를 따르고자 노력했다. 자한편 9장에서 공자는 악사가 비록 나이가 젊어도 조정에서 공자 앞을 지나갈 때면 일어났으며, 아울러 공자 자신이 악사 앞을 지날 때면 종종걸음을 하여 예의를 갖추었음을 표현하고 있다. 또한 향당편 16장에서도 공자는 사석에서도 반드시 예모를 갖추었음을 말하고 있다.

[875] 주득注得: 뜻 두다, 마음을 쏟는다는 주의注意의 뜻으로 쓰였다.

※ 자장이 보기에 공자가 맹인인 악사를 대하는 자세와 태도의 방법(道)이 매우 남다르게 보였겠지만, 공자가 그렇듯 맹인에게 예로써 정성을 다해 대접하는 것(道)은 공자의 평상시 마음에서 우러나오는 자연스러운 행위라는 의미의 해석이다.

제16 계씨季氏편

1. 季氏將伐顓臾하니 冉有季路見於孔子曰, 季氏將有事於顓臾로소이다. 孔子曰, 求야 無乃爾是過與아 夫顓臾는 昔者에 先王이 以爲東蒙主하시고 且在邦域之中矣라 是社稷之臣也이니 何以伐爲리요. 冉有曰, 夫子欲之언정 吾二臣者는 皆不欲也로소이다.

계씨季氏가 전유顓臾를 정벌하려 하자 염유冉有와 계로季路가 공자를 뵙고 고하기를, "계씨가 전유를 치려고 합니다." 공자께서 말씀하시기를, "구求야, 이는 너의 잘못이 아니냐? 전유는 옛날 선왕께서 동몽東蒙의 제주祭主로 삼았고, 노나라 영토 안에 있으니 사직社稷의 신하인데, 어찌 정벌한단 말이냐?" 염유가 말하기를, "그분(계손씨)께서 바라는 것이지, 저희 두 사람은 그러고 싶지 않습니다."[876]

---

876 계씨季氏: 노나라의 세력가. 전유顓臾: 풍風씨 성을 가진 씨족들이 모여 살던 노나라의 속국. 유사有事: 일을 벌이다. 무내無乃: ~이 아니겠는가? 석자昔者: 옛날. 방역邦域: 영토. 동몽주東蒙主: 東蒙은 산의 이름이고, 주는 제사를 지내는 제주로, 곧 전유를 다스리는 임금을 뜻한다. 사직지신社稷之臣: 나라의 제사를 지내는 신하. 사직은 왕조나 국가를 상징하기도 한다. 그러므로 여기서 '사직지신'은 국가의 신하란 말로, 곧 전유가 노나라의 속국임을 뜻한다.

※ 전유顓臾는 태산의 남쪽에 있는 작은 나라이다. 풍風씨 성을 가진 사람들이 모여 살았는데, 태호씨(太皞氏, 伏羲氏)와 제수濟水에 제사를 지냈다. 전유의 땅은 계씨가 다스리던 노나라의

孔子曰, 求아 周任이 有言曰, 陳力就列하여 不能者止라 하니 危而不持하고 顚而不扶면 則將焉用彼相矣리요. 且爾言이 過矣로다. 虎兕出於柙하며 龜玉이 毁於櫝中이면 是誰之過與오. 冉有曰, 今夫顓臾는 固而近於費니 今不取면 後世에 必爲子孫憂하리이다.

공자께서 말씀하시기를, "구求야, 주임周任의 말에 '힘을 다해 벼슬에 나아가되 능력이 안 되면 그만두라'고 하였다. 위태로운데 붙잡아 주지 않고, 넘어지는데도 부축하지 않는다면 장차 어디에 그 신하를 쓰겠느냐? 그러니 네 말은 틀렸다. 호랑이나 외뿔소가 우리 밖으로 뛰쳐나오고 귀갑龜甲이나 보옥寶玉이 궤 속에서 깨졌다면 그것은 누구의 잘못이겠느냐?"

염유가 말하기를, "지금 전유顓臾는 성곽이 견고하고 우리 비읍費邑에 가깝습니다. 지금 취하지 않으면 반드시 후세의 근심거리가 될 것입니다."[877]

비읍費邑과 가까웠기 때문에 계씨가 이를 합병하려고 하였고, 이에 가신으로 있던 염유가 자로와 함께 공자를 찾아가 이를 상의하고 있는 내용이다. 염유(冉有: 冉求), 자로(子路: 季路)는 계씨의 가신으로 있으면서 계씨를 도왔던 인물들이다. 이 중 자로는 애공 11년 공자 나이 68세 때에 공자가 노나라로 돌아오자 함께 귀국했다. 따라서 위 일은 자로가 위나라 공회의 대부로 가서 죽기 전까지 노나라에 있을 때 일어났던 일로 추정된다.

877 임주任周: 주나라 문왕 때의 사관. 진력취열陳力就列: 자기의 능력을 발휘해 벼슬에 나아감. 불능자부능자止: 자기 힘으로 감당하지 못하면 그만둔다. 위이부지危而不持: 위태롭게 기우는데도 붙잡아 주지 못하다. 시兕: 외뿔소. 합柙: 짐승의 우리. 독櫝: 나무로 짠 궤. 전유顓臾: 노나라의 속국인 작은 나라 이름. 고固: 성이 견고함. 비費: 계손씨의 식읍 고을. 시수지과여是誰之過與: 그것은 누구의 잘못이냐?

※ 공자는 전유는 노나라 가운데에 있는 사직의 신하인데 어찌 치겠느냐며 나무란다. 이에 염유는 계손씨에게 그 책임을 미룬다. 그러자 공자는 맹수가 우리에서 뛰쳐나가고 귀히 여기는 물건이 보관처에서 훼손되었다면 일차적으로 누구 책임이겠느냐며 반문한다. 여전히 책임을 회피하려

孔子曰, 求아 君子는 疾夫舍曰欲之요 而必爲之辭니라. 丘也聞有國有家者는 不患寡而患不均하며 不患貧而患不安이라 하니 蓋均無貧이요 和無寡요 安無傾이니라. 夫如是故로 遠人이 不服則修文德以來之하고 旣來之則安之니라. 今由與求也는 相夫子하되 遠人이 不服하며 而不能來也하며 邦分崩離析하며 而不能守也하고 而謀動干戈於邦內하니 吾恐季孫之憂不在顓臾요 而在蕭牆之內也하노라.

공자께서 말씀하시기를, "구求야, 군자는 자기가 원하는 것을 숨기고 꾸며서 말하는 것을 싫어한다. 내가 듣기로 '나라를 다스리는 사람은 백성이 적음을 걱정하지 않고 균등하지 못함을 걱정하고, 가난을 걱정하지 않고 안정되지 못함을 걱정한다'고 했다. 대체로 균등하면 가난하지 않고, 화합하면 백성이 적지 않을 것이고, 평안하면 기울어짐이 없을 것이다. 그러므로 멀리 있는 사람이 복종하지 않으면 학문과 덕으로 교화시켜 따라오게 할 것이고, 따라오면 이들을 편안하게 해줘야 한다. 지금 유由와 구求는 계씨를 보필하면서 멀리 있는 사람들이 복종하지 않는데도 찾아오게 하지 못하고, 민심이 이탈되고 나라가 갈라지는데도 이를 막고 지키지 못하며, 나라 안에서 전쟁을 일으키려 하고 있으니, 나는 계씨의 걱정이 전유에 있는 것이 아니라 집안(蕭牆)에 있지 않은지 우려

는 염유는 후세의 우환을 없애려는 뜻이라고 변명을 하지만, 공자는 또다시 이를 꾸짖는다. 염유와 공자의 대화 속에서 계손씨의 권력 확대를 위해 힘쓰는 염구와 군주의 권력 기반을 강화하기 위해 계손씨를 견제하려는 공자의 입장이 대립하고 있음을 유추할 수 있다. 결과적으로 계손씨는 공자의 경고를 의식하여 전유의 정벌을 포기하였다.

되는 것이니라."⁸⁷⁸

老吏斷獄, 曲直分明.

노련한 관리가 옥사獄事를 판단함에 있어 그 사리의 맞고 틀림을 분명히 밝히고 있다.⁸⁷⁹

---

878 질疾: 싫어하다. 사왈욕지사曰欲之: 하고 싶다고 말하지 않는다. 질위사爲之辭: 말을 꾸미다. 과寡: 토지나 사람이 적음. 분붕이석分崩離析: 분열되고 와해되다. 동간과動干戈: 창과 방패를 움직이다. 곧 전쟁을 일으키다. 소장蕭牆: 문 안에 있는 담장. 안이 밖에서 보이는 것을 막기 위해 쌓은 담장.
※ 위에서 공자는 재가치국齊家治國하려는 위정자가 백성들에 대해 항상 염두에 두어야 할 것 세 가지를 강조하고 있다. 바로 균均・화和・안安이다. 均은 재화의 고른 분배를 의미하고, 和는 재화의 고른 분배를 통해 불평불만이 해소된 화명과 조화를 의미하며, 安은 고른 분배와 조화 속에 이루어지는 사회적 안정을 의미한다. 오늘날 우리 사회의 양극화도 결국은 소득 분배의 불균형으로 인해 나타나는 부조화 현상이라 할 수 있다. 재화의 어느 한 계층으로의 편중은 다수 대중의 불만과 불안을 야기시키는 가장 큰 병폐라 할 수 있다. 공자는 일찍부터 재화가 특정 계층에 편중됨을 경계하여 이렇듯 균등의 가치를 강조하고 있는 것이다. 동서고금을 막론하고 소득의 고른 분배가 제대로 이루어지지 않으면 불평불만이 고조되어 사회가 극심한 부조화를 이루고 불안정한 사회가 되어 그 국가는 반드시 붕괴되고 만다. 이러한 사례는 인류의 역사를 통해 분명히 증명된 역사적 사실이다. 한편 불안한 변방의 이웃 나라 사람들은 땅을 갖고 자발적으로 투항해 올 수도 있다. 그런데 먼 곳의 사람들이 복종하지 않는다고 무력으로 치려고 한다면, 이는 사회를 더욱 불안하게 할 뿐이다. 이에 공자는 위정자들이 문덕文德을 닦아서 먼 곳의 사람들을 찾아오도록 교화하고, 그들이 오게 되면 편안하게 해주라고 말한다. 이 내용은 공자가 문덕으로 묘족을 복종케 했던 순임금의 정사를 염두에 두고 말한 것으로 보인다. 순임금이 우禹에게 섭정을 맡기고 첫 명으로 복종하지 않는 묘苗족을 바르게 다스리도록 했었기 때문이다.
879 노리老吏: 노련한 관리. 여기서는 공자를 지칭한다. 단옥斷獄: 옥사獄事를 판단함에 있어 죄의 유무와 경중을 결단하는 것. 곡직曲直: 사리의 맞고 틀림, 곧 시비와 선악을 의미한다.

2. 孔子曰, 天下有道면 則禮樂征伐이 自天子出하고 天下無道면 則禮樂征伐이 自諸侯出하나니 自諸侯出이면 蓋十世에 希不失矣요 自大夫出이 五世에 希不失矣요 陪臣이 執國命이면 三世에 希不失矣니라. 天下有道면 則政不在大夫하고 天下有道면 則庶人不議니라.

공자께서 말씀하시기를, "천하에 도가 서 있으면 예악과 정벌이 천자에게서 나온다. 천하에 도가 없으면 예악과 정벌이 제후에게서 나온다. 제후에게서 나오면 십여 세대 후에 망하지 않음이 드물고, 대부에게서 나오면 5세대 후에 망하지 않는 경우가 드물며, 가신들이 나라의 운명을 좌우하게 되면 3세대 후에 망하지 않는 경우가 없다. 천하에 도가 서 있으면 정사가 대부의 손에 있을 수 없고, 천하에 도가 있으면 서민들이 정치에 대해 논하지 않게 되느니라."[880]

---

880 예악禮樂: 예의와 음악. 곧 문화적으로 백성을 교화시킴. 정벌征伐: 무력으로 반란역적을 토벌하는 것. 자천자출自天子出: 문무의 명령이 천자로부터 나간다. 배신陪臣: 제후의 가신. 희불실의 希不失矣: 나라를 잃고 망하지 않음이 드물다. 자대부출自大夫出: 나라의 대권을 대부가 농단하다. 집국명執國命: 나라의 전권을 집행한다.

※ 공자는 예악禮樂으로 나라를 다스리는 것이 가장 이상적인 통치라고 보았다. 강압적인 무력과 법리적 제재만을 앞세우는 통치를 벗어나 예를 통해 백성들의 질서를 바로잡고, 악을 통해 민심을 화합하게끔 교화하는 것이 보다 수준 높은 통치라는 것이다. 예악과 더불어 정벌의 통치를 이른바 문덕文德의 통치라 할 수 있다. 이러한 문덕의 통치에 대해 『예기(禮記)』 제19장 악기편에서는 "예를 가지고 그 뜻을 인도하고, 악으로써 그 소리를 화평하게 하고, 다스림으로써 그 행함을 한결같게 하며, 형벌을 행함으로써 그 사악을 예방한다. 예·악·형·정의 그 궁극은 하나이니, 이로써 백성의 마음을 같게 해서 통치의 도를 드러내는 것이다(禮以道其志, 樂以和其聲, 政以一其行, 刑以防其姦, 禮樂刑政, 其極一也, 所以同民心而出治道也)."라고 표현하고 있다. 위에서 공자는 나라에 도가 있으면 예악과 정벌이 천자로부터 나온다고 말하고

卓吾云, 明誅臣子, 隱責君父.

이탁오는 "신하에 대한 죄의 다스림은 밖으로 밝게 드러내야 하고, 임금의 귀책에 대한 것은 안으로 숨겨야 한다."라고 하였다.[881]

3. 孔子曰, 祿之去公室이 五世矣요 政逮於大夫가 四世矣니 故로 夫三桓之子孫이 微矣니라.

공자께서 말씀하시기를, "녹봉을 주는 권한이 왕실에서 떠난 지도 5세대가 되었고, 정권이 대부에게 넘어간 지 4세대나 되었다. 따라서 저 삼환三桓의 자손도 곧 쇠미할 것이다."[882]

있다. 이는 『중용』 28장에서 "천자가 아니면 예를 의논하지 못하고, 법도를 짓지 못하며, 글을 상고하지 못한다(非天子, 不議禮, 不制度, 不考文)."라는 말과 동일한 뜻을 나타내고 있다. 전국 시대에 세상이 혼란해진 틈을 이용하여 제후와 가신들이 천자와 군주의 실권까지도 장악하여 천하를 어지럽히던 당시의 시대상황을 비판하고 있는 표현이다. 한편 공자는 천하에 도가 있으면 정치가 대부에게 있지 않고, 백성들은 정사를 의논하지 않는다고 하였다. 태평성대에 있어서는 백성들이 정치에 관심을 안 가져도 막고 사는 것에 별 문제가 없고, 나라도 안정되어 있기에 큰 근심 걱정 없이 평안한 삶을 살 수 있기 때문이다. 그러나 정치가 불안정하고 혼탁해지면 백성들이 직접적으로 정치에 관심을 갖게 되고, 통치자들에 대해서도 불만과 원망을 표출하게 된다는 지적이다.

881 명주明誅: 형벌을 밝히다. 신자臣子: 신하. 은책隱責: 잘못을 숨기다. 군부君父: 임금, 군주.
882 오세五世: 선공宣公, 성공成公, 양공襄公, 소공昭公, 정공定公 등을 지칭함. 체逮: 잡다. 사세四世: 계무자季武子, 계도자季悼子, 계평자季平子, 계환자季桓子. 삼환三桓: 환공桓公의 자손. 곧 계손季孫, 맹손孟孫, 숙손叔孫.
※ 중국 왕제王制의 제도에 따르면 제후는 예악을 변화시키지 못하며 정벌을 마음대로 할 수 없게 되어 있다. 그러나 공자가 살던 시대는 전국 시대로 중국사상 가장 혼란했던 때로, 세력이 강한 제후가 천자를 무시하고 스스로 천자를 자처하며 마음대로 정벌하고 약한 나라에게 천자

4. 孔子曰, 益者三友요 損者三友니 友直하며 友諒하며 友多聞이면 益矣요 友便辟하며 友善柔하며 友便佞이면 損矣니라.

공자께서 말씀하시기를, "이로운 친구가 셋 있고, 해로운 친구가 셋 있다. 정직한 친구, 성실한 친구, 박학다식한 친구는 좋은 친구이고, 편벽한 친구, 줏대 없는 친구, 말만 잘하는 친구가 나쁜 친구이니라."[883]

의 대우를 하도록 강요하는가 하면 대부가 제후를 무너뜨리고 제후의 자리에 오르거나 가신家臣이 정권을 잡는 일이 허다하였던 극도의 혼란 시대였다. 주 왕실은 허울 좋게 내걸어 놓은 명분뿐이었으며 강한 힘을 가진 자가 천하를 잡고 흔들었다. 그러나 덕을 갖추지 못한 사람이 힘만으로 정권을 잡아 나라를 다스리면 오래가지 못하고 곧 망하게 된다는 것을 말하였다. 노나라 문공文公에서부터 무너지기 시작한 왕실이 선공宣公에 와서 완전히 삼환三桓들에게 정권을 잃었고, 오세五世는 그 후 성공成公, 양공襄公, 소공昭公, 정공定公 5대까지를 말한다. 대부인 계무자季武子가 정권을 장악하고부터 계도자季悼子, 계평자季平子, 계환자季桓子를 거쳐 4대가 되었는데, 이제 가신이었던 양호陽虎가 집권하니 삼환삼가三桓三家 자손들의 세력도 미약해져 간다고 한 것이다. 공자는 덕이 없는 정치는 곧 새로운 힘에 의해 무너지고 그도 곧 또 다른 세력에 의해 무너지고 하는 악순환의 사슬을 지적하며, 바른 도가 행해지기를 바라는 마음에서 이 같은 말을 언급하고 있는 것이다.

883 직直: 정직하고 강직함. 량諒: 진실, 성실. 편벽便辟: 남의 비위를 맞춰 알랑거림. 선유善柔: 줏대 없이 잘 굽실거림. 편녕便佞: 듣기 좋게 말 잘하는 것.

※ 사람이 벗을 취하는 일은 반드시 삼가야 한다. 벗 중에는 내게 유익한 벗이 세 부류가 있을 수 있고, 내게 손해되는 벗이 세 부류가 있을 수 있다. 그런데 여기서 유익하다는 것은 선하고 자신에게 이로움을 줄 수 있는 벗을 의미한다. 예컨대 내가 잘못이 있으면 꾸짖어 숨기는 것이 없는 자는 곧은 벗, 신실함을 서로 보여주는 자는 성실한 벗, 이전 말과 이전 행실을 많이 아는 자는 들은 것이 많은(배울 것이 많은 벗) 벗이라 할 수 있는데, 이러한 벗은 내게 유익한 벗이라 할 수 있다. 곧은 사람을 벗하면 내게 허물이 있을 때 반드시 지적해 줄 것이고, 성실한 이를 벗하면 성실한 마음이 날로 진취될 것이며, 들은 것이 많은 자를 벗하면 지식이 날로 넓어질 수 있기 때문이다. 이와는 달리 외모의 의젓함만 익힌 자는 편벽한 벗, 모든 일에 아첨하고 따르는 자는 유약한 벗, 언어만 익힌 자는 말만 잘하는 벗으로 내게 손해가 될 수 있는 벗이라 할 수 있다. 편벽한 이를 벗하면 허물이 있어도 지적을 받지 못할 것이고, 유약한 이를 벗하면 성실함을 갖지 못할 것이고, 말만 잘하는 이를 벗하면 듣고 보는 것이 날로 낮은 데로 흐를 것이기 때문이다.

5. 孔子曰, 益者三樂이요 損者三樂이니라. 樂節禮樂하며 樂道人
之善하며 樂多賢友면 益矣오 樂驕樂하며 樂佚遊하며 樂宴樂
이면 損矣니라.

공자께서 말씀하시기를, "이로운 즐거움이 셋이 있고, 해로운 즐거움이 셋이 있다. 절제된 예禮를 즐기는 것, 남의 착한 일에 대해 말하기를 좋아하고, 현명한 친구를 많이 사귀는 즐거움은 이로운 즐거움이요, 교만함을 즐기는 것, 방탕한 놀이를 즐기는 것, 연회를 즐기는 것은 해로운 즐거움이니라."[884]

益者損者, 都就求益招損的自身上說.

이로운 것, 손해가 되는 것 모두는 바로 본인 자신이 이로움을 구하고 해로움을 불러오는 것임을 말하고 있다.

6. 孔子曰, 侍於君子에 有三愆하니 言未及之而言을 謂之躁요 言
及之而不言을 謂之隱이요 未見顔色而言을 謂之瞽니라.

---

884 일佚: 방탕. 연宴: 잔치.
※ 사람은 누구나가 다 좋아하는 것이 있다. 하지만 좋아하는 데는 유익한 것과 그렇지 못한 것이 있을 수 있다. 본 문장에서 공자는 좋아하는 것 중에 세 가지의 좋고 나쁨이 있음을 말하고 있다. 공자가 좋아하는 것 중에 좋고 나쁨을 구분하여 구체적으로 세 가지씩의 예를 들고 있지만, 어찌 예로 들고 있는 것뿐이겠는가? 지금 우리 자신이 관심을 기울여 좋아하여 매달리고 있는 것들이 과연 나도 이롭고 남도 이롭게 하는 선한 용도의 것들인지 한 번쯤 스스로 되돌아 살필 필요가 있을 것이다.

공자께서 말씀하시기를, "군자를 모시고 있을 때 저지르기 쉬운 과실이 셋이 있다. 묻기 전에 먼저 입을 여는 것은 조급하고 침착하지 못함이고, 윗사람이 말을 했는데도 말하지 않는 것은 숨김이며, 윗사람의 안색을 살피지 않고 말하는 것은 소경에 지나지 않는 것이니라."[885]

7. 孔子曰, 君子有三戒하니 少之時에 血氣未定이라 戒之在色이요 及其壯也하여 血氣方剛이라 戒之在鬪요 及其老也하여 血氣旣衰라 戒之在得이니라.

공자께서 말씀하시기를, "군자는 세 가지를 경계해야 한다. 젊을 때에는 혈기가 안정되지 않았으니 여색을 경계해야 하고, 장년이 되면 혈기가 왕성하니 싸움을 경계해야 하며, 늙어서는 혈기가 쇠잔했으니 욕심을 경계해야 하느니라."[886]

---

885 건愆: 과실. 조躁: 조급하다. 고瞽: 소경.
　※ 군자는 덕과 지위를 지닌 사람의 통칭이다. 윗사람을 모시는 데 있어 말을 시의적절時宜適切하게 하라는 말이다. 윗사람이 아직 말을 하지 않았는데 미리 앞서서 예단하여 말하지 말고, 윗사람이 질문하면 숨김없이 대답하며, 항상 안색을 살피면서 장황하게 말을 늘어놓지 말라는 뜻이다.
886 미정未定: 안정되어 있지 않음. 방강方剛: 비할 데 없이 강함. 투鬪: 싸우다, 다투다.
　※ 공자가 군자만을 지칭하여 말하고 있지만, 사실 모든 일반 대중에게도 해당하는 경책의 말씀이라 할 수 있다. 군자가 일반사람과 같은 점은 혈기이고, 일반 사람과 다른 점은 지기이다. 혈기는 때가 되면 쇠하지만 지기는 쇠하는 때가 없다. 젊어서는 불안정하고, 장년이 되면 왕성했다가 늙으면 쇠하는 것이 혈기이다. 여색을 경계하고, 싸움을 경계하고, 물욕을 경계하는 것이 지기이다. 군자는 자신의 지기를 함양하여 혈기에 휘둘리지 않아야 한다는 가르침이다.

有戒則能御血氣, 無戒則被血氣使. 一部易經, 三戒收盡.

경계해야 할 것은 능히 혈기를 제어하는 것이고, 경계하지 않아도 될 것은 혈기에 의해 움직이는 것이다. 『역경(易經)』 일부에서도 세 가지를 경계하여 자신의 행동거지를 잘 다스려야 한다고 하였다.[887]

8. 孔子曰, 君子有三畏하니 畏天命하며 畏大人하며 畏聖人之言이니라. 小人은 不知天命而不畏也라 狎大人하며 侮聖人之言이니라.

공자께서 말씀하시기를, "군자는 두려워해야 할 것이 세 가지가 있다. 천명을 두려워해야 하고, 대인을 두려워하고, 성인의 말씀을 두려워해야 한다. 소인은 천명을 모르기 때문에 두려워하지 않고, 대인을 예사로 알고 존경하지 않으며, 성인의 말씀을 업신여긴다."[888]

---

887 수진收盡: 收는 가지런히 하다, 정제整齊하다의 의미로 쓰였다. 따라서 '三戒收盡'은 세 가지(여색, 싸움, 욕심)를 경계하여 몸과 마음을 가지런히 하고 단속한다는 뜻이다.
※ 지욱선사 또한 우리들이 단속하고 경계할 것은 혈기((有戒則能御血氣)임을 말하고 있다. 하지만 혈기 그 자체는 우리들의 능동적인 삶을 가능하게 하는 생동의 에너지이기에 그 자체가 문제가 될 게 없음(無戒則被血氣使)도 말하고 있다. 혈기 그 자체가 문제가 아니라, 그러한 혈기를 인간이 지혜롭게 적절히 제어하고 단속하여 바른 삶을 살아야 한다는 의미의 설명이다.
888 압압狎: 존경하지 않음. 모侮: 가벼이 보다.
※ 군자가 두려워해야 할 대상으로 천명, 대인, 성인의 말씀이 제시되고 있다. '天命'이라는 말은 『중용(中庸)』 제1장에서 "하늘의 명을 성품이라 하고, 성품을 따름을 도라 하며, 도 닦음을 가르침이라 한다(天命之謂性, 率性之謂道, 修道之謂敎)."라는 내용으로 언급되고 있다. 인간이면 누구나가 소유하고 있는 성품이 곧 하늘로부터 부여받은 천명이라는 의미이다. 또한 '大人'이라는 말은 『주역』 중천건괘重天乾卦「문언전(文言傳)」에서 "무릇 대인은 천지와 더불어

天命之性, 真妄難分, 所以要畏. 大人修道復性, 是我明師良友, 所以要畏. 聖言指示修道復性之要, 所以要畏. 畏天命是歸依一體三寶, 畏大人是歸依住持佛寶僧寶, 畏聖人之言是歸依住持法寶也. 不知天命亦不知大人, 亦不知聖人之言. 小人既皆不知而不畏, 則君子皆知, 故皆畏耳. 不知心佛衆生三無差別, 不知人心惟危, 道心惟微, 不能戒愼恐懼, 是不畏天命. 妄以理佛, 擬究竟佛, 是狎大人. 妄謂經論是止啼法, 不知慧命所寄, 是侮聖人之言.

하늘로부터 부여받는 본성(天命之性, 自性)은 참됨과 거짓으로 나누기 어렵기 때문에 두려워해야 한다. 대인은 도를 수행해서 본성을 회복하셨고, 나의 눈 밝은 스승과 훌륭한 벗(道伴)이 될 수 있기 때문에 두려워

> 그 덕을 합하며, 일월과 그 밝음을 합하며, 사시와 그 차례를 합하며, 귀신과 더불어 그 길흉을 합하여 하늘보다 앞서도 하늘을 어기지 않고, 하늘보다 뒤에 해도 천시를 받들게 되니, 하물며 사람에 있어서며, 하물며 귀신에 있어서이겠는가(夫大人者, 與天地合其德, 與日月合其明, 與四時合其序, 與鬼神合其吉凶, 先天而天弗違, 後天而奉天時, 天且不違, 而況於人乎, 況於鬼神乎)!"라는 말로 그 구체적 의미가 언급되고 있다. 이 말은 중천건괘 구오九五 효사爻辭인 "나는 용이 하늘에 있으니, 대인을 봄이 이롭다(飛龍在天, 利見大人)."라는 구절의 '大人'의 의미를 구체적으로 해설하고 있는 내용이다. 여기서 표현되고 있는 대인은 광대한 천지와 같은 큰 덕, 광명한 일월과 같은 밝은 지혜, 춘하추동 사시와 같이 어김없는 순서와 길흉을 가져다주는 귀신과 같은 신묘한 조화를 갖춘 인물임을 밝히고 있다. 이러한 대인이기에 어떤 일을 행할 때에 하늘보다 앞서거나 뒤에 해도 하늘의 뜻을 어기지 않고, 하늘의 때(天時)를 수순하는 행위를 한다는 것이다. 이렇듯 대인은 큰 덕과 밝은 지혜, 신묘한 조화의 능력과 하늘의 명을 어기지 않는 행위를 하는 까닭에 사람과 귀신도 대인을 어찌하지 못한다는 것이다. 대인은 곧 성인의 또 다른 표현이라 볼 수 있다. 공자는 같은 중천건괘 「문언전」에서 "오직 성인만이 진퇴와 존망을 알아서 그 바름을 잃지 않는다. 그렇게 할 수 있는 사람은 오직 성인뿐이다(其唯聖人乎. 知進退存亡而不失其正者, 其唯聖人乎)."라고 성인의 덕을 언급하고 있다. 이는 대인과 성인이 동일한 의미의 인물임을 표현하고 있는 말이라 할 수 있다.

해야 한다. 성인의 말씀(가르침)은 도를 수행하여 본성을 회복하는 중요한 길을 제시해 주시는 까닭에 두려워해야만 한다.

'천명을 두려워하는 것(畏天命)'은 일체삼보一體三寶에 귀의함을 의미하고,[889] '대인을 두려워하는 것(畏大人)'은 주지삼보住持三寶 중에서 불보와 승보에 귀의함을 의미하며,[890] '성인의 말씀을 두려워하는 것(畏聖人之言)'은 주지삼보 중에서 법보에 귀의함을 의미한다. 천명을 알지 못하면 또한 대인을 알 수 없고, 성인의 말씀 또한 알 수 없다. 소인들은 이미 모두 다 알지도 못하고 두려워하지도 않기만, 군자는 모두를 아는 까닭에 두려워하는 것이다.

---

[889] 일체삼보一體三寶: 불교에서는 가장 기본적인 믿음(信仰)의 대상으로 삼보三寶를 교설하고 있다. 삼보란 곧 불보佛寶, 법보法寶, 승보僧寶를 말하는데, 이 셋이 세상에서 가장 귀중하고 소중한 보배와 같은 귀의처의 대상이 된다는 의미에서 삼보라 한다. 불보는 곧 불교의 교주인 석가모니 부처님을 비롯하여 대승불교에서 신앙의 대상으로 모시는 모든 부처와 보살을 총칭한다. 법보는 '삼장三藏'이라 일컬어지는 경장經藏, 율장律藏, 논장論藏을 의미한다. 마지막으로 승보는 불교에 귀의하여 해탈과 열반의 성취를 목적으로 불법을 수행하는 4부 대중(四部大衆: 비구, 비구니, 우바새, 우바이)등으로 구성된 상가(僧伽, saṃgha)를 지칭한다. 일체삼보는 동체삼보同體三寶라고도 부르며, 불법승 삼보를 별개로 보지 않고, 셋은 본질적으로 하나의 의미라고 생각하여 지칭할 때의 이름이다. 법은 부처에 의해 발견되고 실현됨으로써 비로소 교법이 되는 것이고, 부처는 법을 발견하고 법을 깨달아 부처가 된 것이기에 법을 떠나서는 부처가 존재할 수 없으며, 승가는 부처를 대신하여 부처의 대리자로서 대중에게 법을 교설하는 것이기에 결국 불보, 법보를 떠나서는 승보가 있을 수 없기 때문이다.

[890] 주지삼보住持三寶: 석가모니가 부처님이 세상을 떠난 뒤에도 불교가 세상에 상존 할 수 있도록 해 주는 세 가지 보배를 의미한다. 곧 부처의 형상을 대신하기 위해 금속을 녹여 틀에 부어 만들거나, 나무로 조각하거나, 돌로 다듬거나, 흙으로 빚거나 채로 걸러서 조성한 상이나 천이나 종이에 그리거나 수를 놓아서 조성한 탱화 같은 것은 불보에 해당하고, 가르침의 내용을 천이나 종이, 그 외 재료에 쓰거나 판으로 박힌 경전(곧 삼장인 경율론)은 법보에 해당하며, 불법에 귀의 하여 수행과 전법에 전념하는 사부대중을 비롯한 모든 상가의 구성원들은 승보에 해당하는데, 이 세 가지 존재에 의해서 불법승 삼보가 세상에 상주하게 됨으로 '住持三寶'라고 한다.

마음, 부처, 중생 이 셋이 차별이 없음[891]을 알지 못하고, 사람의 마음이 오직 위험한 것임을 알지 못한다면[892] 도를 닦고자 하는 마음도 오로지 미미해질 것이니, 능히 경계하고 삼가며 조심하고 두려워하지 않게 된다. 이러한 경우가 바로 '천명을 두려워하지 않는다'는 의미일 것이다. 이치로써 부처가 존재함을 망각하고, 부처의 궁극적인 경지도 의심하는 경우가 바로 '대인을 예사로 알고 존경하지 않는다(狎大人)'는 의미이다. 경전과 논서를 설법하는 것을 잊어버리는 것은 바로 전법傳法을 그치는 것이니, 이는 부처님의 혜명을 전할 책무를 알지 못하는 것이라 할 수 있다. 이러한 경우가 바로 '성인의 말씀을 업신여긴다(侮聖人之言)'는 의미가 될 것이다.[893]

---

891 『화엄경』「야마천궁보살설게품(夜摩天宮菩薩說偈)」품에서 언급되고 있다. 존재의 본성(天命之性, 佛性)이라는 이치에서 보면, 마음, 중생, 부처가 차별이 없는 하나의 성품이라는 가르침이다.
892 인심유위人心惟危: 사람의 마음이 오직 위험하다.
　※ 인간의 모든 선악은 마음에서 비롯된다. 어떤 마음을 일으키느냐에 따라 극악무도한 악인도 될 수 있고, 지극히 선한 성인도 될 수 있다. 한순간 마음을 잘못 다스리고 드러내어 스스로뿐만 아니라, 많은 존재들에게 흉화의 고통을 안겨주는 경우를 우리는 일상에서 수없이 경험하곤 한다. 마음은 우리에게 우유와 같은 지극한 선한 영향을 주기도 하지만, 뱀의 독과 같은 지극히 악한 폐해를 가져다주기도 하는 것이다.
893 지제법止啼法: 본 문장에서 '啼法'은 새가 울듯이 부처님의 가르침(法)을 입으로 독송하는 것을 비유한다. 따라서 '止啼法'은 '설법을 그만두다', '전법을 그치다' 정도의 의미이다. 부처님 가르침을 대중들이 모여 합송하거나 개인적으로 경전을 독송하는 것은 몸과 마음을 정화시키고 부처님 가르침을 억념하고자 하는 수행의식이라 할 수 있으나, 또 다른 목적은 이러한 의식을 통해 붓다의 가르침을 보다 널리 전하고자 하는 대중포교와 전법을 위한 것이라도 할 수 있다. 혜명소기慧命所寄: '慧命'은 곧 부처님 법을 비유한다. 불법의 수행을 통해 탐진치 삼독심에서 벗어나 제법을 밝게 비춰 볼 수 있는 밝은 열반의 지혜를 얻는 것이 불교 수행의 궁극적 목적이라 할 수 있다. 따라서 '慧命'은 지혜의 깨달음을 증득하여 부처님의 법을 계속 전승해감을 의미하고, '所寄'는 이러한 혜명을 부처님께서 후세의 제자들에게 계속해서 전해서 이어갈 것을 당부하셨다는 의미이다.

9. 孔子曰, 生而知之者는 上也요 學而知之者는 次也요 困而學之
는 又其次也이니 困而不學이면 民斯爲下矣니라.

공자께서 말씀하시기를, "나면서부터 아는 사람이 으뜸이고, 배워서 아는 사람은 그 다음이며, 어려움을 당하여 배우는 사람은 그 다음이며, 어려움을 당해서도 배우지 않는 사람은 가장 못한 사람이니라."[894]

只是肯學, 便非下民.

다만 이 말씀은 긍정적인 측면에서 학습을 말한 것이지, 백성들을 비하해서 하신 말씀이 아니다.

10. 孔子曰, 子有九思하니 視思明하며 聽思聰하며 色思溫하며 貌
思恭하며 言思忠하며 事思敬하며 疑思問하며 忿思難하며 見

---

894 '천명지성'이라는 측면에서 보면 사람은 누구나가 평등하고 차별이 없지만, 개별적인 그 자질과 성향에 있어서는 천차만별의 차별성을 가지고 태어난다. '생이지지生而知之'는 나면서부터 아는 것을 말한다. 무엇을 아는가? 바로 천지자연의 이치와 모든 존재의 실상을 꿰뚫어 볼 수 있는 선천적 앎을 말한다. 일반적으로 성인이라 부르는 붓다, 공자, 노자, 예수 같은 분들이 바로 이러한 생이지지에 해당하는 분들이다. 이에 비해 현인이라 지칭되는 분들은 천지자연의 이치나 인륜의 도리를 태어난 이후 학습의 공부를 통해 체득한 분(學而知之)들이다. 그 이외의 나머지 선비들은 그 이치와 도리를 잘 몰라 괴로움을 겪고 난처한 일을 당하기에 배우고 또 배우는 사람들(困而學之)이라 할 수 있다. 공자는 『중용』 20장에서 이치와 도리를 배워서 알게 되면 나면서부터 아는 사람이나, 배워서 아는 사람이나, 곤하여 배운 사람이나 "그 앎에 있어선 하나로 같다(及其知之, 一也)."라고 하였다. 나아가 같은 장에서 "그 행함에 있어선 한 가지로 같다(所以行之者, 一也)."고 하여 궁극적으로 위정자와 백성이 한 길에 있음을 제시하기도 하였다.

得思義니라.

공자께서 말씀하시기를, "군자는 생각하는 바에 아홉 가지가 있다. 볼 때는 명료하게 이해하고 있는가를 생각하고, 들을 때는 총명하게 분별하려 생각하고, 안색을 지을 때는 온화할 것을 생각하고, 태도를 취할 때는 공손할 것을 생각하고, 말할 때는 진실한지를 생각하고, 일할 때는 가벼이 여기지 않을 것을 생각하고, 의문이 들 때는 질문할 것을 생각하고, 화가 날 때에는 후환을 생각하고, 이익을 취할 때에는 그것이 정당한지를 생각해야 하느니라."[895]

字字箴銘. 未之思也, 夫何遠之有. 君子思不出其位, 與此參看.

글자 하나하나가 모두 우리들을 경책하고 일깨우는 명언의 말씀이다. 그렇게 아홉 가지를 생각하지 않는다면, 어디 멀리서 얻을 것이 있겠는가? 군자가 그 지위에서 벗어나지 않기를 생각한다면, 이러한 공자의 말

---

895 모貌: 태도.

※ 누구나가 행동을 할 때에는 깊이 숙고하고 신중해야 한다. 자신의 행동이 행동 이후에 어떠한 길흉, 혹은 희로애락의 결과를 낳게 될 것인가를 깊이 숙고하고 미리 헤아리고 난 이후에 행동으로 옮겨야 한다는 의미이다. 불교에서는 세 가지 행위가 있음을 교설한다. 즉 '삼업三業'이라 불리는 몸으로 하는 행위(身業), 입으로 하는 행위(口業), 생각으로 하는 행위(意業)가 그것이다. 그런데 이러한 세 가지 행위는 크게 선한 의도에서 일으키는 행위(善業), 나쁜 의도에서 일으키는 행위(惡業)가 있을 수 있다. 당연히 선업의 결과로 복락이 찾아오고, 악업의 결과로는 흉화가 찾아오게 된다는 이른바 인과법도 함께 가르친다. 우리가 어떠한 행위를 하든 간에 그에 상응한 결과(因果)가 반드시 찾아온다는 인과법을 인식한다면, 우리가 행위를 하는 데 있어 얼마나 깊이 숙고하고 신중해야 하는지를 깨닫게 된다.

씀을 참고해서 살펴봐야만 한다.[896]

11. 孔子曰, 見善如不及하며 見不善如探湯을 吾見其人矣오 吾聞其語矣로라 隱居以求其志하며 行義以達其道를 吾聞其語矣오 未見其人也로다.

공자께서 말씀하시기를, "좋은 일을 보면 좇아도 따르지 못할까 두려워하여 끝없이 좇고, 좋지 못한 일을 보면 끓는 물에 손을 담근 듯 빨리 빼낸다. 나는 그런 사람을 보았고, 나는 그런 말도 들었다. 은거해서 자기의 뜻한 바를 추구하고, 의를 행함으로써 자기의 도를 달성한다. 나는 그런 사람이 있다는 말을 듣기는 했어도 그런 사람을 본적은 없다."[897]

12. 齊景公이 有馬千駟하되 死之日에 民無德而稱焉이오 伯夷叔齊는 餓於首陽之下하되 民到於今稱之하나니라. 其斯之謂與인저.

---

896 잠명잠銘: 경계警戒하고 경책警責하게끔 하는 마음에 새기는 글.
897 탐탕探湯: 끓는 물에 손을 넣음. 견기인見其人: 그런 것을 실천하는 사람을 보다. 구기지求其志: 자기의 뜻한 바를 달성하고자 애씀. 달기도達其道: 자기가 옳다고 믿던 도를 달성하다.
※ 사람들 중에는 선을 보면 그와 같이 하려고 노력하고, 불선함을 보면 빨리 피하고자 하는 사람이 있다. 세상의 길흉과 인과의 이치를 어느 정도 헤아릴 줄 아는 지혜가 있는 사람이라 할 수 있다. 또한 세상의 이치를 아는 지혜로운 사람은 세상이 어지럽고 혼탁하면 세상에서 잠시 물러나 자신만의 가치 있는 삶을 찾고자(隱居求志) 노력하고, 사람들이 외면하는 의로움을 실천하며 세상의 바른 이치를 깨닫고자 애쓴다(行義達道). 하지만 그러한 사람은 그다지 많지 않다. 대부분의 일반 사람들은 선악을 깊이 따지기보다는 단순히 눈앞의 손익을 좇아 부나방처럼 여기저기를 방황한다. 공자는 사람들의 이러한 어리석음을 안타까워하고 탄식하고 있다. 특히 도가 없는 어지럽고 혼탁한 세상에서 '隱居求志, 行義達道'를 실천하는 사람이 많지 않음을 깊이 탄식하고 있다.

제齊나라 경공景公은 네 필 말의 마차가 천 대였으나, 그가 죽자 그의 덕을 칭송하는 사람이 없었다. 백이伯夷와 숙제叔齊는 수양산 아래에서 굶어 죽었으나 세상 사람들은 지금도 그들을 칭송하니, 그것은 바로 이를 두고 한 말이다.[898]

13. 陳亢이 問於伯魚曰, 子亦有異聞乎아 對曰, 未也로다. 嘗獨立이시거늘 鯉趨而過庭이러니 曰, 學詩乎아 對曰, 未也로이다. 不學詩면 無以言이라 하시거늘 鯉退而學詩호라 他日에 又獨立이시거늘 鯉趨而過庭이러니 曰, 學禮乎아 對曰, 未也로이다. 不學禮면 無以立이라 하시거늘 鯉退而學禮호라 聞斯二者

---

898 사지일사지일死之日: 죽은 다음.

※ 본 12장은 다른 문장과 달리 맨 앞에 '子曰'이라는 단어가 없다. 까닭에 본 문장을 앞의 11장에 붙여야 한다는 주장도 있다. 반면에 주자와 정자는 '子曰'이 생략되어 있을 뿐만 아니라, 안연편 10장에서 언급되는 '誠不以富 亦祗以異(『시경』 소아편에서 표현됨)'를 '其斯之謂與' 앞에 붙여야 된다고도 하였다. 그러나 12장에서 거론하고 있는 인물의 배경을 살펴볼 때 전자의 해석이 더 타당하다고 본다. 제나라 경공은 최저崔杼에 의해 시해당한 제나라 장공莊公의 뒤를 이어 군주가 된 인물이다. 그는 안영晏嬰을 신하로 두고 성군의 정사를 본받아 베푼다며 이른바 '사방을 살피면서 백성들의 생활을 둘러보는 정치(省方觀民)'을 실천하고자 노력했다. 이러한 제 경공은 앞의 11장에서 말한 '見善如不及, 見不善如探湯'한 '그 사람'에 해당되지만 말 4천 필을 둔 천승지가千乘之家의 제후로 그 덕을 끝까지 지켜내지 못했기 때문에 죽을 때 백성들이 그 덕을 칭송하지 않게 되었다는 것이다. 반면에 백이와 숙제는 무왕의 혁명을 '臣弑其君'이라 판단하여 수양산에 들어가 고사리를 캐먹다가 죽었는데도 백성들이 지금까지 덕을 칭송하고 있는 것은 위 11장의 '隱居求志, 行義達道'한 사람이기 때문이라는 것이다. 따라서 본문의 "그것은 바로 이를 두고 한 말이다(其斯之謂與)."라는 표현은 제 경공이 천승의 제후로서 11장에 표현되고 있듯이 '見善如不及, 見不善如探湯'까지 했으나 '行義達道'까지는 이르지 못했기에 백성들이 칭송하지 않았고, 백이와 숙제는 굶주려 죽었으나 '隱居求志'하고 '行義達道'를 실천하였기에 후세까지 그 명성이 칭송되고 있다는 내용을 공자가 특별히 강조하여 표현하고 있는 말이다.

로라 陳亢이 退而喜曰, 問一得三하니 聞詩聞禮하고 又聞君子 之遠其子也호라.

진강陳亢이 백어伯魚에게 묻기를, "스승님으로부터 특별한 가르침을 받은 것이 있습니까?" 백어가 대답하기를, "없습니다. 어느 날 부친께서 홀로 서 계셨는데 제가 그 앞의 뜰을 종종걸음으로 지나가자 부친께서 '시경을 공부했느냐?'고 물으셨습니다. '아직 못했습니다'라고 말씀드리자, 부친께서는 '시경을 배우지 않으면 말을 제대로 할 수 없다'고 말씀하셨습니다. 그래서 저는 혼자 시경을 공부했습니다. 또 어느 날 부친께서 홀로 서 계셨는데 제가 그 앞의 뜰을 종종걸음으로 지나가자 부친께서 '예경을 공부했느냐?'고 물으셨습니다. '아직 못했습니다'라고 말씀드리자 부친께서는 '예를 배우지 않으면 남들 앞에 나설 수 없다'고 말씀하셨습니다. 그래서 저는 혼자 예를 공부했습니다. 이 두 가지를 배웠습니다."

진강은 물러나와 기뻐하며 말하기를, "하나를 물어 세 가지를 알았다. 시경과 예경에 대해 알고, 또 군자는 자기 자식을 특별히 대하지 않는다는 것을 알았다."[899]

---

[899] 진강(陳亢: B.C. 511~ B.C. 430): 공자의 제자로, 자는 자금子禽이다. 여기서 亢은 '이름 강'으로 읽어야 한다. 백어伯魚: 공자의 아들이다. 이름이 이鯉, 백어는 호이다. 이문異聞: 남다른 특별한 가르침.

※ 백어는 공자 아들인 공리孔鯉의 호이다. 진강이 스승인 공자가 아들인 공리에게 '어떤 특별한 가르침을 주지 않았을까?' 하는 생각을 묻는 내용이다. 공리가 제자라면 누구나 익히 들어왔던 '詩와 禮'를 공부하란 말만을 들었다고 말하자, 진강은 여기서 세 가지를 새삼 깨닫고 기뻐하였다는 내용이다. 공자가 아들에게 시와 예를 공부하라고 한 것은 시와 예가 그만큼 중요하다

未得謂得, 枉了一個空歡喜, 可笑可笑.

얻지 못하고도 얻었다고 말하고 있다. 쓸데없이 한 가지 헛된 질문을 던져 놓고 기뻐하고 있으니, 가소롭고 가소롭다.[900]

14. 邦君之妻를 君이 稱之曰, 夫人이 夫人이 自稱曰, 小童이요 邦人이 稱之曰, 君夫人이요 稱諸異邦曰, 寡小君이요 異邦人이 稱之에 亦曰, 君夫人이니라.

임금이 자신의 처를 부를 때는 부인夫人이라 하고, 부인이 스스로를 말할 때는 소동小童이라 한다. 그 나라 사람이 부를 때는 군부인君夫人이라 하고, 다른 나라 사람에게 말할 때는 과소군寡小君이라 한다. 다른 나라 사람이 부를 때는 역시 군부인이라고 하느니라.[901]

는 뜻이다. 까닭에 학이편 15장과 팔일편 8장에서 언급되는 "비로소 더불어 시를 말할 수 있다(始可與言詩已矣)."라는 말은 공자가 제자를 칭찬하는 말 가운데 가장 대표적인 말이라 할 수 있다.

900 미득위득未得謂得: 얻지(알지) 못하고도 얻었다(알았다)고 말하다. 왕료枉了: 쓸데없이, 헛되이, 보람 없이.

※ 지욱선사는 진강陳亢의 질문 자체가 매우 어리석은 질문임을 지적하고 있다. 공자 같은 성인은 모든 사람들을 마치 자식처럼 대하는 넓고 차별 없는 어진 마음의 소유자라 할 수 있다. 이러한 성인의 무량한 마음을 알지 못하고, 자식이기에 특별히 애착하여 남다른 가르침을 줄 것이라고 생각하여 그러한 질문을 한 것 자체가 매우 어리석다는 것이다. 또한 진강이 백어의 대답을 듣고 무엇인가를 깨달아 기뻐했다고 했지만, 지욱선사는 진강이 전혀 공자의 심법을 깨닫지 못한 채, 헛되이 기뻐하고 있다고 비판하고 있는 것이다.

901 춘추 시대는 기강과 질서가 무너진 무도하고 무례한 시대였다. 특히 약육강식의 권력 쟁탈전으로 세력가들은 상하관계를 규정하는 기존의 호칭을 무시하고 자기 직책보다 높은 호칭을 부르기 시작

제17 양화陽貨편[902]

1. 陽貨欲見孔子어늘 孔子不見하신대 歸孔子豚이어늘 孔子時其亡也而往拜之러시니 遇諸塗하시다. 謂孔子曰, 來하라 予與爾言하리라. 曰, 懷其寶而迷其邦을 可謂仁乎아 曰, 不可하다 好從事而亟失時를 可謂知乎아 曰, 不可하다. 日月이 逝矣라 歲不我與니라. 孔子曰, 諾다 吾將仕矣하리라.

 양화陽貨가 공자를 만나려고 했으나, 공자가 만나주지 않으니 양화가 공자에게 돼지를 선물로 보냈다. 공자는 그가 없는 틈을 타서 답례를 하러 갔는데, 도중에 그를 만났다. 양화가 말하기를, "이리 오시오. 내가 당신에게 할 말이 있소. 그 보배로운 재능(높은 학식과 덕)을 지녔으면서도 나라가 어지러운 것을 내버려두는 것이 어질다(仁)고 할 수 있소?"

 공자가 답하시기를, "아닙니다." 양화가 말하기를, "정사를 하고 싶으

했다. 특히 총애를 받는 후처에게도 정실부인의 호칭을 사용하는 경우가 많았다. 공자가 이를 경계하는 차원에서 호칭에 대해 이렇듯 자세히 설명했던 것 같다.

902 제1편과 14편까지의 편명은 모두 공자와 제자 그리고 유학과 관련한 내용으로 편성되었다. 반면에 제15편 위영공편, 제16편 계씨편, 제17편 양화편 등은 모두 당시 권력자인 지배층을 편명으로 삼고 있다. 특히 본 17편 양화편과 18편 미자편은 공자 당대의 가장 암울한 현실을 보여주고 있는 특징이 있다.

면서도 나갈 기회를 거듭 놓치는 것이 지혜롭다고 할 수 있소?" 공자가 답하시기를, "아닙니다."

양화가 말하기를, "날이 가고 달이 가서 세월은 사람을 기다려 주지 않소." 공자께서 말씀하시기를, "그렇군요. 내 장차 관직에 나가겠습니다."[903]

時其亡, 只是偶値其亡耳. 孟子作瞰其亡, 便令孔子作略, 僅與陽貨一般, 豈可乎哉.

'그가 없을 때(時其亡)'라는 말은 다만 우연히 그가 없는 때를 만났다는 의미일 뿐이다. 맹자는 '없음을 엿보았다(瞰其亡)'고 해석하면서 더욱 공자도 대략 그렇게 했다고 말하고 있다. 다만 양화陽貨와 더불어 같다

---

[903] 양화陽貨: 계씨季氏의 가신으로 이름은 호虎, 貨는 자이다. 미기방迷其邦: 나라를 어지러운 채로 내버려 둠.

※ 위 내용의 시대적 배경은 기원전 505년 노魯나라 정공定公 5년 때를 전후한 일인 듯하다. 당시 노나라 소공을 축출하고 권력을 거머쥐었던 계평자가 죽고 아들인 계환자季桓子가 권력을 승계하면서 대부(三桓氏)의 가신들이 정사를 전횡하는 시대로 들어섰다. 계씨의 가신이었던 양화陽貨 역시 반란을 일으켜 계환자를 가두고 권력을 휘두르던 상황이었다. 양호는 공자의 명성을 빌려 자신의 지위를 정당화하려고 공자를 누차 만나려 하였으나 번번이 거절당했다. 이에 양호는 공자가 없는 틈을 타 삶은 돼지를 폐백으로 보냈다. 당시의 예법에 의하면, 주인이 집에 있어 직접 선물을 받으면 그 자리에서 답례하고, 주인이 없을 때 선물을 받게 되면 그 주인이 직접 답례품을 갖고 상대방 집을 방문해야 했다. 양호는 이런 예법을 이용해 공자로 하여금 자기 집을 방문하게끔 유도했던 것이다. 그 뜻을 파악한 공자 또한 양호가 집에 없는 틈을 타서 폐백을 갖고 가다가 그만 길에서 양호를 만나게 되었다. 양호는 그럴듯한 말로 자기를 도와 달라는 부탁을 하였으나, 공자는 "알았습니다. 내 장차 관직에 나아가겠습니다(諾, 吾將仕矣)." 라고 말하며 완곡하게 거부하였던 것이다. 이후 공자는 51세에 마침내 노나라 정공의 발탁을 받아 관직을 얻게 된다.

고 일반적으로 해석한다면, 어찌 옳은 해석이겠는가!⁹⁰⁴

2. 子曰, 性相近也이나 習相遠也이니라.

공자께서 말씀하시기를, "사람의 본성은 서로 비슷하지만, 습관에 의해서 서로 멀어(달라)지니라."⁹⁰⁵

---

904 일반一般: 같다. 어슷비슷하다. 일반적이다. 감기망瞰其亡: 없음을 엿보다.
※ 지욱선사는 본 문장에서 표현되고 있는 '時其亡'이라는 말을 해석하면서, 이에 대한 맹자의 해석이 잘못되었음을 지적하고 있다. 맹자는 『맹자』 등문공하滕文公下에서 본 양화편 1장 부분을 설명하면서 "양화가 공자를 만나기를 원했지만 무례하게 보일까 염려했다. 대부가 선비에게 물건을 보내는데 그것을 직접 집에서 받고 예를 표하지 못하면 찾아가 그 문에서 절하게 되어 있었다. 그래서 양화는 공자가 집에 없는 틈을 타 삶은 돼지를 보냈다. 공자 역시 그가 없는 틈을 타 그 집에 찾아가 대문에 절했다. 이때 만약 양화가 먼저 찾아왔더라면 어찌 그를 만나지 않을 수 있었겠는가?(陽貨欲見孔子而惡無禮, 大夫有賜於士, 不得受於其家, 則往拜其門. 陽貨瞰孔子之亡也, 而饋孔子蒸豚, 孔子亦瞰其亡也, 而往拜之. 當是時, 陽貨先, 豈得不見)."라고 해석하고 있다. 여기서 맹자는 '時其亡'이라는 말을 '瞰其亡'라고 풀이하면서 양화와 공자 두 사람 모두가 그 같은 행위를 동일하게 했음을 말하고 있다. 지욱선사는 바로 이 부분이 맹자의 잘못된 해석임을 말하고 있다. 양화는 의도적으로 공자가 없는 틈을 엿보고(瞰其亡) 공자의 집을 찾아 돼지를 보냈지만, 공자가 양화의 집을 찾은 것은 일부러 양화가 없는 틈을 알고 찾은 것이 아니라, 찾아가고 보니 우연히 양화가 없었다(偶値其亡)는 설명인 것이다.
905 공야장편 12장에서 자공은 "선생님께서 본성과 천도를 말씀하시는 것을 들을 수 없었다(夫子之言性與天道, 不可得而聞也)."라고 말한 바 있다. 그렇다면 여기서 표현되고 있는 성과 천도는 구체적으로 무엇을 의미하는 것일까? 이에 대한 해답을 이른바 일반적으로 공자가 지었다고 전해지는 『주역』의 「계사상전」 5장에서 찾을 수 있다. 즉 공자는 "한 번은 음이고 한 번은 양인 것을 도라 한다. 그것을 이어받은 것을 선이라 하며, 그것을 이룬 것을 성이라 한다(一陰一陽之謂道, 繼之者善也, 成之者性也)."라고 말하고 있다. 이러한 공자의 해석을 따른다면, 천도는 곧 음양의 도이고, 이러한 음양의 도를 이어받아 모든 존재에 성품으로 내재해 있는 것이 바로 성性임을 알 수 있다. 이러한 이유에서 『중용』 첫 장에서도 "하늘이 부여한 것을 성이라 하고, 성을 따르는 것을 도라 하며, 도를 닦는 것을 교라 한다(天賦之謂性, 率性之謂道, 修道之謂敎)."라고 표현

性近習遠, 方是不變隨緣之義. 孟子道性善, 只說人道之性, 以
救時耳.

본성은 서로 비슷하지만, 습관에 의해서 서로 멀어진다는 말은 바야
흐로 '인연을 따르지만 변하지 않는다(不變隨緣)'는 뜻이다. 맹자는 천성
의 선함(性善)을 말하였는데, 다만 이는 인간의 성품에 국한해서 한 말이
라 할 수 있으며, 세상을 구원하려는 뜻일 뿐이다.[906]

하고 있는 것이다. 결론적으로 '性'이란 음양의 도를 운행하는 하늘로부터 부여받은 물성, 혹은 인
성이라 할 수 있다. 당연히 성은 하늘로부터 부여받은 본성이기에 선하다고 할 수 있다. 공자는 다
만 태어난 뒤에 후천적으로 배우고 익히는 차별과 습성에 따라 선악의 차별성을 드러내는 것임을
말하고 있다. 맹자는 이러한 천성을 근거로 성선설性善說을 주장하였고, 송대 유학자들 또한 성
리학性理學의 개념으로 공자의 사상을 더욱 깊이 있게 재조명했던 것이다.
906 불변수연不變隨緣: 대승불교에서는 모든 존재에게는 선천적으로 '불성佛性'이라고 하는 성스러
운 성품이 내재해 있음을 말하고 있다. 따라서 모든 존재는 이러한 불성에 바탕 하여 생주이멸生
住異滅, 성주괴공成住壞空, 생로병사生老病死 등의 변화를 드러내며, 천차만별로 존재하고 있
음을 교설한다. '불변수연不變隨緣'은 바로 이러한 불성이 인연을 따라 천차만별로 변화의 모습
을 드러내지만, 불성이라는 본성만큼은 결코 훼손되거나 변하지 않음을 뜻한다. 지욱선사는 공자
가 말하고 있는 '성품은 비슷하지만 습관에 의해서 멀어진다(性近習遠)'는 말은 결국 불교에서 교
설하고 있는 불성과 같이, 어떠한 경우에 있어서도 그 본성은 변함이 있을 수 없다는 뜻을 나타내
고 있다고 설명하고 있는 것이다. 구시救時: 시대를 구원하다, 당시 사회의 폐단을 구제하다. 지설
인도지성只說人道之性, 이구시이以救時耳: 지욱선사는 맹자가 주장하는 성선설은 오직 인간(人
道)에게만 해당하는 주장임을 말하고 있다. 그렇게 인간의 성선을 주장한 목적은 당시의 시대 상
황에 따른 세상을 구원하려는 의도 때문이었다는 것이다.
※ 맹자는 공자의 '性相近也, 習相遠也'라는 가르침을 계승하여 인간의 본성이 원래 선하다는
주장을 폈다. 맹자는 성선설의 근거로 인의예지가 누구에게나 갖추어져 있다고 했는데, 군자
가 타고나는 성에는 인의예지가 마음속에 뿌리내려 있으니(君子所性, 仁義禮智根於心), 남
을 측은해할 줄 아는 측은지심側隱之心, 자기의 잘못을 부끄러워할 줄 알고, 남에게 양보할
줄 아는 마음인 수오지심羞惡之心, 남에게 양보할 줄 아는 마음인 사양지심辭讓之心, 옳고
그른 것을 가려낼 줄 아는 마음인 시비지심是非之心, 이러한 네 가지는 사람이 본디 마음속
에 타고나는 네 실마리(四端)인 것이며, 이러한 마음들을 잘 계발해서 본성으로 타고난 성선의

3. 子曰, 唯上知與下愚는 不移니라.

공자께서 말씀하시기를, "가장 지혜로운 사람과 가장 어리석은 사람은 변화시킬 수 없느니라."[907]

除卻上知下愚, 便皆可移. 旣未到上知, 豈可不爲之隄防. 旣不甘下愚, 豈可不早思移易.

가장 지혜로운 사람과 가장 어리석은 사람을 제외하면, 모든 사람들은 변화시킬 수 있다. 이미 가장 지혜로운 사람이 되지 못했다면, 어찌

실마리를 더더욱 확충시켜야 한다고 주장했다. 하지만 선한 성품을 선천적으로 가지고 태어났더라도 누구나가 선한 사람으로 완성되는 것은 아니며, 의지적인 노력으로 힘써 확충擴充하는 자만이 선인이 될 수 있음을 주장한다. 그런데 세상에는 사람이 본디 선하게 태어났다는 것을 의심케 하는 악인이 적지 않다. 당연히 맹자의 성선설은 인간이 나면서 무조건 선한 채로 태어나서 선하게 살아간다는 뜻에서 하는 말이 결코 아니다. 맹자가 "그 실정으로 말할 것 같으면, 선을 행할 수 있다(乃若其情, 則可以爲善矣)."라고 하였듯이, 인간은 단지 성선의 가능성으로서 사단을 갖추고 타고난 것에 지나지 않는다는 것이다. 까닭에 짐승에게는 선을 일깨워서 실천토록 할 수는 없지만, 제아무리 악독한 자라도 그에게 선을 일깨워주고 가르치면 그는 잘못을 깨우치고 선한 데로 나아갈 수 있다는 것이다. 결국 맹자는 인간만이 짐승과 달리 선과 악의 구분을 알고 선으로 변화하여 나갈 줄 안다는 취지에서 성선설을 주장한 것이라 할 수 있으며, 지욱선사 또한 이러한 뜻을 말하고 있는 것이다.

907 상지上知: 최고로 지혜로운 사람. 하우下愚: 매우 어리석은 사람. 불이不移: 옮길 수 없다. 곧 변화시킬 수 없다.
※ 계씨편 9장과 연관 지어 설명하면, '上知'는 '生而知之'에 해당하고 '下愚'는 '困而不學'에 해당한다고 볼 수 있다. '上知'의 사람이 '下愚'의 사람이 될 수 없고(不移), 당연히 '下愚'의 사람 역시 '上知'의 사람이 될 수 없다는 설명이다. 예컨대 요순堯舜이 걸주桀紂가 될 수 없고, 걸주 또한 결코 요순이 될 수 없는 것과 같은 이치라 할 수 있다.

제방을 쌓지 않을 수 있겠는가? 이미 가장 어리석은 사람이 되기를 바라지 않는다면, 어찌 일찍이 지혜로운 사람으로 변화하기를 생각하지 않는가?[908]

4. 子之武城하사 聞弦歌之聲하시다. 夫子莞爾而笑曰, 割雞에 焉用牛刀리요. 子游對曰, 昔者에 偃也聞諸夫子하니 曰, 君子學道則愛人이요 小人은 學道則易使也라 호이다. 子曰, 二三子아 偃之言이 是也이니 前言戱之耳니라.

공자께서 (자유子游가 읍장으로 있는) 무성武城에 가서 사람들이 현악絃樂에 맞추어 노래하는 것을 들으셨다. 공자께서 빙그레 웃으면서 말씀하시를, "닭을 잡는 데 어찌 소 잡는 칼을 쓰느냐?" 자유가 대답하기를, "예전에 제가 스승님으로부터 듣기로 '군자가 도를 배우면 사람을 소중히 할 줄 알게 되고, 소인이 도를 배우면 다스리기 쉽다'고 하셨습니다."
공자께서 말씀하시기를, "얘들아, 언(偃, 자유)의 말이 옳다. 아까 한 말은 농담이었을 뿐이니라."[909]

---

908 제각除卻: 제거하다, 없애버리다. 제방隄防: 제방, 둑. 여기서는 미리 대비하고 준비함. 곧 지혜로운 사람이 되기 위해 공부하고 수양함을 의미한다. 이역移易: 움직이다, 변경하다, 바꾸다.
909 완이莞爾: 미소를 짓다. 이삼자二三子: 공자의 제자들.
※ 자유는 공자의 제자 중에서 비교적 문학적 소양이 뛰어난 제자로 알려진 인물이다. 그는 무성이라는 작은 읍에서 읍장을 수행하면서 공자의 가르침을 따르며 예악에 바탕 한 바른 정사를 펼쳤다. 익히 자유의 면모를 잘 알고 있는 공자는 자유를 만나 "닭 잡는 데 어찌 소 잡는 칼을 쓰리오(割雞, 焉用牛刀)."라고 말하며, 예악은 국가적 차원의 일인데 생업에 전념하여야 할 조그만 읍에 예악을 시행하고 있느냐며 넌지시 자유를 떠보는 질문을 던졌던 것이다. 이에 자유

5. 公山弗擾子費畔하여 召어늘 子欲往이러시니 子路不說하여 曰, 末之也已니 何必公山氏之之也시리잇고. 子曰, 夫召我者는 而 豈徒哉리오 如有用我者인댄 吾其爲東周乎인저.

공산불요公山弗擾가 비費 지방에서 반란을 일으키고 공자를 초빙했다. 공자가 가려고 하자 자로가 못마땅해하며 말하기를, "가실 곳이 없으면 그만두실 일이지 하필이면 공산씨公山氏에게 가려 하십니까?"

공자께서 말씀하시기를, "나를 부르는 데는 분명 그만한 까닭이 있을 것이다. 나를 쓰려는 사람이 있다면 나는 그곳을 동주東周처럼 만들 것이니라."⁹¹⁰

가 자신은 선생님의 가르침대로 실천했을 뿐이라며 정색하자, 공자는 자유가 예악의 본뜻을 제대로 알고 실천하였음을 기쁘게 생각하여 그를 칭찬하면서 앞선 말이 농담이었음을 밝히고 있다. 한편 군자가 도를 배우게 되면 '人倫之道'를 알게 되고, 나아가 '樂天知命'하여 '敬天愛人'할 수 있게 된다. 당연히 이를 바탕으로 선정을 실천하여 소인과 백성을 교화할 수 있게 된다. 소인 또한 도를 배우게 되면 군자처럼 큰일은 실천할 수 없지만, 기본적으로 지켜야 될 사회 질서와 윤리 도덕을 알기에 윗사람으로서 이끌기가 쉬워진다. 자유는 공자가 이전에 이러한 이치를 가르쳤음을 말하고 있는 것이다.

910 공산불요公山弗擾: 계씨의 가신으로, 비지방의 읍장.

※ 공자는 현실 정치에 남다른 관심을 가졌고, 참여를 망설이지 않았다. 공자의 인을 바탕 한 애민 사상은 결국 현실 정치를 통해 나라와 백성을 위한 실천 사상이라 할 수 있다. 까닭에 공자가 모범적인 인물로 제시하고 있는 선대의 인물들 또한 요순과 같은 위정자들이다. 공자 스스로도 정치 참여를 당연하게 여겼고, 자신을 등용하여 나라와 백성을 위한 도구로 써주기를 바라기도 했다. 학이편 10장에서 표현되고 있는 "반드시 그 나라의 정치를 들으셨다(必聞其政)." 라는 말은 공자가 그만큼 정치에 큰 관심을 기울였음을 말해주고 있다. 본 문장과 뒤에 나오는 7장은 출사出仕의 때를 기다리고 있는 공자가 당시의 여러 세력가들의 초빙에 응하려고 하는 과정에서 나온 대화의 내용이라 볼 수 있다. 당시는 경대부는 물론 그들의 가신들이 자신의 식읍지食邑地를 거점으로 삼고 약육강식의 권력 투쟁이 난무하기 시작한 춘추 시대였다. 노나라 계손씨의 가신이자 비읍의 재상이었던 공산불요 역시 비읍을 거점으로 하여 반란을 일으키고

原不說公山決能用我. 卓吾云, 言必爲西周, 不爲東周也.

원래 공산불요가 결코 나(공자)를 등용하여 써주지 않을 것임을 말한 것이 아니다. 이탁오는 "반드시 서주西周처럼 만들고자 한다는 말씀한 것이지, 동주東周처럼 하신다는 말씀이 아니다."라고 하였다.[911]

> 공자를 초빙하고자 하였던 것이다. 한편 공자는 주나라의 문왕과 무왕의 위민정치를 가장 이상적인 통치 체제로 생각하였다. 공자가 본 장에서 '東周'라고 못 박아 말한 것은 풍豐땅 시절의 문왕과 혁명 후 호鎬 땅으로 도읍지를 옮긴 무武왕과 주공周公의 시대를 가리킨다. 은나라 말기 서쪽의 작은 제후국에 불과했던 주나라가 문왕 시기를 거치면서 많은 세력을 결집시킬 수 있었던 것은 오로지 위민정치로 말미암은 통치 기반의 안정 때문이었다고 볼 수 있다. 공자는 여러 정치적 상황을 고려해 공산불요와 필힐佛肹의 요청에 응하지 않았지만, 한때 정공定公에게 발탁되어 중도의 재상이 되고 사법을 관장하는 장관격인 대사구大司寇가 되어 노나라의 백성들을 위해 정치적 역량을 펼치고, 제나라와의 협곡회담을 통해 외교적 성과를 크게 거두는 성과를 이루기도 했다.

911 주周 나라는 수도의 위치에 다라 서주西周와 동주東周로 구분된다. 주나라 왕조가 건국 된 후 이른바 서주와 동주를 구분 짓게 되는 경계는 유왕幽王이라 할 수 있다. 서주는 기원전 1123년~기원전 770년까지로서 도읍은 호경鎬京으로 동주시대의 도읍지였던 낙읍(洛邑: 낙양)에 비하여 서쪽 지역에 있었기에 붙여진 이름이다. 주나라의 역사는 태고시대로 소급된다. 이른바 삼황三皇의 한 사람이었던 황제 후손인 희씨姬氏가 그들이다. 요순시대에 후직后稷과 공유公劉를 필두로 이어져 온 이들은 문왕의 할아버지인 고공단보(古公亶父: 후일 태왕으로 추존됨)에 이르러 비로소 기岐에 터전을 잡아 훗날 주왕조의 건국에 절대적인 영향을 미친다. 고공단보는 그의 막내아들인 왕계王季에게, 왕계는 문文왕인 희창姬昌에게, 그리고 희창의 아들인 무武왕 희발姬發에 와서 드디어 은殷왕조를 역성 혁명으로 무너뜨리고 주를 건국한다. 이렇게 건국된 주나라는 2대 성成왕대에 와서 성왕의 숙부인 주공단周公旦에 의하여 법전인 주례周禮가 완성되고 국가 체제가 정립되어 발전한다. 그러나 주나라는 유왕幽王에 이르러 미증유의 혼란에 직면한다. 주 왕조에 이르면 제정祭政이 분리되긴 해도 아직 제사적 기능이 정치에 상당한 힘이 미치는 시기이다. 그렇기 때문에 신과의 중매적 역할을 담당하는 무당은 사회적으로 상당한 지위를 가지게 된다. 유왕은 어느 날 강에서 물을 긷던 아름다운 무당 포사褒姒를 운명적으로 만나게 된다. 결국 포사의 치명적인 아름다움에 빠져버린 유왕은 본부인을 내치고 본부인과의 사이에서 난 세자 의구(宜臼)의 세자의 지위를 박탈하는 실수를 한다. 이로부터 유왕은 정사를 멀리하고 오로지 포사의 환심을 사는 것에만 몰두하여 결과적으로 나라를 피폐하게 만든다. 마침내 북방의 초원민족인 흉노가 쳐들어오

6. 子張이 問仁於孔子한대 孔子曰, 能行五者於天下면 爲仁矣니라. 請問之한대 曰, 恭寬信敏惠니라. 恭則不侮하고 寬則得衆하고 信則人任焉하고 敏則有功하고 惠則足以使人이니라.

자장子張이 공자에게 인에 대해 질문하자 공자께서 말씀하시기를, "천하에 다섯 가지를 능히 행할 수 있다면 인이 되느니라."
자장이 그것을 듣기를 청하자 말씀하시기를, "공손함(恭), 관대함(寬), 신의(信), 민첩함(敏), 은혜로움(惠)이니라. 공손한 즉 모욕당하지 않고, 관대한 즉 군중의 뜻을 얻고, 믿음직하면 사람들이 일을 맡기게 되고, 민첩하면 공적이 있고, 은혜로우면 사람을 부리기에 충분하느니라."[912]

要以此五者行於天下, 方是仁. 不得捨卻天下而空言存心. 以天

게 되고 유왕과 포사는 흉노족에 무참히 살해되고 만다. 이에 다음 왕으로 추대된 의구宜臼는 아버지에 대한 불행한 추억을 간직한 수도 호경을 버리고, 새로운 도읍지를 골라 낙읍(낙양)으로 천도를 하게 되니, 이것이 바로 서주의 종언이요 동주의 개막이다. 이후 낙읍은 춘추와 전국 시대까지 주나라의 도읍지가 되지만, 예전의 지배력과 제후들의 신망을 잃고 이름뿐인 허수아비 국가가 되고 만다. 이탁오는 이러한 주나라의 역사적 배경을 감안하여 '吾其爲東周乎'라는 표현에 있어 공자의 본뜻은 주나라가 제후들로부터 신망을 얻으며 지배력을 유지하고 있던 서주를 의미하는 것이지, 이름뿐인 동주를 말하고 있는 것이 아니라고 주장하고 있는 것이다.

912 득중得衆: 여러 사람을 얻음, 많은 사람이 따름. 인임人任: 남이 믿고 일을 맡김.

※ 공자의 제자들 중에서 스승에게 직접 인을 물(問仁)은 제자는 자장을 비롯해 안연, 중궁, 사마우, 번지 등이다. 나아가 인의 구체적 실천(爲仁)을 질문한 제자는 원헌과 자공 등이다. 그런데 공자는 인을 묻는 제자들에게 '인은 이러한 것이다'라고 개념적으로 단정하여 대답하지 않았다. 단지 이런저런 비유를 들어 각자의 근기에 맞춰 인을 설명하였을 뿐이다. 그런데 본 장에서는 인을 묻는 자장에게 다섯 가지 실천을 구체적으로 제시하고 있다. 당시의 시대 상황이 권력 쟁투에 의한 배반이 흔히 벌어지는 시기이기에, 이를 경계하여 자장에게 적합한 대답을 해준 것으로 이해된다.

下不在心外, 而心非肉團故也.

이러한 다섯 가지를 세상에 실천하는 것이야말로 바야흐로 인이라 할 수 있다. 세상을 버리고서 헛되이 인이 마음속에만 존재함을 주장하는 것이 아니다. 그렇다고 천하가 마음을 벗어나 밖에만 있는 것도 아니니, 마음은 육체의 살덩어리가 아니기 때문이다.[913]

7. 佛肸이 召어늘 子欲往이러시니 子路曰, 昔者에 由也聞諸夫子하니 曰, 親於其身에 爲不善者어든 君子不入也라 하시니 佛肸이 以中牟畔이어늘 子之往也는 如之何잇고. 子曰, 然하다 有是言也이니라 不曰堅乎아 磨而不磷이니라 不曰白乎아 涅而不緇니라 吾豈匏瓜也哉라 焉能繫而不食이리오.

필힐佛肸이 부르니 공자께서 가시고자 했다. 자로가 말하기를, "전에 제가 스승님에게서 '친히 그 몸으로써 불선을 행하는 자에게 군자는 들어가지 않는다'라고 말씀하시는 것을 들었습니다. 필힐이 중모中牟읍에서 반란을 일으켰는데 선생님께서 가시려고 하시는 것은 어떠한 일입니까?"

---

913 사각捨卻: 버리다, 포기하다. 공언空言: 공담, 공론, 헛소리. 육단肉團: 육체적 살덩이, 곧 육체를 의미.

※ 지욱선사는 공자가 말한 바대로 '천하에 다섯 가지 덕목을 실천하는 것(五者行於天下)'이 곧 인임을 긍정하고 있다. 나아가 '천하'가 마음을 벗어난 밖에만 따로 존재하는 것이 아니라, 마음 그 자체가 곧 천하임을 말하고 있다. 지욱선사의 이러한 주장은 결국 공자가 제시하고 있는 다섯 가지 덕목은 무엇보다 먼저 마음속에 갖춰야 결과적으로 밖으로 그러한 덕목을 실현해 낼 수 있음을 말하는 것이다.

공자께서 말씀하시기를, "그렇다. 그런 말을 한 적이 있었다. 그런데 갈아도 닳아 얇아지지 않는다면 견고하다 말할 수 있지 않겠는가? 검은 물을 들여도 검어지지 않는다면 희다고 말하지 않겠는가? 내가 어찌 박이겠는가? 어찌 매달려 있기만 하고 먹히지 않을 수 있겠는가."[914]

磨得磷的, 便非真堅, 涅得緇的, 便非真白. 匏瓜用爲浮囊, 而不用作食器, 只是一偏之用. 聖人無用, 無所不用, 故云, 吾豈匏瓜,

---

914 필힐佛肸: 진晋나라 사람. 대부 조간자趙簡子의 가신으로 중모읍의 읍재였으나 후에 조씨에게 반기를 들었다. 린磷: 얇다. 열涅: 검게 물들임, 치緇: 검다, 검은 비단. 보과匏瓜: 박.

※ 필힐은 진나라 경대부 조간자의 가신으로 중모中牟 읍재였다. 조간자는 진나라의 실권을 잡고 전제를 개혁하고 다른 대부들의 반란을 제압하며 법가사상을 바탕으로 개혁을 펼쳐 군주인 진정공(晋定公: B.C. 511~475)의 권위를 넘어서게 된다. B.C. 497년 공자가 노나라를 떠나 13년의 주유 천하를 시작하던 그해, 조간자가 진나라의 다른 대부인 범씨范氏와 중행씨中行氏를 공격하게 된다. 이때 필힐은 조간자의 가신이었으나 범씨와 중행씨를 돕게 된다. B.C. 491년 필힐은 중모읍에서 본격적으로 반기를 들지만, 이듬해인 B.C. 490년 진압되어 8년간의 진나라 내분은 끝나게 된다. 공자가 필힐에게 가려고 했던 이유도 진나라의 공실을 무시하고 독단적인 정치를 펼치는 조간자를 좋지 않게 보기 때문에 반란을 일으킨 필힐에 우호적인 감정이 있었기 때문이다. 그러나 자로는 자신이 모시는 실권자를 배신한 필힐을 더 나쁘게 생각했기 때문에 공자의 나섬을 반대한 것이다. 자로의 죽음도 결국 자신이 모시던 위나라의 공회孔悝를 구하려다 맞이하게 된다. 자로의 반대에 공자는 '나는 이미 단단하고 바탕이 깨끗하기에 불선한 자들에 의해 깎이지도 않고 물들여지지도 않는다. 저 매달린 포과도 뿌리를 뻗고 줄기를 뻗어 먹을 것을 구한다. 하물며 매어 있지 않는 내가 더욱이 도를 실현하기 위해 동서남북 어느 곳인들 마다않고 다니고 있는데, 이제 그 도를 실현할 기회가 주어지는데, 내 어찌 마다하겠는가?'라고 말하며 거듭 자신의 의지를 피력한다. 하지만 자로의 현실감각은 공산불요의 반란과 필힐의 반란에 가려던 공자의 출사를 포기하게 한다. 만약 자로가 아니었다면 현재의 공자는 없고 비참하게 죽음을 맞이한 반란자 공자만 남았을지도 모를 일이다. 까닭에 공자 또한 이러한 자로를 깊이 신뢰하여 공야장편 6장에서 "세상에 도가 행해지지 않아서 뗏목을 타고 바다로 떠돌아다니게 된다면, 나를 따를 자는 자로밖에 없을 것이다(道不行, 乘桴浮于海, 從我者, 其由與)."라고 말하고 있다.

乃顯無可無不可. 猶如太虛空然, 不可喚作一物耳. 非是要與人作食器也. 若作食器, 縱使瑚璉亦可磷可緇矣.

　갈아서 얇아진다면 곧 진정한 견고함이 아니고, 검은 물을 들여서 검어진다면 곧 진정한 흰 것이 아니다. 박을 부낭으로 사용하게 된다면 식기로는 사용할 수 없는 것이니, 다만 이는 하나의 편중된 용도일 뿐이다. 성인은 쓰임이 없는 것이기에 쓰이지 않는 바가 없다. 그러므로 "내가 어찌 박이겠는가(吾豈匏瓜)?"라고 하신 것이니, 가한 것도 없고, 불가한 것도 없음을 드러내신 것이다. 성인은 오직 큰 허공과 같이 텅 비었다고 할 수 있으니, 하나의 사물로 호칭하기가 불가할 뿐이다. 결코 일반 사람들처럼 식기로만 사용되어지는 것이 아니다. 만약 식기로만 사용하게 된다면, 설령 호련이라고 하더라도 또한 얇아지게 되고 검어지게 될 것이다.[915]

---

915 부낭浮囊: 헤엄을 치거나 물에 빠졌을 때 몸이 잘 뜨게 하는 물건. 종시縱使: 설령 ~일지라도. 호련瑚璉: 옛날 제사 때 곡식을 담아 놓던 그릇.
※ 지욱선사는 공자의 '吾豈匏瓜'라는 말을 풀이하면서 성인의 무한한 용심用心과 용처用處를 언급하고 있다. 박(匏瓜)은 어느 한 가지 용도로 쓰이게 되면 다른 용도로는 쓸 수 없다. 예컨대 물을 건너는 데 필요한 부낭으로 쓰게 되면, 음식을 담은 식기로는 쓸 수 없게 되는 것이다. 일반 사람들도 이와 크게 다르지 않다. 자신의 능력과 자질에 적합한 어느 한 가지 일에만 적합하게 쓰일 수 있을 뿐이다. 그러나 성인은 이와는 다르다. 지욱선사는 성인은 그 쓰임이 어느 한 가지에만 국한되지 않음을 '聖人無用, 無所不用'라는 말로 설명하고 있다. 어느 한 가지로 한정지어 쓰일 수 없는 무한한 쓰임의 소유자라는 의미이다. 장자도 『장자』 인간세(人間世)편에서 성인의 이러한 무한한 쓰임에 대해 "또한 나는 쓸모없기를 바란 지가 오래됐다. 여러 번 죽을 고비를 넘겨, 이제야 내 쓸모없음을 큰 쓸모로 삼게 됐다. 만약 내가 쓸모가 있었다면 어찌 이토록 커질 수 있었겠는가(且予求無所可用久矣. 幾死, 乃今得之, 爲予大用. 使予也而有用, 且得有此大也邪)?"라는 표현으로 설명하고 있다. 장자는 대목장 장석匠石의

8. 子曰, 由也아 女聞六言六蔽矣乎아. 對曰, 未也로이다. 居하라 吾語女하리라. 好仁不好學이면 其蔽也愚오 好知不好學이면 其蔽也蕩이요 好信不好學이면 其蔽也賊이요 好直不好學이면 其蔽也絞오 好勇不好學이면 其蔽也亂이요 好剛不好學이면 其蔽也狂이니라.

공자께서 자로에게 말씀하시기를, "유(由= 자로)야, 너는 육언六言과 육폐六蔽를 들었느냐?" 대답하기를, "아직 듣지 못했습니다."
"앉아라. 내가 너에게 말해주마. 인을 좋아하면서 공부는 좋아하지 않으면 그 폐단은 어리석음이고, 지혜를 좋아하면서 공부를 좋아하지 않으면 그 폐단은 방탕한 것이고, 믿음을 좋아하면서 공부는 좋아하지 않으면 그 폐단은 선을 해침이며, 곧음을 좋아하는데 공부를 싫어하면 그 폐단은 가혹함이고, 용기를 좋아하는데 공부를 좋아하지 않으면 그 폐단은 난을 일으키게 되며, 강함을 좋아하는데 공부를 좋아하지 않으면

말을 빌어서 성인의 무용지용無用之用의 이치를 비유하고 있다. 어느 날 장석이 제자를 데리고 제나라로 가다가 토지신을 모신 상수리나무를 보았다. 굵기는 백 아름이나 되고, 높이는 산을 내려다볼 정도인데 그가 거들떠보지도 않자 제자가 물었다. "저는 도끼를 잡은 이래로 이토록 아름다운 나무는 처음 보는데 선생님은 왜 그냥 지나치십니까?" 장석이 답한다. "그건 쓸모 없는 나무다. 그것으로 배를 만들면 가라앉고 널을 짜면 곧 썩는다. 기물을 만들면 곧 망가지고 기둥을 만들면 좀이 생긴다. 재목감이 못돼 아무 소용이 없으니 저처럼 오래 살 수 있었지." 그 날 밤 장석의 꿈에 상수리나무가 나타나 말한다. "너는 나를 무엇에다 비교하려느냐. 너는 나를 쓸모 있는 나무에 비교하려는 거냐? 배·귤·유자 따위는 열매가 익으면 잡아 뜯기고 가지는 찢긴다. 열매 때문에 제 삶이 괴롭혀지는 셈이다." 작은 쓸모 때문에 희생되지 않고, 외려 쓸모없어 더욱 커질 수 있었다는 이러한 장자의 논리는 지욱이 말하는 성인의 '無用無所不用'의 이치와도 상통하는 비유라고 볼 수 있다.

그 폐단은 미치광이가 되는 것이니라."[916]

若不好學, 則仁知等皆虛名耳. 言者但有虛名, 非實義也, 蔽卻是實病矣.

만약 학문을 좋아하지 않는다면, 인과 지혜 등은 모두 헛된 이름에 불과할 뿐이다. '언言'이라는 것은 다만 헛된 이름만 있을 뿐, 진실한 뜻이 있는 것은 아니다. '폐蔽'야말로 오히려 진실한 병폐라 할 수 있다.

9. 子曰, 小子는 何莫學夫詩오 詩는 可以興이며 可以觀이며 可以群이며 可以怨이며 邇之事父며 遠之事君이요 多識於鳥獸草木之名니라.

공자께서 말씀하시기를, "너희들은 어찌 저 『시경』을 배우지 않는가?

---

916 육언六言: 인仁 · 지知 · 신信 · 직直 · 용勇 · 강剛. 육폐六蔽: 우愚 · 탕蕩 · 적賊 · 교絞 · 란亂 · 광狂.

※ 학문과 관련하여 공자는 공야장편 27장에서 "자신보다 더 학문을 좋아하는 자가 없다(不如丘之好學也)."고 표현하고 있다. 또한 옹야편 2장에서는 안연이 죽은 뒤로는 "호학하는 자를 들어보지 못했다(未聞好學者也)."고 말하며 호학하는 제자가 없음을 안타까워하기도 했다. 나아가 위정편 15장에서는 "생각만 하고 배우지 않으면 위태롭다(思而不學則殆)."라고 말하며 학문의 중요성을 강조하기도 했다. 육언은 사람이 갖추어야 할 기본적인 덕목이라 할 수 있다. 하지만 이를 학문으로 뒷받침하지 않고 섣불리 실행하려고만 애쓰면, 자못 균형을 잃고 한쪽으로 치우쳐 뜻하지 않은 폐단을 낳을 수 있게 된다. 공자는 이를 지적하며 호학이 우선임을 말하고 있다. 이는 자로가 육언의 덕목을 두루 갖추고 있음에도 불구하고 조급하고 과감한 성격으로 인해 실행을 앞세우다가 도리어 안 좋은 결과를 낳을 것을 염려한 공자의 경책이라 할 수 있다.

시는 가히 감흥을 일으키고 사물을 살필 수 있게 하고, 무리와 어울리게 할 수 있으며, 불의를 원망하게 할 수도 있다. 가까이로는 아버지를 섬길 수 있게 하고, 멀리로는 임금을 섬기게 하며, 새와 짐승과 초목의 이름도 많이 알게 해주느니라."[917]

今人都不曾學詩.

요즘 사람들은 일찍이 『시경』을 배우지 않는 것 같다.

10. 子謂伯魚曰, 女爲周南召南矣乎아 人而不爲周南召南이면 其

---

917 羣: 무리, 群의 본자. 邇: 가깝다, 가까이하다.

※ 『시경』은 공자가 주나라 초기(B.C. 11세기)부터 춘추 시대 중기(B.C. 6세기)까지의 시가詩歌 3천여 편 중에서 311편(현재 305편이 전함)을 모아 편찬한 글이다. 시의 구성은 풍風, 아雅, 송頌으로 분류된다. 시마다 흥(興: 하고 싶은 말을 하기 위해 먼저 보고 느낀 바를 말하여 흥기하는 시), 부(賦: 보고 듣고 느낀 그대로 표현하는 시), 비(比: 표현하고 싶은 내용을 다른 사물과 함께 비교하여 표현하는 시)의 형식을 갖추고 있다. 風雅의 興賦比에는 천지자연의 풍광과 함께 남녀의 애정을 비롯한 민간의 풍속과 수신제가를 비롯한 위정자의 정사와 관련하여 광범위한 내용들을 담아내고 있다. 風은 민간에서 채집한 노래로 모두 160편이다. 각 나라의 풍속을 담고 있어서 국풍國風이라고도 하는데, 주남周南, 소남召南, 패邶, 용鄘, 위衛, 왕王, 정鄭, 제齊, 위魏, 당唐, 진秦, 진陳, 회檜, 조曹, 빈豳 등의 15개국 노래로 분류된다. 대부분 서정시로 남녀 간의 사랑이 주류를 이룬다. 雅는 소아小雅 74편과 대아大雅 31편으로 구성되며 향당과 궁중에서 예악으로 쓰이던 시가 작품이 대부분이다. 頌은 주송周頌 31편, 노송魯頌 4편, 상송商頌 5편으로 이루어져 있는데, 신과 조상에게 제사 지내는 제례 의식에 사용되는 시가이다. 『예기』에서는 시를 정을 느끼고(感情), 느껴서 움직이고(感動), 느껴서 변화되는 것(感化)이라고 표현하고 있다. 공자는 이러한 시에 대한 공부를 제자들에게 특히 강조하고 있음을 알 수 있다. 본 문장은 공자의 시에 대한 시론이라 할 수 있다. 시를 배움으로써 얻게 되는 이익을 구체적으로 나열하고 있음이 주목된다.

猶正牆面而立也與인저.

공자께서 아들 백어伯魚에게 말씀하시기를, "너는 주남周南과 소남召南을 공부했느냐? 사람으로서 주남과 소남을 공부하지 않으면, 마치 정면으로 담장을 보고 서있는 것과 같으니라."[918]

爲字妙. 直須爲文王, 爲周公, 始非面牆.

'위爲'자는 의미가 미묘하다. 바로 모름지기 문왕도 했고, 주공도 했기에 비로소 담장을 마주하지 않았던 것이다.[919]

---

918 위爲: 시는 시가詩歌로서 악보가 있으므로 음악을 연주하고 노래 부르는 행위를 뜻함.
※ 『시경』의 풍(風)편은 말 그대로 민간의 풍속을 다룬 시가이다. 공자는 민간의 풍속을 다루되 문왕과 관련되어 부르는 노래들을 국풍國風의 맨 앞에 두고, 주남周南편과 소남召南편으로 분류했다. 주남은 주공周公이 성왕成王을 도와 예악을 제작할 때에 문왕의 덕화가 풍속을 교화시키겠다는 내용의 민속의 시들을 집안의 음악으로 삼아 널리 마을과 나라 안에서 부르게 하였다. 이때 주나라 안에서 채집한 노래를 기운이 부드러운 남국의 시에다 섞어서 부른 것을 주남이라 하고, 주공의 동생인 소공석召公奭이 제후가 되어 다스렸던 남방의 노래들을 소남이라 한다. 주남의 첫 편은 남녀의 정을 물오리에 빗대 노래한 '관저關雎'이다. 이 시는 본래 문왕과 부인인 사姒씨가 만나 연애하여 배필이 되는 과정을 노래한 시라고 하지만, 후대에는 남녀가 만나 부부의 연을 맺는 과정을 노래한 시로 유행하였다. 공자는 '관저' 시에 대해 팔일편 20장에서 "즐거워도 음탕하지 않고 서러워도 속상해하지 않는다(樂而不淫, 哀而不傷)."라고 평가하고 있다. 또한 음악과 관련해서는 태백편 15장에서 "관저의 마지막 장은 귀에 넘실넘실 가득 차는구나(關雎之亂, 洋洋乎盈耳哉)."라고 말하며 그 감동을 높게 평가하고 있다. 선진편 14장에서는 자로가 북방의 음악을 연주하다가 공자에게 꾸중을 들은 내용이 언급되고 있다. 본 장의 공자의 말을 미루어 본다면, 국풍편의 주남과 소남의 시들을 익혀 연주하는 일은 군자라면 필히 갖추어야 할 예악이었음을 알 수 있다.
919 문왕은 사방이 백리에 불과한 작은 나라의 제후에 불과했으나, 인자한 덕으로 당시의 천자인 은나라 주紂를 버리고 천하의 3분의 2가 그를 따랐다. 그는 주위에서 역성혁명을 하라는 권유에도 불

11. 子曰, 禮云禮云이나 玉帛云乎哉아 樂云樂云이나 鐘鼓云乎哉아.

공자께서 말씀하시기를, "예禮, 예라 하지만 어찌 (예식에 거치는) 옥이나 비단만을 말하겠는가? 악樂, 악이라 하지만 어찌 (연주에 울리는) 종과 북만을 말하겠는가?"[920]

구하고 신하로서 왕을 칠 수 없다고 하여 거절했다. 폭군인 주임금이 뛰어난 덕을 가진 그를 시기해서 죽이려고 유리옥羑里獄에 가두었는데, 옥에 갇힌 죽음의 위기 속에서 복희씨가 그렸다는 괘卦에 괘사卦辭를 붙임으로써 현재까지 전해지는 『주역』의 텍스트를 만들었다고 전해진다. 그의 사망 직후 그의 아들이며 후계자인 무왕이 마침내 은을 멸망시키고 주周 왕조를 세웠다. 주공은 문왕의 아들로서 무왕의 동생이다. 그는 무왕을 도와 상나라를 멸망시키고 주 왕조를 창업하는 데 기여한 인물이다. 이후 주나라의 예악과 법도를 정비하고, 봉건 제도를 정착시켜 봉건 국가로서의 기틀을 다졌다. 무왕이 죽은 후에는 어린 성成왕을 대신하여 약 7년간 섭정하면서 왕실 내외부의 반란을 진압했다. 유가학파는 주나라의 제도 대부분을 만든 그를 성인으로 존경한다. 그는 특히 문왕을 이어 주역의 괘사를 해설한 384효사爻辭를 지어 지금의 주역을 완성한 인물로 전해진다.

※ 지욱선사는 본 10장에서 표현되고 있는 '爲'자의 뜻이 '미묘하다(妙)'고 말하고 있다. 지욱선사의 이러한 언급은 '爲'라는 글자가 단지 시를 공부하거나 시가를 연주한다는 의미를 벗어나, 좀 더 복합적인 의미로 사용되고 있다는 의미의 해석이다. 그러면서 '爲文王, 爲周公'이라고 말한다. 여기서 지욱선사가 언급하는 '爲' 자가 구체적으로 무엇을 의미하는 불확실하다. 다만 뒤에 이어지는 '始非面牆'이라는 표현으로 볼 때, 문왕과 주공이 각각 자신이 처한 시대적 환경과 주어진 역할에 지혜롭게 최선의 행동(爲)을 했음을 의미하는 것이라 이해된다. 문왕과 주공이 '面牆'한 것처럼 어리석고 무지했다면, 후세에 공자가 성인으로 평가하는 것처럼 결코 훌륭한 정치적 행위를 할 수 없었을 것이라는 의미의 설명이다.

920 '예악형정禮樂刑政'은 유교 정치사상의 근간을 이루는 네 가지 통치 방법을 가리키는 말이다. 예는 예법제도, 악은 음악, 형은 형벌, 정은 정령政令을 의미한다. 곧 나라를 바르게 통치하는 데 있어 예로써 그 뜻을 인도하며, 음악으로써 그 소리를 화하게 하며, 정사로써 그 행함을 한결같이 하며, 형벌로써 그 간악함을 예방해야 한다는 것이다. 그런데 공자 당시는 국가의 기강과 질서가 무너지면서 예악이 상하간의 위계질서를 세우고 민심을 화합하게 하는 도가 아니라, 단순히 형식적으로 이루어지거나 권력자의 권위와 부만을 과시하는 사치품으로 전락하고 말았다. 당연히 예를 따른다는 위정자들이 옥과 비단으로 화려하게 치장할 줄만 알고, 사당에 제사를 지낸다면서 종묘

與人而不仁章參看.

팔일편 3장을 함께 참고하여 살펴봐라.⁹²¹

12. 子曰, 色厲而內荏을 譬諸小人컨대 其猶穿窬之盜也與인저.

공자께서 말씀하기를, "낯빛은 위태로우하면서 속은 고약한 것을 소인에 비유하면 아마 벽을 뚫는 담을 넘는 도둑과 비슷할 것이다."⁹²²

제사에만 쓰는 팔일무八佾舞를 추고 편종編鐘 편경編磬과 북 등의 악기까지 동원하여 쓰는 것을 예악의 실천으로 여겼다. 공자는 예악의 근본 가치를 잃어버리고 도리어 허례허식의 형식만 남은 당시의 세태를 비판하고 있는 것이다.

921 '인이불인장人而不仁章'은 곧 팔일편 3장을 가리킨다. 공자는 팔일편 3장에서 "사람이 어질지 않으면 예가 무슨 소용이 있으며, 사람이 어질지 않으면 음악이 무슨 소용이 있겠는가(人而不仁, 如禮何, 人而不仁, 如樂何)?"라고 언급하며, 예악의 실천적 목적이 결국 사람을 어질게 하는 데 있음을 일깨우고 있다.

922 려厲: 위태롭다, 위엄있다. 임荏: 들깨, 마음이 유약함, 마음이 고약함. 천穿: 뚫다. 유窬: 넘다.

※ 본 문장은 11장에 이어 예악을 중시한다고 하면서도 사치와 형식으로 치우치며 분수에 넘치는 부끄러운 짓을 서슴지 않는 위정자들을 공자가 노골적으로 대놓고 비난하고 있는 내용이다. 여기서 '厲'를 주자는 '위엄야威嚴也'라 했고, 공영달孔穎達은 '矜莊也'라 했다. 또한 '荏'은 주자는 '유약함(柔弱也)'이라고 해석했고, 공영달은 '부드러우면서 아첨하는 것(柔佞也)'라 했다. 그런데 이 두 해석만 가지고는 공자가 '色厲而內荏'이라고 표현하면서 이를 '穿窬之盜'에 비유한 것이 쉽게 이해되지 않는다. '厲'자는 본래 갈다, 힘쓰다, 사납다, 거칠다, 위태롭다 등의 뜻으로 쓰이지만, 『주역』 효사爻辭에서는 주로 자리가 바르지 못하거나 제 자리라 하더라도 지나치게 행할 경우 '위태롭다'는 뜻으로 쓰인다. 공자 당시의 높은 벼슬아치들은 대부분 자질을 갖추지 못한 소인배들이었다. 이들은 자리를 장악하고 권력을 휘두르고 있어 얼핏 보면 위엄스런 표정을 짓는 것 같지만 실은 부당하게 얻은 자리인지라 언제 빼앗길지 모르므로 그 낯빛에는 위태로움이 묻어났다. 그런 점에서 '厲'를 어느 정도의 품격이 담긴 말인 '위엄스러움'이란 뜻으로 보기보다는 『주역』에서 주로 쓰이는 것처럼, '위태롭다'는 뜻으로 이해해야 공자의 뜻이 정확하게 이해된다. 한편 '荏'자는 '들깨'를 뜻한다. 옛날에는 들깨를 주로 논밭의 가장자리에

的當之甚, 刻毒之甚.

매우 합당한 말씀이며, 매우 혹독한 말씀이다.[923]

13. 子曰, 鄕原은 德之賊也이니라.

공자께서 말씀하시기를, "향원鄕原은 덕의 적이니라."[924]

둘러 심었다. 옛날의 들깨는 그 향이 매우 강하여 벌레들도 싫어했고 가축이나 짐승들도 피했기 때문에 논두렁이나 밭 둘레에 심어 작물을 보호할 수 있었기 때문이다. 옛날의 들깨는 이렇듯 그 향내가 강했기 때문에 비위가 약한 사람의 경우 들깨 밭 옆을 지나가면 머리가 아플 정도였다. 까닭에 일반적으로 들깨의 향을 표현하는 데 흔히 '고약한 냄새가 난다'고 했다. 따라서 본문에서 공자가 당시의 위정자들의 속마음을 '荏'자를 써서 표현한 것은 그들의 행태가 그만큼 '고약하다'는 뜻을 담아내고 있는 것이다. 이러한 시각에서 '色厲而內荏'를 해석하면, 공자 당시 소인 위정자들이 높은 자리를 차지하고 있으면서 세금을 도둑질하며 중도를 벗어나 과한 짓을 일삼고 있기에 그 표정에는 위태로운 기운이 서려 있으며, 마음속 또한 부귀영화를 위해 중상모략과 아첨을 일삼고 있기에 고약하다는 뜻으로 이해해야 한다. 결과적으로 공자는 낯빛이 위태롭고 마음 또한 고약한 당시의 위정자들을 소인 가운데에서도 가장 하품인 남의 물건을 몰래 훔치러 다니는 도둑에게 비유하여 질책했던 것이다. 겉으로는 담력이 센 체하지만 실제로는 언제 들켜서 잡힐지 모르는 도둑의 모습이 당시 위정자들의 행태임을 비판한 것이라 볼 수 있다.

923 각독刻毒: 냉혹하고 독하다.
※ 공자가 당시의 타락한 위정자들을 비판하고 있는 12장의 내용이 매우 적절하고 혹독한 평가라는 의미이다.
924 본 13장은 향리鄕里의 유지들의 행태를 질책하는 내용이다. '鄕原'은 마을이 생겨나면서부터 살았던 사람, 혹은 한 마을에서 오랫동안 터를 잡고 살았던 토박이 사람을 말한다. 곧 한 지역에서 부와 권력을 소유한 일종의 토호土豪세력을 지칭한다. '原'자를 주자는 원하고 바란다는 의미인 '愿'자로 해석하면서 鄕原은 鄕愿의 뜻과 같으며, 이는 곧 주로 쓰고 지방의 토호 세력을 일컫는 데 쓰인다고 주해하고 있다. 이러한 향원은 진정한 덕과 학문을 닦기보다는 작은 고을에서 토호세력으로 살면서 사람들의 평판에만 신경 쓰면서 세상에 아첨하고 있는 부류의 사람들이기에, 공자가 이렇듯 말하고 있는 것이다.

14. 子曰, 道聽而塗說이면 德之棄也이니라.

공자께서 말씀하시기를, "길에서 듣고 길에서 떠벌리는 것은 덕을 버리는 일이니라."[925]

鄕原, 只好偸石人石馬. 道聽塗說, 連石人石馬也偸不得.

'향원鄕原'은 다만 석인石人과 석마石馬를 훔치기를 좋아하는 사람들이라 할 수 있고, '도청도설道聽塗說'은 연이어 석인과 석마를 훔치고자 해도 얻지 못한 자들이라 할 수 있다.[926]

---

925 공자는 앞의 13장에서 지방의 향원을 가리켜 '德之賊'라는 말로 비판하고 있다. 본 14장에서는 도의 깊은 뜻을 알지 못하고 입으로 아는 척 떠벌리는 사람을 '德之棄'라는 말로 비판하고 있다. 대표적 사람들이 바로 도가의 무리들이라 할 수 있다. 그들은 치열한 삶의 현장인 현실 세상을 벗어나 개인적으로 깊은 심산에 은거하며 형이상학적이고 관념적인 도만을 찾고 논했기 때문이다. '道聽而塗說'에서 길을 나타내는 글자인 '道와 塗'는 그 의미에 있어서 약간의 차이가 있다. '道'는 단지 길만을 의미하지 않고, 마음에 깊이 새겨야 할 진리라는 뜻도 있다. 따라서 '道聽'는 마음에 새겨야 할 어떠한 바른 진리와 도를 듣지 않고, 아무 말이나 주워듣는다는 의미도 내재해 있다. 또한 '塗'에는 진흙탕이라는 뜻이 있다. 따라서 '塗說'은 아무데서나 가리지 않고 말하여 온갖 소문을 떠벌린다는 뜻도 담고 있다. 결과적으로 이러한 의미를 종합하면 '道聽塗說'은 아무 말이나 주워듣고 그 말의 시비와 선악을 깊이 따지지 않고, 부화뇌동하며 뜬소문을 말하는 천박한 자들을 비판하는 것이라 볼 수 있다.
926 석인석마石人石馬: 석인은 무덤 앞에 세우는 돌로 만든 사람 모양의 석상을. 석마는 무덤 앞에 수호신으로 세워 놓는 석상을 의미한다. 석인과 석마는 머리에 든 지식이 없는 무지한 사람을 비유하기도 한다.
※ 석인과 석마는 모두 무덤 앞에 세워 놓는 일종의 무덤 장식품인 동시에 무덤 당사자의 살아생전의 신분을 나타내는 상징물이기도 하다. 당연히 무덤의 주인은 부와 권력을 소유하고 사회적인 지위를 얻었던 이름 있는 사람들이다. 지욱선사는 '鄕原'과 '道聽塗說'을 설명하면서 석인과 석마의 비유를 들어 설명하고 있다. 이는 행원과 도청도설하는 자들이 나라와 사회의 공익

15. 子曰, 鄙夫는 可與事君也與哉아 其未得之也엔 患得之하고 旣得之하면 患失之하나니 苟患失之면 無所不至矣니라.

공자께서 말씀하시기를, "비속한 사람과 함께 임금을 섬길 수 있겠는가? 그가 벼슬을 얻지 못하면 그것을 얻는 것을 걱정하고, 그것을 이미 얻고는 그것을 잃을까 염려한다. 진실로 그것을 잃을까 염려하면 이르지 못하는 짓이 없게 되느니라."[927]

照妖鏡, 斬妖劍.

숨겨진 요괴를 비추어 드러내시는 거울과 같은 말씀이고, 요괴를 베는 날카로운 검과 같은 말씀이다.[928]

보다는 자신들의 현실적인 눈앞의 명리에만 관심을 기울이고 집착했던 소인들이었기 때문일 것이다. 그들이 학문과 수양을 통해 보다 차원 높은 진리를 탐구하고 국가와 사회에 필요한 쓸모 있는 인재가 되기보다는, 사적이고 집단적인 작은 명리에만 집착하여 욕심내고 쓸데없이 떠드는 사람들에 지나지 않다는 비판인 것이다.

927 비부鄙夫: 비천한 사람, 비속한 사람. 야여재也與哉: 인가요? 입니까? ~할 것이야. 환患: 근심, 걱정하다. 구苟: 구차하다.

※ 공자가 당시의 참된 군자나 위정자가 사라지고 비속한 범부(鄙夫)들이 득세하여 세상을 어지럽히는 세태를 질책하는 내용이다. '비부鄙夫'는 정당치 못한 방법으로 권력과 부를 좇는 소인배들을 말한다. 비부는 어지러운 세상에서 정치 권력 주변을 맴돌면서 개인적인 명리와 자리를 챙기려는 자들을 말한다. 까닭에 이들은 어떻게 하면 한 자리를 얻을까를 고민하고 운 좋게 자리를 얻으면 혹여 잃지 않을까를 근심한다. 나아가 이들은 자신들의 이권 유지를 위해 이리저리 몰려다니며 붕당을 짓고 선량한 자들을 무고하며, 이해관계에 따라 이합집산을 서슴지 않는다. 이런 소인배들이 어찌 정사를 바르게 임금을 제대로 보필할 수 있겠는가!

928 조요경照妖鏡: 본래는 마귀의 본체를 비추어 그 본래 모습을 드러나게 한다는 신통한 거울을 의미하지만, 사회의 감춰지거나 숨겨진 본체를 비추어 밖으로 드러내는 것을 뜻한다. 비슷한 유의어로 '조요경照妖鏡'이 있다. 참요검斬妖劍: 요괴를 베는 전설의 검.

16. 子曰, 古者에 民有三疾이러니 今也에 或是之亡也로다. 古之
狂也肆러니 今之狂也는 蕩이오 古之矜也는 廉이러니 今之矜
也는 忿戾오 古之愚也는 直이러니 今之愚也詐而已矣로다.

공자께서 말씀하시기를, "옛날 사람들은 세 가지 병폐가 있었는데 지금은 아마 이마저도 없어진 듯하다. 옛날의 광인은 거리낌이 없었는데 지금의 광인은 방탕하다. 옛날의 자긍심 있는 사람은 행동이 모가 난 것 같았는데 지금의 자긍심 있는 사람은 화내고 사납다. 옛날의 어리석은 사람은 정직했는데 지금의 어리석은 사람은 속이려 할 뿐이로다."[929]

葛可久頂門針, 不知還救得否. 可悲可憐.

갈가구葛可久가 정수리에 침을 놓는 것과 같은 경책의 말씀인데, 알아

---

929 사肆: 거리낌이 없다. 탕蕩: 방탕하다, 방자하다, 제멋대로 함. 염廉: 행동에 모가 남. 곧 행동이 원만하지 못함을 의미한다. 주자는 "염廉은 이랑이 각지고 산비탈이 위태로움을 말한다(廉, 謂稜角陗厲)."라고 주해하고 있다. 분忿: 성내다. 려戾: 어그러지다, 사납다, 맹렬하다. 이이而已矣: ~일 뿐이다.

※ 본 16장은 널리 백성들에 이르기까지 만연된 잘못된 풍토를 탄식하는 내용이다. 예악이 무너지고 위정자들의 타락으로 인해 백성들도 이처럼 변하여 타락하게 되었다는 탄식이라 할 수 있다. 여기서 표현되고 있는 '광인(狂)'이라는 말은 이미 자로편 21장과 공야장편 21장에서 표현되었던 것처럼, 지금과 같은 '미치광이'란 뜻의 부정적인 의미로 쓰이지 않았다. 보통 사람들과는 다르게 포부가 매우 크고 고상하여 고담준론을 일삼으며 자기 세계에 빠져 있어 다른 사람이 보기에 거만하며 방자하게 보이고, 또는 마치 미친 듯이 보이는 사람을 지칭한다. 그런데 공자 당시의 백성들은 진짜 미치광이처럼 방탕함을 일삼고, 걸핏하면 화내어 사납게 굴고, 남들을 속이는 것을 일삼으면서도 이를 대단한 능력이고 자랑인 양 여기고 있다는 것이다.

듣지 못한다면 과연 구제해 낼 수 있겠는가! 가히 슬프고 가련하다."⁹³⁰

17. 子曰, 巧言令色이 鮮矣仁이니라.

공자께서 말씀하시기를, "교묘한 말과 얼굴빛을 아름답게 꾸미는 자에게는 인이 드무니라."⁹³¹

18. 子曰, 惡紫之奪朱也하고 惡鄭聲之亂雅樂也하며 惡利口之覆邦家者하노라.

공자께서 말씀하시기를, "자주색이 붉은 색을 빼앗는 것을 싫어하고, 정鄭나라의 음악이 아악雅樂을 어지럽히는 것을 싫어하며, 교묘한 말솜씨가 나라와 가문을 전복시키는 것을 싫어하느니라."⁹³²

---

930 갈가구(葛可久: 1305~1353): 원元 나라의 유명한 의학가로, 이름이 간손干孫이다. 저서로 『십약신서(十藥神書)』, 『의학계몽(醫學啟蒙)』등이 있다. 환還: 역시, 과연. 득부得否: ~할 수 있겠는가.
931 이미 학이편 3장에서 언급된 내용이 다시 반복되고 있다. 그만큼 공자 당시의 위정자들 중에는 겉으로는 군자인척 나라의 안위와 백성의 안녕을 위한다고 말하면서 속으로는 사적인 명리만을 추구하던 위정자들이 많았다는 것을 나타내고 있다.
932 오惡: 미워하다, 싫어하다. 리구利口: 말을 교묘하게 잘하다, 약삭빠르게 둘러대다. 복覆: 뒤집다, 넘어뜨리다. 방가邦家: 나라와 대부의 집.
※ 남방화南方火의 정색인 주색朱色은 임금을 상징하고, 남방의 간색間色인 적색赤色과 북방의 간색인 자색紫色은 신하를 상징한다. 따라서 위에서 자색이 주색을 뺏는 것을 미워한다는 것은 신하가 임금의 권력을 찬탈하는 것을 미워한다는 뜻이다. 당시의 어지러운 정치 상황을 비유한 공자의 탄식이다. 한편 당시는 상하간의 위계질서가 무너진 상태에서 향당과 조정의 의례에 사용하는 정악正樂의 곡조마저 변조되어 연주되곤 하였다. 즉 오음五音과 율려律呂의 정

二也字, 一者字, 賓主歷然.

두 개의 '야也' 자와 하나의 '자者' 자는 손님과 주인이 분명함을 의미한다.[933]

19. 子曰, 予欲無言하노라. 子貢曰, 子如不言이시면 則小子何述焉이리잇고. 子曰, 天何言哉시리요 四時行焉하며 百物生焉하나니 天何言哉시리요.

공자께서 말씀하시기를, "나는 말하지 않으려고 한다." 자공이 말하기를, "스승님께서 말씀하지 않으시면 저희들은 무엇을 전술傳述해야 할지요?"

공자께서 말씀하시기를, "하늘이 무엇을 말하더냐? 사계절을 운행하고

음에 맞추어 연주되었던 아악雅樂의 곡조가 자극적이거나 경박하고 빠른 곡으로 바뀌면서 음란한 정나라 노래 같은 것이 유행하였던 것이다. 이에 공자는 정나라 음악이 아악을 어지럽히는 것을 싫어한다고 한 것이다. 나아가 사람들의 마음을 조화롭고 바르게 순화시켜주는 음악이 음란하고 경박해지고, 입만 살아서 나라와 백성을 걱정하는 척하는 자들이 권력을 차지하는 일이 일상화되면서 나라마저 전복시키는 상황이 빈번해졌다. 까닭에 공자는 입 발린 말로 나라를 전복시키는 자들도 미워한다고 말하고 있는 것이다.

933 주빈역연賓主歷然: 손님과 주인이 분명하다(歷然)는 뜻으로, 중국 당나라의 고승인 임제의현(臨濟義玄: ?~867) 선사의 어록인 『임제록(臨濟錄)』 등에서 공안公案으로 언급되고 있다.

※ 주색朱色, 아악雅樂, 정언正言이 주인(主, 正, 是)이라면, 자색紫色, 정성鄭聲, 리구利口 등은 손님(賓, 邪, 非)라 할 수 있다. '賓主歷然'이라는 표현은 본 18장에서 공자가 주인과 손님을 구분하여 무엇이 근본과 바름이 되어야 하는지를 밝히고 있다는 의미의 해석이다.

만물을 생성해 내지만 하늘이 무슨 말을 하더냐?"[934]

無言豈是不言, 何言卻是有言. 說時默, 默時說, 參.

'무언無言'이 어찌 '말을 하지 않는다(不言)'는 뜻이겠는가! '무엇을 말하는가(何言)'라는 의미는 오히려 '말을 한다(有言)'는 뜻이다. 말할 때 침묵함이고 침묵할 때 말함이니, 잘 살펴봐야 한다.[935]

---

[934] 여如: 만약 ~라면. 소자小子: 저, 저희들, 나의 겸칭. 술述: 논하고 전하다. 언焉: 어찌, 이에. 재哉: ~이리오, 일 것인가? ~로구나.
  ※ 공자는 말하지 않겠다고 선언한다. '無言'이란 세상과의 소통을 단절하겠다는 뜻일 수도 있다. 깜짝 놀란 자공이 '그렇게 하시면 저희들은 무엇으로 도를 배우고 세상에 전할 수 있겠냐?'고 반문한다. 이렇듯 공자가 '무언'을 언급한 것은 자신의 말이 세상에서 받아들여지고 실천되어지지 않는 현실에 대한 실망감과 더불어 '巧言令色'과 '利口'로 '覆邦家者'하려는 자들로 세상이 크게 어지럽혀지고 있는 세태에 대한 반감이 크게 작용하였을 것으로 추측된다. 그렇다면 공자는 왜 자공에게 '무언'을 언급하신 것일까? 자공은 일찍이 공야장편 12장에서 "선생님의 문장은 얻어 들었지만 성과 천도를 말씀하시는 것을 듣지 못했습니다(言性與天道, 不可得而聞也)."라고 언급한 바 있다. 공자는 이러한 자공에게 '무언'을 말씀하시면서 천도를 일깨우고자 하신 것이라 볼 수 있다. 하지만 자공은 '무언'의 깊은 뜻을 바로 깨닫지 못했다. 단순히 언어와 문장 수준으로 받아들이고 '何述焉'이라고 묻고 있기 때문이다. 이에 공자는 천도의 사계절의 운행과 만물의 생성을 설명하며 자신이 말한 '무언'의 깊은 뜻을 거듭 친절히 깨우치고 있는 것이다.
[935] 설시묵說時默, 묵시설默時說: 당나라 영가진각(永嘉眞覺: 647~713) 대사가 지은 『증도가(證道歌)』에서 "침묵할 때 말함이며, 말할 때 침묵함이여! 크게 베푸는 문을 여니 옹색함이 없도다(默時說, 說時默, 大施門開無壅塞)."라는 내용으로 표현되고 있다. 참參: 참조參照하다. 참구參究하다의 뜻.
  ※ 말을 입으로 할 때도 있고, 침묵으로 대신할 때도 있다. 말이 꼭 입으로만 하는 것이 아님을 알아야 한다. 하늘의 도(天道)는 사계절을 운행하고 만물을 생성해 낸다. 이는 침묵으로 말을 대신 함이다. 석가세존도 염화미소를 통해 가섭존자에게 법을 전했다고 한다. 이 또한 침묵으로 말을 전함이다. 공자가 '무언'을 선언하지만, 이 또한 법을 제자들에게 전하기 위한 또 다른 방편에 지나지 않는다. 침묵을 통해 '언어도단言語道斷'의 이치를 전하기 위함인 것이다. 시기와

20. 孺悲欲見孔子어늘 孔子辭以疾하시고 將命者出戶커늘 取瑟
    而歌하사 使之聞之하시다.

유비孺悲가 공자를 뵙고자 찾아오니 공자께서 병을 핑계로 사양하셨
다. 그러나 명을 전하는 자가 문을 나가자, 거문고를 연주하며 노래를
불러 그로 하여금 그 소리를 듣도록 하셨다.[936]

21. 宰我問, 三年之喪이 期已久矣로소이다. 君子三年을 不爲禮면
    禮必壞하고 三年을 不爲樂이면 樂必崩하리니 (喚甚麼作禮樂, 可
    恥可恥) 舊穀이 旣沒하고 新穀이 旣升하며 鑽燧改火하나니 期
    可已矣로소이다. 子曰, 食夫稻하며 衣夫錦이 於女여 安乎아
    曰, 安하나이다. (喪心病狂) 女安則爲之하라 夫君子之居喪에
    食旨不甘하며 聞樂不樂하며 居處不安故로 不爲也하나니 (真
    禮真樂, 和盤托出) 今女安則爲之하라. 宰我出커늘 子曰, 予之
    不仁也여 子生三年然後에 免於父母之懷하나니 夫三年之喪

    인연에 따라 침묵과 언어의 말을 자유자재로 행할 줄 아는 것은 오로지 천지의 이치를 궁구한
    성인만이 가능한 일이다.
936 유비孺悲: 노나라 사람으로, 애공哀公의 신하이다. 일찍이 공자에게 사상례(士喪禮: 선비가 상을
    당하여 행하는 예에 대한 가르침)를 배운 적이 있다. 장명將命: 명령을 받들다, 명령을 전하다.
※ 유비는 노나라 애공의 명을 받고 공자에게 사상례를 배워갔음에도 예법에 따라 행하지 않고 멋
    대로 높여서 사상례를 행했던 것으로 추측된다. 이 때문에 공자의 노여움을 사게 되었고, 이
    를 유비가 해명하고자 공자를 방문한 것으로 보인다. 공자는 유비를 받아들이지 않는 대신에
    25현의 슬(瑟: 비파)을 연주하며 노래함으로써 유비를 깨우치려 하였다. 공자가 부른 노래가
    구체적으로 무엇인지는 알 수 없으나, 비파를 연주한 것으로 보아 세상에는 움직일 수 없는 부
    동의 예가 있음을 일깨우려 한 것으로 이해된다.

은 天下之通喪也이거늘 予也有三年之愛於其父母乎아.

　재아宰我가 묻기를, "3년상은 기간이 너무 깁니다. 군자가 삼 년 동안 예禮를 행하지 않는다면 예는 반드시 무너질 것이고, 삼 년 동안 악樂을 행하지 않는다면 악도 반드시 붕괴될 것입니다. (무엇을 예를 행한다고 부르는가. 가히 부끄럽고 부끄럽구나.) 묵은 곡식은 이미 없어지고 새 곡식이 이미 익고 부싯돌로 불을 새로 지펴야 하니, 일 년만 하고 가히 그쳐야 할 듯합니다."
　공자께서 말씀하시기를, "쌀밥을 먹고 비단옷을 입으면 너는 편하겠느냐?" 대답하기를, "편안합니다."(이성과 지혜를 모두 잃은 미친 사람과 같구나)[937] "네가 편안하다면 그리해라. 대저 군자는 상중에는 먹어도 맛이 없으며, 음악을 들어도 즐겁지 않으며, 집안에 머물러도 편안하지 않아서 그렇게 하지 않는 것이니라. (진정한 예와 음악이 어떤 것인지 있는 그대로 드러내심이다.)[938] 지금 네가 편안하다면 그렇게 하도록 하여라."
　재아가 나가자 공자께서 말씀하시기를, "재아는 어질지 못하구나. 자식은 태어나 삼 년이 지난 연후에 부모의 품에서 벗어난다. 삼년상은 천하의 공통 상례이거늘, 재아는 삼 년 동안 그 부모에게서 사랑을 받았으련만."[939]

---

937 상심병광喪心病狂: 이성과 지혜를 모두 잃고, 마치 미친 사람처럼 황당한 언행이 극에 달한 것을 형용하는 말. 지욱선사는 재아의 대답을 이렇듯 직설적으로 혹독하게 비판하고 있다.
938 화반탁출和盤托出: 쟁반째로 내놓다. 있는 대로 다 털어놓다.
939 찬수개화鑽燧改火: 불을 일으키는 나무에 구멍을 뚫고 불을 고침. 곧 요즘의 부싯돌과 같음. 식지食旨: 맛있는 음식을 먹다.

難道三年之喪, 便報得三年之愛. 且就人情真切處點醒之耳. 陳旻昭曰, 宰我答安, 真有調達入地獄的手段. 得他此答, 方引出孔子一番痛罵, 方使天下後世之為子者, 皆不得安, 方杜絕千古世後欲短喪之邪說.

삼년상을 모시는 것이 어렵다고 말한다면, 부모의 품안에서 받은 삼년간의 사랑은 어떻게 보답하겠는가! 또한 곧 사람의 마음이 진실하게 머물러야 부분을 깨우치는 말씀일 뿐이다.

진문소는 "재아宰我가 '편안하다(安)'고 대답한 것은 참으로 조달調達이 지옥에 들어가는 수단(곧, 지옥에 태어나게 될 악업)을 갖추고 있음이다. 그가 이러한 대답(安)을 함으로 인해 바야흐로 공자께서 한 번의 큰 꾸지람(경책)을 하시게 되었고, 바야흐로 천하의 후세에 자식이 되는 자들로 하여금 모두 편안함을 얻지 못하게 하셨으며, 바야흐로 영원히 후세에 장례를 짧게 지내고자 하는 삿된 주장을 철저히 단절시키시게 되었다."고 하였다.[940]

※ 『서경(書經)』의 기록에 의하면 삼년상은 요순 시대 때에도 실시되었던 것임을 알 수 있다. 그러나 춘추 시대로 들어서면서 삼년의 상례 또한 거의 폐지되다시피 하고, 주로 1년상(期年喪)으로 대체되고 있었다. 이에 공자가 삼년상을 부활시켜 문하 제자들을 비롯하여 일부에서 삼년상을 실시하고 있었다. 이러한 때에 재여(宰予= 宰我)가 삼년상을 번거롭게 생각하여 예악과 생활의 불편함을 이유로 들어 다시 1년상을 주장하고 나섰던 것이다. 이에 공자는 부모의 삼년상마저 번거롭게 여기는 재여의 태도에 실망하여 본인 하고 싶은 대로 하라고 말한다. 그러면서 문인들에게 삼년상의 의미를 거듭 일깨우고자 그 의미를 설명하고 있는 것이다.

940 진절真切: 분명하다, 진실하다, 참되다. 처점處點: 지향해야 할 곳, 머물러야 할 곳, 나아가야 할 방향. 조달調達: 석가세존의 사촌 동생인 제바달다(提婆達多, devadatta)를 지칭한다. 사촌형인 석존이 성도하신 이후 출가하여 붓다의 제자가 되었지만, 이후 자신이 붓다의 2인자가 될 것을 욕

22. 子曰, 飽食終日하여 無所用心이면 難矣哉라 不有博奕者乎아 爲之猶賢乎己니라.

공자께서 말씀하시기를, "종일 배부르게 먹고 마음 쓰는 곳이 없다면 곤란하다. 장기(혹은 쌍륙雙六)와 바둑이란 것도 있지 않는가? 그런 것이라도 하는 것이 오히려 더 현명하리라."[941]

好行小慧, 無所用心, 俱難矣哉. 須是居易以俟命.

심내며 승단을 물려줄 것을 청하다가 거절당했다. 이에 앙심을 품고 자신을 추종하던 오백 여 명의 비구를 규합하여 승단을 이탈하여 독자 세력을 키웠다. 이후 여러 차례 붓다를 살해하려다 미수에 그치고 결과적으로 그 과보로 인해 살아서 지옥에 떨어졌다고 전해진다. 일번통매一番痛罵: 한차례의 강한 꾸지람. 두절杜絶: 끊다, 철저히 막다. 천고千古: 영원히.

941 의재矣哉: ~하도다, ~인가? 박혁博奕: 장기와 바둑. 일부에서는 '博'은 바둑이 아니라, 여섯 개의 막대기 혹은 주사위 두 개를 던져서 노는 '쌍륙雙六'으로 해석하기도 한다. 흑백의 돌을 이용하여 노는 쌍륙과 바둑은 둘 다 정전법井田法과 음양오행陰陽五行의 수數의 원리에 따라 만들어진 놀이 기구다. 따라서 이를 갖고 놀다 보면 혹여 정전법과 음양오행의 이치라도 터득하지 않을까 해서 하신 말씀이라는 것이다.

※ '종일을 배불리 먹고 마음 쓸 바가 없는 자들(飽食終日, 無所用心)'라는 말은 부모로부터 물려받은 재산을 갖고 일없이 빈둥거리는 일부 귀족 계급들과 일부 도가 무리들을 지칭하는 듯하다. 곧 조상들과 부모의 부와 권력을 배경으로 무위도식하는 자들을 염두에 둔 말씀일 것이다. 당시 춘추 시대는 철기 농기구의 발달로 농업 생산력이 크게 높아지고 권력 쟁탈전 속에서 부의 편중이 심해지면서 무위도식하는 자들이 많아졌다. 또한 대부분 도가 무리들은 산골에 은둔하면서 농사를 짓거나 도회지에서 문지기를 하면서 마음을 닦으며 살았다. 공자는 이렇듯 먹고 빈둥거리는 것은 짐승들과 다를 바 없는 생활이라고 생각하여 차라리 바둑(혹은 쌍육)을 두고 소일하는 것이 낫다고 한 것이다. 공자는 학이편 14장에서도 "군자는 먹는 데 배부름을 구하지 않아야 하고, 거처함에는 편안함을 구하지 않아야 하며, 학문에 정진해야 한다(食無求飽, 居無求安, 好學也)."고 경책한 바 있다.

작은 지혜(小慧: 하찮은 재주, 小智)를 행하기 좋아하며, 마음을 쓰는 곳이 없는 자는 모두 곤란하다. 모름지기 평이함에 거처하면서 천명을 기다려야 한다."942

23. 子路曰, 君子尚勇乎리잇고. 子曰, 君子義以爲上이니 君子有勇而無義면 爲亂이요 小人有勇而無義면 爲盜니라.

자로가 말하기를, "군자도 용기를 숭상하는지요?"

공자께서 말씀하시기를, "군자는 의로움을 최상으로 여긴다. 군자가 용기만 있고 의로움이 없으면 난을 일으키게 되고, 소인은 용기만 있고 의로움이 없으면 도둑이 되느니라."943

勇者奪魄.

---

942 『중용』 제14장에 "군자는 평이함에 거처하며 천명을 기다리고, 소인은 위험한 것을 행하며 요행을 바란다(君子, 居易以俟命, 小人, 行險以徼幸)."라는 내용이 표현되고 있다.
　※ 지욱선사는 마음을 쓰는 곳이 없이 무위도식하는 것도 곤란하지만, 그렇다고 하찮은 지혜(小慧)로 바둑이자 장기를 두는 등의 자잘한 놀이나 취미에 매달리는 것도 또한 좋은 일이 아님을 말하고 있다. 군자가 만약 특별히 할 일이 없다면 편안한 마음으로 좀 더 학문을 공부하며 때를 기다리는 것(居易以俟命)이 더 현명한 처신이라는 해석이다.
943 위 내용은 아마도 자로가 처음 공자를 찾아갔을 때 물은 내용으로 알려져 있다. 자로가 생각하기에 공자 같은 군자는 인예仁禮와 같은 정신적 가치만을 숭상하고, 정사와 시비를 가려 불선을 단죄하고 응징하는 의로움, 혹은 용맹함 등에 대해서는 별 관심을 두고 있지 않을까 하는 의문에서다. 위와 같은 공자의 답을 들은 자로는 바로 공자의 제자가 되었다. 이후로도 자로는 과강함을 버리지 못해 공자로부터 많은 가르침을 받았다. 이와 관련한 내용이 술이면 10장, 선진편 12장, 선진 21장, 선진편 25장, 양화면 8장, 『중용』 10장 등에 담겨 있다.

용감하기만 한 자는 혼을 빼앗긴 자라 할 수 있다.

24. 子貢이 曰, 君子亦有惡乎리잇고. 子曰, 有惡하니 惡稱人之惡者하며 惡居下流而訕上者하며 惡勇而無禮者하며 惡果敢而窒者니라. 曰, 賜也아 亦有惡乎아 惡徼以爲知者하며 惡不孫以爲勇者하며 惡訐以爲直者하노이다.

자공이 말하기를, "군자도 역시 사람을 미워하는 것이 있는지요?"
공자께서 말씀하시기를, "미워함이 있다. 사람들의 나쁜 점을 좋게 말하는 것을 미워하고, 아래에 있으면서 윗사람을 헐뜯는 것을 미워하고, 용기는 있지만 무례한 사람을 미워하고, 과감하지만 꽉 막힌 사람을 싫어하느니라."
말씀하시기를, "사야, 너도 미워하는 것이 있느냐?"
"저도 역시 싫어하는 것이 있습니다. 엿보고는 지혜로운 체하는 사람을 미워하고, 공손하지 않은 것을 용기로 여기는 것을 미워하고, 남의 결점을 들추어내는 것을 정직으로 여기는 사람을 미워합니다."[944]

---

[944] 오惡: 미워하다. '人之惡'의 惡은 악할 악. 산訕: 헐뜯다. 질窒: 막히다. 요徼: 여기서는 엿본다는 '徼'의 뜻으로 쓰임. 갈訐: 들추어내다. 비방하다.

※ 공자는 학문과 정치의 궁극적 목표를 인을 행하는 데 두었다고 볼 수 있다. 궁극적인 인의 마음은 모든 것을 포용하여 이해하고 받아들이며 사랑하는 대지와 같은 무량한 성인의 마음이라 할 수 있다. 공자가 『주역』 「계사상전」 4장에서 "대지를 본받아서 인을 돈독히 하니, 능히 사랑할 수 있다(安土敦乎仁, 故能愛)"고 한 것은 인이 바로 대지와 같이 모든 것을 포용하고 생성시키는 무량한 마음임을 밝힌 것이라 할 수 있다. 가장 가까이에서 오랫동안 스승을 지켜보았던 자공은 인을 그렇듯 강조하여 가르치는 공자도 '과연 미워하는 것이 있을까?' 하는 의문이

大須各自簡點, 莫使此二人惡.

대개 모름지기 각자 스스로 잘 분간하여 이 두 사람(공자와 자공)이 싫어하는 것들을 해서는 안 된다.⁹⁴⁵

25. 子曰, 唯女子與小人이 爲難養也이니 近之則不孫하고 遠之則怨이니라.

공자께서 말씀하시기를, "오직 여자와 소인은 대하기가 어렵다. 가까이 하면 불손하고 멀리하면 원망하느니라."⁹⁴⁶

들어 위와 같은 질문을 했을 것이다. 이미 공자는 이인편 3장에서 "오직 어진 자라야 능히 사람을 좋아할 수 있고, 또한 능히 사람을 미워할 수도 있다(惟仁者, 能好人, 能惡人)."고 한바 있다. 자공의 질문에 공자는 네 가지 미워하는 대상을 말하고 있다. 그런데 공자가 미워하는 바 네 가지는 인의예지의 사덕에 반하는 것들임을 알 수 있다.

945 간점簡點: 조사하다, 선정하다. 막사莫使: ~해서는 안 된다, ~하지 마라.
946 『논어』 전편을 통해서 볼 때 '女子'라는 단어가 등장하는 곳은 본 문장이 처음이다. 주의할 점은 '女子'라는 단어를 현재 우리가 사용하는, 보통 남성에 대비되는 전체 여성의 개념으로 생각해서는 안 된다는 사실이다. 일반적으로 우리가 알고 있는 유교의 '남존여비男尊女卑'의 사상과 차별적 관점은 한漢나라부터 비롯한 유학자들과 주자를 비롯한 송대 성리학자들이 정립한 사상에 근거한다. 남존여비의 사상은 공자와 무관한 후대 유학자들의 왜곡된 사상과 견해에 불과하다는 뜻이다. 공자는 『주역』 「서괘하전(序卦下傳)」에서 "천지가 있은 연후에 만물이 있고, 만물이 있은 연후에 남녀가 있고, 남녀가 있은 연후에 부부가 있고, 부부가 있고 난 후에 부자가 있고, 부자가 있은 연후에 군신이 있고, 군신이 있은 연후에 상하가 있고, 상하가 있은 연후에 예의를 두는 바가 있게 되었다(有天地然後, 有萬物, 有萬物然後, 有男女, 有男女然後, 有夫婦, 有夫婦然後, 有父子, 有父子然後, 有君臣, 有君臣然後, 有上下, 有上下然後, 禮義有所措)."라고 말하며 남녀에 대해 언급하고 있다. 이러한 공자의 말에 비춰 보면, 음양과 남녀의 관계는 우열과 상하의 관계가 아니라, '양선음후陽先陰後' 관점에서 서로 보합적이고 상의상관인 관계와 역할이라는 것을 알 수 있다. 한편 계씨편 14장을 근거해서 보면 군주의 처를 '夫人' 혹은 '小君'이라 부

曲盡女子小人情狀.

여자와 소인의 정상에 대해서는 곡진히 해야 한다.[947]

26. 子曰, 年四十而見惡焉이면 其終也已니라.

공자께서 말씀하시기를, "나이 40인데도 미움을 받는다면 그것으로 끝이니라."[948]

惡字不作去聲讀. 見惡, 謂尚不能改惡從善也. 雖云改過可貴, 但四十不改, 恐終不能改矣. 故警勵之, 意欲其奮發速改也.

른다. 또한 '小人'은 군자에 대비해 지위가 낮은 남성을 지칭한다. 이러한 명칭들에 대비해 보면 본 장에서의 '女子'는 당시의 여성 중에서 소인으로 분류할 수 있는 비첩婢妾들을 지칭한다고 보는 것이 타당하다. 비첩은 정실부인 외의 부인들을 뜻하기도 하지만 여종들을 가리키기도 한다. 이러한 소인들은 가까이 대해 주면 공경과 예절의 절도를 지키지 못하고, 그렇다고 멀리하면 원망의 마음을 품을 수 있기에 이들을 다루기가 어렵다고 말한 것이다.

947 곡진曲盡: 곡진하다. 극진하다, 정성과 대접이 지극하다.
948 구체적으로 누구를 염두에 두고 하신 말인지는 알 수 없다. 『예기(禮記)』 곡례상(曲禮上)에서는 "나이 40이면 굳세어서 벼슬에 나간다(四十日强而仕强而仕)."라고 하였고, 『논어』 위정편 4장에서는 "40이면 미혹됨이 없다(四十而不惑)."고 하였으며, 『맹자』 공손추 상편에서는 "40에 마음에 동요됨이 없었다(四十不動心)."고 하였다. 나이 40은 인생의 장년기에 해당한다. 혈기왕성하여 가정, 사회, 국가를 위해서 열심히 일하고 봉사할 수 있는 인생의 황금기이기도 하다. 이러한 시기에 경계하고 두려워해야 할 일은 남에게 척을 지어 미움을 당하거나 원한을 사는 일이다. 특히 군자와 위정자가 부덕하여 백성들에게 신망과 존경을 받지 못하고, 미움과 원한을 얻게 된다면 더 이상 그 존재가치가 없게 되는 것이다.

'오惡' 자는 거성去聲으로 읽어서는 안 된다. '미움을 받는다(見惡)'는 것은 오히려 능히 허물을 고쳐서 옳은 길로 나아가라라고 하는 의미가 아님을 말한다. 비록 허물을 개선하는 것이 귀중하다고 말하지만, 다만 나이 사십이면 고쳐지지 않는다. 아마도 마침내 고치가 쉽지 않기 때문이다. 그러므로 그렇듯 경계하고 권면하는 것이니, 마음으로 그것(其= 見惡, 미움 받는 것)을 분발하여 속히 개선하고자 노력해야 한다.[949]

---

949 경려警勵: 경계하고 권면하다.

제18 미자微子편

1. 微子는 去之하고 箕子는 為之奴하고 比干은 諫而死하니라. 孔子曰, 殷有三仁焉이니라.

미자微子는 그를 떠났고, 기자箕子는 그의 노예가 되었고, 비간比干은 간하다 죽었다. 공자께서 말씀하시기를, "은殷나라에 세 분의 어진 분이 있었느니라."950

---

950 본 문장에서 '그(之)'는 곧 은나라의 마지막 왕인 주紂왕을 가리킨다. 미자는 상나라의 29대 제을 帝乙의 장자이며 폭군으로 불리는 주왕의 이복형이다. 어머니가 정실 왕후(正后)가 아니었기 때문에 왕위를 계승받지 못했으며, 미微땅에 봉해져서 '微子'라고 불렸다. 비간과 기자는 모두 주왕의 숙부들이다. 주왕은 총명하고 용맹했지만 신하의 간언을 듣지 않는 독재자였다. 그의 총비寵妃인 달기妲己를 위해 호화로운 궁궐을 짓고 정사를 뒤로 한 채 '주지육림酒池肉林'의 방탕한 생활을 하여 나라의 근간을 위태롭게 하였다. 이에 비간과 기자, 미자 등은 주왕에게 거듭 간언하였지만, 그는 이를 수용하기 보다는 오히려 형벌을 강화하여 백성들의 원성을 잠재우려고 하였다. 심지어 기름을 바른 구리 기둥을 숯불 위에 걸쳐 달군 뒤에 그 위를 맨발로 건너가게 하여 불에 타 죽게 하는 포락炮烙이라는 형벌을 만들어, 자신에게 간언하는 신하들을 잔인하게 처형하는 포악함을 보였다. 이렇듯 주왕의 폭정이 극에 달하자, 미자는 기자, 비간과 논의 끝에 상나라의 종사를 보존하기 위해 미微 땅으로 되돌아갔다. 비간 또한 목숨이 위협받는 상황에서도 충절을 굽히지 않고 계속 주왕에게 간언하였다. 하지만 주왕은 성인의 심장에는 구멍이 일곱 개나 있다고 하였으니, 비간의 충심이 진짜인지 확인하겠다며 그의 심장을 갈라 죽이는 만행을 자행하였다. 기자 역시도 끊임없이 간언을 멈추지 않았다. 그러나 주왕에 의해 노비의 신분으로 강등되는 수모를 당하게 되었고, 이에 기자는 머리를 풀어헤치고 거짓 미친 체하며 노예 생활을 견뎌냈다. 이후 기자는 은나라가 멸망한 뒤에 『서경』의 홍범편에 기록되어 있는 아홉 가지 정치 대법인 구주九疇를 주나라

異世者, 卻知其仁, 同時者, 卻云不知其仁. 孔子於仁字何等認得淸楚, 豈似子路子貢子張武伯等隔牆猜謎乎. 卓吾曰, 千古隻眼. 方外史曰, 若據後儒見識, 則微子之去, 箕子之陳洪範於武王, 安得與比干同論, 嗚呼. 仁理之不明也久矣.

  다른 시대의 사람들은 오히려 그들의 어짊을 알아주지만, 동시대의 사람들은 그들의 어짊을 알아주지 않았음을 말하고 있다. 공자는 '인仁'자의 의미가 무엇인지 분명하게 인식하여 쓰고 있으니, 어찌 자로子路, 자공子貢, 자장子張, 무백武伯 등이 담을 마주한 듯 추측하는 것과 비슷하다고 할 수 있겠는가!⁹⁵¹

  이탁오는 "영원히 빛나는 식견이다."라고 하였고, 방외사는 "만약 후대 유생들의 식견에 의한다면, 미자微子가 그를 떠나고, 기자箕子가 주나라 무武왕에게 홍범구주九疇를 진언해준 것 등을 어찌 비간比干과 더불어 동일하게 논할 수 있겠는가? 슬프구나! 인의 이치가 불분명해짐이 오래되었다."라고 하였다.⁹⁵²

    무왕에게 전승하였다. 공자는 이러한 세 사람이 은나라에 마지막으로 남은 인자임을 밝히고 있는 것이다.
951 청초淸楚: 분명하다, 명확하다, 뚜렷하다, 확실하다. 어떠한 상황이나 사물에 대하여 확실하게 이해하고 있거나 구별할 수 있게 됨을 의미. 격장시미隔牆猜謎: 담을 마주하고 있어 담 안에 무엇이 있는지 알 수 없는 것처럼, 어떠한 사실을 추측하고 의심함을 의미.
952 척안隻眼: 짝을 이루지 않고 하나만 있는 눈, 곧 누구와도 비교할 수 없는 탁월한 식견을 의미.
  ※ 방외사가 언급하고 있는 '후대 유생들의 식견(後儒見識)'이 구체적으로 무엇인지는 알 수 없다. 단지 그들의 견해에 비춰 보면, 공자가 은나라 말기의 인자로 꼽고 있는 미자, 기자, 비간 등의 세 사람을 동일한 인자로 평가하는 것은 이치에 맞지 않다는 것이다. 아마도 후대 유생들이 주왕에게 간언하다 목숨을 잃은 비간과 그렇지 않고 간언하다 주왕을 피해 목숨을 부지하다

2. 柳下惠爲士師하여 三黜이어늘 人이 曰, 子未可以去乎아. 曰, 直道而事人이면 焉往而不三黜이며 枉道而事人이면 何必去父母之邦이리오.

류하혜柳下惠가 사사(士師= 옥관)가 되었으나 세 번이나 쫓겨났다. 어떤 사람이 말하기를, "그대는 떠나 버릴 수는 없었습니까?" 말하기를, "도를 곧게 하여 사람을 섬기자면 어디에 간들 세 번쯤은 쫓겨나지 않겠습니까? 도를 굽혀서 사람을 섬길 것 같으면 하필 부모의 나라(조국)를 떠날 필요가 있겠습니까?"[953]

卓吾曰, 有見有守. 方外史曰, 惟見得眞, 故守得定.

이후에 새로운 역할을 한 미자와 기자를 다르게 평가하고 있었음을 짐작할 수 있다.

953 출黜: 내치다, 쫓겨나다.

※ 류하혜는 공자와 동시대의 인물로 기원전 600년대 노나라의 현명한 대부였으며 후에 은둔해 일민(逸民: 학문과 덕행이 있으나 숨어사는 사람)이 되었다. 공자는 위령공편 13장에서 당대의 조정 대부인 장문중臧文仲과 비교하여 그의 어짊을 높이 평가하고 있다. 맹자 또한 『맹자』 공손추 상편 9장에서 "유하혜는 더러운 인군을 부끄러워하지 않았고, 낮은 관직을 하찮게 여기지 않았으며, 나아가되 어짊을 숨기지 않고 반드시 그 도로써 했다. 잃어도 원망하지 않고 곤액을 당해도 민망히 여기지 않으며, 너는 너고 나는 나라 여겼다(柳下惠, 不羞汙君, 不卑小官, 進不隱賢, 必以其道, 遺佚而不怨, 阨窮而不憫, 故曰爾爲爾, 我爲我)."고 말하며 그를 극찬하고 있다. 유하혜는 여자를 품고 하루를 지내도 음란하지 않았다는 뜻인 '좌회불란'坐懷不亂'의 고사의 주인공이기도 하다. '士師'는 곧 옥관獄官의 벼슬을 지칭하는데, 군주의 법 집행에 대해 중도와 형평성에 맞는지를 판단하여 맞지 않으면 간언하는 자리이다. 유하혜가 자기 직분에 충실히 원리원칙에 어긋나지 않게 곧은 도(直道)로서 직간하자, 주변 사람들이 그를 곱게 보지 않고 음해하여 세 번씩이나 계속 쫓겨났던 것이다. 공자는 이러한 유하혜가 더 이상 공직에 나아가지 못함을 안타깝게 여겼다.

이탁오는 "현명함이 있고, 절조가 있다."고 하였고, 방외사는 "오직 진실된 것만을 보고자 했기 때문에 평정함을 지킬 수 있었다."라고 하였다.[954]

3. 齊景公이 待孔子曰, 若季氏則吾不能이어니와 以季孟之間으로 待之하리라 하고 曰, 吾老矣라 不能用也라 한대 孔子行하시다.

제齊나라 경공景公이 공자를 대우하면서 말하기를, "계씨季氏처럼 대우하는 것은 나에게 불가능하지만 계씨와 맹씨의 중간 정도는 대우하리다." 말하기를, "내 늙었으니 임용은 못하겠소." 그러자 공자가 떠나셨다.[955]

4. 齊人이 歸女樂이어늘 季桓子受之하고 三日不朝한대 孔子行하시다.

---

954 유견유수有見有守: 식견을 갖추고 절조를 지키고 있다.
955 제나라 경공(재위 B.C. 548~490)은 이복형 장공莊公이 대부 최저崔杼의 처와 바람이 나서 최저에게 시해당하고 그에 의해 옹립된 26대 제나라 임금이다. 본 내용은 B.C. 517년 계평자를 공격하다 거꾸로 제나라로 망명하게 된 노나라 소공昭公을 따라 제나라로 갔을 때의 일이다. 이때 공자는 나이가 35, 36세 정도의 젊은 나이였으며, 8년을 제나라에 머물게 된다. 이때 제나라 임금이 공자를 노나라의 실권자 계씨와 맹씨의 중간 정도의 대우를 해주겠다고 제안한 것이다. 상당히 파격적인 대우이다. 그런데 당시 제나라 재상이었던 안영晏嬰이 이를 극렬히 반대해 등용되지 못했다. 그러나 공자는 자신의 등용에 반대했던 그를 훌륭한 사람으로 평가한다. 안영은 이름은 영嬰 자는 중仲인데 통상적으로 그를 안평중安平仲이라 부르고, 높여 안자晏子로 부르기도 한다. 이후 공자는 대신들의 강력한 반대와 더불어 암살 위협까지 있어 노나라로 급히 돌아갈 수밖에 없었다.

제齊나라 사람이 미녀 가무단(女樂)을 보내왔다. 계환자季桓子가 그를 받아들여 삼 일 동안이나 조회를 열지 않자, 공자께서 떠나셨다.[956]

5. 楚狂接輿歌而過孔子曰, 鳳兮鳳兮여 何德之衰오 往者는 不可諫이어니와 來者는 猶可追니 已而已而어라. 今之從政者殆而니라 孔子下하사 欲與之言이러시니 趨而辟之하니 不得與之言하시다.

초나라의 미치광이 접여接輿가 노래를 부르며 공자 앞을 지나가면서 말하기를, "봉황새야, 봉황새야, 어찌 덕이 쇠해버렸나? 이미 지난 것은 간할 수 없지만, 앞으로 올 것은 오히려 따를 수 있을 있으니, 그만두시오, 그만두시오. 지금의 정치를 따르는 것은 위태롭나니."

공자가 내려서 그와 말하려 했으나 종종걸음으로 공자를 피해 그와 말할 수가 없었다.[957]

---

956 위 내용은 공자가 51세(기원전 501년)에 노나라 정공(定公: 9년)에 의해 발탁되어 본격적으로 정사를 펼치다가 56세에 마침내 계환자에게 밀려나는 상황을 나타내고 있다. 당시 공자가 노나라의 도둑 잡는 대부 정도의 직위인 대사구大司寇 벼슬을 하고 있었는데, 제나라에서 공자가 계속 정치를 하게 되면 노나라가 강대해질 것을 염려해 강락무康樂舞를 추는 미녀 80명과 120마리의 명마를 노나라로 보내왔다. 이에 노나라의 제2실권자인 계환자가 이를 받아들였고, 미녀들의 춤에 빠져 3일 동안이나 조회를 열지 않았다. 이미 정사를 개혁할 의지가 없던 군주에게 이런저런 문제를 제기해봤자 오히려 군주를 욕되게 하는 일이고, 군주 다음의 최고 실력자인 계환자에게 간언해봤자 더 이상 개선의 여지가 없다고 판단한 공자는 얼토당토않은 비아냥거림을 뒤집어쓴 채 부모의 나라를 떠난다. 이후 공자는 자신의 이상을 실현할 수 있는 나라를 찾아 13년 동안 주유철환의 세월을 보내게 된다. 기원전 498년경의 일이다.

957 추趨: 종종걸음, 급한 걸음.
※ 접여接輿는 초나라 사람으로 성은 육陸, 이름은 통通이다. 거짓 미친 체하며 벼슬을 하지 않

又是聖人一個知己. 趨而辟之, 尤有禪機.

또한 이는 성인임을 알아보는 한 사람의 벗이라 할 수 있으니, 종종걸

았기에 당시 사람들이 '초광楚狂'이라고 하였고, 여기에 자를 덧붙여 '楚狂接輿'라고도 했다. 당시는 약육강식의 권력 투쟁으로 전쟁이 끊이지 않자 어지러운 세상을 피해 숨어 사는 은자들이 많았는데 접여도 그 가운데 한 사람이었다. 『장자(莊子)』 인간세(人間世) 편에 "공자가 초나라로 갔는데, 초나라 광인 접여가 그 문에서 놀면서 말하기를, '봉황이여, 봉황이여 어찌하여 덕이 쇠했나(孔子適楚, 楚狂接輿遊其門日, 鳳兮鳳兮, 何如德之衰也)?'"라는 내용의 글이 인용되고 있는 것으로 보아 도가의 무리라고 추측된다. 당시 도가는 유가의 사상이 비현실적이고 너무 격식에 얽매인다고 생각하여 유가의 무리에 대해 비판적인 태도를 취하였다. 공자는 헌문편 39장에서 "현자는 세상을 피하고, 그 다음은 땅을 피하고, 그 다음은 얼굴빛을 피하고, 그 다음은 말을 피한다(賢者辟世, 其次辟地, 其次辟色, 其次辟言)."라고 말한 바 있다. 이러한 공자의 말은 혼탁하고 어지러운 세상을 피해 안빈낙도의 삶을 살고자 하는 도가의 존재를 어느 정도 긍정했던 것으로 이해할 수 있다. 나아가 공자는 위정편 16장에서 "이단을 공격하면 해로울 뿐이라(攻乎異端, 斯害也已)."라고 말하며 자들에게 도가를 비롯한 다른 견해를 가진 사람들과 논쟁하거나 다투지 말 것을 당부하기도 했다. 하지만 공자는 세상의 보편적인 사회질서와 문화적 관습마저 무시하고 여기는 도가의 무애자재無碍自在한 삶의 태도와 방식에 대해서는 강한 비판을 가하였다. 헌문편 46장에서 도가의 무리이며 어릴 적 친구인 원양原壤이 모친상을 치를 때 나무에 올라가 노래를 부르는 등 장례 예법을 무시하는 무애한 행동을 일삼자 그들 찾아가서 "늙어서 죽지도 않으니, 너야말로 해가 될 뿐이다(老而不死, 是爲賊)."라고 강하게 질타했던 것이 그 하나의 예이다. 공자는 열린 입장에서 도가의 무리들과 대화를 하고자 했던 것으로 보인다. 그러나 접여를 비롯한 다음 장에 나오는 장저長沮, 걸닉桀溺, 장인丈人 등은 공자가 당시에 세상을 피해 사는 현자로 생각하여 대화를 시도했지만, 그들은 공자를 직접적으로 상대하려 하지 않았다. 본 문장에서 '鳳'은 공자를 지칭하는 말이라 볼 수 있다. 접여는 공자에게 지금은 난세이니 굳이 정치에 관여하지 말고 태평한 세상에 나타났다 어지러워지면 숨는다는 봉황처럼, 몸을 피하는 것이 낫다고 충고한 것이다. 이 일화의 시기는 초나라로 가려다 진나라와 채나라 사이에서 포위되어 식량이 떨어져 고통 받은 '진채지액陳蔡之厄'을 겪고 초나라로 간 B.C. 489년이다. 진채지간陣茶之間에서 초나라의 구원으로 포위에서 풀려나 초나라로 갔던 공자는 초나라 소왕昭王이 사방 700리의 땅을 봉해주려 했지만 총리인 영윤슈尹 자서子西의 반대로 등용되지도, 땅을 얻지도 못했다. 더군다나 그해 소왕은 출전했다가 전사했다. 이에 실망한 공자가 길을 떠나던 중 접여를 만나게 된 것이다.

음으로 피해 간 것은 특별히 무슨 선기禪機가 있어서인가!⁹⁵⁸

6. 長沮桀溺이 耦而耕이어늘 孔子過之하실새 使子路로 問津焉하신대 長沮曰, 夫執輿者爲誰오. 子路曰, 爲孔丘시니라. 曰, 是魯孔丘與아 曰, 是也시니라. 曰, 是知津矣니라. (好贊詞) 問於桀溺한대 桀溺이 曰, 子爲誰오. 曰, 爲仲由로라. 曰, 是魯孔丘之徒與아. 對曰, 然하다. 曰, 滔滔者天下皆是也이니 而誰以易之리오 且而與其從辟人之士也론 豈若從辟世之士哉리오 하고 耰而不輟하더라. (辟人之士, 錯看孔子) 子路行하여 以告한대 夫子憮然曰, 鳥獸는 不可與同群이니 吾非斯人之徒를 與오 而誰與리오 (可見不是辟人之士) 天下有道면 丘不與易也이니라. (菩薩心腸, 木鐸職分)

　장저長沮와 걸익桀溺이 짝을 이루어 밭을 갈고 있는데 공자께서 지나시다가 자로를 시켜 나루터를 묻고 오게 하셨다.
　장저가 말하기를, "저 수레를 잡고 있는 분은 누구신가?" 자로가 대답하기를, "공구孔丘라는 분입니다." 말하기를, "바로 노나라 공구孔丘라는 분이요?" 대답하기를, "그렇습니다." "그렇다면 나루쯤은 알고 있을 것이오." (훌륭한 찬탄사이다.)
　이번에는 걸익에게 물으니 걸익이 말하기를, "그대는 누구요?" 말하

---

958 우尤: 더욱, 특별히, 유달리. 선기禪機: '선문설법禪門說法의 기봉機鋒'이라는 말의 줄임말로, 곧 선의 이치를 깨닫게 하는 어떠한 언행이나 사물로 교의敎義를 암시하여 주는 비결.

기를, "중유仲由라고 합니다." 말하기를, "노나라 공구의 무리요?" 대답하기를, "그렇소." 말하기를, "도도하게 흘러가는 것은 천하가 모두 그렇소. 그러니 누가 그것을 바꾸리오. 또 그대가 사람을 피하는 선비를 따르는 것보다 세상을 피하는 선비를 따르는 것이 낫지 않겠소."라고 말하고 흙을 덮는 일을 멈추지 않았다. ('사람을 피해 사는 선비辟人之士'라는 말은 공자를 잘못 이해하고 있는 말이다.)

자로가 돌아와서 이 일을 말씀드리자, 공자께서 애석해하시며 말씀하시기를, "새나 짐승과 함께 무리 지을 수는 없으니, 내가 이 사람들과 함께하지 않으면 누구와 함께 산단 말인가? ('사람을 피해 사는 선비'라는 말이 옳지 않음을 표현해 내신 것이다.) 천하에 도가 있었다면 나는 구태여 더불어 바꾸려고 하지 않았을 것이니라. (보살의 마음으로 목탁의 직분을 다하고자 하심이다.)"[959]

---

959 우耦: 나란히 가다, 마주서다, 짝짓다. 우耰: 곰방메, 씨앗 덮다, 갈다. 철輟: 그치다, 버리다, 깁다. 여輿: 수레. 도도滔滔: 물이 가득 퍼져 흘러가는 모양. 여기與其A 기약豈若B: A하는 것보다 B하는 것이 낫다. 무연憮然: 낙심하여 허탈해하거나 애석해하는 모양.

※ 장저와 걸닉은 다른 문헌에 등장하지 않아 구체적으로 누구인지 알 수 없는 사람이다. 『공자세가(孔子世家)』에 의하면 이 사건은 섭葉나라를 떠나 채蔡나라로 돌아갈 때의 일이라고 한다. 대략 B.C. 490년경의 일이다. 노자와 공자는 황하 문명 사상을 양분하는 양대 산맥이나 그 성격이 전혀 다르다. 공자의 유가 사상이 철저히 현실 참여를 통한 세상의 변화와 개혁을 이루고자 하는 입장이라면, 노자의 도가 사상은 세상을 벗어나 개인적인 수양과 진리 탐구를 지향하는 현실 도피적 입장이 강하기 때문이다. 위 글은 단순히 나루터를 묻는 문제를 넘어 도가 무너진 험난한 세상에 대한 양쪽의 입장 차이를 명확하게 드러낸다. 어지러운 세상을 피하지도 못하고 그렇다고 세상을 바꾸지도 못한 공자에게 도가적 은둔자들이 계속 한마디씩 한다. 헌문편 41장에서 공자는 이미 도가 무리인 문지기한테서 '안 되는 줄 알면서 하는 그분(知其不可而爲之者)'이라는 말을 들은 바 있다. 노장사상과 공자의 생각이 확연히 달라지는 부분이다. '억지로 세상을 바꾸려 하지 말고 돌아가는 흐름에 맡겨라'는 생각이 노장과 은둔한 현자들의 말이다. 노자의 『도덕경』에서 가장 유명한 구절이 바로 '상선약수(上善若水)'라는 말이다. 이는

7. 子路從而後러니 遇丈人이 以杖荷蓧하여 子路問曰, 子見夫子乎아. (問得滿撞) 丈人이 曰, 四體를 不勤하며 五穀을 不分하나니 孰爲夫子리오 하고 (答得淸楚) 植其杖而芸하더라. 子路拱而立한대 止子路宿하여 殺雞爲黍而食之하고 見其二子焉이어늘 (露出馬脚, 惹出是非) 明日에 子路行하여 以告한대 子曰, 隱者也이로다 하시고 使子路로 反見之하시니 (趙州勘婆子) 至則行矣라. (勘破了也) 子路曰, 不仕無義하니 長幼之節을 不可廢也이니 君臣之義를 如之何其廢之리오 欲潔其身而亂大倫이로다. 君子之仕也는 行其義也이니 道之不行은 已知之矣시니라.

자로가 따라가다가 뒤처졌는데, 지팡이에 삼태기를 매달아 어깨에 걸친 노인을 만났다. 자로가 묻기를, "영감께선 우리 선생님을 보셨는지요?" (매우 당돌한 질문이다. ※만당滿撞은 '당돌함이 가득하다'는 의미로, 자로가 노인을 시험하기 위해 일부러 공자를 봤냐고 물었다는 의미이다.)

물처럼 자연의 흐름을 따르는 것이 가장 큰 선이고 진리라는 의미이다. 이처럼 도가는 때가 되면 사시가 바뀌듯 세상이 알아서 바뀔 텐데 굳이 나서서 고생하면서 다닐 필요가 없다는 입장이다. 도가의 사람들이 보기에 안 되는 줄 알면서도 세상을 바꾸어 보겠다고 애쓰는 공자의 무들은 그저 세상이치를 모르고 헛꿈을 꾸는 무리들로 보였던 것이다. 그럼에도 불구하고 공자와 맹자는 철환주유를 마다하지 않으며 세상의 혼란과 병폐를 바로잡고 개혁하고자 노력하였다. 유학에서 『주역』을 최고경전으로 꼽는 이유는 난세를 헤쳐 나가는 공자의 통치 철학이 그대로 담겨 있기 때문이다. 곳곳에 험난함을 건너야 이롭다는 의미인 '이섭대천利涉大川'이라는 말이 많이 표현되고 있는 것은 주역이 변역變易의 학문임과 동시에, 혁명의 정치철학을 담고 있기 때문이기도 하다.

노인이 말하기를, "사지를 부지런히 놀리지도 않고 오곡도 분간하지 못하는데 누구를 선생님이라 하오?" 하고 (정결한 대답이다.) 그 지팡이를 땅에 꽂고는 김을 매었다. 자로가 두 손을 마주잡고 경의를 표한 채 그대로 서 있으니, 자로를 머물게 하여 묵게 하면서 닭을 잡고 기장밥을 해 그것을 먹이고 그의 두 아들을 인사시켰다. (숨은 속내를 드러내어, 옳고 그름을 가려 이끌어낸 것이다.)[960]

다음 날 자로가 가서 그 사실을 말씀드렸다. 공자께서 말씀하시기를, "은자이시구나!"라고 말씀하시며, 자로로 하여금 되돌아가 다시 그를 만나보게 하셨다. (조주선사가 노파를 감정하는 것과 같음이다.)[961] 자로가 노인의 집에 도착하고 보니 떠나고 없었다. (감파를 마쳤음이다.)

---

960 노출마각露出馬脚: 마각을 드러내다, 숨은 의도를 드러내다. 야출시비惹出是非: 시비를 가려 이끌어내다.

※ 장인이 자로를 집에 들여 정성들여 식사 대접을 하고 두 아들을 인사시킨 것 등은 자로가 어떤 사람인지 시험하기 위해 그렇게 했다는 지욱선사의 해석이다.

961 조주감파자趙州勘婆子: 조주선사가 노파를 감정했다는 뜻으로, 화두 공안집인『무문관(無門關)』 제31칙에 나오는 화두이다. 『무문관』은 선종의 공안(公案, 話頭) 48칙을 해석한 선종의 입문서로, 중국 송나라 때의 중 무문혜개無門慧開가 설법한 것을 1228년에 제자 종소宗紹가 엮었다. 조주종심(趙州從諗: 778~897)선사는 당나라 중기의 걸출한 선승으로서 무려 120세까지 살았다고 전해지며, 성은 학郝씨이고 산동성山東省 조주曹州 학향郝鄕 출신이다. 어릴 적에 조주에 있는 호통원扈通院으로 출가하였다가 14세 되던 해에 안휘성安徽省 지주池州에 있던 남전보원(南泉普願: 748~845) 선사를 만나서 계오契悟하였는데, 그때 이미 확연히 깨달음을 얻은 것으로 전해지고 있다. 조주감파에 대한 일화를『무문관』에서는 다음과 같이 표현하고 있다. "조주 종심 선사께서 계시던 시절 한 선승이 노파에게 '대산 가는 길이 어디입니까?'라고 물으니 노파가 '곧장 가시오.'라고 대답하였다. 선승이 몇 발짝 가는데 노파가 '점잖은 스님이 또 저렇게 가는구만.' 하였다. 선승이 조주선사께 이 사실을 얘기하자 조주 선사께서 '가만히 있거라. 내가 그대를 위하여 노파를 감정해 보마.' 하시고 그 이튿날 가서 선승과 똑같이 물으시니 노파 역시 똑같은 대답이라. 조주선사가 돌아오셔서 대중에게 '내가 그대들을 위하여 대산 노파를 감정하여 마쳤노라.'라고 하셨다."

자로가 말하기를, "벼슬을 하지 않는 것은 의롭지 못한 일입니다. 어른과 아이 사이의 예절도 폐할 수 없는 것인데, 하물며 군신의 의에 있어서 만약 그것을 폐한다면 어떠하겠습니까? 그(자기) 몸만을 깨끗이 하고자 한다면 큰 윤리를 어지럽히는 것입니다. 군자가 공직을 맡는 것은 그의 의로움을 행하는 것입니다. (공자가) 세상에 도가 행해지지 않고 있음은 이미 알고 계십니다.[962]

---

962 장인丈人: 어른, 노인에 대한 존칭. 하荷: 메다. 조蓧: 삼태기, 대바구니. 치植: 꽂다. 예芸: 김매다. 공이입拱而立: 두 손을 맞잡고 섬, 곧 경의를 표하는 모습. 사食: 먹이다. 현見: 만나다. 여지하如之何: 어떻게 하나, 어떻게.

※ 본 문장에서 등장하는 장인丈人은 또 다른 도가의 은둔자이다. 앞 문장에서 등장했던 접여, 장저, 걸익 등과 더불어 장인은 농사를 짓고 살지만, 말하는 내용으로 보아 꽤나 학식이 높은 인물들임을 알 수 있다. 그들은 말로만 위민을 주장하며 백성에게 고통만 주는 위정자들의 위선과 무도한 정치현실에 실망하여 속세를 떠나 한적한 곳에서 농사일을 하며 자급자족하는 유유자적한 삶을 살고자 했다. 그런데 그들이 공자 일행과 우연히 만나 문답하는 내용을 보면, 그들이 비록 속세를 떠났음에도 불구하고 공자의 철환주유를 비롯해 세상 돌아가는 소식을 어느 정도 파악하고 있었던 것으로 보인다. 이는 그들이 세상을 피해 살면서도 세상일에 완전히 관심을 단절한 것이 아님을 짐작하게 한다. 도가는 유가가 지향하는 덕치와 위민정치에 대해서는 어느 정도 긍정을 하면서도 당시의 무도한 정치 풍토에서는 그것의 실현 가능성을 낮게 보았다. 당연히 그들은 유가의 무리들이 현실 정치에 참여하려는 행위를 비현실적인 이상주의, 또는 어리석은 행동으로 보았다. 유가의 입장에선 도가의 이러한 편협된 견해가 하나만 알고 둘은 모르는 또 다른 무지임을 비판하고 있다. 공자와 자로가 은둔해 사는 장인과 그의 아들을 만나 대화를 나누는 본 문장은 바로 유가의 도가에 대한 비판의 글이라 볼 수 있다. 사람 사는 세상에 인륜 질서가 아닌 것이 없는데, 이를 거부하는 도가의 무리들이 오히려 비현실적인 삶을 살고 있다는 비판이다. 장인이 농사를 짓거나 자로를 손님으로 접대하거나 자기 자식들을 자로에게 인사시키는 것 등이 다 천지자연의 이치를 바탕으로 한 인륜지도라 할 수 있다. 그런데 도가는 현실 정치의 잘못된 점만을 특별히 부각시켜 이로 인해 세상 모든 것이 다 잘못되었다고 단정한다. 나아가 세상의 자잘한 현실에 얽매일 필요 없이 세상을 등지고 자유롭게 개인적인 안락만을 찾고자 한다. 유가의 입장에선 이러한 도가의 행태가 너무 무책임하고 이기적인 매우 편협 된 것으로 보였음은 당연하다. 본 문장의 맨 뒷부분의 말은 자로가 장인의 집을 다시 찾았을 때, 집에 남은 장인의 두 아들을 대상으로 한 말이다. 공자도 이미 세상에 도가 행해지지 않음을 다 알지만, 그렇다고 도가들 무리처럼 세상을 피해 살면 그 누가 세상의 혼란을 바로잡고 백성의 고통을 구제할 수 있겠냐는 일깨움인 것이다.

此數句絕不似子路之言, 想是夫子敎他的. 幸得丈人不在, 不然
卻被丈人勘破.

이 몇 구절은 자로의 말이 아닌 듯하다. 아마도 공자가 그들(장인과 그
의 아들)을 가르치신 말씀이라 생각된다. 다행히 장인이 떠나고 없었으나,
그렇지 않았다면 오히려 장인에 의해 간파 당했을 것이다.[963]

8. 逸民은 伯夷와 叔齊와 虞仲과 夷逸과 朱張과 柳下惠와 少連이
니라. 子曰, 不降其志하며 不辱其身은 伯夷叔齊與인저 謂柳下
惠少連하사대 降志辱身矣나 言中倫하며 行中慮하니 其斯而已
矣니라. 謂虞仲夷逸하사대 隱居放言하나 身中淸하며 廢中權
이니라. 我則異於是하여 無可無不可호라.

숨어 사는 선비 중에는 백이伯夷, 숙제叔齊, 우중虞仲, 이일夷逸, 주장
朱張, 류하혜柳下惠, 소련少連 등이 있다.
공자께서 말씀하시기를, "그 뜻을 굽히지 않고 그 몸을 욕되게 하지
않은 것은 백이, 숙제였지."

---

963 감파勘破: 속내를 알아차리다. '간파看破'와 비슷한 뜻이다.
 ※ 지욱선사는 자로가 다시 장인을 찾아가서 그의 두 아들에게 한 말이 자로가 한 말이 아니라,
  공자가 직접 한 말이 아닌가 생각하고 있다. 만약 자로가 직접 한 말이라면 장인이 자로가 다
  시 찾아왔을 때 장인이 집을 떠나고 없었을 망정이지, 그렇지 않았다면 도리어 장인에게 가르
  침을 듣는 처지가 되었을 것이라는 지적이다. 이는 지욱선사가 장인이 자로보다 더 높은 학문
  과 깨달음의 경지에 이른 은둔지사임을 주장하는 말이다.

류하혜와 소련에 대해 말씀하시기를, "그 뜻을 굽히고 몸을 욕되게 했으나 말은 도리에 맞고 행동은 사려 깊었으니, 아마 그 정도일 뿐이니라."

우중과 이 일에 대해 말씀하시기를, "은거하면서 말은 기탄없이 했으나 몸가짐은 깨끗했고 벼슬을 그만둠이 권도(시세)에 맞았다. 나는 이들과 달리 가하다고 하는 것도 없고, 불가하다 하는 것도 없도다."[964]

異於是, 謂異於不降不辱, 異於降志辱身, 異於隱居放言也. 非謂異於逸民也. 以無可無不可, 而附於逸民之科, 又是木鐸一個註腳.

---

964 일민逸民: 학문과 덕행이 있으면서도 세상에 나서지 않고 초야에 숨어 사는 사람(隱者). 강降: 내리다, 항복하다, 투항하다. 륜倫: 인륜, 도리, 차례. 려廬: 생각하다, 헤아려보다.

※ 백이와 숙제는 주나라 무왕이 은을 토벌하는 것을 말리다 은나라가 망하자 은나라의 녹을 먹는 것을 거부하고 수양산에 들어가 고사리를 캐어 먹다 굶어죽은 은나라 제후 고죽군孤竹君의 두 아들이다. 우중은 주나라 첫 임금 문왕의 숙부인데 문왕에게 권력이 갈 수 있도록 형 태백과 함께 형만荊蠻으로 달아나 오나라의 두 번째 군주가 된 사람이다. 이일과 주장은 구체적으로 누구인지 알 수 없다. 류하혜는 기원전 600년대 노나라의 현명한 대부로, 사사(士師: 감옥과 재판관장) 관직에서 세 번이나 쫓겨났던 사람이다. 소련은 동이東夷 사람으로 부모가 돌아가셨을 때 상례를 잘 모셔서 예절에 밝은 사람으로 공자가 칭송한 적이 있는 사람이다. 공자는 평소 세상이 어지러워 은둔한 현인들을 안타깝게 여기시고 자주 말씀하신 듯하다. 논어의 편집자들이 공자가 때때로 말씀하신 은둔 군자들을 별도로 모아 본 8장에 기록하고, 세상과 절연한 은둔 군자들과 공자의 다른 점을 밝혀 놓은 점은 흥미롭다. '가함도 없고, 불가함도 없다'는 말은 공자와 유가가 어느 한 가지만을 고집하지 않는다는 뜻이라 할 수 있다. 공자는 이인편 10장에서 "따라감도 없고, 말 것도 없어서 의로움과 더불어 친할 뿐이다(無適也, 無莫也, 義之與比)."라고 말한 바 있고, 술이편 10장에서는 안연과 대화하면서 "쓰이면 행하고 버려지면 은둔하는 사람은 너와 나뿐이다(用之則行, 舍之則藏, 惟我與爾, 有是夫)."라고 말한 바 있다. 이는 은둔하더라도 도가의 은둔과는 다르다는 점을 표현한 것이라 이해된다. 시절인연에 따라 어떤 상황에서는 세상에 모습을 드러내기도 하고, 어떤 상황에서는 세상을 피해 숨어 살 수도 있는 것이니, 단순히 세상을 피해 사는 일민逸民들과는 다르다는 표현인 것이다.

'이들과 다르다(異於是)'는 것은 '뜻을 굽히지 않고(不降), 몸을 욕되게 하지 않은 것(不降不辱)'과 다르다는 것을 의미하고, '뜻을 굽히고 몸을 욕되게 하는 것(降志辱身)'과 다름을 의미하며, '은거하면서 말만 기탄없이 하는 것(隱居放言)'과 다름을 의미한다. 그럼으로써 '가하다고 하는 것도 없고, 불가하다 하는 것도 없다(無可無不可)'는 말은 숨어사는 선비들(逸民)의 조목에 덧붙여서 또한 하나의 목탁임을 주해하신 말씀이다.[965]

9. **大師摯는 適齊하고 亞飯干은 適楚하고 三飯繚는 適蔡하고 四飯缺은 適秦하고 鼓方叔은 入於河하고 播鼗武는 入於漢하고 少師陽과 擊磬襄은 入於海하니라.**

태사大師 지摯는 제齊나라로 가고, 아반亞飯인 간干은 초楚나라로 갔다. 삼반三飯인 요繚는 채蔡나라로 가고, 사반四飯인 결缺은 진秦나라로 갔다. 북치는 방숙方叔은 황하 쪽으로 들어가고, 작은 북을 흔드는 무武는 한수漢水 지역으로 갔다. 소사少師 양陽과 경磬을 치는 양襄은 섬으

---

965 일민지과逸民之科: 일민의 조목, 곧 숨어사는 선비로 일컬어지는 사람들이 실천했다고 하는 '不降不辱', '降志辱身', '隱居放言' 등을 가리킨다. 목탁일개木鐸一個: 목탁이 하나이다. 곧 일민들과 공자가 각각 자신들의 능력에 따라 사회에 빛이 되고 소금이 되는 하나의 목탁으로 그 역할을 함께 실천한다는 것을 의미한다.

※ 지욱선사는 공자가 표현하고 있는 '無可無不可'라는 말이 일민들이 각자 다르게 실천한 행위(逸民之科)들이 비록 공자가 직접 실천한 행위는 아니지만(無可), 공자 또한 그들과 같은 처지였다면 충분히 실천할 수 있는 행위(無不可)였음을 표현한 것임을 말하고 있다. 이는 결과적으로 공자와 일민들이 비록 실천 방법에 있어서는 그 차이가 있을 수 있지만, 사회의 목탁이 되고자 하는 근본취지에 있어서는 공자와 일민들이 '서로 다르지 않다(木鐸一個)'는 의미의 해석이다.

로 들어갔다.⁹⁶⁶

悽愴之景, 萬古墮泪, 亦可助發苦空無常觀門.

참으로 애달프고 구슬픈 풍경이니, 만고에 눈물을 떨구게 한다. 또한 덧붙여 고苦, 공空, 무상無常의 진리를 통찰하는 문을 도와서 드러냄이다.⁹⁶⁷

---

966 태사大師: 노나라 악사의 우두머리, 여기서 '大'는 '泰'의 의미로 '태'로 발음. 지摯: 인명. 아반亞飯: 점심 때 악장樂章을 맡은 악관. 옛날 중국의 천자는 하루에 4회씩 식사를 하였는데, 식사 때마다 악관이 풍악을 연주하였다. 간干: 인명. 삼반三飯: 세 번째 식사 때 악장을 맡은 악관. 사반四飯: 네 번째 식사 때 악장을 맡은 악관. 결缺: 인명. 고鼓: 북치는 것. 방숙方叔: 인명. 하河: 황하. 파播: 흔드는 것. 도鼗: 작은북. 무武: 인명. 한漢: 한수漢水. 소사小師: 태사를 돕는 보조 악관. 양襄: 인명.
※ 노나라의 실권을 장악한 대부 가문인 삼환씨(계손季孫, 숙손叔孫, 맹손孟孫의 집안)가 권력을 전횡하면서 나라의 기강과 질서가 무너지자 예악 또한 무너져 종묘와 조정에서 연주되어야 할 음악들이 그대로 대부의 집으로 옮겨져 연주되었다. 대부와 가신들에 의해 음악과 악사들이 농단당하는 지경에 이르자 정악을 담당하는 악사들이 마침내 하나 둘씩 노나라를 떠났다. 이렇듯 악사들이 노나라를 떠난 것은 대략 공자 사후에 일어난 일이다. 공자가 사후 음악을 제대로 알아줄 사람이 없자 공자와 함께 했던 노나라의 악사들이 더 이상 연주를 하지 않고 모두 떠난 것으로 보인다. 본장에서 언급되고 있는 '亞飯, 三飯, 四飯'은 여러 주석을 참고해 보면, 식사할 때의 연주라고 했는데 일반적인 식사를 말하는 것이 아니라, 초하루와 보름(朔望)에 드리는 소사小祀의 종묘제례라고 보아야 할 것이다. 즉 천자와 제후와 대부의 제사 때 연주하는 초헌初獻, 아헌亞獻, 종헌終獻으로 천자의 경우는 네 번의 식사에 모두 연주하고, 제후는 세 번, 대부는 두 번의 식사에만 연주를 한다. 하지만 노나라는 천자의 나라가 아닌 제후의 나라이기 때문에 초헌을 일반一飯이라고 하지 않고 아반, 삼반, 사반으로 했다.
967 처창悽愴: 마음이 몹시 구슬프고 애달프다. 타루墮泪: 눈물을 떨구다. 조발助發: 도와서 드러내다.
※ 고苦, 공空, 무상無常의 진리는 불교의 근본교설이라 할 수 있다. 불교는 생로병사의 윤회를 이어가는 모든 존재의 삶은 결과적으로 괴로움(苦) 속에 놓여 있고, 인간의 몸과 마음을 비롯한 모든 존재의 실상은 공성을 바탕 한 일시적인 가아假我의 존재이며, 모든 법은 영원불변한 실체가 없는 것이기에 인연 따라 생멸하는 무상한 존재임을 교설하는 것이다. 지욱선사는 본 11장의 내용이 불교의 이 같은 진리를 일깨우고 있음을 말하고 있다는 해석이다.

10. 周公이 謂魯公曰, 君子不施其親하며 不使大臣으로 怨乎不以 하며 故舊無大故則不棄也하며 無求備於一人이니라.

주공周公이 노공魯公에게 일컬어 말하기를, "군자는 그 친척을 버리지 않고, 대신들로 하여금 원망하지 않게 하며, 오랫동안 일해 온 사람은 큰 이유가 아니면 버리지 않으며, 한 사람에게서 모든 재능이 구비되기를 구하지 말아야 하느니라."[968]

11. 周有八士하니 伯達과 伯适과 仲突과 仲忽과 叔夜와 叔夏와 季隨와 季騧니라.

주周나라에 여덟 선비가 있었는데, 백달伯達, 백괄伯适, 중돌仲突, 중홀仲忽, 숙야叔夜, 숙하叔夏, 계수季隨, 계과季騧이니라.[969]

---

[968] 시施: 여기서는 버릴 '이弛'자의 의미로 쓰였다. 이以: 여기서 '用' 자인 '쓰다'의 뜻으로 쓰였다.
  ※ 주공은 실질적인 주나라의 건국자인 무武왕의 동생, 무왕과 무왕의 아들 성成왕을 도와 주 왕조를 반석 위에 올려놓은 사람이다. 주공이 아들인 백금伯禽이 성왕으로부터 노나라를 봉토로 받고 떠날 때 준 경계의 말이다. 주공은 정치를 할 때 주변 사람 관리 방법의 중요성에 대해 말하고 있다. 그 첫 번째가 친인척에 대한 관리이다. 너무 멀리하지도 않고(不可遠) 너무 가까이 하지도 않게 해야 하며(不可親), 적절하게 법에 따라 지위를 주되 배반하는 일이 없도록 잘 관리해야 한다는 것이다. 둘째는 고위 직책에 대한 관리이다. 대신의 직책을 주면 그에 걸맞게 부릴 사람을 충분히 주어 일할 수 있도록 만들어주라는 것이다. 셋째는 훈구대신들의 관리이다. 늙고 오래된 관리라고 하여 연고가 없는 이상 함부로 쫓아내지 말고, 일선에서 물러나더라도 끝까지 예우하라는 뜻이다. 넷째는 한 사람에게 완벽히 갖춰질 것을 요구하지 말라는 것이다. 그 사람의 장점만을 취해 쓰라는 뜻이다.
[969] 다른 문헌에 등장하지 않아 누구인지 알 수 없는 사람들이다. 백(伯: 맏이), 중(仲: 가운데), 숙(叔: 나이 어림), 계(季: 막내)의 순서로 두 명씩 짝 지어져 있으므로, 한 어머니가 쌍둥이를 네 번 연속으로 낳은 인물들이라는 설이 있으나 확인이 불가하다. 주나라에서 나름대로 명망이 있었던 인물들임을 짐작할 수 있을 뿐이다.

제19 자장子張편[970]

1. 子張曰, 士見危致命하며 見得思義하며 祭思敬하며 喪思哀면 其可已矣니라.

자장子張이 말하기를, "선비가 위험을 보면 목숨을 다하고, 이득을 보면 의로움을 생각하고, 제사에서는 공경함을 생각하고, 장례에서는 슬픔을 생각한다면 아마 괜찮을 것이다."[971]

---

970 본 자장편은 공자의 제자들의 어록을 담아내고 있다. 본 편에 나오는 제자들의 어록은 자장 2장, 자하 11장, 자유 2장, 증자 4장, 자공 6장 등이다. 이들 모두는 공자의 제자들 중에서 비교적 이름 있는 명망가들이다. 이 가운데 자하, 자유, 자공 등은 '진채절량陳蔡絶糧'의 어려운 시기를 함께 동고동락한 제자들이라 할 수 있다. 이들 가운데 특히 증자는 가장 어린 나이에 아버지인 증삼의 손을 잡고 공자의 문하에 들어온 인물로, 공자 사후 대학을 지어 공자의 학맥을 정통적으로 계승한 제자로 손꼽히며, 문하에 많은 재전再傳 제자들을 배출하였다. 자장은 진陳나라 출신으로 『논어』 전체를 통해 공자와 주고받은 문답이 13번이나 나오며, 마지막 편인 요왈편에서도 '정치에 종사하는 것(從政)'과 관련해 공자와 문답을 주고받은 제자로 기록되고 있다.

971 치致: 다하다, 바치다. 기가이의其可已矣: 아마(其) 가능(可)할 것이다(已矣).

※ '見得思義'라는 말은 계씨편 10장에서 공자가 이미 언급한 말이고, 비슷한 말도 '見利思義, 見危授命'이라는 표현으로 헌문편 13장에서 언급되고 있다. 또한 제사에 관해서도 비슷한 공자의 말이 팔일편 12장에서 "조상에게 제사를 지냄에 있어서 조상이 살아 있는 것처럼 하고, 신에게 제사 지냄에 있어서 신이 있는 것처럼 하라(祭如在, 祭神如神在)."라는 내용으로 표현되고 있고, 상사에 관해서도 비슷한 공자의 말이 팔일편 4장에서 "진심으로 슬퍼해야 한다(寧戚)."라는 표현으로 언급되고 있다. 공자가 B.C. 479년에 세상을 떠나셨으니, 위에서 자장이 한 말은 스승에게서 배운 가르침을 전언한 것이라 할 수 있다.

卓吾云, 致命, 不用思字, 有理.

이탁오가 말하기를, "'목숨을 다하다(致命)'라고 하면서 '사思' 자를 쓰지 않은 것은 지당하다."⁹⁷²

2. 子張曰, 執德不弘하며 信道不篤이면 焉能爲有며 焉能爲亡이리요.

자장이 말하기를, "덕을 가졌으나 넓지 못하고, 도를 믿으나 돈독하지 않으면 어찌 있다 할 수 있겠나? 어찌 없다 할 수 있겠나?"⁹⁷³

卓吾云, 罵得很. 方外史曰, 弘字, 篤字, 用得妙.

이탁오는 "심한 질책이다."라고 하였고, 방외사는 "'홍弘'자와 '돈篤'자

---

972 유리有理: 이치가 있다, 도리에 맞다, 지당하다, 옳다.
　　※ 이탁오는 자장이 '위태로움을 보면 목숨을 다하다'는 뜻으로 '見危致命'이라는 표현을 쓰고 있는데, 뒤에 이어지는 다른 경우처럼 '생각하고 헤아리다'의 뜻인 '思' 자를 쓰지 않고 '致' 자를 쓰고 있는 것이 합당함을 말하고 있다. 위험한 급급한 상황 하에서는 이것저것 따지고 헤아리기보다는 무엇보다 먼저 그러한 위급하고 위험한 상황에서 벗어나는 것이 급선무이다. 따라서 그러한 상황에서는 생각보다 행동이 먼저 앞서야 하는 것이기에 '思' 자를 쓰지 않고 '致' 자를 쓴 것이 합당했다는 해석이다.
973 덕과 도는 둘이면서 하나이고 하나이면서도 둘이라 할 수 있다. 덕은 천지자연의 이치인 도를 닦음으로써 저절로 갖춰지게 되는 인격이고, 도는 덕의 실천을 통해서 이치를 밖으로 드러내기 때문이다. 중요한 것은 바른 진리에 대한 돈독한 믿음을 갖추고, 그러한 믿음을 바탕 하여 도를 열심히 닦아 덕을 넓게 쌓아가는 실천이 중요하다고 할 수 있다.

를 쓴 것이 미묘하다."라고 하였다.[974]

3. 子夏之門人이 問交於子張한대 子張曰, 子夏云何오. 對曰, 子夏曰, 可者를 與之하고 其不可者를 拒之라 하더이다. 子張曰, 異乎吾所聞이로이다. 君子는 尊賢而容衆하며 嘉善而矜不能이니 我之大賢與인대 於人에 何所不容이며 我之不賢與인댄 人將拒我니 如之何其拒人也리오.

자하子夏의 문인이 자장에게 교우交友에 대해 물으니 자장이 말하기를, "자하는 무엇이라 말하던가?"
대답하기를, "자하께서 말씀하시기를, '사귈 만한 사람을 사귀고, 사귀어서는 안 될 사람은 사귀지 말라 하셨습니다."
자장子張이 말하기를, "나의 들은 바와는 다르네. 군자는 현명한 사람을 존중하고 군중을 포용하며, 잘하는 사람을 좋게 여기고 능하지 못한 사람도 아낀다 했네. 내가 크게 현명하다면 사람들에게서 용납하지 못할 것이 무엇이 있겠는가? 내가 현명하지 못하다면 사람들이 장차 나를 거절할 것인데 어찌 그 사람을 막겠는가?"[975]

---

974 罵得: 꾸짖다, 욕하다. 여기서 '得'은 동사나 형용사의 뒤에 쓰여, 결과나 정도를 표시하는 보어를 연결시키는 역할을 함. 흔很: 매우, 몹시.
975 여지與之: 더불어 사귀다. 용容: 포용하다. 가嘉: 칭찬하다, 기뻐하다. 긍矜: 불쌍히 여기다. 여與: ~라면, 가정의 뜻이다. 여지하기거인야如之何其拒人也: 어떻게(如之何) 그(其) 사람을 거절(拒人)하리(也).
※ 공자 사후, 그의 수제자들은 스승으로부터 배운 가르침을 바탕으로 각자 자신의 문하에 제자들을 받아들여 교육하면서 서로 교류하였다. 당연히 공자의 가르침을 자신의 제자(再傳弟子)들

毋友不如己者, 原不是拒人.

자기보다 못한 사람과 사귀지 말라는 것이지, 원칙적으로 사람을 거절하라는 말이 아니다.

4. 子夏曰, 雖小道나 必有可觀者焉이어니와 致遠恐泥라 是以로 君子不爲也이니라.

자하가 말하기를, "비록 작은 도(小道)라 할지라도 반드시 볼만한 것이 있다. 그러나 먼 곳(大道)에 이르고자 하는 데에는 방해가 될까 두려우니, 이로써 군자는 하지 않는 것이다."[976]

에게 전승하는 과정에서 해석과 의견을 달리하는 일이 생겨날 수밖에 없었다. 본 문장의 글은 바로 이러한 내용을 그대로 보여주는 하나의 사례이다. 자하의 제자가 자하로부터 '사귐(交)'에 대한 가르침을 들었지만, 무언가 부족함이 있어 다시 자장에게 묻는 내용이다. 자장은 자하의 가르침과 자기가 공자로부터 들었던 가르침과는 그 내용이 다름을 지적하며, 자신이 배우고 이해했던 사귐에 대해 자세히 말하고 있다. 이는 자신이 자하보다는 좀 더 스승인 공자의 가르침을 깊이 이해하고 체득하고 있다는 우월감을 드러낸 것이라 볼 수도 있다. 이에 대해 주자는 자하의 답변이 "박절하고 좁아서 자장이 자하의 말을 기롱하였다(子夏之言, 迫狹, 子張譏之是也)."라고 해석하고 있다. 하지만 이는 자장이 자하의 답변 중에서 포괄적이고 원칙적인 답변만을 인용하여 생긴 문제라 할 수 있다. 자장과 자하의 답변은 서로 다른 관점에서의 해석일 뿐, 둘의 답변 중 누가 더 낫다는 해석은 적절치 않다.

976 소도小道: 한 가지 전문적인 기술과 특기(一技)를 의미. 니泥: 막히다. 통하지 못하다.
※ 소도는 군사, 점술, 의술, 잡기 등과 같은 여러 잡기(百家衆技)를 지칭한다. 이에 비해 대도는 천지자연의 근본 이치와 같은 궁극적인 진리를 지칭한다. 소도를 배우고 실천하는 것도 그 나름대로 가치가 있고 이익이 있다. 하지만 그런 소도에만 매달려 몰두하게 되면 군자가 궁극적으로 추구하고 체득해야 할 대도를 소홀히 할 수밖에 없다. 자하는 이를 지적하고 있다. '군자불기君子不器'라는 뜻에 근본을 둔 말이다.

5. 子夏曰, 日知其所亡하며 月無忘其所能이면 可謂好學也已矣
   니라.

   자하가 말하기를, "나날이 자신이 모르는 바를 알아가고, 달마다 그 능숙히 아는 것을 잊지 않도록 한다면, 가히 '학문을 좋아한다(好學)'고 말할 수 있다."⁹⁷⁷

此便是子夏之學, 不是孔子之學, 所謂小人儒也.

   이는 곧 자하의 학문이지, 공자의 학문이 아니다. 이른바 '소인의 유학자(小人儒)'라고 할 수 있다.⁹⁷⁸

---

977 ※ 공자는 배움을 좋아함, 즉 '호학好學'에 대해서 제자들에게 누차 강조하여 가르치고 본인 스스로도 호학함을 자랑스럽게 말하였다. 예컨대 공야장편 27장에서는 "나만큼 호학하는 자가 없다(不如丘之好學也)."라고 하였고, 술이편 18장에서도 "분발하면 먹을 것을 잊고, 즐거움으로써 근심을 잊어서 늙음이 장차 이르는 것도 알지 못한다(發憤忘食 樂以忘憂 不知老之將至)."라고 말하며 스스로가 호학함을 평가하고 있다. 공자의 제자들이 『논어』를 편집하면서 배움과 관련된 '學而'편을 맨 앞에 둔 것도 호학을 강조했던 공자의 가르침을 중요하게 받아들였기 때문일 것이다. 공자는 제자를 평가함에 있어서도 호학하는 제자를 가장 칭찬하였다. 예를 들면 애공이 제자들 중에서 '호학하는 제자가 누구인가?'라고 질문하자, 공자는 안회를 꼭 집어 지칭하며 그를 칭찬하고 있다. 유가에서 호학은 인격을 닦는 수신修身과 다름이 아니다. 공자는 학이편 14장에서 "군자는 먹는 데 배부름을 구하지 않고, 거처함에 편안함을 구하지 않으며, 일에는 민첩하면서 말을 삼가야 한다. 도가 있는 데에 나아가 바르게 하면 배움을 좋아한다고 말할 수 있다(食無求飽, 居無求安, 敏於事而愼於言, 就有道而正焉, 可謂好學也已)."라고 말하며 호학을 언급하고 있다. 이는 호학과 수신이 둘이 아님을 표현한 것이라 할 수 있다.
978 소인유小人儒: 소인의 유학자. 옹야편 11장에서 공자가 자하를 상대로 "너는 군자의 학자가 되고, 소인의 학자가 되지 말아라(女爲君子儒, 無爲小人儒)."라는 내용으로 언급되고 있다.
   ※ 지욱선사는 자하가 언급하고 있는 호학의 내용이 공자가 가르친 호학의 본뜻에 부합하지 못함

6. 子夏曰, 博學而篤志하며 切問而近思하면 仁在其中矣니라.

자하가 말하기를, "널리 배워서 그 뜻을 독실하게 하고, 간절히 질문하고 가까이 생각하면 인이 그 가운데에 있다."[979]

此卻說得有味.

이 역시 흥미 있는 설명이라 할 수 있다.[980]

을 비판하고 있다. 자하가 말하는 호학의 내용은 대도를 지향하는 군자의 호학이 아니라, 작은 지식을 쌓아나가는 것에 만족해하는 소인의 배움에 지나지 않는다는 지적인 것이다.

979 공자는 『주역』 건괘乾卦 「문언전(文言傳)」에서 "군자는 배움으로써 모으고, 물음으로써 변별하며, 너그러움으로써 거처하고, 어짊으로써 행한다(君子, 學以聚之, 問以辨之, 寬以居之, 仁以行之).'라고 말한 바 있다. 『중용』 20장에도 "널리 배우고, 자세히 묻고, 신중하게 생각하고, 분명하게 구분하고, 독실하게 행해야 한다(博學之, 審問之, 愼思之, 明辨之, 篤行之)."라는 말이 있는데, 이는 중용의 저자로 알려진 자사子思가 공자의 말을 인용한 것이다. 이러한 내용을 근거해보면, 위에서 자하가 언급하고 있는 '博學而篤志, 切問而近思'라는 말은 곧 자하가 공자의 가르침을 근거하고 있음을 짐작할 수 있다. '인이 그 가운데 있다'라는 뜻인 '仁在其中矣'라는 표현 또한 공자가 자로편 18장에서 언급하고 있는 '直在其中矣(정직함이 그 가운데 있다)'표현과 술이편 15장에서 언급되고 있는 '樂亦在其中矣(즐거움이 또한 그 가운데 있다)' 표현, 그리고 위영공편 31장에서 언급되고 있는 '餒在其中矣(굶주림이 그 가운데 있다)', '祿在其中矣(봉록이 그 가운데 있다)'라는 공자의 어법에서 취했음을 알 수 있다. 한편 '생각을 가까이 한다'라는 뜻인 '近思'는 진리를 탐구하고 학문을 공부함에 있어 헛되이 자신을 벗어나 먼 밖에서 그 무엇을 찾는 것이 아니라, 현재 자신이 처해 있는 지금 여기에서 생각하고 공부함을 의미한다. 곧 '자신을 돌아보는 생각', 혹은 '구체적 실생활을 바탕으로 하는 사고하는 것' 등을 의미한다. 나아가 近思는 생각에 치우침이 없어 슬기롭고(睿), 성인이 되는(作聖) 과정을 말하기도 한다. 그러므로 近思란 거의 성인에 가까울 수 있다는 뜻으로, 이러한 뜻을 취해 주자와 여동래呂東萊는 『근사록(近思錄)』을 펴냈다.

980 각却: 오히려, 이외로, 역시. 유미有味: 맛이 있다. 흥미가 있다. 재미있다.

7. 子夏曰, 百工이 居肆하여 以成其事하고 君子學하여 以致其道니라.

자하가 말하기를, "모든 기술자는 공방에 머물면서 자신의 일을 완성하고, 군자는 배움으로써 그 도를 달성한다."[981]

逼眞好同喩.

명확하게 한 가지로 비유를 잘 하였다.[982]

8. 子夏曰, 小人之過也는 必文이니라.

자하가 말하기를, "소인은 잘못을 저지르면 반드시 꾸민다."[983]

卓吾云, 今人倘有文過之念, 此念便是小人了.

이탁오는 "요즘 사람들 중에도 혹여 허물을 꾸미고자 하는 생각을 가

---

981 백공百工: 모든 장공匠工. 사肆: 물품을 제조하는 곳.
982 핍진逼眞: 똑똑하다, 명확하다, 진실에 거의 가깝다.
   ※ 자하가 두 가지 예를 들어 설명하고 있는 내용이 매우 적절하고 합리적인 비유의 설명이라는 의미이다.
983 '꾸민다(文)'는 말은 변명하고 감추며, 진실을 숨겨 스스로를 정당화시킨다는 뜻이다.

지고 있다면, 이러한 생각은 곧 소인의 생각이다."라고 하였다.[984]

9. 子夏曰, 君子有三變하니 望之儼然하고 卽之也溫하고 聽其言 也厲이니라.

자하가 말하기를, "군자는 세 가지 변함이 있다. 멀리서 바라보면 근엄한 듯하고, 가까이 다가가면 온화하고, 그 말을 들으면 엄정하다."[985]

像贊.

군자의 모습에 대한 칭찬이다.

10. 子夏曰, 君子信而後에 勞其民이니 未信則以爲厲己也이니라. 信而後에 諫이니 未信則以爲謗己也이니라.

자하가 말하기를, "군자는 신뢰를 얻고 난 후에 그 백성을 수고롭게 해야 한다. 신뢰를 얻지 못하면 자신을 괴롭힌다고 여기게 된다. 신임을 받고 난 이후에 잘못을 간해야 한다. 신임을 받지 못하고 간언하면 자신

---

984 료了: 여기서 '了' 자는 인식·의견·주장·행동 등에 변화가 있음을 표시한다.
985 군자의 위의威儀, 곧 행동거지를 표현하고 있다. 군자에게는 세 가지 변화의 모습(三變)이 있다는 것이다. 군자는 얼핏 보기에 보통 사람과 다름이 없지만 ①바라보면 볼수록 의젓하고, ②가까이 다가가 상대해 볼수록 온화하고, ③그 말을 들어보면 볼수록 항상 치밀하면서도 엄정함을 알 수 있다는 것이다. 이는 곧 군자를 소인과 비교해서 세 가지 다른 장점이 있음을 나타낸 말이라 할 수 있다. '厲'자는 '치밀하다, 정확하다, 엄정하다'는 뜻으로 사용되었다.

을 비방한다고 여긴다."⁹⁸⁶

小心天下去得.

신중하고 삼가면 천하를 갈(얻을) 수 있다.⁹⁸⁷

11. 子夏曰, 大德이 不踰閑이면 小德은 出入이라도 可也니라.

자하가 말하기를, "큰 덕은 문지방을 넘지 않고, 작은 덕은 넘나들어도 된다."⁹⁸⁸

---

986 이위以爲: ~라고 여기다, 생각하다. 려厲: 가혹하다, 괴롭히다. 방謗: 헐뜯다, 비방하다, 꾸짖다.
  ※ 군주와 백성, 군주와 신하의 관계에 있어 무엇보다 믿음이 중요하게 작용함을 말하고 있다. 군주가 백성에게 신뢰를 얻지 못하고 강제적으로 정책을 펼치면, 백성들은 군주가 백성들을 괴롭히고 힘들게 한다고 여겨 원망과 불만을 품게 된다. 군주와 신하와의 관계에 있어서도 신하가 군주에게 신임을 얻기도 전에 시비를 따져 바른 말을 간언하면 군주는 신하가 자신을 비방하고 모함한다고 오해하여 신하를 도리어 멀리하고 신변에 위협을 가할 수도 있다. 사람 관계에 있어 믿음이 그 무엇보다 중요함을 자하는 말하고 있는 것이다.
987 소심천하거득小心天下去得: 『명심보감(明心寶鑑)』 존심편(存心篇)에 나오는 말이지만, 원래는 명나라 서잡徐啞이 쓴 『살구기(杀狗記)』에서 "소심하면 천하를 갈 수 있지만(小心天下去得), 대담하면 한 발자국도 옮기기 어렵다(大膽寸步難移)."라는 말로 언급되고 있다. 여기서 '小心'은 마음이 작고 협소하다는 부정의 의미가 아니라, 신중하고 조심한다는 '근신謹愼'의 뜻이고, '대담 大膽'은 마음이 담대하고 크다는 의미가 아니라, '세심하고 꼼꼼하지 못하다'라는 부정의 의미로 쓰였다.
988 한閑: 한정하다, 문지방, 법규.
  ※ 주자는 대덕은 대절大節을 뜻하고, 소덕은 소절小節을 뜻한다고 주해하였다. 이후 후대의 학자들은 대체로 이에 동의하였다. 이에 따른다면 대덕은 인간생활의 근본이 되는 윤리덕목, 즉 군신간의 충절과 부자간의 윤리를 의미하고, 소덕은 평소의 인사치레나 몸가짐과 같은 사소한 예절을 뜻한다고 볼 수 있다. 한편 대덕을 유교의 보편적이고 원칙적인 도덕윤리인 경도經道

卓吾曰, 最方而最圓. 出入, 形容其活動耳, 云何便說未盡合理. 方外史曰, 若不合理, 何名小德.

이탁오는 "가장 모난 것이 가장 원만한 것이다. '출입出入'은 그 움직임을 형용한 것일 뿐, 어찌 곧 진리에 합일하지 못함을 말하는 것이겠는가?"라고 하였다.

방외사는 "만약 진리에 계합하지 못했다면, 무엇을 소덕小德이라 부르겠는가?"라고 하였다.[989]

12. 子游曰, 子夏之門人小子는 當灑掃應對進退則可矣나 抑末也라 本之則無하니 如之何오. (鉗錘小子) 子夏聞之曰, 噫라 言游過矣로다. 君子之道孰先傳焉이며 孰後倦焉이리요. (點化小子) 譬諸草木컨댄 區以別矣니 (激礪小子) 君子之道를 焉可誣也리요 有始有卒者는 其惟聖人乎인저. (慫惠小子)

자유子游가 말하기를, "자하 문인의 제자들은 물을 뿌리고 쓸고, 응대하고, 나아가고 물러가는 것에는 괜찮다. 그러나 지엽적인 것이다. 그

로, 소덕은 상황에 따라 달리 실천되는 권도權道로 설명하기도 한다. 결론적으로 본 문장의 의미는 대덕, 즉 대절 혹은 경도는 어떠한 경우에도 원칙을 지켜 버려서는 안 되지만, 소도, 즉 소절과 권도는 상황에 따라 적절하게 변통하고 취사해도 무방하다는 뜻이라 할 수 있다.

989 지욱선사는 이탁오와 방외사의 말을 근거해 '大德'의 의미를 궁극적인 진리를 깨달아 인격을 완성한 상태(合理)임을 말하고 있다. '小德'은 사람들의 움직임(活動)을 형용하는 말에 지나지 않기에, 대덕이라고 불리는 진리의 깨침이 무엇보다 중요하다는 주해이다.

근본적인 것은 없으니 어찌하랴?" (제자들을 단련함이다.)⁹⁹⁰

자하子夏가 그러한 내용을 듣고 말하기를, "아! 자유의 말은 잘못이다. 군자가 도를 전함에 있어서 무엇을 먼저 전하고, 무엇을 뒤로 미루어 게을리하겠는가? (제자들을 교화시킴이다.)⁹⁹¹ 초목에 비유컨대 종류별로 구분되고 나누어지는 것이니, (제자들을 격려함이다.) 군자의 도를 어찌 가히 속일 수 있겠는가? 처음과 끝을 다 가진 사람은 아마 오직 성인일 뿐이다."⁹⁹² (제자들이 학문을 닦도록 종용함이다.)

子游之譏, 是要門人知本. 子夏之辯, 是要門人即末悟本. 只此灑掃應對進退, 若以爲末, 到底是末, 若知其本, 頭頭皆本. 二賢各出手眼接引門人, 莫作是非會也.

---

990 겸추소자鉗錘小子: '鉗錘'는 칼로 다듬고 저울질하여 단련시킴을 의미한다. 자하가 제자들을 청소를 시키고 손님을 맞아 접대하게 하고, 나아가고 물러나게 하는 것 등은 그냥 맹목적으로 하는 것이 아니라, 일상적인 행동거지를 통해 그들을 단련시켜(鉗錘) 좀 더 나은 학문의 세계로 이끌려는 의도라는 지욱선사의 해석이다.

991 점화點化: 교화하다, 변화시키다.

992 쇄소灑掃: 물 뿌리고 비로 쓸다, 곧 청소하다. 억말야抑末也: 말단적인 하찮은 일이다. 여지하如之何: 어찌, 어떻게, 어떠한가, 어찌하랴. 무誣: 속이다. 유시유졸有始有卒: 처음과 끝을 아울러 지니고 있음. 卒은 종終과 같은 뜻.

※ 자유와 자하는 공자와 함께 '진채절량陳蔡絶糧', 또는 '액어진채厄於陳蔡'라고 하는 어려운 시기를 겪었던 제자들이다. 본 장에서는 이러한 두 제자가 자신들의 제자들을 교육함에 있어 서로 다른 교육관을 드러내고 있다. 자유는 학식은 고명하지만 근본적인 것에 소원한 바가 있고, 자하는 법도를 지키는 데에는 충실하나 너무 근본에 의지하는 성격이라 할 수 있다. 자하는 학이편 7장에서 효제충신孝弟忠信의 덕행을 중요시하여 이러한 덕행을 실천하면 배움이 없는 사람도 배운 사람이나 마찬가지라고 하였다. 당연히 '灑掃應對進退'와 같은 일상적인 생활의 예절도 중요시하였다. 반면에 자유는 학문 그 자체를 중요시함을 알 수 있다. 자장편 6장에서 언급하고 있는 '博學而篤志, 切問而近思, 仁在其中矣'이라는 표현이 그러한 예이다.

자유의 나무람은 문인들이 근본을 알게 하는 것을 중요하게 여기는 것이고, 자하의 답변은 문인들이 근본을 깨닫지 못함을 중하게 여김이다. 다만 이러한 '물을 뿌리고 쓸고, 응대하고, 나아가고 물러가는 것(灑掃應對進退)'이 만약 지엽적인 것이라고 여긴다면, 결국 지엽적인 것이 되고 만다. 하지만 만약 그러한 것도 근본적인 것이라고 한다면, 모두가 다 근본이 되는 것이다. 두 현인(= 자유, 자하)이 각자의 안목으로 제자들을 맞아들임이니, 옳고 그름을 따져서 제자들을 이해시키려고 하는 것이 아니다.[993]

13. 子夏曰, 仕而優則學하고 學而優則仕.

자하가 말하기를, "벼슬하면서도 여력이 있으면 배우고, 배우면서 여력이 있으면 벼슬을 해야 한다."[994]

卓吾曰, 今人學未優則已仕矣. 仕而優如何肯學. 方外史曰, 惟其學未優便仕, 所以仕後永無優時.

---

993 기譏: 나무라다, 충고, 질문. 도저到底: 도대체, 마침내, 결국, 역시. 두두頭頭: 하나하나, 모두. 수단手眼: 안목, 식견.
994 사仕: 섬기다, 벼슬하다. 우優: 넉넉하다, 여력이 있다, 여유가 있다.
※ 유가는 현실 정치에 참여하여 자신들이 배운 학식을 바탕으로 백성을 위한 위민정치의 실현을 기본 입장으로 삼고 있다. 본 자하의 말은 공자가 학이편 6장에서 언급하고 있는 "행하고 남은 여력이 있으면 학문을 하라(行有餘力, 則以學文)."라는 가르침에 근거하고 있음을 알 수 있다.

이탁오는 "요즘 배우는 사람들은 여력이 없으면서도 벼슬을 하고 있다. 벼슬을 하면서 여력이 생긴다고 무엇을 기꺼이 배우고자 하겠는가?"라고 하였다.[995]

방외사는 "오직 그 배우는 사람들이 여력이 없음에도 벼슬을 하고 있다. 까닭에 벼슬을 한 이후에는 영원히 여력이 있을 때가 없다."라고 하였다.[996]

14. 子游曰, 喪은 致乎哀而止니라.

자유子游가 말하기를, "상례에서는 슬픔을 다하기만 하면 될 뿐이다."[997]

15. 子游曰, 吾友張也는 爲難能也이나 然而未仁이니라.

---

[995] 당시의 배우는 사람들이 능력(未優)이 안 되면서도 벼슬을 하고 있음을 지적하고 있다. 이러한 사람들은 만약 여력이 있어도 다시 배우고자 하는 노력을 하지 않는다는 것이다.

[996] 배움이 아직 미진함에도 불구하고 벼슬을 한다면, 그러한 사람은 능력이 부족하기 때문에 맡은 바 공직에 급급할 수밖에 없다. 당연히 여력이 있을 수 없기 때문에 다시 배울 수 있는 기회를 갖기가 어렵다는 표현이다.

[997] 이지而止: ~ 뿐이다. 止는 已와 같은 의미.

※ 공자는 당대에 그동안 단절되었던 3년 상을 부활시켰다. 그런데 부활된 3년 상으로 인해 뜻하지 않게 일부에서 상례를 호화롭게 치르는 폐단의 풍토가 발생했다. 대표적인 예가 바로 선진편 7장에서 언급되고 있다. 안연이 죽자 아버지인 안로가 공자에게 수레를 팔아서라도 곽槨을 마련해달라고 부탁한 경우이다. 당연히 공자는 이를 거절하며 본인도 아들인 백어의 상례에 곽 없이 관만을 사용하였음을 언급하며 각자 자기 형편에 따라 상례를 치르는 것이 마땅함을 일깨웠다. 또한 팔일편 4장에서도 "예는 그 사치함보다는 차라리 검소해야 하고, 초상은 형식을 갖추기보다는 차라리 진심으로 슬퍼해야 한다(禮與其奢也, 寧儉, 喪與其易也, 寧戚)."고 말하며 역시 상례의 검소함을 강조하였다. 이러한 측면에서 볼 때, 위 글은 자유가 공자의 이러한 가르침을 염두에 두고 한 말임을 짐작할 수 있다.

자유가 말하기를, "나의 벗 자장은 어려운 일을 능히 한다. 그러나 아직 어질지는 못하다."[998]

16. 曾子曰, 堂堂乎라 張也여 難與並爲仁矣로다.

증자曾子가 말하기를, "당당하구나, 자장이여. 함께 인을 실천하기는 어렵도다."[999]

好朋友真難得, 今人那肯如此說病痛.

친구를 좋게 평가하기는 참으로 어렵다. 요즘 사람들도 어찌 이와 같이 말하는 잘못을 즐기는가![1000]

17. 曾子曰, 吾聞諸夫子하니 人未有自致者也이나 必也親喪乎인저.

---

998 공자는 선진편 15장에서 자장에 대해 '지나치다(過)'라고 말한 바 있고, 선진편 17장에서도 '편벽되다(辟)'라고 말하고 있다. 이는 자장에 대한 공자의 약간의 부정적 평가라 할 수 있다. 본 장에서는 자유가 친구인 자장을 평하고 있다. 자장이 어떤 일이든지 나서서 실천해 내는 능력을 소유한 사람이기는 하지만, 인품에 있어서는 아직 어질지 못하다는 비평이다.
999 당당堂堂: 용모가 성대한 것.
  ※ 앞 장에서는 자유가 자장이 아직 어질지 못함을 지적하고 있는데, 본 장에서는 증자가 자장을 함께 인을 실천하기 어려운 인물로 평하고 있다. 자유와 증자의 자장에 대한 평가를 기준해 보면, 자장은 겉으로 드러난 행동 면에 있어서는 일을 처리하는 능력도 있고 기죽지 않는 당당한 성격도 있지만, 내면에 있어서는 아직 도량이 좁고 인자하지 못한 인물임을 짐작할 수 있다.
1000 긍肯: 즐기다, 기꺼이. 병통病痛: 본뜻은 병으로 말미암은 아픔을 의미하지만, 여기서는 어떠한 오래된 사회적 혹은 개인적 결점과 폐단을 의미한다.

증자가 말하기를, "내가 스승님께 들으니 '사람이란 스스로 진심을 다하는 일이 없다 해도 부모님 상을 당해서는 반드시 지극할 것이다.'라고 하셨다."[1001]

18. 曾子曰, 吾聞諸夫子하니 孟莊子之孝也其他는 可能也어니와 其不改父之臣과 與父之政이 是難能也이니라.

증자가 말하기를, "내가 스승님께 들으니, '맹장자孟莊子의 효는 그 다른 것들은 (사람들이) 해낼 수 있겠지만 아버지의 가신과 부친의 정치를 바꾸지 않았었는데, 이것만큼은 해내기 어려운 것이다.'라고 하셨다."[1002]

1001 치致: 지극함을 다하다.

※ 공자는 유가의 사상을 실천함에 있어서 효를 특히 중시하였다. 공자의 제자들이 편찬하였다고 알려진 『효경(孝經)』에서 표현되고 있는 "무릇 효는 하늘의 경전이자 땅의 의로움이며 사람의 실천행이다(夫孝, 天之經也, 地之義也, 人之行也)."라는 말과 "효는 덕의 근본이고 가르침이 말미암아 나오는 곳이다(夫孝, 德之本也, 敎之所由生也)."라는 말 등은 곧 '효가 모든 일의 근원이 됨(孝者百行之源)'을 강조하는 유가의 가르침이라 할 수 있다. 증자는 공자의 제자들 가운데 이러한 효의 가르침을 가장 잘 계승한 제자이다. 그는 죽음 직전에 제자들에게 자신의 팔다리를 살펴보게 하고 상함이 없다고 하자 불효를 면했다(태백편 3장)고 말할 정도로 효의 시작과 끝을 모두 실현한 인물이다. 학이편 9장에서 "돌아가신 부모를 정성껏 모시고 먼 조상을 추모하면 백성의 덕이 두터워질 것이다(愼終追遠, 民德歸厚矣)."라는 그의 말 또한 증자의 효에 대한 깊은 생각을 읽을 수 있는 내용이다.

1002 맹장자孟莊子의 효에 대해 공자에게 들은 것을 증자가 전하는 내용이다. 맹장자는 노나라 공실公室을 50년이나 잘 보좌한 어진 신하로 꼽히는 맹헌자孟獻子의 아들이다. 증자는 이러한 맹헌자에 대해 『대학』에서 백성의 생업을 침해하지 않고, 세금을 과도하게 징수하지 못하게 하는 등의 선정을 실천한 맹헌자의 말을 인용하며 그를 위정자의 모범으로 꼽고 있다. 맹장자는 아버지 맹헌자가 죽은 후 4년 동안이나 부친의 가신을 그대로 쓰고 정책도 변경하지 않았다고 한다. 공자는 학이편 11장과 이인편 20장에서 아버지가 돌아가시고 "3년 동안 아버지가 하시던 일을 바꾸지 말아야 효자라 할 수 있다(三年無改於父之道, 可謂孝矣)."라고 말한 바 있다. 본장에

19. 孟氏使陽膚로 爲士師라 問於曾子한대 曾子曰, 上失其道하며 여 民散이 久矣니 如得其情則哀矜而勿喜니라.

맹씨孟氏가 양부陽膚를 사사(士師, 재판관)로 삼도록 했다. (양부가) 증자에게 (옥사에 대해) 물었다. 증자가 말하기를, "윗사람이 그 도를 잃어 민심이 흩어진 지 오래되었네. 만약 그 실정을 알게 된다면 불쌍히 여기고 기뻐하지 말아야 하네."[1003]

惟至孝者, 方能至慈, 堪爲萬世士師座右銘.

오직 지극한 효를 실천하는 사람이 바야흐로 능히 지극한 자비를 실천할 수 있는 것이니, 만세에 재판관(士師)들의 좌우명으로 삼을만 하다.

서 표현되는 증자의 말은 바로 이러한 공자의 가르침을 토대로 나온 문장임을 알 수 있다.
1003 애긍哀矜: 불쌍히 여김, 긍휼矜恤과 같은 의미.
※ 공자 사후 직계 제자들은 각기 문하를 형성하여 재전再傳 제자들을 배출하였다. 이러한 직계 제자와 재전 제자들은 각자 자신들의 능력에 따라 여러 곳으로 흩어져 벼슬길에 나섰다. 위 글은 증자를 존중하였던 맹손씨(孟孫氏, 원래 이름은 맹경자孟敬子)가 증자의 제자인 양부 陽膚를 옥사獄事를 담당하는 관리(士師)로 발탁하자, 양부가 스승인 증자에게 자신이 담당하여야 할 옥사에 대해 묻고 답하는 내용이다. 당시는 춘추 시대 말기, 전국 시대 초기 상황이었다. 계속되는 제후국들의 약육강식의 참혹한 전쟁과 권력자들 간의 권력 투쟁 속에 백성들의 고통은 날로 심해졌다. 실상이 이렇다 보니 백성들 중에는 전쟁, 부역, 과중한 세금 등에 시달리다 못해 도망가거나, 생존을 위해 어쩔 수 없이 범죄자로 전락하는 경우가 많아졌다. 이러한 실상이기에 증자는 양부에게 불가피하게 죄를 지은 범죄자들에 대해 옥사를 잘 판결했다고 기뻐하지 말고, 왜 그러한 지경까지 이르게 되었는지 그 내면의 배경을 알아야 하며, 나아가 오히려 백성들을 긍휼히 여길 것을 가르치고 있는 것이다.

20. 子貢曰, 紂之不善이 不如是之甚也이니 是以로 君子는 惡居
下流하나니 天下之惡은 皆歸焉이니라.

자공子貢이 말하기를, "주紂왕의 불선함이 알려진 것만큼 심한 것은
아니었다. 이 때문에 군자는 하류에 머무는 것을 싫어한다. 천하의 악이
모두 귀속될 것이기 때문이다."[1004]

殷鑒不遠.

다른 사람의 실패를 자기의 교훈으로 삼아야 한다.[1005]

1004 중국 역사에 있어 은나라의 마지막 왕인 주紂왕과 하나라 마지막 임금인 걸桀왕은 함께 폭군의 대명사인 '걸주桀紂'로 불린다. 사마천의 『사기(史記)』에 의하면 주왕은 언변이 뛰어나고 용기와 무력을 갖춘 능력 있는 임금이었다. 그러나 너무 술과 음란한 음악을 좋아하였기에(好酒淫樂), 후일에 그러한 능력이 도리어 충신들의 간언을 막고 간신들이 날뛰게 하는 하나의 폐인이 되었다고 한다. '주지육림酒池肉林'이라는 말로 주왕을 평하는 것도 그가 술과 음란한 음악을 즐겼음을 뜻한다. 주왕은 은나라 말기 3대 현인의 한 사람으로 불리던 비간比干을 잔인하게 죽였다. 이에 나머지 현인 이복형 미자微子는 도망가고 또 다른 현인 숙부였던 기자箕子는 미친 척하며 세파를 피했다. 자공은 이러한 주왕이 본래부터 그렇게 폭군이 아니었음을 언급하고 있다. 물론 주왕 본인의 책임이 없지 않으나, 간신들의 아첨과 방탕한 주색에 빠지는 환경적 원인도 있었음을 지적하며, 자신의 제자들은 소인배의 무리나 방탕한 부류와 같은 하류下流에 빠지지 말 것을 당부하고 있는 것이다.
1005 은감불원殷鑒不遠: 다른 사람의 실패를 자기의 교훈으로 삼으라는 뜻. 즉 교훈으로 삼을 만한 전례가 멀리 있는 것이 아니라는 의미이다. 『시경(詩經)』 대아(大雅)편의 문왕文王 탕蕩장에서 표현되고 있다.

21. 子貢曰, 君子之過也는 如日月之食焉이라 過也에 人皆見之하고 更也에 人皆仰之니라.

자공이 말하기를, "군자의 허물은 일식, 월식과 같다. 잘못이 있으면 사람들이 모두 그것을 보고, 잘못을 고치면 사람들이 모두 그를 우러러본다."[1006]

光明正大之論.

공명정대함의 이론이다.

22. 衛公孫朝問於子貢曰, 仲尼는 焉學고 子貢曰, 文武之道未墜於地하여 在人이라 賢者는 識其大者하고 不賢者는 識其小者하여 莫不有文武之道焉하니 夫子焉不學이시며 而亦何常師之有리요.

1006 공자는 학이편 15장에서 자공에게 "비로소 더불어 시경을 논할 수 있구나(始可與言詩已矣)."라고 칭찬한 바 있다. 자공은 공자의 제자들 중에서 이렇듯 공자와 『시경』을 논할 정도로 시를 제대로 공부한 제자이다. 위에서 자공이 일월의 비유를 들어 군자의 과실을 말하고 있는 것은 자공이 시에 대한 이해의 폭이 그만큼 깊었음을 짐작하게 하는 내용이다. 『시경』 소아小雅 '시월지교十月之交'라는 시에서는 정국을 일식과 월식에 비유하는 표현이 나오는데, 자공이 군자의 허물을 이렇듯 일월에 비유하고 있는 것은 바로 이러한 『시경』의 표현에 착안한 것일 수도 있다. 군자는 남달리 언행에 있어 그 바른 위의를 잃지 않아야 한다. 당연히 허물이 있으면 바로 고쳐 바로잡아야 한다. 공자가 학이편 8장에서 "허물이 있으면 바로 고쳐라(過則勿憚改)."라고 한 말을 본장에서 자공도 다른 표현으로 덧붙여 일깨우고 있다.

위衛나라 공손조公孫朝가 자공에게 묻기를, "공자께서는 어디에서 배웠소?"

자공이 말하기를, "문왕과 무왕의 도가 아직 땅이 떨어지지 않고 사람에게 있습니다. 현자는 그 큰 것을 알고 있고, 현명하지 않은 사람은 작은 점을 알고 있으니, 문왕과 무왕의 도가 없는 곳이 없습니다. 그러니 선생님께서 어디에서든 배우지 않은 곳이 있었겠습니까? 그리고 또한 어떤 일정한 스승이 있었겠습니까?[1007]

卓吾曰, 分明說他師文武, 而語自圓妙.

이탁오는 "공자의 스승이 문왕과 무왕이었음을 분명히 밝히면서, 스스

[1007] 당시에 공자는 모르는 것이 없다는 소문이 자자하였다. 같은 소문을 들은 위나라의 대부인 공손조公孫朝가 사신으로 온 자공에게 궁금한 점을 묻는 내용이다. '공자는 도대체 누구를 스승으로 모셨기에 그렇듯 다방면에서 아는 것이 많은가?'라는 질문이다. 자공은 공자가 어느 특별한 한 개인을 스승으로 모시지 않았음을 단언한다. 그러면서 문왕과 무왕의 도가 세상에 전해짐을 말하며, 결과적으로 그러한 도가 세상 곳곳에 살아 있기에 공자는 특정한 스승이 없어도 그 모든 것(道)을 배우고 익혔음을 말한다. 『중용』 30장에서 표현되고 있는 "중니께서는 요임금과 순임금을 으뜸으로 삼아 계승하시고, 문왕과 무왕을 본받아서 밝히셨으며, 위로는 천시를 따르고, 아래로는 물과 흙의 상황을 본받으셨다(仲尼, 祖述堯舜, 憲章文武, 上律天時, 下襲水土)."라는 내용과 비슷한 내용이다. 공자는 일찍이 술이편 19장에서 "나는 나면서 아는 자가 아니라, 옛것을 좋아하여 민첩함으로써 구하는 사람이다(我非生而知之者, 好古敏以求之者也)."라고 말한 바 있고, 또한 공야장편 27장에서도 "나만큼 배우기를 좋아하는 사람도 없다(不如丘之好學也)."고 말한 바 있다. 이러한 공자의 말은 자신이 언제 어디서나 배우기를 좋아하는 학자였음을 밝히는 고백이라 할 수 있다. 사실 공자는 특별히 정해진 스승이 없었다. 그럼에도 불구하고 당시에 배우지 않고 저절로 아는 학자(生而知之者)로 소문이 난 것은 그만큼 공자가 선천적으로 뛰어난 인물이었음을 알 수 있게 한다.

로 원묘한 학문을 갖추셨음을 말하고 있다."라고 하였다.[1008]

23. **叔孫武叔이 語大夫於朝曰, 子貢이 賢於仲尼하니라. 子服景伯이 以告子貢한대 子貢曰, 譬之宮牆컨댄 賜之牆也及肩이라 窺見室家之好어니와 夫子之牆은 數仞이라 不得其門而入이면 不見宗廟之美와 百官之富니 得其門者或寡矣와 夫子之云이 不亦宜乎아.**

숙손무숙叔孫武叔이 조정에서 대부에게 말하기를, "자공이 중니仲尼보다 현명하오."

자복경백子服景伯이 이 말을 자공에게 전하자 자공이 말하기를, "궁궐의 담장에 비유한다면 저의 담장은 어깨 정도에 미치니, 그 집의 좋은 점을 들여다볼 수 있습니다. 선생님의 담장은 몇 길이나 되니 그 문안으로 들어가지 않고서는 종묘의 아름다움이나 백관이 많음을 볼 수 없습니다. 그 문안으로 들어간 사람이 적으니, 그 대부가 그렇게 말씀하시는 것 또한 당연하지 않겠습니까?"[1009]

1008 원묘圓妙: 모남이 없이 하나가 되어 원만하고 미묘하다.
　※ 공자가 문왕과 무왕의 도를 스스로 체득하면서 스승 없이 원만하고 미묘한 학문의 경지를 이루었다는 설명이다.
1009 급견及肩: 어깨 정도의 높이. 사賜: 자공의 이름. 규闚: 엿보다, 훔쳐보다. 인仞: 길, 사람 키 정도의 길이.
　※ 숙손무숙은 숙손씨의 종주로 노나라의 대부이며 사마司馬 벼슬을 했다. 자복경백子服景伯 또한 노나라의 대부이다. 자공은 일찍이 공자에게 '호련瑚璉'이라는 칭찬을 들은 바 있다. 또한 언변에도 뛰어나고 모든 일에 통달한 인물로도 칭찬받았다. 실제로 외교적 능력이 뛰어나

24. 叔孫武叔이 毁仲尼커늘 子貢曰, 無以爲也하라 仲尼는 不可毁
也이니 他人之賢者는 丘陵也라 猶可踰也어니와 仲尼는 日月
也라 無得而踰焉이니 人雖欲自絶이나 其何傷於日月乎리요
多見其不知量也로다.

숙손무숙이 공자를 헐뜯자 자공이 말하기를, "그러지 마세요. 공자님
은 헐뜯을 수 없습니다. 다른 사람의 현명함은 언덕이나 산과 같아서 가
히 넘을 수 있습니다. 공자께서는 마치 해와 달과 같아서 도달하고 뛰어
넘을 수 없습니다. 사람들이 비록 스스로 (해와 달을) 단절하고 싶어 한들
어찌 해와 달을 손상시킬 수 있겠습니까? 다만 자신의 분수를 모르는
것만 드러내 보일 뿐입니다."[1010]

    정공定公과 애공哀公에게 발탁되어 노나라의 사신이 되어 주변의 강대국과 교섭을 잘 이끌
어 큰 공을 세운 인물이기도 하다. 이러한 자공을 숙손무숙은 다른 대부들에게 공자보다 그
가 더 훌륭한 인물임을 말하고 다녔다. 이 말을 들은 같은 대부 자복경백이 자공에게 전하자,
자공은 그러한 평가가 절대 옳지 않음을 담장의 비유를 들어 설명하고 있는 내용이다. 자신은
겨우 어깨 높이의 담장에 불과하여 누구나가 담장 안을 엿볼 수 있듯이, 자신의 학문의 깊이
와 내면의 역량을 알아 볼 수 있지만, 스승인 공자의 담장은 자신보다 몇 배나 높아서 아무도
그 학문의 깊이와 내면의 역량을 짐작하거나 엿볼 수 없다는 설명이다. 숙손무숙이 자신을 높
이 평가하고 공자를 헐뜯듯이 낮게 생각하고 있는 것은 공자의 큰 그릇과 역량을 바르게 알지
못하는 그의 작은 깜냥으로 인한 것이기에 충분히 이해할 수 있다는 것이다. 스승인 공자를
높이면서도 숙손무숙을 은연중에 낮게 비꼬는 재치 있는 답변이라 할 수 있다.
1010 훼毁: 헐뜯다. 부지량不知量: 양을 알지 못하다, 곧 공자의 역량, 그릇, 인물됨을 알지 못한다는
    의미이다.
※ 숙손무숙이 공자를 계속해서 헐뜯자, 자공이 숙손무숙을 직접 찾아가 공자의 인물됨을 설명하
   고 있는 내용이다. 공자의 제자들 가운데 자공의 스승에 대한 경외심이 유독 남달랐던 것 같
   다. 자공이 스승을 이렇듯 일월에 비유하고 있음은 그가 얼마나 스승에 대한 존경심과 믿음
   이 크고 깊었는지를 짐작할 수 있게 한다. 훗날 『중용』에서 공자에 대해 "하늘과 땅이 실어주

25. 陳子禽이 謂子貢曰, 子爲恭也이언정 仲尼豈賢於子乎리요. 子貢曰, 君子一言에 以爲知하며 一言에 以爲不知니 言不可不愼也이니라 夫子之不可及也는 猶天之不可階而升也이니라 夫子之得邦家者인댄 所謂立之斯立하며 道之斯行하며 綏之斯來하며 動之斯和하며 其生也榮하고 其死也哀니 如之何其可及也이리요.

   진자금陳子禽이 자공에게 말하기를, "선생께서 공손해서 그렇습니다. 공자가 어찌 선생보다 현명하겠습니까?"
   자공이 말하기를, "군자는 말 한마디로 지혜로운 사람이 되고, 말 한마디로 지혜롭지 않은 사람도 되니, 말은 신중하지 않으면 안 된다. 선생님에게 미치지 못함은 마치 계단을 딛고 하늘에 오를 수 없는 것과 같다. 선생님이 나라를 맡아 다스린다면, 이른바 세우면 서고, 인도하면 가고, 편안하게 하면 와서 귀의하고, 고무시키면 화응和應하여 그분의 살아 계심에 영광스럽고 그분이 돌아가시면 슬퍼하는 것이니, 어찌 그분에게 미칠 수 있겠는가?"[1011]

   지 않음이 없고, 덮어서 감싸주지 않음이 없는 것과 같으며, 비유하면 사시가 번갈아 운행함과 같고, 마치 해와 달이 교대로 밝아지는 것과 같다(辟如天地之無不持載, 無不覆幬, 辟如四時之錯行, 如日月之代明)."라는 표현으로 극찬하고 있는 것도 자공이 공자를 일월에 비유한 것에 영향을 받았을 것이라 이해된다.

1011 진자금陳子禽은 진陳나라 귀족 신분으로 진나라 대부 자차子車의 동생이다. 공자의 제자라고 하지만 일부에서는 자공의 제자라고도 한다. 자는 자금子禽이고 이름은 항亢이다. 현 산동성 단현單縣에 있었던 단보單父의 읍재를 했으며, B.C. 511년생으로 자공보다 9세 어리다. 그는 앞면에서 이미 수차례 이미 등장했던 인물이다. 본 25장의 내용으로 미루어 보면, 공자 사후 위정

卓吾曰, 對癡人, 不得不如此淺說. 方外史曰, 世間癡人都如此,
向他說極淺事, 他便見得深, 向他說極深理, 他既不知, 反認作淺.

이탁오는 "어리석은 사람에 대해서는 이처럼 상식적이고 평이한 말을
하지 않으면 안 된다."라고 하였다.
방외사는 "세상의 어리석은 사람이 모두 이와 같다면, 그들에게 지극
히 자세한 사실을 예로 들어 설명해야만 그들의 식견이 깊어진다. 그들
에게 지극히 깊은 이치를 예로 들어 설명한다면, 그들은 알아듣지 못해
도리어 얕은 인식을 하게 될 것이다."라고 하였다.[1012]

자들 사이에는 학문적 업적을 남긴 공자보다는 자공의 현실적인 공적을 더 높이 평가하는 분위기
가 생겨났음을 볼 수 있다. 24장의 숙손무숙의 말도 그러한 사례 중에 하나일 것이다. 진자금은
자공이 공자보다 우월함을 말하고 있다. 이에 자공은 스승인 공자야말로 진정한 위정자로서의 자
세와 갈 길을 열어 주신 분이라며 진자금의 잘못된 생각을 일깨우고 있다. 다시 한번 자공의 스
승에 대한 깊은 존경심과 믿음을 확인할 수 있는 내용이다. 공자 사후에 공자가 성인으로 추앙되
고, 그의 가르침이 세상에 널리 전승될 수 있었던 것은 어쩌면 자공과 같이 스승을 극진히 공경
하고 신뢰하는 훌륭한 제자들이 있었기 때문일 것이다.
1012 치인癡人: 어리석은 사람. 부득불不得不: ~하지 않으면 안 된다. 천설淺說 : 상식적이고 평이한
설명. 천사淺事: 아주 자세한 사례.

제20 요왈堯曰편[1013]

1. 堯曰, 咨爾舜아 天之曆數在爾躬하니 允執其(厥)中하라 四海困窮하면 天祿이 永終하리라. 舜이 亦以命禹하시니라.

요堯임금이 말씀하시기를, "아, 너 순舜아! 하늘의 역수曆數가 너의 몸에 있으니, 진실로 그 중용을 잡아라. 사해(四海: 온 나라)가 곤궁해지면 하늘의 녹이 영원히 끊어질 것이니라." 순임금도 또한 이 말씀을 우禹임금에게 명하셨다.[1014]

1013 본편은 성군의 통치 철학을 담은 유학의 도맥道脈이 어떻게 전승되었는지를 시사하는 내용을 담고 있다. 즉 유학의 도맥이 요堯임금과 순舜임금을 거쳐 하우씨夏禹氏, 다시 성成왕과 탕湯왕을 거쳐 문文왕, 무武왕, 주공周公으로 이어지고, 마침내 공자에 이르러 유학의 통치 철학이 완성되었음을 밝히고 있는 내용이다.

1014 윤집궐중允執厥中: '윤집기중允執其中'과 같은 말이다. 임금이 왕위에 올라 정사에 임할 때, 마음이 어느 한곳에 치우치지 말고 오로지 그 중심을 잡아 모든 일을 공평정대하게 처리하라는 의미지만, '允執厥中'의 '中'을 일차적으로 태음태양력을 조화한 음력을 잘 세운다는 뜻으로 해석하는 경우도 있다. 천록天祿: 하늘이 내려준 천자의 지위.

※ 요왈편 1장은 각기 다른 네 개의 단락으로 이루어져 있다. 본 첫 번째 단락은 요임금이 순임금에게 왕위를 물려주면서 전한 교훈을 담고 있다. '역수曆數'에 대해 주자는 '제왕이 대를 잇는 차례(帝王相繼之次第)'라고 주해하고 있다. 하지만 이는 좁은 해석이다. 곧 역수를 책력冊曆과 관련지어 해석해야 정확한 해석이 가능하다고 할 수 있다. 『서경』우서편(虞書篇)에서는 책력과 관련하여 "이에 희씨와 화씨에게 명하시어 넓은 하늘을 삼가 따르게 하시고, 해·달·별의 운행을 관찰하여 사람들에게 때를 알리도록 하셨다(乃命羲和, 欽若昊天, 曆象日月星辰, 敬授以時)."라는 표현이 나온다. 요임금이 두 사람에게 명하여 하늘의 별과 달 등의

曰, 予小子履는 敢用玄牡하여 敢昭告於皇皇后帝하노니 有罪를 不敢赦하며 帝臣不蔽니 簡在帝心이니이다. 朕躬有罪는 無以萬方이요 萬方有罪는 罪在朕躬하니라.

(은나라 탕湯임금이) 말씀시기를, "저 소자 리履는 검은 황소를 재물로 바쳐 감히 높고 위대하신 상제님께 밝히어 고합니다. 죄 있는 자는 감히 사면하지 못하며, 상제의 신하들은 폐하지 못하며, 이를 간택함은 상제의 마음에 달려 있나이다. 저의 몸에 죄가 있음은 만방의 백성 때문이 아니옵고, 만방의 백성에 죄가 있음은 저의 몸에 죄가 있는 것입니다."[1015]

운행을 관찰하여 역상曆象의 수를 근거로 책력을 만들었다는 내용이다. 요임금이 순임금에게, 순임금이 우임금에게 왕위를 선양을 하면서 가장 중요하게 여긴 것은 바로 이러한 책력이다. '하늘의 역수가 너의 몸에 있다(天之曆數在爾躬)'는 말은 곧 이를 의미한다. 옛날에 책력은 임금이 나라를 통치하고 백성을 교화하는 데 있어 아주 중요한 역할을 하였다. 책력을 통해 계절의 변화와 농사의 때를 정확히 알려 주었기 때문이다. 『서경』의 '경수이시敬授以時'라는 말은 이를 가리킨다. 백성들에게 사계절에 어긋남이 없는 '윤집궐중允執厥中'한 책력을 만들어 농사 때를 정확히 알려주어 때맞춰 파종하고 수확하게 하여 굶주리지 않게 한다는 것이다. 백성이 때맞춰 농사를 지음으로써 나라의 경제와 사회의 질서가 유지되고, 그렇지 못하면 백성들이 뿔뿔이 흩어져 나라가 끝내는 망하게 된다. '사해곤궁四海困窮, 천록영종天祿永終'이라는 표현은 이를 경계하는 가르침이다.

1015 리履: 탕왕의 이름. 현모玄牡: 제사의 희생물로 쓰는 검은 황소. 황황皇皇: 높고 위대한 모양. 제신帝臣: 천제의 신하, 곧 천하의 모든 어진 사람을 지칭한다.

※ 요왕으로부터 왕위를 선양받은 순왕은 다시 왕위를 우왕에게 선양하였고, 이후 우왕은 하夏나라를 건국하여 걸桀왕까지 17왕을 거치면서 약 472년 동안(B.C. 2100년 경 ~ B.C. 1600년 경) 존속했다. 걸왕이 무도한 정치를 행하자 상나라 탕왕이 무력을 일으켜 마침내 하나라를 정복하였다. 본 두 번째 단락은 바로 탕왕이 하나라의 폭군 걸桀을 정벌하고 박亳땅으로 돌아온 뒤에 제후들을 조회하면서 경계하는 말을 담고 있다. 탕임금은 먼저 하나라를 정벌한 뒤에 아직은 상나라의 예법이 정해지지 않았기에 하나라의 예법에 따라 검은 수소를 써

周有大賚하신대 善人이 是富하니라. 雖有周親이나 不如仁人이요 百姓有過는 在予一人이니라. 謹權量하며 審法度하며 修廢官하신대 四方之政이 行焉하니라. 興滅國하며 繼絶世하며 擧逸民하신대 天下之民이 歸心焉하니라. 所重은 民食喪祭러시다.

"주周나라에는 하늘이 내려주신 큰 은혜가 있어서 착한 사람이 이로 써 부유하게 되었다. 비록 (은나라의 주紂왕에게) 널리 친척이 있다 해도 어 진 사람만 못하다. 백성들에게 잘못이 있다면, 나 한 사람에게 있는 것 이니라."

(무왕은) 저울질하고 말질하는 것을 신중히 하고, 법도를 살피며 폐지한 관직을 다시 닦으니, 사방의 정치가 시행되었다. 멸망한 나라를 다시 세 워 끊어진 세대를 이어주고, 은둔한 사람을 등용하니 천하의 민심이 돌 아왔다. 중하게 여긴 것은 백성, 양식, 상례, 제례였다.[1016]

서 하늘에 제사를 지낸 뒤에 제후들을 조회하면서 말한다. '죄 있는 이는 용서하지 않을 것이 며, 제후들과 조정의 대신들은 명에 따라 잘 다스린다면 폐할 일은 없을 것이고, 백성들의 잘 못은 분명 위정자인 자신으로부터 비롯되기 때문에 모름지기 중용을 지키면서 미덥게 잘 다스 리겠다'는 자신의 뜻을 천명하고 있는 것이다. 한편 본 단락은 탕왕의 통치 철학을 잘 표현하 고 있다. '敢用玄牡, 敢昭告于皇皇后帝'는 경천敬天사상을, '有罪, 不敢赦, 帝臣不蔽' 는 법치주의 사상을, '朕躬有罪, 無以萬方'과 '萬方有罪, 罪在朕躬'은 위정자로서 갖추어 야 할 위민사상과 수기치인의 도를 나타내고 있다. 법치주의를 근간으로 하여 '경천애인'하며 '수기치인'하겠다는 통치 철학을 천명하고 있는 것이다.

1016 대뢰大賚: 하늘이 내려준 큰 선물. 권權: 저울대와 저울추이며, 량量: 말과 섬. 법도法度: 예악 과 제도. 절세絶世: 대를 이을 자손이 끊어짐. 일민逸民" 초야에 숨어 사는 인재.

※ 상商의 탕왕이 은나라를 세운 이후 주紂왕에 이르기 전까지는 비교적 왕도가 훼손됨이 없이 이어져 왔지만, 중국 역사상 대표적인 폭군의 한 사람으로 지칭되는 주왕에 이르러서는 천도 가 다시 땅에 떨어져 나라는 혼란에 빠지고, 백성의 삶은 피폐해지게 되었다. 본 단락은 이러

寬則得衆하고 信則民任焉하고 敏則有功하고 公則說이니라.

관대하면 군중의 지지를 얻고, 신뢰가 있으면 백성들이 신임하고, 민첩하면 업적이 있고, 공정하면 기뻐하느니라.[1017]

修己以敬四字, 便是帝王道脉, 歷歷可考.

'수기이경(修己以敬: 다른 사람을 공경하는 것으로써 자기를 수양한다)' 네 글자는 곧 제왕의 도맥이라 할 수 있으니, 분명하게 고찰해야만 한다.[1018]

2. 子張이 問於孔子曰, 何如라야 斯可以從政矣니잇고. 子曰, 尊五美하며 屛四惡이면 斯可以從政矣리라. 子張曰, 何謂五美리

한 시대적 상황하에서 무武왕이 주왕을 정벌하고 새롭게 주나라를 열면서 베푼 정사의 내용을 말하고 있다. 즉 주나라에서 새롭게 실행되는 정치의 구체적인 법도들을 나열하고 있다. 이는 곧 요순의 정치를 바탕으로 하여 하은주 삼대에 두루 펼쳤던 정사를 압축적으로 요약한 정치 덕목이라고도 할 수 있다. 특히 주목되는 부분은 정책 시행에 있어서 나라의 주인인 백성, 백성들의 굶주림을 해결하는 식량 문제, 그리고 실생활에 있어서 가장 기본이 되는 상례와 제례 등을 중요시하는 정책 덕목이라 할 수 있다. 이는 곧 통치자가 위민정치를 정책의 중심과제로 삼아 백성들과 더불어 환란을 함께하고(如民同患), 즐거움을 함께하고자 했음(如民同樂)을 의미한다. 통치자가 이렇게 위민정책을 실행함으로써 흩어졌던 백성의 민심을 얻게 되고, 나라는 안정과 발전을 이루게 되었다는 설명인 것이다.

1017 본 단락의 내용은 이미 양화편 6장에서 공자가 언급했던 내용과 매우 비슷하다. 무왕이 직접 한 말이기보다는 천하를 맡아 다스리는 제왕이나 위정에게 공자가 강조한 교훈을 거듭 강조하고자 하는 의도에서 적은 것이라 이해된다.

1018 수기이경修己以敬: 헌문편 45장에서 공자가 언급하고 있는 표현이다. 역역歷歷: 분명하다, 뚜렷하다.

잇고. 子曰, 君子는 惠而不費하며 勞而不怨하며 欲而不貪하며 泰而不驕하며 威而不猛이니라. 子張曰, 何謂惠而不費리잇고. 子曰, 因民之所利而利之니 斯不亦惠而不費乎아 擇可勞而勞之어니 又誰怨이리요 欲仁而得仁이어서 又焉貪이리요 君子無衆寡하며 無小大히 無敢慢하나니 斯不亦泰而不驕乎아 君子正其衣冠하며 尊其瞻視하며 儼然人望而畏之하나니 斯不亦威而不猛乎아. 子張曰, 何謂四惡이리잇고. 子曰, 不敎而殺을 謂之虐이요 不戒視成을 謂之暴이요 慢令致期를 謂之賊이요 猶之與人也로되 出納之吝을 謂之有司니라.

자장이 공자께 여쭙기를, "어떻게 해야 정사에 종사할 수 있습니까?" 공자께서 말씀하시기를, "다섯 가지 미덕을 존중하고 네 가지 악덕을 물리칠 수 있다면 가히 정치에 종사할 수 있느니라."

자장이 말하기를, "무엇을 다섯 미덕이라 하는지요?" 공자께서 말씀하기를, "군자는 은혜를 베풀되 낭비하지 않고, 수고롭게 하되 원망을 사지 않고, 하고자 하면서도 탐하지 않고, 태연하면서도 교만하지 않고, 위엄이 있으면서도 사납지 않아야 하느니라."

자장이 말하기를, "은혜를 베풀면서도 낭비하지 않는다는 것은 무엇을 말하는지요? 공자께서 말씀하시기를, "백성에게 이익이 되는 것을 찾아 그들을 이롭게 하면 이 또한 은혜를 베풀면서도 낭비하지 않는 것 아니겠느냐? 가히 수고로울 만한 가치가 있는 것을 골라 그들을 수고롭게 한다면 또 누가 원망하겠느냐? 인을 베풀고자 하여 인정仁政을 이루어낸다면 또 무엇을 탐하겠는가? 군자는 많거나 적거나 크거나 작거나를 가리지 않고 감히 소홀하게 다루는 일이 없다면, 이 또한 태연하되 교만하지 않는 것이 아니겠는가? 군자가 그 의관을 바르게 하고 낯빛을 존엄하게 하면 엄연해서 사람들이 바라보고는 그를 두려워하는 것이니, 위엄이 있으면서 사납지 않음이 아니겠는가?"

자장이 말하기를, "무엇을 네 가지 악덕이라 하는지요?" 공자께서 말씀하시기를, "가르치지 않고 잘못을 이유로 죽이는 것을 잔학하다고 하고, 미리 경계하지 않고서 성공을 바라는 것을 포악하다고 하고, 명령을 게으르게 하고서 기일을 다그치는 것을 도적이라 하고, 사람에게 나누어 줘야 할 것임에도 출납을 인색하게 하는 것을 유사有司라 하느니라."[1019]

[1019] 본 장에서는 '백성을 위해 어떻게 바른 정치를 할 것인가?'라는 주제하에 공자의 정치 사상을 종합적으로 언급하고 있다. 그 구체적 내용으로 바로 다섯 가지 좋은 정치의 사례(五美)와 나쁜 네 가지 정치의 사례(四惡)를 들고 있다. 먼저 다섯 가지 바른 선정은 ①백성의 이로움을 찾아 이로움을 행하는 것 ②백성들을 수고롭게 함에 있어 꼭 필요한 것만을 가려서 시킬 것 ③진실로 인을 베풀고자 하는 마음에서 인을 실천할 것 ④사람의 많고 적음, 일의 크고 작음을 분별하지 않고 감히 거만하게 행동하지 않는 것 ⑤의관을 바르게 하고 낯빛을 존엄하게 하면 엄연하게 처신하는 것 등이다. 이렇게 다섯 가지를 유념하여 정치를 행하면 결과적으로 은혜를 베풀면서도 낭비하지 않고, 수고롭게 하면서도 원망을 사지 않고, 하고자 하면서도 탐하지 않고, 태연하되 교만하지 않고, 위엄이 있으면서도 사납지 않은 정치인이 될 수 있다는 것이다. 이와는 반대로 나쁜 정치의 네 가지 사례는 ①백성을 미리 교화시키지 않고 (세금과 부역과 전쟁 등으로 백성을) 죽이는 것(학정虐政) ②미리 경계하거나 노력하지도 않고 갑자기 성공만을 요구하는 것(폭정暴政) ③명령을 제대로 내리지도 않고서는 일의 마감과 성공을 독촉하는 것(적정賊政) ④마땅히 사람들에게 나눠 줘야 할 물품에 대한 출납을 인색하게 하는 것(유사有司) ※ 여기서는 창고 회계를 맡아 하는 관리가 식견이 좁음을 뜻함) 등이다.

3. 子曰, 不知命이면 無以爲君子也오 不知禮면 無以立也오 不知言이면 無以知人也이니라.

공자께서 말씀하시기를, "천명을 알지 못하면 군자가 될 수 없고, 예를 알지 못하면 설 수 없으며, 말을 모르면 다른 사람을 알 수 없느니라."[1020]

知命只是深信因果耳. 知禮則善於觀心, 所謂約之以禮. 知言則善於聞法, 所謂了達四悉因緣.

'천명을 안다(知命)'는 것은 다만 인과의 이치를 깊이 믿음을 의미할 뿐이다. '예를 안다(知禮)'는 것은 곧 마음을 잘 통찰함을 의미함이니, 이른바 '예로써 제약해야 한다(約之以禮)'는 뜻이다. '말을 안다(知言)'는 것은 곧 가르침(法, dhamma, 부처님의 교설)을 잘 들음을 의미함이니, 이른바

[1020] 하늘과 땅과 사람을 이른바 '천지인天地人 삼재三才'라 한다. 이 중에서 인간은 위로는 하늘의 이치(天道)와 아래로는 땅의 두터운 덕(地德)을 본받고 체득하여 살아야 하는 존재이다. 천명은 곧 천지자연의 이치이다. 이러한 천명을 알지 못하는 인간은 어리석은 존재가 될 수밖에 없고, 특히 나라의 우두머리가 되어 백성을 교화하고 통치하는 군주가 천명을 알지 못해 어리석으면 위민을 위한 바른 정치가 행해질 수 없고, 결과적으로 나라는 혼탁해지고 백성의 삶도 피폐해지게 된다. 당연히 나라와 백성을 교화하고 통치하는 큰 임무를 맡은 군주, 혹은 군자는 인격수양을 통해 천명을 체득(知命)해야 하고, 그러한 천명을 인간 사회에서 밖으로 드러내어 실천하는 예를 알아야 하며(知禮), 이러한 천명과 예를 알아야 그를 기준하여 정사正邪와 시비是非의 말을 바르게 헤아리고 분간할 수 있다. 본 문장은 바로 이러한 내용을 담고 있다. 어쩌 보면 논어의 마지막 단락인 본 문장은 논어 전체의 가르침을 요약, 정리하고 있다고 볼 수 있다. 하늘과 땅을 의지하여 태어난 인간은 '배우고 때로 익히지 않으면(學而時習), 천명을 알지 못하고(不知命), 예를 알지 못하며(不知禮), 말을 알지 못하여(不知言) 군자가 될 수 없고(無以爲君子也), 바르게 존립할 수 없으며(無以立也), 사람을 알 수가 없다(無以知人也)'는 것이다.

네 가지 실단(四悉檀)의 인연을 깨달음을 뜻한다.[1021]

[1021] 약지이례約之以禮: '예로서 언행을 제약한다'는 의미로, 옹야편 25장에서 언급되고 있다. 실단悉檀: 인도 고급어인 범어梵語로 siddha-anta, 지방어인 빨리어巴利語로 siddhattha이다. 의역하여 성취成就·종宗·리理 등의 뜻을 담고 있다. 사실단은 부처님께서 중생을 교화하는 네 가지 방법을 지칭한다. 세속적인 바람에 맞는 법을 설법하여 중생들을 기쁘게 하면서 세간의 밝은 지혜를 얻게 하는 ①세계실단(世界悉檀, 낙욕실단樂欲悉檀), 중생 각각의 타고난 능력에 따라 그 적합한 출세간적出世間的인 실천을 가르치는 ②각각위인실단(各各爲人悉檀, 생선실단生善悉檀), 중생의 번뇌와 악업을 깨우쳐서 이를 제거하게 하는 ③대치실단(對治悉檀, 단악실단斷惡悉斷), 진리를 직접 가르쳐 깨달음으로 들어가게 하는 ④제일의실단(第一義悉檀, 입리실단入理悉檀) 등을 가리킨다.

※ 지욱선사는 '知命'을 인과의 이치를 깊이 믿는 것으로 해석하고 있다. '지명'은 곧 천지자연의 이치를 아는 것이다. 봄이 되면 만물이 생동하여 새싹이 돋아나고 꽃이 피는 것은 천지자연의 자연스러운 이치이다. 가을이 되면 곡식이 무르익어 떨어지고, 겨울이 되면 만물이 동면하며 휴식기에 접어드는 것도 천지자연의 이치이다. 이는 또 다른 측면에서 인과법칙의 순환이라고도 할 수 있다. 원인에 따라 결과가 나타남이 곧 인과이다. 예컨대 봄이 한 원인이라면 여름은 그러한 원인에 따른 결과라 할 수 있고, 여름은 또 다시 원인이 되어 가을이라는 결과를 낳게 된다. 가을과 겨울, 다시 봄과 여름으로 이어지는 계절의 변화는 결국 이러한 인과법칙에 따른 자연의 순환인 것이다. 존재의 생로병사도 같은 이치이다. 태어남이라는 원인으로 인해 죽음이라는 결과가 생겨나고, 죽음은 또 다른 원인이 되어 태어남이라는 결과로 이어지게 되는 것이다. 까닭에 지혜로운 사람은 결과를 통해 그 원인을 살필 수 있고, 원인을 헤아려 그 결과를 예측할 수 있는 것이다. 지욱선사가 '知命'의 뜻이 곧 인과의 이치를 깊이 믿는 것이라고 한 것은 바로 이러한 의미에서이다. 또한 지욱선사는 '知禮'를 '마음을 잘 통찰하는 것(善於觀心)'이라고 해석하고 있다. 예는 곧 행동거지를 윤리와 도덕적으로 어긋나지 않게 바르게 하고 선하게 드러내는 것이라 할 수 있다. 이는 불교적인 관점에서 보면, 마음을 바르고 선하게 하는 것에서 비롯된다고 볼 수 있다. 자신의 마음에 어리석음과 삿됨, 그러한 악함이 없어야 그러한 마음을 바탕 해서 바른 언행(= 禮)이 밖으로 드러나기 때문이다. 지욱선사가 '知禮'를 마음을 잘 통찰하는 것이라 말한 이유는 바로 이러한 이유에서다. '관심觀心'은 곧 마음의 실상이 무엇이고, 마음이 어떻게 인연에 따라 생멸하는지를 바르게 관조하고 살피는 것이다. 우리는 마음에 대한 바른 통찰을 통해서 온갖 번뇌를 다스릴 수 있고, 나아가 마음을 선하고 지혜롭게 향상시킬 수 있게 된다. 예는 당연히 그러한 마음에서 드러나는 바름이고 선함인 것이다. 마지막으로 지욱선사는 '知言'을 '가르침을 잘 듣는 것(善於聞法)'이라고 해석하고 있다. 여기서 지욱선사가 말하는 '가르침(法)'은 유가의 입장에서는 공자의 가르침을, 불교의 견지에서는 붓다의 가르침을 지칭한다. 누구의 가르침이든 그러한 가르침을 잘 듣고 배우고 닦아 그 깊은 이치를 체득하는 것이야말로 '知言'이라 할 수 있으며, 이러한 '知言'을 바탕 하여 다른 사람들을 인연에 따라 네 가지 교설의 방편(四悉檀)을 통해 교화할 수 있다는 해석이다.